PINAKES
UNIVERSAL LIBRARY

奥玛的柔巴依

Edward FitzGerald's Rubáiyát of Omar Khayyám

《鲁拜集》汉译书目（上）

A Bibliography Of Chinese Translation And Related Literature Of Rubáiyát Of Omar Khayyám

（Ⅰ）

顾家华 编

上海三联书店

图书在版编目(CIP)数据

《鲁拜集》汉译书目/顾家华编.–上海：上海三联书店，2020.10
(寰宇文献)
ISBN 978-7-5426-7160-8

Ⅰ.①鲁… Ⅱ.①顾… Ⅲ.①诗集–伊朗–中世纪–汉语–翻译–专题目录 Ⅳ.①Z88：I373.23

中国版本图书馆CIP数据核字(2020)第160631号

《鲁拜集》汉译书目

编　　者：顾家华
责任编辑：吴　慧
装帧设计：崔　明
监　　制：姚　军
责任校对：张大伟
出版发行：上海三联书店
　　　　　(200030)上海市漕溪北路331号A座6楼
印　　刷：上海世纪嘉晋数字信息技术有限公司
开　　本：700×1000毫米　16开
印　　张：63
字　　数：930千字
版　　次：2021年1月第1版
印　　次：2021年1月第1次印刷
书　　号：ISBN 978-7-5426-7160-8/I·1655
定　　价：698.00元(全二册)

: # 《鲁拜集》汉译书目

霍尔插画本原版书名页图

插画家简介

美国画家伊莎贝尔·霍克斯赫斯特·霍尔[Isabel Hawxhurst Hall]，1888年出生于纽约，毕业于布鲁克林区普拉特学院，该院艺术课老师赞她是非常出色的学生。霍尔从小受到家庭的艺术熏陶，祖母和两位叔叔都是艺术家。霍尔自小学习画画，20多岁的霍尔就成功为菲茨杰拉德的《鲁拜集》完成插画本，震惊画坛，声名鹊起。评论家认为，她的作品是迷人而非凡的，具有"印象派"的特色。霍尔的构图风格显然受到美国著名画家伊莱休·维德的《鲁拜集》"诗画本"的影响，图案设计展现出古朴与典雅的诗情画意。霍尔的插画本由美国纽约爱丽丝·哈里曼公司[The Alice Harriman Company]1911年出版（波特书目#272），共20幅单色插图，作品描绘菲氏《鲁拜集》1889年第五版文本相应的诗节意象。

[图一]原书封面图　　　　[图二]原书书名页图
[图三]第1首诗意　　　　[图四]第5、6、9首诗意
[图五]第8、96首诗意　　[图六]第27、28、26首诗意
[图七]第29、30首诗意　　[图八]第43首诗意
[图九]第44首诗意　　　　[图十]第46首诗意
[图十一]第54、55首诗意　[图十二]第58首诗意
[图十三]第66首诗意　　　[图十四]第70首诗意
[图十五]第73首诗意　　　[图十六]第77首诗意
[图十七]第78、79首诗意　[图十八]第80、81首诗意
[图十九]第98、99首诗意　[图二十]第100、101首诗意

纪念

爱德华·菲茨杰拉德 [Edward FitzGerald, 1809 – 1883]
诞辰 210 周年
暨
菲氏《鲁拜集》初版
[Edward FitzGerald's Rubáiyát of Omar Khayyám, 1859]
出版 160 周年

伦敦夸里奇书店创始人伯纳德·夸里奇 [Bernard Quaritch, 1819 – 1899]
诞辰 200 周年

胡適最早汉译菲氏《鲁拜集》一诗节"希望"[1919]
发表 100 周年

 致敬

爱德华·赫荣-艾伦[Edward Heron-Allen]
安布罗斯·乔治·波特[Ambrose George Potter]
威廉·马丁和桑德拉·梅森[William H. Martin & Sandra Mason]
乔斯·库芒[Jos Coumans]
加里·加勒德[Garry Garrard]
但地·沙卡布拉扬/郑天送[A. D. Sakabulajo]
丹东·奥戴[Danton H. O'Day]

说 明

为了2019菲氏《鲁拜集》的"纪念年",编制这本书目。试印过几册"样书",自觉不错,读者反映良好。

有趣的是《鲁拜集》在国外有过两次重要的编目,即1929年的"波特书目"和2010年的"乔斯书目",可见其版本之多。作为汉译书目,容量也已相当,这次承蒙钟锦兄和曙辉兄的诚意相助和出版社的领导及编辑的鼎力支持,能够作为"寰宇文献皮纳克斯系列"丛书之一出版,我由衷地表示真挚的感谢!

曾几何时,《鲁拜集》"这部作品对于文学青年来说,已成为诗歌圣经"[1],我倒觉得它更像是合适中老年的读物。菲氏50岁时成功完成作品,我也是50岁始对它渐长兴趣而一发不可收拾。

《鲁拜集》在国外已有一个半世纪的繁荣,在中国也有百年的风光了。菲氏鲁拜集,有人说已经"过气"[2]。作为一本薄薄的诗集,曾经有过火一样的热度,堪称奇迹,如今回归水一样的宁静,亦当其然,而未必是失去了阅读价值。随着岁月的沉淀与检验,事实上更显出它特有的欣赏价值与文学价值,难以被低估贬损。各国及各语种民族每年依然重版重印重译不断,爱好者仍有百读不厌之感,原因无非是《鲁拜集》所有的奥玛精神,其叩问宇宙的哲学遐思与省度人生的醒世达观,蕴涵着"伊壁鸠鲁"牧歌式的韵味,《鲁拜集》既有的美及令人着迷的人性魅力,毫无疑问将永久地展现其神秘的诱惑力和超凡的感染力。

关于奥玛·海亚姆[Omar Khayyám]、爱德华·菲茨杰拉德[Edward FitzGerald]和鲁拜集[Rubáiyát](即奥玛的柔巴依)

奥玛生活在伊朗的古代——波斯塞尔柱王朝时期,他才智过人,是公认的天文学家、数学家、哲学家,据说亦通医术、乐理等。奥玛还是一个"业余"的诗人,擅长吟咏"四行诗"(柔巴依体),可惜的是生前没有留下自己的诗集文本。奥玛的柔巴依诗稿都是后人辑录的抄本,真伪难辨,他确切的诗作的数量至今尚难究竟。英国维多利亚时代的文人菲茨杰拉德在杂乱无章的古籍诗钞中,从奥玛的几百首柔巴依诗中,通过删选、整理、排序、意译改写后,于1859年委托英国老牌珍本书店夸里奇,他自费出版了书名为《波斯的天文学家—诗人奥玛·海亚姆的柔巴依[RUBÁIYÁT OF OMAR KHAYYÁM, THE ASTRONOMER-POET OF PERSIA]³(即《鲁拜集》)75首版英译本。菲氏第一版起先无人知晓,后经几位文豪推崇,渐得声名,于是1868年再版了110首充实版,1872年、1879年相继又重版了101首的两种修订版。菲氏过世后他的这本译自东方诗人的小册子越发走红,1889年又根据他生前在第四版文本中亲自订正的手迹,最终推出第五版作为"定本"。一百六十多年以来,菲氏因奥玛的柔巴依英译本誉满天下,奥玛也因菲氏的英译本确立了波斯大诗人的地位。《鲁拜集》,不仅进入了英国文学名著的行列,而且成为一本能与《圣经》和莎士比亚相提并论的世界文学经典的神奇之书,真是历史的轮回、天意的灵验——菲氏—奥玛的时空缘分。

关于《鲁拜集》书名译题

Rubáiyát of Omar Khayyám,一般指的是 Edward FitzGerald's Rubáiyát of Omar Khayyám,汉译名自郭沫若1924年出版单行本将它简称音译为"鲁拜集"之后(原译"波斯诗人莪默伽亚谟译诗"),长期以来,该书名已习惯性被认可泛用,广为人知而深入人心。不过,到了20世纪80年代,经黄杲炘先生的考查发现,其实这种四行诗(Roba'i)体裁古已有之,原来就是在波斯(今伊朗)以及覆盖西亚、中亚等广域地区,一直伸展至我国新疆的维吾尔、哈萨克、塔吉克和乌孜别克等一带,亦即突厥文化中从古至今流行的"柔巴依"诗体,因此黄先生将《鲁拜集》正名为《柔巴依集》。由于上述历史原因,对于其名而言,依我的个人拙见,是否可以把 Edward FitzGerald's Rubáiyát of Omar Khayyám 狭义化,即考虑到菲氏英译本的特殊性,由"鲁拜集"之名专指;把 Rubáiyát 广义化,即所有采用该诗体的作品,均以"柔巴依"之名统称,譬如非菲氏英译本的奥玛四行诗即拟称为"奥玛的柔巴依",其他诸如"鲁达基的柔巴依""哈菲兹的柔巴依"等。

关于本书

本书的编制纯属自我痴迷所为,也算为他人作嫁衣裳。如果你喜欢"鲁拜集",可以随手拿这本书翻翻;如果你想集藏《鲁拜集》各种译本比较赏读,可以用这本书作导向;如果你要扩充"鲁拜集"的知识范围全方位地了解并得到更多信息，而且想要翻译或做些专题的探讨，也可以将此书作为工具参考——纵观横览已有的译事诗话、文论学术等成果。所以，《鲁拜集汉译书目》的编辑无非是便利爱好《鲁拜集》的读者们广泛地阅赏，便利欲将《鲁拜集》作为课题的学者们深入地研究。

编书不比写书轻松，只是出自对"鲁拜集"的偏爱，便不计过程的疲累，也是对自己多年来的积累有一次好好整理的机会，且趁此机会查阅并掌握到了更多的资料，得益匪浅。在此要感谢黄杲炘先生的关心与指导，同时感谢同好的鼓励与建议。

书目汇总的时间跨度为1919年至今，力求全面地见证整整一百年间《鲁拜集》汉译史的轨迹，充分地反映"《鲁拜集》在中国"的印迹。而从《鲁拜集》的汉译情况与《鲁拜集》在中国的汉译历史，可以在这一个点上、一个侧面中了解或研究我国诗歌翻译的发生和发展的演变进程，作为汉译外国诗歌的一面镜子。

本书目还需说明的是，目录中的"#"号数字非页码，是书目词条的编号。其中"开本"指的是封面大小。书后附人名"索引"，索引数字亦即书目编号。条目中各种汉译本采用的诗体标识，一般笼统地称作"自由体译本""绝句体译本"和"柔巴依体译本"等，仅相对形式上而言，不顾及实质上的诗体格律规范。

每词条之下用"楷体"附辑的是该条目中的要点——或例举诗节译作一二或摘取各类文献中的只言片语，仅供读者"管窥一斑"。

对于有些只是"传闻"的记载未被收入词条，如佚失文本的潘家柏译本（译自加里恩 [Richard Le Gallienne] 的无韵语体英译本，1942 年）、赵宋庆译本（疑译自温菲尔德的英译本，共 500 首）等。

老鸽

于沪上庚子疫期改定

---

1. 见 [美] 梅西著、杨德友译《世界文学的故事》，北岳文艺出版社，2017 年 2 月版，第 346 页。本书书目 #710。

2. 见李炜《推开波斯诗的大门》（袁秋婷译）一文，载《上海文化》2019 年五月号，第 102 页。本书书目 #1104。

3. 菲氏《鲁拜集》的译诗正文前题名：*RUBÁIYÁT OF OMAR KHAYYÁM OF NAISHÁPÚR* [内沙布尔的奥玛·海亚姆的柔巴依]。内沙布尔，奥玛的故乡。

目 录

译本 / 1

全本译本 = 全译本（#1 – #96）

（完整的汉译菲氏的英译本，如 75 首文本、110 首文本或 101 首文本，并编入未正式出版、发表的其他全译本）

节选译本 = 选译本（#97 – #183）

（全译本以外，不完整的汉译菲氏的部分诗节及零星译作）

非菲译本 = 异译本（#184 – #209）

（译自菲氏英译本之外的通过其他文本汉译的奥玛柔巴依译作，不含直接译自波斯文的奥玛柔巴依译本）

波斯译本 = 直译本（#210 – #234）

（直接译自波斯文文本奥玛的柔巴依汉译本）

◇《鲁拜集》汉译书目

文献 / 167

专题文献 = 专题文（#235 - #696）

（专题著作、论文，各类菲氏-奥玛的主题文献，包含诗歌、画页等内容）

相关文献 = 相关文（#697 - #1111）

（凡是有关菲氏-奥玛的论述，或涉及菲氏—奥玛内容的各类材料文献等）

增订 / 601

全译本（#1112 - #1114/#1780/#1782）

选译本（#1115 - #1188/#1783 - #1785）

异译本（#1189 - #1196）

直译本（#1197 - #1202）

专题文（#1203 - #1367/#1781/#1786 - 1788）

相关文（#1368 - #1779）

索引 / 913

[图三] 第1首诗意

[图四] 第5、6、9首诗意

全译本

【1】
郭沫若:波斯诗人莪默伽亚谟(译诗百零一首)[自由体译本]

1922年11月,《创造/文艺季刊/第三/杂录》第1卷第3期,泰东图书局,第1–41页。

译自"第四版(1879年)101首"。

Rubáiyát 译为"四行诗集[Rubaiyat]"。

Omar Khayyám 译为"莪默伽亚谟"。

Edward FitzGerald 未译名。

收入译者文"第一/读Rubaiyat后之感想"、"第二/诗人莪默伽亚谟",译诗"第三/Rubaiyat之重译"。

译诗诗节后附"注"。

文尾"1922年9月30日完稿"。

"1/醒呀!太阳驱散了群星,/暗夜从空中逃遁,/灿烂的金箭,/射中了稣丹的高甍。"
"12/树荫下放着一卷诗章,/一瓶葡萄美酒,一点干粮,/有你在这荒原中傍我欢歌——/荒原呀,啊,便是天堂!"

【2】
郭沫若:波斯诗人莪默伽亚谟(选录)[自由体译本]

1923年1月10日,《小说月报》第14卷第1号,第197页(选录/第6页),题名"波斯诗人莪默伽亚谟",选载8首。

译自"第四版(1879年)101首"的第8、12、24、65、69、72、91、92首。

Rubáiyát 未译名。

Omar Khayyám 译为"莪默伽亚谟"。

◇《鲁拜集》汉译书目

Edward FitzGerald 未译名。

"二十四/啊,我们在未成尘土之先,/用尽千金佡可尽情沉湎;/尘土归尘,尘下陈人,/歌声酒滴——永远不能到九泉!"

【3】
郭沫若:《鲁拜集》[自由体译本]

1924年1月1日,上海泰东图书局,创造社编辑,第1－112页,开本10.3cm×14.8cm,简装,英汉对照。

译自"第四版(1879年)101首"。译自第四版为译者在"诗人莪默伽亚谟"的文中自述"我据Fitzgerald英译的第四版,重译成汉文",根据此版提供的"英汉对照"中来看应为译自"第五版(1889年)101首"。

Rubáiyát 译为"鲁拜集"。

Omar Khayyám 译为"莪默伽亚谟"。

Edward FitzGerald 未译名。

封面采用[英国]吉尔伯特·詹姆斯[Gilbert James]1898年出版的12幅黑白插画作品中的1幅。

译诗正文前页采用[英国]罗伯特·安宁·贝尔[Robert Anning Bell]1902年出版的15幅黑白插画作品中的1幅,初版本与重印本选用的贝尔插图不相同。

目录为"上篇/导言1.读了鲁拜集后之感想2.诗人莪默伽亚谟略传"、"下篇/鲁拜集1.诗百零一首2.注释"。

译文结尾题记"1922年9月30日完稿、1923年5月28日改正",译诗有少量改动。

此版为"辛夷小丛书"之4(第四种)。

1925年二版、1926年7月三版、1928年5月四版、1929年5月五版、1932年10月十三版。

1939年8月泰东版新光书局印行。

"7/来呀,请来浮此一觥,/在这春阳之中脱去忏悔的冬裳:/'时鸟'是飞不多时——/鸟已在振翮翱翔。""99/啊,爱哟!我与你如能串通'他'时,/把这不幸的'物汇规模'和盘攫取,/怕你我不把牠捣成粉碎——/从新又照着心愿抟拟!"

【4】
郭沫若:《鲁拜集》[自由体译本]

1927年11月10日,上海创造社出版部,第1-90页,开本11cm×15cm,简装。

译自"第四版(1879年)101首"。

Rubáiyát 译为"鲁拜集"。

Omar Khayyám 译为"莪默伽亚谟"。

Edward FitzGerald 未译名。

此版为"世界名著选"丛书之7(第七种)。

1930年12月再版。

"8/莫问是在纳霞堡或在巴比仑,/莫问杯中的是苦汁或是芳醇,/生命的酒浆滴滴地浸漏不已,/生命的绿叶叶叶地飘堕不停。""96/但是,啊,奈阳春要和蔷薇消逝!/甘芳的青年时代的简篇要闭!/花枝里唱着歌的黄莺儿,啊,/谁知他飞自何来,又将飞向何去!"

【5】
郭沫若:波斯诗人莪默伽亚谟[自由体译本]

1928年,郭沫若译《沫若译著选》,创造社出版部,第199-255页,简装。

译自"第四版(1879年)101首"。

Rubáiyát 译为"四行诗集"。

Omar Khayyám 译为"莪默伽亚谟"。

Edward FitzGerald 未译名。

译本采用依据的是1922年11月《创造季刊》上首次刊登的版本。

收入"第一/读 Rubaiyat 后之感想"、"第二/诗人莪默伽亚谟"、"第三/Rubaiyat 之重译"。

译诗诗节后附"注"。

"13/有的希图现世的光荣;/有的希图天国的来临;/啊,且惜今日,将来于我何有,/

何有于远方的鞳鞳的鼓声!""73/最初的泥丸捏成了最终的人形,/最后的收成便是那最初的种子:/天地开辟时文章/一直要传诵到天地掩闭。"

【6】
郭沫若:《鲁拜集》[自由体译本]

1930年12月,上海光华书局(大光书局),第1-90页,开本11cm×16cm,简装。

译自"第四版(1879年)101首"。

Rubáiyát 译为"鲁拜集"。

Omar Khayyám 译为"莪默伽亚谟"。

Edward FitzGerald 未译名。

此版为再版。1927年11月初版。1933年5月二版、1936年10月三版。

"15/有的节谷如金,/有的挥金如雨,/死后不能化成金泥,/更为人所掘取。""29/飘飘入世,如水之不得不流,/不知何故来,亦不知来自何处;/飘飘出世,如风之不得不吹,/风过漠地亦不知吹向何许。"

【7】
郭沫若:《鲁拜集》[自由体译本]

1937年3月,上海大中书局(新光书局),第1-112页,开本13cm×19cm,简装。

译自"第四版(1879年)101首"。

Rubáiyát 译为"鲁拜集"。

Omar Khayyám 译为"莪默伽亚谟"。

Edward FitzGerald 未译名。

此版为再版。

"3/时候正在鸡鸣,/人们在茅店之前叫应——/'开门罢!我们只得羁留片时,/一朝去后,怕是不再回程。'""90/土瓶们挨次在倾谈时候,/翘望着新月窥入自窗头:/他们便互相拐着手儿说道:/担脚的肩饰在响了!朋友!朋友!"

【8】

郭沫若:鲁拜[自由体译本]

1940年,《新满洲》第2卷第1期,第113-115页,题名"鲁拜诗",玄樱选,选载20首。

译自"第四版(1879年)101首"的第12、14、19、23、26、30、35、40、42、55、56、63、66、69、72、79、91、92、95、98首。

Rubáiyát 译为"鲁拜"。

Omar Khayyám 译为"莪默伽亚谟"。

Edward FitzGerald 译为"菲兹格拉"。

———

40/"郁金香从沙中仰望;/承受着夜露以备朝觞,/你也请举杯来痛醉,/醉到玉山倒地——如象空杯。"

【9】

孙毓棠:鲁拜集[自由体译本]

1941年3月,《西洋文学》第7期,第68-74页(待续),英汉对照。

1941年4月,《西洋文学》第8期,第196-205页(续完),英汉对照。

译自"第五版(1889年)101首"。

Rubáiyát 译为"鲁拜集"。

Omar Khayyám 未译名。

Edward FitzGerald 未译名。

———

"1/醒来吧! 太阳从夜的莽原头/已经驱散了亿万颗星斗,/黑夜逃离了天庭;看阳光的/金箭高射上莎丹的角楼。""12/绿树的浓荫下放一卷诗章,/一壶美酒,和一点食粮——/有你在这荒原上傍我唱歌——/啊,此时荒原便是天堂!"

【10】

孙毓棠:鲁拜集[自由体译本]

1944年1月,《新文学》第1卷第2期,第1-10页。

译自"第五版(1889年)101首"。

◇《鲁拜集》汉译书目

　　Rubáiyát 译为"鲁拜集"。

　　Omar Khayyám 译为"莪默"。

　　Edward FitzGerald 未译名。

　　译诗正文后添收"注释"。

　　文尾有题记"(客居昆明,数年前所见鲁拜集诸译本及注释书均无法觅得,今手边仅有二十年前郭沫若先生所译本,末附简注数页。今拟注释之时,遂不得不暂依郭先生之注。兹特声明,并向郭先生热诚致谢。毓棠附识。三十二年九月。)"。

"七/来啊,斟满这杯酒,在阳春的/火焰里,脱去你悲悔的冬衣:/时光的鸟翱翔本没有多少/路——这鸟又抖翅在高飞。""九九/啊,爱!假使你我能勾通了他/把这万物的规模全盘抓过来,/怕你我不把他捣成碎粉——/照着心中的想望再重新安排!"

【11】
孙毓棠:鲁拜集[自由体译本]

　　1946 年,《海潮》第 2 期,封四,题名"鲁拜集",OMAR 作,一脔(选),选载 4 首。

　　译自"第五版(1889 年)101 首"的第 17、18、19、20 首。

　　Rubáiyát 译为"鲁拜集"。

　　Omar Khayyám 未译名。

　　Edward FitzGerald 未译名。

19/"我常想在古代帝王的流血地,/蔷薇花定开得最美最鲜丽;/芳园中每朵玉簪花也一定是/钻根在当年美女的髑髅里。"

【12】
郭沫若:鲁拜集/莪默·伽亚谟诗百〇一首[自由体译本]

　　1947 年 9 月,郭沫若译《沫若译诗集》,上海建文书店,第 203－277 页,开本 12.6cm×18cm,简装。

　　译自"第四版(1879 年)101 首"。

　　Rubáiyát 译为"鲁拜集"。

Omar Khayyám 译为"莪默·伽亚谟"。

Edward FitzGerald 未译名。

收入"导言Ⅰ、Ⅱ"、"鲁拜集/莪默·伽亚谟诗百〇一首 Omar Khayyam"、"注释"。

上海创造社出版部（创造社世界名著选/第十种）1928年5月版《沫若译诗集》、上海乐华图书公司1928年5月25日版《沫若译诗集》和上海文艺书局1931年4月版《沫若译诗集》，均未收"鲁拜集"。

————

"56/是与非是虽用几何可以证明，/上与下虽用名学可以论定，/人所欲测的一切之中，/除酒而外呀，我无所更深。""63/啊，地狱之威胁，天堂之希望！/只有一事是真——便是生之飞丧；/只有此事是真，余皆是伪；/花开一次之后永远凋亡。"

【13】
郭沫若：鲁拜集［自由体译本］

1953年6月，郭沫若译《沫若译诗集》（按1947年9月建文书店原版/竖排本），新文艺出版社，第203－277页，开本12.6cm×18cm，简装。

译自"第四版（1879年）101首"。

Rubáiyát 译为"鲁拜集"。

Omar Khayyám 译为"莪默·伽亚谟"。

Edward FitzGerald 未译名。

1953年9月、1954年2月、1954年7月、1954年11月、1955年4月、1955年8月等多次重印。

————

"4/新春苏活着旧时的希望，/使沉思的灵魂告了退藏，/退到那树枝上露出'摩西的白手'，/耶稣从地底叹息的地方。""64/奇哉，宁不奇乎？/前乎吾辈而死者万千无数，/曾无一人归来/告诉我们当走的道路。"

【14】
郭沫若：鲁拜集［自由体译本］

1956年7月，《沫若译诗集》（横排本），人民文学出版社，第121－150，155－159页，开本13.3cm×20.1cm，硬面装。

译自"第四版(1879年)101首"。

Rubáiyát 译为"鲁拜集"。

Omar Khayyám 译为"莪默·伽亚谟"。

Edward FitzGerald 译为"费慈吉拉德"。

收入"小引"、"莪默·伽亚谟诗百〇一首"和"注释"。

1957年10月第二次印刷。

"6/大卫的歌唇已锁;/黄莺儿用着毘勒危语高歌,/'葡萄酒,葡萄酒,红的葡萄酒哟!'/把蔷薇花苍白的脸儿唱配。""69/我们是可怜的一套象棋,/昼与夜便是一张棋局,/任'他'走东走西或擒或杀,/走罢后又一一收归匣里。"

【15】
[美国]黄克孙:《鲁拜集》[七言绝句体译本]

1956年12月,台湾台北启明书局,第1-22页,开本12.7cm×18.6cm,平装。

译自"第五版(1889年)101首"。

Rubáiyát 译为"鲁拜集"。

Omar Khayyám 译为"奥马珈音"。

Edward FitzGerald 译为"费氏结楼"。

黄克孙,本名黄谦之,英文名 Kerson Huang。

封面译者署名"黄克荪衍译","荪"误植,应为"孙"。

扉页上方配一绿色小图(摹拟[英国]桑格斯基和萨特克利夫[Sangorski&Sutcliffe]书坊1910年出版的由[英国]尤恩·盖迪斯[Ewan Geddes]为菲氏第一版第11首的插画),下方"亚摩客耶的鲁拜集"一诗,诗为郑振铎译作:"在绿荫之下,有一块面包,/一瓶酒,一卷诗,——还有你/在我身边,在荒野中唱着,而/荒野现在是天国了。"(《文学大纲》商务印书馆1927年4月版)。

扉页背面为"译者近影"照片一帧。

收入"慈恩文/鲁拜集新译本序/三十五年'鲁拜集'翻译沧桑录"、"启明书局编辑部文/序"、译诗前"题诗"、"译者文/译后记"和"参考材料"。

1952年钢板自刻本50册。

1955年复印本200册。

———

"（一）/醒醒游仙梦里人，/残星几点已西沉。/羲和骏马鬃如火，/红到苏丹塔上云。"
"（十二）/一箪疏食一壶浆，/一卷诗书树下凉。/卿为阿侬歌瀚海，/茫茫瀚海即天堂。"

【16】
郭沫若：《鲁拜集》[自由体译本]

  1958年12月，人民文学出版社，第1—125页，开本11.4cm×18.6cm，简装。
  译自"第四版（1879年）101首"。
  Rubáiyát 译为"鲁拜集"。
  Omar Khayyám 译为"莪默·伽亚谟"。
  Edward FitzGerald 译为"费慈吉拉德"。
  译诗有少量改动。
  插图采用[英国]吉尔伯特·詹姆斯1898年出版的12幅黑白插画作品。
  收入"小引"、"注释"，"小引"即原"诗人莪默伽亚谟传略"的内容，删去了原导言中的"读了鲁拜集后之感想"部分。
  附录"[苏联]米·尼·奥斯曼诺夫和鲁斯塔姆·阿里耶夫文/莪默·伽亚谟"，该文为苏联国家文学出版社1955年出版的俄译本《鲁拜集》的序，文中有俄译本莪默·伽亚谟13首四行诗的郭沫若汉译。

———

"16/人所系心的现世的希望易灰，/或则一朝繁荣，而又消毁，/比如那沙面的白雪，/只扬得一两刻的明辉。""81/啊，你呀，你用劣土造人，/在乐园中你也造出恶蛇；/人的面目为一切的罪恶所污——/你请容赦人——你也受人容赦！"

【17】
郭沫若：《鲁拜集》[自由体译本]

  1959年9月，人民文学出版社，第1—125页，开本11.4cm×18.6cm，简装。
  译自"第四版（1879年）101首"。

Rubáiyát 译为"鲁拜集"。

Omar Khayyám 译为"莪默·伽亚谟"。

Edward FitzGerald 译为"费慈吉拉德"。

1958年12月初版的第二次印刷。

封面删去"郭沫若译"的署名。

版权页上方添加"本书插图作者是 Gilbert James"的说明。

"19/帝王流血处的蔷薇花/颜色怕更殷红;/花园中的玉簪儿/怕是植根在美女尸中。""71/指动字成,字成指动,/任你如何至诚,如何机智,/难叫他收回成命消去半行,/任你眼泪流完也难洗掉一字。"

【18】
孟祥森、陈次云:《狂酒歌》[自由体译本]

1971年9月,台湾台北晨钟出版社,第1-175+1-103页,开本13cm×18.4cm,硬面装带书衣,英汉对照。

孟祥森译本译自"第一版(1859年)75首",陈次云译本译自"第四版(1879年)101首",两人合集。

Rubáiyát 译为"狂酒歌/鲁拜集"。

Omar Khayyám 译为"奥玛·开俨"。

Edward FitzGerald 译为"E·费滋杰罗"、"爱德华·费滋杰罗"。

该书为合集本,正面左向翻页为孟祥森译本、反面右向翻页为陈次云译本,特殊的印刷装订。

书名"狂酒歌"为主编白先敬所拟,"狂酒歌"后括弧"鲁拜集",版权页的书名"狂酒歌"后括弧"原名鲁拜集"。

封面装饰画采用[美国]杰夫·希尔[Jeff Hill]1956年出版的9幅单色插画作品中的1幅,剪纸画造型。

孟译本的封面色彩用的是"深藏青",陈译本的封面色彩用的是"紫绛红"。

此版为"向日葵新刊"丛书之24。

孟祥森译本的插图采用[英国]埃德蒙·沙利文[Edmund Sullivan]1913年出版的75幅黑白插画作品。

扉页上记"纪念华昌平/民国四九年夏毕业于台大历史系/未久溺死于

基隆海滨/'我死后愿以此集焚灰葬我!'/这句话他写在黄克荪[孙]的鲁拜集中译本上"。

收入"出版代序"("出版代序"文前说明:"关于这本诗集的出版,孟祥森和白先敬曾各持己见,现在写出来,供读者参考")、"[英国]爱德华·丁·费滋杰罗撰/孟祥森译/序一/关于奥玛·开俨波斯诗人及天文学家"、"[英国]Jerome H. Buckley 作/孟祥森译/序二/费滋杰罗与英译鲁拜集"、"序三/中文鲁拜集版本(节录自慈恩的《三十五年鲁拜集翻译沧桑录》)"和"注释"。

陈次云译本的插图共12幅采用[英国]吉尔伯特·詹姆斯和[美国]埃德蒙·加勒特[Edmund Garrett]各6幅,选自美国波士顿佩奇出版公司[L. C. Page]1898年出版的两人插画作品(黑白)的合集本。

内页设计模仿了美国纽约彼得·保珀出版社[Peter Pauper Press]1956年出版的杰夫·希尔的插画本页面装饰。

内容分为"甲、译序"和"乙、译诗"两部分,"甲、译序"中收入"一、奥玛·开俨小传"、"二、费滋杰罗小传"、"三、费滋杰罗著作的版本及研究"、"四、鲁拜集简介"和"五、致谢"。

孟祥森译:"I/啊,醒来,早晨已自夜的苍穹/投掷石子赶走了星星,/你看,东方猎者已将苏丹塔尖/罩在网罗之中。"

陈次云译:"XCIX/啊,卿卿,但愿你我能和他串通/将这不如意的大千掌握手中,/一把将它打个粉碎,然后/随心所欲将新的重塑成功!"

【19】

郭沫若:《鲁拜集》[自由体译本]

1978年5月,人民文学出版社,第1-109页,开本11.2cm×18.5cm,简装。

译自"第四版(1879年)101首"。

Rubáiyát 译为"鲁拜集"。

Omar Khayyám 译为"莪默·伽亚谟"。

Edward FitzGerald 译为"费慈吉拉德"。

此版为1958年12月初版的第三次印刷。

原插图被删,原附录"莪默·伽亚谟"一文被删。

收入"小引"、"注释"。

"32/此处是无钥之门;/此处是窥不透的帷幕;/有的在暂时地呼帝呼神——/少时间已不闻我我汝汝。""72/人称说天宇是个复盆,/我们匍匐着在此生死,/莫用举手去求他哀怜——/他之不能动移犹如我你。"

【20】
黄杲炘:《柔巴依集》[柔巴依体译本]

1982年6月,上海译文出版社,第1-55页,开本12.9cm×18.2cm,简装。

译自"第四版(1879年)101首"。

Rubáiyát 译为"柔巴依集"。

Omar Khayyám 译为"奥马尔·哈亚姆"。

Edward FitzGerald 译为"爱德华·菲茨杰拉德"。

封面装饰设计拟仿绘[英国]罗纳德·鲍尔弗[Ronald Balfour]的彩色插画作品(菲氏第一版第75首)为模板,用线条画勾勒一女子形象图案。

扉页正反面采用[爱尔兰/英国]勒内·布尔[René Bull]1913年出版的30幅彩色插画作品中的2幅,即"第一版第5首与第24首"诗意图案,被印刷成单一绿色图案。

内页插图采用[英国]勒内·布尔1913年出版的55幅黑白插画作品中的2幅,即"第一版第33首与第52首"诗意图案。

译诗正文前有"译者前言"。

"附录"中收入在第一、二版中不同于第四版的译诗28首以及菲茨杰拉德为诗集撰写的前言中的译诗3首。

书后附"注释"。

"1/醒醒吧! 太阳已把满天的星斗,/赶得纷纷飞离了黑夜的田畴,/叫夜也随着星星逃出了天庭;/阳光之箭已射上苏丹的塔楼。""12/在枝干粗壮的树下,一卷诗抄,/一大杯葡萄美酒,加一个面包——/你也在我身旁,在荒野中歌唱——/啊,在荒野中,这天堂已够美好!"

【21】
郭沫若:鲁拜集[自由体译本]

1983年8月,潘庆舲编《郁金香集/波斯古典诗选》,江西人民出版社,第174-184页,题名"莪默·伽亚谟/四行诗",选载40首。

译自"第四版(1879年)101首"的第1、5、7、8、11、12、13、14、19、21、22、23、24、26、27、28、31、38、44、45、55、60、63、65、66、67、68、69、71、72、74、77、78、80、81、82、84、88、98、97首。

Rubáiyát 译为"四行诗"。

Omar Khayyám 译为"莪默·伽亚谟"。

Edward FitzGerald 译为"爱德华·菲茨吉拉德"。

译诗正文前有"编者文/四行诗巨擘——莪默·伽亚谟"。

———

44/"倘若你魂能离壳,/赤裸地凌虚御风,/常在这泥骸中跛脚踟躇——/宁非是耻辱重重?"

【22】
虞尔昌:鲁拜集[自由体译本]

1985年2月,台湾台北《中外文学》(月刊)第十三卷第9期(总第153期),虞尔昌教授纪念专号,第26-55页。

译自"第五版(1889年)101首"。

Rubáiyát 译为"鲁拜集"。

Omar Khayyám 译为"奥玛·卡扬"。

Edward FitzGerald 译为"爱德华·费兹吉若"。

诗节后附"译注"。

诗节的第4首、第65首和第75首为陈次云译。

译诗正文后有"虞尔昌文/关于奥玛·卡扬和费兹吉若",文后"编辑部启事:虞尔昌教授遗稿'鲁拜集'另有中英对照本自二月一日起在台大外文系英文报章杂志助读月刊逐期连载,欢迎有兴趣的读者参阅。"

———

"1/太阳射出一支光箭,/正中苏丹王宫的塔尖。/醒来吧! 太阳已把夜空的群星驱散,/也已赶走了沉沉的黑夜。""12/绿荫之下一卷诗章,/一壶美酒,一份干粮——/还有你伴随我在这荒野吟唱——/这荒野啊便是我的天堂!"

【23】
虞尔昌:鲁拜集[自由体译本]

1985年2月,台湾大学外文系《英文报章、杂志助读》(月刊)第136期,第1-11,29页,英汉对照。

译自"第五版(1889年)101首"。

Rubáiyát译为"鲁拜集"。

Omar Khayyám译为"奥玛·卡扬"。

Edward FitzGerald译为"爱德华·费兹吉若"。

第136期起连载,首次选刊20首,第二次选刊10首。

正文前有"编者识/致读者"和"虞尔昌文/关于奥玛·卡扬和费兹诺"。

诗节后"附注"。

———

"(7)/注酒盈樽,当此烂漫的春日,/且把你那忏罪的冬裳抛弃;/时之鸟的旅程苦短,/时之鸟已在振翮高飞。""(29)/茫茫入世,何故?何自?/如水之流,不得不流。/匆匆出世,何为?何往?/风过大漠,不问愿与否。"

【24】
梁实秋:欧玛·卡雅姆的四行诗[自由体译本]

1985年8月,梁实秋译注《英国文学选/第三卷》,台湾台北协志工业丛书出版股份有限公司,第2526-2562页,硬面装。

译自"第一版(1859年)75首"。

Rubáiyát译为"四行诗"。

Omar Khayyám译为"欧玛·卡雅姆"。

Edward FitzGerald译为"费兹哲拉"。

梁实秋,本名梁治华。

译诗正文后附"注"。

此版为"协志工业丛书(社会)"之127。

———

"一/醒来!晨曦向昏夜的盂中/已投进了石块,惊散了群星:/看啊!东方的猎者已把/一圈圆光套上了苏丹的楼顶。""十一/在树荫下带着一块干粮、一壶酒、一卷诗,还有你在我身旁/在荒野中为我高歌一曲——/荒野也就足够成为天堂。"

【25】

[美国]黄克孙:《鲁拜集》[七言绝句体译本]

  1987年1月,台湾台北书林出版有限公司,第1-112页,开本12.7cm×18.6cm,平装带书衣,英汉对照。

  译自"第五版(1889年)101首"。

  Rubáiyát 译为"鲁拜集"。

  Omar Khayyám 译为"奥玛珈音"。

  Edward FitzGerald 译为"费氏结楼"。

  书名页的译者署名为"荷城黄克孙衍译"。

  该书发行人苏正隆。

  封面设计(书衣)采用1幅波斯细密画彩色图案。

  译本正文前的"题诗"增收劳榦与杨联陞两人的"和韵"。

  收入"苏正隆文/出版说明"、"黄克孙文/序"、"译者文/译后记"、"参考材料"和"方瑜文/附录/暮秋重读'鲁拜'"。

  未收入1956年12月启明书局版"慈恩:三十五年'鲁拜集'翻译沧桑录"一文。

"7/春火珠红酒里天,/心中块垒碎尊前。/白驹此去无多路,/岁月无情已着鞭。"
"99/梦游昨夜到天池,/欲借神明剑一枝。/斩碎三千愁世界,/从头收拾旧须弥。"

【26】

黄杲炘、郭沫若、闻一多:奥马尔·哈亚姆之柔巴依集[柔巴依体译本、自由体译本]

  1987年10月,[英国]弗·特·帕尔格雷夫原编/罗义蕴、曹明伦、陈朴编注《英诗金库/下册/卷五/1850-1910年/三一九》,四川人民出版社,第1738-1791页,硬面装,英汉对照。

  采用"第一版(1859年)75首"序列,原译者根据"第四版"译出的诗节,以对应"第一版"诗节的序号编入。

Rubáiyát 译为"柔巴依集"。

Omar Khayyám 译为"奥马尔·哈亚姆"。

Edward FitzGerald 译为"爱德华·菲茨杰拉尔德/爱德华·菲茨杰拉德"。

《英诗金库》原书全名为"英语最佳歌谣及抒情诗之金库[The Golden Treasury of the Best Songs and Lyrical Poems in the English Language]"。

收入黄杲炘译诗51首、郭沫若译诗21首和闻一多译诗3首。

黄杲炘译:"6/大卫的双唇紧锁;但是夜莺啊,/使血色涌上玫瑰萎黄的脸颊——/她,操着神妙的佩雷维语尖叫:/'来!来呀!来酒!来红酒!来红酒啊!'"

郭沫若译:24/"23/呵,在我们未成尘土之先,/用尽千金尽可尽情沉酒;/尘土归尘,尘下除人,/歌声酒滴——永远不能到九泉。"

闻一多译:19/"18/我怕最红的红不过/生在帝王喋血处的蔷薇;园中朵朵的玉簪儿怕是/从当年美人头上坠下来的。"

【27】
郭沫若:鲁拜集[自由体译本]

1987年12月,孙梁编选《英美名诗一百首》,中国对外翻译出版公司/商务印书馆香港分馆,第283-287页,题名"莪默·伽亚谟作《鲁拜集》",选载8首,英汉对照。

译自"第四版(1879年)101首"的第1、12、17、28、68、72、77、101首。

Rubáiyát 译为"鲁拜集"。

Omar Khayyám 译为"莪默·伽亚谟"。

Edward FitzGerald 译为"爱德华·菲茨拉德"。

此版为"一百丛书"之一。1986年5月商务印书馆香港分馆第一版。

"十七/天地是飘摇的逆旅,/昼夜是逆旅的门户;/多少苏丹与荣华,/住不多时,又匆匆离去。"

【28】
[美国]黄克孙:《鲁拜集》[七言绝句体译本]

1989年,台湾台北书林出版有限公司,第1-113页,开本12.9cm×18.6cm,平装,英汉对照。

译自"第五版(1889年)101首"。

Rubáiyát 译为"鲁拜集"。

Omar Khayyám 译为"奥玛珈音"。

Edward FitzGerald 译为"费氏结楼"。

1987年1月初版的二版(修订版)。

增收"苏正隆作/黄译《鲁拜集》注释"43则。

附录增收"宋美璍文/遗貌取神"。

此版为"书林译诗"丛书之14。

2003年8月四刷。

"8/不问清瓢与浊瓢,/不分寒食与花朝。/酒泉岁月涓涓尽,/枫树生涯叶叶飘。"
"96/墓里古人浑不语,/杨花榭后飘香絮。/子规啼尽一春心,/飞到天涯何处去。"

【29】
孟祥森:《鲁拜集》[自由体译本]

1990年7月,台湾台北远景出版事业公司,第1-145页,开本14.8cm×20.9cm,平装,英汉对照。

译自"第五版(1889年)101首"。

Rubáiyát 译为"鲁拜集"。

Omar Khayyám 译为"奥玛·开俨"。

Edward FitzGerald 译为"爱德华·费滋杰罗"。

收入"导论/1.奥玛·开俨事略;2.爱德华·费滋杰罗事略;3.费滋杰罗的著作;4.奥玛·开俨的鲁拜集及其英译;5.费滋杰罗的五次英文衍译;6.显意或秘意"、"附录一"(几本相关书籍的介绍)、"附录二/中文鲁拜集之版本"(节录自慈恩的《三十五年鲁拜集翻译沧桑录》)。

封面图案为[法国]胡奥·杜菲[Raoul Dufy]的彩色作品。

内页页面右上角每页1幅单色素描画小图,为[法国]波那尔[Bonnard]作品,共75幅。

此版为"世界文学全集"丛书第二辑之1。

"12/一卷诗词一壶酒,/与君且做逍遥游,/君于吾侧歌且舞/天堂地狱一时体"。
"99/啊,我爱,难道我们不能与地沟通,/将这不幸的世界紧握掌中;/难道我们不能把它粉碎击破,/重塑接近心中渴望的一个?"

【30】
柏丽:《怒湃译草》[七言绝句体、语体(拟柔巴依体)译本]

1990年8月,中国人民大学出版社,第1-275页,开本13.7cm×20.1cm,简装,英汉对照。

译自"第四版(1879年)101首"。译自第四版为该书标明的"第Ⅳ版",而从提供的"英汉对照"中来看应为译自"第五版(1889年)101首"。

Rubáiyát 译为"怒湃/四行诗集"。

Omar Khayyám 译为"莪默·海涌"。

Edward FitzGerald 译为"爱德华·菲茨杰拉德"。

除101首译诗(双译)外,另收入"佚诗及第Ⅰ、Ⅱ、Ⅲ版选译"45首译诗(双译)。

译诗诗节后附"评注"。

插图由王惕创作,共61幅,其中彩色图案4幅置于扉页,内页57幅黑白插图。

书名题签"钱锺书"。

收入"李霁野文/序一"、"赵甄陶文/序二"、"译者前言"和文后"柏丽文/译诗札记"。

1987年2月,美国纽约《海内外》杂志,题名"鲁拜译草",曾连载119首(七言绝句体译诗),英汉对照。

柏丽,本名刘伯利。

———

"1/日逐星飞出大荒,/廓清夜域靖天疆。/苏丹殿塔谁能刺?/醒!看!初阳一道光!""99/啊!我爱!愿咱与命运商计,/抓住这万物的糟糕图稿!怎不把该世界捣成碎片?——/好按我们心愿重抟再造!"

【31】
梁实秋:欧玛·卡雅姆的四行诗[自由体译本]

1990年9月,刘天华、维辛编选/梁实秋著《梁实秋读书札记/酒壶》,中国广播电视出版社,第187-189页,选载4首。

译自"第一版(1859年)75首"的第33、34、35、36首。

Rubáiyát 译为"四行绝句"。

Omar Khayyám 译为"欧玛·卡雅姆"。

Edward FitzGerald 译为"菲兹哲罗"。

梁实秋,本名梁治华。

———

"三三/于是我对旋转的苍天大喊/我问:'命运可有明灯一盏,/引导暗中跌撞的孩子们?'/上天回答:'这想法好肤浅!'"

【32】
黄杲炘:《柔巴依集》[柔巴依体译本]

1991年3月,上海译文出版社,第1-55页,开本12.9cm×18.2cm,简装。

译自"第四版(1879年)101首"。

Rubáiyát 译为"柔巴依集"。

Omar Khayyám 译为"奥马尔·哈亚姆"。

Edward FitzGerald 译为"爱德华·菲茨杰拉德"。

1982年6月初版的第二次印刷。

未印原有的"书名页"。

删去扉页原采用的勒内·布尔2幅插画作品,改用罗纳德·鲍尔弗6幅黑白插画作品,被印刷成单一绿色图案。

———

"7/来,把杯儿斟满;往春天的火里,/抛去你悔恨交加的隆冬外衣;/时光之鸟只能飞短短的距离——现在,这鸟儿已经在振翅扑翼。""99/爱人哪!要是你我他同心协力,/把握这全部事理的可悲设计,/我们就不用先把它砸个粉碎,/再按自己的心意拼它在一起!"

【33】

孙毓棠：鲁拜集［自由体译本］

1992年10月，王次澄、余太山编选《宝马与渔夫/孙毓棠诗集》，台湾台北业强出版社，第153-167页，开本12.9cm×21cm，平装。

译自"第五版（1889年）101首"。

Rubáiyát 译为"鲁拜集"。

Omar Khayyám 未译名。

Edward FitzGerald 未译名。

文尾记"——录自一九四一年《西洋文学》第七、八期"。

此版为该诗集的"附卷一"一种。

———

"8/不管在娜霞堡还是巴比伦，/不管杯中是苦醪是香醇，/生命的酒正在滴滴地胶涸了，/生命的叶子在一片片凋零。""96/可是，啊，阳春会随了玫瑰凋谢！/馥郁的青春之诗卷会完结！/花枝里歌唱的夜莺啊，谁晓得/她从那儿来，又向那儿飞去！"

【34】

黄杲炘：柔巴依集［柔巴依体译本］

1993年4月，莫渝著《现代译诗名家鸟瞰》，台湾台北幼狮文化事业公司，第289-290页，选载2首。

译自"第四版（1879年）101首"的第12、100首。

Rubáiyát 译为"柔巴依集/鲁拜集"。

Omar Khayyám 未译名。

Edward FitzGerald 未译名。

———

"第一〇〇首/那边升起了找寻我们的明月——/今后她还有多少回阴晴圆缺，/将多少回在这园中找寻我们，/但我们中有人或已消歇寂灭。"

【35】

黄杲炘：柔巴依集［柔巴依体译本］

1994年12月，飞白主编《世界诗库/第8卷/西亚/中亚·非洲》，花城出版社,第138-142页,选载8首。

译自"第四版(1879年)101首"的第40、41、42、44、47、64、66、68首。

Rubáiyát 译为"柔巴依集/鲁拜集"。

Omar Khayyám 未译名。

Edward FitzGerald 未译名。

———————

"41/别再为人间和天上心神不宁,/明天的纷繁让风去理清;/那司酒的身材修长犹如翠柏,/让你的手指在她发丝中忘情。""42/如果说,你喝的酒和你吻的唇/都要归于万物的归宿和根本;/你想想,今天你既是昨天的你,/那到了明天,你不会增损一分。"

【36】
[日本]沙卡布拉扬[Sakabulajo]:《露杯夜陶》[台语自由体译本]

1996年4月,日本绿荫社/台湾高雄春晖,第1-292页,开本18.7 cm×26.5cm,平装带书衣,波斯文英汉对照。

译自"第一版(1859年)75首"和"第四版(1879年)101首"。

Rubáiyát 译为"露杯夜陶"。

Omar Khayyám 译为"奥玛凯琰"。

Edward FitzGerald 译为"费志嘉拉德"。

译诗共87首。

限量版"限定300本",签名编号。

沙卡布拉扬[Sakabulajo],本名郑天送,笔名郑穗影。

封面设计采用波斯细密画彩色图案。

书名页后为两页奥玛凯琰的陵园黑白图案与一页费志嘉拉德墓地的彩色花边框的黑白图案、奥玛凯琰和费志嘉拉德的图像,以及"插画者米尼亚图"。

译诗正文前收入"台语编译者简介"、"凡例"、编译者的《露杯夜陶》含[和]我(代序)"和"沙卡布拉扬收藏:《露杯夜陶》版本"。

译诗正文后收入"《露杯夜陶》的'注释'"、"参考书目"和"限定本书票图含[和]编号"专页。

书内插图主要采用[伊朗]侯赛因·贝扎得·米尼亚[Hossein Behzad Miniatur]1970年出版的52幅彩色插画作品中的48幅,其中3幅为彩色图案。另外采用的插图为埃德蒙·沙利文(18 幅)、[美国]戈登·罗斯[Gordon Ross](24 幅)、[英国]马乔莉·安德森[Marjorie Anderson](1 幅)和波斯细密画(1 幅),均为黑白图案。

此版为"台语诗藏/台语文学鹰扬的先声"丛书之Ⅰ。

————

"No.01./醒起来呵!趁透早紧来起行,/日头将满天的星唎驱走;/看呵! 日光灿耀的金箭,/已经射着退苏丹的塔楼。""No.11./伯来树影下歌一下仔,/遮仔有面包、美酒含诗卷;/更有汝作伴佇荒野唎欢唱,/呵! 佇荒野中着是佇天堂!"

【37】
黄杲炘:柔巴依集[柔巴依体译本]

1997 年 6 月,黄杲炘译《英国抒情诗选》,上海译文出版社,第 143-147 页,选载 17 首。

译自"第一版(1859 年)75 首"的第 1、7、11、16、21、25、29、32、38、43、49、52、57、67、69、72、74 首。

Rubáiyát 译为"柔巴依集"。

Omar Khayyám 译为"奥马尔·哈亚姆"。

Edward FitzGerald 译为"菲茨杰拉德"。

此版为"外国诗歌丛书"之一。

————

"1/醒醒吧! 黎明女神已经把石球/投进了黑夜之碗,叫星星飞走;/看哪! 那东方猎手的光阴之索/已经套中苏丹宫禁里的塔楼。""11/开花结果的树枝下一个面包、一瓶子葡萄美酒和一卷诗抄,/你也在我身旁,在荒野里歌唱,/而荒野这个天堂已经够美好。"

【38】
黄杲炘:《柔巴依一百首》[柔巴依体译本]

1998 年 1 月,中国对外翻译出版公司,第 1-285 页,开本 12.9cm×18.4cm,简装,英汉对照。

译自"第四版(1879 年)101 首"。

Rubáiyát 译为"柔巴依集"。

Omar Khayyám 译为"欧玛尔·哈亚姆"。

Edward FitzGerald 译为"爱德华·菲茨杰拉德"。

正文实收译诗 101 首。

收入译者文"《柔巴依集》——富有传奇色彩的诗篇(代序)"、"附录一"(同 1982 年 6 月译文版的"附录")、"附录二"(增添 4 首译诗)、"附录三"(1982 年 6 月译文版的"译者前言")。

书后"注释"。

译诗正文前采用罗纳德·鲍尔弗 1 幅黑白插画作品。

此版为"一百丛书"之一。

———

"八/不管在内沙布尔或在巴比伦,/不管杯中物是酸苦还是香醇,/生活之酒一滴滴不住地沥出,/生命之叶一片片飘落在泥尘。""九十六/可春天哪,要同玫瑰一起消亡!/芬芳的青春手稿呀,也得合上!/夜莺啊,曾在树枝间娇啼曼唱,/谁知道她来自哪里,去向何方!"

【39】
陈次云:《鲁拜集》[自由体译本]

2001 年 2 月,台湾台北桂冠图书股份有限公司,第 1-112 页,开本 15cm×21cm,平装带书衣,英汉对照。

译自"第四版(1879 年)101 首"。

Rubáiyát 译为"鲁拜集"。

Omar Khayyám 译为"奥玛·开俨"。

Edward FitzGerald 译为"艾德华·费兹杰罗"。

封面译者署名"陈次云/译·导读",总策划署名"吴潜诚、莫渝"。

扉页正反两面各印奥玛·开俨和费兹杰罗像。

插图共 9 幅采用吉尔伯特·詹姆斯的 4 幅和埃德蒙·加勒特的 5 幅。

收入译者文"《鲁拜集》导读:一、题解;二、原作者简介;三、英译者费兹杰罗简介;四、《鲁拜集》译法;五、《鲁拜集》的读法;六、致谢"和正文后的"《鲁拜集》 甲子翻译史(莫渝)"。

———

"I/醒来!太阳已击溃了星斗,/把星和夜从夜战场上赶走,/并射一支辉煌灿烂的金箭,/一箭染红苏丹皇宫的塔楼。""XII/只要一卷诗,一壶酒,一块面包,/妳唱着歌同我在树下逍遥,/虽然周遭是一片不毛荒野——/啊,乐园也不比这荒野好!"

【40】
梁实秋:欧玛·卡雅姆的四行诗[自由体译本]

  2002 年 10 月,梁实秋著《梁实秋文集/第十五卷/〈英国文学选/第 3 卷〉》,鹭江出版社,第 668-690 页,硬面装。

  译自"第一版(1859 年)75 首"。

  Rubáiyát 译为"四行诗"。

  Omar Khayyám 译为"欧玛·卡雅姆"。

  Edward FitzGerald 译为"费兹哲拉"。

  译诗页面下端附"注"。

"七/来,斟满杯,在春天的火里/丢进那忏悔的冬衣。/时间之鸟只有短短的路程好飞——/看!这鸟儿正在振翅而去。""七十三/啊!爱人,如果你我能和命运勾结,/掌握这整个世界乌糟的一切,/我们会不会把它敲得粉碎,/然后改建,使更近于我们理想的境界?"

【41】
黄杲炘:柔巴依集[柔巴依体译本]

  2003 年 7 月,屠岸等译《外国诗歌经典 100 篇》,人民文学出版社,第 325-327 页,题名"柔巴依集(节选)",选载 10 首。

  译自"第四版(1879 年)101 首"的第 1、3、12、24、34、47、63、72、97、99 首。

  Rubáiyát 译为"柔巴依集"。

  Omar Khayyám 译为"奥马尔·哈亚姆"。

  Edward FitzGerald 译为"菲茨杰拉德"。

  此版为"外国文学经典百篇系列"丛书之一。

"34/我请帷幕后的我中之你指点——/在黑里摸索我中之你的灯盏;/一句话象是从身外传到耳中:/'其实你中之我什么也看不见。'""47/当你和我消失在帷幕的后边,/这世界还将长久地往前推衍;/在它眼里,我们的到来和别离/像两颗小小的石子溅落在海面。"

【42】
郭沫若:《鲁拜集》[自由体译本]

2003年9月,中国社会科学出版社,第1-130页,开本11cm×17.9cm,简装,英汉对照。

译自"第四版(1879年)101首"。

Rubáiyát 译为"鲁拜集"。

Omar Khayyám 译为"莪默·伽亚谟"。

Edward FitzGerald 译为"费慈吉拉德"。

插图采用[伊朗]马哈茂德·萨亚[Mahmoud Sayah]1947年美国纽约兰登书屋出版的20幅彩色插画作品中的10幅。

收入"序言"(即原"小引"的内容)、"注释"、"[美国]路易斯·安特迈耶[Louis Untermeyer]文,英汉对照,王柏华译/跋"和"爱德华·菲茨杰拉德/附录/《鲁拜集》英文版序"。

此版有两种形式,仅封面设计不同而内容完全一致。

"18/蒋年西宴饮之宫殿/如今已成野狮蜥蜴之场;/好猎王巴朗年之墓头,/野驴已践不破他的深梦。""100/方升的皓月又来窥人了——/月哟,你此后仍将时盈时耗;/你此后又来这花园寻人时,/在我们之中怕有人你难寻到!"

【43】
傅一勤:《新译鲁拜集/人生智慧小诗》[七言绝句体译本]

2003年12月,台湾台北文鹤出版有限公司,第1-109页,开本13.7cm×20.1cm,平装,英汉对照。

译自"第五版(1889年)101首"。

Rubáiyát 译为"鲁拜集"。

Omar Khayyám 译为"奥玛伽音"。

Edward FitzGerald 译为"费兹结娄"。

收入译者的"原作者·英译者简介并序"一义。

译诗诗节后附"解读"。

"1/醒醒东方天已明,/夜空星辰驱散尽;/朝阳掷下金光剑,/直击苏丹塔上影。""12/

树下有酒又有粮,/诗书美人伴我赏;/美人为我歌旷野,/旷野于我即天堂。"

【44】

李霁野:俄默绝句集[五言、七言绝句体译本]

2004年3月,李霁野著《李霁野文集/第八卷》,百花文艺出版社,第1－39页,简装。

译自"第一版(1859年)75首"和"第四版(1879年)101首"。

Rubáiyát 译为"俄默绝句集/妙意曲"。

Omar Khayyám 译为"俄默·伽亚默"。

Edward FitzGerald 译为"爱德渥德·菲茨杰拉德"。

据译者自述,译稿译于1944年至1946年之间。

插图采用[亚美尼亚/美国]萨尔基斯·卡恰图良[Sarkis Katchadourian]1946年出版的11幅彩色插画作品中的6幅,被印刷成黑白图案。

译诗正文后附"译注";收入"李霁野文/译后记"。

收入"妙意曲/〈鲁拜集〉选译"8首,第527－529页。

————

"一/君乎速觉醒!/星夜变清晨:/试看日光彩,/灿然耀王廷。""十二/树下读诗章,/干粮美酒尝,/君歌妙意曲,/旷野亦天堂。"

【45】

黄杲炘:欧玛尔·海亚姆《柔巴依集》[柔巴依体译本]

2006年6月,沈苇著《柔巴依:塔楼上的晨光》,新疆美术摄影出版社,第40－47页,题名"柔巴依精选",选载32首。

译自"第四版(1879年)101首"的第1、2、3、7、12、14、16、21、22、26、29、34、35、36、41、42、44、47、48、58、59、62、63、66、72、74、77、91、93、98、100、101首。

Rubáiyát 译为"柔巴依集"。

Omar Khayyám 译为"欧玛尔·哈亚姆"。

Edward FitzGerald 译为"爱德华·菲茨杰拉德"。

此版为"边疆话语丛书"之一。

21/"啊,我亲爱的,斟满这今日之杯,/浇却那往日之悔和来日之畏;/明天哪!哎,到了明天连我自己/怕已归入昨天的七千年之内。"

【46】
黄杲炘:《柔巴依集》[柔巴依体译本]

2007年1月,湖北长江出版集团/湖北教育出版社,第1-293页,开本15.4cm×21.6cm,硬面装,英汉对照。

译自"第一版(1859年)75首"和"第四版(1879年)101首",其中第四版译本无英汉对照。

Rubáiyát 译为"柔巴依集"。

Omar Khayyám 译为"欧玛尔·哈亚姆"。

Edward FitzGerald 译为"爱德华·菲茨杰拉德"。

封面设计采用罗纳德·鲍尔弗1幅黑白插画作品。

扉页上有[美国]洛威尔[Lowell]一首颂诗,颂诗手写体采用[匈牙利/美国]威利·波加尼[Willy Pogany]的作品。

书名页图案也采用了波加尼的装饰设计。

书名页后为2页菲氏第一版与第二版的原版书名页。

内页插图采用杜拉克的12幅彩色插画作品、沙利文的75幅黑白插画作品、鲍尔弗的33幅黑白插画作品和[波兰/美国]亚瑟·西克[Arthur Szyk]1940年出版的8幅彩色插画作品中的7幅,被印刷成黑白图案。

收入"译者前言"、"菲氏柔巴依补遗"(译诗22首)、"《柔巴依集》五种版本对照表"、"寻图记——后记"和"附记"。

此版为"世界名著插图本"丛书之一。

"11/这里,树枝下伴我的是个面包,/是一瓶葡萄美酒和一本诗抄;/你也在我身旁,在荒野中歌唱——这样的荒漠同天堂一样美好。""73/爱人哪!你我若能同命运协力,/把握这全部事物的可悲设计,/我们就不用先把它砸个粉碎,/再把它塑造得比较称心如意!"

【47】
虞尔昌:《鲁拜集》[自由体译本]

2007年9月,浙江省海宁市史志办公室编,第1-144页,开本14cm×20.4cm,简装,英汉对照。

译自"第五版(1889年)101首"。

Rubáiyát译为"鲁拜集"。

Omar Khayyám译为"奥玛·卡扬"。

Edward FitzGerald译为"爱德华·费兹吉若"。

封面设计采用马哈茂德·萨亚的1幅彩色插画作品。

内页插图亦采用马哈茂德·萨亚的9幅彩色插画作品,被印刷为黑白插画作品,另采用埃德蒙·杜拉克的1幅彩色插画作品,被印刷为黑白插画作品。

书前"家人合影"3幅。

扉页有虞尔昌手迹。

收入"编者文/编辑说明"、"虞尔昌文/一、前言——关于奥玛·卡扬和费兹吉若"、"虞润身文/三、美哉!《鲁拜集》"和"虞润身文/四、后记"。

―――

"8/莫问是在纳霞堡还是在巴比伦,/莫问樽中倾注的是苦汁还是芳醇,/生命的旨酒滴滴渗漏不已,/生命的绿叶片片飘坠不停。""99/啊,朋友,尔我若能密谋把他来对付,/掌握那恼人的计划之全盘,/我们难道不会把它撕毁重安排,/使它更合我们的心愿!"

【48】
黄杲炘:《柔巴依集》[柔巴依体译本]

2007年9月,湖北长江出版集团/湖北教育出版社,第1-293页,开本15.4cm×21.6cm,硬面装,英汉对照。

译自"第一版(1859年)75首"和"第四版(1879年)101首",其中第四版译本无英汉对照。

Rubáiyát译为"柔巴依集"。

Omar Khayyám译为"欧玛尔·哈亚姆"。

Edward FitzGerald译为"爱德华·菲茨杰拉德"。

2007年1月第1版的第2次印刷。

译诗有少量改动。

"15／辛勤耕耘的，种出了金穗玉粒，／挥霍奢靡的，在风中撒粮如雨；／他们同样都不会化成为金沙——／一朝埋下，再不会被重新掘起。""29／不知什么是根由、哪里是源头，／就像是流水，无奈地流进宇宙；／不知哪里是尽头、也不再勾留，／我像是风儿，无奈地吹过沙丘。"

【49】
江日新：鲁拜集［七言绝句体译本］

2008年5、6月，台湾《中国时报／人间副刊》（连载），第E7版。

译自"第五版（1889年）101首"。

Rubáiyát 译为"鲁拜集"。

Omar Khayyám 译为"奥玛·珈音"。

Edward FitzGerald 译为"费滋杰罗"。

连载自2008年5月8日起至6月1日止，仅发表80首，第80首诗节后有说明"鲁拜集连载至今暂告一段落，请密切留意本刊披露单行本正式发行讯息"。

报头刊句"一杯酒、一卷书，且将鲁拜再重吟"。

译诗正文前载文"江日新文／与奥玛·珈音同醉"。

插图采用波斯细密画、［匈牙利／美国］威利·波加尼、［英国］斯图尔特·哈代［Stuart Hardy］1907年的插画作品、［英国］罗纳德·鲍尔弗、［英国］爱德蒙·沙利文、［美国］布兰奇·麦克马纳斯［Blanche McManus］（1898年）、［英国］杰克逊［A. E. Jackson］（1911年）、［英国］希斯·鲁滨逊［Heath Robinson］（1907年）、［英国］安妮·菲胥［Anne Fish］（1922年）、［爱尔兰／英国］勒内·布尔、［伊朗］乌拉·卡尔［H. A. Ullah Karr］（1938年）、［英国］多丽丝·帕尔默［Doris Palmer］、［英国］马乔莉·安德森和［波兰／美国］亚瑟·西克等艺术家的插画作品，均被印刷成黑白图案。

"1／为日已照醒阍魂，／夜阑疏星复西沉，／天际尽驱画换夜，／苏丹楼台起红轮。""12／枝荫手把一诗书，／麦饼维生酒一壶，／野旷相伴君歌唱，／漠漠荒碛自乐土。"

【50】
郭沫若:《鲁拜集》[自由体译本]

2009年1月,吉林出版集团有限责任公司,第1-120页,开本18.8cm×25.9cm,简装,英汉对照。

译自"第四版(1879年)101首"。

Rubáiyát 译为"鲁拜集"。

Omar Khayyám 译为"莪默·伽亚谟"。

Edward FitzGerald 译为"费慈吉拉德"。

插图采用[法国/英国]埃德蒙·杜拉克[Edmund Dulac]1909年出版的20幅彩色插画作品中的12幅。

内容按泰东版1928年5月第4版编印。

目录为"上篇/导言 I. 读了鲁拜集后之感想 II. 诗人莪默伽亚谟略传"、"下篇/鲁拜集诗百零一首、注释"。

———

"28/我也学播了智慧之种,/亲手培植它渐渐葱茏;/而今我获得的收成——/只是'来如流水,逝如风'。""74/昨日已准备就今日的发狂;/明日的缄默,凯旋,失望:/饮罢! 因为你不知何处来、何故来:/饮罢! 因为你不知何故往、何处往。"

【51】
[日本]但地·沙卡布拉扬[A. D. Sakabulajo]:《露杯夜陶》[台语与华语自由体译本]

2009年2月,日本绿荫社/台湾高雄春晖出版社,第1-604页,开本22cm×30.5cm,精装带书衣、带书壳,波斯文/英汉对照。

译自"第一版(1859年)75首"。

Rubáiyát 译为"露杯夜陶"。

Omar Khayyám 译为"奥玛凯琰"。

Edward FitzGerald 译为"菲志嘉拉陶"。

译诗共54首。

版权页标注"纪念非卖品"、"限定本300本",签名钤印,书尾页编号。

但地·沙卡布拉扬[A. D. Sakabulajo],本名郑天送,笔名郑穗影。

封面上在"露杯夜陶"书名下副题为"诗魂个窗/心灵之眼"。

书名页上在"露杯夜陶"、"诗魂个窗/心灵之眼"下再题为"奥玛凯琰个'露杯夜陶'佮插画艺术、沙卡收藏册志个世界。"

译诗正文前收入"献词"、"图佮歌"、"踏话头"和"凡例",并图文介绍"奥玛凯琰佮译者、插画家、佮其它文化、史地背景"等。

每首译诗均配有题为"诗魂个窗/心灵之眼"的解释与"注解"。

译诗正文后收入"译者文/奥玛凯琰个诗魂佮科学、精神生命"、译者的"各种版本个'集锦'选"、"沙卡收藏个《露杯夜陶册志》"、"后记"、"沙卡简介、著编译作表"和"沙卡藏册票图"。

书内插画、写真等图片极为丰富,计有850多幅,采用的插图囊括了各个时期的艺术家各种插画作品。

"VII/来啊!酒杯嘟滕乎滇滇,/伫春阳个热火里抛捨懊恼个冬衣;/时光之鸟若上天么无偌远,/汝看,它今仔挂仔卜展翅飞起!""LII/爱人呵!伯咁昧当佮命运来交谈,/将这悲哀个世间把握伫伯个手腕?/咁昧当共它摔破甲碎幼幼,/则佮来捏造新样合著伯个心愿?"

【52】
[美国]黄克孙:《鲁拜集/双语插图本》[七言绝句体译本]

2009年9月,凤凰出版传媒集团/译林出版社,第1-218页,开本15.3cm×22.7cm,简装,英汉对照。

译自"第五版(1889年)101首"。

Rubáiyát 译为"鲁拜集"。

Omar Khayyám 译为"奥玛珈音"。

Edward FitzGerald 译为"费氏结楼",封面英译者署名为"菲茨杰拉德"。

译者署名为"[美国]黄克孙中译"。

目录为"黄克孙文/诗心伴玉壶:自序、董桥文/我集藏的《鲁拜集》、董桥文/画《鲁拜集》的人、黄克孙等作/题诗、黄克孙译/鲁拜集、黄克孙文/译后记"。

目录页后为"钱锺书致苏正隆的信"手迹。

黄克孙的自序分为"新版序"和"第二版序"。

"译后记"后有"参考材料"。

插图110幅均为黑白图案,其中采用[英国]罗纳德·鲍尔弗1920年出版的黑白插画作品中的33幅、[法国/英国]埃德蒙·杜赖克20幅插画作品、[英国]埃德蒙·沙利文1913年出版的75幅黑白插画作品中的39幅和[英国]吉尔伯特·詹姆斯1898年出版的12幅黑白插画作品中的9幅,而这9幅插画中有1幅为奥玛画像而非插图。

封面书腰带上的推荐语为:"钱锺书盛赞中文译本/董桥特别作序推荐/全世界知名大学学者所列50本必读图书之一/数学家兼诗人奥玛珈音原作/'波斯李白'之绝美纯诗/物理学家兼诗人黄克孙中译七绝/文采斐然、天才横溢/菲茨杰拉德英译/西方文学的传世经典"。

此版为"新课标双语文库"丛书之一。

2010年9月重印、2012年6月第三次印刷、2012年9月第四次印刷。

"13/三生事业尽朦胧,/一世浮华总落空。/今日有钱须买醉,/鼓声山外任隆隆。"
"73/天化劳人泥与水,/身渗苦水到穷途。/云山沧海何年尽,/都在鸿蒙纸上书。"

【53】
[美国]黄克孙:《鲁拜集》[七言绝句体译本]

2010年4月,台湾台北书林出版有限公司,第1-109页,开本14.9cm×20.9cm,平装,英汉对照。

译自"第五版(1889年)101首"。

Rubáiyát译为"鲁拜集"。

Omar Khayyám译为"奥玛珈音"。

Edward FitzGerald译为"费氏结楼"。

1987年1月初版的三版。

书名页后增收彩色画面为"奥马珈音之墓"、"波斯狩猎图"、"斜倚的王子"、"王子与公主拥抱图"、"各种鲁拜集版本"和"奥玛珈音纪念碑"等7页图案。

二版原译诗正文后附录的"方瑜文/暮秋重读'鲁拜'"、"宋美璍文/遗貌取神"被移至译诗正文前。

此版为"世界诗选"丛书之8。

"15/一杯浊酒无余恨,/死去谁怜金玉椁。/但见明珠出土来,/凄凉白骨无人问。"
"29/浑噩生来非自宰,/生来天地又何之。/苍茫野水流无意,/流到何方水不知。"

【54】
徐燮均:鲁拜集[五言绝句体译本]

2010年5月,徐燮均译《英语名诗80首》,四川大学出版社,第254 - 310页,开本10.4cm×18.6cm,硬面装,英汉对照。

译自"第五版(1889年)101首"。

Rubáiyát 译为"鲁拜集"。

Omar Khayyám 译为"莪默·伽亚谟"。

Edward FitzGerald 译为"爱德华·菲茨杰拉德"。

译诗正文前收入"译者文/莪默·伽亚谟事略"和"译者作/题鲁拜集一绝"。

译诗正文后收入"鲁拜集百一首(人生杯酒一长歌)/重译后序"。

"(1)/速醒复速醒,/朝曦袭夜境,/晨星已散失,/光箭射宫顶。""(12)/林下诗一卷,/随餐酒一樽,/尔歌在我侧,/荒土即乐苑。"

【55】
覃学岚:《鲁拜集新译》[七言绝句体译本、自由体译本]

2011年1月,中国出版集团/中国对外翻译出版公司,第1 - 182页,开本14.5 cm×21cm,简装,英汉对照。

译自"第三版(1872年)101首"。

Rubáiyát 译为"鲁拜集"。

Omar Khayyám 译为"欧玛尔·海亚姆"。

Edward FitzGerald 译为"爱德华·菲茨杰拉德"。

封面提示"译自伊莱休·维德插图的菲茨杰拉德英译豪华版",[美国]伊莱休·维德[Elihu Vedder]的绘画本根据菲氏第三版创作。

内页插图采用伊莱休·维德1884年出版的53幅黑白插画作品。

收入"罗选民文/序"、"理查德·莫雷文/豪华版介绍"、"附录一:诗人简介/欧玛尔·海亚姆"、"附录二:关于 Rubáiyát"和"译者文/译后记"。

"1/醒来!因为驱散了群星的太阳/将黑夜一并撵出了天堂,在苏丹楼上洒下了一缕曙光。""12/面包一片酒一壶,/诗抄一卷树下读,/更得佳人歌相伴,/荒野不与天堂殊。"

【56】
眭谦:莪默绝句集[七言绝句体译本]

2011年1月,眭谦著《由枬斋吟稿/卷六/西陆集》,四川出版集团/巴蜀书社,第143-163页,开本14 cm×20.4cm,简装。

译自"第五版(1889年)101首"。

Rubáiyát 译为"莪默绝句集"。

Omar Khayyám 译为"莪默·伽亚谟"。

Edward FitzGerald 译为"菲茨杰拉德"。

书名题签"丁观加"。

译诗正文文尾题记"二〇〇八"。

收入"附录/莪默绝句集译记"。

眭谦,网名"伯昏子"。

此版为"当代诗词家别集丛书"之一。

"其一/醒罢东君逐夜还,/纷纭列宿逝冥关。/赫戏万丈光如箭,/正射君王宫阙间。" "其十二/一片干粮一卷诗,/一壶美酒傍疏枝。/荒原有汝歌清发,/爰得乐郊无尽时。"

【57】
黄杲炘:柔巴依集[柔巴依体译本]

2011年6月,屠岸选编《外国诗歌百篇必读》,人民文学出版社,第301-303页,题名"柔巴依集(节选)",选载10首。

译自"第四版(1879年)101首"的第1、3、12、24、34、17、63、72、97、99首。

Rubáiyát 译为"柔巴依集"。

Omar Khayyám 译为"奥马尔·哈亚姆"。

Edward FitzGerald 译为"菲茨杰拉德"。

"72/那翻转的碗儿他们唤作天空,/下面是我们生死其中的樊笼:/别趴倒在地上举手向天求助——/它之行动无力也和你我相同。""97/沙漠里只要清泉露一丝痕迹——/哪怕是模糊迷离但透露消息,/昏迷的旅人也许会向它扑去,/就像被踏倒的草儿重新挺立。"

【58】
阮小晨:鲁拜集[七言绝句体、七言多句体、自由体等译本]

2011年6月,阮小晨译《英美名诗二百首新译》,漓江出版社,第256－297页,开本13cm×28.5cm,简装,英汉对照。

译自"第五版(1889年)101首"。

Rubáiyát 译为"鲁拜集"。

Omar Khayyám 译为"莪默·卡亚姆"。

Edward FitzGerald 译为"爱德华·菲茨杰拉德"。

封面设计采用爱德华·菲茨杰拉德照像和英文"Rubaiyat",并在书名"英美名诗二百首新译"上端印有"《鲁拜集》等二百首英美名诗荟萃国内外首次完全古诗体和现代口语翻译"。

"前言"四部分,其中"二、关于《鲁拜集》"。

若干诗节后附有"注"。

"1/旭日冉冉升蓝天,层层夜幕被刺穿,/群星顿作鸟兽散,太阳万道金光箭,/射中了王爷的宝塔尖。快醒来,新的一天已到来。""12/一片面包一壶酒,棕榈树下读诗书;/你在身边把歌唱,/茫茫瀚海胜天堂。"

【59】
滕学钦:《陌上蔷薇/鲁拜集新译》[七言绝句体译本]

2011年12月,中国海洋大学出版社,第1－111页,开本12cm×19cm,硬面装,英汉对照。

译自"第四版(1879年)101首",译自第四版为译者在"译序"文中自述:"所据版本是菲兹杰拉德英译第四版",而从提供的"英汉对照"中来看应为译自"第五版(1889年)101首"。

  Rubáiyát 译为"鲁拜集"。

  Omar Khayyám 译为"莪默·伽亚谟"。

  Edward FitzGerald 译为"爱德华·菲兹杰拉德"。

  译者署名为"滕学钦/衍译"。

  目录为"译序"、"鲁拜集"、"鲁拜诗译比较浅说"和"修订附记"。

  目录页后采用[英国]罗纳德·鲍尔弗的黑白插画作品4幅。

  每首诗节后附"译按"。

———

"1/夜魅纷披避曙光,/群星失色遁微茫,/一枝金箭狙宫塔,/可笑苏丹梦正香。""12/一卷诗书一绿荫,/箪瓢酒食意中人,/阿卿傍我歌荒野,/醉比天堂胜几分。"

【60】
[美国]黄克孙:《英文花体字([美国]张之申笔绘)鲁拜集》[七言绝句体译本]

  2012年3月,台湾台北书林出版有限公司,第1-108页,开本20cm×20cm,平装带书衣,英汉对照。

  译自"第五版(1889年)101首"。

  Rubáiyát 译为"鲁拜集"。

  Omar Khayyám 译为"奥玛珈音"。

  Edward FitzGerald 译为"费氏结楼"。

  书名《英文花体字鲁拜集》的英文书名为"The Art of Penmanship and Rubaiyat"。

  封面署名"张之申教授 Helen Chang M. D. 笔绘"。

  收入"李台营文/推荐序"、"作者序"、"英文花体字艺术简介"。

  黄克孙的译诗选载53首并未按原诗节顺序编排。

———

56/"是非原在有无中,/竭想穷思总是空。/借问一心何所好,/满杯春酒漾娇红。" 63/"碧落黄泉皆妄语,/三生因果尽荒唐。/浊醪以外无真理,/一谢花魂再不香。"

【61】
王虹:《鲁拜集——世界上最美的诗歌》[五言、七言绝句体译本]

2012 年 12 月,广东省出版集团/花城出版社,第 1 - 172 页,开本 14.6 cm×21cm,简装,英汉对照。

译自"第五版(1889 年)101 首"。

Rubáiyát 译为"鲁拜集"。

Omar Khayyám 译为"莪默·伽亚谟"。

Edward FitzGerald 译为"费慈吉拉德"。

译诗中有若干首一诗两译;有若干首为四言与六言体;亦有若干首为自由体(拟柔巴依体)。

封面设计右上角采用[法国/英国]埃德蒙·杜拉克的 1 幅彩色插画作品。

内页插图采用[法国/英国]埃德蒙·杜拉克的 20 幅彩色插画作品中的 15 幅,被印刷成黑白图案。

译诗正文前页题名"莪默绝句——《鲁拜集》全译"。

收入"Green& 听雨馆主文/序"、"附录一/《鲁拜集名家选译》"(其中选刘半农 8 首、胡适 1 首、徐志摩 1 首、闻一多 4 首和郭沫若 3 首)、"王虹文/附录二/英诗汉译研究/一、英语'白体诗'的节奏与汉语近体诗声律比较/二、英语古诗翻译试探/三、《鲁拜集》翻译研究"、"王虹文/附录三/汉语绝句介绍"和"译者后记"。

王虹,网名"飘红"。

2010 年 5 月,王虹文《从英语绝句到汉语绝句——以〈鲁拜集〉汉译为例》,《淮北煤炭师范学院学报(哲学社会科学版)》第 3 期,第 119 - 122 页,选译 17 首。

"1/醒来金乌升,/驱散漫天星。/夜幕随声落,金矛射塔顶。""12/面包一块酒一杯,/乡野欢笑翠林隈。/浅斟低唱情难尽,/人在天堂乐不归。"

【62】
郭沫若:《鲁拜集》[自由体译本]

2013年1月,时代出版传媒股份有限公司/安徽人民出版社,第1-143页,开本17cm×24cm,简装,英汉对照。

译自"第四版(1879年)101首"。

Rubáiyát译为"鲁拜集"。

Omar Khayyám译为"莪默·伽亚谟"。

Edward FitzGerald译为"费慈吉拉德"。

插图采用[法国/英国]埃德蒙·杜拉克1909年出版的20幅彩色插画作品中的12幅。

内容按泰东版1928年5月第4版编印。

目录为"上篇/导言I.读了鲁拜集后之感想II.诗人莪默伽亚谟略传"、"下篇/鲁拜集诗百零一首、注释"。

此版为"时代图文经典"丛书之一。

"5/夷朗牟的花园已和蔷薇消亡,/蒋牟西的七环杯谁也不知去向;/但有玛瑙般红仍从葡萄破绽,/水畔的花圃处处都是花英。""91/啊,我生将谢请为我准备酒浆,/生命死后请洗涤我的皮囊,/葬我在绿叶之下,/间有游人来往的花园边上。"

【63】
黄杲炘:《谐趣诗A～Z/柔巴依集(二)》[柔巴依体译本]

2013年5月,时代出版传媒股份有限公司/安徽人民出版社,第1-210页,开本17.1cm×24cm,简装,英汉对照。

译自"第二版(1868年)110首"。

Rubáiyát译为"柔巴依集"。

Omar Khayyám译为"欧玛尔·哈亚姆"。

Edward FitzGerald译为"爱德华·菲茨杰拉德"。

[法国/英国]埃德蒙·杜拉克插图本,插图采用[法国/英国]埃德蒙·杜拉克1909年出版的为菲氏第二版创作的20幅彩色插画作品。

该书与[法国/英国]埃德蒙·杜拉克诗绘的《谐趣诗A　Z》合集出版。

收入"译者前言"、"后记:说不尽的'柔巴依'"和"第二版与其他各版内容对照表"。

此版为"时代图文经典"丛书之一。

"58/我虽然靠绳墨区分是非正误,/我也能凭逻辑判断兴衰沉浮,/但是人愿意探索的一切之中,/除了酒我从未深入任何事物。""66/啊,对地狱天堂的恐惧和渴望!/至少一点肯定:此生象飞一样;/就这点肯定,其他全都是撒谎;/一度盛开的花朵,已永归灭亡。"

【64】
梁欣荣:《鲁拜新诠》[七言绝句体译本]

2013年9月,台湾台北书林出版有限公司,第1–165页,开本15cm×21cm,平装,英汉对照。

译自"第五版(1889年)101首"。

Rubáiyát 译为"鲁拜集"。

Omar Khayyám 译为"奥玛珈音"。

Edward FitzGerald 译为"费兹杰罗"。

英文书名为"Poems inspired by The Rubaiyat"。

译诗正文前有"梁欣荣文/《鲁拜新诠》缘起"和"梁欣荣作/和黄克孙译《鲁拜集》〈题诗〉三韵"。

译诗正文后有译者的"《鲁拜新诠》文化符号注释"、"《鲁拜新诠》七绝规格"及"Postscript"(英文)。

插图采用波斯细密画7幅黑白图案、1幅奥玛塑像图片、1幅奥玛陵园图片。

此版为"世界诗选"丛书之13。

"1/觉来朝日掩残星/又见苍穹白画屏/长夜匆匆天际殁/苏丹塔上望青冥"。"12/一卷诗书叶下盟/菽水箪醪笑白丁/此日逢君相对饮/十方天地尽升平"。

【65】
孙毓棠:鲁拜集[自由体译本]

2013年9月,余太山编《孙毓棠诗集》,商务印书馆,第289–319页,简装。

译自"第五版(1889年)101首"。

> 汉译书目

Rubáiyát 译为"鲁拜集"。

Omar Khayyám 译为"莪默"。

Edward FitzGerald 未译名。

译诗正文后收入"注释"。

"注释"后照录《新文学》的文尾题记。

文尾又记"原刊《西洋文学》第 7·8 期(1941 年),第 68-74 页,第 196-205 页。此处文字据《新文学》第 1 卷第 2 期(1944 年),第 1-10 页。"

———

"13/有些人追求现世的光荣;/有些望先知的天国来临;/啊,取今朝,别预计明朝的账,/更别管远方混沉的鼓声!""73/拿最初的泥土捏成最后的人形,/种最初的种子为了最后的收成:/创世时第一天早已经写好/到天荒地老后恰可诵的铭文。"

【66】
我瞻室:《波斯短歌行》[七言绝句体译本]

2014 年 12 月,华东师范大学出版社,第 1-35 页(单页页码数),开本 15cm×23cm,线装。

译自"第四版(1879 年)101 首"。

Rubáiyát 译为"波斯短歌行"。

Omar Khayyám 译为"奥玛伽音"。

Edward FitzGerald 译为"费氏结楼"。

译诗除 101 首外,另收入 17 首原在第一、二版和三版中不同于第四版的"删稿"以及菲茨杰拉德为《鲁拜集》撰写的前言中"佚稿"。

扉页署名"我瞻室译述"。

我瞻室,本名钟锦。

全本手写抄录(竖排),写录者"史铭"。

"译序"为译者自序。

译诗正文后收入"译者文/跋"和史铭书录完毕后记。

———

"其一/驱尽繁星天宇澄/扫除长夜看东升/殷勤又唤浮生梦/遥射宫楼最上层""其十二/亦有桐阴一卷诗/一箪食与一鸱夷/卿来广漠长歌罢/天上人间两不知"。

全译本

【67】
［瑞典］傅正明：奥玛·珈音鲁拜集［七言绝句体、五言律诗体、词体旧体诗词译本］

  2015年1月，［瑞典］傅正明译著《鲁拜诗词新译五百首/卷二/鲁拜诗词一一四首》，台湾台北唐山出版社，第98－165页，开本15.3cm×21.4cm，精装/平装，英汉对照。

  译自"第四版（1879年）101首"。

  Rubáiyát 译为"鲁拜集"。

  Omar Khayyám 译为"奥玛·珈音"。

  Edward FitzGerald 译为"爱德华·费兹杰罗"。

  菲氏的译诗另收入13首原在第一版中的4首和第二版中的9首不同于第四版的诗节。

  除编为"卷二"的菲氏《鲁拜集》译诗之外，该书还收入"卷一/鲁拜诗词一〇一首（波斯文中文对照）"、"卷三/鲁拜诗词一一六首（译自其他西方译者）"、"卷四/鲁拜诗词六十八首（译自东方译者）"和"卷五/鲁拜诗词一〇一首（参照多家译本的衍译）"。

  书前收入"本书介绍"、"《鲁拜集》〈题诗〉三韵（附：黄克孙《鲁拜集》〈题诗〉）"、"诺顿·F. W. 哈泽尔丁作/傅正明译/序诗：奥玛·珈音挽歌"、"锈蚀镜和鉴世杯——《鲁拜诗词新译五百首》前言"和"注释"。

  各卷后附"注释"。

  书后收入"附录/中国古典诗词格律，以《鲁拜诗词新译五百首》代表作为例"。

  封面设计采用［美国］马科斯菲尔德·帕里斯［Maxfield Parrish］1917年创作的广告画作品，《鲁拜集》诗节"树荫下"诗意的彩色图案。

  内页"卷二"部分有插图，采用［英国］罗纳德·鲍尔弗插画作品1幅、［英国］埃德蒙·沙利文插画作品1幅和［美国］伊莱休·维德绘画本书名页图案1幅及插画作品1幅，均为黑白图案。

  此版为"译丛"丛书之15。

  "001/东君醒看寒星瘦,/出海红轮溢暖流,/光箭满弓驱黑夜,/全锋直射苏丹楼。"

  "012/巫山一段云/开卷诗书美,舒怀坛酒香,/青枝叶下有粗粮,日月转悠扬。/嘉树垂荫人衷曲伴君郎,荒野作天堂!"

集[柔巴依体译本]

1月,赵国栋编译《玫瑰园——维吾尔族古体诗"柔巴依"集》,
版社/新疆科学技术出版社,第 111-115 页,题名"欧玛尔·海
依'",选载10首。

第四版(1879年)101首"的第 26、36、41、63、74、98、77、91、72、

iyát 译为"欧玛尔·海亚姆'柔巴依'集"。

Khayyám 译为"欧玛尔·海亚姆"。

rd FitzGerald 译为"爱德华·菲次杰拉德"。

准备了今天的颠倒、疯狂,/醴[酝]酿了明天的沉默、凯旋、绝望;/喝吧,你
,为何来?/喝吧,你又不知因何去,[该]去何方。"

巴依集[柔巴依体译本]

15年4月,黄杲炘选译《英国名诗选》,上海外语教育出版社,第195
页,题名"欧玛尔·哈亚姆之柔巴依集(选段)",选载10首,英汉

自"第四版(1879年)101首"的第1、3、12、24、34、47、63、72、97、

Rubáiyát 译为"柔巴依集"。
Omar Khayyám 译为"欧玛尔·哈亚姆"。
Edward FitzGerald 译为"菲氏"。

g/啊,把剩下的一切尽量地享用,/趁我们还没沉沦于尘土之中;/尘土复归于尘
土下:/无酒无歌无歌手,而且还无穷。"

【70】
郭沫若:《鲁拜集》[自由体译本]

2015年9月,海豚出版社/中国国际出版集团,第1-132页(未印页码数),开本29.5cm×35.7cm,硬面精装(书顶刷金、书口书底毛边),英汉对照。

译自"第四版(1879年)101首",按[美国]伊莱休·维德绘画本对"第三版(1872年)101首"调整的诗节顺序排印。

Rubáiyát 译为"鲁拜集"。

Omar Khayyám 译为"莪默·伽亚谟"。

Edward FitzGerald 译为"费慈吉拉德"。

此版为复制[美国]伊莱休·维德1884年出版的《鲁拜集》黑白绘画本。

封面镶印"鲁拜集"三字汉译书名。

诗画图案前后页面配以郭沫若的译诗,因原[美国]伊莱休·维德绘画本选用的是"第三版(1872年)101首"并被维德调整了部分诗节顺序,故郭沫若译诗的诗节以对应编入。

诗画正文后收入"郭沫若文/诗人莪默·伽亚谟略传"、"[英国]罗勃·谢泼德[Rob Shepherd]文/关于《鲁拜集》"和"海豚出版社文/出版说明"。

编号1-3用尼日利亚山羊皮装订,由英国谢泼德·桑格斯基&萨克利夫·扎赫诺斯朵夫公司[Shepherds Sangorski & Sutcliffe and Zaehnsdorf]手工制作,编号4-10中国羊皮装订,以上均由罗勃·谢泼德监制,编号11-500用仿皮装订。

该书附属《鲁拜集豪华版笔记本》(2015年9月,海豚出版社,第1-304页,开本18.5cm×26cm)。

扉页为说明"此封面使用弗朗西斯·桑格斯基[Francis Sangorski]设计图稿,以纪念这位英国伟大的书籍装帧设计大师。"

扉页后为弗朗西斯·桑格斯基照像。

照像页后为说明"封面使用英国弗朗西斯·桑格斯基1905年(应为1903年)制作的《鲁拜集》(Rubaiyat)的图案,原书藏于法兰克福工艺博物馆(Museum fur Kunsthandwerk)。封面孔雀和花卉由深绿、蓝色、红色、白色、棕色等染色羊皮镶嵌裱贴,中央圆环镶嵌21颗猫眼石。英国有复刻经典书籍与图案的传统,以使古典艺术传播于世。本封面由英国谢泼德·桑格斯基 & 萨克利夫·扎赫诺斯朵夫公司(Shepherds Sangorski & Sutcliffe and Zaehnsdorf)提供桑格斯基设计图稿,由罗勃·谢泼德(Rob Shepherd)先生监制。"

内页采用原书封面书影,一张彩色图、一张黑白图。

"20/这河唇的青青春草/我们在枕之而眠——/轻轻地莫用压伤它罢!/那怕是迸自美人的唇边!""82/饿瘦了的'拉麻桑'在黄昏的衣被中爬去,/我又独立在陶人小屋中,/环绕着一些土盂。"

【71】
刘佳敏:《鲁拜集》[自由体译本]

2015年12月,三叶草书坊(杨佳琪手工自制),第1-237页,开本23cm×26cm,精装,英汉对照。

译自"第五版(1889年)101首"。

Rubáiyát 译为"鲁拜集"。

Omar Khayyám 译为"奥玛伽音"。

Edward FitzGerald 译为"菲茨杰拉德"。

插图采用[美国]杰夫·希尔1956年出版的9幅单色插画作品,设计为黑底黄色线条剪纸画图案。

译者网上发布译文时网名为"charmingleo"。

杨佳琪,本名朱潇。

"1/醒来吧!暮野的群星/已经逃窜,太阳把昏暝/与晓星一起逐出天空,/将光明箭射到苏丹的塔顶。""12/树荫下摆上一部诗集、/一壶葡萄酒、一条面包——加上你/伴我身边在旷野里歌唱——/啊,旷野与天堂又有何异!"

【72】
吴艳、秦学锋、刘颖、刘国善(合译):《鲁拜集/英诗汉译理论与实践的典范》[自由体(拟柔巴依体)译本]

2015年12月,中国经济出版社,第1-155页,开本18.5cm×26cm,简装,英汉对照。

译诗正文译自"第四版(1879 年)101 首"并添加"第二版(1868 年)110 首"中的第 20 首与第 44 首两首;在正文下方专门列出"英文版本"栏目,主要介绍与第四版不同的第一版对应诗节原文及译文。

Rubáiyát 译为"鲁拜集"。

Omar Khayyám 译为"欧玛尔·海亚姆"。

Edward FitzGerald 译为"菲茨杰拉德"。

译诗正文前有作者的序言"英诗汉译理论与实践——以《鲁拜集》为例"和"前言"。

"目录"以 101 首每首诗节的诗意之句作题。

收入"附录/与海亚姆哲学思想相通之人文百科"。

书后附"参考文献"。

———

"1(第一版)/醒来吧!从夜之巨钵中,晨光之神灵/已掷起旭日如石丸,把群星驱赶干净;/你看啊!东方的猎户投出的光索/已套住苏丹大王高高塔楼的尖顶。""12/繁茂枝叶荫蔽下有一部诗集,/有坛葡萄酒,有面包,——还有你/在这荒野间我身边有你唱歌,/这荒野就是乐园,你我在一起!"

【73】
[美国]黄克孙:《英文花体字鲁拜集》[(美国)张之申笔绘,七言绝句体译本]

2016 年 5 月,台湾台北书林出版有限公司,第 1 – 107 页,开本 20cm × 20cm,平装带书衣,英汉对照。

译自"第五版(1889 年)101 首"。

Rubáiyát 译为"鲁拜集"。

Omar Khayyám 译为"奥玛珈音"。

Edward FitzGerald 译为"费氏结楼"。

2012 年 3 月初版的增修版。

封面添印"黄克孙衍译"。

原"作者序"改为"序"。

黄克孙译诗选载 54 首按《鲁拜集》原诗顺序重新排列。

"序"页下端有说明"本修订版改正了初版误植及遗漏的部分,其中21首(26-29)、28首(36-39)、73首(74-77)三首因用两种花体书写,因此原诗都各重复一次。"

———

"No.4/东风吹醒梦中人,/碧野平芜物又新。/摩世手伸千树白,/耶稣气吐一山春。"
"No.75/天马长嘶振鬣毛,/溟蒙驰道接云高。/神明马上伸天手,/摘取星辰向我抛。"

【74】
[美国]黄克孙:《鲁拜集》[七言绝句体译本]

2016年6月,台湾台北书林出版有限公司,第1-119页,开本14.7cm×20.6cm,平装,英汉对照。

译自"第五版(1889年)101首"。

Rubáiyát 译为"鲁拜集"。

Omar Khayyám 译为"奥玛珈音"。

Edward FitzGerald 译为"费氏结楼"。

1987年1月初版的第四版。

三版原书名页后7页彩色画面有彩色与黑白图案两种。

三版原译诗正文前的"方瑜文/暮秋重读'鲁拜'"、"宋美璍文/遗貌取神"被移至译诗正文后仍为附录。

此版为"世界诗选"丛书之15。

———

"6/绕梁音绝歌人渺,/犹有啼鹃格调高。/酒酒连声玫瑰酒,/欲将双颊染樱桃。"
"64/道失冥关谁借问,/了无归客说岖崎。/漫漫别路深如许,/寂寞行人只自知。"

【75】
刘佳敏:《鲁拜集》[自由体、七言绝句体译本]

2016年7月,三叶草独立出版[Clover bookshop](杨佳琪手工自制),第1-144页,开本15cm×22.5cm,精装,英汉对照。

译自"第五版(1889年)101首"。

Rubáiyát 译为"鲁拜集"。

Omar Khayyám 译为"欧玛尔·海亚姆"。

Edward FitzGerald 译为"爱德华·菲茨杰拉德"。

译者签名(钤印)限量本 100 册。

老鸽作序。

插图采用[美国]杰夫·希尔 1956 年出版的 9 幅单色插画作品,设计为白底绿色线条剪纸画图案。

译诗下方附"译注"。

老鸽,本名顾家华。

"12/一壶美酒伴诗章,/几片面包当食粮;/美人清曲耳鬓绕,/荒野树荫作天堂。"

"99/啊,宝贝!要是你我联手将他策反,/彻底扼住这悲苦凄惨的万物方案,/我们岂不将它砸个粉碎——然后/再称心如意地重新塑造一番!"

【76】
眭谦:《莪默绝句集译笺》[七言绝句体译本]

2016 年 7 月,华东师范大学出版社,第 1—86 页,开本 14.8cm×20.9cm,简装,英汉对照。

译自"第五版(1889 年)101 首"。

Rubáiyát 译为"莪默·伽亚谟绝句集"。

Omar Khayyám 译为"莪默·伽亚谟"。

Edward FitzGerald 译为"爱德华·菲茨杰拉德"。

此版为菲茨杰拉德译本与[英国]温菲尔德[E. H. Whinfield]译本(《莪默·伽亚谟四行诗》)的合集,菲茨杰拉德译本编入"甲集"收 101 首、"外编"(见于菲氏其他诸篇的诗节)收 36 首,温菲尔德译本编入"乙集"收 500 首。

书名题签"章燕紫"。

诗节后附"译笺"。

译诗正文前有"自题/步黄克孙韵题"、"自序"。

菲氏译诗正文后收入"M. 科尔尼撰、石任之译、眭谦校/菲茨杰拉德传"。

插图采用[匈牙利/美国]威利·波加尼 1942 年出版的 20 幅黑白插画作品中的 8 幅,置于书前扉页。

"其七/春暖邀君酌羽觞,/尤袭悔襧尽除将。/韶光振翮无多路,/跂翼时禽欲远扬。"
"其九十九/当携鸳侣祷天工,/造化枢机执掌中。/愿得毁之重铸范,/从心所欲乐融融。"

【77】
钟锦:《波斯短歌行/鲁拜集译笺》[七言绝句体译本]

2016年8月,中华书局,第1-415页,开本15cm×21.6cm,硬面装带书衣,英汉对照。

译自"第四版(1879年)101首"。

Rubáiyát 译为"鲁拜集"。

Omar Khayyám 译为"奥玛珈音"。

Edward FitzGerald 译为"爱德华·费氏结楼"。

译诗除101首外,另收入11首原在第一和二版中不同于第四版的"删稿"以及5首菲茨杰拉德为《鲁拜集》撰写前言中的"佚稿"。

封面署名"钟锦译笺/顾家华汇校"。

封面设计采用1幅十六世纪时期波斯细密画图案。

内页插图采用1979年由美国纽约皇冠出版社[Crown Publishers, inc.]出版的《菲氏鲁拜集与波斯细密画[Rubáiyát of Omar Khayyám]》中的插画作品,共55幅;内页插图另采用[美国]约瑟夫·洛[Joseph Low]1947年出版的32幅插画作品中的10幅。

伊朗驻华大使阿里·阿斯加尔·哈吉为译本作"序"。

译诗正文前收入"老鸽文/前言"、"译者文/译序"、"译者文/笺序"、"译者文/鲁拜笔译序"和"译者文/袁默绝句百衲集序"。

书名页后收入"汇校版本介绍"、菲氏《鲁拜集》五个版本的书名页5幅图片、"爱德华·费氏结楼文/钟锦译/一版序/奥玛珈音:波斯之天学诗客"和"爱德华·吉·费氏结楼文/钟锦译/三版序"。

腰封上叶嘉莹的推荐语为:"《鲁拜集》译者虽多,而私意以为此本颇具特色,故乐为之推介。"

此版为"国民阅读经典(第十七辑)"丛书之一。

"其七/春阳驱尽去年心,/好共东风酒满斟。/君看长空孤鸟去,/不堪万古此消沉。"

"其九十九/帝意真能感应无？/遣教吾汝握灵枢。/不须宇宙俱颠覆,/重画先天太极图。"

【78】
[美国]黄克孙:《鲁拜集/书法篇(魏志成书法)》[七言绝句体译本]

2016年8月,台湾台北书林出版有限公司,第1－209页,开本14.9cm×20.9cm,平装,英汉对照。

译自"第五版(1889年)101首"。

Rubáiyát 译为"鲁拜集"。

Omar Khayyám 译为"奥玛珈音"。

Edward FitzGerald 译为"费氏结楼"。

书名《鲁拜集·书法篇》的英文书名为"The Art of Calligraphy and Rubaiyat"。

收入"魏志成文/《鲁拜集·书法篇》序"和"苏正隆作/黄译《鲁拜集》注释"。

此版为"世界诗选"丛书之16。

———

"9/闻道新红又吐葩,/昨宵玫瑰落谁家。/潇潇风信潇潇雨,/带得花来又葬花。"
"70/眼看乾坤一局棋,/满枰黑白子离离。/铿然一子成何劫,/惟有苍苍妙手知。"

【79】
钟锦编译/笔译,眭谦、石任之、段晓华、魏新河、汪莹集唐(唐诗集句):《莪默绝句百衲集》[七言绝句体集句译本]

2016年8月,华东师范大学出版社,第1－217页,开本13.6cm×19.1cm,硬面装带书衣,英汉对照。

译自"第四版(1879年)101首"。

Rubáiyát 译为"莪默绝句集"。

Omar Khayyám 译为"莪默·伽亚谟"。

Edward FitzGerald 译为"爱德华·菲茨杰拉德"。

译诗题名"纳霞堡之莪默·伽亚谟绝句集[Rubáiyát of Omar Khayyám

of Naishpvr]"。

全书除封面以外全部采用美国1900年出版的[美国]翡冷翠丝·兰德贝格[Florence Lundborg]的插图本设计与装饰样式影印复制,收入翡冷翠丝·兰德贝格创作的黑白插画作品共43幅线条画图案。

译诗正文前收入钟锦[我瞻室]的"序"、石任之译自莫·卡尼[M. Kerney]撰写的"菲茨杰拉德传"、眭谦译自揭斯丁·亨德利·麦卡锡[Justin Huntly McCarthy]的诗作"莪默颂"和眭谦译自波特·嘉讷[Porter Garnett]的诗作"鲁拜引"。

每首集句诗译后附笔译(钟锦)。

译诗正文后附"注释"译文。

书后收入"爱德华·菲茨杰拉德作/钟锦译/眭谦校/莪默·伽亚谟:波斯之天学诗客"和"爱德华·菲茨杰拉德作/钟锦译/眭谦校/莪默·伽亚谟"。

"其一/钟锦集唐/阳精欲出阴精落(韩偓),/星斗离披烟霭收(褚载)。/待得华胥春梦觉(吴融),/朝光瑞气满宫楼(张籍)。""其十二/钟锦集唐/诗酒能消一半春(赵嘏),/盘蔬饼饵逐时新(白居易)。/静酬嘉唱对幽景(李山甫),/鸣凤楼中天上人(沈佺期)。"

【80】
黄呆炘:《柔巴依集》[柔巴依体译本]

2016年9月,陕西师范大学出版总社,第1-301页,开本17.2cm×23.9cm,硬面精装,英汉对照。

译自"第一版(1859年)75首"、"第二版(1868年)110首"和"第四版(1879年)101首"。

Rubáiyát译为"柔巴依集"。

Omar Khayyám译为"欧玛尔·哈亚姆"。

Edward FitzGerald译为"爱德华·菲茨杰拉德"。

封面装饰与英文书名参照威利·波加尼的设计及作品。

译诗正文前"译者前言"、"第五版(2016)附言"。

插图采用勒内·布尔的10幅彩色插画作品、[英国]多丽丝·帕尔默1921年出版的12幅彩色插画作品、[波兰/美国]亚瑟·西克的8幅彩色插画作品和[英国]罗伯特·斯图尔特·谢里夫斯[Robert Stewart Sherriffs]

1947年出版的12幅彩色插画作品。

书后附"注释"。

收入译者文"附录一/《柔巴依集》——富有传奇色彩的诗篇"、"附录二/2013年'译者前言'"、"后记/说不尽的'柔巴依'"、"附记"、"又记"和"各版柔巴依编号对照表"。

此版为"经典名著名译"丛书之一。

"4/新岁使陈旧的欲望焕发生机,/沉思的性灵退到孤寂中隐匿——/那里,摩西的素手出现在枝头,/大地上处处可闻耶稣的气息。""64/这难道不奇怪?不计其数的人/在我们之前走过那黑暗之门,/竟没有一个回来讲讲那条路——/要探知究竟,我们得自己去访问。"

【81】
周树基、瞿炜:《鲁拜集》(CD光盘朗诵版)[七言绝句体译本]、[自由体译本]

2016年12月,哈尔滨商业大学音像教材出版社,第1-251页,开本14.5cm×21cm,简装,英汉对照。

译自"第五版(1889年)101首"。

Rubáiyát译为"鲁拜集"。

Omar Khayyám译为"奥玛·海亚姆"。

Edward FitzGerald译为"爱德华·菲茨杰拉德"。

该书为诗朗诵的光盘读本。

封面字样"中文七言体和新诗体双译本",周树基为七言体译本,瞿炜为自由体译本,两人合集。

顾家华作序、注释并供图。

贺同睿、徐歌朗诵;王浩、金杰音频策划编辑。

书名页后有整幅"奥玛·海亚姆"和"爱德华·菲茨杰拉德"彩色像2页。

正文前收入周树基、瞿炜和顾家华三人的"简介"。

每首译诗后附注。

封面设计采用[美]阿德莱德·汉斯科姆[Adelaide Hanscom]1905年

出版的28幅黑白照相版插画作品中的1幅。

全书"一诗一图",采用的插画作品为伊莱休·维德(12幅)、威利·波加尼(3幅)、[英国]威廉·布朗·麦克杜格尔[William Brown Macdougall](1幅)、布兰奇·麦克马纳斯(5幅)、瑞恩·布尔(4幅)、戈登·罗斯(4幅)、罗纳德·鲍尔弗(4幅)、埃德蒙·杜拉克(6幅)、多丽丝·帕尔默(3幅)、佛罗伦萨·伦德伯格(1幅)、埃德蒙·加勒特(1幅)、吉尔伯特·詹姆斯(10幅)、埃德蒙·沙利文(4幅)、萨开思·卡恰图良(6幅)、[英国]赫伯特·科尔[Herbert Cole](5幅)、安妮·菲胥(4幅)、[英国]杰西·M.金[Jessie M. King](1幅)、尤恩·盖迪斯(1幅)、亚瑟·西克(4幅)、[英国]托马斯·希斯·鲁宾逊[Thomas Heath Robinson](4幅)、[英国]查尔斯·鲁滨逊[Charles Robinson](1幅)、[英国]约翰·巴克兰-莱特[John Buckland-Wright](2幅)、[英国]莫里斯·格雷芬哈根[Maurice Greiffenhagen](1幅)、阿德莱德·汉斯科姆(3幅)、[美国]乔治·托宾[George Tobin](1幅)、[英国]弗兰克·布朗温[Frank Brangwyn](1幅)、罗伯特·斯图尔特·谢里夫斯(1幅)、[美国]奥古斯特·汉高[August Henkel](1幅)、[英国]韦伯斯特·穆雷[Webster Murray](2幅)、[印度]阿巴宁德拉纳特·泰戈尔[Abanindranath Tagore](2幅)和波斯画(1幅),误植[爱尔兰]哈利·克拉克[Harry Clarke](2幅),共101幅。

书后收入"瞿炜文/附录Ⅰ:黄昏畅想——拟奥马·哈亚姆自述"和"周树基文/附录Ⅱ:我对英诗汉译的一点想法"两篇。

瞿炜的《黄昏畅想——拟奥马·哈亚姆自述》(原载《读书》1988年12月第12期)文中选载译诗6首。

周树基,网名孤竹。

2011年10月至2015年7月,新浪博客/孤竹的博客上陆续发表周树基的"鲁拜集"全译。

2014年4月,新浪博客/瞿炜的博客上发表瞿炜的"鲁拜集"全译。

周树基译:"1/快快醒来梦中人,/曙光弥漫巳清晨,/金乌早驱群星远,/工宫塔火一缕金。"

瞿炜译:"1/醒醒吧!星光早已逃遁,/因为太阳将它们从夜幕驱走,/随同黑夜驰离天庭,一束光/金箭一般击中了苏丹的塔楼。"

【82】
李悟:《鲁拜集》[自由体译本]

2017年8月,豆瓣阅读,第1-83页,电子书。

译自"第五版(1889年)101首"。

Rubáiyát译为"鲁拜集"。

Omar Khayyám译为"奥玛·海亚姆/莪默·伽亚谟"。

Edward FitzGerald译为"爱德华·菲茨杰拉德"。

2015年5月30日豆瓣网发布,2017年8月电子书上架。

译诗正文前收入"今朝有酒今朝醉,莫管门前是与非/鲁拜集译者序"。

书后收入译者文"《鲁拜集》译后记——或怎样用透镜从事翻译"。

部分诗节下端附"注"。

插图采用未知名的插画作品1幅。

———

"I/醒啊!太阳从天的领地/放逐了长夜的黑暗/辰星被驱赶着四散逃窜/光矢射中了苏丹的塔砖"。"XII/树荫下把美酒来吃/助兴我吟一首好诗!/有你在我身边歌唱/这荒野就是我的天堂"。

【83】
曾记:《鲁拜集》[拟柔巴依体译本]

2017年10月,中山大学出版社,第1-113页,开本15.2cm×21.7cm,硬面装,英汉对照。

译自"第四版(1879年)101首"。

Rubáiyát译为"鲁拜集"。

Omar Khayyám译为"欧玛尔·海亚姆",封面题签"欧马尔·海亚姆"。

Edward FitzGerald译为"爱德华·菲兹杰拉德",封面题签"爱德华·菲兹杰德拉"。

书名页后有整幅"欧玛尔·海亚姆"塑像及"纪念碑"照片。

正文前收入"译者文/译序"。

"目录"按译诗排序号。

部分译诗诗节下方附"解释"。

封面设计与正文内页均以酒罐和葡萄及蔓藤构成,封面为彩色图案。

2017年,《中西诗歌》第2期(总第65期),第49-51页,题名"鲁拜集",选载24首。

"一/醒来吧!红日已经从天园/把黑暗连群星一并驱散。/阳光已把它金色的箭矢/射上了苏丹的塔楼之巅!""十二/树荫下摊开那一卷诗章,/放一罐葡萄酒,一点干粮,/有你在身边来为我吟唱,/这荒野已是美好的天堂。"

【84】
[瑞典]傅正明:《鲁拜集/初版新译》[七言绝句体、五言律诗体、词体等旧体诗词译本]

2018年6月,台湾电子书城,第1-80页,电子书,英汉对照。

译自"第一版(1859年)75首"。

Rubáiyát 译为"鲁拜集"。

Omar Khayyám 译为"奥玛·珈音"。

Edward FitzGerald 译为"爱德华·费兹杰罗"。

书前收入"本书简介"和"本书作者和译者简介"。

目录为《鲁拜集》与上帝的三大宇宙游戏——《鲁拜集初版新译》译序、鲁拜集初版新译、附录:中国古典诗词格律,以《鲁拜集初版新译》代表作为例"。

书后附"注释"。

"7/调寄江南春/将进酒,举金杯!/春光红火里,抛却御寒衣,/光阴无悔囚莺疾,/腾翅应时归翠微。""73/调寄巫山一段云/唤醒意中人,借得光明手,/合力掀翻老地球,重酿心仪酒。/利剑断愁丝,新法离窠臼,/打碎皇冠造大樽,浮海同佳偶!"

【85】
眭谦:《鲁拜集》[七言绝句体译本]

2018年10月,浙江人民美术出版社,第1-179页,开本13.5cm×19cm,硬面装带书衣,英汉对照。

译自"第一版(1859年)75首"。

Rubáiyát 译为"鲁拜集"。

Omar Khayyám 译为"莪默·伽亚谟"。

Edward FitzGerald 译为"爱德华·菲茨杰拉德"。

封面外套设计采用戈登·罗斯 1941 年出版的 1 幅黑白插画作品。

内页插图采用戈登·罗斯为菲氏第一版创作的 75 幅全部黑白插画作品,由顾家华供图。

收入"爱德华·菲茨杰拉德撰/钟锦译/莪默·伽亚谟:波斯之天学诗客"、"M.科尔尼撰/石任之译/菲茨杰拉德传"和"译者文/昂德梅叶序"。

译诗正文后"译者跋"。

此版为"新月文丛"丛书之 4。

"其十一/一壶浊酒一诗函,/箪食长随坐古杉。/听汝荒原妙音曲,/便如阆苑降尘凡。""其七十三/须谋司命共俦鸳,/万物枢机执妙玄。/谁许将之尽捶碎,/从心所欲铸新天。"

【86】
郭沫若:《鲁拜集》[自由体译本]

2019 年 1 月,华文出版社,第 1 – 249 页,开本 15.7cm × 23.4cm,精装带书衣,英汉对照。

译自"第四版(1879 年)101 首"。

Rubáiyát 译为"鲁拜集"。

Omar Khayyám 译为"莪默·伽亚谟"。

Edward FitzGerald 译为"费慈吉拉德"。

编者的出版说明:"本版《鲁拜集》选取的是郭沫若先生之初版本"。

扉页题记"'十三五'国家重点出版物出版规划项目"。

收入"导言/读了《鲁拜集》后之感想/诗人莪默·伽亚谟略传"。

封面外套设计采用杜拉克的 1 幅彩色插画作品。

该书除英汉对照之外,部分诗节配有波斯原文对应,并采用装饰性图案印制。

译诗正文插图采用杜拉克 1909 年出版的为菲氏《鲁拜集》第二版(1868 年)创作的 20 幅彩色插画作品。

附录中的插图采用[伊朗]雷扎[Reza Badrolsama]2002年伊朗出版的五国语《奥玛的鲁拜集》中的12幅彩色插画作品。

收入"附录:《鲁拜集》中译本选录",其中"吴宓选译诗十三首"、"胡适选译诗一首"、"徐志摩选译诗一首"、"成仿吾选译诗五首"和"木心选译诗六首"。

此版为"丝路文库"丛书之一。

———

"三〇/请君莫问何处来!/请君莫问何处去!/浮此禁觞千万钟,/可以消沉那无常的记忆。""一〇一/啊,'酾客'哟!当你象那月儿/在草上星罗的群客之中来往,/你酾到了我坐过的这个坐场/——你请为我呀祭奠一觞!"

【87】
许舒扬:《鲁拜集》[五言古风体译本]

2019年5月,中国博学出版社/四季出版有限公司,第1-160页,开本14.5cm×21cm,英汉对照。

译自"第四版(1879年)101首"。

Rubáiyát 译为"鲁拜集"。

Omar Khayyám 译为"莪默·伽亚谟"。

Edward FitzGerald 译为"爱德华·菲茨杰拉德"。

收入菲氏不同于第四版(1879年)的其他版本,并同时译出,故全译诗节实为192首。

除五言古风体译诗外,另每首均以语体译出释文。有些诗节的语体释文后附"译注"。

———

"八/莫问纳霞堡,莫问巴比伦。/莫问杯中物,甘苦不须陈。/人生何如酒,其去也泠泠。/人生何如叶,其落也纷纷。""九十六/呜呼春会去,玫瑰亦长辞!/芳馥少年篇,收卷终有时!/夜莺何处来,关关啼在枝。/吁嗟又飞去,何处更谁知?"

【88】
杨虚:柔巴依集/鲁拜集[骚体译本]

2000年5月16日、2010年11月,私下寄件打印稿,未发布。

拟译自"第四版(1879年)101首"。

Rubáiyát 译为"鲁拜集/柔巴依集"。

Omar Khayyám 译为"莪默·伽雅姆"。

Edward FitzGerald 译为"菲茨杰拉德"。

杨虚,本名杨成虎。

参阅邵斌著《诗歌创意翻译研究——以〈鲁拜集〉翻译为个案》(浙江大学出版社2011年2月版,第82页):"杨[虚]对楚辞英译研究功力深厚,有感于林语堂曾将鲁拜诗和楚辞相提并论,遂以骚体译鲁拜,颇具创意。"

参阅黄杲炘著《英诗汉译学》(上海外语教育出版社2007年12月版,第11-12页),选载2首。

"(一)/涌星漩之夜域兮,/唤天醒而挥去。/射日光之羽箭兮,/击苏丹之殿宇。"
"(十二)/踞树下以读诗兮,/面包足而酒浓。/小红歌于身畔兮,/旷野犹如天宫。"

【89】
数卷残编:鲁拜集[四言诗体、七言绝句体等译本]

2008年2月14日,在"360doc.com/个人图书馆"上发布。

译自"第一版(1859年)75首"。

Rubáiyát 译为"鲁拜集"。

Omar Khayyám 未译名。

Edward FitzGerald 译为"菲氏"。

译诗中有一首为五言绝句体译本。

数卷残编,本名刘仲敬,绰号"刘阿姨"。

2017年6月20日,在"冬川豆·冬川豆种子不死"微信公众号上发布。

"No.1/赤龙逐晦晨星隐,/明霞荧空万里清。关河表里皇居壮,/尽在金乌万箭中。"
"No.11/疏狂我继白衣相,/潦倒无亏酒市钱。/清风明月天恩富,/小红低唱我吹箫。"

【90】
zleooo:《白话鲁拜集》[自由体译本]

2011年3月起至2011年8月,在新浪博客/zleooo的博客上发布,后有

◇《鲁拜集》汉译书目

手工自制版本。
译自"第五版(1889年)101首"。
Rubáiyát 译为"鲁拜集"。
Omar Khayyám 译为"欧玛·海亚姆"。
Edward FitzGerald 译为"爱德华·菲茨杰拉德"。
zleooo,本名郑理,网名久涩知途。

———

"第一首/快醒醒!太阳把满天星星/赶出夜幕,黑夜也告别天庭/跟着逃逸,耀眼的光箭/射中了苏丹塔楼之顶。""第十二首/树荫下,诗一卷,/红酒一樽,面包一片,/还有你在荒原伴我吟唱,/啊,荒原就是乐园!"

【91】
文以清心:鲁拜集[自由体译本]

2012年8月3日,在网易博客上发布。
译自"第五版(1889年)101首"。
Rubáiyát 译为"鲁拜集"。
Omar Khayyám 译为"莪默·伽亚谟"。
Edward FitzGerald 未译名。
文以清心,本名郝文昌。

———

"1/醒来吧,太阳驱散夜空的星群,/暗夜从天宇消逝无踪,/一束阳光箭一般/射中苏丹的高瓴。""12/树荫下面是一卷诗歌,/一瓶美酒,还有一片干粮。/有你伴我在荒原放歌,/啊,荒原就是天堂!"

【92】
fang:鲁拜集[自由体、七言体等译本]

在新浪博客上发布。
译自"第五版(1889年)101首"。
Rubáiyát 译为"鲁拜集"。
Omar Khayyám 未译名。
Edward FitzGerald 未译名。

"1/醒来吧,因为太阳已从夜空,/驱散群星,逼他们四处逃遁,/正追逐夜神逃离天庭,并用/一镞金光将苏丹金顶射中。""12/大树底下一卷诗章,一块面包,一壶酒香,/荒野中君伴我歌唱,哦,荒野此刻成天堂!"

【93】
小水爸爸:鲁拜集[五言八句体译本]

在网络上发布。

译自"第一版(1859年)75首"。

Rubáiyát 译为"鲁拜集"。

Omar Khayyám 译为"欧马尔·卡亚姆"。

Edward FitzGerald 译为"爱德华·菲茨杰拉德"。

小水爸爸,本名王道余。

"第一首/醒来! 这清晨,自黑夜大碗,/已抛出石块,驱众星逃窜:/请君仔细看,东方之猎人,/以光明套索,捉苏丹塔尖。""第十一首/旷野树枝下,面包一大片,/美酒一小壶,诗词两三卷——/再得你作伴,吟唱在身边——/旷野何其好,天堂亦不换。"

【94】
李非凡:鲁拜集[七言绝句体等译本]

2017年11月27日,私下邮件传输稿,未发布。

译自"第五版(1889年)101首"。

Rubáiyát 译为"鲁拜集"。

Omar Khayyám 未译名。

Edward FitzGerald 未译名。

"1/醒兮醒兮东方白!/群星灿烂安在哉?/已驱长夜离天幕,/仍留一箭塔上来。""12/餐几许、酒一觞,/诗书一卷度荫凉。/更得卿歌缭旷野,/沉沉旷野亦天堂。"

【95】
杨佳琪:鲁拜集[自由体译本]、[散文体译本]

2019年2月27日,私下邮件传输稿,部分新浪微博、微信公众号发布。

拟译自"第五版(1889年)101首"。

Rubáiyát 译为"鲁拜集"。

Omar Khayyám 未译名。

Edward FitzGerald 未译名。

杨佳琪,本名朱潇。

"1/醒来吧! 太阳已驱散了/满天繁星,黑夜也随同/群星从旷野中逃窜,看,/光明之箭已射中苏丹的塔楼。""第1首/快醒醒吧,岂能错过这良辰,上帝已还世间光明——东升的旭日驱散了夜的黑暗,看那晶莹闪烁的满天繁星也随着夜色渐渐地渐渐地消失不见。大地一片光芒,明亮的阳光像似一把利剑照射在苏丹的塔楼之上。"

【96】
钟锦:《菲兹杰拉德〈鲁拜集〉译本五版汇刊》,其中醺醅雅[文言散文体译本]、波斯短歌行[七言绝句体译本]、莪默绝句拗唐集[七言绝句体集唐(唐诗集句)译本]、莪默绝句捣宋集[七言绝句体集宋(宋诗集句)译本]、鲁拜集[自由体译本]

2020年4月,上海三联书店,第1-64页(横排)、第1-118页(竖排),开本18cm×24.5cm,精装带书衣,英汉对照(菲氏全部五个英译版本的原始文本汇编影印,共268页)。

"醺醅雅"译自"第一版(1859年)75首";

"波斯短歌行"译自"第二版(1868年)110首";

"莪默绝句拗唐集"译自"第三版(1872年)101首";

"莪默绝句捣宋集"译自"第四版(1879年)101首";

"鲁拜集"译自"第五版(1889年)101首"。

Rubáiyát 译为"醺醅雅/波斯短歌行/莪默绝句/鲁拜集"。

OmarKhayyám 译为"奥玛珈音/奥马尔·海亚姆"。

Edward FitzGerald 译为"菲兹杰拉德/费氏结楼/菲氏"。

译出菲氏五版原始英译文本中的全部诗文、序跋、附录、注释及说明等。

该书的版式是横排排版为书的正面由右向左翻页,内容有"菲译第五版鲁拜集",包括菲氏五版英文原始文本;竖排排版为书的反面由左向右翻页,内容有"醲醁雅"、"波斯短歌行"、"莪默绝句拗唐集"、"莪默绝句捣宋集"。竖排排版的文字采用"正体字"(繁体字)。

收入译者中译本前言,题为《海亚姆的〈鲁拜集〉和菲兹杰拉德译本》。另收入译者文《醲醁雅/译序》、《波斯短歌行/译序》、《莪默绝句拗唐集/译序》、《莪默绝句捣宋集/译序》和《菲译第五版鲁拜集/译序》。

特约策划黄曙辉。

书名题签童衍方、王蜇堪、王思斯、朱银富、李天飞。

此版为"寰宇文献/IRANICA系列"丛书之一。

———

"其一/醒乎!晨投石于夜天之碗,迫星斗尽飞散也。观乎!东君之猎也,抛金光之长索,弋苏丹之高塔。""其一/日出东山夜色澄,/尽驱星斗转高升。/金光长矢中天举,/遥射宫楼最上层。""其一/阳精欲出阴精落(韩偓),/星斗离披烟霭收(褚载)。/待得华胥春梦觉(吴融),/朝光瑞气满宫楼(张籍)。""其一/星光欲没晓光连(黄大受),/碧月团团堕九天(王安石)。/日出东方尘满眼(王炎),/故都宫阙尚巍然(姚望之)。""1/醒来啊!太阳已让群星逃散,/从夜域之中,在他的前面,/连夜也一起驱出天际,再举/光之长矢射中苏丹的塔殿。"

[图五] 第 8、96 首诗意

[图六] 第 27、28、26 首诗意

选译本

【97】
胡适:1 首,题名"希望"[自由体译本]

1919 年 4 月 15 日,《新青年》第 6 卷第 4 号,上海群益书社,第 38 页,英汉对照。

译自"第二版(1868 年)110 首"的第 108 首。译自第二版的第 108 首为胡适译诗前的记述,但根据给出的英语原文第一行来看,拟为 101 首版本。徐志摩在《我默的一首诗》一文中认为胡适译自"第一版(1859 年)75 首"的第 73 首。

给出的英语原文有几个错点:第一行"Ah! Love, could you and I with Him conspire",应为"Ah Love! could you and I with Fate conspire"、第四行"Remould it nearer to the Heart's Desire!"应为"Re-mould it nearer to the Heart's Desire!"。

Rubáiyát(Rubaiyat)译为"绝句"。

Omar Khayyám 未译名。

Edward FitzGerald 未译名。

译诗正文前有一段说明文字。

1936 年上海亚东图书馆和求益书社合刊重印《新青年》杂志,第 374 页。

胡适,字适之,本名胡洪骍。

"第一百零八首/要是天公换了卿和我,/该把这糊涂世界一齐都打破,/再团再炼再调和,/好依着你我的安排,把世界重新造过!"

【98】
胡适:1 首,题名"希望(译诗)"[自由体译本]

1920 年 3 月,胡适著《胡适的尝试集/坿去国集/第二编》,亚东图书馆,第 48 页,英汉对照。

译自"第二版(1868 年)110 首"的第 108 首。

Rubáiyát(Rubaiyat)译为"绝句"。

Omar Khayyám 未译名。

Edward FitzGerald 未译名。

给出的英语原文仍有几个错点,并漏印了最后一个感叹号。

译诗后题记"八年二月二十八日译……","八年"为民国八年,即 1919 年。

1920 年 9 月再版。

1922 年 10 月,胡适著《胡适的尝试集/坿去国集/第二编》,亚东图书馆,第 54 - 55 页,英汉对照。

此版为"增订四版",为作者的"定版",之后的重印均按此版排印。

1923 年 3 月五版、1923 年 12 月六版、1926 年 5 月八版、1928 年 11 月十版、1929 年 8 月十一版、1933 年 3 月十四版、1941 年 3 月十七版。

1970 年 6 月,胡适著《胡适给赵元任的信/改译《鲁拜集》一首(1942 年 2 月 17 日)》,台湾台北萌芽出版社,第 1 - 4 页,英汉对照。

Omar Khayyám 译为"莪马"。

给出的英语原文仍有几个错点,并开头第一词误植为"O Love!"

1971 年 2 月,胡适著《尝试集/第二编》,台湾台北胡适纪念馆/中央研究院,第 165 - 166 页,英汉对照。

题名"希望"后无"(译诗)"字样。

给出的英语原文仍有几个错点,并最后一个感叹号被误植为问号。

1978 年 6 月修订版。

1982 年 2 月,胡适著《尝试集/第二编》,上海书店,第 54 - 55 页,英汉对照。

此版为《尝试集》的"增订四版",以"中国现代文学史参考资料"之名汇编成丛书之一影印出版。

1984 年 2 月,胡适著《尝试集/第二编》,人民文学出版社,第 46 页,英汉对照。

此版为《尝试集》的"增订四版",以"中国现代文学作品原本选印"之名汇编成丛书之一重排(横排本)出版。

1986年4月,胡适著《尝试集/第二编》,台湾远流出版事业股份有限公司-香港远流出版公司,第109页,英汉对照。

此版为胡适纪念馆授权出版,"胡适作品集"丛书27。

1991年9月,杨犁编/胡适著《胡适文萃》,作家出版社,第552页。

1998年11月,欧阳哲生编/胡适著《胡适文集/9/尝试集/尝试后集/旧诗稿存/早年文存》北京大学出版社,第136页。

2009年8月,邹新明文《胡适翻译莪默〈鲁拜集〉一首四行诗的新发现》,《胡适研究通讯》第3期(总第7期),第1-6页。

该文叙述胡适为其译诗的多次改动情况。

2015年10月,胡适著《尝试集/第二编》,岳麓书社,第40页。

此版为"周读书系"丛书之42。

另见《尝试集》1997年5月中国新诗经典丛书/浙江文艺出版社版、《尝试集》1998年4月新文学碑林丛书/人民文学出版社版、《尝试集》1998年8月中国现代现代诗歌名家名作原版库丛书/中国文联出版公司版、《尝试集》1999年10月安徽教育出版社版、《尝试集》2000年7月百年百种优秀中国文学图书丛书/人民文学出版社版、《尝试集》2001年8月二十世纪中国人的精神生活丛书/贵州教育出版社版、《尝试集》2006年8月大家经典书系丛书/安徽教育出版社版、《尝试集》2009年1月中国现代文学百家丛书/华夏出版社版、《尝试集》2011年6月华夏出版社版、《尝试集》2013年8月外文出版社版、《尝试集》2013年9月胡适精品典藏丛书/江苏文艺出版社版、《尝试集》2014年7月20世纪中国人的精神生活丛书/贵州教育出版社版、《尝试集》2014年9月世纪经典文丛丛书/云南人民出版社版、《尝试集》2017年12月鲸歌袖珍文库丛书/四川人民出版社版、《尝试集》2018年1月新文学经典丛书/海燕出版社版等。

"第一百零八首/要是天公换了卿和我,/该把这糊涂世界一齐都打破,/要再磨再炼再调和,/好依着你我的安排,把世界重新造过!"

【99】
闻一多:5首,题名"莪默伽亚谟之绝句"[自由体译本]

1923年5月,闻一多文《莪默伽亚谟之绝句》,《创造/文艺季刊/第二/评论2》第2卷第1期,泰东图书局,第10-24页,英汉对照。

译自"第一版(1859年)75首"的第1首、"第四版(1879年)101首"的第19、90、99、100首。

Rubáiyát译为"莪默伽亚谟之绝句"。

Omar Khayyám译为"莪默伽亚谟"。

Edward FitzGerald译为"斐芝吉乐"。

此刊目录上的题名为"莪默伽亚谟的绝诗"。

闻一多,本名闻家骅。

1948年8月,闻一多著《闻一多全集3/丁集/诗与批评》(竖排本/四卷本),上海开明书店,第203-221页。

1949年12月四版。

1982年8月,闻一多著《闻一多全集3/诗与批评》(竖排本/四卷本),生活·读书·新知三联书店,第369-387页。

1987年11月,《中国翻译》编辑部编《诗词翻译的艺术》,中国对外翻译出版公司,第22-37页。

1993年12月,闻一多著《闻一多全集2/文艺评论》(横排本/十二卷本),湖北人民出版社,第95-109页。

2007年11月,海岸选编《中西诗歌翻译百年论集》,上海外语教育出版社,第23-33页。

"第一首/醒呀!石弹抛进了天碗,/已经驱得群星四散:/东方的猎人放出光绳/又套住了苏丹底塔尖。""第九十九首/爱哟!你我若能和'他'钩通好了,/将这全体不幸的世界攫到,/我们怕不要捣得他碎片纷纷,/好依着你我的心愿去再抟再造!"

【100】
成仿吾:1首[自由体译本]

1923年5月,闻一多文《莪默伽亚谟之绝句》,《创造/文艺季刊/第二/

评论 2》2 卷 1 号,第 24 页。

译自"第四版(1879 年)101 首"的第 95 首。

Rubáiyát 未译名。

Omar Khayyám 未译名。

Edward FitzGerald 未译名。

此译诗为改译郭沫若的译作,载于闻一多的"莪默伽亚谟之绝句"一文后的成仿吾附记。

"第九十五首/酒便是我的叛徒,/屡次把我'荣名的衣裳'窃去——/可我不懂酒家买的什么东西/能有他卖的东西一半珍贵。"

【101】
成仿吾:5 首[自由体译本]

1923 年 12 月 30 日,仿吾文《莪默伽亚谟新研究(介绍)/成仿吾译/莪默伽亚谟的新研究》,《创造周报》第 34 期,第 9 – 16 页,英汉对照。

译自 Edward S. Holden 的莪默英文版译诗而对应"第四版(1879 年)101 首"的第 12、14、16、19、96 首。

Rubáiyát 未译名。

Omar Khayyám 译为"莪默伽亚谟"。

Edward FitzGerald 译为"斐池吉乐"。

成仿吾的"莪默伽亚谟的新研究"一文为介绍 Edward S. Holden "New Light on Omar Khayyam"一文。

1930 年,成仿吾著《新兴文艺论集/莪默伽亚谟的新研究》,创造社,第 112 – 128 页。

1932 年 4 月 20 日,李霖编《郭沫若评传/成仿吾/莪默伽亚谟的新研究》,现代书局,第 239 – 255 页。

1936 年 7 月三版,开明书店。

"第十二首/我愿有红酒一瓶。诗集一部,/刚好够我养生——更要面包半个;/于是,你和我要坐在荒原/胜比那回回教王的南面。""第十九首/随处有蔷薇花或是郁金香的花坛,/那是从帝王的血液的红斑,/无论那茎紫罗兰那从地里伸出来的,/是美人颊上的一个黑丸。"

◇《鲁拜集》汉译书目

【102】

吴宓:13 首,题名"选译波斯诗人鄂马开亚谟四句诗集"[七言绝句体译本]

  1924 年 5 月,吴宓译补《述学:世界文学史/第五节/波斯文学/鄂马开亚谟》,《学衡》第 29 期,第 26-28 页。

  译自"第四版(1879 年)101 首"的第 7、16、21、27、28、46、47、64、66、68、69、100、101 首。

  Rubáiyát 译为"四句诗集"。

  Omar Khayyám 译为"鄂马开亚谟"。

  Edward FitzGerald 译为"斐慈解罗"。

  1935 年 5 月,吴宓著《吴宓诗集/卷五/金陵集/自民国十年辛酉至民国十三年甲子/二十八至三十一岁》,上海中华书局有限公司,第 10-11 页。

  译诗正文前题记"今人郭沫若译为鲁拜集"。

  1992 年 3 月,吕效祖主编《吴宓诗及其诗话/诗集部分/金陵集(1921-1924)》,陕西人民出版社,第 86-87 页。

  此版选载 4 首(第 7、47、66、68 首)。

  2004 年 11 月,吴宓著/吴学昭整理《吴宓诗集/卷五/金陵集》,商务印书馆,第 114-115 页。

  作者自订的《吴宓诗集》于 1935 年 5 月由上海中华书局印行后未重印,此为新版,增补 1934 年至 1973 年吴宓病逝前的诗作(卷十四至卷二十),并附录其它一些诗作。

  整理者吴学昭为吴宓之女。

"(其七)/春到何须恋敝裘/劝君斟酒且消愁/由来时逝如飞鸟/振翼凌空不可留"。

"(其一百)/阴晴圆缺变无端/月到中天夜气寒/园林大好光长在/照人不见涕汍澜"。

【103】

徐志摩:1 首,题名"我默的一首诗"[自由体译本]

  1924 年 11 月 7 日,徐志摩文《我默的一首诗》,《晨报附刊》第 3-4 版,英汉对照。

译自"第一版(1859 年)75 首"的第 73 首。

Rubáiyát 未译名。

Omar Khayyám 译为"莪默"。

Edward FitzGerald 译为"斐氏"。

译诗的文尾题记"十二月二日"作,拟误植。

1983 年 7 月,顾永棣编/徐志摩著《徐志摩诗集(全编)/集外译诗》,浙江文艺出版社,第 435 页。

1983 年 10 月,徐志摩著《徐志摩全集(全五册)/4/散文集(丙·丁)》,商务印书馆香港分馆,丙集第 34-36 页。

1988 年 1 月,徐志摩著《徐志摩全集(1-5)/4/散文集(丙·丁)》,上海书店,丙集第 34-36 页。

1989 年 5 月,辰光辑注/徐志摩著《徐志摩译诗集》,湖南人民出版社,第 200-201 页,英汉对照。

1991 年 7 月,赵遐秋、曾庆瑞、潘百生编/徐志摩著《徐志摩全集/第四卷/散文集(下)》,广西民族出版社,第 241-242 页。

1992 年 8 月,王亚民编《徐志摩诗全集/第 1 卷》(共二卷),花山文艺出版社,第 296 页。

1994 年 6 月再版。

2005 年 5 月,韩石三编/徐志摩著《徐志摩全集/第一卷·散文(1)》,天津人民出版社,第 469-471 页,英汉对照。

2005 年 5 月,韩石三编/徐志摩著《徐志摩散文全编/上册》,天津人民出版社,第 469-471 页,英汉对照。

2011 年 6 月,李庆西主编/徐志摩著《徐志摩散文全编/文坛寻梦》,新世界出版社,第 342-343 页,英汉对照。

73/"爱阿!假如你我能勾着运神谋反,/一把抓住了这整个儿'寒尘'(一作寒伧)的世界,/我们还不趁机会把他完全捣烂——/再按我们的心愿,改造他一个痛快?"

【104】

天心:1 首[自由体译本]

1924 年 11 月 12 日,天心文《我也来凑个趣》,《晨报附刊》第 4 版。

拟译自"第四版(1879年)101首"的第99首。

Rubáiyát 未译名。

Omar Khayyám 译为"莪默"。

Edward FitzGerald 译为"斐氏"。

天心,本名钟天心。

———

99/"爱呵! 你我若能与上帝[Him]勾通,/把这个糊涂世界整个抓在掌中,/我们怕不一拳捶牠粉碎,/依着你我的心怀,再造成整块?"

【105】

荷东:1首,题名"莪默的一首诗"[自由体、五言古风体译本]

1924年11月13日,荷东文《译莪默的一首诗》,《晨报付刊》第4版。

拟译自"第一版(1859年)75首"的第73首。

Rubáiyát 未译名。

Omar Khayyám 译为"莪默"。

Edward FitzGerald 未译名。

一诗节译诗以二种诗体形式译出。

1991年7月,赵遐秋、曾庆瑞、潘百生编/徐志摩著《徐志摩全集/第四卷/散文集(下)》,广西民族出版社,第242-243页。

———

73/"爱呵! 你我果能与运神合商(或叶韵改合作)/来执掌这支配万物的权,/我们岂不能将世界都打碎(或叶韵改打破)/改造成合我们心意的一种变迁?"

【106】

林语堂:5首,题名"莪默五首"[自由体译本]

1926年2月15日,语堂文《译莪默五首》,《语丝》第66期,第2-3页,英汉对照。

译自"第四版(1879年)101首"的第7、8、15、16、55首。

Rubáiyát 未译名。

Omar Khayyám 译为"莪默"。

Edward FitzGerald 未译名。

1994年11月,林语堂著《林语堂名著全集/第17卷/拾遗集(上)/译莪默诗五首》,东北师范大学出版社,第19-21页。

2011年1月,林语堂著《林语堂文集17/人生殊不易/译莪默诗五首》,群言出版社,第18-20页。

"七,/来,在这春日和风里斟个满大杯,/把岸然道貌的空架子一齐都丢开。/时光的鸟已鼓翼前去了,/而这鸟并没有很长的路可以飞。""八,/不管你在巴比伦或在奈沙不,/不管你的杯是甜还是苦,/生命的花正在一瓣一瓣的往下儿落,/生命的酒正在一滴一滴的往外儿流。"

【107】
采真:3首[自由体译本]

1926年3月,采真文《对于译莪默诗底商榷》,《语丝》第68期,第67-68页,英汉对照。

译自"第四版(1879年)101首"的第7、15、16首。

Rubáiyát 未译名。

Omar Khayyám 译为"莪默"。

Edward FitzGerald 未译名。

采真,即张采真,本名张世隽。

1927年,采真著《怎样认识西方文学及其他/对于译莪默诗底商榷》,朴社,第228-230页。

1929年5月再版。

朴社,1937年8月起归开明书店出版。

1994年11月,林语堂著《林语堂名著全集/第17卷/拾遗集(上)/答〈对于译莪默诗底商榷〉》,东北师范大学出版社,第22-26页。

2011年1月,林语堂著《林语堂文集/人生殊不易/答〈对于译莪默诗底商榷〉》,群言出版社,第21-25页。

7/"来呵,请将这个酒杯斟满,/在阳春底蓬勃里将忏悔底冬衣弃捐。/'时光之鸟'本没有多路可飞,/——而牠已在张翼向前。"

【108】
郑振铎:1 首,题名"亚摩客耶的《鲁拜集》"[语体译本]

1927 年 4 月,郑振铎编《文学大纲(四册)/第二册/第十五章/中世纪的波斯诗人》,商务印书馆,第 223–226 页。

拟译自"第四版(1879 年)101 首"的第 12 首。

Rubáiyát 译为"鲁拜集"。

Omar Khayyám 译为"亚摩·客耶"。

Edward FitzGerald 译为"菲兹格拉"。

郑振铎,字西谛。

此版有彩色插图本与黑白插图本、纸面本与布面本和精装本与平装本各种。

插图采用[英国]尤恩·盖迪斯[Ewan Geddes]1910 年出版的 12 幅彩色插画作品中的 2 幅。

1931 年 4 月三版。

1933 年 6 月(8 月)国难后第一版。

1969 年 6 月台湾商务印书馆台一版。

1998 年 8 月商务印书馆国际有限公司第一版、2015 年 3 月第二版。

郑振铎编著的《文学大纲》作于 1923 年,自 1924 年 1 月起连载于郑振铎主编由商务印书馆出版的《小说月报》,当时未撰"中世纪的波斯诗人"章节,此章节 1926 年补写连载于《一般(上海 1926)》月刊第 1 卷第 2 期和第 3 期上,无译诗。

1986 年 9 月,上海书店,影印版彩图本(二册)。

1987 年 6 月一版二印。

1992 年 12 月,上海书店,民国丛书第 4 编 053/影印版(二册)。

1998 年 11 月,郑振铎著《郑振铎全集/第十一卷/文学大纲/第十五章/中世纪的波斯诗人》,花山文艺出版社,第 7–9 页。

2014 年 4 月,上海三联书店,民国沪上初版本/复制版(四册)。

另见 2003 年 4 月广西师范大学出版社版(二册)、2010 年 5 月中国文联出版社版(二册)、2013 年 3 月中国学术文化名著文库丛书/吉林人民出版社版(三册)、2013 年 10 月民国大学丛书/东方出版社版(三册)、2013 年 12 月民国大师文库丛书/北京联合出版公司版(三册)、2017 年 2 月中国学术名著丛书/吉林出版集团股份有限公司/国家图书馆出版社版(三册)、2017年10月大学学术文库丛书/江西教育出版社版(二册)等。

12/"在绿荫之下,有一块面包,一瓶酒,一卷诗,——还有你在我身边,在荒野中唱着,而荒野现在是天国了。"

【109】
胡适:2首,题名"鲁拜集"[自由体译本]

1928年9月10日,[美国]哦亨利著/适之译《戒酒》,《新月》月刊第一卷第七号,第53-63页。

拟译自"第二版(1868年)110首"的第7、108首。

Rubáiyát译为"鲁拜集"。

Omar Khayyám译为"莪默"。

Edward FitzGerald译为"费次吉洛尔"。

适之,即胡适。

哦亨利[O. Henry],即欧·亨利,美国短篇小说家,他的短篇小说《戒酒》中有"鲁拜集"两首诗节。

文尾"一九二八,八,二一"字样。

1933年9月,胡适译《短篇小说集(第二集)/戒酒(O. Henry)》,亚东图书馆,第63-82页。

正文前自述:"我译此篇的志愿起于一九一九年二月,只译了其中的莪默的第二首诗,后收在《尝试集》中,题为《希望》。"

文尾"十七,八,二一"字样,即"1928年8月21日"。

1937年1月三版。

1989年4月,胡明编注/胡适著《胡适诗存/译峨默诗两首》,人民文学出版社,第415页。

1999年10月,胡适译《短篇小说集/第二集/哦亨利〈戒酒〉》,安徽教育出版社,第124-144页。

2006年8月第2版。

2014年3月,胡适译《一封未寄的信:胡适译短篇小说集/第二集/[美国]哦亨利〈戒酒〉》,北京大学出版社,第150-160页。

此版为"胡适作品系列丛书"之一。

———

7/"来!/斟满了这一杯!/让春天的火焰烧了你冬天的忏悔!/青春有限,飞去不飞回。——/痛饮莫迟挨。"

【110】
李安宅:9首,题名"Omar小诗"[自由体译本]

1929年,《燕大月刊/文艺专号/译屑/III 小诗》第4卷第3期,第88-90页。

拟译自"第四版(1879年)101首"的第72、44、66、13、67、63、64、98、99首。

Rubáiyát 未译名。

Omar Khayyám 未译名。

Edward FitzGerald 未译名。

李安宅,又名李锡周。

1930年,李锡周译《这周的台中/译述/小诗》第28期,第4页。

———

13/"有些人讴誦现世的光荣;/有些人赞叹先知所说的未来的乐园;/啊,取起现钱,不要赊欠,/更不要听那鼓声在远。"99/"呵爱呀!设若你我和他能够协谋/完全捉获可悲的事物方案,/我们怎能不将牠毁个粉碎/而改造得更行近乎心愿!"

【111】
殿森:2首[自由体译本]

1931年,殿森文《读Omar Khayyam的Rubaiyat后杂感之二》,《南开大学周刊》第102期,第17页。

拟译自"第四版(1879年)101首"的第74、73首。

Rubáiyát 未译名。

Omar Khayyám 译为"莪马喀亚姆"。

Edward FitzGerald 未译名。

殿森,本名高殿森。

———

74/"昨日已预备妥帖今日的发狂;/明日的缄默,凯旋,失望;/饥罢!因为你不知来自何处,来自何故,/饥罢!因为你不知往何处,为介么往。"

【112】
胡仲持:1首,题名:"鲁拜集"[自由体译本]

1930年1月22日,[美国]约翰·玛西[John Macy]著/胡仲持译《世界文学的故事(一三九)/第三十七章/维多利亚朝的诗》,《申报》第27版(本埠增刊第11版)。

拟译自"第四版(1879年)101首"的第12首。

Rubáiyát 译为"鲁拜集"。

OmarKhayyám 译为"莪默·卡耶谟"。

Edward FitzGerald 译为"爱特华特·菲次泽刺德"。

胡仲持,字学志。

1931年9月,[美国]约翰玛西著/胡仲持译《世界文学史话/第三十七章/维多利亚朝的诗》,开明书店,第498页。

12/"树枝下面一卷书,/一壶酒,一块面包——还有你/在那荒野中,傍了我歌唱——/阿阿,唯荒野是完全的乐园!"

【113】
毕任庸:3首,题名"鲁拜集"[五、七言体绝句译本]

1932年,[爱尔兰/日本]L. Hearn 著/毕任庸译《鲁拜集导解》(续),《星期评论(上海1932)》第1卷第24期,第11-13页;第1卷第25期,第12-14页。

拟译自"第四版(1879年)101首"的第45、68、69首。

Rubáiyát 译为"鲁拜集"。

Omar Khayyám 译为"莪默"。

Edward FitzGerald 未译名。

L. Hearn,日本名小泉八云[Lafcadio Hearn]。

"45/息幕仅终夕,/苏丹狩死城,/晨兴仆垂幕,/备此为他人。""68/幻灯日耀演中

宵,/群片环行柄宰操,/来往纷纷犹众形,/端应光里着我曹。"

【114】
李唯建:4首,题名"鲁拜集(节译)"[自由体(拟柔巴依体)译本]

1934年4月,李唯建选译《英国近代诗歌选译》,中华书局,第67－69页。

拟译自"第四版(1879年)101首"的第12、13、14、16首。

Rubáiyát译为"鲁拜集"。

Omar Khayyám译为"阿马客叶"。

Edward FitzGerald译为"费士吉拉德"。

译诗正文前收入译者的"费士吉拉德"一段介绍,"Edward FitzGerald"的英文名被误植为"Edward Fitzerald"。

12/"树下放着一壶酒,/一卷诗,一块面包,——/你在野原为我唱,——/呵,野原成了天堂!"13/"有人求世上名利,/有人望天堂来临;/呵,拿着钱,别管账;/也别管远处鼓声!"

【115】
吴剑岚:39首,题名:"莪默/鲁拜集"[五言古风体译本]

1934年5月,吴剑岚译《莪默:鲁拜集》,黎明书局,第1－79页,英汉对照。

译自"第四版(1879年)101首"的第8、12、13、14、15、16、19、20、21、22、23、24、25、26、27、28、29、30、41、42、43、44、49、50、51、52、53、54、61、63、64、74、91、92、93、94、96、99、100首。

Rubáiyát译为"鲁拜集"。

Omar Khayyám译为"莪默"。

Edward FitzGerald未译名。

吴剑岚,本名吴钧。

译诗正文前收入伍蠡甫作"序吴译〈鲁拜集〉/诗人的译诗/峨玛的人生观/醇酒和妇人"和译者的"自序/附诗四首"。

书名页前插图采用威利·波加尼1909年出版的24幅彩色插画作品中

选译本 ◇

的1幅,印刷成一色图,图案下端配吴译第12首译诗。

此版为伍蠡甫主编的"英汉对照西洋文学名著译丛(7)"。

"十二/高槐亦何郁,/荫对一诗章,/置酒于其间,/裹粮在我旁,/君须傍我立,/长歌达四荒,/四荒匪遥,/凭君接帝乡。""九九/茫茫此下土,/凄凄实可悲,/若共天与尔,/执之碎如糜,/且顺心所慊,/再摹心所期。"

【116】

由稚吾:1首,题名:"莪默之鲁拜集"[自由体译本]

1935年1月,[美国]约翰·麦茜[John Macy]著/由稚吾译《世界文学史(世界文学的故事)/第三十七章/维多利亚朝的诗》,世界书局(上海),第382页。

拟译自"第四版(1879年)101首"的第12首。

Rubáiyát 译为"莪默之鲁拜集"。

Omar Khayyám 译为"莪默"。

Edward FitzGerald 译为"菲茨·泽刺德"。

12/"树下一卷书,/一壶酒,一块面包——还有你,/傍着我唱歌,在那荒野——/啊,荒野已是美丽的天国!"

【117】

朱湘:15首,题名"'茹拜迓忒'选译"[自由体译本]

1936年3月,朱湘选译《番石榴集/上卷》,商务印书馆,第25-31页。

译自"第一版(1859年)75首"的第59、60、61、62、63、64、65、66、67、68、69、70、71、72、73首。

Rubáiyát 译为"茹拜迓忒"。

Omar Khayyám 译为"阿玛·加漾"。

Edward FitzGerald 未译名。

此版为"文学研究会/世界文学名著丛书"之一。

1936年9月再版(文学研究会/世界文学名著丛书),1938年6月三版(文学研究会/世界文学名著丛书),1947年3月四版("新中学文库"丛

◇《鲁拜集》汉译书目

书),1948年6月五版("新中学文库"丛书)。

1965年1月,朱湘选译《番石榴集》(六册),台湾台北文星书店。

此版为"文星集刊丛书65"。

1970年,朱湘选译《番石榴集》,台湾台北商务印书馆。

1986年5月,洪振国整理加注《朱湘译诗集》,湖南人民出版社,第13-17页。

此版将Rubáiyát译为"鲁拜集",Omar Khayyám译为"莪默·伽亚谟",Edward FitzGerald译为"菲茨杰拉尔德·爱德华"。

译诗正文前收入"莪默·伽亚谟"一段介绍,未具名,拟为整理加注者作。

译诗正文被题名"《鲁拜集》选译",并在页面下端注"这组译诗从英国诗人菲茨杰拉尔德·爱德华的《鲁拜集》英译本第59-73首诗转译。"

另,该书第179-181页收入菲氏诗作"往日"。

72/"带了玫瑰,哎,春天一去不回!/少年这书卷,虽是含蕴芳菲,/也要关起!夜莺歌咏在枝上,/那知道她何处来,去的,有谁?"73/"爱呀!要是与命运能以串通,/拿残缺的宇宙把握在掌中,/我与你便能摔碎了——又抟起,/抟成了如意的另一个穹窿!"

【118】
钱锺书:1首,题名"英译波斯诗人鲁拜集(Rubàiyàt)颂酒之名篇"[文言语体译本]

1936年12月,钱锺书作《诗录(二)/清音河小桥(Petit pont)晚眺。跋前诗后。》,《国风(南京)》(月刊)第8卷第12期,第28-29页。

拟译自"第四版(1879年)101首"的第12首。

Rubáiyát译为"鲁拜集"。

Omar Khayyám未译名。

Edward FitzGerald未译名。

钱锺书,字默存,号槐聚,笔名中书君。

《国风(南京)》杂志原为半月刊,后改为月刊。

1994年5月,钱锺书著《槐聚诗存/钱锺书默存稿/杨绛季康录》,生活·读书·新知三联书店,第11-12页。

Rubáiyát 被改译为"英译波斯醳醅雅"。

译诗收入《槐聚诗存》中无题名并被列为"1937 年"作品,原诗"清音河小桥[Petit pont]晚眺。跋前诗后。"被变更题名为"清音河[La Seine]河上小桥[Le Petit Pont]晚眺",不作该译诗题名,仍列为"1936 年"作品。

此版为线装本。

1995 年 9 月再版。

1995 年 3 月,钱锺书著《槐聚诗存》,生活·读书·新知三联书店,第 17 - 19 页。

1995 年 5 月,钱锺书著《槐聚诗存》,三联书店(香港)有限公司,第 17 - 19 页。

1999 年 9 月,钱锺书著《钱锺书作品集 8/槐聚诗存/石语(合订本)》,台湾书林出版有限公司,第 17 - 19 页。

2001 年 1 月,钱锺书著《钱锺书集/槐聚诗存》,生活·读书·新知三联书店,第 16 - 17 页。

2007 年 10 月第 2 版,第 18 - 19 页。

2012 年 6 月,钱锺书著《槐聚诗存/钱锺书默存著/杨绛季康书》,人民文学出版社,第 14 - 15 页。

此版为线装本。

"第十二章云/坐树荫下。得少面包。酒一器。诗一卷。有美一人如卿者[and thou]聊乐我员。虽旷野乎。可作乐土观[Wilderness were Paradise enow]。"

【119】
罗家伦:1 首,题名"心愿"[自由休译本]

1942 年 3 月,罗家伦著《新人生观/悲观与乐观》,商务印书馆,第 55 - 56 页。

拟译自"第四版(1879 年)101 首"的第 99 首。

Rubáiyát 未译名。

Omar Khayyám 译为"莪玛开颜"。

Edward FitzGerald 未译名。

1942 年 3 月为重庆初版,1945 年 10 月为上海初版,1946 年 12 月上海五版。

1979年1月,罗家伦著《新人生观/悲观与乐观》,台湾台南鲁南出版社。

此版为与蒋梦麟著《西湖》合订本。

1981年1月,罗家伦著《新人生观/悲观与乐观》,台湾台北伟文图书出版社有限公司,第89页。

1986年10月,罗家伦著《新人生观/悲观与乐观》,台湾台北天龙出版社,第120-121页。

此版为"古典文学"丛书5。

1997年3月,罗家伦/罗庸著《新人生观/鸭池十讲》,辽宁教育出版社,第65页。

此版为"新世纪万有文库"丛书之一。

2005年2月,罗家伦著《写给青年/我的新人生观演讲》,中国人民大学出版社,第85-86页。

此版为"朗朗书房/文化要义丛书"之一。

2010年6月,罗家伦著/周玉山修订《新人生观(修订本)/悲观与乐观》,台湾商务印书馆。

99/"要是我能同你,/爱呵,秘密的,/和造化小儿定计;/抓住这苦恼的宇宙安排,/一把搦得粉碎!/可能依咱俩的铺排,/重造得更称我们的心意!"

【120】
吴剑岚:5首,题名"鲁拜集"[自由体译本]

1946年,蒋星煜文《峨默的生活型式与颓废思想》,《文化先锋/生活与思想》第6卷第14期,第26-30页。

拟译自"第四版(1879年)101首"的第23、74、64、91、93首。

Rubáiyát 译为"鲁拜集"。

Omar Khayyám 译为"峨默"。

Edward FitzGerald 未译名。

"第九十一首/愿在将死前,预储葡萄酒,/愿将死后身,葬近芳园右,/绿叶交相辉,游

人偶然走"。"第六十四首/此谜实为奇 沉沉一重户/行于吾先者 亿万不可数/哀哉无一返 指吾当行路"。

【121】
裘柱常等:1首[自由体译本]

1953年4月,[美国]杰克·伦敦著/裘柱常译《海狼/十一》(长篇小说),新文艺出版社,第96-102页。

拟译自"第三版(1872年)101首"的第30首。

Rubáiyát译为"鲁拜集"。

Omar Khayyám译为"莪默"。

Edward FitzGerald未译名。

1957年11月一版四印。

1984年2月,[美国]杰克·伦敦著/裘柱常译《海狼/十一》,上海译文出版社,第87-93页。

Omar Khayyám译为"莪默·伽亚谟"。

该书版权页注明,据原新文艺版修订重排,新一版。

2000年1月,胡家峦主编/[美国]杰克·伦敦著/裘柱常译《杰克·伦敦文集/十二卷版/第一卷/海狼/十一》,河南教育出版社,第83-89页。

Omar Khayyám译为"莪默·伽亚谟"。

此版为"世界文豪书系"丛书之一。

2002年12月,[美国]杰克·伦敦著/裘柱常译《海狼/十一》,上海世纪出版集团/上海译文出版社,第75-79页。

Omar Khayyám译为"莪默"。

此版为"世界文学名著普及本"丛书之一。

1997年9月,[美国]杰克·伦敦著/张华、刘白桦译《杰克·伦敦作品集/一卷/海狼/第十一章》,青海人民出版社,第77-82页。

Omar Khayyám译为"莪默"。

2005年5月,[美国]杰克·伦敦著/李永毅译《野性的呼唤/海狼/第十一章/虚空与死亡》,中国少年儿童出版社,第217-218页。

此版为"根据教育部课外读物建议编选/学生必读文学名著书系"丛书之一。

2006年1月,[美国]杰克·伦敦著/臧树林、王阳译《海狼/第十一章》,人民文学出版社,第89－94页。

Omar Khayyám 译为"欧马尔·海亚姆/莪默"。

此版为"20世纪外国名家精品"丛书之一。

2006年5月,黄禄善主编/[美国]杰克·伦敦著/李晨译《海狼/第十一章》,长江文艺出版社,第76－81页。

Omar Khayyám 译为"奥莫"。

2010年5月,沈石溪主编/[美国]杰克·伦敦著/温艳编译《海狼/11/生命的价值》,外语教学与研究出版社,第72－77页。

Omar Khayyám 译为"莪默"。

此版为"新语文课外书屋/动物小说大师系列"丛书之一。

2010年11月,[美国]杰克·伦敦著/盛世教育西方名著翻译委员会译《杰克·伦敦小说选/野性的呼唤/海狼/第十一章》,上海世界图书出版公司,第253－262页,英汉对照。

Omar Khayyám 译为"奥莫"。

2010年11月,[美国]杰克·伦敦著/姚海科改写《海狼/3》,海洋出版社,第43－60页。

Omar Khayyám 译为"沃默"。

此版为"蓝海文库/世界海洋文学经典"丛书之一。

2012年1月,[美国]杰克·伦敦著/文婕编译《荒野的呼唤/海狼/第十一章》,线装书局,第97页。

此版为"语文新课标名家选"丛书之一。

2012年4月,[美国]杰克·伦敦著/孙法理译《海狼/第十一章》,凤凰出版传媒集团/凤凰出版传媒股份有限公司/译林出版社,第83－88页,英汉对照双语本。

Omar Khayyám 译为"莪默·伽亚谟"。

此版为"双语译林/第二辑"丛书之一。

2015年3月,[美国]杰克·伦敦著/郭慧娟译《海狼》,凤凰出版传媒股份有限公司/译林出版社,第136页。

Omar Khayyám 译为"奥玛"。

2016年6月,[美国]杰克·伦敦著/郭慧娟译《海狼》,凤凰出版传媒股份有限公司/译林出版社,第136页。

2015年10月,[美国]杰克·伦敦著/苏福忠译《海狼/第十一章》,中国友谊出版公司,第85-91页。

Omar Khayyám译为"欧玛尔·海亚姆/莪默·伽压谟"。

此版为"轻经典"丛书之一。

2018年5月,[美国]杰克·伦敦著/曾建华译《海狼/第十一章》,长江出版传媒/长江文艺出版社,第88-89页。

此版为"新课标/长江名著名译/世界文学名著名译典藏/全译插图本"丛书之一。

裘柱常译:30/"怎么,不要问从何时匆匆到此?/不要问,又将从此赶往何处!/呀,喝不尽这被禁的美酒,/快来淹灭那骄横的记忆!"

张华、刘白桦译:30/"不要问,缘何匆匆到此?/不要问,从此赶往何处!/啊,这被禁的美酒,觥筹交错,/必将淹没那目空一切的记忆!"

李永毅译:30/"不要问,从何处匆匆到此,/也不要问,从此处赶往何地!/一杯接一杯被禁的美酒,/终能浇灭这僭妄的问题!"

臧树林、王阳译:30/"什么,不要问,从哪里急忙赶到这里?/而且,不要问,从这里匆匆赶往哪里!/啊,一杯接一杯饮下这遭禁的好酒/一定淹没了那种骄横傲慢的记忆!"

李晨译:30/"怎么,不问从何处匆匆到此?/也不问又将赶往何处!/哦,贪杯于这被禁的美酒,/必将淹没那骄横的记忆!"

温艳译:30/"不要问我从哪里来,/不要问我到哪里去!/喝不完这一杯杯的烈酒,/来吧,必将淹没所有的忧愁!"

盛世教育西方名著翻译委员会译:30/"怎么,不问从哪里匆匆而来?/也不问又将匆匆去往何处!/哦,许多杯这被禁的美酒,/必将淹没那骄横的记忆!"

姚海科译:30/"怎么,不要问从何处匆匆到此?/不要问,又将从此赶往何处!/呀,喝不尽这被禁的美酒,/必将淹没那横的记忆!"

文婕译:30/"不要问我从何处匆匆到此,/也不要问我又将敢往何处!/哦,贪杯于这被禁的美酒,/蛮子,一醉解千愁!"

孙法理译:30/"不要问从哪里匆匆而来?/不要问往哪里匆匆而去!/且痛饮一杯杯禁饮的美酒,/需醉倒对那专横者的记忆!"

郭慧娟译:30/"为什么,不问问从哪里匆匆而来?/也不问,将匆匆去往何处?/哦,一杯又一杯的美酒/必将淹没那傲慢的记忆!"

苏福忠译:30/"什么,不要问,从哪里急忙赶到这里?/而且,不要问,从这里匆匆赶往哪里!/啊,一杯接一杯饮下这遭禁的好酒一定淹没了那种骄横傲慢的记忆!"

曾建华译:30/"不要问从哪里匆匆而来/也不要问往哪里匆匆而去!/且痛饮一杯杯禁饮的美酒/需醉倒对那专横者的记忆!"

【122】
曹未风等:1 首,题名"鲁拜集"[自由体译本]

1962 年 3 月,[英国]汤因比著/[英国]索麦维尔节录/曹未风、徐怀启、乐群、王国秀、周煦良、耿淡如、章克生、张师竹、徐孝通、刘玉麟、林同济、丁彦博、王造时译《历史研究/中册/第五部/文明的解体》(三册),上海人民出版社,第 265 页。

拟译自"第四版(1879 年)101 首"的第 69 首。

Rubáiyát 译为"鲁拜集"。

Omar Khayyám 译为"莪默·伽亚谟"。

Edward FitzGerald 译为"费慈吉拉得"。

中册 1966 年 6 月第 2 版,1986 年 12 月第 5 次印刷。

下册第 355 页,选载郭沫若译本第 71 首诗节,第一行将郭原译"指动字成,字成指动"误植为"字成指动,指动字成"。

此版为"西方学术译丛"丛书之一。

1978 年 9 月 5 日,[英国]汤恩比著/陈晓林译《历史研究》(上下),台湾台北桂冠图书公司。

此版为"桂冠丛书26"。

1997 年 11 月,[英国]汤因比著/曹未风等译《历史研究》(上中下),上海人民出版社,第 355 页。

此版为"新 1 版"。

2000 年 9 月,[英国]汤因比著/刘北成、郭小凌译《历史研究(修订插图本)》,上海人民出版社。

2005 年 4 月,[英国]汤因比著/刘北成、郭小凌译《历史研究》(上下卷),世纪出版集团/上海人民出版社。此版为"世纪人文系列丛书"之一。

2010 年 1 月,[英国]阿诺德·汤因比著/[英国] D.C.萨默维尔编/郭小凌、王皖强、杜庭广、吕厚量、梁洁译《历史研究》(上下卷),世纪出版集团/上海人民出版社。

此版为"世纪文库"之一。

2016年8月,[英国]阿诺德·汤因比著/郭小凌、王皖强、杜庭广、吕厚量、梁洁译《历史研究》(上下卷),世纪出版集团/上海人民出版社。此版为"汤因比著作集"丛书之一。

69/"上帝游戏的毫无能力的棋子/在这个棋盘上不分昼夜,/走东走西,将军或吃掉,/一个一个又回到棋盒里。"

【123】
胡适:2首,题名"译莪默[Omar Khayyam]诗两首"[自由体译本]

1970年6月,胡适著/胡江冬秀编辑出版《胡适手稿/第十集/下册》(影印版),台湾台北胡适纪念馆。

拟译自"第二版(1868年)110首"的第7、108首。

Rubáiyát 译为"莪默[Omar Khayyam]诗"。

Omar Khayyám 译为"莪默"。

Edward FitzGerald 未译名。

1971年2月,胡适著《尝试后集》,台湾台北胡适纪念馆,第139-140页。

文尾题记"见美国短篇小说大家博德[William Sydney Porte],笔名'哦亨利'[O. Henry]的'戒酒'。《短篇小说》第二集。十七年八月廿一日译"。

此版收入胡适生前编订(1952年9月)的44首之外,编入"'尝试后集'未收的诗歌",含"译莪默[Omar Khayyam]诗两首"。

1978年3月修订版。

1964年12月,胡江冬秀编辑出版/胡适著《胡适之先生诗歌手迹(尝试后集)》(影印版),台湾商务印书馆。此版收入胡适生前编订(1952年9月)的44首未出版的《尝试后集》"初选",即之后出版的《尝试后集》"第一编",未收入"译莪默(Omar Khayyam)诗两首"。

1986年4月,胡适著《尝试后集》,台湾远流出版事业股份有限公司-香港远流出版公司,第126-127页。

文尾题记"见美国短篇小说大家博德[William Sydney Porte],笔名'哦亨利'[O. Henry]的'戒酒'。《短篇小说》第二集。十七年八月二十一日译"。

此版未列明胡适生前编订(1952年9月)的44首和"'尝试后集'未收的诗歌"。

此版为胡适纪念馆授权出版,胡适作品集丛书28。

1998年11月,欧阳哲生编/胡适著《胡适文集(9)/旧诗稿存/尝试集/尝试后集/早年文存》,北京大学出版社,第326页。

此版编者在"尝试后集"正文前题记:"《尝试后集》收入胡适《旧诗稿存》和《尝试集》以外创作的诗歌和译诗。其中第一编是胡适生前自编,第二编是1970年6月《胡适手稿》的编者编辑该书时增收的诗歌,第三编是此次编者从《胡适遗稿及秘藏书信》第11册等书刊中补救的诗歌。"

1999年10月,胡适著《尝试后集/第二编》,安徽教育出版社,第115页。

此版收入胡适生前编订(1952年9月)的44首为"第一编"之外,编入未收的诗歌为"第二编"。此版为"胡适著译精品选"丛书之一。

2006年8月第2版,胡适著《尝试后集/第二编》,安徽出版集团/安徽教育出版社,第124-125页。此版为"大家经典书系"丛书之一。

2014年10月,张立华主编/胡适著《胡适手稿/第十集/下册/卷四/未收的诗稿》(16函全48册),吉林文史出版社,第389-390页。

————

108/"(二)/要是天公换了卿和我,/该把这糟糕世界一齐都打破,/再团再炼再调和,/好依着你我的安排,/把世界重新造过。"

【124】

[菲律宾]施颖洲:12首,题名"露薤集"[自由体(拟柔巴依体)译本]

1972年3月,[菲律宾]施颖洲译《古典名诗选译》,台湾台北皇冠杂志社,第166-171页。

拟译自"第四版(1879年)101首"的第7、8、12、13、16、21、24、63、64、69(74)、71、74(96)首,序号第69首应为第74首,序号第74首应为第96首。

Rubáiyát译为"露薤集"。

Omar Khayyám译为"奥玛·盖俨"。

Edward FitzGerald译为"费滋吉拉"。

"露薤集"译诗正文后译者题记"1942 年 7 月 4 日译,岷。"并附"译者注"。

此版为"皇冠丛书第三〇五种"。

1986 年 1 月三版。

1999 年 4 月,[菲律宾]施颖洲译《世界诗选》,题名"鲁拜集/[波斯]海亚姆",辽宁教育出版社,第 229 - 232 页。

Rubáiyát 被改译为"鲁拜集"。

Omar Khayyám 被改译为"海亚姆"。

"七/来呀,酌满酒樽,在春火里/抛去你悔恨的冬季大衣:/时光之鸟祇有短短一程/扑翼——那只鸟儿已经在飞。""八/无论在耐夏陂或巴比伦,/无论是甜是苦流漾金樽,/生命之酒不断涓涓渗注,/生命之叶不断——飘沦。"

【125】

金庸:1 首(句),题名"波斯小曲"[骚体译本]

1976 年 12 月,金庸著《倚天屠龙记(三)/"金庸作品集"第 18 册/第 30 回/东西永隔如参商》(长篇武侠小说/全四册),香港明河社出版有限公司,第 1199 - 1240 页。

拟译自"第四版(1879 年)101 首"的第 28、29、30 首诗意。

Rubáiyát 未译名。

Omar Khayyám 译为"峨默"。

Edward FitzGerald 未译名。

金庸,本名查良镛。

此版为定版"修订本",共四册,1978 年 8 月再版、1982 年 4 月四版、1983 年 9 月五版、1985 年 10 月六版、1986 年 12 月七版、1987 年 6 月八版、1990 年 7 月十一版、1992 年 11 月十三版、1993 年 8 月十四版、1994 年 8 月十六版、1997 年 4 月十九版、2004 年 5 月廿五版。1992 年出版"袖珍本",共八册,1994 年 6 月二版。

《倚天屠龙记》为金庸武侠小说"射雕三部曲"系列的第三部,《射雕英雄传》(又名《大漠英雄传》)是第一部,《神雕侠侣》是第二部。1961 年金庸创作《倚天屠龙记》,开始在香港《明报》连载,并由香港武史出版社出版/邝拾记报局发行"合订本"(即单行本)。单行本自 1961 年 8 月 4 日始,分每本四回为单册,至 1963 年 8 月 30 日止,整整持续了两年的时间,共 111 回目(112)计 28 集册。

小说正文前有多幅史料图案,其中采用 4 幅有关波斯的图案,1 幅波斯细密画"古波斯故事书插画",1 幅照片"中国境内出土的波斯古银币",1 幅波斯细密画"波斯军与蒙古军战斗图",1 幅波斯细密画"波斯王登基图"。

插图采用姜云行黑白插画作品,共 40 幅。

1985 年 4 月,金庸著《倚天屠龙记》(四册),海峡出版社。

1985 年 7 月,金庸著《倚天屠龙记》(四册),宝文堂书店,第 425 - 471 页。

1985 年 7 月,金庸著《倚天屠龙记》(四册),黑龙江朝鲜民族出版社,第 356 - 397 页。

1994 年 5 月,金庸著《倚天屠龙记/金庸作品集》(四册),生活·读书·新知三联书店。

2002 年 11 月,金庸著《倚天屠龙记》(四册),广州出版社/花城出版社,第 1924 - 1994 页。

此版为(新修版)"金庸作品集"丛书之 16、17、18、19。

2017 年 5 月,金庸著《倚天屠龙记》(全八卷),中山大学出版社。

此版为手工宣纸线装本。

————

"来如流水兮逝如风;不知何处来兮何所终!"

【126】

胡毅:4 首,题名"鲁拜集"[自由体译本]

1982 年 11 月 23 日,《英语世界/文苑/诗》(双月刊)第 6 期(总第 7 期),商务印书馆,第 26 - 30 页。

译自"第一版(1859 年)75 首"的第 1、2、7、10 首。

Rubaiyat 译为"鲁拜集/莪默·伽亚谟的鲁拜集"。

Omar Khayyám 译为"莪默·伽亚谟"。

Edward FitzGerald 译为"爱德华·菲茨杰拉德"。

附读郭沫若译本同样诗节 4 首。

王向明绘作题图和插图各 1 幅。

"1/醒来！清晨还在黑夜中笼罩/已扔石头把星辰赶跑；/看！东方的猎人已用阳光/把苏丹的塔尖紧套。"

【127】
潘庆舲:3 首,题名"四行诗"[自由体译本]

1983 年 8 月,潘庆舲编《郁金香集/波斯古典诗选》,江西人民出版社,第 179 页。

1990 年 8 月,柏丽译《怒湃译草》,中国人民大学出版社,第 57 页。

拟译自"第四版(1879 年)101 首"的第 44、45、31 首。

Rubáiyát 译为"四行诗"。

Omar Khayyám 译为"莪默·伽亚谟"。

Edward FitzGerald 译为"爱德华·菲茨吉拉德"。

《郁金香集/波斯古典诗选》中选译 2 首,《怒湃译草》中选译 1 首。

44/"倘若你魂能离壳,/赤裸地凌虚御风,/常在这泥骸中跛脚踟蹰——/宁非是耻辱重重?"31/"我从地心升起,把第七道门穿过;/直到高踞萨丹的帝王御座。一路上我虽猜中了许多谜,/但人的命运的大谜却猜不破。"

【128】
李霁野:8 首,题名"妙意曲/鲁拜集"[五、七言体绝句译本]

1984 年 9 月,李霁野著《妙意曲/英国抒情诗二百首》,四川人民出版社,第 299-301 页。

译自"第四版(1879 年)101 首"的第 12、24、91、21、23、99、100、101 首。

Rubáiyát 译为"鲁拜集"。

Omar Khayyám 译为"俄默·伽亚默"。

Edward FitzGerald 译为"爱德渥德·菲茨杰拉德"。

2004 年 3 月,百花文艺出版社,李霁野著《李霁野文集/第八卷/妙意曲(抒情诗二百首)/〈鲁拜集〉选译》,第 527-529 页。

12/"一美酒佐干粮,/树阴诵诗章,/君喉歌婉转,/荒漠即天堂。"99/"六/人间事事欠安排,/颠倒是非大可哀,/宁愿与君双携手,/立新破旧畅心怀。"

【129】
瞿炜:6首,题名"鲁拜集"[自由体译本]

1988年12月10日,瞿炜文《黄昏畅想/拟奥马·哈亚姆自述》,《读书》第12期,第90-96页。

拟译自"第四版(1879年)101首"的第18、17、77、53、93、29首。

Rubáiyát译为"鲁拜集"。

Omar Khayyám译为"奥马·哈亚姆"。

Edward FitzGerald译为"菲兹吉拉德"。

2016年12月,周树基、瞿炜译《鲁拜集/附录I》,哈尔滨商业大学音像教材出版社,第225-239页。

———

"(第十八首)/他们说杰姆西王光荣的宴饮的宫殿,/如今只有狮子和蜥蜴在那里隐现;/而野驴踏过好猎的巴拉姆王的墓坟,/却再不能惊醒他的深梦。""(第二十九首)/不知何故我来到这个宇宙,/有如那水无奈地奔流;/不知从哪里来又往何处去,/我是一阵风无奈地吹过沙洲。"

【130】
飞白:27首,题名"鲁拜集"[自由体译本]

1989年7月,飞白主编《世界名诗鉴赏辞典/[伊朗]海亚姆(1048?-1122)/鲁拜集选(之一)/(之二)/(之三)/(之四)》,漓江出版社,第21-33页。

译诗诗节共27首,拟译自"第四版(1879年)101首"的第7、12、14、19、20、24、29、31、32、35、36、37、38、47、48、63、64、66、67、81、99、100、101、70、71、72、73首,其中第66首被误植为第65首。

附潘一禾4篇赏析文章。

书前采用鲍尔弗插画作品2幅。

飞白,本名汪飞白。

1989年8月,飞白主编《诗海/世界诗歌史纲/传统卷/中古诗歌/伊朗海亚姆》,漓江出版社,第 102 – 117 页。

译诗诗节共 27 首,拟译自"第四版(1879 年)101 首"的第 7、12、14、19、20、24、29、31、32、35、36、37、38、47、48、63、64、66、67、70、71、72、73、81、99、100、101 首。

Rubáiyát 译为"鲁拜集"。

Omar Khayyám 译为"奥玛尔·海亚姆"。

Edward FitzGerald 译为"Ed. 菲茨杰拉德、爱·菲茨杰拉德、爱德华·菲茨杰拉德"。

译诗正文前的介绍中,选译刊登一首波斯文汉译对照(海亚姆《鲁拜集》1207 年手抄本)的直译译本:"玫瑰和郁金香的艳姿/想必长自帝王的血渍。/哪儿有紫罗兰开在地面,/想必发自美人颊上的黑痣。"(对应菲茨杰拉德英译本的第 19/101 首)

插图(图五)采用美国韦德[伊莱休·维德]1885 年创作的 1 幅彩色插画作品(印刷为黑白图案),题名"生时饮吧"。

1990 年 7 月一版二印。

1994 年 12 月,飞白主编《世界诗库/第 8 卷/西亚/中亚·非洲》,花城出版社,第 138 – 142 页。

选载 15 首,第 7、12、14、20、24、29、35、36、37、48、67、72、73、81、100 首。

2009 年 12 月,吴迪、吴思佳主编《外国诗歌鉴赏辞典/1/(古代卷)》,上海世纪出版股份有限公司/上海辞书出版社,第 99 – 109 页。

题名"鲁拜集(节选)/[波斯]海亚姆",共 4 篇(赏析),选载 23 首,第 7、12、14、19、20、24、29、31、32、35、36、37、38、47、48、63、64、66、67、81、99、100、101 首,其中第 66 首被误植为第 65 首。

此版为"外国文学鉴赏辞典大系"丛书之一。

2012 年 12 月,吴迪主编《外国文学作品与史料选/上册/古代外国文学作品选/中世纪文学/鲁拜集(节选)》(上下册),浙江大学出版社,第 102 – 104 页。

题名"鲁拜集(节选)",选载 15 首,第 7、12、14、19、20、24、29、31、32、35、36、37、38、47、48 首。

此版为"中国语言文学作品与史料选系列教材"丛书之一。

2015 年 9 月,飞白著《世界在门外闪光:英国维多利亚时代诗选(上卷)》,湖南文艺出版社,第 199－207 页。

题名"内沙布尔地方的奥玛尔·海亚姆的鲁拜集(选 27 首)"。

———

"7/快斟满此杯,把你后悔的冬衣/扔进春之火中烧毁:/时光之鸟飞的路多么短哪,/而且你看!它正在振翅疾飞。""12/只要在树荫下有一卷诗章,/一壶葡萄酒和面包一方,/还有你,在荒野里伴我歌吟,/荒野呀就是完美的天堂!"

【131】
梁实秋:1 首[自由体译本]

1989 年 12 月,梁实秋著/刘天华、维辛编选《梁实秋散文选/第四集/忆青岛》,中国广播电视出版社,第 248－254 页。

拟译自"第一版(1859 年)75 首"的第 11 首。

Rubáiyát 未译名。

Omar Khayyám 未译名。

Edward FitzGerald 未译名。

1990 年 6 月一版二印、1991 年 2 月一版三印、1991 年 10 月一版五印、1992 年 2 月一版六印、1993 年 1 月一版七印、1995 年 4 月一版九印、1995 年 9 月一版十印、1999 年 8 月一版十二印。

1998 年 8 月,梁实秋著《雅舍散文/忆青岛》,文化艺术出版社,第 128－134 页。

2002 年 10 月,梁实秋著《梁实秋文集/第 5 卷/雅舍散文/忆青岛》,鹭江出版社,第 251－256 页。

2008 年,梁实秋文《忆青岛》,《文化月刊》第 2 期,第 23－25 页。

2014 年,梁实秋文《忆青岛》,《新校园/阅读版》(旬刊)第 5 期,第 61－63 页。

———

12/"树下一卷诗,/一壶酒,一条面包——/荒漠中还有你在我身边歌唱——/啊,荒漠也就是天堂!"

【132】
傅浩:3首,题名"莪默·伽亚谟的鲁拜诗"[七言绝句体、自由体译本]

1992年6月,[英国]玛乔丽·布尔顿著/傅浩译《诗歌解剖》,生活·读书·新知三联书店,第86-87、109、203页。

拟译自"第一版(1859年)75首"的第29、32、73首,其中第32首为半节(二行)。

Rubáiyát译为"莪默·伽亚谟的鲁拜诗"。

Omar Khayyám译为"莪默·伽亚谟"。

Edward FitzGerald译为"菲茨杰拉德"。

此版为"新知文库"丛书之66。

———

73/"爱情啊!倘若你我能与命运合谋,/全然抓获这可悲的万物之序,/我们何不将它碎为齑粉,然后/依照心之意愿把它重铸!"

【133】
杨烈:6首,题名"鲁拜集/莪默迦亚谟绝句"[绝句体译本]

1992年10月,杨烈主编《世界文学史话(第一卷)/中世纪/中世波斯(伊朗)文学》(二卷本),黑龙江人民出版社,第273-274页。

拟译自"第四版(1879年)101首"的第12、3、28、45、64、74首。

Rubáiyát译为"鲁拜集"。

Omar Khayyám译为"莪默·迦亚谟"。

Edward FitzGerald译为"菲兹杰拉尔德"。

杨烈,本名杨升奎。

2008年12月,杨烈著《杨烈诗钞/1976年/译莪默迦亚谟绝句六首》,上海世纪出版股份有限公司/学林出版社,第28-29页。

2018年4月,杨烈著《世界文学史/第十章/中世波斯(伊朗)文学》,复旦大学出版社,第202-203页。

此版为"林骧华编/复旦百年经典文库"丛书之一。

———

12/"一卷诗兼酒一壶,/与卿歌唱共欢娱,/荒原即使无兼味,/也算天堂在世途。"74/"昨日功成今日欢,/明朝胜败有谁言,/请君痛饮今朝酒,/莫问何由去不还。"

【134】

陈之藩:1 首,题名"鲁拜集"[自由体译本]

1996 年 1 月,陈之藩著《〈时空之海〉——序》,台湾台北远东图书公司,第 1–3 页。

拟译自"第四版(1879 年)101 首"的第 72 首。

Rubáiyát 译为"鲁拜集"。

Omar Khayyám 未译名。

Edward FitzGerald 译为"费兹杰罗"。

童元方的文章《论〈鲁拜集〉的英译与汉译》:"自四十多年前,黄氏自费出版的小书渐渐淹没无闻,可是总有读者打听黄译《鲁拜集》,更有传抄整本诗册的,出版家苏正隆在多方寻访后,于 1987 年重出黄译《鲁拜集》,十年以后,陈之藩在他所写《时空之海》一书的序里,也把这第七十二首诗译了出来。不是绝句的形式,而是又改回了用白话"。

2004 年 5 月,陈之藩著《时空之海/序》,牛津大学出版社。

2006 年 1 月,陈之藩著《陈之藩文集 3/时空之海/散步/看云听雨》,台湾台北天下文化出版公司,第 5–7 页。

此版为"天下文化风华馆丛书 042"。

2009 年 6 月,陈之藩著《陈之藩作品系列(四)/时空之海/看云听雨》,黄山书社。

此版为"花生万象丛书"之一。

"第七十二首/这个翻过来的大碗,我们把它叫做天,/我们生在它下面,死在它下面/不要向它求饶、乞助与呼喊,/因为它也像我们一样的无能,一样的可怜!"

【135】

鹤西:10 首,题名"奥玛四行诗选译"[自由体译本]

1997 年 4 月 7 日,《花溪/花溪涟漪》(月刊)第四期(总第 210 期),第 28 页。

拟译自"第四版(1879 年)101 首"的第 27、28、29、45、63 首。

1997 年 7 月 7 日,《花溪/花溪涟漪》(月刊)第七期(总第 213 期),第

41页。

拟译自"第四版(1879年)101首"的第64、66、96、100、101首。

Rubáiyát 译为"奥玛四行诗"。

Omar Khayyám 译为"奥玛·开扬谟"。

Edward FitzGerald 译为"费苾杰拉德"。

鹤西,本名程侃声。

28/"我们一起播智慧的种,/我还亲手让它生长茏葱;/可是我只有这点儿收获呵——/我是来如流水去如风"。96/"唉!那随着玫瑰凋谢而逝去的春光!/那中断了的青春而芬芳的篇章!/那在树枝中歌唱的夜莺,/谁知道是来自又去向何方!"

【136】
郑书磊、郝文胜:8首,题名"鲁拜集"[自由体译本]

1997年8月,孙鑫亭主编《古今中外哲理诗鉴赏辞典/丙编/外国部分/波斯-伊朗/海亚姆/〈鲁拜集〉节选》,中州古籍出版社,第1031-1032页。

拟译自"第四版(1879年)101首"的第63、64、65、67、81、99、100、101首。

Rubáiyát 译为"鲁拜集"。

Omar Khayyám 译为"欧玛尔·海亚姆"。

Edward FitzGerald 译为"爱德华·菲兹吉拉德"。

"81/你呀,你造人用的是劣质的泥,/你还特地造蛇放在乐园里;/为了你涂黑人脸的万般罪孽——/宽恕人吧!让人也好宽恕你。""99/爱人哟!你我若能与他合谋,/抓起这大千世界的可悲结构,/我们岂不会把它砸个粉碎,/再重新塑造得更接近心的要求!"

【137】
[美国]周策纵:9首(节录),题名"莪默·赫雅穆之《绝句》"[语体笺释译本]

1997年11月,钱文忠编/[美国]周策纵著《弃园文粹/九七/静安与莪默》,上海文艺出版社,第320-322页。

译自"第一版(1859年)75首"的第2、6、5、18、47、26、61、68、31首(选

段、选句)。

  Rubáiyát 译为"绝句"。

  Omar Khayyám 译为"莪默·赫雅穆"。

  Edward FitzGerald 未译名。

  静安,本名王国维。

  此版为"学苑英华"丛书之一。

"(XVIII)有幻想墓中霸主之血已化作殷红之玫瑰,而鲜艳之野花殆落自昔日佳人之鬓发。""(XLVII)有人生终归虚无,与醇酒美人同尽之叹"。

【138】
临湖、朱渊:1 首,题名"菲茨杰拉德的四行诗"[自由体译本]

  1998 年 2 月,[美国]约翰·玛西著/临湖、朱渊译《文学的故事/第三十七章/维多利亚时代的诗歌》,江苏人民出版社,第 299 页。

  拟译自"第四版(1879 年)101 首"的第 12 首。

  Rubáiyát 译为"鲁拜集"。

  Omar Khayyám 译为"奥马尔·卡亚姆/莪默卡耶莫"。

  Edward FitzGerald 译为"爱德华·菲茨杰拉德"。

  此版为"野骆驼译丛/第二辑"丛书之一。

  2010 年 6 月,[美国]约翰·梅西[John Albert Macy]著/临湖、朱渊译《文学的故事/第三十七章/维多利亚时代的诗歌》,凤凰出版传媒集团/江苏人民出版社,第 255 页。

  Omar Khayyám 译为"欧玛尔·海亚姆"。

  此版为"野骆驼译丛"丛书之一。

12/"树下一壶酒,/饮酒评诗书。/还有你在荒野中,/傍了我低吟。/啊,荒野原来最纯真。"

【139】
宋志方:2 首,题名"奥玛的《拉贝亚特》"[自由体译本]

  1998 年 6 月,[美国]欧·亨利著/宋志方译《欧·亨利全集/第 IV 卷/

卷四/第十二部/剪亮的灯盏/威士忌中的诗篇》,时代文艺出版社,第 2265 – 2272 页。

拟译自"第四版(1879 年)101 首"的第 7、99 首。

Rubáiyát 译为"拉贝亚特"。

Omar Khayyám 译为"奥玛"。

Edward FitzGerald 未译名。

99/"啊！爱情;你能否与上帝合作,/把所有的不幸把握起来。/我们能否将它打碎,/然后照心中的愿望将它重塑!"

【140】
辜正坤:3 首,题名"鲁拜集(海亚姆)"[七言绝句体译本]

1998 年 8 月,辜正坤主编《中西诗鉴赏与翻译》,湖南人民出版社,第 363 – 366 页。

拟译自"第五版(1889 年)101 首"的第 1、3、12 首。

Rubáiyát 译为"鲁拜集"。

Omar Khayyám 译为"欧玛尔·海亚姆/俄默·海亚姆"。

Edward FitzGerald 译为"爱德华·菲茨杰拉德"。

2000 年 1 月,辜正坤主编《外国名诗三百首》,北京出版社,第 362 – 366 页。

2003 年 7 月,辜正坤著《中西诗比较鉴赏与翻译理论/第九章/西方名诗鉴赏举隅》,清华大学出版社,第 226 – 228 页。

译诗体裁题为"古体"。

此书中的"第十九章/诗歌翻译对策与技巧/译义四翻译对策举隅"(第 436 – 438 页),选载 2 首同时选载郭沫若与黄杲炘各 1 首作比较。

2010 年 8 月,辜正坤著《中西诗比较鉴赏与翻译理论/第九章/西方名诗鉴赏举隅》(第二版),清华大学出版社,第 218 – 220 页。此书中的"第十八章/诗歌翻译对策与技巧/译文四翻译对策举隅"(第 420 – 422 页),选载 2 首同时选载郭沫若与黄杲炘各 1 首作比较。此版为"清华语言论丛"丛书之一。

"第1首/醒看朝阳逐星流,/横空夜幕一望收。/星夜云散飞天界,/光箭刺透苏丹楼。""第12首/一卷诗伴酒一壶,/面包一块树为庐。/荒原听汝歌清曲,/便是天堂下凡图。"

【141】

瞿光辉:8首,题名"四行诗"[自由体译本]

1999年10月,瞿光辉著《最初的微笑》,中国文联出版社,第126-128页。

拟译自"第五版(1889年)101首"的第5、8、9、12、16、28、96、100首。

Rubáiyát译为"四行诗"。

Omar Khayyám译为"莪默·伽亚谟"。

Edward FitzGerald未译名。

此版为"白鹿丛书"之一。

8/"2/不管在纳霞堡或在巴比伦,/不管喝的是黄连或是甜羹,/生命之精华滴滴飘落,/生命之树叶片片凋零。"12/"4/荒野树荫下有块面包,/一瓶葡萄酒,一卷诗稿——/还有你傍我歌唱——/荒野啊就跟天堂一样美妙。"

【142】

童元方:1首,题名"鲁拜集"[自由体译本]

2000年,童元方文《论〈鲁拜集〉的英译与汉译》,《外语与翻译》(季刊)第2期(总第25期),第14页。

拟译自"第五版(1889年)101首"的第81首。

Rubáiyát译为"鲁拜集"。

Omar Khayyám译为"奥玛开俨"。

Edward FitzGerald译为"费滋杰罗"。

"第八十一首/噢,是你用又烂又贱的土造出人来,/却又在乐园中把蛇放进;用意何在?/你以所有的罪把人类的脸部涂污抹黑——众人既宽恕了你的矛盾——你也宽恕众人,岂不应该!"

【143】
李敖:1 首,题名"鲁拜集"[自由体译本]

2001 年 5 月,李敖著《上山·上山·爱》(长篇小说),贵州人民出版社,第 305 页。

拟译自"第五版(1889 年)101 首"的第 99 首。

Rubáiyát 译为"鲁拜集"。

Omar Khayyám 未译名。

Edward FitzGerald 未译名。

同年同月西藏人民出版社同时同名出版该书。

1983 年,李敖著《上山·上山·爱》,台湾台北李敖出版社。

据作者自述,2001 年的十七年前该小说曾有过"连载",未完成。

2001 年 5 月,李敖著《上山·上山·爱》,香港明窗出版社有限公司。

2001 年 7 月第二版。

———

99/"愿上帝串通你和我,/抓住这荒唐世界不放过,/打碎它后再调和,/照我们意思啊重新订做!"

【144】
李欧梵:9 首,题名"鲁拜集"[自由体译本]

2002 年 5 月,李欧梵著《东方猎手》(长篇小说),上海文艺出版社,第 3、4、7、9、26、27、28、30 页。

译自"第一版(1859 年)75 首"的第 1、6、7、11、20 首和"第三版(1872 年)101 首"的第 32、34、47、50 首。

Rubáiyát 译为"鲁拜集"。

Omar Khayyám 译为"奥玛卡样"。

Edward FitzGerald 译为"费滋觉罗"。

扉页"题诗——Omar Khayyám"为菲氏第一版的第 1 首英文版。

———

1/"醒来!从黑夜之钵中升起的清晨/已经抛出那颗顽石令众星流窜/看吧!那东方猎手已把/苏丹的塔楼套在一圈曙光之中" 11/"树枝下,一卷诗/一壶酒,一块面包——还有你/在我身旁,高歌于原野/啊,这原野就是眼前的天堂"

◇《鲁拜集》汉译书目

【145】
鹤西:44首,题名"奥玛四行诗(选译)"[自由体译本]

  2002年12月,鹤西著《鹤西文集/篇后/译诗、译文、书评、书信、谈话》,云南美术出版社,第308、313、314、315、316、317、318、320-326、480页。

  拟译自"第四版(1879年)101首"的第48、49、50、31、32、34、42、43、14、15、99、7、8、16、17、25、26、27、28、29、35、36、37、41、45、46、47、51、52、81、63、64、65、66、67、68、69、70、71、96、100、101、91、92首,以刊载译诗的页码先后排序,译诗正文中为31首,"代序"中为11首,"书信"中为2首。

  Rubáiyát译为"奥玛四行诗"。

  Omar Khayyám译为"奥玛·开扬谟"。

  Edward FitzGerald译为"爱德华·费兹杰拉德"。

  鹤西,本名程侃声。

  同时选译Whinfield[温菲尔德]译稿"奥玛四行诗"44首。

  译诗正文前收入小泉八云著/鹤西译"费兹杰拉德和奥玛的四行诗"一文代序。

  收入"译后记"(鹤西)。

  2010年4月,鹤西译《鲁拜集》,世界图书出版公司北京公司,第1-225页。

  精装本,书顶刷金。

  书名页"鲁拜集"三字题签采用金文体,并题签"菲茨吉拉德/英译第五版"、"刘乐园/英文本注释"等字样。

  此版Rubáiyát被改译为"鲁拜集",Omar Khayyám被改译为"奥玛·海亚姆",Edward FitzGerald被改译为"爱德华·菲茨吉拉德",2015年1月版下同。

  按2002年12月《鹤西文集》版本编入温菲尔德译稿"奥玛四行诗"44首,此版封面、书名页均未署名英译者"温菲尔德",2015年1月版下同。

  插图采用苏利文[沙利文]为"第一版"创作的插画作品全部75幅。

  收入小泉八云"菲茨吉拉德和海亚姆的《鲁拜集》"一文"代序",删原译者题签"鹤西译"字样。

  收入"译后记"(鹤西)、"出版后记"(Lewis Eden)和Edward FitzGerald英文文本(第五版)《Rubáiyát of Omar Khayyám》及注释。

Lewis Eden,本名刘乐园。

2015年1月,鹤西译《鲁拜集》,北京联合出版公司/后浪出版公司,第1-199页。

此版拟为"2010年4月世界图书出版公司版"的再版。

书名页后增添译者像片和"中译者简介",像片题名误植"程侃生"。

原"刘乐园/英文本注释"未收入。

———

7/"来,满上一杯,就着春天的骄阳,/抛掉你悔恨的冬裳。/时间这鸟儿不会飞得太远,/而它呵已开始展翅飞翔。"99/"哦,我爱!假如你和我能向他商量,/来掌握这可怜的万物的形象;/是不是我们要将它砸得粉碎,/把它塑造得更符合我们的愿望!"

【146】
陈重仁:2首,题名"鲁拜集"[自由体译本]

2002年12月,[阿根廷]豪尔赫·博尔赫斯著/凯林-安德·米海列斯库编/陈重仁译《博尔赫斯谈诗论艺/第四讲/文字——字音与翻译》,上海译文出版社,第56-75页。

译自"第一版(1859年)75首"的第1、2首。

Rubáiyát 译为"鲁拜集"。

Omar Khayyám 译为"欧玛尔·海亚姆"。

Edward FitzGerald 译为"爱德华·菲茨杰拉德"。

2008年2月再版。

2011年3月,[阿根廷]豪尔赫·博尔赫斯著/凯林-安德·米海列斯库编/陈重仁译《诗艺/第四讲/文字——音韵与翻译》,上海译文出版社,第74-75页。

2015年6月,[阿根廷]豪尔赫·博尔赫斯著/凯林-安德·米海列斯库编/陈重仁译《博尔赫斯全集/诗艺/第四讲/文字——音韵与翻译》,上海译文出版社,第92-93页。

———

1/"醒过来吧!清晨已经在夜晚的钵碗/丢下一块石子,也扬起了满天星斗;/看吧!东方的猎人已经趁着暮光迷乱/攻取了苏丹王的塔楼。"

◇《鲁拜集》汉译书目

【147】

王永年:2 首,题名"鲁拜集"[自由体译本]

2003 年 11 月,[美国]欧·亨利著/王永年译《欧·亨利小说全集/第四卷/剪亮的灯盏/苏格兰威士忌的〈鲁拜集〉》,人民文学出版社,第 205-211 页。

拟译自"第四版(1879 年)101 首"的第 7、99 首。

Rubáiyát 译为"鲁拜集"。

Omar Khayyám 译为"莪默·伽亚谟"。

Edward FitzGerald 未译名。

99/"啊,爱情,你我和苍天是否合计一下/把这叫人伤心的大千世界——/打得粉碎——然后重新安排/把它改造得更合乎我们的心意!"

【148】

莫渝:1 首,题名"鲁拜集"[自由体译本]

2003 年 11 月,《台湾诗学/吹鼓吹诗论坛/自由副刊/经典小诗与情爱私语》。

拟译自"第四版(1879 年)101 首"的第 12 首。

Rubáiyát 译为"鲁拜集"。

Omar Khayyám 译为"奥玛·开俨"。

Edward FitzGerald 未译名。

莫渝,本名林良雅。

"第十二首/一诗、一酒、一块面包,/有你在树下同我歌唱,/即使此地是荒原,/啊,荒原胜过乐园!"

【149】

于惠平:1 首[自由体译本]

2004 年 6 月,[美国]约翰·玛西[John Macy]著/于惠平译《文学的故事/写给大家看的西方文学史/第 37 章/维多利亚时期的诗歌》,贵州人民出版社,第290页。

拟译自"第四版(1879年)101首"的第12首。

Rubáiyát 译为"鲁拜集"。

Omar Khayyám 译为"欧玛尔·海亚姆"。

Edward FitzGerald 译为"爱德华·菲茨杰拉德"。

此版为"插图珍藏本/人文系列"丛书之一。

12/"在树下,摆下一壶美酒,/饮着酒,品论诗书。/在旷野中的你,/陪伴我浅吟低唱。/啊,原来,/旷野才是最纯最真。"

【150】

绿原:1首[自由体译本]

2004年12月28日,绿原文《致〈书人〉》,《贵州政协报》第A4版。

拟译自"第四版(1879年)101首"的第12首。

Rubáiyát 未译名。

Omar Khayyám 未译名。

Edward FitzGerald 未译名。

绿原,本名刘仁甫。

12/"树下一卷诗,一壶酒,外加面包一方/而你在荒园一角伴我歌唱/啊荒园,它就是天堂"。

【151】

[满族]傅惟慈:1首,题名"鲁拜集"[自由体译本]

2005年2月15日,[满族]傅惟慈文《心履诗人之乡伊朗》,《中外文化交流/民俗风情》(月刊)第2期(总第94期),第51页。

拟译自"第四版(1879年)101首"的第12首。

Rubáiyát 译为"鲁拜集"。

Omar Khayyám 译为"欧玛尔·海亚姆"。

Edward FitzGerald 译为"菲茨杰拉德"。

[满族]傅惟慈,本名傅韦。

"第12首/树阴下/持一卷诗篇/一壶酒/和面包一篮/还有你/在荒野中伴我吟唱/这荒野就是人间乐园"。

【152】
胡泽刚:1 首,题名"鲁拜集"[自由体译本]

  2005 年,胡泽刚文《中西方文学中月亮意象的相似性》,《湖北师范学院学报(哲学社会科学版)/美学、文学研究》(双月刊)第 25 卷第 2 期(总第 112 期),第 34 页。

  译自"第一版(1859 年)75 首"的第 74 首。

  Rubáiyát 译为"鲁拜集"。

  Omar Khayyám 译为"奥玛·卡言"。

  Edward FitzGerald 未译名。

"第 74/令我快乐的月亮永不亏缺,/瞧,天上又升起了那轮明月,/从今以后每次升起在这个园圃,/她都将徒劳地照着我的身躯。"

【153】
阎敏:1 首,题名"鲁拜集"[自由体译本]

  2005 年 6 月,[美国]约翰·玛西[John Macy]著/阎敏译《插图珍藏本/你应该知道的/文学的故事/第 37 章/维多利亚时期的诗歌》,九州出版社,第 249–250 页。

  拟译自"第四版(1879 年)101 首"的第 12 首。

  Rubáiyát 译为"鲁拜集"。

  Omar Khayyám 译为"欧玛尔·海亚姆"。

  Edward FitzGerald 译为"爱德华·菲茨杰拉德"。

12/"在树下,摆上一壶美酒,/饮着酒,品论诗书。/在旷野中的你,/陪伴我浅吟低唱。/啊,原来,/旷野才是最纯最真。"

【154】

李兆隆:1 首,题名"奥马尔·卡伊姆的鲁拜集"[自由体译本]

2006 年 1 月,[美国]迈克尔·克兰著/李兆隆译《怎样破解一桩谋杀案——物证勘验手册/5.多变的手指》,群众出版社,第 104 页。

拟译自"第四版(1879 年)101 首"的第 71 首。

Rubáiyát 译为"鲁拜集"。

Omar Khayyám 译为"奥马尔·卡伊姆"。

Edward FitzGerald 译为"爱德华·费茨杰拉尔德"。

71/"运动的手指写东西;写成的是文书,/继续写:若不用你全部的虔诚,不用你全部的智慧,/它会让你把写成的一行删去半行;若不用你全部的心血,你写不成一个字。"

【155】

姑丽娜尔·吾甫力:1 首[散文体译本]

2006 年,姑丽娜尔·吾甫力文《译者的误读与误导——以欧玛尔·海亚姆诗歌的翻译为例》,《中国比较文学/海外华人文学研究》(季刊)第 3 期(总第 64 期),第 133 页。

拟译自"第四版(1879 年)101 首"的第 12 首。

Rubáiyát 译为"鲁拜集"。

Omar Khayyám 译为"欧玛尔·海亚姆/莪默·伽亚谟"。

Edward FitzGerald 译为"爱德华·费茨杰拉德"。

12/"在这大树下,带着一片面包,一瓶酒,一本诗集,你和我并肩在荒野里歌唱,荒野完全成了天堂。"

【156】

张德明:5 首,题名"鲁拜集"[自由体译本]

2006 年 7 月,张德明著《世界文学史/第二编/中古文学/第九章/中古波斯文学/第一节/抒情诗与叙事诗》,浙江大学出版社,第 67 - 68 页。

拟译自"第四版(1879 年)101 首"的第 12、35、36、37、38 首。

◇《鲁拜集》汉译书目

  Rubáiyát 译为"鲁拜集"。
  Omar Khayyám 译为"莪默·海亚姆"。
  Edward FitzGerald 译为"菲茨杰拉德"。
  此版为"浙江省高等教育重点教材"丛书之一。

  12/"只要在树阴下有一卷诗章,/葡萄酒一壶和面包一方,/还有你,在荒野里伴我歌吟,/荒野呀就是美丽的天堂!"

【157】
汪义群:4 首,题名"鲁拜集"［自由体译本］

  2006 年 8 月,郭继德编/［美国］奥尼尔著/汪义群译《奥尼尔文集/第 4 卷/啊,荒野! Ah, Wilderness!》(剧本),人民文学出版社,第 260-383 页。
  译自"第四版(1879 年)101 首"的第 71、12、74、96 首。
  Rubáiyát 译为"鲁拜集"。
  Omar Khayyám 译为"莪默·伽亚谟"。
  Edward FitzGerald 译为"爱德华·费茨杰拉德"。
  剧名《啊,荒野! Ah, Wilderness!》,即菲氏鲁拜集第 12 首诗意,第三、四行中的用词。
  剧本中第 12 首仅 3 行,第 96 首仅 2 行。

  71/"移动的手指写着,一旦写了/便源源地流出,不管才智还是虔敬/都难以把它收回,删去半行,/也无法用眼泪洗掉片言只字。"

【158】
薛春美:7 首,题名"鲁拜集"［自由体译本］

  2006 年 10 月 1 日,薛春美文《"我即是天堂与地狱"——〈鲁拜集〉选译及赏析》,《英语知识/诗海拾贝》(月刊)第 10 期(总第 205 期),第 7-8 页。
  拟译自"第四版(1879 年)101 首"的第 17、24、29、33、59、66、96 首。
  Rubáiyát 译为"鲁拜集"。
  Omar Khayyám 译为"欧玛尔·海亚姆"。

Edward FitzGerald 译为"爱德华·菲茨杰拉德"。

"29/来到此世,却不知为何而来,来自何方,/如水一样身不由己地流淌;/出了此世,就像荒野上空的风,/不知向何处,身不由己地飘荡。""96/然而啊,春天会随玫瑰而逝!/芬芳的青春书页会合闭!/曾在枝头鸣啭的夜莺啊,/何来何去,有谁知!"

【159】
邓均吾:41 首,题名"鲁拜集/四行诗集"[自由体译本]

2007 年 1 月,邓颖、邓立群文《新发现的邓均吾译诗 41 首》,《中外诗歌研究》(季刊)第 1 期,第 74–76 页。

译自"第二版(1868 年)110 首"的第 1、3、4、7、8、9、12、13、15、19、22、24、25、26、27、28、30、31、32、38、45、48、56、58、60、66、67、68、69、71、72、73、74、76、77、80、98、101、102、105、109 首。

Rubáiyát 译为"鲁拜集/四行诗集"。

Omar Khayyám 译为"莪默·伽亚漠/欧玛尔·海亚漠"。

Edward FitzGerald 译为"爱德华·费慈吉拉德"。

邓均吾,本名邓成均。

2010 年 1 月,邓颖编选《邓均吾诗文选/译诗/鲁拜集(41 首)》,重庆出版集团/重庆出版社,第 284–292 页。

1/"醒来!太阳驱逐了黑夜星群,/从东方高处向天野上升,/光芒万丈的神箭,/射在苏丹的高瓴。"12/"树荫下带少许干粮,/一瓶酒和一卷诗章,/荒野中你傍我歌唱,/荒野此刻便是天堂。"

【160】
木心:6 首,题名"波斯诗"[自由体译本]

2007 年 1 月,木心著《我纷纷的情欲/二辑/一些波斯诗》,广西师范大学出版社,第 78–79 页。

拟译自"第四版(1879 年)101 首"的第 12、15、27、37、55、72 首。

Rubáiyát 未译名。

Omar Khayyám 译为"峨默·伽亚摩[Umar Khaygām]"。

Edward FitzGerald 未译名。

木心,本名孙璞,字仰中,号牧心。

2010年10月,木心著《我纷纷的情欲/二辑/一些波斯诗》,广西师范大学出版社,第88-89页。即2007年1月版的第2次印刷,此版为"理想国/木心作品系列"丛书之一。

12/"树荫下,一壶酒/一块面包,一卷诗/你倚偎着我歌唱/荒野就是天国了。"72/"这个老大的覆碗我们称之为天空/我们葡匐其下,直到销蚀无踪/莫要伸手向它求助,莫要/它滚动,与你我一样无所适从。"

【161】
屠岸:18首,题名"奥马尔·哈亚姆的《柔巴依集》"[柔巴依体译本]

2007年1月,屠岸选译《英国历代诗歌选/下册/奥马尔·哈亚姆的〈柔巴依集〉(节选)》,凤凰出版传媒集团/译林出版社,第66-71页。

拟译自"第四版(1879年)101首"的第1、12、24、27、28、36、43、55、63、64、71、81、91、96、97、98、99、100首。

Rubáiyát 译为"柔巴依集/鲁拜集"。

Omar Khayyám 译为"奥马尔·哈亚姆"。

Edward FitzGerald 译为"菲茨杰拉德"。

屠岸,本名蒋壁厚。

译诗正文前有"菲茨杰拉德"简介。

"1/醒来啊!太阳升起了,把满天星斗/从黑夜广阔的领域里一一赶走,/叫黑夜追随星星也退出天穹,/朝阳的金箭已射中苏丹的塔楼。""12/这儿在树荫底下,有一卷诗章,/一壶酒,一块面包,还有你——姑娘,/在我身边,在这荒原上唱歌,啊,这荒原就是真正的天堂!"

【162】
王悦晨、王东风:1首,题名"鲁拜集"[自由体译本]

2007年2月,[美国]埃里奇·西格尔著/王悦晨、王东风译《爱情故事》(小说),英汉对照,凤凰出版传媒集团/译林出版社,第159页。

拟译自"第四版(1879年)101首"的第12首。

Rubáiyát 译为"鲁拜集"。

Omar Khayyám 译为"莪默·伽亚模"。

Edward FitzGerald 译为"菲茨杰拉德"。

2007年,王东风文《文学翻译:寻找天才的标志——〈爱情故事〉译后》,《外语与外语教学》(双月刊)第12期(总第225期),第47页。

"第十二首/大树底下诗一卷酒一坛,/面包一条还有伊人相伴/依偎着我在荒野里放歌——/唱那荒野就是天国彼岸!"

【163】
蔡天新:3首,题名"鲁拜集"[自由体译本]

2007年8月,蔡天新文《欧玛尔·海亚姆的世界》,《文学界(湖南文学)/专辑版》(月刊)8月号第8期(总第28期),第49-53页。

拟译自"第四版(1879年)101首"的第57、71、35首。

Rubáiyát 译为"鲁拜集"。

Omar Khayyám 译为"欧玛尔·海亚姆"。

Edward FitzGerald 译为"爱德华·菲茨杰拉德/爱德华·菲尔茨杰拉德"。

文中另选译一首海亚姆的诗节,拟为直接译自海亚姆的诗:"来吧,且饮下这杯醇酒/趁命运未把我们逼向绝路/这乖戾的苍天一旦下手/连口清水都不容你下喉"。

"第71首/那挥动的手臂弹指间已完成/继续吟哦,并非用虔诚或智慧/去引诱返回删除那半行诗句/谁的眼泪都无法将单词清洗"。

【164】
陈君朴:1首,题名"鲁拜集"[自由体译本]

2008年7月,陈君朴编著《英语诗歌助读》,上海大学出版社,第149页。

拟译自"第四版(1879年)101首"的第12首。

Rubáiyát 译为"鲁拜集"。

◇《鲁拜集》汉译书目

Omar Khayyám 译为"奥玛"。

Edward FitzGerald 译为"费兹杰拉德"。

———

12/"绿阴树下有诗书一卷吟赏,/一壶酒,一片面包——在我身旁/你为我在荒野里高歌一曲——/哦,这片旷野立刻变成天堂。"

【165】
王宠:21首,题名"鲁拜集"[自由体译本]

2009年,《延安文学/诗读本》(双月刊)第1期(总第182期),第148-149页。

拟译自"第四版(1879年)101首"的第1、2、3、4、6、7、16、19、22、28、29、32、33、34、57、64、69、86、95、100、101首。

Rubáiyát 译为"鲁拜集"。

Omar Khayyám 译为"莪默·伽亚谟"。

Edward FitzGerald 未译名。

———

"1/醒了!太阳,星星已四散了逃走/先于你自夜的范畴/驱这夜星于天穹,映射/光之箭向苏丹的塔楼。""7/来吧,朋友,斟满我们的酒觞/春的火焰里是忏悔的冬装/只一短路,光阴的鸟儿飞翔/看啊,青天上它鼓动的翅膀。"

【166】
熊建:1首,题名"菲茨杰拉德的四行诗"[自由体译本]

2009年6月,[美国]J.梅西著/熊建译《西方文学的故事/第十八章/十九世纪及以后的英国文学/三/维多利亚时代的诗歌》,陕西师范大学出版社,第274页。

拟译自"第四版(1879年)101首"的第12首。

Rubáiyát 译为"鲁拜集"。

Omar Khayyám 译为"厄默·卡耶莫"。

Edward FitzGerald 译为"爱德华·菲茨杰拉德"。

2014年11月,[英国]汉弗瑞著/刘睿铭编译《文学的故事》,吉林出版集团有限责任公司,第274页。

此版为"世界经典智慧文丛"丛书之一。

————

12/"树下一杯酒,/饮酒论诗书。/寂寂荒野中,/你伴我低吟。/哦,荒野原来最纯真。"

【167】
殷延军:8首,题名"鲁拜集"[自由体译本]

2009年9月,殷延军文《在醉生梦死中寻求生命的终极价值——从〈鲁拜集〉看海亚姆的精神世界》,《作家》(半月刊)第18期,第72-73页。

拟译自"第四版(1879年)101首"的第8、12、14、19、21、24、35、66首。

Rubáiyát 译为"鲁拜集"。

Omar Khayyám 译为"海亚姆"。

Edward FitzGerald 译为"爱德华·菲茨杰拉德"。

文中另有第5首的散文体译文:"春天已经悄然远逝,遗留下的片片落英铺满花圃,随着花开花谢,Iram 的花园的欣欣向荣与萧瑟凋敝交替更迭,犹如命运之轮,永无停息。预知来世今生,这是何人的希冀?可惜啊,蔷薇消亡,Jamshyd 的七环杯也不知去向,人们也就无法知道自己的去今来三生的命运了。"

————

"(第8首)/不要问是在 naishapur 还是在 Babylon,/不要问杯中的是苦汁或是芳醇,/生命的酒浆滴滴浸漏,永不停止,/生命的绿叶叶叶坠地,永无止息。""(第12首)/躺在树阴下,手上捧着一卷诗章,/旁边放着葡萄美酒,一点干粮,/有你在这荒原陪我欢歌,/那么,荒原呀,便是我的天堂。"

【168】
孙青玥:1首,题名"鲁拜集"[自由体译本]

2009年12月,[美]约翰·阿尔伯特·梅西著/孙青玥译《文学的故事/第三十七章/维多利亚时期的诗歌》,陕西师范大学出版社,第219页。

拟译自"第四版(1879年)101首"的第12首。

Rubáiyát 译为"鲁拜集"。

Omar Khayyám 译为"欧玛尔·海亚姆"。

Edward FitzGerald 译为"爱德华·菲茨杰拉德"。

2014年12月,[美国]约翰·梅西著/孙青玥译《西方文学史:文学的故事/第四章/维多利亚时期的诗歌》,红旗出版社,第269页。

12/"在树下,摆上一壶美酒,/饮着酒,品论诗书。/在旷野中的你,/陪伴我浅吟低唱。/啊,原来,/旷野才是最纯最真。"

【169】
昀林:1首,题名"鲁拜集"[自由体译本]

2010年1月1日,昀林文《乘着歌声的翅膀》,《竞争力·三联财经/时光》(月刊)第1期(总第94期),第96页。

译自"第一版(1859年)75首"的第7首。

Rubáiyát 译为"鲁拜集"。

Omar Khayyám 未译名。

Edward FitzGerald 未译名。

7/"来吧,斟满酒杯,在热情的春日里/丢却寒冬厚重的悔意/时光的小鸟自有妙法/翩翩展翅鸟儿正翔游天际"。

【170】
冯象:2首,题名"鲁拜集"[自由体译本]

2011年1月9日,冯象文《黎明的左手:冯象论〈鲁拜集〉》,《东方早报/上海书评/随笔》第12版。

译自"第一版(1859年)75首"的第1、2首。

Rubáiyát 译为"鲁拜集"。

Omar Khayyám 译为"莪默"。

Edward FitzGerald 译为"费慈杰罗"。

2012年7月,冯象著《信与忘——约伯福音及其他/上编/黎明的左手》,生活·读书·新知三联书店,第126-127页。

1/"醒来!晨曦已往黑夜之碗/扔进石子,星星逃散;/看,那东方的猎手抛出光索,/

套中了苏丹的塔尖!"

【171】
[美国]叶子南:1 首,题名"鲁拜集"[自由体、七言绝句体译本]

2012 年 9 月 15 日,[美国]叶子南文《从一首诗的翻译看文学翻译》,《中国翻译/自学之友》(双月刊)第 33 卷第 5 期(总第 215 期),第 118 页。

译自"第五版(1889 年)101 首"的第 63 首。

Rubáiyát 译为"鲁拜集"。

Omar Khayyám 译为"奥玛珈音/莪默·伽亚谟"。

Edward FitzGerald 译为"爱德华·菲茨杰拉德"。

译本为一诗二译。

2013 年 8 月,[美国]叶子南著《高级英汉翻译理论与实践(第三版)/第十四章/文学翻译简述/3. 不同的文学翻译观》,清华大学出版社,第 197 页。

此版为"高校英语选修课系列教材"之一。

"第六十三首/地狱的威胁,天堂的希望!/至少一件事确定,此生去也匆忙;/一件事确定,其余的都是撒谎;/那盛开的繁花,会永远萎谢凋亡。""地狱阴森盼天堂,/浮生瞬息定匆忙。/巧言乱坠皆诳语,/谁见花开百日香?"

【172】
[美国]倪湛舸:1 首,题名"波斯绝句"[自由体译本]

2013 年 5 月 1 日,[美国]倪湛舸文《归去来兮》,《上海文学/新人场特辑》(月刊)第 5 期,第 18 页。

拟译自"第四版(1879 年)101 首"的第 29 首。

Rubáiyát 译为"波斯绝句"。

Omar Khayyám 译为"欧玛尔·海亚姆"。

Edward FitzGerald 木译名。

---

29 /"恍然入世,如水之不得不流,/不知何故来,也不知来自何处;/恍然出世,如风之不得不起,/吹过这漠地,终不知往何方去。"

◇ 《鲁拜集》汉译书目

【173】

张经浩:2首,题名"鲁拜集"[自由体译本]

2013年7月,冯志杰编/[美国]欧·亨利著/张经浩译《欧·亨利小说全集/第二卷/冷暖人生/酒瘾与夫妻情》,当代中国出版社,第124-131页。

拟译自"第四版(1879年)101首"的第7、99首。

Rubáiyát 译为"鲁拜集"。

Omar Khayyám 译为"奥玛尔"。

Edward FitzGerald 未译名。

2013年10月再版。

———

99/"哦,爱情,你我与上帝携手,/改造这不称心的世道。难道我们不能把它砸个粉碎,/让一切都顺着我们的心愿。"

【174】

孙慕天:1首,题名:"莪默歌咏春天"[自由体译本]

2014年2月20日,孙慕天文《诗苑玫瑰——莪默的诗魂》,《民主与科学/思想空间》(双月刊)第1期,第41-46页。

拟译自"第四版(1879年)101首"的第7首。

Rubáiyát 译为"鲁拜集"。

Omar Khayyám 译为"莪默·伽亚谟/欧玛尔·海亚姆"。

Edward FitzGerald 译为"爱德华·菲兹杰拉德"。

———

"第七首/来呀,请浮此一觞/春阳似火,焚去悔恨的冬裳/韶华如鸿,而前路日蹙/这只鸟儿已振翅飞翔"。

【175】

葛桂录:1首[自由体译本]

2014年6月,葛桂录著《比较文学之路:交流视野与阐释方法/第三编/方法/第八章/比较文学研究方法及其应用举隅》,上海三联书店,第202页。

拟译自"第四版(1879年)101首"的第7首。

Rubáiyát 译为"鲁拜集"。

Omar Khayyám 译为"莪默·伽亚谟"。

Edward FitzGerald 未译名。

———

35/"我把唇俯向这可怜的陶樽,/想把我生命的奥秘探询;/樽口对我低语道'生时饮吧!/一旦死去你将永无回程。'"

【176】
黄福海:9 首,题名"醺醄"[七言绝句体译本]

2014 年 11 月,黄福海著《达盦诗集》,复旦大学出版社有限公司,第 26-27 页。

拟译自"第四版(1879 年)101 首"的第 1、5、7、9、12、14、17、18、19 首。

Rubáiyát 译为"醺醄"。

Omar Khayyám 未译名。

Edward FitzGerald 未译名。

译诗正文前题记"Rubaiyat 钱锺书尝译作醺醄今依之"。

———

1/"其一/唤来尔辈看晨星,/夜色阑干山未青。/雾裏平江犹缥缈,/金光已上古城甀。"12/"其五/长歌美酒绿梧桐,/浅唱低吟醉晚风。/幸有红颜情款款,/因思羽化入蟾宫。"

【177】
佚名:1 首,题名"鲁拜集(译作)"[自由体译本]

2015 年,河南省驻马店市文学艺术界联合会主办《天之中/美文欣赏》第 5 期(总第 24 期),第 59 页。

拟译自"第四版(1879 年)101 首"的第 12 首。

Rubáiyát 译为"鲁拜集"。

Omar Khayyám 未译名。

Edward FitzGerald 未译名。

———

12/"一片树荫/一壶酒/几片面包/你对着我歌唱/荒野也就变成了天堂"

【178】
李凌云:10首,题名"鲁拜集"[自由体译本]

2015年3月,[英国]罗勃·谢泼德著/李凌云译《随泰坦尼克沉没的书之瑰宝》,海豚出版社,第1–70页。

拟译自"第四版(1879年)101首"的第71、68、54、5、81、63、69、31、65、84首,其中第5、81、63首为两行,第65首为三行。

Rubáiyát 译为"鲁拜集"。

Omar Khayyám 译为"奥玛·海亚姆"。

Edward FitzGerald 译为"爱德华·菲茨杰拉德"。

69/"白昼与黑夜的棋盘上/人和命运是棋子/它们往来驱驰,厮杀博弈/然后一个又一个,又被收进盒中"。71/"指尖灵动,信手而书/所有虔诚,所有机智/都难将它唤回,删去半行/所有眼泪,也不能洗去其中一字"。

【179】
魏新河:5首[七言绝句体译本]

2016年8月,钟锦译笺/顾家华汇校《波斯短歌行/鲁拜集译笺》,中华书局,第137–147页。

拟译自"第四版(1879年)101首"的第26、27、28、29、30首。

Rubáiyát 未译名。

Omar Khayyám 未译名。

Edward FitzGerald 未译名。

魏新河,笔名秋扇。

28/"亦知弘道似栽松,/千尺干云有始终。/却看此身何所有,/来如流水去如风。"29/"莫从物理问源头,/一脉天然自在流。/无所由来无所去,/暂如风翼掠沙丘。"

【180】
姚祖培:2首,题名"鲁拜集"[七言绝句体、柔巴依体译本]

2014年8月,《外语名家访谈录》,焦鹏帅文《我的文字要像水一样淌下去——〈朱兰花——罗·弗罗斯特抒情诗选〉译者姚祖培访谈录》,国防工业出版社,第 159 - 160 页。

拟译自"第四版(1879 年)101 首"的第 12、71 首。

Rubáiyát 译为"鲁拜集"。

Omar Khayyám 未译名。

Edward FitzGerald 译为"菲茨杰拉德"。

2016 年 8 月,焦鹏帅文《我的文字要像水一样淌下去——〈朱兰花——罗·弗罗斯特抒情诗选〉译者姚祖培访谈录》,《东方翻译》(双月刊)第 4 期(总第 42 期),第 45 页。

———

"12/绿荫树下诗一卷,/美酒在壶食在盘。/更听旷野清歌啭,/谁道此间非乐园!"
"71/手指在书写,行复一行无休止;/你纵然,有十分虔诚,百般机智,/你休想,逗它回转来,涂掉半行;/流尽眼泪,也不能洗掉一个字。"

【181】
杨德友:1 首,题名"菲茨杰拉尔德的四行诗"[自由体译本]

2017 年 2 月,[美国]约翰·阿尔伯特·梅西[John A. Macy]著/杨德友译《世界文学的故事/维多利亚时期的诗歌》,山西出版传媒集团/北岳文艺出版社,第 346 页。

拟译自"第四版(1879 年)101 首"的第 12 首。

Rubáiyát 译为"鲁拜集"。

Omar Khayyám 译为"欧玛尔·海亚姆"。

Edward FitzGerald 译为"爱德华·菲茨杰拉尔德"。

此版为"天星文库·通识经典"丛书之一。

———

12/"树枝下有一本诗集,/一瓶清水,一块面包,还有你/坐在我身旁唱歌,在荒野里——/啊这荒野就是天堂佳地!"

【182】
李凌云:2 首,题名"鲁拜集"[自由体译本]

2017 年 6 月,[英国]罗勃·谢泼德著/李凌云译《艺术中的灰姑娘/西方书籍装帧》,海豚出版社,第41、53页。

拟译自"第四版(1879年)101首"的第24、63首。

Rubáiyát译为"鲁拜集"。

Omar Khayyám译为"奥玛·海亚姆"。

Edward FitzGerald译为"爱德华·菲茨杰拉德"。

———

63/"哦,地狱之怖与天堂之希望!/至少一事无疑,——生命飞逝不待;此事无疑,余皆虚妄;/曾经怒放的花,已经永远凋零。"

【183】
袁秋婷:2首,题名"海亚姆的鲁拜集"[自由体译本]

2019年5月20日,李炜文/袁秋婷译《译/推开波斯诗的大门》,《上海文化(文学批评版)/阅读札记》(单/双/月刊)五月号,第102-103页。

拟译自"第四版(1879年)101首"的第71、21首。

Rubáiyát译为"鲁拜集"。

Omar Khayyám译为"海亚姆"。

Edward FitzGerald译为"菲茨杰拉德/菲兹杰拉德"。

———

71/"移动的手指写着字;写完一行,/又一行:你再多的虔诚和睿智/也无法诱使它返回,删去半行,/流再多眼泪,也不能拭去只字。"

[图七]　第 29、30 首诗意

[图八] 第43首诗意

异译本

【184】
刘复:8首,题名"莪默诗"[自由体译本]

1926年4月26日,刘复译《莪默诗八首》,《语丝》(周刊)第76期,第3—4页。

译自 Claude Anct'er mirza Muhammad 的法译本。

Rubáiyát 未译名。

Omar Khayyám 译为"莪默"。

刘复,本名刘半农。

"(四四)/有人说吃酒的人该进地狱。/为什么要相信这样的谎?/若然爱酒与爱爱的人都要进地狱,/瞧罢! 不到明天天堂就要空虚了。""(七一)/要识得的只是往酒店里去的路,/要找寻的只是酒与笛与朋友。/酒杯在手里,壶瓶在肩上,/我的爱人啊,你就喝着酒,静着罢!"

【185】
潘修桐:9首,题名"莪默伽亚谟绝句"[自由体译本]

1928年,潘修桐译《莪默伽亚谟绝句选译》,《北新》第2卷第7期,第807—808页。

译自 O. A. Shrubsole 的译本。

Rubáiyát 译为"绝句"。

Omar Khayyám 译为"莪默伽亚谟"。

"二五/我将酒瓶的口压在我的唇上/去了解智慧的秘诀。/它的唇向我轻语:'饮酒罢,/你死了是永不能复活。'""五四/得着酒饮,假如有女神时,/再得一位如女神一般美

丽的姑娘;/用音乐忘却了你一切的顾虑;/你再不会另外又找着天堂。"

【186】

潘修桐:2 首,题名"莪默伽亚谟绝句"[自由体译本]

  1929 年,潘修桐译《莪默伽亚谟绝句选译》,《北新》第 3 卷第 1 期,第 19 页。

  拟译自 O. A. Shrubsole 的译本。

  Rubáiyát 译为"绝句"。

  Omar Khayyám 译为"莪默伽亚谟"。

  "二二〇/我的诞生并未得着我的同意;/它的理由我永远不能弄清。/我们死去又何必伤心?/所奇的乃是我们为什么在此生存。""二四九/人日夜地研究,/去解释人生的隐谜。/正在寻找时,生命已过去了,/他们仍然没有发现什么东西。"

【187】

颖子:13 首,题名"鲁拜集"[自由体译本]

  1929 年,[英国]露斯[E. D. Ross]文/颖子译《鲁拜集的古本及补遗》,《春潮(上海)》第 1 卷第 4 期,第 46 – 52 页。

  译自露斯转译波斯文本的英译本。

  Rubáiyát 译为"鲁拜集"。

  Omar Khayyám 译为"峨默·伽亚谟"。

  Edward FitzGerald 译为"费止庐"。

  "三/清晨了,起来,你这快乐之表现,/轻轻地,轻轻地啜酒抚着琴弦,/因为现存的,都再存不了多久,/而已去了的也无一个再回旋。""日已清晨君且起/轻轻啜酒抚琴弦/无计长存今在者/去矣亦无日回旋"。"十一/我们来与去的循环,/没有起处,没有结局。/无人说他能告诉我们,/我们确自何处来,在往何处去。"

【188】

钱锺书:2 首,题名"鲁拜集(Rubáiyát)颂酒之名篇"[文言语体译本]

异译本 ◇

1936年12月,钱锺书作《诗录(二)/清音河小桥[Petit pont]晚眺,跋前诗后。》,《国风(南京)》(半月刊)第8卷第12期,第28-29页。

译自波斯人A. G. E' Tessam-Zadeh的法译本。

Rubáiyát译为"鲁拜集"。

Omar Khayyám未译名。

1995年3月,钱锺书著《槐聚诗存》,生活·读书·新知三联书店,第17-19页。

Rubáiyát改译为"醹醅雅"。

译诗收入《槐聚诗存》中无题名并被列为"1937年"作品,原诗"清音河小桥[Petit pont]晚眺,跋前诗后。"被变更题名为"清音河[La Seine]河上小桥[Le Petit Pont]晚眺",不作该译诗题名,仍被列为"1936年"作品。

"一章云。倘得少酒。一清歌妙舞者。一女便娟。席芳草而临清流。便作极乐园主。不须畏地狱诸苦恼耳。""又一章云。有面包一方。羊一肩。酒一瓯。更得美妹与俱。即在荒烟蔓草间。而南面王不以易也。"

【189】

宇蒲:20首,题名"莪默伽亚谟鲁拜集"[自由体译本]

1949年,雷勒居约著/宇蒲译《莪默伽亚谟及其鲁拜集》,《长江月刊》第1卷第6期,第22-23页。

译自Franz Toussainy(拟为Franz Toussaint[弗兰兹·杜桑])转译的波斯文本。

Rubáiyát译为"鲁拜集"。

Omar Khayyám译为"莪默伽亚谟"。

"繁星洒下如金的缤纷花瓣,/我不解花园里为甚还没铺起花毡。/在天空向大地散花的时辰,/我把红酒斟满黑玉的酒樽。""一点粮食,一掬清泉,/一抹树荫和你的双眼!/没一个苏丹的幸福能和我相伴。/没一个乞丐比我还忧伤难过。"

【190】

郭沫若:13首,题名"鲁拜集"[自由体译本]

1958年12月,郭沫若著《鲁拜集/附录"莪默·伽亚谟"》,人民文学出版社,第111-125页,

译自[苏联]米·尼·奥斯曼诺夫和鲁斯塔姆·阿里耶夫的俄译本。

Rubáiyát 译为"鲁拜集"。

Omar Khayyám 译为"莪默·伽亚谟"。

该书附录"莪默·伽亚谟"一文为米·尼·奥斯曼诺夫和鲁斯塔姆·阿里耶夫作,该文为苏联国家文学出版社1955年出版的俄译本《鲁拜集》的序。

———

"我来到这个世界,可是世界因此而变得更富裕了吗?/我要是离开它,那末它会蒙受损失么?/呵,有谁能向我解释一下,为什么要把我,/把我从骨灰里唤出来,又注定让我重新变成骨灰呢?""人间的乐趣尚未享尽,/这时候,在自己的心灵中培养郁闷,那将是滔天大罪。/要享乐,要贪婪地喝葡萄酒:/唉,人生几何!它的时光在飞也似地消逝着。"

【191】
张宏超:1首,题名"柔巴依"[柔巴依体译本]

1982年,乌铁库尔文/张宏超译《试论柔巴依》,《诗探索》(月刊)第3期,第21页。

译自维吾尔文本。

Rubáiyát 译为"柔巴依"。

Omar Khayyám 译为"奥马尔·海杨"。

———

"这个将泥团揉来搓去的陶瓷匠,/如能用理智去深入地探索思想,/就再不会把泥团狠狠揉踩不息,/因为先辈变做泥土就在泥团里装。"

【192】
潘庆舲:2首,题名"四行诗"[自由体译本]

1983年8月,潘庆舲编《郁金香集/波斯古典诗选》,江西人民出版社,第172-173页。

拟译自波斯文本。

Rubáiyát 译为"四行诗"。

Omar Khayyám 译为"莪默·伽亚谟"。

Edward FitzGerald 译为"爱德华·菲茨吉拉德"。

"仔细地审视这凡尘,/——莫非一切皆空,/映入眼帘的,/——全都不如意。"

【193】
朱维之:4 首[自由体译本]

1990 年 8 月,柏丽译《怒湃译草》,中国人民大学出版社,第 65、73、117、137 页。

拟译自英译本或俄译本。

Rubáiyát 未译名。

Omar Khayyám 未译名。

"看啊? 苍穹就象我们佝偻的身躯,/阿姆河水,那是我们晶莹的泪珠滚滚。/阴森的地府是我们无谓的忧虑,/天堂,只不过是我们悠然的一瞬!""主啊! 是你把我这样铸成,/热恋杯中酒,倾心丝竹声。/当初,既然这样创造了我,/如今为何把我抛入地狱之中?"

【194】
陶德臻:4 首[自由体译本]

1985 年 5 月,陶德臻主编《东方文学简史/第二编/中古文学/第四章/中古波斯文学》,北京出版社,第 100-101 页。

拟译自英译本或俄译本。

Rubáiyát 译为"鲁拜集"。

Omar Khayyám 译为"欧玛尔·海亚姆"。

Edward FitzGerald 译为"爱·菲茨杰拉尔德"。

1990 年 8 月,柏丽译《怒湃译草》,中国人民大学出版社,第 163-164 页。

选载 1 首。

"有一天,我能主宰这罪恶的天国,/我就将它毁掉,换上另外一个,/不让有任何障碍

阻挡高尚的愿望,/让人们生活下去,不被烦闷所折磨!"

【195】
俞灏东、杨秀琴:22 首,题名"欧玛尔·海亚姆诗"[自由体译本]

1991 年,俞灏东、杨秀琴译《欧玛尔·海亚姆诗选译》,《国外文学/波斯文学专号/诗歌》(季刊)第 1 期(总第 41 期),第 238 – 242 页。

译自苏联《科学与宗教》杂志 1985 年第 8 期和 1989 年第 5 期与第 7 期中的俄译本。

Rubáiyát 译为"四行诗"。

Omar Khayyám 译为"欧玛尔·海亚姆"。

———

"人说天堂里有的是蜜糖和佳酿/还有明艳如画的美丽姑娘……/如果现在就享有这一切是罪过,/那稍为提早一点赐给这一切岂不一样?""丢掉一切去远行吧。只能这样。/你将呕尽自己的心血。只能这样。/要自己珍惜自己,就像热恋的人一样。/不要期待什么'总会有出路的'。只能这样。"

【196】
鹤西:5 首,题名"奥玛四行诗选译"[自由体译本]

1997 年 10 月 7 日,《花溪/花溪涟漪》(月刊)第 10 期(总第 216 期),第 48 页。

译自 Whinfield, E. H. [温菲尔德]1883 年《The Quatrains of Omar Khayyam》(Truber and Co.)的英译本。

Rubáiyát 译为"奥玛四行诗"。

Omar Khayyám 译为"奥玛·开扬谟"。

鹤西,本名程侃声。

———

"让他去享受他那块面包,/和能够安睡的小巢,/不是别人的奴隶,也不去奴役别人,——/说真的,这就是一代天骄"。

【197】
王蒙:3首,题名"柔巴亚特"[自由体、五言绝句体、柔巴依体译本]

1998年1月,黄杲炘文《〈柔巴依一百首〉/代序/〈柔巴依集〉——富有传奇色彩的诗篇》,中国对外翻译出版公司,第27-28页。

译自手抄本的乌孜别克语译本。

Rubáiyát 译为"柔巴亚特"。

Omar Khayyám 译为"欧马尔·海亚姆/欧玛尔·海亚姆"。

其中一首为二译。

1987年3月,黄杲炘文《从"鲁拜"谈到"柔巴依"》,《中国翻译》(双月刊)第2期,第33页。

选载1首。

1999年11月,黄杲炘著《从柔巴依到坎特伯雷》,湖北教育出版社,第224-225页。

2000年,童元方文《论〈鲁拜集〉的英译与汉译》,《外语与翻译》(季刊)第2期(总第25期),第16-17页。

其中一首有"旧维文"对照。

2003年9月,王蒙著《王蒙文存/第十卷/一嚏千娇/中篇小说(二)/鹰谷》,人民文学出版社,第31-49页。

选载2首,其中1首二译。

2006年5月,王蒙著《王蒙自传/第一部/半生多事/学而时习之》,花城出版社,第267-268页。

2017年12月,王蒙著《王蒙自传/第一部/半生多事/学而时习之》,北京联合出版公司,第275-276页。

上述二书均选载2首,其中1首二译;同时选载张鸿年译本1首作为对照。

Edward FitzGerald 译为"菲兹济拉德"。

书中记述"郭沫若的译法是莪墨·伽亚谟著的《鲁拜集》",莪默误植莪墨。

2006年,王蒙文《〈红楼梦〉与现代文论——在深圳大学的一次演讲》,《书屋》(月刊)第9期,第76页。

该文选载1首。

◇《鲁拜集》汉译书目

2007年11月,王蒙著《伊朗印象/比历史还要古老》,山东出版集团/山东友谊出版社,第6-7页。

Rubáiyát译为"鲁拜集/柔巴依"。

选载2首,其中1首二译。

2011年,宋炳辉文《王蒙的翻译活动及其语言才华》,《扬子江评论》(双月刊)第2期,第37-38页。

2016年,王蒙文/康笑宇图《胸怀开放的伟大诗人海亚姆》,《读书》(月刊)第5期,封二。

2016年9月,黄杲炘译《柔巴依集/附录一》,陕西师范大学出版总社,第274-275页。

以上各篇的译诗诗文各有些差异。

———

"空闲的时间要多读快乐的书本,/不要让忧郁的青草在心里生根,/再干一杯吧,再饮一杯葡萄酒,/哪怕是死亡的征兆已渐渐临近。""无事需寻欢,/有生莫断肠,/遣怀书共酒,/何问寿与殇?""一手拿着酒杯,一手拿着可兰经,/有时我是异教徒,有时是穆斯林,/生活在同一个蓝宝石般的天宇下,/为什么要把人们分成不同的教群?"

【198】

张承志:1首[自由体译本]

1999年,张承志文《启示的波斯》,《西北民族研究》(季刊)第2期,第115页。

译自拉丁文文本。

Rubáiyát译为"柔巴依/鲁拜"。

Omar Khayyám译为"欧玛尔·海亚姆"。

Edward FitzGerald译为"费茨吉拉德"。

———

"若能象亚兹丹神驾御天穹,/我便把这层天,从中拿掉。/并从新另造一个天空,/使自由的心儿,快乐如愿。"

【199】

许时嘉:11首,题名"鲁拜集"[自由体译本]

转译自[日本]堀井梁步的日译本。

Rubáiyát译为"鲁拜集"。

Omar Khayyám译为"奥玛·海亚姆"。

2001年6月,[日本]太宰治著/许时嘉译《人间失格》(中篇小说),台湾台北小知堂文化事业有限公司。

此版为"世界文集"丛书38。

太宰治,本名津岛修治。

2009年10月,[日本]太宰治著/许时嘉译《人间失格》,吉林出版集团有限责任公司,第102-104页。

小说结尾注为"本文所引用的《鲁拜集》诗句乃出自已故的掘井梁步先生译作中节选而出。"掘井梁步为误植,应为堀井梁步。

2017年8月,[日本]太宰治著/许时嘉译《人间失格》,九州出版社,第212-215页。

Rubáiyát译为"鲁拜集/四行诗集"。

Omar Khayyám译为"奥玛·海亚姆"。

Edward FitzGerald译为"爱德华·菲茨杰拉德"。

2018年5月,[日本]太宰治著/许时嘉译《人间失格》,吉林出版集团股份有限公司,第68-70页。

2007年2月,[日本]太宰治著/李欣欣译《人间失格》,台湾台北亚洲图书有限公司,第139-143页。

此版为"文学晶典/太宰治杰作精选集"丛书04。

2010年1月,[日本]太宰治著/李欣欣译《人间失格》,万卷出版公司。

2014年2月,[日本]太宰治著/李欣欣译《人间失格》,上海文艺出版社,第56-59页。

此版为"企鹅经典"丛书之一。

2010年1月,[日本]太宰治著/杨伟译《人间失格》,重庆出版社。

2015年8月,[日本]太宰治著/杨伟译《人间失格》,作家出版社,第69-72页。

Omar Khayyám译为"欧玛尔·海亚姆"。

译诗诗节后记"摘自堀井梁步译《鲁拜集》"。

此版为"世界文学名著"丛书之一。

2019年3月再版,此版为"作家经典文库"丛书之一。

2018年3月,[日本]太宰治著/杨伟译《人间失格》,江苏凤凰文艺出版社,第97-100页。

2019年3月,[日本]太宰治著/杨伟译《人间失格》,吉林大学出版社,第77-80页。

此版为"读经典"丛书之一。

2010年12月,[日本]太宰治著/高詹灿译《人间失格》,云南出版集团有限责任公司/云南人民出版社有限责任公司,第84-86页。

Rubáiyát译为"鲁拜集/四行诗集"。

Omar Khayyám译为"欧玛尔·海亚姆"。

书内选载的译诗诗节应为11首,却被排印成1首长诗。

2013年3月,[日本]太宰治著/高詹灿译《人间失格》,天津人民出版社。

2018年5月,[日本]太宰治著/高詹灿译《人间失格》,天津人民出版社,第57-60页。

2011年12月,[日本]太宰治著/烨伊译《人间失格》,武汉出版社,第61-63页。

Rubáiyát译为"鲁拜集/四行诗集"。

Omar Khayyám译为"欧玛尔·海亚姆"。

2013年7月,[日本]太宰治著/烨伊译《人间失格》,武汉出版社,第63-65页。

此版为"最新修订精装典藏本"丛书之一。

2016年11月,[日本]太宰治著/烨伊译《人间失格》,天津人民出版社,第66-69页。

此版为"异文馆/经典译文系列"丛书之059。

2018年7月,[日本]太宰治著/烨伊译《人间失格》,江苏凤凰科学技术出版社。

2012年3月,[日本]太宰治著/杨庆庆、吴小敏、金灵译《人间失格》,国际文化出版公司,第63-66页。

Omar Khayyám译为"奥马尔·哈雅姆"。

此版为"太宰治精选集"丛书之一。

2012年9月,[日本]太宰治著/安安译《人间失格》,古吴轩出版社,第73-75页。

译诗正文后题记"摘自掘井梁步译《鲁拜集》。"掘井梁步,应为堀井梁步。

2013年1月,[日本]太宰治著/周天荷译《人间失格》,凤凰出版传媒股份有限公司/江苏文艺出版社,第332-334页。

此版为"世界经典中篇坊"之一。

2017年11月,[日本]太宰治著/周天荷译《人间失格》,江苏凤凰文艺出版社,第71-74页。

2013年4月,[日本]太宰治著/颜月译《人间失格》,湖南文艺出版社,第69-72页。

2013年7月,[日本]太宰治著/于婧译《人间失格》,重庆出版集团/重庆出版社,第89-92页。

此版为"太宰治作品系列"丛书之一。

2013年8月,[日本]太宰治著/陆求实译《人间失格》,陕西师范大学出版总社有限公司,第65-68页。

Omar Khayyám译为"莪默·伽亚谟"。

此版为"悦经典系列"丛书03。

2018年4月,[日本]太宰治著/陆求实译《人间失格》,江苏凤凰文艺出版社,第72-75页。

Rubáiyát译为"鲁拜集/柔巴依"。

此版为"读客精神成长文库"丛书之一。

2014年3月,[日本]太宰治著/竺家荣译《人间失格》,上海世纪出版股份有限公司/译文出版社,第82-85页。

Rubáiyát译为"鲁拜集/四行诗集"。

Omar Khayyám译为"欧玛尔·海亚姆"。

Edward FitzGerald译为"菲茨杰拉德"。

此版为"译文经典"丛书之一。

2018年6月,[日本]太宰治著/竺家荣译《人间失格》,商务印书馆。

2014年3月,[日本]太宰治著/王述坤译《人间失格》,大连理工大学出版社,第237-240页。

◇《鲁拜集》汉译书目

Omar Khayyám 译为"奥玛·海亚姆"。

Edward FitzGerald 译为"爱德华·菲茨杰拉德"。

2019年3月,[日本]太宰治著/王述坤译《人间失格》,译林出版社,第81-84页。

2014年7月,[日本]太宰治著/李秋音译《人间失格》,新世界出版社,第71-74页。

Rubáiyát 译为"鲁拜集/四行诗集"。

Omar Khayyám 译为"欧玛儿·海亚姆"。

此版为"绝版好书系列"丛书之一。

2014年8月,[日本]太宰治著/刘霄翔、尉佩佩译《人间失格》,湖南文艺出版社,第85-88页。

此版为"OPEN 经典"丛书之一。

2017年7月,[日本]太宰治著/刘霄翔、尉佩佩译《人间失格》,湖南文艺出版社,第99-103页。

此版为"大鱼文库'经典'"丛书之一。

2015年2月,[日本]太宰治著/崔艳燕译《人间失格》,北京理工大学出版社,第54-57页。

Rubáiyát 译为"鲁拜集/四行诗集/柔巴依"。

Omar Khayyám 译为"奥玛·珈音"。

此版为"日本文学大师太宰治作品精选集"丛书之一。

2015年2月,[日本]太宰治著/马永平、袁斌译《人间失格》,中国出版集团/现代出版社,第73-76页。

Rubáiyát 译为"鲁拜集/四行诗集/柔巴依"。

Omar Khayyám 译为"莪默·伽亚谟/奥玛·海亚姆/欧玛尔·哈亚姆/奥马尔·哈雅姆"。

采用郭沫若译本11首诗节(第21、80、12、13、64、28、77、54、17、51、78首)。

2015年4月,[日本]太宰治著/林少华译《人的失格》,华东师范大学出版社。

Omar Khayyám 译为"奥玛·海亚姆"。

2019年1月再版。

2015年10月,[日本]太宰治著/林少华译《人的失格》,中国宇航出版社。

2018年1月,[日本]太宰治著/林少华译《人的失格》,青岛出版社,第96-100页。

此版为"青鸟文库"丛书之一。

2016年1月,[日本]太宰治著/李建云译《人间失格》,浙江出版联合集团/浙江文艺出版社,第144-147页。

Rubáiyát 译为"柔巴依集/鲁拜"。

Omar Khayyám 译为"欧玛尔·哈亚姆"。

Edward FitzGerald 译为"菲茨杰拉德"。

此版为"经典印象译丛/小说名作坊"丛书之一。

2016年10月,[日本]太宰治著/[丹麦]何青鹏译《人间失格》,中国出版集团/现代出版社,第82-86页。

2019年3月,[日本]太宰治著/[丹麦]何青鹏译《人间失格》,中国出版集团/现代出版社,第80-83页。

此版为"和风译丛"丛书之012。

2016年11月,[日本]太宰治著/曹捷平译《人间失格》,中国友谊出版公司,第65-68页。

2017年3月,[日本]太宰治著/葛青译《人间失格》,民主与建设出版社,第84-87页。

2017年5月,[日本]太宰治著/施小炜译《不复为人/人间失格》(日汉对照),华东理工大学出版社,第197-203页。

Omar Khayyám 译为"奥马尔·哈亚姆/稣默·伽亚谟"。

2017年6月,[日本]太宰治著/澜昕译《人间失格》,中国华侨出版社,第54-56页。

2017年6月,[日本]太宰治著/林媛译《人间失格》,北方文艺出版社。

2017年8月,[日本]太宰治著/李重民译《人间失格》,浙江文艺出版社,第62-65页。

Rubáiyát 译为"鲁拜集/四行诗集"。

Omar Khayyám 译为"奥玛·海亚姆"。

2017年8月,[日本]太宰治著/廖雯雯译《人间失格》,四川人民出版社。

2017年10月,[日本]太宰治著/海哲译《人间失格》,中国致公出版社,第70－73页。

Rubáiyát译为"鲁拜集/四行诗集/柔巴依"。

Omar Khayyám译为"奥玛·珈音"。

2017年11月,[日本]太宰治著/杨晔译《人间失格》,煤炭工业出版社。

2018年1月,[日本]太宰治著/王倩倩译《人间失格》,江西教育出版社,第71－73页。

译诗正文后题记"摘自掘井梁步译《鲁拜集》。"掘井梁步,应为堀井梁步。

2018年4月,[日本]太宰治著/伟琪译《人间失格》,北京工艺美术出版社,第67－69页。

Omar Khayyám译为"欧玛"。

2018年5月,[日本]太宰治著/高艳译《人间失格》,北京燕山出版社,第75－78页。

Omar Khayyám译为"欧玛尔·海亚姆"。

译诗正文后题记"摘自掘井梁步译《鲁拜集》"。掘井梁步,应为堀井梁步。

2018年5月,[日本]太宰治著/孙晓杰译《人间失格》,中国妇女出版社。

2018年7月,[日本]太宰治著/方振宇编、新锐智图书事业部译《人间失格》(全彩[荷兰]梵高插画),北京时代华文书局。

2018年9月,[日本]太宰治著/吴曦译《人间失格》,湖南文艺出版社,第89－93页。

Omar Khayyám译为"奥玛·海亚姆"。

注为"……引用了日本翻译家堀井梁步的译本,该译本收录的诗歌与其他版本有很大差异,融入了堀井的自主创作。"

2018年9月,[日本]太宰治著/战建丽译《人间失格》,浙江工商大学出版社,第73－76页。

2018年11月,[日本]太宰治著/名家编译委员会译《人间失格》,台海出版社(北京日报出版社)。

2019年1月,[日本]太宰治著/小岩井译《人间失格》,浙江人民出版社,第78-81页。

Omar Khayyám 译为"奥玛尔·海亚姆"。

2019年3月,[日本]太宰治著/任艳红译《人间失格》,北京燕山出版社有限公司,第67-70页。

此版为"微阅读"丛书之一。

2019年4月,[日本]太宰治著/钟甘英译《失格人间》,哈尔滨出版社。

2019年5月,[日本]太宰治著/[日本]田原译《人间失格》,中信出版集团股份有限公司,第95-98页。

此版为"作家榜经典文库"丛书之一。

2019年5月,[日本]太宰治著/王兴译《人间失格》,煤炭工业出版社。

2019年6月,[日本]太宰治著/青禾译《人间失格》,江苏凤凰文艺出版社。

2019年7月,[日本]太宰治著/王荣波编译《人间失格》,延边教育出版社。

2019年7月,[日本]太宰治著/童潇骁译《人间失格》,北京联合出版公司。

2019年9月,[日本]太宰治著/童潇骁译《人间失格》,中国华侨出版社。

2019年9月,[日本]太宰治著/罗松涛译《人间失格》,陕西师范大学出版社。

许时嘉译:"停止徒然的祈祷,/扔去那引人落泪的因子,/来一杯吧!脑海里流转的只有美好,/将不必要的担忧抛在脑后!"

李欣欣译:"停止徒劳无益的祈祷/将引人落泪的因子抛往九霄云外/喝一杯吧 回忆尽是些美好的事物/忘了多余的关怀。"

杨伟译:"停止做那种徒劳的祈祷。/抛弃那诱发眼泪的一切。/来,干一杯吧,只想美妙的事物/忘记一切多余的烦恼。"

高詹灿译:"停止那无谓的祈祷。/抛却引人落泪之物。/来,喝一杯吧,遥想美好的事物,/忘记那累赘的顾虑。"

烨伊译:"别再做徒劳的祈祷,/抛却那引人落泪之物。/干杯吧,只想那美好的事物,/忘却多余的忧愁。"

杨庆庆、吴小敏、金灵译:"停止那徒劳无益的祈祷/甩掉那些引人落泪的东西吧/来

◇《鲁拜集》汉译书目

喝一杯吧只想美好的事情/忘却那多余的挂虑。"

安安译:"停止做那些徒劳的祈祷,/不要再让泪水白白流掉。/干一杯吧,只想着美妙的事情,/忘记一切多余的烦恼。"

周天荷译:"停止那无用的祈祷,/别让泪水白白流掉,/来,干一杯吧!想些美好的事,/忘记一切多余的烦恼。"

颜月译:"勿做徒劳祈祷,/勿让眼泪白流。/干杯遥想美好,/抛却多虑闲愁。"

于婧译:"不要再做徒劳的祈祷/狠心地将引人落泪的东西扔掉/来,喝一杯,回忆起那些开心事/忘记多余的烦恼。"

陆求实译:"啊,莫做无谓的祈祷,/抛开引人落泪之物,/快浮此一觞罢,唤醒甘芳的记忆,/莫再为那无果的忧烦而苦。"

竺家荣译:"不要再做徒劳的祈祷,/扔掉那些让你流泪的东西,/干了这一杯,只回想愉快的过往,/将多余的烦恼抛在脑后。"

王述坤译:"让你停下徒劳的祈祷呢!/丢掉煽情催泪的东西,/且来干一杯,仅回忆美好,/多余的烦心全把它忘记。"

李秋音译:"停止做那些徒劳的祈祷,/不要再让泪水白白流掉。/来,干一杯吧,只想着美妙的事情,/忘记一切多余的烦恼。"

刘宵翔、尉佩佩译:"中止无益的祈祷/与泪水和伤痛告别/喝一杯酒 只想起那些好时光/把多余的担心都放心吧"。

崔艳燕译:"放弃无谓的祈祷吧,/不要再浪费眼泪索要。/来,喝一杯吧,遥想美好的事物,/让我们忘却一切闲愁烦忧。"

林少华译:"我叫你别再做徒劳的祈祷/催泪的玩意儿统统扔掉/干一杯 只想所有的美好/多余的担忧 快快忘掉。"

李建云译:"劝君停止那徒劳无功的祈祷,/诱人泪下的东西统统全抛掉;/来,一起喝一杯,尽情回想美事,/把多余的烦恼忧愁抛诸脑后!"

[丹麦]何青鹏译:"勿要再行那无谓的祈祷,/扔掉那惹你落泪的块垒,/且再饮酒,想想那些美好的事物。/且再饮酒,忘却身畔多余的哀愁。"

曹捷平译:"停止做那些徒劳的祈祷,/不要再让泪水白白流掉。/来,干一杯吧,只想着美妙的事情/忘记一切多余的烦恼。"

葛青译:"停止做那些徒劳的祈祷,/不要再让泪水白白流掉。/来,干一杯吧,只想着美妙的事情/忘记一切多余的烦恼。"

施小炜译:"拜佛求神也枉然/空抛泪珠斗三千/何如琥珀杯高举/一醉可消愁万年"。

澜昕译:"不要再作无谓的祷告,/忘却让人伤心的事物。/来,喝一杯,想想那美好的未来,/勿要执念于沉重的顾忌。"

李重民译:"赶紧停止徒劳的祈祷,/扒掉令人悲咽的诱因,/来一杯吧,忘掉多余的牵挂,/尽情地回想往日的欢悦。"

海哲译:"放弃无谓的祈祷吧,/不要再浪费眼泪索要。/来,喝一杯吧,遥想美好的事物,/让我们忘却一切闲愁烦忧。"

周天荷译:"停止那无用的祈祷,/别让泪水白白流掉,/来,干一杯吧!想些美好的事,/忘掉一切多余的烦恼。"

王倩倩译:"停止做那些徒劳的祈祷,/不要再让泪水白白流掉。/来,干一杯吧,只想着美妙的事情,/忘记一切多余的烦恼。"

伟琪译:"停止徒劳无益的祈祷,/将引人落泪的因子抛往九霄云外。/喝一杯吧,回忆尽是些美好的事物,/忘了多余的关怀。"

高艳译:"不要再做那些徒劳的祈祷,/将让你流泪的东西狠狠抛掉。/来,喝一杯酒,回忆那些美妙的事情,/忘记一切多余的烦恼。"

吴曦译:"停止无谓的祈祷吧,/将诱人落泪之物抛之脑后,/痛饮一杯吧,回忆起美妙的一切,/将多余的顾虑全都忘却吧。"

战建丽译:"停止无谓的祈祷,/抛弃引人落泪的东西。/来,干一杯吧,心中只留美好的记忆,/忘却多余的烦恼。"

任艳红译:"别再做那些徒劳的祈祷,/不要再让泪水白白流掉。/干杯吧,只想那些美妙的事情,/忘却一切多余的烦恼。"

小岩井译:"停止做那些徒劳的祈祷,/不要再让泪水白白流掉。/来,干一杯吧,只想着美妙的事情,/忘记一切多余的烦恼。"

[日本]田原译:"停止徒劳的祈祷/扔掉让人落泪的一切吧/来,干杯!只追忆美好/别去想那些多余的烦恼"。

【200】

鹤西:44首,题名"奥玛四行诗(选译)"[自由体译本]

2002年12月,鹤西著《鹤西文集/篇后/译诗、译文、书评、书信、谈话》,云南美术出版社,第326－333页。

译自 Whinfield, E. H. [温菲尔德]1883年《The Quatrains of Omar Khayyam》(Truber and Co.)的英译本。

Rubáiyát 译为"奥玛四行诗"。

Omar Khayyám 译为"奥玛·开扬谟"。

2010年4月,鹤西译《鲁拜集》,世界图书出版公司,第64－150页。

◇《鲁拜集》汉译书目

此版 Rubáiyát 被改译为"鲁拜集",Omar Khayyám 被改译为"奥玛·海亚姆",2015 年 1 月版下同。

此版封面、书名页均未署名英译者"温菲尔德",2015 年 1 月版下同。

2015 年 1 月,鹤西译《鲁拜集》,北京联合出版公司/后浪出版公司,第 64 – 150 页。

―――

"我多恼火你哟,命运的转轮!/让我从你的铁链下脱身!/假如只有愚人能得到你的照顾,/那就照顾我一下——因为我也不太聪明。""一手捧着可兰经,一手又把酒杯干,/我一半是错误,一半也不尽然;/那像蓝色大理石的天望着我,/'一个遗憾的穆斯林,倒也还不完全异端。'"

【201】
吴菲:5 首,题名"鲁拜集"[自由体译本]

2009 年 4 月,[日本]陈舜臣著/吴菲译《西域余闻/丝绸之路奇闻轶事/歌颂美酒的诗人奥马尔·哈雅姆》,广西师范大学出版社,第 215、255 – 256 页。

译自[日本]小川亮作的日译本《鲁拜集》(岩波文库 1949 年版)。

Rubáiyát 译为"四行诗/鲁拜集"。

Omar Khayyám 译为"奥马尔·哈雅姆"。

Edward FitzGerald 译为"菲茨杰拉德"。

此版为"陈舜臣作品"丛书之一。

[日本]陈舜臣著《西域余闻》日文初版本由日本朝日新闻社 1979 年 12 月出版。

―――

"人生无酒不能过活。/不饮葡萄酒,叫我怎能忍受重负。/当酒姬又为我斟上一杯的瞬间,/身为奴隶,我也忘了在乎。""我死后,请将我抛尸郊野,/请把美酒洒在坟场的土地上。/当我的白骨化为尘土,请用它/烧制成瓦,用作酒瓮的盖子。"

【202】
黄思恩、林子涵、彭广恺:8 首[自由体译本]

2011 年 2 月,[黎巴嫩/法国]马卢夫著/黄思恩、林子涵、彭广恺译《撒马尔罕[Samarkand]》(长篇小说),台湾河中文化出版社。

译自法文译本。

Rubáiyát 译为"鲁拜集"。

Omar Khayyám 译为"奥马尔·卡亚姆"。

Edward FitzGerald 译为"费兹杰罗德"。

以《鲁拜集》原作者奥玛的原型与奥玛生活的时代为背景的长篇历史小说。

书内选载奥玛的柔巴依诗节共10首,其中2首为张鸿年译本。

2017年7月,[黎巴嫩/法国]马卢夫著/黄思恩、林子涵、彭广恺译《撒马尔罕》,民主与建设出版社,第1-313页。

———

"我蒙福的青春时光已然逝去,/为了忘却,我借酒买醉。/苦涩的酒浆,令我欣喜。/这份苦涩正是我生命的滋味。""上天是棋手,而我们,只不过是一粒粒棋子。/这就是事实,并非修辞。/在世界的棋盘上,他将我们移来移去,/然后突然撒手,任由我们掉进虚无的深井。"

【203】

方坪等:6首,题名"海亚姆鲁拜诗"[自由体译本]

2013年12月,刘魁立、吴元迈主编/[苏联]高尔基世界文学研究所编撰/方坪等译《世界文学史/第二卷·上册/第四编/近东和中亚文学/第二章/伊朗和中亚文学/3.十一至十二世纪文学》(八卷本),上海文艺出版社,第392-393页。

译自俄文译本。

Rubáiyát 译为"四行诗(鲁拜体)/海亚姆鲁拜诗"。

Omar Khayyám 译为"欧玛尔·海亚姆·古雅撒丁·艾布-里-法赫特·伊本·伊卜拉欣"。

该书于1980年代的苏联时期编撰出版。

———

"我们是整个宇宙的目的和顶峰,/我们是短暂尘世中的最美;/如果宇宙的周围绕着一个圈,/无疑,我们就是圈内的宝石。"

【204】
都森:108首,题名"柔巴依"[柔巴依体、四言五言七言体译本]

2014年3月,都森译《柔巴依108首选译》,华中科技大学出版社,第1—146页,波斯文英汉对照。

译自多种文本,译者自述"我根据多种文本译成汉语并加了小标题"。

Rubáiyát译为"四行绝句诗/柔巴依"。

Omar Khayyám译为"欧玛尔·哈亚姆/奥玛尔·哈雅姆"。

Edward FitzGerald译为"爱德华·费茨吉拉德"。

封面题签"审定/张晖、张智中"。

收入"世界诗坛上的夜明珠——介绍欧玛尔·哈亚姆的波斯绝句"、"附录A/哈氏绝句尾韵分析"和"附录B/诗译史上的大悲剧"。

译诗分为十个章节:晨歌、爱情、人生、学习、命运、辩证法、世界观、地狱与天堂、宇宙观和暮歌。每首诗节前均有"小标题"。

书尾题记"全文英文审阅:Richard M. Shapiro/全文中文审阅:刘永年、都华"。

2015年,Selection & translation:Sen DU,刘永年、都华选编译《The 108 Quatrains of Omar Khayyam 欧玛尔·哈亚姆绝句108首选译》,美国Litfire出版社,第1—148页,波斯文英汉对照。

封面题签"Reviewed by:Richard M. Shapiro"、"审定:张晖/张智中"。

收入"世界诗坛上的夜明珠——介绍欧玛尔·哈亚姆的波斯绝句"和"1.哈氏绝句尾韵分析;2.尊重常识尊重科学;3.货比三家——资产阶级学者不可能达到的高度;4.颠倒了的阶级关系;5.温故知新——引证欧玛尔·哈亚姆的一首新绝句;6.将一军;7.诗译史上的大悲剧——费氏作品糟蹋了哈氏的精髓"。

"[生活的艺术]如何度人生是一种艺术,/不必在心里种下悲伤树。/生命是爱和梦的一瞬间,/肯定的是我们都将离世。""[赛过活神仙]有酥香的烤饼摆在面前,/烤羊腿一只加陈酿一坛,/周围繁华似锦女友陪伴,/这比苏丹王的享受还全。"

【205】
[瑞典]傅正明:285首,题名"鲁拜诗词"[七言绝句体、五言律诗体、

词体等旧体诗词译本]

2015年1月,[瑞典]傅正明译《鲁拜诗词新译五百首》,台湾台北唐山出版社,第167-317页,英汉对照。

译自16名西方译者(116首)、2名东方译者(68首)的英译本和其他译者(101首)的多种译本。

Rubáiyát 译为"鲁拜集"。

Omar Khayyám 译为"奥玛·珈音"。

Edward FitzGerald 译为"爱德华·费兹杰罗"。

———

"115(A Man of Feeling 26)/性情中人/我心浩瀚暗潮飞,/起落痴情勇向谁?/器小苏菲杯盏浅,/葡萄一滴涨春醅。""69(Whinfield 19)/菩萨蛮/举杯不觉光阴疾,蓦然杯里无涓滴。/百感聚胸中,朦胧如雾空。/文章勤炼笔,墨饱生奇迹:/烈火起心头,歌如泉水流。"

【206】

梁欣荣:79首,题名"鲁拜"[七言绝句体译本]

2015年3月,梁欣荣译《鲁拜拾遗》,台湾台北书林出版有限公司,第1-166页,英汉对照。

译自 E. H. Whinfield、Shahriar Shahriari 和萨伊迪[Ahmad Saidi]等人的英译本。

Rubáiyát 译为"鲁拜集"。

Omar Khayyám 译为"奥玛珈音"。

Edward FitzGerald 译为"费兹杰罗"。

译诗正文后附《鲁拜拾遗》注释"。

此版为"世界诗选"丛书之14。

———

"18.一盅烧酒效平生/一卷番经任结盟/一代大师门外过/一身依旧厌浮名"。"76.茫茫生死两难依/此去何须抱憾归/好梦还知天有数/风吹落帽对斜晖"。

【207】

朱谅谅:1首[自由体译本]

2015 年 5 月 1 日,[德国]顾彬文/朱谅谅译《诗人之旅》,《美文(上半月)》(半月刊)第 5 期(总第 415 期),第 47－54 页。

拟译自德译本。

Rubáiyát 未译名。

Omar Khayyám 译为"欧玛尔·海亚姆"。

顾彬,本名沃尔夫冈·顾彬[Wolfgang Kubin]。

2017 年 4 月,[德国]顾彬著/朱谅谅译《中国往事/诗人之旅》,中国出版集团/中译出版社,第 133 页。

此版为"外国人写作中国计划丛书"之一。

———

"与好友举杯觥筹/胜过一切虚伪之禁欲/若爱酒之人都将入地狱/则世上无人知晓天堂"

【208】

眭谦:500 首,题名"莪默绝句"[七言绝句体译本]

2016 年 7 月,眭谦译《莪默绝句集译笺/乙集》,华东师范大学出版社,第 87－310 页,英汉对照。

译自温菲尔德[E. H. Whinfield]《莪默·伽亚谟四行诗》的英译本。

Rubáiyát 译为"莪默·伽亚谟绝句集"。

Omar Khayyám 译为"莪默·伽亚谟"。

———

"其一/拂曙华亭闻鹤鸣,/狐朋狗友梦中惊。/趁时斟得金樽满,/祇恐百龄渐欲盈。"
"其五百/愁山不复滞悲情,/浊世栖栖自洁清。/世事人情化乌有,/尽抛尘虑一身轻。"

【209】

袁秋婷:2 首,题名"海亚姆的鲁拜集"[自由体译本]

2019 年 5 月 20 日,李炜文/袁秋婷译《译/推开波斯诗的大门》,《上海文化/阅读札记》(单/双/月刊)五月号,第 102－103 页。

拟译自阿伯里的英译本。

Rubáiyát 译为"海亚姆的鲁拜集"。

Omar Khayyám 译为"海亚姆"。

异译本 ◇

Edward FitzGerald 译为"菲茨杰拉德/菲兹杰拉德"。

———

"下笔之后,一切皆成定数,/只留下一颗因悲伤而破碎的心;/虽用一生吞饮血泪/却没一滴能为你的记录加分。"

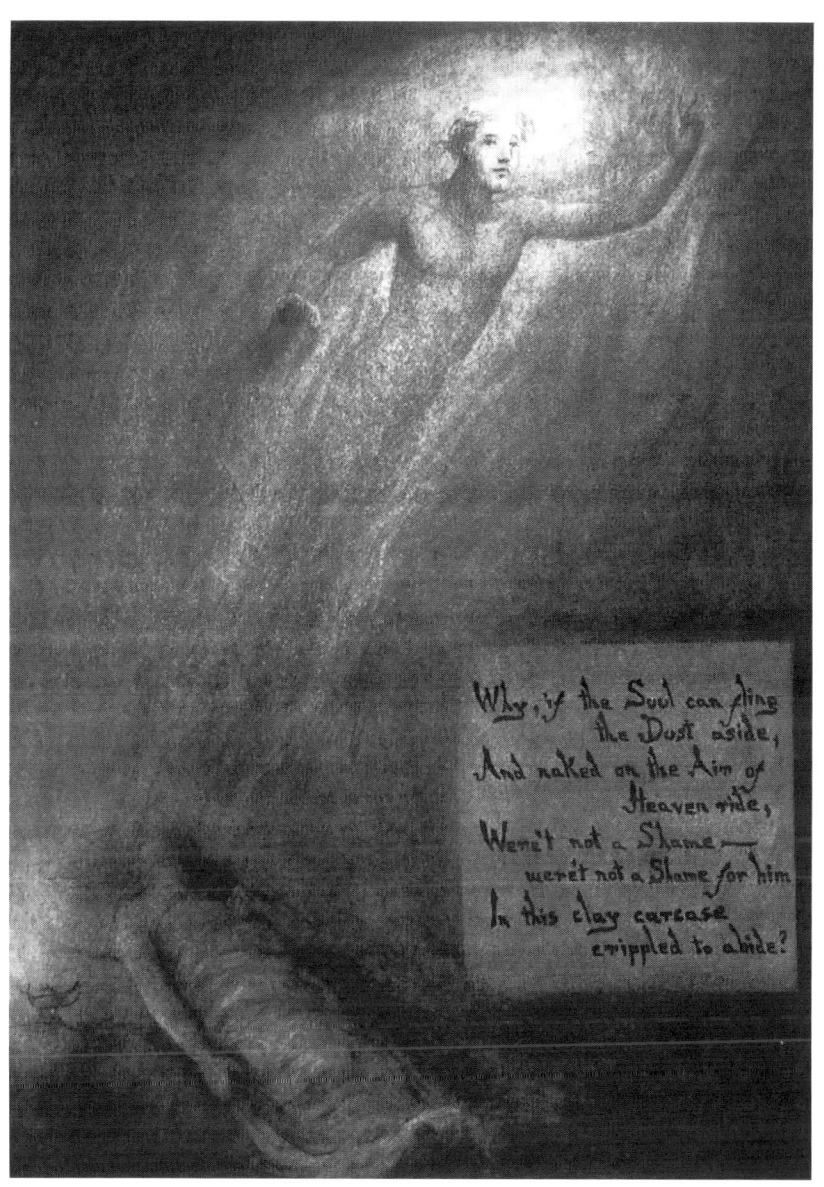

[图九] 第44首诗意

[图十] 第46首诗意

直译本

【210】
张鸿年:19首,题名"海亚姆四行诗"[自由体译本]

1982年12月,季羡林主编《国外文学/波斯文学介绍(上)/四/哲理诗人欧玛尔·海亚姆》(季刊)第2期(总第6期),北京大学出版社,第68–74页。

拟译自苏联出版的波斯文本。

Rubáiyát 译为"四行诗"。

Omar Khayyám 译为"欧玛尔·海亚姆/莪默·伽亚谟"。

Edward FitzGerald 译为"费慈吉拉德"。

"我们来去匆匆的宇宙,/上不见渊源,下不见尽头。/没有人能解释清楚,/我们自何方来,向何方走?""我生而于世无补,/我死而于世无益,/我从未听人讲清,/我从何处来,又向何处去?"

【211】
王家瑛:20首,题名"哲理四行诗"[自由体译本]

1985年,王家瑛文《论欧玛尔·海亚姆的哲学思想——从光阴派到宿命论》,《东方哲学研究》创刊号(总第7期),第43–53页。

Rubáiyát 译为"哲理四行诗"。

Omar Khayyám 译为"欧玛尔·海亚姆/莪默·伽亚谟"。

Edward FitzGerald 译为"费茨杰拉德"。

译自苏联科学院东方学研究所辑《鲁巴依雅特(1208年抄本)/欧玛尔·海亚姆四行诗》(莫斯科东方文学出版社1959年版)的波斯文文本。

译诗20首编号为第257、285、273、125、149、7、176、287、173、89、144、

140、31、293、55、114、277 及 3 首无号诗节。

"第 125 首/小河旁边长着一束束小草,/或许是女人的鬓角,/不要这样无情地践踏它吧,/那是用美人的骨灰培养出来的嫩草。""第 173 首/上苍是玩弄玩具者,我们是玩具,/这是事实,并非是譬喻,/玩弄玩具者在存在的地毯上将我们摆弄,/然后,又把我们一个个地放入虚无的盒子里去。"

【212】
张鸿年:77 首,题名"鲁拜集"[自由体译本]

1986 年,《国外文学/〈鲁拜集〉节选》(季刊)第 3 期,第 215－230 页。

拟译自苏联出版的波斯文本。

Rubáiyát 译为"鲁拜集"。

Omar Khayyám 译为"欧玛尔·海亚姆"。

Edward FitzGerald 译为"菲兹杰拉德"。

译诗正文后附"译后记"。

"上苍降到世上到处都是忧愁,/让一人出生把另一人掠走。/未出世的若知道我们的痛苦,/他决然不会也到世上苦受。""世上万物除了美酒莫去追求。/要帐中微醉的美人递过美酒,/滥醉不醒,放浪形骸,离经叛道,/高撑美酒,管他斑斓人间,莽莽宇宙。"

【213】
王家瑛:46 首,题名"海亚姆的四行诗"[自由体译本]

1987 年 8 月,王家瑛文《论海亚姆的四行诗》,中国中亚文化研究协会、中国社会科学院历史研究所中外关系史研究室编《中亚学刊/第二辑》,中华书局,第 155－176 页。

译自苏联科学院东方学研究所辑《鲁巴依雅特(1208 年抄本)/欧玛尔·海亚姆四行诗》(莫斯科东方文学出版社 1959 年版)的波斯文文本,该书收入海亚姆四行诗共 293 首。

译诗 46 首编号为第 188、107、217、123、5、88、261、80、165、23、163、18、171、222、67、224、202、59、181、28、197、13、20、136、207、184、156、12、198、211、19、275、228、292、30、21、187、193、40、58、290、29、273、10 首及 2 首无号

诗节。

Rubáiyát 译为"海亚姆的四行诗/鲁巴依雅特"。

Omar Khayyám 译为"欧玛尔·海亚姆"。

Edward FitzGerald 译为"费茨季拉德"。

根据张鸿年译本《波斯哲理诗》中的《海亚姆再认识》一文介绍,苏联《鲁巴依雅特(1208年抄本)》俄译本是苏联科学院1957年出版的译自波斯文文本和俄文译本双语对照本,波斯文的抄本据说为1207年的,与王家瑛说的抄本为1208年之间有一年的误差。

———

"第29首/苍天除去痛苦未增添任何东西,/正是为了要毁灭他才诞生了你,/假如一旦得知我们的命运遭遇,/未出生者就绝不愿降生出世。""第136首/当生命已然走到尽头,还说什么生活是苦是甜?/任它是巴尔赫还是尼沙堡,只要酒杯已经斟满;/劝君饮尽杯中酒,当你我下世之后,/明月依然从盈到亏,由缺转圆。"

【214】

张鸿年:11首,题名"四行诗选"[自由体译本]

1988年4月,陆嘉玉选编《外国名诗三百首》,长江文艺出版社,第80-83页。

Rubáiyát 译为"鲁拜集/四行诗"。

Omar Khayyám 译为"欧玛尔·海亚姆"。

Edward FitzGerald 译为"爱·菲茨杰拉尔德"。

———

"这千古大谜你我都茫然不懂,/谜样的天书你我都读不懂,/如今你我在幕内交谈,/大幕一落,你我都无影无踪。""我们来去匆匆的宇宙,/上不见渊源,下不见尽头/从来无人能解释清楚,/我们自何方来,向何方走?"

【215】

张晖:189首,题名"柔巴依诗集"[柔巴依体译本]

1988年12月,张晖译《柔巴依诗集》,湖南人民出版社,第1-85页。

译自伊朗加维当[Javidan]1972年版波斯文本(180首中的157首)、伊朗伊本·西纳[Eben-sina]版波斯文本(96首中的14首)、伊朗艾克巴尔

◇《鲁拜集》汉译书目

[Eqbal]版波斯文本(50首中的14首)和苏联科学院版波斯文本(293首中的4首)。

Rubáiyát译为"柔巴依诗集/柔巴雅特"。

Omar Khayyám译为"欧玛尔·哈亚姆"。

Edward FitzGerald译为"爱德华·费茨吉拉德"。

卷首扉页采用伊朗1959年出版的[伊朗]穆罕默德·塔吉维迪[Mohammad Tajvidi]28幅插画作品中的26幅全页插图,其中8幅为彩色图案,18幅为黑白图案。

收入"译者前言"。

此版为"诗苑译林"丛书之一。

―――――

"3/晨之熹微已将夜之黑蠹掠走。/酾客,起床呀!快斟袄教的美酒!/睁开你那似睡似醒的双眼吧!/起呀!将来你的睡眠会很长久。""144/虽然有香甜的烤饼摆在面前,/外加羊腿一只,陈年佳酿两曼,/周围繁花似锦,并有丽女陪伴——/这种享乐苏丹却仍看不上眼。"

【216】
张鸿年:10首,题名"欧玛尔·海亚姆四行诗"[自由体译本]

1989年2月,浙江文艺出版社编《外国文学名著赏析词典/波斯文学》,浙江文艺出版社,第74-77页。

拟译自苏联出版的波斯文本。

Rubáiyát译为"鲁拜/欧玛尔·海亚姆四行诗"。

Omar Khayyám译为"欧玛尔·海亚姆"。

Edward FitzGerald译为"费慈吉拉德"。

译诗正文前有译者文"作者介绍",正文后有译者文"作品赏析"。

―――――

"何处找个知心人倾诉衷肠,/问一声原来人是什么模样?/人呵,本来愁木削成的愁容,/世上漫游一番又启程奔赴他乡。""我们在人生的旅舍决不会永驻长有,/冷落情人与美酒岂不过于愚蠢。/聪明人呵,这新与旧还要几许争论?/待你我离去,新旧还有什么区别?"

【217】

张鸿年:296 首,题名"波斯哲理诗"[自由体译本]

1991 年 10 月,张鸿年译《波斯哲理诗》,文津出版社,第 1–129 页。

译自苏联科学院 1957 年版波斯文本(附俄文译文)。

Rubáiyát 译为"鲁拜集"。

Omar Khayyám 译为"欧玛尔·海亚姆"。

Edward FitzGerald 译为"菲兹吉拉德/菲兹克拉德"。

收入[伊朗]莫扎法尔·巴赫堤亚尔文"序/海亚姆——生活与美的歌者"和张鸿年文"海亚姆再认识"。

插图(均印刷为黑白图案)共 19 幅,采用[伊朗]列查·阿拔斯[Reza Abbasy]的 8 幅、[伊朗]玛赫穆德·法尔师奇扬[Mahmood Farshchiyan]的 6 幅、[伊朗]侯赛因·贝赫扎德[Hossein Behzad]的 1 幅、[伊朗]哈桑·穆哈马迪[Hassan Mohammady]的 1 幅和张守义的 3 幅。

译诗正文后"附注"。

书后附"版本对照"。

全部 296 首译诗,其中 1 首为宋丕方译本。

"178/一手执杯,一手捧《古兰经》,/时而虔诚敬主,时而亵渎神明。/我们置身于翡翠色的苍穹之下,/是异教徒,不处处昧主;是教徒,不事事虔诚。""247/那里的蔷薇与郁金香分外殷红,/怕是君王的鲜血含蕴在花中。/那儿地上长出一丛紫罗兰,/那该是美人面颊上的痣点。"

【218】

宋丕方:1 首[自由体译本]

1991 年 10 月,张鸿年译《波斯哲理诗》,文津出版社,第 54 页。

拟译自苏联科学院 1957 年版波斯文本(附俄文译文)。

Rubáiyát 未译名。

Omar Khayyám 未译名。

"35/我们来去匆匆,到底为了那般?/什么是编织生命的经线纬线?/命运之火正烧灼正直者的眼睛,/明眸化为焦炭却不见半缕青烟。"

参阅:"三二/我们来去匆匆到底是为了那般?/何缘只有生命的经线不见纬线?/命运的火炉烧灼正直人的生命,/生命化为焦土却不见半缕青烟。"(转引自2017年4月四川人民出版社出版的张鸿年/宋丕方合译本《鲁拜集》"乐园本")

【219】
张晖:20首,题名"柔巴依集"[柔巴依体译本]

1991年12月,张晖译《痴醉的恋歌——波斯柔巴依集/欧玛尔·哈亚姆》,漓江出版社,第19-25页。

译自苏联社会科学院东方研究所1959年版波斯文本。

Rubáiyát 译为"柔巴依集"。

Omar Khayyám 译为"欧玛尔·哈亚姆"。

Edward FitzGerald 译为"费茨吉拉德"。

扉页采用6幅全页伊朗黑白图案插画,未署名。

该书选译47位(译者误植为"四十八位")波斯诗人的248首四行诗诗节。

"1/当屋脊披覆金色的熹微晨光——/'白日'帝王骑上悬有铜鼓之象。/清晨时,酣饮吧!并唱情爱之歌——/让这悠扬的歌声在世界回荡。""17/人啊如球,任凭命运之棍击打——/被打得东奔西跑,却从无怨骂。/命运,只有主宰你的人才知道,/只有他才知道。他知道。只有他!"

【220】
张鸿年:66首,题名"欧玛尔·海亚姆诗选"[自由体译本]

1992年10月,何乃英编著《伊朗古今名诗选译/七、欧玛尔·海亚姆》,北京师范大学出版社,第150-161页。

译自苏联科学院1957年版波斯文本。

Rubáiyát 译为"四行诗(鲁拜)/鲁拜亚特"。

Omar Khayyám 译为"欧玛尔·海亚姆"。

Edward FitzGerald 译为"菲兹吉拉德"。

译诗选自张鸿年译本《波斯哲理诗》。

译诗正文后刊载何乃英文"欧玛尔·海亚姆和他的诗歌"。

该书为"北京师范大学/德黑兰大学合作出版"。

2007年2月,《语文(选修)/外国诗歌散文欣赏/教师教学用书/第三单元/像闻玫瑰花一样直接闻到思想/自主阅读/1.鲁拜六十六首(节选)/何乃英:欧玛尔·海亚姆和他的诗歌》,人民教育出版社,第83-89页。

此版为"普通高中课程标准实验教科书"丛书之一。

―――

"这世界不因我生而有所增益,/我死去对它也没有任何意义,/我这双耳从未听人讲清,/我因何而来,又因何而去。""我们来去匆匆的宇宙,/上不见渊源,下不见尽头。/从来无人能参透个中真谛,/我们自何方来,向何方走?"

【221】

张鸿年:21首,题名"海亚姆的鲁拜" [自由体译本]

1993年5月,张鸿年著《波斯文学史/第七章/伊朗的早期四行诗创作及世界著名四行诗诗人欧玛尔·海亚姆》,北京大学出版社,第86-100页。

拟译自苏联出版的波斯文本。

Rubáiyát 译为"鲁拜集"。

Omar Khayyám 译为"欧玛尔·海亚姆"。

Edward FitzGerald 译为"菲慈吉拉德"。

此版为"东方文化集成"丛书之一。

2003年9月,张鸿年著《波斯文学史/第七章/世界闻名的鲁拜诗人欧玛尔·海亚姆》,昆仑出版社,第127-146页。

此版为"季羡林主编/东方文化集成(伊朗、阿富汗文化编)"丛书之一。

―――

"我们来去匆匆的宇宙,/上不见渊源,下不见尽头。/从来无人能参透个中奥秘,/我们从何方来,向何方走?""这亘古大谜你我都茫然不懂,/谜样的天书你我都解读不通。/此刻你我在幕内交谈,/大幕一落,你我再无影无踪。"

【222】

穆宏燕:100首,题名"欧玛尔·海亚姆四行诗百首" [七言绝句体译本]

1994年,穆宏燕汉译《海亚姆的四行诗 [Omar Khayyam's Rubaiyat]》(英、法、中、阿、波五种语言合集本),伊朗纳希德出版社。

◇《鲁拜集》汉译书目

译自伊朗赫尔墨斯出版社 1999 年版《海亚姆四行诗 101 首》的波斯文本(6 首)和伊朗纳赫依德出版社 1999 年版《海亚姆四行诗 178 首》的波斯文本(94 首)。

Rubáiyát 译为"四行诗"。

Omar Khayyám 译为"欧玛尔·海亚姆"。

Edward FitzGerald 译为"费兹吉拉德"。

100 首七言绝句体译本中有 1 首为"五言绝句体",另有 1 首为"七言绝句体"第 1、2、4 句后各缀两字。

插图采用[伊朗]Reza Badrolsama[雷扎]的彩色插画作品,共 28 幅。

2002 年,穆宏燕汉译《海亚姆的四行诗[Omar Khayyam's Rubaiyat]》(英、法、中、阿拉伯、波斯五种语合集本),伊朗坦迪斯[Ketabsaraye Tandis]出版社,第 73 – 105 页。

―――――

"34/你我来去之宇宙,/上无渊源下无头。/无人讲清此深义:/何方来又何方走?"
"60/我来苍穹无收益,/我去苍穹不增丽。/两耳从未听人言,/我为何来为何去?"

【223】
张鸿年:66 首,题名"鲁拜六十六首"[自由体译本]

1995 年 5 月,张鸿年编选/张鸿年、邢秉顺、张晖、元文祺译《波斯古代诗选/欧玛尔·海亚姆》,人民文学出版社,第 175 – 190 页。

译自苏联科学院 1957 年版波斯文本。

Rubáiyát 译为"鲁拜"。

Omar Khayyám 译为"欧玛尔·海亚姆"。

收入张鸿年文"译本序"。

此版为"外国文学名著丛书"之一。

―――――

"5/啊,可心的人儿快拿来酒壶酒盏,/去到青草坪上,小河岸边。/这世道把多少亭亭玉立的少女,/一百次变为酒壶,一百次变为酒盏。""33/我的心智始终把学问探讨,/使我困惑不解的问题已经很少。/七十二年我日日夜夜苦苦寻思,/如今才懂得什么也不曾知晓。"

【224】
邢秉顺:154首,题名"鲁拜集"[自由体译本]

1998年10月,潘庆舲、水建馥、邢秉顺译《鲁达基/海亚姆/萨迪/哈菲兹作品选》,人民文学出版社,第71-109页。

译自波斯文本。

Rubáiyát译为"鲁拜集"。

Omar Khayyám译为"欧玛尔·海亚姆"。

此版为"世界文学名著文库"之一。

―――――

"假如我能得到一块面包心,/两曼葡萄酒和一条羊大腿;/再有个情人在废墟上作伴,——/我的享乐将胜过国王百倍!""若能如造物主主宰世界,/我将把苍天彻底推翻;/创造一个崭新的世界,/让善良人们实现夙愿。"

【225】
王家瑛:44首,题名"海亚姆的四行诗"[自由体译本]

2000年1月,蔡德贵主编《东方著名哲学家评传/西亚北非卷/欧玛尔·海亚姆》,山东人民出版社,第277-316页。

译自苏联科学院东方学研究所辑《鲁巴依雅特(1208年抄本)/欧玛尔·海亚姆四行诗》(莫斯科东方文学出版社1959年版)的波斯文文本,该书收入海亚姆四行诗共293首。

译诗44首编号为第188、107、217、123、5、88、261、80、165、23、163、18、171、222、67、224、202、59、181、28、197、13、20、136、207、184、156、12、198、211、19、275、228、292、30、21、187、193、40、58、290、29、273、10首诗节。

Rubáiyát译为"海亚姆的四行诗/鲁巴依雅特"。

Omar Khayyám译为"欧玛尔·海亚姆"。

Edward FitzGerald译为"费茨季拉德"。

―――――

"第12首/多么可惜呀!青春的史册就这样一页页地翻了过去,/生气勃勃的生命的春天也悄然归去,/啊,青春,你这欢乐的小鸟儿,/我感到遗憾的是不知你何时飞来,又何时飞去。""第228首/如果我能象上帝那样主宰天上人间,/我就要推翻头上这个苍天,/我要创造出一个新的天地,/让品德高尚人们的心愿顺利实现。"

◇《鲁拜集》汉译书目

【226】

张鸿年:376 首,题名"鲁拜"[自由体译本]

2001 年 9 月,张鸿年译《鲁拜集》,湖南文艺出版社,第 1－154 页。

译自[伊朗]穆罕默德·阿里·伏鲁基编选的《鲁拜集》1941 年版德黑兰波斯文本、[伊朗]萨迪克·赫达亚特编选的《鲁拜集》1921 年版德黑兰波斯文本和苏联 1959 年莫斯科东方文学出版社出版的《鲁拜集》波俄对照文本。

Rubáiyát 译为"鲁拜集"。

Omar Khayyám 译为"欧玛尔·海亚姆"。

Edward FitzGerald 译为"菲兹吉拉德"。

扉页正面采用海亚姆彩色画像,反面为季羡林的题字书法。

译诗正文前收入"丛书总序"和"波斯大诗人海亚姆和《鲁拜集》(译者序)"。

收入"附录一/伏鲁基编《鲁拜集》序言:内沙浦尔的哲人海亚姆"和"附录二/萨迪克·赫达亚特编:《海亚姆鲁拜集》序言"。

此版为"波斯经典文库(全 18 册)"丛书之一。

————

"26/让我生,对这人世无所增益,/让我死,对它也没有意义。/我的双耳从未听人讲清,/因何让我出生,又因何掠我而去。""368/人间万事万物都残缺不全,/眼前历历都是过眼云烟。/存在的一切你可把它看作无有,/没有的你可认为就在眼前。"

【227】

张鸿年:380 首,题名"鲁拜"[自由体译本]

2001 年 12 月,张鸿年译《鲁拜集》,台湾台北木马文化事业公司,第 1－356 页。

译自[伊朗]穆罕默德·阿里·伏鲁基编选的《海亚姆鲁拜集》1941 年版德黑兰波斯文本、[伊朗]萨迪克·赫达亚特编选的《海亚姆鲁拜集》1921 年版德黑兰波斯文本和苏联 1959 年莫斯科东方文学出版社出版的《鲁拜集》波俄对照文本;最后第 377－380 四首诗节译自[伊朗]胡玛依主编的《鲁拜集(乐园本)》1963 年版德黑兰波斯文本。

Rubáiyát 译为"鲁拜集"。

Omar Khayyám 译为"欧玛尔·海亚姆"。

Edward FitzGerald 译为"费兹杰罗"。

扉页采用海亚姆黑白画像。

译诗正文前收入"推荐序/郑慧慈"和"译者序"。

插图共40幅采用戈登·罗斯(22幅)、埃德蒙·沙利文(6幅)、马乔莉·安德森(1幅)和穆罕默德·塔吉维迪(11幅),均被印刷为黑白图案。

收入附录"一/1959年莫斯科本《鲁拜集》序言([苏联]列·姆·阿里耶夫/诺·奥·奥斯曼诺夫)"、"二/内沙浦尔的哲人海亚姆(伏鲁基编《鲁拜集》序言)/穆罕默德·阿里·伏鲁基"和"三/萨迪克·赫达亚特编《海亚姆鲁拜集》序言"。

此版为"经典文学系列"丛书35/十二世纪波斯。

———

"178/一手执杯,一手捧《古兰经》,/时而虔诚敬主,时而冷落神明。/我们置身于翡翠苍穹之下,/是异教徒不处处昧主,是教徒不事事虔诚。""367/一罐红酒,一卷诗章/一块大饼,填饱饥肠。/我与你在荒野小坐,/其乐胜过帝王们的殿堂。"

【228】
王一丹:110首,题名"鲁拜集"[柔巴依体译本]

2010年4月,王一丹汉译《海亚姆的鲁拜集(四行诗)[RUBAI'YAT (QUATRAINS) OMAR KHAYYAM]》(波斯、英、法、阿拉伯、西班牙、俄、中、日八种语合集本),伊朗古雅文化艺术之家[Gooya House of Culture & Art],第1–110页。

译自[伊朗]侯赛因·萨德基[Hossein Sadéghi]编译的波斯文本。

Rubáiyát 译为"鲁拜集"。

Omar Khayyám 译为"欧玛尔·海亚姆"。

Edward FitzGerald 译为"爱得华·菲兹杰拉德"。

诗集编为五个章节"I.人生的欢乐;II.社会生活;III.问天;IV.人生的无奈 1.肉身与泥土 2.死亡 3.世事无常 4.命运;V.宇宙的奥秘"。

插图采用马赫穆德·法希奇扬[Mahmond Farshchian]的彩色插画作品,共20幅。

"漫步庭园,身边有如花佳偶,/轻啜一口葫芦中的琼浆美酒;/取一片大麦面包,一块羊腿,/如此乐事,并非人人有福消受。""人生不停留,不论在巴格达或巴尔赫,/生命之杯终须斟满,不管它是苦是甜。/举杯吧,你我离去后,只有月色如故,/圆而缺,缺复圆,岁岁年年永不变。"

【229】

[瑞典]傅正明:101首,题名"鲁拜诗词"[七言绝句体、五言律诗体、词体等旧体诗词译本]

2015年1月,[瑞典]傅正明译《鲁拜诗词新译五百首》,台湾台北唐山出版社,第32-95页,波斯文/中文对照。

译自萨迪克·赫达亚特编《奥玛·珈音》、穆罕默德·阿里·伏鲁基编《珈音鲁拜集》、爱德华·赫伦-艾兰编译《费兹杰罗英译奥玛·珈音鲁拜集,附加波斯文原文和爱德华·赫伦-艾兰直译》、斯瓦米·郭文·提塔著译《醇美琼浆:奥玛·珈音的生平和作品》。

Rubáiyát 译为"鲁拜集"。

Omar Khayyám 译为"奥玛·珈音"。

Edward FitzGerald 译为"费兹杰罗"。

———

"055/来来霞光套角楼,/东君空碗掷金殿,/朝阳滚动高声唤:/新蚁开罐邀酒侪!""065/美酒一壶书一卷,/粗粮香口内心甜,/双栖你我废墟地,/胜过苏丹权贵天。"

【230】

王晓利:6首,题名"海亚姆鲁拜诗歌"[自由体译本]

2016年12月1日,王晓利论文《海亚姆鲁拜诗歌的翻译与传播研究/第五章/海亚姆鲁拜诗歌中意象的阐释与翻译》,华东师范大学/博士论文,第102-114页。

译自波斯文本。

Rubáiyát 译为"鲁拜集"。

Omar Khayyám 译为"欧玛尔·海亚姆"。

"因为生命在流逝,不管巴格达还是巴尔赫;/当酒杯变满,不论甜还是苦;/喝酒,在你和我之后。这个月亮很快/从月末来到月初又从月初到月末。""每一个生长玫瑰和郁金香的地方,/都是由一个帝王的红色的血染成的;/每一个从地里长出的紫罗兰的芽,/曾是一颗美人脸颊上的痣。"

【231】
张鸿年、宋丕方:565 首,题名"鲁拜集"[自由体译本]

2017 年 4 月,张鸿年、宋丕方译《鲁拜集》,四川人民出版社,第 15-430 页,波斯汉对照。

译自伊朗 1462 年亦称《乐园[Tarabkhānah]》抄本的波斯文本,共 554 首,增补非《乐园》抄本的诗节 11 首。

Rubáiyát 译为"鲁拜集"。

Omar Khayyám 译为"奥玛·海亚姆"。

Edward FitzGerald 译为"菲茨吉拉德"。

译诗正文前收入"译者序言"(张鸿年)。

插图共 34 幅采用埃德蒙·沙利文(21 幅)、戈登·罗斯(11 幅)、马乔莉·安德森(1 幅)和穆罕默德·塔吉维迪(1 幅),均为黑白图案。

————

"一二六/如若有两张大饼捧在你手,/加上一只羊腿和两罐美酒,/与心上人在荒野小酌,/这福份不是每个君王都能享有。""二八二/一罐红酒,一卷诗章,/半块大饼,填饱饥肠。/你我相拥在荒原小坐,/其乐无穷,胜过帝王。"

【232】
张鸿年:377 首,题名"鲁拜"[自由体译本]

2017 年 9 月,张鸿年译《鲁拜集》,商务印书馆,第 1-163 页。

译自[伊朗]穆罕默德·阿里·伏鲁基编选的《鲁拜集》1941 年版德黑兰波斯文本、[伊朗]萨迪克·赫达亚特编选的《鲁拜集》1921 年版德黑兰波斯文本和苏联 1959 年莫斯科东方文学出版社出版的《鲁拜集》波俄对照文本。

Rubáiyát 译为"鲁拜集"。

Omar Khayyám 译为"欧玛尔·海亚姆/莪默·伽亚漠"。

Edward FitzGerald 译为"菲茨杰拉德"。

此版为2001年9月湖南文艺出版社"波斯经典文库"的重版。

译诗正文前收入"新版总序"(宋丕方)、"原版总序"(张鸿年)和"译者序/波斯大诗人海亚姆和《鲁拜集》"。

收入"附:伏鲁基编《鲁拜集》序言:内沙浦尔的哲人海亚姆",原"附录二/萨迪克·赫达亚特编:《海亚姆鲁拜集》序言"被删。

插图采用波斯细密画3幅、沙利文的插画作品2幅、[伊朗]侯赛因·贝赫扎德[Hossein Behzad]1949年由[伊朗]埃斯凡迪亚里[Dr. H. A. N. Esfandiary]编辑1970年出版的英法波斯文三国语版50幅彩色插画作品中的23幅、海亚姆画像1幅和未知名插画作品1幅,共30幅。其中印刷为彩色图案的波斯细密画1幅和贝赫扎德的插画3幅,其它均印刷为黑白图案。

此版为"汉译波斯经典文库(全23册)"丛书之一。

———

"177/一手捧经,一手执杯啜饮,/时而谨遵教法,时而破戒犯禁。/我们身处翡翠色苍穹之下,/既非纯粹的异教徒,也不是虔诚的穆斯林。""246/哪里的蔷薇与郁金香分外殷红,/那是君王们的鲜血含蕴在花中。/哪儿地上长出一丛紫罗兰,/那该是美人面庞上的痣点。"

【233】
张鸿年、宋丕方:565首,题名"鲁拜集"[自由体译本]

2017年11月,张鸿年、宋丕方译《鲁拜集》,四川人民出版社,第15-410页,波斯汉对照,特制精装本。

译自伊朗1462年亦称《乐园[Tarabkhānah]》抄本的波斯文本,共554首,增补非《乐园》抄本的诗节11首。

Rubáiyát 译为"鲁拜集"。

Omar Khayyám 译为"奥玛·海亚姆"。

Edward FitzGerald 译为"菲茨吉拉德"。

译诗正文前收入"译者序言"(张鸿年)。

插图采用[伊朗]马赫穆德·法稀奇扬的彩色插画作品,共12幅。

———

"七十四/生命终有尽头,管它巴格达巴尔赫,/杯中酒满,管它甘甜还是苦涩。/痛饮吧,你我走后试看天上明月,/仍将是缺而复圆,圆而复缺。""四〇四/我的浩叹无一日不达双子星座,/我的热泪无一夜不成洪波。/你答应我说:明天我与你共饮,/可有谁知明天还属不属于我。"

【234】
穆宏燕:1 首,题名"欧玛尔·海亚姆四行诗"[自由体译本]

2018 年 12 月,穆宏燕文《是"木偶"还是"棋子"?——从波斯文学翻译实例看文学翻译中的隐含政治性》,麦永雄主编《东方丛刊/东方论坛》(2018.2 总 75 辑),广西师范大学出版社,第 49 页。

译自伊朗波斯文版《欧玛尔·海亚姆四行诗集》(德黑兰声乐艺术文化社 2010 年版,第 42 页)。

Rubáiyát 译为"四行诗/鲁拜集/柔巴依"。

Omar Khayyám 译为"欧玛尔·海亚姆"。

Edward FitzGerald 译为"费兹杰拉德"。

———

"我们全是木偶,操纵者是苍穹/这话出自真理,而非出自虚假/我们在'存在'之皮垫上演义/尔后一个个落入'虚无'之匣。"

[图十一] 第 54、55 首诗意

[图十二] 第58首诗意

专题文

【235】

成仿吾:读 Rubaiyat 之后(诗歌)

1922 年 11 月,《创造/文艺季刊/第一/创作 10./诗选》第 1 卷第 3 期,第 105 页。

Rubáiyát 未译名。

Omar Khayyám 未译名。

Edward FitzGerald 未译名。

1994 年 6 月,成仿吾著《成仿吾诗选》,中共中央党校出版社,第 36 页。书名题签艾青。

―――――

"时间破不了的,/是这层疑窟;/时间流不尽的,/是这宗歌哭。/朋友,――陶师呀!陶器呀!/能饮一杯不?"

【236】

郭沫若:波斯诗人莪默伽亚谟/第一/读 Rubaiyat 后之感想/第二/诗人莪默伽亚谟

1922 年 11 月,《创造/文艺季刊/第二/杂录 1.》第 1 卷第 3 期,第 1 - 11 页。

Rubáiyát 译为"四行诗集"。

Omar Khayyám 译为"莪默伽亚谟"。

Edward FitzGerald 未译名。

1924 年 1 月,郭沫若译《鲁拜集/上篇/导言/1. 读了鲁拜集后之感想/2. 诗人莪默伽亚谟略传》,上海泰东书局,第 1 - 26 页。

Rubáiyát 译为"鲁拜集"。

◇《鲁拜集》汉译书目

1925年12月27日,郭沫若著《文艺论集/下卷》,光华书局,第265-285页。

1927年2月三版、1929年订正本(IV)、1930年改正本(III)。

此版为"创造社丛书/郭沫若著作集/初集第一种"。

1929年5月,曹养吾编《中国近十年散文集/读Rubaiyat后之感言》,上海全民书局,第152-164页。

1959年6月,郭沫若著《沫若文集/第十卷/文艺论集》,人民文学出版社,第168-179页。

文题为"波斯诗人莪默伽亚谟/一/读《鲁拜集》(Rubaiyat)后之感想/二/诗人莪默伽亚谟"。

Rubáiyát译为"鲁拜集/四行诗集"。

Omar Khayyám译为"莪默·伽亚谟"。

Edward FitzGerald译为"费兹吉拉德"。

作者文前按语:"这篇文章本是《鲁拜集》的序引,在一九五七年人民文学出版社的《译诗集》中,我已把第一章删去了。这儿仍然保留着它,以表示我在三十几年前所想不通的思想。/沫若1958年11月23日"。

1979年9月,郭沫若著《文艺论集》,人民文学出版社,第168-179页。

1984年11月,郭沫若著/黄淳浩校《〈文艺论集〉汇校本》,湖南人民出版社,第211-225页。

1990年7月,郭沫若著《郭沫若全集/文学编/第十五卷/文艺论集》,人民文学出版社,第293-308页。

2017年12月,罗文军编注《汉译文学序跋集/第三卷(1922-1924)》,上海人民出版社,第333-343页。

"幸而不至于发狂,对于生之欲望过于强烈,不能自杀。或不肯自杀的人,大悟一番后,他所能走的路径,便只有彻底享乐一途。或积极的享乐,或消极的享乐。想陶醉于一种对象之中,以忘却此至可悲怜的自我。""他要献身于陶醉之中,献身于至痛苦的受用,人生一切的痛苦都要在他内部的自我中领略,把一切的甘苦都积在胸中,把自身的小己推广成人类的大我。"

【237】
闻一多:莪默伽亚谟之绝句

1923 年 5 月 1 日,《创造/文艺季刊/第二/评论 2》第 2 卷第 1 期,第 10 – 24 页。

Rubáiyát 译为"莪默伽亚谟之绝句"。

Omar Khayyám 译为"莪默伽亚谟"。

Edward FitzGerald 译为"斐芝吉乐"。

闻一多,本名闻家骅。

1948 年 8 月,朱自清、郭沫若、吴晗、叶圣陶编辑/闻一多著《闻一多全集 3/丁集/诗与批评》(竖排本/四卷本),上海开明书店,第 203 – 221 页。

1949 年 12 月四版。

1982 年 8 月,闻一多著《闻一多全集 3/诗与批评》(竖排本/四卷本),生活·读书·新知三联书店,第 369 – 387 页。

1984 年 2 月,中国翻译工作者协会/《翻译通讯》编辑部编《翻译研究论文集(1894 – 1948)》,外语教学与研究出版社,第 181 – 193 页。

此版为"译学丛书"之一。

1987 年 11 月,《中国翻译》编辑部编《诗词翻译的艺术》,中国对外翻译出版公司,第 22 – 37 页。

1993 年 12 月,孙党伯、袁謇正主编/唐达晖整理/闻一多著《闻一多全集 2/文艺评论》(横排本/十二卷本),湖北人民出版社,第 95 – 109 页。

2007 年 11 月,海岸选编《中西诗歌翻译百年论集》,上海外语教育出版社,第 23 – 33 页。

文题为"莪默·伽亚谟之绝句"。

"……这一篇名诗很不容易翻译,其中有两种难处:第一,诗中文字本有艰深费解之处,然而这还不算什么,第二种难处却真难了,那便是要用中文从英文里译出波斯文底精神来呢。译者于此首先要对莪默负责,其次要对斐芝吉乐负责,因为是斐氏底诗笔使这些 Rubaiyat 变为不朽的英文文学;再次译者当然要对自己负责……那便是他要有支诗笔再使这篇诗籍转为中文文学了。"

【238】

佚名:创造社/辛夷小丛书/第三种/鲁拜集(刊讯)

1923年5月1日,《创造/文艺季刊》第2卷第1期,刊尾"第47页"。

Rubáiyát 译为"鲁拜集"。

Omar Khayyám 译为"莪默伽亚谟"。

Edward FitzGerald 译为"裴池吉乐"。

2010年7月,咸立强著《译坛异军:创造社翻译研究/第五章/郭沫若与〈鲁拜集〉的翻译》,人民出版社,第222页。

———

"鲁拜集/(华英对照)/波斯诗人莪默伽亚谟的四行诗集(Rubaiyat)共诗百零一首,早经郭沫若氏,由裴池吉乐英译,译成华文,脍炙人口,兹更经郭氏第二次改译,附以英文原文,以供读者兼收语学上之智识。书已付印,不日出版。"

【239】

仿吾:莪默伽亚谟新研究(介绍)

1923年12月30日,成仿吾译《莪默伽亚谟的新研究》,《创造周报》第34期,第9-15页。

Rubáiyát 未译名。

Omar Khayyám 译为"莪默伽亚谟"。

Edward FitzGerald 译为"斐池吉乐"。

该文为译作,原文为"[美国]Edward S. Holden:New Light on Omar Khayyam"。

———

"斐氏译本的第三版有四行诗百零一首。此中四十九首是莪默各一首的忠实而优美的意译;四十四首可求于原诗之二首或二首以上;两首是斐氏由他所见过的莪默的译本得来的暗示;两首是从 Hafiz 的短歌引出来的;两首是从一波斯诗 Mantik-ut-tair 得来的;两首是回顾原诗的全神的。最后的六首在莪默原诗中当然无从求出。""Allen 对于斐氏译诗的总评是:非单纯的翻译,然而为最艺术的意义上之翻译无疑。"

【240】

徐志摩:莪默的一首诗

1924年11月7日,《晨报附刊》第3-4版。

Rubáiyát 未译名。

Omar Khayyám 译为"莪默"。

Edward FitzGerald 译为"斐氏"。

1983年10月,徐志摩著《徐志摩全集(全五册)/4/散文集(丙·丁)》,商务印书馆香港分馆,丙集第34-36页。

1988年1月,徐志摩著《徐志摩全集(1-5)/4/散文集(丙·丁)》,上海书店,丙集第34-36页。

1989年9月,徐志摩著《徐志摩译诗集》,湖南人民出版社,第200-201页。

此版为"诗苑译林"丛书之一。

2005年5月,韩石三编/徐志摩著《徐志摩散文全编/上册》,天津人民出版社,第469-471页。

2011年6月,李庆西主编/徐志摩著《徐志摩散文全编/文坛寻梦》,新世界出版社,第342-343页。

"胡适之尝试集里有莪默诗的第七十三首的译文,那是他最得意的一首译诗,也是在他的诗里最'脍炙人口'的一首。"

【241】
[美国] 天心:我也来凑个趣

1924年11月12日,《晨报附刊》第4版。

Rubáiyát 未译名。

Omar Khayyám 译为"莪默"。

Edward FitzGerald 译为"斐氏"。

天心,本名钟天心。

"我因看见胡适之,郭沫若,徐志摩对于莪默的一首小诗闹得如此有趣,所以也忍不住要来凑个趣儿。怪不得适之先要用寸楷来写,高声用徽州调来唱这首诗的,牠本来是很好呢;尤其是我们中国现在的青年,那个读了不受感动?"

【242】

荷东:译莪默的一首诗

1924年11月13日,《晨报付刊》第4版。

Rubáiyát 未译名。

Omar Khayyám 译为"莪默"。

Edward FitzGerald 未译名。

———

"译文最难的是,不添字,不减字,而能包括原有的意义。胡[适]先生的译文,是意译的,有赵松雪合管夫人'塑泥人'的小词的意味。徐先生的译文,是直译,比较上能够见著作者的原意,但是'趁机会'等字仍旧是多添出来的。我的译文将'谋反'改成'合商'因为字典上有这一层意义,也免不了有加添或更改字句的毛病,……"。

【243】

H. P. Shastri:Omar Khayyam/An Interpretation

1925年,《大亚杂志》(月刊)第38期,第29-33页。

Rubáiyát 未译名。

Omar Khayyám 未译名。

Edward FitzGerald 未译名。

该文为英文稿。

———

"The popularity gained by FitzGerald's translation of the Rubaiat of Omar Khayyam sinceits first publication is simply phenomenal. Some of the best artists in Europe and India have devoted the best of their talents in illustrating the verses of the Irish qoet, and to-day countless editions of the book are sold all over the world."

【244】

采真、语堂:对于译莪默诗底商榷/答"对于译莪默诗底商榷"

1926年3月,《语丝》(周刊)第68期,第6-7页。

Rubáiyát 译为"莪默的诗"。

Omar Khayyám 译为"莪默"。

Edward FitzGerald 未译名。

采真，即张采真。

语堂，即林语堂。

1927年，采真著《怎样认识西方文学及其他/对于译莪默诗底商榷》，朴社，第228－230页。

1929年5月再版。

1994年11月，林语堂著《林语堂名著全集/第17卷/拾遗集（上）/答〈对于译莪默诗底商榷〉》，东北师范大学出版社，第22－26页。

2011年1月，林语堂著《林语堂文集/人生殊不易/答〈对于译莪默诗底商榷〉》，群言出版社，第21－25页。

采真文："FitzGerald 底英译，是我爱读底英文诗中之一本。在林[语堂]先生所译底五首外，我自己觉得尚有十几首可译。……上边三首'续貂'的死译，板译，呆译，还是除夕译底。即此就不免有投机之嫌了，其余底只好留待他日心闲底时候，一壁喝着葡萄酒，一壁再译罢。"

语堂文："男人做文章比如女人生孩子一样，生个聪明伶俐的婴儿，固然得意，生个昏庸愚顽的东西，也还是一例钟爱。如果有时候既不受精，又未怀过胎，也只好是妖怪，甚至于'下蛋'而已。张君一定要把蛋当做小孩看待，这自然使做母亲的人格外难为情了。"

【245】

姚自若：小诗四首（之一）——读了《鲁拜集》以后（诗歌）

1926年，《语丝》（周刊）第83期，第15页。

Rubáiyát 译为"鲁拜集"。

Omar Khayyám 未译名。

Edward FitzGerald 未译名。

"这玲珑的小杯盛满人生的美酒。／我久在人生海上漂泊的心哟，／归来，归来，莫作这长期的漂泊！"

【246】

[英国]露斯[E. D. Ross]：鲁拜集的古本及补遗

1929年,[英国]露斯[E. D. Ross]文/颖子译《鲁拜集的古本及补遗》,《春潮(上海)》(月刊)第1卷第4期,第41-53页。

Rubáiyát 译为"鲁拜集"。

Omar Khayyám 译为"峨默·伽亚谟"。

Edward FitzGerald 译为"费止庐"。

[英国]露斯[E. D. Ross],即 Edward Denison Ross[爱德华·丁尼生·罗斯]。

———

"这些诗人中有一个即是峨默·伽亚谟,有十三首诗为他底代表作。此为已发见的最古的峨默《鲁拜集》选,比有名的波地林抄本 Bodlein Ms. 还早一百二十三年。十三首中,只有两首是以前知道的,所以我们得着十一首新的诗,还可以比别的更可靠地算作纯真的。"(Bodlein,拟为 Bodleian。)

【247】

[日本]木村毅:波斯

1929年11月,[日本]木村毅著/朱应会译《世界文学大纲/上编/第二章/第四节》,昆仑书店(上海),第18-22页。

Rubáiyát 译为"鲁贝雅特/四行诗"。

Omar Khayyám 译为"奥玛开俨"。

Edward FitzGerald 译为"菲次泽剌德"。

———

"……但奥玛开俨的名声,比前述两人(萨第[Sadi]和菲兹[Hafiz])更大。他的忧郁的厌世诗鲁贝雅特经英国维多利亚朝诗人菲次泽剌德用极流畅的英文翻译出来之后,不久就普遍于全欧的读书界,现在简直变成为英国的可贵的古典文学之一了。"

【248】

Edward Fitzgerald:Rubaiyat Of Omar Khayyam

1930年3月,伍蠡甫、孙寒冰合编《西洋文学名著选》,上海黎明书局,第166-167页。

Rubáiyát 未译名。

Omar Khayyám 未译名。

Edward FitzGerald 未译名。

载有编者介绍"Rubaiyat"短文一篇,选刊 Edward Fitzgerald 英文原诗 6 首,选自"第五版(1889 年)101 首"的第 45、71、63、64、42、99 首。

1930 年 10 月二版、1931 年 4 月三版、1932 年 8 月增订四版、1932 年 12 月增订五版。

"十一世纪波斯诗人 Omar 兼治天文学,感官的偏用使他纵欲,更使他感得形而上一切的苦闷。……Omar 是个享乐主义者,然而他的心若被发掘到最深处,还是悲凉的。""因于世纪末苦闷的 Fitzgerald 以满怀凄恻迻译'Rubaiyat';读者不必强执某个时代的憧憬去看它,因为它已代表一切时空里的缺陷的呼声了!"

[249]
张源:莪默研究

1930 年,《河南大学文学院》(季刊)第 2 期,第 150 – 162 页。

Rubáiyát 译为"鲁拜"。

Omar Khayyám 译为"莪默伽亚谟"。

Edward FitzGerald 译为"爱德华菲吉尔德"。

"英国文学上以译诗绝叫[叫绝]的爱德华菲吉尔德只为了译过波斯诗人莪默伽亚谟的诗,给英国文学一种东方的影响。莪默诗是充满东方消极的享乐思想。……这诗就思想上固与英国文学一种影响,即形式上也给她开了块新的园地。至于译作之优越,做到能从英语里创造出较在波斯原文里更加微妙与精美。"

[250]
[英国]皮雅朋[Max Beerbohm]图/郭沫若译诗:莪默伽亚谟四行诗图释[12/101]

1931 年 1 月 1 日,《世界杂志(上海 1931)》第 1 卷第 1 期,第 2 页。

Rubáiyát 译为"四行诗"。

Omar Khayyám 译为"莪默伽亚谟"。

Edward FitzGerald 未译名。

1934 年,《知己旬刊》第 A4 期,第 9 页。

"皮雅朋是现代英国的一个天才文艺家,是一个'难比的'随笔家和漫画家,他那特有的幽默和优雅,使人感到沉静的诙谐和诙谐中所含的锋锐的讥刺。他那又文雅又刻毒又敏锐的文字或图画,是没有第二个人能和他一样的,所以他有'不能比的马克司'的雅号。"

【251】
殿森:读 Omar Khayyam 的 Rubaiyat 后杂感之二

1931 年,《南开大学》(周刊)第 102 期,第 17 – 18 页。

Rubáiyát 未译名。

Omar Khayyám 译为"莪马喀亚姆"。

Edward FitzGerald 未译名。

殿森,本名高殿森。

"波斯诗人莪马喀亚姆是自然的宠儿,极端的享乐者,革命思想的健儿他的诗便是他的生命。……他的诗,便表显出他的人生观,是从心坎里挤出来的,不是浮在心头上的,唯其如此,所以无论读者对于他的人生观是否同情。而他的激愤(对于自然)他的果敢,他的恳挚,却一齐来敲动我们读者的心絃。"

【252】
[爱尔兰/日本]L. Hearn:鲁拜集导解(续)

1932 年,[爱尔兰/日本]L. Hearn 著/毕任庸译《鲁拜集导解》,《星期评论(上海1932)》第 1 卷第 24 期,第 11 – 13 页。

Rubáiyát 译为"鲁拜集"。

Omar Khayyám 译为"莪默"。

Edward FitzGerald 未译名。

L. Hearn,本名小泉八云[Lafcadio Hearn]。

1932 年,[爱尔兰/日本]L. Hearn 著/毕任庸译《鲁拜集导解》,《星期评论(上海1932)》第 1 卷第 25 期,第 12 – 14 页。

"……他问生存是什么?这不能多过于无穷的旅程中的片时的休息之所的。他此处的思想很像表现在佛偈中的,牠比生命如在道旁逆旅中化去的片时。这想象是东方的。"
"既然一切人类的要解宇宙之谜的努力全是妄费的,诗人说'至少让我们明白地觉悟对于斯世不去穷探,而享受自然惠给我们的美爱,快乐,不以不能知的来重苦自己。'"

【253】
《开明文学辞典》:Omar Khayyám[莪默伽倻]/ Rybaiyat[鲁拜集](条目)

1932年6月,章克标等编译《开明文学辞典》,开明书店,第507、606页。

Rubáiyát 译为"鲁拜集"。

Omar Khayyám 译为"莪默伽倻"。

Edward FitzGerald 译为"菲兹格拉"。

1933年3月再版。

———

"……他的科学上的声名,现已被其诗才所掩蔽,其《四行诗集》即《鲁拜集》约有短诗五百首,极为著名,为西欧作家所崇拜。""波斯大诗人莪默伽倻的诗集,包含四行诗一百五十八首,有菲兹格拉的英译。"

【254】
伍蠡甫:序吴译鲁拜集

1934年,《华美》第1卷第2期,第6—8页。

Rubáiyát 译为"鲁拜集"。

Omar Khayyám 译为"峨玛"。

Edward FitzGerald 译为"菲芝结萝得"。

1934年5月,吴剑岚译《鲁拜集选》,黎明书局,第Ⅰ—ⅩⅣ页。

吴剑岚,本名吴钧。

———

"《鲁拜集》有几个确切的主张:一切存在只是暂时的;青春也不长在;不可知者何必理解;醇酒妇人是至高无上的享用。《鲁拜集》的人生观无异伊壁鸠鲁的纵欲论,杨朱的:'人之生也,为美厚尔,为声色尔!'"

【255】

佚名：世界最小书籍中之鲁拜集（刊讯）

1934年7月1日,《文艺月刊/文艺情报》第6卷第1期,中国文艺社/正中书局,第198页。

Rubáiyát 译为"鲁拜集"。

Omar Khayyám 译为"莪姆·茄雅谟"。

Edward FitzGerald 未译名。

———

"《鲁拜集》……更古的手抄本已在印度发现,这抄本是在印度一个旧贵族家里寻出,而是由奎温·毕恩·穆罕默德在一四二三年抄写的,较之世上现存的被认为最名贵的奥斯赖[Ousley]手抄本还要早三十七年。在诗的数量上,这抄本有四行诗二百零六首,比世上任何版本多,而且有五十五首是从未印行过的。"

【256】

伏生：语体诗——给诗国的朋友/读鲁拜集后（诗歌）

1934年,《学生文艺丛刊》第7卷第10期,第120–122页。

Rubáiyát 译为"鲁拜集"。

Omar Khayyám 未译名。

Edward FitzGerald 未译名。

———

"喂！你悲哀的诗人！/那儿有漆黑的深渊,/那儿有潺潺的流泉,/去吧,你尽可将你的骷髅埋掩！""请吧,诗人！请浮此春觞,/脱去忏悔的冬裳,/抓住颓废了的酒杯,/作着一切是胜利的模样！"

【257】

佚名：莪默加耶的传记（刊讯）

1934年12月,《文学(上海1933)》第3卷第6号(总第18期),第1124页。

Rubáiyát 译为"四行诗集/鲁拜集"。

Omar Khayyám 译为"莪默加耶"。

Edward FitzGerald 未译名。

"……美国有一个名叫海洛特·兰姆[Harold Lamb]著作家,对于中古时期的东方是很有研究的,曾著有《十字军》,《成吉斯汗》等书;最近根据着他考据所得和我们所已知的事实,运用他的活泼的想象力和高明的组织力,写成了一部很有趣味的小说似的《莪默伽耶传》[Omar Khayyam A Life]。他把那些零碎的知识和插话式的故事巧妙地贯穿在一起,变成了一部富有异乡情调,美丽动人的小说,使人读之兴趣盎然,爱不忍释。"

【258】

[英国]巴尔福尔:杯酒人生(插画4幅)

1934年12月,《良友》画报12月号第99期,第14页。

Rubáiyát 译为"鲁拜集"。

Omar Khayyám 译为"莪默伽亚谟"。

Edward FitzGerald 未译名。

"莪默伽亚谟[Umarkayyam]为中世纪时之波斯四大诗人之一。其著作中以《鲁拜集》[Rubiyat]为最著。原诗共一百五十八首,皆颂酒之作。我国郭沫若氏曾选译其一百零一首刊行。美国[英国]图案画家巴尔福尔氏曾据原诗描绘插图多幅,用笔工致细腻,颇得原诗之神彩,特选刊四幅,并附原诗如下。"

【259】

[英国]包福尔:对酒当歌(插画4幅)

1935年9月,《良友》画报9月号第109期,第22页。

Rubáiyát 译为"鲁拜集"。

Omar Khayyám 译为"莪默"。

Edward FitzGerald 未译名。

"中世纪波斯大诗人莪默,所作鲁拜集诗章,皆系颂酒之作,传诵至今,尤以一般酒徒所乐为吟诵,英画家包福尔将诗意绘成图画,尤觉相得益彰,此处四帧,即其原作之一部。"

◇《鲁拜集》汉译书目

【260】
Cheng Tak-low：OMAR KHAYYAM, AS A THINKER

1937年,《译作》第1期,第130-135页。

Rubáiyát 未译名。

Omar Khayyám 未译名。

Edward FitzGerald 未译名。

该文为英文稿。

" '... With wine, with poetry or with virtue.' as yeu please. The one would make the individusl happiness the ain of life, and advocate the temporary satisfaction of every desire, sensual or intellectual. these Agnostic and Epicurean ideas are flourishing in the Rubaiyat of Omar Khayyam, with a mysterious charm and a fascinating beauty."

【261】
[伊朗]达尔维西："鲁拜集"之插绘(6幅)

1937年,《美术生活》第39期,第19页。

Rubáiyát 译为"鲁拜集"。

Omar Khayyám 译为"峨默"。

Edward FitzGerald 未译名。

"波斯古诗人峨默之《鲁拜集》为波斯文学之杰作,我国亦早有诗人郭沫若氏之译本,传诵一时。《鲁拜集》在世界诗林中,为不朽之作,西欧艺术家为此书绘制插图者,不知凡几。但本页所载,则为波斯艺术家达尔维西[Aqa Darvish]之新制。……鲁拜之插画,共百四十一幅,……"。

【262】
《辞海》：奥玛开俨[Omar Khayyām]、鲁拜[Rubaiyat]（条目）

1938年10月,舒新城、沈颐、徐元诰、张相主编《辞海/戊种(全二册)/上册/丑集/大部/十画/奥》、《辞海/戊种(全二册)/下册/亥集/鱼部/四画/鲁》,中华书局,第295页、第59页。

Rubáiyát 译为"鲁拜/波斯之四行诗"。

Omar Khayyám 译为"奥玛·开俨(Umar al-Khayyām)"。

Edward FitzGerald 未译名。

1941年9月七版。

"波斯著名诗人。通天文学、数学,学于拿沙浦耳[Naishapur]。……由是专心著作,遂成世界之名诗人。其思想倾向于现世的,有四行诗[Rubaiyat]约五百篇,我国有选译本。""鲁拜[Rubaiyat]波斯之四行诗体,盛行于中世期。作家如奥玛开俨……等均以四行诗著名。"

【263】
徐诚斌:鲁拜集及其译者作者

1941年,《西洋文学》第7期,第75–83页。

Rubáiyát 译为"鲁拜集"。

Omar Khayyám 译为"奥姆·克耶"。

Edward FitzGerald 未译名。

"在《鲁拜集》的英译本中,除了内容的丰实,影象之活泼外,音韵之美,节拍之匀,形式之整齐,都使这《集》成为英国文学史最值得骄傲作品之一。毫无疑[问]的,只有诗人才能翻译诗;在种种方法看来,FitzGerald 虽不曾给后[人反映]原作诗歌,但是他的译本——其神气,其骨格,其风采——都显出他是一个不凡诗人。但尼生说得好,他的译文是像'A planet equal to the Sun that cast it'。"

【264】
蒋星煜:峨默的生活型式与颓废思想

1946年,《文化先锋/生活与思想》第6卷第14期,第26–30页。

Rubáiyát 译为"鲁拜集"。

Omar Khayyám 译为"峨默"。

Edward FitzGerald 未译名。

1946年8月26日,蒋星煜文《山居闲情》,《申报》第11版。

"《鲁拜集》的作者峨默是世界文学史上最伟大的诗人之一,他生在十一世纪的波斯,

◇《鲁拜集》汉译书目

一个时局上动乱得利害的时代,虽然他和宫廷方面有特殊的关系,他看到政治生活的道途上随时随地都存在着危机,因而谢绝了一切官爵和利禄,把趣味和精力都集中到醇酒与女性这两方面去,但是,峨默并没有能灵魂的安宁,因此,他的诗篇除了对于醇酒的沉醉和对于女性的眷恋之外,只是充溢着无可奈何的伤感和绝望的叹息。""……躺椅傍是一张放茶杯和书籍的矮几,书籍里面少不了峨默的《鲁拜集》,虽然这是我早已读得能背诵的了……"

【265】
刘知非:从"鲁拜集"中看莪默

1946年,《社会评论(长沙)》第32期,第13-14页。

Rubáiyát 译为"鲁拜集"。

Omar Khayyám 译为"莪默伽亚默"。

Edward FitzGerald 未译名。

"第一、莪默是个不可知论者:莪默是个天文家兼数学家,从天象的观测,数理的分析,感到造化的神秘而不可捉摸。""第二、莪默是个泛神论者:他既认为宇宙是个大神秘,则自然界中便无处无物非神,换言之这个世界实在是一个'人为的神'之体现。""第三、莪默是个定命论者:他对宇宙人生诸问题不能求得解答,只好一切归之于命定。""第四、莪默是个悲观主义者:人生之一切行事,世界之一切变化,既是不可知的,而且是命定的,那么人生还有什么乐趣可言呢?""第五、弃智主义:宇宙的神秘是不可解的,生命是时在消逝中无可挽救的,荣名、财宝、权势、都没有价值,那么又何必要什么机智、学问、道德呢?""第六、他也是享乐主义者:虽然莪默因自己的懦弱无力,无法反抗命运的支配,因之感到万分的悲哀,但他在无可奈何之余,仍想抓住可征役使的一切。"

【266】
雷勒居约:莪默伽亚谟及其鲁拜集

1949年,雷勒居约著/宇蒲译《莪默伽亚谟及其鲁拜集》,《长江月刊》第1卷第6期,第22-23页。

Rubáiyát 译为"鲁拜集"。

Omar Khayyám 译为"莪默伽亚谟"。

Edward FitzGerald 未译名。

"我们对波斯的哲学大可仔细研讨给酒与爱情以形而上学的解释。我们也可把诗人热烈地吟咏的酒与爱人,看作自由与幸福的象征。不管史实究是如何,Franz Toussainy 从波斯文直接译出的鲁拜集,毅然采取了次一途径,表达出一种无神的,爱情的,精炼的唯物论思想。这是一本十分美丽的书。"(Franz Toussainy,拟为 Franz Toussaint[弗兰兹·杜桑])

【267】
慈恩:鲁拜集新译本序——三十五年《鲁拜集》翻译沧桑录

1956 年 12 月,[美国]黄克孙译《鲁拜集》,台湾启明书局,第 1 – 7 页。

Rubáiyát 译为"鲁拜集"。

Omar Khayyám 译为"奥马伽音"。

Edward FitzGerald 译为"费氏"。

黄克孙,本名黄谦之。

1971 年 9 月,孟祥森、陈次云译《狂酒歌/序三/中文鲁拜集版本/"三十五年《鲁拜集》翻译沧桑录"节录》,台湾晨钟出版社,第 20 – 23 页。

"波斯奥马伽音《鲁拜集》的翻译在中国已经有三十多年的历史,所以并不新奇;然而黄谦之君近年以来所努力而已经在杀青中的译本恐怕是和历来的各家成绩回[迥]然不同的,至少就翻译者的条件来说。""初稿一九五二年完成,曾经复印五十册;再稿去年(一九五五)也曾经复印二百册……"

【268】
台湾启明书局编辑部:《鲁拜集》序、黄克荪[孙]:鲁拜集题诗

1956 年 12 月,[美国]黄克孙译《鲁拜集》,台湾启明书局,第 9 – 10、11 页。

Rubáiyát 译为"鲁拜集"。

Omar Khayyám 译为"奥马伽音"。

Edward FitzGerald 译为"费氏结楼"。

黄克孙译本《鲁拜集》的"题诗"3 首,在而后出版的各种版本中均收入。

"鲁拜集中有不少波斯文字中的古典,即在原文,也须注释,始能了解,今黄君以七绝诗译出,自难免有许多不易明白之处,我们希望日后,能将英译同时刊出,对照阅读,则更能领略原诗中的美感了"。"草绿花红夏又深,/满天星斗读珈音。/赤蛇头对苍龙尾,/指点微茫天地心。"

【269】
[苏联]米·尼·奥斯曼诺夫、[苏联]鲁斯塔姆·阿里耶夫:莪默·伽亚谟

1958年12月,郭沫若译《鲁拜集/附录》人民文学出版社,第111 - 125页。

Rubáiyát 译为"鲁拜集"。

Omar Khayyám 译为"莪默·伽亚谟"。

Edward FitzGerald 译为"费慈吉拉德"。

该文为苏联国家文学出版社1955年出版的俄译本《鲁拜集》的序,文中有俄译本莪默·伽亚谟13首四行诗的郭沫若汉译。

1959年9月第2次印刷。

———

"在伽亚谟的诗中,还洋溢着骄傲的孤独的生活气息和人生乐趣的气息。在中世纪黑暗势力笼罩下的艰难的时期,他颂扬了人类个性的自由,谴责了暴虐、压迫、伪善和伪善者的虚伪。"

【270】
《辞海》:莪默·伽亚谟(条目)

1961年10月,中华书局辞海编辑所修订、出版《辞海试行本/第10分册/文学·语言文字/伊朗》,中华书局,第162页。

Rubáiyát 译为"四行诗/鲁拜集"。

Omar Khayyám 译为"莪默·伽亚谟"。

Edward FitzGerald 未译名。

———

"波斯大诗人,数学家,天文学家。……著名的四行诗即《鲁拜集》,否定来世和宗教信条,谴责僧侣的伪善,强调现实生活,歌颂自由和享乐,但不少诗篇带有悲观厌世色彩。

诗中充满哲学意味,思想含有唯物主义因素,语言朴素有力。"

【271】
胡适:改译《鲁拜集》一首(1942年2月17日)

  1970年6月,胡适著《胡适给赵元任的信》,台湾台北萌芽出版社,第1−4页。

  Rubáiyát 译为"鲁拜集/'绝句'"。

  Omar Khayyám 未译名。

  Edward FitzGerald 未译名。

  "在这里我要请教你一件小事。我在二十年前曾翻译波斯诗人 Omar 的'绝句'一章,当时本是'借他人的酒杯,浇自己的块垒',译文虽然有人爱读——因为文字通顺,音节响亮,——但是很不正确。……我把这首诗改翻了,……我把这稿子抄给你看,请你不客气的修改,……"。

【272】
白先敬、孟祥森:《狂酒歌》出版代序

  1971年9月,孟祥森、陈次云译《狂酒歌》,台湾晨钟出版社,第3−4页。

  Rubáiyát 译为"狂酒歌/鲁拜集/四行诗/奥玛·开俨的四行诗/费滋杰罗英译的奥玛四行诗"。

  Omar Khayyám 译为"奥玛·开俨"。

  Edward FitzGerald 译为"费滋杰罗"。

  "孟:你选用'狂酒歌'为名,我也不赞同,因为这个名字主要表现的是诗集的情绪层面,没有触及它对人生、宇宙的看法。还有这个名字对目前青年的颓风有暗示鼓励作用。原名'鲁拜集'很典雅,而且在中国的翻译史上有它的传统。""白:这倒和我的看法不同;'鲁拜'的原意是'四行诗',这和我国的'五言律诗''七言律诗'的名称没有什么不同,不能算做奥玛诗的专名。何况我们多取一个名字也没有什么不好,而且'鲁拜集'这个名字还是印在书面上的。"

◇《鲁拜集》汉译书目

【273】
[英国]爱德华·丁·费滋杰罗:关于奥玛·开俨波斯诗人及天文学家

1971年9月,[英国]爱德华·丁·费滋杰罗文/孟祥森译《关于奥玛·开俨波斯诗人及天文学家/(序一)》,孟祥森、陈次云译《狂酒歌》,台湾晨钟出版社,第5-15页。

Rubáiyát 译为"鲁拜集"。

Omar Khayyám 译为"奥玛·开俨"。

Edward FitzGerald 译为"E·费滋杰罗/爱德华·丁·费滋杰罗"。

———

"撒马尔罕之奎瓦雅·尼赞米[Khwájah Nizámi],他的学生之一,曾说过如下的故事:'我同我的教师,奥玛·开俨常常在一个花园里谈话;有一天,他对我说:"我的坟墓要放在北风可把玫瑰散播其上之地"。他的话使我感到十分奇异,但我知道那不是闲话。好些年之后,当我重访纳霞堡,我走到他的安息之地,看啊!那正是一座花园外边,结实累累的果树把它们的枝条伸过花园围墙,把花飘落在他的坟墓上,以致整个把它掩藏起来。'"

【274】
[美国]Jerome H. Buckley:费滋杰罗与英译鲁拜集

1971年9月,[美国]Jerome H. Buckley 文/孟祥森译《费滋杰罗与英译鲁拜集/(序二)》,孟祥森、陈次云译《狂酒歌》,台湾晨钟出版社,第16-19页。

Rubáiyát 译为"鲁拜集"。

Omar Khayyám 译为"奥玛·开俨"。

Edward FitzGerald 译为"E·费滋杰罗/爱德华·费滋杰罗"。

该文为1962年美国纽约 Collier Books 出版社出版的《鲁拜集》中由 Jerome H. Buckley[杰罗姆·H·巴克利]撰写的"引言",作为"With a new introduction"。

———

"费滋杰罗逝于1883年,那时他已见到他的译本广被接受和喝彩。然而,直至他生命结束之际,他对他鲁拜集的形式、风格、内容方面仍旧可说是过份挂虑。他一直在把它删改、润饰加添或重组,……但费滋杰罗已尽了他最大的努力。"

【275】
陈次云:《狂酒歌》译序(奥玛·开俨小传、英译者费滋杰罗小传等五篇)

1971年9月,孟祥森、陈次云译《狂酒歌》,台湾晨钟出版社,封底左向翻页第2-29页。

Rubáiyát 译为"鲁拜集"。

Omar Khayyám 译为"奥玛·开俨"。

Edward FitzGerald 译为"E·费滋杰罗/爱德华·费滋杰罗"。

"……他不由衷地强调感官上的享受,扬言放弃探讨命运、善恶、物质与精神等哲学上的问题。其实他一直无法摆脱这些问题的困扰,因为解决不了,故作豁达状罢了。这样看来,奥玛似乎是伊壁鸠鲁[Epicurus]的信徒,是一个享乐主义者,至少费滋杰罗所了解奥玛是如此。""有不少学者持和费兹杰罗完全相反的观点。他们认为奥玛是一个泛神论的神秘主义者[Sufi mystic]。这一派以法国的尼可拉[J. B. Nicolas]为主,支持他的计有……等。假如这个说法成立,则奥玛的诗应有完全不同的解释。每一首诗都有言外之意,弦外之音,是象征灵魂与上帝的结合。诗里的美人,不再是美人,而是上帝。诗里的酒,不再是暂时解忧的麻醉剂,而是与神灵交的媒介。这种解诗的方法和我国传统的说诗法相符合,可能非常合乎国人的胃口,但十分危险,有时会以厘毫之差,谬之千里。……"

【276】
《新英汉词典》:Rubáiyát(条目)

1976年12月,《新英汉词典》编写组编《新英汉词典》,上海人民出版社,第1180页。

Rubáiyát 译为"鲁拜集"。

Omar Khayyám 译为"莪默·伽亚谟"。

Edward FitzGerald 未译名。

"《鲁拜集》(古波斯诗人)莪默·伽亚谟所作每节四行的长诗"。

【277】

梁实秋:Fitz·ger·ald、O·mar Khay·yám、Ru·bái·yát,The(条目)

1977年,梁实秋主编《远东英汉大辞典》,台湾远东图书公司,第782、1448、1815页。

Rubáiyát译为"波斯诗人Omar Khayyám的诗集"。

Omar Khayyám译为"奥玛开阳"。

Edward FitzGerald译为"费兹介路"。

1991年12月,梁实秋主编《远东英汉大辞典》,商务印书馆/远东图书公司,第782、1448、1815页。

―――――――

"费兹介路(英国诗人)。""奥玛开阳(波斯诗人及天文学家)。""波斯诗人Omar Khayyám的诗集。"

【278】

梁实秋:酒壶

1978年10月31日,梁实秋著《梁实秋札记》,台湾台北时报文化出版事业有限公司。

Rubáiyát译为"四行绝句"。

Omar Khayyám译为"欧玛·卡亚姆"。

Edward FitzGerald译为"菲兹哲罗"。

梁实秋,本名梁治华。

《梁实秋札记》,其中60篇原载梁实秋《四宜轩杂记》(1976年间台湾《中华日报/副刊/"四宜轩杂记"专栏》)。

文中选载4首作者译诗(第一版的第33、34、35、36首)。

此版为"时报书系"丛书之135。

1990年9月,刘天华、维辛编选/梁实秋著《梁实秋读书札记》,中国广播电视出版社,第187-189页。

2007年5月,刘天华、维辛选编/梁实秋著《梁实秋读书札记/感悟文化大师的阅读心得》,当代世界出版社,第132-133页。

2002年10月,梁实秋著《梁实秋文集/第四卷/梁实秋札记/第二辑》,鹭江出版社,第171-172页。

2017年12月,梁实秋著《雅舍谈吃/第三辑/吃中有真意/酒壶》,四川人民出版社,第243-245页。

此版为"梁实秋小全集"丛书之一。

———

"……这一位酒徒,痴得可以。一辈子拍浮酒池中还嫌不够,希望死后化为泥土,由陶工去制成酒壶,以便经常有酒灌注进去,这幅馋相!""这位诗人也是幻想着那酒杯当初是活人的尸体捏制成的,英译者菲兹哲罗有一个注,提到一篇波斯的故事,述一旅客口渴举杯欲饮。忽闻神奇声音告以此杯之原质当初也是活人。可见人死后尸体变成酒杯之说法,早已相当普遍。"

【279】

戈山:伽亚谟

1979年2月,张英伦、吕同六、钱善行、胡湛珍主编《外国名作家传(上)》(上中下),中国社会科学出版社,第531-533页。

Rubáiyát 译为"鲁拜集/鲁拜/四行诗"。

Omar Khayyám 译为"莪默·伽亚谟"。

Edward FitzGerald 未译名。

———

"据考证,伽亚谟在三十岁开外开始写诗;因为他的'鲁拜'都没有注明写作日期,这就使后人无法探清诗人创作的发展过程。……有一首'鲁拜'全文是这样的:/一旦我能主宰这凶恶的苍天,/我就把它摧毁,加以重建;/不让任何障碍阻挡高尚的愿望,/让欢乐充满人间。"

【280】

上海复旦大学中文系、外文系等:伊朗/莪默·伽亚谟['Umar Khayyām](条目)

1979年5月,《辞海(修订稿)/文学分册》,上海辞书出版社,第327页。

Rubáiyát 译为"鲁拜集"。

Omar Khayyám 译为"莪默·伽亚谟/奥马尔·哈亚姆"。

Edward FitzGerald 译为"E·费滋杰罗/爱德华·费滋杰罗"。

此版为"供征求意见用/内部发行"。

"莪默·伽亚谟,一译奥马尔·哈亚姆。波斯诗人,数学家,天文学家。生于手工业者家庭。早年停学。后接近宫廷,从事学术研究,1079 年修订历法,比太阳历精确完善。在数学和天文学上的成就,有相当声誉。在著名的四行诗集《鲁拜集》中,否定来世和宗教信条,谴责僧侣的伪善,宣扬享乐和自由。诗中充满哲学意味,含有唯物主义因素,但不少诗篇带有悲观厌世色彩。"

【281】

[英国]罗诺尔·巴尔福特:《鲁拜集/莪默·伽亚谟诗百零一首》(插图 8 幅)

1979 年,《工农兵画报》第 9 期(总第 319 期),浙江人民出版社,第 15 – 16 页。

Rubáiyát 译为"鲁拜集"。

Omar Khayyám 译为"莪默·伽亚谟"。

Edward FitzGerald 未译名。

【282】

王家瑛:波斯诗人欧玛尔·海亚姆与四行诗的真伪

1979 年 10 月,中国科学院外国文学研究所编《东方文学专集(一)》,中国社会科学出版社,第 184 – 193 页。

Rubáiyát 译为"四行诗集"。

Omar Khayyám 译为"欧玛尔·海亚姆"。

Edward FitzGerald 译为"费茨季拉德"。

此版为"当代外国文学研究参考资料"之一。

"一/诗人生平与其科学成就";"二/海亚姆四行诗的真伪"。

【283】

李育中:《鲁拜集》和《蔷薇园》

1979年10月,《随笔丛刊》第3期,广东人民出版社,第24-31页。

Rubáiyát 译为"鲁拜集"。

Omar Khayyám 译为"莪默·伽亚谟"。

Edward FitzGerald 译为"费慈吉拉德"。

2009年5月,李育中著《南天走笔/李育中作品选》,广州出版社,第223-228页。

2009年10月10日,《随笔》编辑部编《随笔三十年精选(上册)》双月刊,广东省出版集团/花城出版社,第24-27页。

"莪默这位兼天文家的波斯诗人,死去近八百年了,竟然复活在穿起英诗的服装里,这是费慈吉拉德的功劳。他不仅仅是一位翻译者,还做了比一般翻译更多的工作。他能够把一种诗的精神从一种语言转到另一种语言,所再现的含意和形象,并未有脱离原来所有的,可是经译者改装为不同时间地点条件里,适应了新的风俗习惯了。这是一种诗人被别一诗人所感染的工作,是一种诗的灵感熏染的产物。"

【284】

《外国插图选》:《鲁拜集》插图(罗诺尔·巴尔福特22幅、埃德蒙·沙利文1幅)

1980年1月,盛二龙编《外国插图选》,浙江人民美术出版社,第62-83、97页。

Rubáiyát 译为"鲁拜集"。

Omar Khayyám 未译名。

Edward FitzGerald 未译名。

1983年5月25日,《收获》(文学双月刊)第3期(总第41期),上海文艺出版社,封二。

《收获》1983年第3期选载[英]罗诺尔·巴尔福特插画作品1幅。

【285】

杨宪益:《鲁拜集》和唐代的绝句

1980年,《文汇月刊/译余偶拾》第2期,第88页。

Rubáiyát 译为"鲁拜集/鲁巴依"。

Omar Khayyám 译为"莪默·凯延[Umar Khayyam]"。

Edward FitzGerald 未译名。

"……鲁拜诗体既起源于一种民间歌谣形式,很可能就是从中亚过来的突厥军士传播的。突厥文化和唐朝文化又有密切联系,鲁拜诗体来自唐代绝句的假设似乎是可以成立。"

【286】

黄杲炘:《柔巴依集》传奇

1982年3月28日,《新民晚报/十日谈(世界文学)》第五版。

Rubáiyát 译为"柔巴依集/奥马尔·哈亚姆的柔巴依集/鲁拜集"。

Omar Khayyám 译为"奥马尔·哈亚姆"。

Edward FitzGerald 译为"爱·菲茨杰拉德"。

2019年11月,黄杲炘译著《丽人 拾零集/译诗随笔》,陕西师范大学出版总社,第179-180页。

Rubáiyát 译为"柔巴依集/奥马尔·哈亚姆之柔巴依集"。

Edward FitzGerald 译为"爱德华·菲茨杰拉德"。

"《柔巴依集》在全世界的传播,使'柔巴依'这一诗体为各国人民所熟知。……中外一些学者认为,'柔巴依'或与我国绝句同出一源,或即源出绝句。我国新疆位于唐代京都长安去波斯的中途,至今维吾尔族同胞仍用这种古典诗体写作。'柔巴依'便是他们对这诗体的称呼。"

【287】

张鸿年:哲理诗人欧玛尔·海亚姆

1982年,季羡林主编《国外文学/波斯文学介绍(上)/四》(季刊)第2

期(总第 6 期),北京大学出版社,第 65 – 75 页。

Rubáiyát 译为"四行诗"。

Omar Khayyám 译为"欧玛尔·海亚姆/裁默·伽亚谟"。

Edward FitzGerald 译为"费慈吉拉德"。

该文收入张鸿年译自波斯文本译诗 19 首。

"(一)诗人的生平和他所处的时代";"(二)海亚姆的四行诗的内容";"(三)海亚姆的四行诗的艺术特色"。

【288】
裘克安:波斯文学、菲茨杰拉尔德,E.(条目)

1982 年 5 月,全书总编委主任胡乔木/外国文学编委主任冯至/邬裕池主编《中国大百科全书/外国文学/I》,中国大百科全书出版社,第 159、301 页。

Rubáiyát 译为"鲁拜集"。

Omar Khayyám 译为"欧玛尔·海亚姆"。

Edward FitzGerald 译为"菲茨杰拉尔德,E."。

"欧玛尔·海亚姆/是当时知名的学者。他的诗具有强烈的反封建反宗教色彩,统治阶级称他的诗是'吞噬教义的蛇'。""菲茨杰拉尔德/英国作家、翻译家。原名爱德华·波塞尔……以翻译 11 世纪波斯诗人欧玛尔·海亚姆的《鲁拜集》闻名。这部诗集译得比较自由,诗句洗练、自然,音调优美,被认为诗人译诗的一个成功范例。……成为英国文学中受到喜爱的一部作品,促使英国 19 世纪'世纪末诗派'的厌世气氛的形成。"

【289】
黄杲炘:《柔巴依集》译者前言

1982 年 6 月,黄杲炘译《柔巴依集》,上海译文出版社,序第 1 – 12 页。

Rubáiyát 译为"柔巴依集/奥马尔·哈亚姆之柔巴依集"。

Omar Khayyám 译为"奥马尔·哈亚姆"。

Edward FitzGerald 译为"爱德华·菲茨杰拉德"。

1991 年 3 月第 2 次印刷。

2007年1月,黄杲炘译《柔巴依集/世界名著插图本/(英汉对照)》,湖北长江出版集团/湖北教育出版社,第15-22页。

2011年10月,黄杲炘文《世界文学的瑰宝——〈柔巴依集〉》,《译家谈/上海翻译家协会二十五周年文萃》,上海译文出版社,第195-203页。

"在许许多多的英语《柔巴依集》译本中,或者在数量已相当庞大的世界各国译本中(就连人口仅二十万左右的冰岛,也已有了从菲茨杰拉德译文转译的'柔巴依'体译文),菲茨杰拉德的作品最为成功。他的诗在当时感染过英国世纪末诗歌的情绪,他诗中的悲观主义和异国情调还大大地影响过十九世纪末的唯美主义。"

【290】
张鸿年:欧玛尔·海亚姆,G. A. al-F.(条目)

1982年10月,全书总编委主任胡乔木/外国文学编委主任冯至/总编辑姜椿芳《中国大百科全书/外国文学/Ⅱ》,中国大百科全书出版社,第771-772页。

Rubáiyát 译为"鲁拜集"。

Omar Khayyám 译为"欧玛尔·海亚姆/莪默·伽亚谟"。

Edward FitzGerald 译为"爱·菲茨杰拉德"。

"海亚姆的四行诗语言明白晓畅,朴实洗练。他的诗歌创作继承了萨曼王朝时期'霍拉桑体'的传统。他的诗集最早的抄本是1208年本(现藏剑桥大学图书馆),收四行诗252首,是公认可靠的版本,但有人认为他的全部四行诗应该超过这个数字。"

【291】
杨宪益:试论欧洲十四行诗及波斯诗人莪默凯延的鲁拜体与我国唐代诗歌的可能联系

1983年,《文艺研究》第4期(月刊),第23-26页。

Rubáiyát 译为"鲁拜体四行诗"。

Omar Khayyám 译为"莪默凯延"。

Edward FitzGerald 未译名。

2015年2月,杨宪益著《去日苦多/译余散札/十四行诗,波斯诗人莪默凯延的鲁拜体与唐诗》,北方文艺出版社,第 235 – 248 页。

此版为"纪念杨宪益先生诞辰百年丛书"之一。

"……由此可见,不但鲁拜诗体在形式上很象我国唐代的绝句,就是在思想内容上,同某些唐代文人的诗篇也是很相似的。从历史时代和地理条件来看,李白的诗歌传到中亚,影响了当地的诗歌创作,这也并不是不可能的事。""当然,以上我提出的假设,由于西方十四行诗和莪默凯延的鲁拜诗体与我国唐代诗歌的可能联系,实际上是属于中西交通史性质的探讨,已经不完全是属于比较文学研究的范围。"

【292】
林亚光:伽亚谟的《鲁拜集》

1983 年 4 月,林亚光主编《简明外国文学史/第一编/古代文学/第二章/中古文学/第七节/波斯文学/三》,重庆出版社,第 103 – 105 页。

Rubáiyát 译为"鲁拜集"。

Omar Khayyám 译为"莪默·伽亚谟"。

Edward FitzGerald 未译名。

"他在一首鲁拜中写道:/一旦我能主宰这凶恶的苍天,/我就把它摧毁,加以重建;/不让任何障碍阻挡高尚的愿望,/让欢乐充满人间。""在另一首诗中他说:/啊,你呀,你做些陷井[阱]蹄筌,/阻塞着我徘徊的路径,/你不是四处散布魔障,/待我陷落后又加上我的罪名!"

【293】
林之非:人生旅程的探索——关于欧玛尔·海亚姆的《鲁拜集》

1983 年,《外国文学研究》(双月刊)第 3 期,第 78 – 81 页。

Rubáiyát 译为"鲁拜集"。

Omar Khayyám 译为"欧玛尔·海亚姆"。

Edward FitzGerald 译为"费茨吉拉德"。

林之非,本名彭端智,笔名育林。

2010 年 12 月,彭端智著《东方文学散论——彭端智自选集/作家作品研究/人生旅程的探索——关于欧玛尔·海亚姆的〈鲁拜集〉》,华中师范大学出版社,第 131 – 136 页。

此版为"华中师范大学文学院教授文库"丛书之一。

"……海亚姆的四行诗以哲理的深刻而取胜,而吸引人。虽然有的学者把艺术鉴赏和哲理对立起来,认为他的诗,专见哲学,不是艺术。事实并非如此。用华丽语言描绘美丽、多姿的自然景物和复杂的社会生活,固然可以算是好诗,但以哲理取胜,仍有许多上乘之作,这也许是东方文学的一个特色罢。海亚姆的诗风,可以说是简明而轻快,诗句短小,哲理深刻;质朴自然,不事雕琢,明白易懂而又余意无尽,既写了广阔的空宇,又反映了浮世的人生,具有深刻的吸引力。"

【294】
潘庆舲:四行诗巨擘——莪默·伽亚谟

1983 年 8 月,潘庆舲编《郁金香集/波斯古典诗选》,江西人民出版社,第 171 – 173 页。

Rubáiyát 译为"四行诗"。

Omar Khayyám 译为"莪默·伽亚谟"。

Edward FitzGerald 译为"爱德华·菲茨吉拉德"。

"……作为一个杰出的波斯古典诗人,长期以来却被人们所遗忘。直到十九世纪后半叶,英国诗人爱德华·菲茨吉拉德将他的四行诗译成英诗,风靡西方之后,莪默·伽亚谟才赢得了世界声誉。"

【295】
余之:"柔巴依体"诗

1983 年 12 月,余之著《中外诗话/第三辑/诗艺》,知识出版社,第 253 – 254 页。

Rubáiyát 译为"'柔巴依'抒情诗/'鲁拜'抒情诗/阿拉伯语的'四行诗'/奥马尔·哈亚姆之柔巴依集"。

Omar Khayyám 译为"奥马尔·哈亚姆/莪默·伽亚谟"。

Edward FitzGerald 译为"爱德华·菲茨杰拉德"。

"'柔巴依体'抒情诗是公认的波斯文学的优秀遗产,也是世界文学的瑰宝。据专家认为,我国唐代的绝句与'柔巴依'四行诗体同出一源——可能来自中亚突厥文化。"

【296】
刘以焕:《鲁拜集》的汉译、英译兼论诗歌的翻译

1984年,《外语学刊(黑龙江大学学报)》(季刊)第1期(总第20期),第70页。

Rubáiyát 译为"鲁拜集"。

Omar Khayyám 译为"莪默凯延"。

Edward FitzGerald 译为"爱德华·费兹杰拉德"。

1990年5月,刘以焕著《相遇和对话》,重庆出版社,第189-203页。

"十九世纪的英国学者、诗人爱德华·费兹杰拉德曾在剑桥大学学过波斯语文。正当他在婚姻上遭到离异的痛苦时,在无意中读到了莪默凯延的《鲁拜集》,他从中得到了慰藉与共鸣。这部诗集的意境与《圣经·旧约·传道书》所写的差不多。《传道书》一开始就写道:'空虚,空虚,人生空虚,一切都是空虚'。后面又写道:'我决心借酒自娱、寻求欢乐。我想,也许这是人生在世的短促岁月中最好的生活方式'。这样的话语在《传道书》中重复了几十次。曹操在他的《短歌行》中写道:'对酒当歌,人生几何?譬如朝露,去日苦多。慨当以慷,幽思难忘。何以解忧?唯有杜康。'这些可以互为印证。《传道书》中的和《短歌行》中的这种思想情绪在《鲁拜集》中都有反映,费兹杰拉德读了以后备受感染,英国在十九世纪的后期,上面提到的及时行乐的思想和怀疑主义纠缠在一起,这些对费兹杰拉德都有相当的影响。"

【297】
邹节成:浅析《鲁拜集》的反宗教思想

1984年4月20日,《吉安师专学报(社会科学版)》(双月刊)第1期(总第9期),第64-70,35页。

Rubáiyát 译为"鲁拜集"。

Omar Khayyám 译为"莪默·伽亚谟"。

Edward FitzGerald 未译名。

此版为"内部交流"。

"……《鲁拜集》中文译本共选诗一百零一首,其中体现反宗教思想的诗篇就有三十四首,超过全书的三分之一。莪默·伽亚谟的这些反宗教诗篇短小精悍,旗帜鲜明,锋芒毕露。战斗性强,它们犹如一把把锐利的匕首,剥开了宗教的虚伪的外衣,刺中了宗教神学家们的要害。"

【298】

王家瑛:论欧玛尔·海亚姆的哲学思想——从光阴派到宿命论

1985年,《东方哲学研究》创刊号(总第7期),第43-53页。

Rubáiyát 译为"哲理四行诗"。

Omar Khayyám 译为"欧玛尔·海亚姆/莪默·伽亚谟"。

Edward FitzGerald 译为"费茨杰拉德"。

该文收入王家瑛译本海亚姆的四行诗共20首,译自苏联科学院东方学研究所辑《鲁巴依雅特(1208年抄本)/欧玛尔·海亚姆四行诗》(莫斯科东方文学出版社1959年版)的波斯文文本。

"……应该指出的是,事实恰好相反,谁若不了解海亚姆的哲学思想,谁也就难以一识他的诗歌的真面目,从而也就不会获得真实的审美快感。"

【299】

[英国]罗诺尔·巴尔福特:鲁拜集插图选(4幅)

1985年,邹仲平主编《人世间/文学丛刊》(创刊号)第1期,封二。

Rubáiyát 译为"鲁拜集"。

Omar Khayyám 未译名。

Edward FitzGerald 未译名。

【300】

虞尔昌:关于奥玛·卡扬和费兹吉若

1985年2月,虞尔昌译《鲁拜集》,台湾台北《中外文学》(月刊)第十三卷第 9 期(总第 153 期),虞尔昌教授纪念专号,第 52 – 55 页。

Rubáiyát 译为"鲁拜集"。

Omar Khayyám 译为"奥玛·卡扬"。

Edward FitzGerald 译为"爱德华·费兹吉若"。

1985 年 2 月,虞尔昌译《鲁拜集》,台湾大学外文系《英文报章、杂志助读》(月刊)第 136 期,第 1 – 4 页。

2007 年 9 月,浙江省海宁市史志办公室编/虞尔昌译《鲁拜集》,海宁市人民政府轻印所,第 1 – 6 页。

"一八九六年至一九〇二年间,小泉八云担任日本东京帝大英国文学讲座,某次演讲的讲题即为 Edward Fitzgerald。距费兹吉若之去世不到二十年,他的译诗几乎已绕越整个地球而回到了奥玛出生的东方。"

【301】

邹节成:《鲁拜集》的艺术特色

1985 年 6 月,《吉安师专学报(社会科学版)》(双月刊)第 2 期(总第 12 期),第 86 – 92 页。

Rubáiyát 译为"鲁拜集"。

Omar Khayyám 译为"莪默·伽亚谟"。

Edward FitzGerald 译为"费慈吉拉德"。

"莪默·伽亚谟的四行诗不同凡响。他的诗歌富于哲理,含蓄深刻,形象优美,耐人寻味,具有特别吸引人的魅力。正是由于《鲁拜集》在艺术上独具匠心,别具一格,所以才放射出异样的光彩,产生了文学史上的奇迹。"

【302】

唐德刚:白马社的旧诗词——重读黄克荪[孙]译《鲁拜集》

1985 年 7 月 29 日,台湾《中国时报/人间副刊》。

Rubáiyát 译为"鲁拜集"。

Omar Khayyám 译为"奥马珈音"。

Edward FitzGerald 译为"费兹"。

文题"白马社的旧诗词——重读黄克荪译《鲁拜集》"中的"荪"误植。

1991年,台湾《传记文学》第47卷第2期。

1991年12月,唐德刚著《书缘与人缘》,台湾传记文学出版社,第279-286页。

2003年10月,唐德刚著《书缘与人缘》,台湾-香港远流出版公司,第311-317页。

2006年1月,唐德刚著《书缘与人缘》,广西师范大学出版社,第237-242页。

2015年2月,唐德刚著《书缘与人缘》,广西师范大学出版社,第245-250页。

"……郭沫若的新诗自有其见仁见智的创造体。郭的旧诗则乏功力,甚为'打油'。以打油旧诗,加奔放新诗来译'鲁拜'倒是个理想的拼凑。郭沫若本是个'流氓才子',加以'润色翻译'(所谓'衍译')又没有什么太大的忠实与否的问题——所以有鬼才的郭沫若此译颇为成功。其后国人还有几种译本,都抵不上'郭译'。一直等到黄克荪[孙]时代,他才对郭译不满(郭氏对费译也欠忠实),而要再来个'黄译'。"

【303】
梁实秋:费兹哲拉

1985年8月,梁实秋编著《英国文学史/第三卷/第十七章/维多利亚时代(1837-1901)/(上)/五、其他诗人/(四)》,台湾台北协志工业丛书出版股份有限公司,第1584-1587页。

Rubáiyát译为"四行诗"。

Omar Khayyám译为"欧玛·卡雅姆"。

Edward FitzGerald译为"菲兹哲拉"。

菲兹哲拉,原名爱德华·波塞尔[Edward Purcell]。

梁实秋,本名梁治华。

此版为"协志工业丛书(社会)"之124。

2004年12月,梁实秋著《梁实秋文集/第十二卷/〈英国文学史/第三卷〉/第十七章/维多利亚时代(1837-1901)/(上)/四》,鹭江出版社,第354-356页。

"他的诗在波斯文学里并不是首屈一指的,是菲兹哲拉使他享了大名。""……菲兹哲拉窜改原作之处不可胜举。意大利人有句俏皮话:'翻译像是妻子,美则不忠,忠则多丑。'很多人都批评菲兹哲拉的译作不忠,但没有人说不美。事实上,这部作品已不能算是翻译。"

【304】
张鸿年:鲁拜集

1986 年 4 月,季羡林主编/乔默、江溶编《中外文学书目答问/下册/东方文学部分》,中国青年出版社,第 886－888 页。

Rubáiyát 译为"鲁拜集/鲁拜依"。

Omar Khayyám 译为"欧玛尔·海亚姆/莪谟·伽亚谟"。

Edward FitzGerald 译为"费慈吉拉德"。

"……在许多波斯诗人中以海亚姆的四行诗写得最好,他的作品富有哲理色彩,在伊朗及世界上有着广泛影响和崇高的声誉。""海亚姆生活于伊朗塞尔柱王朝(公元 1055－1194 年)时期,是当时著名的学者——数学家、医学家、哲学家和天文学家。"

【305】
彭瑞智、郭振乾、诸葛蔚东:《鲁拜集》——人生旅程的探索

1986 年 7 月,彭瑞智、郭振乾、诸葛蔚东著《东方文学史话/33》,湖北教育出版社,第 135－139 页。

Rubáiyát 译为"鲁拜集"。

Omar Khayyám 译为"欧玛尔·海亚姆/莪默·伽亚谟"。

Edward FitzGerald 译为"费兹吉拉德"。

此版为"文学之友丛书"之一。

"海亚姆四行诗的主要特色,就是具有深刻的哲理性。他的诗作,既不侧重于对社会生活的叙述,也不着笔于对自然景物的声色形态的描绘,而在于以一种富于哲理意味的诗句,表达诗人对人生、宗教、自然、现实和未来的严肃的探索精神。"

【306】

李霁野:读亡友肇洛手抄莪默诗译稿

1986年7月22日,《人民政协报》第4版。

Rubáiyát 未译名。

Omar Khayyám 译为"莪默"。

Edward FitzGerald 译为"菲茨杰拉德"。

肇洛,本名朱以书,字肇洛。

———

"老友朱肇洛逝世,其夫人刘淑萱整理遗著印行,发现肇洛手抄的我的译稿,承寄我,读之悲喜交集,难以言表,赋诗以志。"

【307】

张鸿年:欧玛尔·海亚姆

1986年8月,穆睿清编《亚非文学参考资料/第二编/中古亚非文学/二/波斯文学/(四)》,时代文艺出版社,第146－147页。

Rubáiyát 译为"鲁拜集/海亚姆的四行诗"。

Omar Khayyám 译为"欧玛尔·海亚姆/莪默·伽亚谟"。

Edward FitzGerald 译为"爱·菲茨杰拉尔德"。

———

"海亚姆的四行诗语言明白晓畅,朴实洗练。他的诗歌创作继承了萨曼王朝时期'霍拉桑体'的传统。他的诗集最早的抄本是一二〇八年本(现藏剑桥大学图书馆),收四行诗二百五十二首,是公认可靠的版本,但有人认为他的全部四行诗应该超过这个数字。"

【308】

《世界文学名著插图选》:里萨、雷内·布尔、阿德莱德·汉斯肯·布兰奇·卡明:鲁拜集[波斯·鲁拜著](插图3幅各1幅)

1986年9月,梁玉令、刘万康等编《世界文学名著插图选》,漓江出版社,第65－67页。

Rubáiyát 译为"鲁拜集"。

Omar Khayyám 未译名。

Edward FitzGerald 未译名。

题名"鲁拜集[波斯·鲁拜著]",疑将"鲁拜"误为人名。

选入的具名"里萨"的插图作品,原图是彩色的波斯细密画,据资料显示,应为"王子前面的哲学家与随从,萨法维时期的伊斯法罕风格,约1600年代的作品,巴黎国立图书馆藏。"

选入的阿德莱德·汉斯科姆·丽森[Adelaide Hanscom Leeson]的黑白插图作品,题名误植为"雷内·布尔"。

选入的雷内·布尔[勒内·布尔 René Bull]的黑白插图作品,题名误植为"阿德莱德·汉斯肯·布兰奇·卡明"。

【309】
《诗歌辞典》:鲁拜集(条目)

1986年10月,陈绍伟编《诗歌辞典/诗集/外国》,花城出版社,第315页。

Rubáiyát 译为"鲁拜集"。

Omar Khayyám 译为"莪默·伽亚谟"。

Edward FitzGerald 未译名。

———

"鲁拜集/波斯诗人莪默·伽亚谟(1048-1123)著,反封建反宗教是诗集的主调,诗人对僧侣和反动势力的谴责入木三分,诗句有哲理性。"

【310】
[美国]黄克孙:《黄克孙/衍译/鲁拜集》序

1987年1月4日,台湾《联合报/副刊》。

Rubáiyát 译为"鲁拜集"。

Omar Khayyám 译为"奥玛珈音"。

Edward FitzGerald 译为"费氏结楼"。

1987年1月,[美国]黄克孙译《鲁拜集/序》,台湾台北书林出版有限公司,第iii–viii页。

1989年、2003年、2010年、2016年书林各版的黄克孙译本均收入此

◇《鲁拜集》汉译书目

序文。

2009年9月,[美国]黄克孙中译《鲁拜集/诗心伴玉壶/自序/第二版序》,凤凰出版传媒集团/译林出版社,第3-6页。

"……《鲁拜集》的翻译,我的出发点是作诗第一。人必先有感然后为诗。初读费氏的译诗时,我刚进研究院攻读理论物理学,阅读之下,心中怦然有感,如上所述。这快是四十年前的事情了。现承书林出版公司重刊旧译,因追溯个人感想一二,是为序。"

【311】
苏正隆:《鲁拜集》出版说明、劳榦、杨联陞:"题诗"和韵、方瑜:暮秋重读"鲁拜"

1987年1月,[美国]黄克孙译《鲁拜集》,台湾台北书林出版有限公司,第107-113页。

Rubáiyát 译为"鲁拜集"。

Omar Khayyám 译为"奥马·珈音"。

Edward FitzGerald 译为"费氏"。

苏正隆文《出版说明》和劳榦、杨联陞诗《"题诗"和韵》未标书页码,均编排在译诗正文之前。

方瑜文《暮秋重读"鲁拜"》为该书"附录"。

1989年、2003年、2010年、2016年书林各版的黄克孙译本均收入此书目三种。

"劳幹"自1989年版起作"劳榦"。

"黄克孙先生以七言绝句衍译'波斯李白'奥马珈音撼人心弦的诗篇《鲁拜集》,在一九五二年初稿问世,一九五六年由启明书局正式梓行。黄氏天才横溢,文采斐然,译作刊行后,不知风靡了多少读者。""暮雨长安古恨深,/秋风如醉对清音。/狮旗夜展空沙晚,/十丈离怀涨海心。""我爱黄君寄托深,/能翻旧调出新音。/诗肠九转通今古,/四海东西一样心。""打开尘封已久,黄克孙以七言绝句形式精译的《鲁拜集》,一股清冷寂寥之感,悄然袭来。那份纵然勘破生死,仍然难掩的寂寞与无奈,渗入诗句纹理血脉,伴随醇厚酒香,缓缓散溢一室。泛黄的纸页间,当年初识珈音曾令我目眩神迷的艳美,竟已淡褪如影。"

【312】

苏茵:海亚姆四行诗中的反宗教思想

1987 年,《青海民族学院学报(社会科学版)》(季刊)第 1 期,第 92 - 96 页。

Rubáiyát 译为"鲁拜四行诗/柔巴依"。

Omar Khayyám 译为"欧玛尔·海亚姆"。

Edward FitzGerald 译为"爱德华·菲茨杰拉德"。

该文文中引用的译诗诗节 17 首,未注明出处,拟为张鸿年译本 13 首、郭沫若译本 3 首、黄杲炘译本 1 首。

"海亚姆反宗教的思想,可以从以下三个方面体现出来:一、用正面的'直指性批判',揭露了宗教的荒谬,表述了自己不信神的观点";"二、采用'反其道而行之'的方法,通过对'酒'的大力热情的赞颂,曲折地表达了诗人与宗教誓不两立的思想感情";"三、从哲学角度探讨宇宙和人生,是海亚姆在更高更深层次上对宗教的批判与否定。"

【313】

古莉娜:论李白与欧玛尔·海亚姆的思想及生平

1987 年,《喀什师范学院学报(哲学社会科学版)》(双月刊)第 2 期,第 99 - 104 页。

Rubáiyát 译为"鲁拜集"。

Omar Khayyám 译为"欧玛尔·海亚姆"。

Edward FitzGerald 译为"费茨杰拉德"。

"与李白向往从政、成为风云人物不同,海亚姆首先是一个科学家,哲学家。他更多的是对社会进行冷静的分析,哲学的思辨。他关心的是宇宙的奥秘、自然运行的规律,人生的意义、价值,这些就成为他歌咏的永久性主题。(而在李白,这些都是无关紧要的,更没有什么可歌咏的必要。)"

【314】

黄杲炘:从"鲁拜"谈到"柔巴依"

◇《鲁拜集》汉译书目

1987年3月,《中国翻译》(双月刊)第2期,第31－33页。

Rubáiyát 译为"鲁拜集/柔巴依集"。

Omar Khayyám 译为"欧玛尔·海亚姆"。

Edward FitzGerald 译为"菲茨杰拉尔德"。

———

"……由于考虑到这些情况,在当初试译菲茨杰拉尔德的 Rubáiyát(我译为《柔巴依集》,由上海译文出版社于1982年出版)时,我除了要求自己运用规范的现代汉语进行充分信、达的翻译外,还要求把这种诗歌形式译出来,要求译出来的每一首诗能够被称为柔巴依。因此,我的译诗也是每首四行,每行五个顿(代替原诗的五个音步),押韵也承原制。与此同时,还限定每个诗行为12个汉字,以求诗行较为整齐,略具我国读者喜闻乐见的传统的诗歌特点。"

【315】

程在里:《鲁拜集》翻译逸闻

1987年3月,《中国翻译》(双月刊)第2期,第34－35页。

Rubáiyát 译为"鲁拜集"。

Omar Khayyám 译为"欧玛尔·海亚姆"。

Edward FitzGerald 译为"菲茨杰拉尔德"。

———

"因菲茨杰拉尔德翻译介绍之功,英美等国曾出现了欧玛尔热。这一诗集的装帧上可谓花样翻新,许多名画家为之插图,出版的新版本不计其数。从售价为50美分的平装本到售价为20美元的精装本应有尽有。过去旧金山的一家书店还别出心裁地设了个'鲁拜集橱窗',并以此为骄傲。"

【316】

莫渝:《鲁拜集》一甲子翻译史

1987年3月6日,台湾《台湾日报/时报副刊》第8版。

Rubáiyát 译为"鲁拜集/四行诗集"。

Omar Khayyám 译为"奥玛·开俨"。

Edward FitzGerald 译为"费兹杰罗"。

莫渝,本名林良雅。

2001年2月,陈次云译《鲁拜集》,台湾桂冠图书股份有限公司,第103－112页。

文章经编辑者删改收入该书,附在译诗正文后。

此版为"桂冠世界文学名著"丛书之87137。

"……在台湾,最早出现的译本是黄克荪[孙]的衍译本,书名《鲁拜集》,台北启明书局民国四十五年十二月初版,……初稿1952年完成,曾复印五○册;再稿1955年复印二○○册,均流通于菲律宾侨界,启明版是三稿的付印版本。装帧上非常别致,仿古书印行格式,……在五、六十年代的台湾文坛,黄译这册薄薄的《鲁拜集》,颇受欢迎与喜爱,甚至在目前,仍令人赞不绝口。"

【317】
宋美璍:遗貌取神

1987年,台湾《联合文学/责任书评》第3卷第5期。

Rubáiyát 译为"鲁拜集"。

Omar Khayyám 译为"奥玛珈音"。

Edward FitzGerald 译为"费氏结楼"。

1989年,台湾台北书林出版有限公司,第111－113页。

此版为"书林译诗"丛书之14。

2003年8月四刷。

2010年、2016年书林各版的黄克孙译本均收入该文。

"若说修辞为衣,黄译《鲁拜集》可以说是珈音再世——着上费氏'内衣',外加黄氏'罩袍'。但是,珈音的'灵'犹然如故,自珈音费译到黄译,是一则文学的轮回再生,精神不变,虽则皮囊无常。"

【318】
王家瑛:论海亚姆的四行诗

1987年8月,中国中亚文化研究协会、中国社会科学院历史研究所中外关系史研究室编《中亚学刊/第二辑》,中华书局,第146－187页。

Rubáiyát 译为"海亚姆的四行诗/鲁巴依雅特"。

Omar Khayyám 译为"欧玛尔·海亚姆"。

Edward FitzGerald 译为"费茨季拉德"。

该文收入王家瑛译本海亚姆的四行诗共46首,译自苏联科学院东方学研究所辑《鲁巴依雅特(1208年抄本)/欧玛尔·海亚姆四行诗》(莫斯科东方文学出版社1959年版)的波斯文文本。

———

"一、海亚姆的生平";"二、海亚姆四行诗的真伪";"三、反神学的先声";"四、享乐主义的人生哲学——人的觉醒";"五、'金刚怒目'式的光辉诗篇";"六、'理性主义的悲观主义诗人'";"七、一场'苏菲诗人'之争";"八、人本主义的微弱之光"。

【319】
张鸿年:欧玛亚·海亚姆

1987年12月,季羡林主编《高等学校文科教材/简明东方文学史/第二编/中古时期的文学/第二章/西亚北非中古文学/第六节》,北京大学出版社,第209-219页。

Rubáiyát 译为"鲁拜集"。

Omar Khayyám 译为"欧玛亚·海亚姆/莪默·伽亚谟"。

Edward FitzGerald 译为"菲茨杰拉尔德"。

收入张鸿年译本海亚姆诗节19首。

———

"海亚姆的四行诗既具有深刻的思想,也有完美的艺术形式,既具有严密的逻辑,也有高度的哲理性。阿拉伯诗人麦·阿里曾被人誉为'诗人中的哲学家,哲学家中的诗人',欧玛亚·海亚姆对此称号也完全当之无愧。他是在霍拉桑的平实朴素,自然流畅的风格中成长的。他不是宫廷诗人。无需以华丽的词藻和奇特的比喻去取悦于统治者。他写诗是有感而作,吟咏成句。因此,感情真挚、语言流畅,他的诗就是他的心声的自然流露。"

【320】
吕骥:鲁拜集第廿一首/树荫下(第12首)、节谷如雨(第15首)、请再用浮此一觞(第21首)(歌曲)

1987年12月,吕骥曲《吕骥歌曲选集》,人民音乐出版社,第114页。

Rubáiyát 译为"鲁拜集"。

Omar Khayyám 译为"伽亚默/奥马尔·哈雅姆"。

Edward FitzGerald 未译名。

吕骥,本名吕展青。

2010年4月,中国音乐家协会编《吕骥纪念选集/歌曲卷/附》,人民音乐出版社,第138-139页。

曲词为郭沫若译诗,曲谱作于1930年春。

21/"呵我的爱人呀,请再浮此一觞。清酒可解昨日的后悔,明日的愁肠。呵明日呀,明日的我呀,许已同七千岁的生前一样。"

【321】

《文艺创作知识辞典》:柔巴依(条目)

1987年12月,王庆生主编《文艺创作知识辞典/诗歌创作/诗歌的一般分类》,长江文艺出版社,第175页。

Rubáiyát 译为"柔巴依/鲁拜"。

Omar Khayyám 未译名。

Edward FitzGerald 未译名。

"柔巴依/维吾尔族和许多中亚民族的一种古典诗歌形式。……内容往往带有哲理和讽喻色彩。"

【322】

《世界文学家大辞典》:菲茨杰拉尔德,E、哈亚姆,A.F.O.B.A.(条目)

1988年1月,方重等顾问/编写组编《世界文学家大辞典》,四川人民出版社,第477、638页。

Rubáiyát 译为"鲁拜集/'鲁巴依'体四行诗"。

Omar Khayyám 译为"欧玛尔·海亚姆/哈亚姆"。

Edward FitzGerald 译为"菲茨杰拉尔德/费兹吉拉德"。

"菲茨杰拉尔德/他因翻译波斯诗人欧玛尔·海亚姆的《鲁拜集》而出名。……他还

编辑出版了《伯纳德·巴顿诗文选》(1849)和《克雷布选读》(1879),并为他的岳父,诗人伯纳德·巴顿撰写了传记。""哈亚姆/他的诗歌凝聚着深刻的哲理内容,具有一定的唯物主义倾向,内容隽永深邃,语言简练质朴,情中见理,寓理于形,对后人影响颇大。他的四行诗集最早的抄本(1208)存于英国剑桥大学图书馆,共有诗二百五十二首。"

【323】
王家瑛:四行诗的源流、结构与海亚姆风格——兼论与唐代绝句有无事实关系

1988年1月,中国社会科学院外国文学研究所编《外国文学研究集刊/第12辑》,中国社会科学出版社,第339-357页。

Rubáiyát 译为"波斯四行诗/鲁巴依"。

Omar Khayyám 译为"欧玛尔·海亚姆"。

Edward FitzGerald 未译名。

"赛尔柱克王朝时代(公元1037-1220),四行诗仍沿袭旧称谓'塔兰涅'或'都·贝提'。至公元十二世纪阿拉伯文化逐渐深入以后,四行诗的名称才逐渐固定为鲁巴依。""波斯语属于印欧语系。所以,四行诗的节奏同古希腊诗与拉丁诗一样偏重音的长短,属于长短格,这是由于波斯语元音有长短音之别。……四行诗的基本格律是每行十三音节四音步,双长双短相间,用'—'代表长音节,用'V'代表短音节,四行诗的长短音式四音步格可以表示如下:——VlV——VlV——VlV—……至此,纵观四行诗的历史演变过程及其独特的韵律节奏,我们是否可以认为不太可能存在四行诗与唐代绝句的事实联系,而且至今也未发现有关这方面的确凿根据。"

【324】
柏丽:"诗译工夫诗外多"——鲁拜诗译献疑

1988年3月,美国纽约《海内外》第58期,第49-页。

Rubáiyát 译为"波斯四行诗/鲁拜诗"。

Omar Khayyám 译为"莪默·海涌"。

Edward FitzGerald 译为"爱德华·菲茨杰拉德"。

1990年8月,柏丽译《怒湃译草/三、译诗札记》,中国人民大学出版社,第209-224页。

原文经删改收入《怒湃译草》,文题为"诗译工夫诗外多"。

"……鲁拜诗另一英译者 Richard Le Gallienne 在序中说:'莪默原来的波斯玫瑰碎瓣,经过菲茨杰拉德这位英国术士的符咒,变成了朵朵鲜花。'众多英译中,菲译一枝独秀,其奥秘就在此。"

【325】
陆嘉玉:欧玛尔·海亚姆(波斯)

1988 年 4 月,陆嘉玉选编《外国名诗三百首》,长江文艺出版社,第 80 页。

Rubáiyát 译为"鲁拜集/四行诗"。

Omar Khayyám 译为"欧玛尔·海亚姆"。

Edward FitzGerald 译为"爱·菲茨杰拉德"。

———

"海亚姆生时不以诗闻名,他逝世五十年后,才有人提到他写过四行诗。""1859 年,英国人爱·菲茨杰拉尔德把他的四行诗译成英文出版,这是海亚姆四行诗走向世界的起点。"

【326】
《文史哲百科辞典》:《鲁拜集》(条目)

1988 年 5 月,高清海主编《文史哲百科辞典》,吉林大学出版社,第 739 –740 页。

Rubáiyát 译为"鲁拜集/四行诗集"。

Omar Khayyám 译为"莪默·伽亚谟/欧玛尔·海亚姆"。

Edward FitzGerald 未译名。

———

"四行诗是伊朗的传统诗体,……莪默·伽亚谟率先采用四行诗体进行创作,他的诗歌大胆表白自己的人生见解,在某些方面批判了社会、宗教、神学、人生的罪恶,是对人生旅程的艰深的探索,具有一定的进步性。"

【327】
瞿炜:黄昏畅想/拟奥马·哈亚姆自述

1988年12月10日,《读书》(月刊)第12期,第90—96页。

Rubáiyát 译为"四行诗集/鲁拜"。

Omar Khayyám 译为"奥马·哈亚姆"。

Edward FitzGerald 译为"菲兹吉拉德"。

2016年12月,周树基、瞿炜译《鲁拜集/附录I》,哈尔滨商业大学音像教材出版社,第225—239页。

"惶惶不安的世界哟,无可奈何的世界!每个人的神经都紧张地绷着,仿佛稍一拨动就要断裂!这样的世界要挣扎到几时?让他们尔虞我诈去吧,能在这葡萄美酒里沉醉,荒原也是我的乐园。哪管炎凉的世态!我们即不知道远古的秘密,也不能阐破生活命运的谜团。"

【328】
张晖:《柔巴依诗集》译者前言

1988年12月,张晖译《柔巴依诗集》,湖南人民出版社,第1—24页。

Rubáiyát 译为"柔巴依诗集/柔巴雅特"。

Omar Khayyám 译为"欧玛尔·哈亚姆"。

Edward FitzGerald 译为"爱德华·费茨吉拉德"。

"一.欧玛尔·哈亚姆的生平和他所处的时代";"二.哈亚姆在数学、天文等科学领域中的成就";"三.哈亚姆的柔巴依体诗歌是如何扬名世界的";"四.哈亚姆的叛逆性格";"五.哈亚姆的哲学思想";"六.哈亚姆诗歌的艺术特色";"七.哈亚姆的影响"。

【329】
《外国文学名著辞典》:鲁拜集(条目)

1988年12月,胡正学、江伙生、王忠祥主编《外国文学名著辞典》,湖南人民出版社,第75页。

Rubáiyát 译为"鲁拜集"。

Omar Khayyám 译为"莪默·伽亚谟/欧玛尔·海亚姆"。

Edward FitzGerald 未译名。

"诗歌充满了对人生的哲理思考与感叹。""作品以简洁凝炼的诗句概括了深邃的哲理和丰富的感情,诗人善于捕捉典型的自然现象,有意义的生活事件以及作者内心感受最为深切的思想,通过丰富的想象,以鲜明可感的形象表达出来,明白易懂,寓意深刻,感情浓郁。"

【330】
张晖:《柔巴依》译介佳话

1989年1月17日,《人民日报/海外版》第7版。

Rubáiyát 译为"柔巴依诗集"。

Omar Khayyám 译为"欧玛尔·哈亚姆"。

Edward FitzGerald 译为"费茨吉拉德"。

———

"……与此同时,闻一多还指出郭沫若的九处误译。闻文发表时,还附有成仿吾的短文和郭给闻的信。郭在信中说:'你说Fitzgerald的英译前后修改了四遍,望我至少当有再译三译。你这恳笃的劝诱我是十分尊重的。我于改译时要遵循你的意见加以改正。'后来,郭果然接受了闻成的意见,作了适当的改正。这可谓译坛上的一段佳话。"

【331】
张鸿年:鲁拜/欧玛尔·海亚姆(条目)

1989年2月,浙江文艺出版社编《外国文学名著赏析词典/波斯文学》,浙江文艺出版社,第74－77页。

Rubáiyát 译为"鲁拜/欧玛尔·海亚姆四行诗"。

Omar Khayyám 译为"欧玛尔·海亚姆"。

Edward FitzGerald 译为"费慈吉拉德"。

该文共"作者介绍"、"内容提要"和"作品赏析"三部分,选载译诗诗节共10首。

1999年2月,怀文编《外国文学名著赏析词典/修订版/波斯文学》,浙江文艺出版社,第69－72页。

———

"海亚姆的四行诗,根据权威的版本约300首左右。总的看来,他的诗歌内容可分为两大类,即对宇宙人生的探索与对社会生活的剖析。这两大类诗歌的内容互相关联,其连接点就是反对中世纪愚昧的神学。反对愚昧神学和宗教势力的四行诗是海亚姆全部诗歌的精华。"

【332】
《东方文学名著宝库》:欧玛尔·海亚姆、《鲁拜集》

1989年2月,傅加令编著《东方文学名著宝库/波斯文学、伊朗现代文学》,工人出版社,第339–341页。

Rubáiyát 译为"鲁拜集"。

Omar Khayyám 译为"欧玛尔·海亚姆"。

Edward FitzGerald 译为"爱·菲茨杰拉德"。

文内选载奥玛的四行诗诗节4首,文后注为"引用的诗句系选自郭沫若译《鲁拜集》,人民文学出版社1958年版",实为郭沫若译本仅3首(第63、12、62首),另1首非郭沫若译本。

———

"海亚姆四行诗想象丰富,语言洗练,具有优美的音乐性;在抒情中蕴含着哲理,寓意鲜明,发人深思。他的诗歌创作成为波斯文学的标志。"

【333】
张晖:波斯诗中的"走马灯"

1989年4月28日,《人民日报/海外版》第7版。

Rubáiyát 未译名。

Omar Khayyám 译为"欧玛尔·哈亚姆"。

Edward FitzGerald 译为"爱德华·费茨吉拉德"。

———

"'走马灯'这个词若按波斯原文直译,应是'畅想之灯'或'转动之灯'。有趣的是,波斯一些学者也认为此词所指就是中国的'走马灯'。如穆罕默德·玛赫迪·福拉德万德博士在《论哈亚姆》一书中写道:'这种灯,在哈亚姆之前,系由中国传入。'还说:'按中国的发音应是 TseouMa Teng。'并用中文写出'走马灯'几个字。"

【334】
潘一禾:[伊朗]海亚姆(1048?–1122)(词条)

1989 年 7 月,飞白主编《世界名诗鉴赏辞典/鲁拜集选(之一)、(之二)、(之三)、(之四)》,漓江出版社,第 21 – 33 页。

Rubáiyát 译为"鲁拜集"。

Omar Khayyám 译为"奥玛尔·海亚姆"。

Edward FitzGerald 译为"E. 菲茨杰拉德"。

选载飞白译本 27 首。

书前采用鲍尔弗插画作品 2 幅。

2009 年 12 月,吴迪主编《外国诗歌鉴赏辞典/1/(古代卷)/鲁拜集(节选 1、2、3、4)/赏析》,上海世纪出版股份有限公司/上海辞书出版社,第 100 – 109 页。

选载飞白译本 27 首。

―――――

"奥玛尔·海亚姆虽才华过人,受到重用,但生前并不以诗闻名。""海亚姆逝世 50 年后才有人提到他写过四行诗,他留给后代的诗都收在《鲁拜集》里。""海亚姆在诗中对伊斯兰教真主造世的观点表示怀疑,对同代学者的迂腐无能感到忧虑,对窒息学术探讨的社会环境极为不满,同时也对生活的意义作了大胆的探求。"

【335】
《简明数学词典》:海牙姆(条目)

1989 年 7 月,沈永欢、齐玉霞、张鸿林编译《简明数学词典》,新时代出版社,第 786 – 787 页。

Rubáiyát 未译名。

Omar Khayyám 译为"海牙姆"。

Edward FitzGerald 未译名。

―――――

"海牙姆/波斯诗人、哲学家、天文学家、数学家。曾改革旧的波斯日历,并于 1079 年实行,但后为伊斯兰教阴历所取代。在数学方面,他写了一部代数学[Algebra,约 1079]的书,颇有成就,其中包含了对于三次方程的一种系统研究,即从几何上用圆锥曲线来解一般的三次方程。"

◇《鲁拜集》汉译书目

【336】

《英汉大词典》:Fitz・Ger・ald、Omar Khay・yám、Ru・bái・yát、Rubáiyát stanza(条目)

1989年8月,陆谷孙主编《英汉大词典/上卷》,上海译文出版社,第1201页。

1991年9月,陆谷孙主编《英汉大词典/下卷》,上海译文出版社,第2327、2978页。

Rubáiyát 译为"鲁拜集"。

Omar Khayyám 译为"欧玛尔・海亚姆"。

Edward FitzGerald 译为"菲茨杰拉德"。

"Edward 菲茨杰拉德(1809-1883,英国作家,以完全意译的方法翻译波斯诗人 Omar Khayyám 的《鲁拜集》,使之成为英国文学名著)"。"欧玛尔・海亚姆(1048?-1122?,波斯诗人、数学家、天文学家,曾参与修订穆斯林历法[1079],写有关于代数学的论文,以四行诗闻名,郭沫若曾从英文转译其四行诗集,题名《鲁拜集》)"。"《鲁拜集》(古波斯诗人 Omar Khayyám 所著四行诗集)"。"鲁拜体四行诗(一种每节四行、抑扬格五音步,押 aaba 韵的诗体)"。

【337】

《辞海》:莪默・伽亚谟('Umar Khayyām,1048-1123)(条目)

1989年9月,夏征农主编《辞海(1989年版)》(上中下三册),上海辞书出版社,第1548页。

Rubáiyát 译为"鲁拜集"。

Omar Khayyám 译为"莪默・伽亚谟/奥马尔・海亚姆"。

Edward FitzGerald 未译名。

书名题字陈望道。

"莪默・伽亚谟,一译奥马尔・哈亚姆。波斯诗人、数学家、天文学家。早年辍学,后接近宫廷,从事学术研究,1074年修订历法。在数学和天文学上的成就,有相当声誉。著名的四行诗集《鲁拜集》,否定来世和宗教信条,谴责僧侣的伪善,肯定现实生活。诗中充满哲学意味,含有唯物主义因素,但带有悲观厌世色彩。"

【338】

李东林:海亚姆/《鲁拜集》

1989年10月,季羡林、刘安武编《东方文学名著题解/波斯-伊朗》,中国青年出版社,第277-278页。

Rubáiyát 译为"鲁拜集/四行诗"。

Omar Khayyám 译为"欧玛尔·海亚姆"。

Edward FitzGerald 未译名。

———

"四行诗是伊朗传统诗体。海亚姆的四行诗语言明白晓畅,朴实洗练,内容凝重深邃,富有哲理,给人充分回味和想象的余地。他那优美的表现方式和寓意深刻、语言流畅的文风,对伊朗后来的诗歌创作有很大影响。"

【339】

张耘:菲茨杰拉德,爱德华、元文琪:哈亚姆,阿布法特赫·欧玛尔(条目)

1989年10月,张英伦、吕同六、钱善行、胡湛珍主编《外国名作家大词典》,漓江出版社,第222-223、295-296页。

Rubáiyát 译为"鲁拜集"。

Omar Khayyám 译为"欧玛尔·海亚姆/峨默·伽亚谟/莪默·伽亚谟/阿布法特赫·欧玛尔·哈亚姆"。

Edward FitzGerald 译为"爱德华·菲茨杰拉德"。

———

"菲茨杰拉德早期写过诗,但成就不大。他的主要建树在翻译方面。1851年发表过一部柏拉图式对话录,他的杰作是他翻译的11世纪波斯诗人峨默·伽亚谟的《鲁拜集》,这部译作于1859年出版,不仅语言高雅、优美、洗练、自然,而且以巧妙的手法表达了对上帝的看法,借11世纪波斯伊斯兰教的安拉影射维多利业时期英国新教的上帝。诗中点明上帝创造了人,同时也创造了伊甸园中邪恶的蛇。波斯诗人峨默·伽亚谟的后代峨默·阿里·沙为此曾于1967年谴责菲茨杰拉德歪曲了他的先人。""塞尔柱王朝马立克国王在位期间(1072-1092),哈亚姆已经成为当时负有盛名的数学家、天文学家、医学家和哲学家。他曾撰写《代数学》和《新春篇》等著述,主持修建了天文台和修订历法,作过宫廷御医,并经常参加有关哲学问题的研讨会。在史学、词汇学和伊斯兰教神学等方面他也有相当的造诣。"

【340】
张晖：柔巴依诗与柔巴依诗热

1989年，《东方世界》（双月刊）第6期，第27-30页。

Rubáiyát 译为"柔巴依诗集/柔巴依雅特"。

Omar Khayyám 译为"欧玛尔·哈亚姆"。

Edward FitzGerald 译为"爱德华·费茨吉拉德"。

"鲁达基之后，波斯许多诗人都写过'柔巴依'，……而尤以欧玛尔·哈亚姆影响最大。""当波斯文学繁荣后，逐渐地也影响了周围一些国家和民族，如土耳其、塔吉克、土库曼、乌兹别克、阿塞拜疆、阿富汗、巴基斯坦等的文学发展。""早在十七、十八世纪时，'柔巴依'诗体也被引进到我国新疆维吾尔、塔吉克、哈萨克、乌兹别克等少数民族的文学中。直到现在也仍有一些诗人喜爱用这种诗体表达情感。"

【341】
陶然：欧玛尔·海亚姆、鲁拜集（关于人生）、鲁拜集（关于酒）（条目）

1989年12月，孙绍先、周宁主编《外国名诗鉴赏辞典/波斯》，中国工人出版社，第47-51页。

Rubáiyát 译为"鲁拜集"。

Omar Khayyám 译为"欧玛尔·海亚姆/莪默·伽亚谟"。

Edward FitzGerald 未译名。

选载诗节共11首，题名郭沫若译本，其中2首应为张鸿年译本，误植。

"……欧玛尔·海亚姆在钻研数学、历法、天文学和医学的同时，探讨人生的意义和宇宙的奥秘，已成为这位当时非常有名的哲学家和科学家的最热心的事情。""如果说在欧玛尔·海亚姆诗中经常出现的一个主题是对人生意义、宇宙奥秘的探索，那么另一个为诗人多次吟唱的主题则是酒。酒与诗人结下了不解之缘，当他穷思苦想，欲求人生真谛而不得时，酒便是他聊以解愁的好伴侣。"

【342】
朱海波：欧玛尔·海亚姆（条目）

1990年2月，辜正坤主编《世界名诗鉴赏辞典》，北京大学出版社，第

147 – 148 页。

Rubáiyát 译为"鲁拜集"。

Omar Khayyám 译为"欧玛尔·海亚姆"。

Edward FitzGerald 译为"爱德华·菲兹吉拉德"。

条目中选载译诗 8 首,未注明译者,应为郭沫若译本。

"……十九世纪后半叶,英国人爱德华·菲兹吉拉德将他的四行诗译成英文,立刻风靡西方,从此奠定了海亚姆在波斯文学史乃至世界文学史上应有的地位。""读过海亚姆的四行诗后,给人的感受似乎是诗歌的哲理性大于其艺术性。这主要是由于诗人的哲学家气质在其诗中强烈的人格再现,与其艺术表现形成了极大的反差。但仔细玩味,可以感受到诗歌的朴素美。"

【343】

《世界名诗鉴赏辞典》:鲁拜诗节(Rubáiyát Stanza)、四行诗$_2$(又译鲁拜 Rubáiyát)(条目)

1990 年 2 月,北大英语系 87 级全体硕士研究生编译/辜正坤、姚锦清、傅浩、田晓菲等校订/辜正坤主编《世界名诗鉴赏辞典》,北京大学出版社,第 1043、1053 页。

Rubáiyát 译为"鲁拜集"。

Omar Khayyám 译为"莪默·伽亚漠/莪默·伽亚谟"。

Edward FitzGerald 译为"爱德华·菲兹杰拉德"。

"菲兹杰拉德在他的英译本《莪默·伽亚漠之鲁拜集》中采用的诗节。这是一种抑扬五音步的四行诗,韵律为 aaba。""阿拉伯词'四行诗'的复数形式;是四行诗节的集合。此词在英诗中最著名的用法出现于爱德华·菲兹杰拉德译的《莪默·伽亚谟之鲁拜集》。"

【344】

刘以焕:"鲁拜"探源并与汉诗比较——读《鲁拜集》札记

1990 年 5 月,刘以焕著《相遇和对话》,重庆出版社,第 121 – 125 页。

Rubáiyát 译为"鲁拜集/鲁巴依"。

Omar Khayyám 译为"莪默凯延"。

Edward FitzGerald 译为"爱德华·费兹杰拉德"。

"费兹杰拉德读到《鲁拜集》时正处于不幸的婚姻离异中,再则当时英国思想界正盛行着怀疑主义与享乐主义,费兹杰拉德钻到《鲁拜集》中去讨生活,想从中得到慰藉。于是他把《鲁拜集》'译'出来,但又把自己某些感受塞进'译'文中去。"

【345】

《外国文学大词典》:莪默·伽亚谟(欧玛尔·海亚姆,吉亚萨丁·阿布法特·伊本·易卜拉欣)、爱德华·菲茨杰拉尔德(条目)

1990年6月,刁绍华主编《外国文学大词典/作家》,吉林教育出版社,第522、532、984-985页。

Rubáiyát 译为"鲁拜集"。

Omar Khayyám 译为"莪默·伽亚谟/欧玛尔·海亚姆"。

Edward FitzGerald 译为"爱德华·菲茨杰拉德"。

"爱德华·菲茨杰拉德/英国翻译家、作家。……以翻译11世纪波斯诗人海亚姆的《鲁拜集》闻名,译作诗句洗练、自然、声调优美。""欧玛尔·海亚姆/波斯诗人、数学家、哲学家。著有多种数学哲学专著,以及享有世界声誉的四行诗集《鲁拜集》。……全部四行诗总的思想是个性自由、反抗世界的不公,宣扬享乐和个性解放。"

【346】

孟祥森:《鲁拜集》导论、附录一、附录二

1990年7月,孟祥森译《鲁拜集》,台湾台北远景出版事业公司,第1-41页。

Rubáiyát 译为"鲁拜集"。

Omar Khayyám 译为"奥玛·开俨"。

Edward FitzGerald 译为"爱德华·费滋杰罗"。

"导论"中的文章为:1.奥玛·开俨事略;2.爱德华·费滋杰罗事略;3.费滋杰罗的著作;4.奥玛·开俨的鲁拜集及其英译;5.费滋杰罗的五次英文衍译;6.显意或秘意。"附录一"为介绍几本鲁拜集相关的书籍。"附录二"为《中文鲁拜集之版本》,节录自慈恩的

《三十五年鲁拜集翻译沧桑录》一文。

【347】
袁荻涌:郭沫若为什么要翻译《鲁拜集》

1990 年,《郭沫若学刊/郭沫若与中外文化》(季刊)第 3 期,第 38 – 40 页。

Rubáiyát 译为"鲁拜集"。

Omar Khayyám 译为"莪默·伽亚谟"。

Edward FitzGerald 未译名。

"郭沫若在 20 年代初热心研读伽亚谟,是有其深刻的思想根源的。'五四'以后中国社会的黑暗腐败,曾使郭沫若陷入'歧路的彷徨'。在海外时他把祖国想象得何等美好,可是当他回到上海时,却痛感到了'幻灭的悲哀'。于是,他对现实中的一切都感到憎恶和痛恨。"

【348】
李霁野:《怒湃译草》序一

1990 年 8 月,柏丽译《怒湃译草》,中国人民大学出版社,序第 1 – 3 页。

Rubáiyát 译为"怒湃/鲁拜集/柔巴依集"。

Omar Khayyám 译为"莪默·伽亚谟"。

Edward FitzGerald 译为"菲茨杰拉德"。

"据说菲氏的翻译是将很多首原诗重新创作为英诗,偶尔被两个诗人发现、欣赏,以后喜欢读它的人越来越多,印行版本多少,现在也无法计算了。我读他的英译,是读郭氏汉译后十多年的事了,我对这百来首英诗更为喜爱。"

【349】
赵甄陶:《怒湃译草》序二

1990 年 8 月,柏丽译《怒湃译草》,中国人民大学出版社,序第 4 – 5 页。

Rubáiyát 译为"鲁拜集/怒湃译草"。

Omar Khayyám 译为"莪默·海亚姆"。

Edward FitzGerald 译为"爱德华·菲茨杰拉德"。

"中世纪波斯科学家莪默·海亚姆长于几何及天文之学,余事为诗,慨叹人生若梦,对酒当歌,然对黑暗社会及反动教会时提抗议,热烈追求自由平等,具有人道主义色彩。"

【350】
柏丽:《怒湃译草》译者前言

1990 年 8 月,柏丽译《怒湃译草》,中国人民大学出版社,第 I – VI 页。

Rubáiyát 译为"怒湃/鲁拜"。

Omar Khayyám 译为"莪默·海涌"。

Edward FitzGerald 译为"爱德华·菲茨杰拉德"。

"这诗集成为风靡世界的文学名著,应归功于菲茨杰拉德的英译本。菲氏自己虽也写诗,但名声不著,直到他在当日英国社会种种压力下,不但自费、而且匿名结集出版了这本译成地道的英国四行诗的集子后,人们才知道世界上有莪默的鲁拜。"

【351】
柏丽:泥娃土皿意云何?

1990 年 8 月,柏丽译《怒湃译草/三、译诗札记》,中国人民大学出版社,第 225 – 240 页。

Rubáiyát 译为"怒湃/四行诗集"。

Omar Khayyám 译为"莪默·海涌"。

Edward FitzGerald 译为"爱德华·菲茨杰拉德"。

"台湾译者译作《瓮歌》泥盆土瓮组曲,是菲译中的主题,它处于显著地位、具有明确特征的旋律,响彻了整个诗集。它音韵铿锵、形象飞动,洋溢着炽烈的生命呼号,播送着深邃的人生哲理。九个世纪后的今天仍然焕发着眩目的光采。"

【352】
柏丽:酒神狂态源悲慨

1990年8月,柏丽译《怒湃译草/三、译诗札记》,中国人民大学出版社,第241-257页。

Rubáiyát 译为"怒湃/四行诗集"。

Omar Khayyám 译为"莪默·海涌"。

Edward FitzGerald 译为"爱德华·菲茨杰拉德"。

"台湾译者称之为《狂酒歌》的本集内一组奇丽的组诗,是处于核心地位的红宝石,光芒四射,辉耀全集。"

【353】
柏丽:海涌珠飞九译波

1990年8月,柏丽译《怒湃译草/三、译诗札记》,中国人民大学出版社,第258-275页。

Rubáiyát 译为"怒湃/四行诗集/鲁拜"。

Omar Khayyám 译为"莪默·海涌/欧玛尔·海亚姆"。

Edward FitzGerald 译为"爱德华·菲茨杰拉德"。

1993年12月,柏丽文《欧玛尔·海亚姆波斯绝句'鲁拜'浅释——拙著〈怒湃译草〉札记之四:海涌珠飞九译波》,陶德臻、何乃英编选《伊朗文学论集》,江西人民出版社,第169-184页。

"海涌诗译历史简况";"菲氏英译探微";"菲译的音乐美";"菲译中的修辞手法";"菲译中形象与哲理的融合";"波斯四行诗与中国的七绝"。

【354】
《新东方文学史》:"鲁拜"诗圣——欧玛尔·海亚姆(1048-1122)

1990年8月,梁潮、麦永雄、卢铁澎著《新东方文学史/古代·中古部分/第二编/中古东方文学/第六章/中古东方文学扫描/三、中古东方文学的成就/6.中古波斯文学史纲/(3)》,广西师范大学出版社,第435-438页。

Rubáiyát 译为"鲁拜集"。

Omar Khayyám 译为"欧玛尔·海亚姆"。

Edward FitzGerald 译为"爱德华·菲茨杰拉德"。

◇《鲁拜集》汉译书目

"《鲁拜集》最早的抄本(1208)收四行诗252首,现藏于英国剑桥大学图书馆内。海亚姆诗歌的时空感,是波斯古典文学中最突出的。他善于创造广袤深邃的意境,寥寥数语,便将读者引入任由想象驰骋的天地,并从中获得哲理的体味。"

【355】
《世界哲学家辞典》:欧玛尔·海亚姆(条目)

1990年8月,刘蔚华主编《世界哲学家辞典/波斯哲学家/古代部分》,重庆出版社,第692页。

Rubáiyát 译为"四行诗"。

Omar Khayyám 译为"欧玛尔·海亚姆"。

Edward FitzGerald 未译名。

"[欧玛尔·海亚姆]其著作甚丰,但流传至今的仅有《积分疑解》、《代数学》和几本关于形而上学的小册子以及一篇关于欧几里德的论文。另有诗集1208年抄本,收四行诗252首。"

【356】
岑麒祥:鲁拜集(条目)

1990年8月,岑麒祥编《汉语外来语词典》,商务印书馆,第224页。

Rubáiyát 译为"鲁拜集"。

Omar Khayyám 译为"莪默伽亚谟"。

Edward FitzGerald 译为"费兹格洛德"。

2015年8月,岑麒祥编《汉语外来语词典》,商务印书馆,第224页。

"鲁拜集/古波斯著名诗人莪默伽亚谟所作的一部长诗。……1859年由英国诗人费兹格洛德译成英文传诵于世。"

【357】
《中外哲学人物辞典》:欧玛尔·海亚姆(条目)

1990年12月,张凯、夏强主编《中外哲学人物辞典》,第309页。

Rubáiyát 译为"鲁拜集"。

Omar Khayyám 译为"欧玛尔·海亚姆/莪默·伽亚谟"。

Edward FitzGerald 译为"爱·菲茨杰拉尔德"。

————

"欧玛尔·海亚姆/波斯诗人、哲学家、天文学家。……自幼在家乡学校学习和拜师学习。成年时曾在塞尔柱王朝玛列克沙赫宫廷担任太医和天文方面职务。……他以创作四行诗闻名于世。其最早的诗集抄本刊于1208年……。"

【358】
《东方文学鉴赏辞典》:鲁拜集(词条)

1990年12月,彭瑞智主编《东方文学鉴赏辞典/L》,华中师范大学出版社,第196-198页。

Rubáiyát 译为"鲁拜集"。

Omar Khayyám 译为"欧玛尔·海亚姆/莪默·伽亚谟"。

Edward FitzGerald 译为"费兹吉拉德"。

该词条含"题解"、"作者"、"梗概"和"鉴赏"四个部分。

————

"《鲁拜集》的主要特色,在于深刻的哲理。这部诗集的着笔点,不在于对社会生活的叙述,也不着重对自然景物的声色形态的描绘,而是以一种富于哲理意味的诗句,表达诗人对人生、宗教、现实和未来的严肃的探索精神,表现了诗人对宗教正统思想的挑战、和现实生活的肯定。"

【359】
《百万个为什么》:《鲁巴伊诗集》宣扬了怎样的人生哲理?

1990年12月,冰心总主编/叶水夫主编《百万个为什么/文科知识/外国文学/下》(上下册),漓江出版社,第71-72页。

Rubáiyát 译为"鲁巴伊诗集"。

Omar Khayyám 译为"阿布法特赫·欧玛尔·哈亚姆/莪默·伽亚谟"。

Edward FitzGerald 译为"菲茨杰拉德"。

此版为"文科知识:百万个为什么"丛书之一。

◇《鲁拜集》汉译书目

1996年4月,冰心总主编/叶水夫主编《百万个为什么/汇编本/文科知识/外国文学/上》(上下册),漓江出版社,第201页。此版为"文科知识:百万个为什么/汇编本"丛书之一。

———

"酒在哈亚姆的诗中占有重要的地位。他主张珍惜'现时',无须对渺茫的'来世'孜孜以求。……哈亚姆想借助醉人的葡萄酒获得内心一时的安慰和平静,以缓解现实生活中的痛苦和不幸。"

【360】
《文学百科大辞典》:欧玛尔·海亚姆(条目)

1991年1月,胡敬署、陈有进、王富仁、程郁缀主编《文学百科大辞典/三、外国文学/伊朗文学》,第613-614页。

Rubáiyát 译为"鲁拜集"。

Omar Khayyám 译为"欧玛尔·海亚姆"。

Edward FitzGerald 未译名。

———

"欧玛尔·海亚姆生前在数学和天文学上的成就有相当的声誉,但并不以诗闻名,只是到1173年才有人在一本历史著作中提到他写过四行诗……欧玛尔·海亚姆的四行诗继承了鲁达基和菲尔多西的霍拉桑体创作风格,语言朴实平易,叙事简练晓畅。"

【361】
陈融:欧玛尔·海亚姆在中古波斯文学上的地位

1991年,《国外文学/波斯文学专号/论文》(季刊)第1期(总第41期),第69-78页。

Rubáiyát 译为"鲁拜集"。

Omar Khayyám 译为"欧玛尔·海亚姆/峨默·伽亚姆"。

Edward FitzGerald 译为"爱德华·菲兹杰拉德"。

———

"总之,在海亚姆的四行诗中充满了对伊斯兰教教义离经叛道的内容。但是,我们是否就能由此判定海亚姆是个坚决反对伊斯兰教,否定真主的中世纪叛逆诗人?国内所有的东方文学教科书以及有关文章都对此作了肯定回答。然而,以我的看法,这样判断至少是一种误解。海亚姆在怀疑、非难、揶揄、嘲讽伊斯兰教义的同时,也表现出对真主的渴慕、驯良、眷顾和叹服。"

【362】
［苏联］弗拉基思拉夫·扎依采夫:欧玛尔·海亚姆的神的悲喜剧

1991年,［苏联］弗拉基思拉夫·扎依采夫文/俞灏东、杨秀琴译《欧玛尔·海亚姆的神的悲喜剧》,《国外文学/波斯文学专号/论文》(季刊)第1期(总第41期),第79–97页。

Rubáiyát 译为"四行诗"。

Omar Khayyám 译为"欧玛尔·海亚姆"。

Edward FitzGerald 译为"爱德华·菲茨杰拉德"。

―――――――

"历史向我们证明了穆斯林正统思想的捍卫者对海亚姆持不信任甚至仇视态度。""海亚姆生性不能容忍对人们所说的真理的任何盲从,他表达了自己的这一看法,这显然是违背穆斯林的教义的。""当海亚姆在谈到神的仁慈的时候,就好象完全忘了他曾经怎样控诉神的毫无理性的残忍。""海亚姆并没有被这种能够进入天堂的诱人的前景所迷惑。""可能海亚姆选择酒来作为真正幸福的象征,正是为了希望对那些他不能接受的穆斯林的法令和条例更加具有挑衅的意义和性质……"。

【363】
施蛰存:鲁拜·柔巴依·怒湃

1991年10月10日,《读书》(月刊)第10期(总第151期),第67–69页。

Rubáiyát 译为"鲁拜集"。

Omar Khayyám 译为"莪玛·哈亚姆"。

Edward FitzGerald 译为"爱德华·菲茨杰拉德"。

施蛰存,本名施德普。

1994年4月,施蛰存著《文艺百话/IV/杂文(1986–1992)》,华东师范大学出版社,第418–420页。

2001年10月,施蛰存著《施蛰存文集/文学创作编/第三卷/北山散文集/(二)》,华东师范大学出版社,第1098–1100页。

2011年9月,施蛰存著《施蛰存全集/第四卷/第三辑/北山散文集》,华东师范大学出版社,第1221-1223页。

"'鲁拜'是诗体名,即四句诗,相当于我国的绝句。正音应当译作'鲁巴依'。黄[杲炘]、张[晖]两家都译作'柔巴依'。这个'柔'字是北京方音,不能作为国语音,我们南方人无法把Ru读成'柔'。柏丽译作'怒湃',这是湖南方音Ru、Nu不分的失误,而且以'怒湃'译诗体名词,也似乎火气太大,好像是一种无产阶级革命诗了。作者的名字是'莪玛·哈亚姆',郭沫若译作'莪默·伽亚谟',张晖译作'欧玛尔·哈亚姆',柏丽译作'莪默·海涌'。我以为应以'莪玛·哈亚姆'为标准译法。"

【364】
[伊朗]莫扎法尔·巴赫堤亚尔:海亚姆——生活与美的歌者

1991年10月,张鸿年译《波斯哲理诗/序》,文津出版社,第1-8页。

Rubáiyát译为"海亚姆四行诗(鲁拜)"。

Omar Khayyám译为"海亚姆"。

Edward FitzGerald译为"菲兹吉拉德"。

"海亚姆在欧美之所以受到如此推崇与赞誉,某种程度得力于菲兹吉拉德的适合西方人口味的译文,他的译文充满诗意。"

【365】
张鸿年:海亚姆再认识

1991年10月,张鸿年译《波斯哲理诗》,文津出版社,第9-31页。

Rubáiyát译为"海亚姆四行诗(鲁拜)/波斯哲理诗"。

Omar Khayyám译为"欧玛尔·海亚姆"。

Edward FitzGerald译为"菲兹吉拉德"。

"综上所述,可以看到海亚姆的四行诗的思想内容是与占统治地位的神学针锋相对的。这样,就自然产生了一个应该加以回答的问题:在那样严酷的社会条件下,一个这么强烈反对正统神学的诗人,怎么会平安度过一生而未被当权者追究?这里可能有两个原因:一是这些诗在诗人生前没有流传,只有少数人知道;二是诗人一生除去学术活动外,没有直接触犯统治者与神学家的言行。"

【366】
《袖珍外国文学名著辞典》:鲁拜集/欧玛尔·海亚姆(条目)

1991年12月,云桂宾等编译《袖珍外国文学名著辞典/L》,中国广播电视出版社,第275-276页。

Rubáiyát 译为"鲁拜集"。

Omar Khayyám 译为"欧玛尔·海亚姆/莪默·伽亚谟"。

Edward FitzGerald 译为"菲茨杰拉尔德"。

"《鲁拜集》中很多诗篇就是以东方人共有的神秘的无常观为基调,赞美酒的魅力,宣扬在短促的人生中及时行乐的思想,充满了奇异神秘之美。"

【367】
张晖:《痴醉的恋歌——波斯柔巴依集》译者序

1991年12月,张晖译《痴醉的恋歌——波斯柔巴依集》,漓江出版社,序第1-5页。

Rubáiyát 译为"柔巴依集"。

Omar Khayyám 译为"欧玛尔·哈亚姆"。

Edward FitzGerald 译为"费茨吉拉德"。

"自鲁达基之后,波斯绝大多数古典诗人都写过柔巴依,……而尤以欧玛尔·哈亚姆影响最大。""英国人虽对自己的四行诗[quatrain]不感兴趣,却对波斯柔巴依[roba'i]十分青睐。欧玛尔·哈亚姆的《柔巴依集》被译成英文后,英国曾一度出现'柔巴依热'。五花八门的《柔巴依集》相继被杜撰出版……"。

【368】
黄杲炘:《柔巴依集》(报讯)

1992年9月10日,《新民晚报/文学角》第13版。

Rubáiyát 译为"柔巴依集"。

◇《鲁拜集》汉译书目

  Omar Khayyám 未译名。

  Edward FitzGerald 未译名。

  该文配[英国]鲍尔弗的插图一幅。

———

  "《柔巴依集》,波斯文学的奇珍。上海译文出版社的中译本一再加印。书中插图精彩如左。"

【369】
冯亦代:《柔巴依集》与《怒湃译草》

  1992年9月12日,《文汇读书周报/读译散记》,第3版。

  Rubáiyát 译为"鲁拜集/柔巴依集/怒湃译草"。

  Omar Khayyám 未译名。

  Edward FitzGerald 译为"菲茨杰拉尔德"。

  1999年3月,邓九平编/冯亦代著《冯亦代文集/书话卷/3》,中国友谊出版公司,第20－22页。

  冯亦代,本名冯贻德。

———

  "这两本书的书名,其实是《鲁拜集》的不同译法。《鲁拜集》似乎这几年又成为译诗人的爱好,前后又出现了若干全译及选译的译文,……""我常常想起这本小册子(郭译本《鲁拜集》)因为那些诗篇第一次使我在稚嫩的心灵里,考虑人生问题,而且诗中的享乐主义思想,在我成年时多少有些影响。"

【370】
何乃英:欧玛尔·海亚姆和他的诗歌

  1992年10月,何乃英编著《伊朗古今名诗选译》,北京师范大学出版社,第162－173页。

  Rubáiyát 译为"四行诗(鲁拜)/鲁拜亚特"。

  Omar Khayyám 译为"欧玛尔·海亚姆"。

  Edward FitzGerald 译为"菲兹吉拉德"。

  2007年2月,《语文(选修)/外国诗歌散文欣赏/教师教学用书/第三单元/像闻玫瑰花一样直接闻到思想/自主阅读/1.鲁拜六十六首(节选)》,人民教育出版社,第 83-89 页。

此版为"普通高中课程标准实验教科书"丛书之一。

"……其中最引人注目的是伊朗文学家伏鲁基的研究成果。他在 1942 年发表了自己编选的《贤哲欧玛尔·海亚姆的鲁拜亚特》,共收四行诗 178 首。在这 178 首中,据说有 66 首录自伊朗学者和其他国家学者所发现的各种古籍。现在许多学者认为,这 66 首大致上可以确定为欧玛尔·海亚姆的作品,当然欧玛尔·海亚姆的作品不限于此。根据以上情况,本书选入了欧玛尔·海亚姆这 66 首诗。"

【371】
《东方文学辞典》:海亚姆(条目)

1992 年 12 月,季羡林主编《东方文学辞典/伊朗》,吉林教育出版社,第 344 页。

Rubáiyát 译为"四行诗"。

Omar Khayyám 译为"海亚姆"。

Edward FitzGerald 未译名。

"海亚姆在诗中……还探讨人生的真谛,认为人生有限,宇宙无尽,人不能再生,人类子孙的消亡是无可挽回的灾难,应该及时行乐。"

【372】
《世界诗学大辞典》:鲁巴伊、四行诗[Rubāʻī](条目)

1993 年 1 月,乐黛云、叶朗、倪培耕主编《世界诗学大辞典》,春风文艺出版社,第 310-311、498-499 页。

Rubáiyát 译为"鲁巴伊/四行诗/鲁拜体"。

Omar Khayyám 译为"奥玛尔·哈亚姆/奥玛尔·海亚姆"。

Edward FitzGerald 未译名。

"伊朗诗人爱写鲁巴伊体诗,其中翘楚当推奥玛尔·哈亚姆(1048-1132),他的诗作朴实无华,词意隽永,富于哲理,耐人寻味。""关于四行诗的渊源,在当前国际学术界仍是一有争议的问题。综合目前国内外学术界意见,可归纳为四种观点:这就是四行诗源于

中国唐诗绝句、源于阿拉伯古代诗歌、源于西突厥古代民歌和源于波斯古代诗歌诸说。"

【373】
《外国文学知识辞典》:欧玛尔·海亚姆、鲁拜集、鲁拜体(条目)

1993年1月,张德政主编《外国文学知识辞典/波斯/伊朗/作家小传/名著简介/体裁/题材/类型》,书目文献出版社,第33、304、1128页。

Rubáiyát 译为"鲁拜集"。

Omar Khayyám 译为"欧玛尔·海亚姆/莪默·伽亚谟"。

Edward FitzGerald 译为"爱·菲茨杰拉尔德"。

封面采用鲍尔弗插画作品图案。

———

"……海亚姆失去保护者,不得不中断研究工作,回乡讲学,后在贫困中死去。海亚姆创造了大量的'鲁拜体'诗歌,但生前不以诗闻名。""鲁拜体/中古波斯诗人欧玛尔·海亚姆曾以这种诗体写了大量诗歌。诗风明快,质朴自然,不事雕琢,明白易懂而富于哲理。"

【374】
孙建庆:鲁拜集(节选/赏析)(条目)

1993年2月,胡明扬主编《中外名诗赏析大典/外国部分/10-16世纪》,四川辞书出版社,第1384-1387页。

Rubáiyát 译为"鲁拜集"。

Omar Khayyám 译为"欧玛尔·海亚姆"。

Edward FitzGerald 译为"爱德华·菲茨杰拉德"。

节选郭沫若译本6诗节(第1、8、12、26、66、81首)。

———

"海亚姆的鲁拜诗之所以具有如此大的影响,首先是由于它明确透彻地表达出诗人对人生、社会、宇宙、宗教等的独特见解。""海亚姆的鲁拜诗的巨大魅力还在于其形式的简洁、凝练、明晰、透彻。"

【375】
王一丹:鲁拜、欧玛尔·海亚姆(条目)

1993年2月,居三元、张殿英主编《东方文化词典》,北京大学出版社,第565、709页。

Rubáiyát 译为"鲁拜/柔巴依"。

Omar Khayyám 译为"欧玛尔·海亚姆/莪默·伽亚谟"。

Edward FitzGerald 译为"爱德华·菲茨杰拉德"。

———

"传说鲁拜的创造者是鲁达基,至少他是使这一诗歌形式固定下来的第一个诗人。最著名的鲁拜作者是欧玛尔·海亚姆。他的四行诗享誉世界。""他留下了的著作中,有《努鲁兹纳梅》,书中追溯了伊朗古老的传统节日努鲁兹节的起源。海亚姆最负盛名的作品是他的四行诗,他的诗清新流畅,朴素自然,不事雕琢,同时寓意深刻,富于哲理。"

【376】

张鸿年:欧玛尔·海亚姆

1993年5月,张鸿年著《波斯文学史/第七章/伊朗的早期四行诗创作及世界著名四行诗诗人欧玛尔·海亚姆/第二节》,北京大学出版社,第86－100页。

Rubáiyát 译为"鲁拜集"。

Omar Khayyám 译为"欧玛尔·海亚姆"。

Edward FitzGerald 译为"菲慈吉拉德"。

2003年9月,张鸿年著《波斯文学史/第七章/世界闻名的鲁拜诗人欧玛尔·海亚姆/第二节》,昆仑出版社,第127－146页。

此版为"季羡林主编/东方文化集成(伊朗、阿富汗文化编)"丛书之一。

———

"……作为哲学家,海亚姆面对神秘莫测的宇宙,提出一系列感到困惑的问题,如宇宙是如何形成的? 人是从什么地方来的? 人生有什么意义? 人死后到什么地方去? ……"。

【377】

乔丽媛:从欧玛尔·海亚姆的哲理诗看波斯文学中人文主义思想的萌芽

1993年,《外国文学研究》(双月刊)第3期,第92－97页。

Rubáiyát 译为"海亚姆哲理诗"。

Omar Khayyám 译为"欧玛尔·海亚姆"。

Edward FitzGerald 未译名。

2003年4月,《中文专业论文写作教程/第四章/外国文学研究/第三节/论文评析/范例一》,广东人民出版社,第177-188页。

略有删节。

"在海亚姆看来,死后的彼岸世界是不存在的。或许新铸的陶罐上有故人的骨灰,或许土下埋着先行者的头颅,但绝'没有任何人会从彼岸带来信息,报告那些离去的人们的近况。'因此,何必'心怀着对地狱的恐惧与对天堂的向往?'"

【378】

穆宏燕:唐绝句与波斯四行诗之比较

1993年,台湾《中国国学》(年刊)第21期,第169-190页。

Rubáiyát 译为"波斯四行诗"。

Omar Khayyám 译为"欧马尔·海亚姆/欧玛尔·海亚姆"。

Edward FitzGerald 未译名。

1990年1月,《北京大学硕士学位论文摘要汇编/文科版(十)/文学/外国语言文学/波斯语言文学/299.穆宏燕:波斯四行诗与唐绝句之比较及其可能联系》,第367-368页。

2014年6月,穆宏燕著《波斯札记》,河南大学出版社,第231-269页。

文章经修改收入该书,文题为"波斯四行诗与唐绝句之比较及其可能联系"。

"一、唐绝句与波斯四行诗的产生、发展及其兴盛简述";"二、唐绝句与波斯四行诗的发展与兴盛原因浅探";"三、波斯四行诗与唐绝句的形式比较";"四、波斯四行诗与唐绝句的内容比较";"五、波斯四行诗与唐绝句的可能联系"。

【379】

赵秀琴:独上高楼览众生——试论欧玛尔·海亚姆诗歌的艺术个性

1993年12月,陶德臻、何乃英编选《伊朗文学论集》,江西人民出版社,第 185-194 页。

Rubáiyát 译为"鲁拜"。

Omar Khayyám 译为"欧玛尔·海亚姆"。

Edward FitzGerald 未译名。

"尽管人们对海亚姆的认识评价不一,有人认为他是'中世纪的叛逆诗人',有人则认为他是个'享乐至上主义者',但海亚姆引起了人类精神的共鸣是不言而喻的。"

【380】

张立明:欧玛尔·海亚姆的诗与萨迪克·赫达亚特小说之比较

1993 年 12 月,陶德臻、何乃英编选《伊朗文学论集》,江西人民出版社,第 195-206 页。

Rubáiyát 译为"鲁拜集"。

Omar Khayyám 译为"欧玛尔·海亚姆"。

Edward FitzGerald 未译名。

"欧玛尔·海亚姆(1048-1122)一生处在塞尔柱王朝动荡不安的年代里。他所处的时代是一个'政治上受到异族统治、思想上受到宗教毒害、科学文化受到摧残的时期'。塞尔柱王朝采用高压手段反对异己教派,阶级矛盾、教派纷争尖锐对立,社会极端贫富不均。广大劳动人民生活极端贫困。因此,反映黑暗的社会现实,无情地揭露和批判宗教神学成了海亚姆诗歌的主题……"。

【381】

李亚林:波斯的李白——莪默·伽亚谟及其《鲁拜集》

1994 年,《外国文学研究》(季刊)第 3 期(总第 65 期),第 73-75 页。

Rubáiyát 译为"鲁拜集"。

Omar Khayyám 译为"莪默·伽亚谟"。

Edward FitzGerald 译为"费兹杰拉德"。

"一、《鲁拜集》的翻译";"二、《鲁拜集》的多重意蕴";"三、《鲁拜集》的艺术魅力"。

◇《鲁拜集》汉译书目

【382】
《书目》：波斯作品汉译、伊朗文化研究

1994年10月，元文琪编译《书目/1911－1992/波斯作品汉译/伊朗文化研究/上编/中古文学(9至15世纪)/下编/文学/总论·文学史/中古文学/比较文学/伊斯兰教与哲学》，中国铁道出版社，第6－8、23－30、34－35、47页。

Rubáiyát 译为"鲁拜集等"。

Omar Khayyám 译为"莪默·伽亚谟/奥马尔·哈亚姆等"。

Edward FitzGerald 未译名。

———

收入相关的条目72则。

【383】
汪剑钊：海亚姆

1994年12月，飞白主编《世界诗库/第8卷/西亚/中亚·非洲》，花城出版社，第137－138页。

Rubáiyát 译为"鲁拜集"。

Omar Khayyám 译为"欧玛尔·海亚姆"。

Edward FitzGerald 译为"菲茨杰拉德"。

———

"……海亚姆的'鲁拜'经常涉及的一个主题，就是对酒的歌颂，由歌颂酒进而歌颂盛酒的器皿——陶罐。"

【384】
何乃英：鲁拜集（条目）

1994年12月，陶德臻主编《东方文学名著鉴赏大辞典》，河南人民出版社，第653－661页。

Rubáiyát 译为"鲁拜集"。

Omar Khayyám 译为"欧玛尔·海亚姆/莪默·伽亚谟"。

Edward FitzGerald 译为"菲兹吉拉德"。

选载张鸿年译本《波斯哲理诗》(文津出版社 1991 年版)中的译诗诗节共 22 首。

———————

"作家简介"、"作品节选"、"作品鉴赏"。

【385】
杨虚:浅评柏丽《怒湃译草》的语言艺术

1995 年,《山东外语教学》(双月刊)第 3 期(总第 60 期),第 50–53 页。

Rubáiyát 译为"鲁拜集"。

Omar Khayyám 译为"莪默·海亚姆"。

Edward FitzGerald 译为"爱德华·菲茨杰拉德"。

———————

"……柏丽先生的《怒湃译草》却以她对中国古典诗词的深厚修养和高超造诣,以及对天文、历史等方面知识的广泛了解,深入研究了菲译和《鲁拜集》以及其他汉译,在学术上达到了很高水平,受到翻译界同仁的高度评价。""……柏译在语言上的成就……一、句式富于变化……二、词藻准确生动……三、译作流畅易诵……"。

【386】
张鸿年:欧玛尔·海亚姆

1995 年 5 月,张鸿年编选《波斯古代诗选/关于作者》,人民文学出版社,第 333–334 页。

Rubáiyát 译为"海亚姆的四行诗/鲁拜集"。

Omar Khayyám 译为"欧玛尔·海亚姆"。

Edward FitzGerald 译为"费兹吉拉德"。

此版为"外国文学名著丛书"之一。

———————

"海亚姆的诗歌为四行诗,称'鲁拜'体诗。诗歌具有充实的思想内容,严密的逻辑和深刻的哲理性。他的诗语言质朴清新、凝练简洁。他的诗的内容与形式达到了完美的统一。"

◇《鲁拜集》汉译书目

【387】
梁宗巨:奥马·海亚姆

1995年6月,梁宗巨著《世界数学通史/(上)/第九章/阿拉伯数学/第六节/第七节/第八节》,辽宁教育出版社,第538–550、553、555、564页。

Rubáiyát 译为"鲁拜集"。

Omar Khayyám 译为"奥马·海亚姆"。

Edward FitzGerald 译为"菲茨杰拉德"。

2001年4月,梁宗巨著《世界数学通史/上册/第九章/阿拉伯数学/第六节/第七节/第八节》,辽宁教育出版社,第538–550、553、555、564页。

2005年1月,梁宗巨著《世界数学通史/上册/第九章/阿拉伯数学/第六节/第七节/第八节》,辽宁教育出版社,第538–550、553、555、564页。

此版为"中国文库/科学技术类"丛书之一。

———

"(一)历法改革/(二)开高次方根/(三)用圆锥曲线解三次方程/(四)对《几何原本》的研究/(五)四行诗"。"奥马是一个知识渊博的科学家,但在西方却以诗人而闻名。他写了很多四行诗[quatrain],其中透露出无神论的自由思想。这在他的一生中导致很多麻烦。晚年的时候,他甚至到麦加去朝觐,力图洗刷人们对他的无神论的指控。"

【388】
《丝绸之路文化大辞典》:莪默·伽亚谟(条目)

1995年8月,王尚寿、季成家主编《丝绸之路文化大辞典/文学/(一)作家》,红旗出版社,第429页。

Rubáiyát 译为"鲁拜集"。

Omar Khayyám 译为"莪默·伽亚谟/奥马尔·哈伊亚姆"。

Edward FitzGerald 未译名。

———

"莪默·伽亚谟/中世纪中亚著名诗人、数学家、天文学家。他曾在撒马尔罕和布哈拉任职,后来进入塞尔柱王朝宫廷。主管过伊斯法罕和梅而甫的天文台,1079年修订历法,比太阳历精确完善。在数学和哲学上亦有相当成就,尤以擅长四行诗(鲁拜)而饮誉诗坛。"

【389】
江枫:译难,评更难

1995 年 8 月 5 日,《文汇读书周报》,第 9 版。

Rubáiyát 译为"鲁拜集"。

Omar Khayyám 未译名。

Edward FitzGerald 译为"菲茨杰拉德"。

———

"译诗,我通过自己的尝试和对他人成果的研读,深深体会到:不求形似,但求神似而获得成功者,绝无一例。""……何况,据英国 NORTON ANTHOLOGY OF ENGLISH LITERATURE 说,连英国的专家学者们对菲茨杰拉德的《鲁拜集》是否算得忠实的译作仍然聚讼纷纭迄无定论。"

【390】
伍立杨:生命的慧镜

1995 年,《博览群书/百家书话》(月刊)第 9 期,第 31 页。

Rubáiyát 译为"鲁拜集"。

Omar Khayyám 译为"俄默·伽亚谟"。

Edward FitzGerald 译为"菲茨杰拉德"。

———

"《鲁拜集》这本小书,就抵得万吨矿藏,那百首四行短诗,仿佛深山古寺丛草里尘埋多年的琥珀,得显微阐幽之趣,成彰往察来之能。……伽亚谟的诗若飘风,若流萤,清隽之极,却并非言之无物;如雄鹰,如脱兔,自由之极,却并非没有轨辙。"

【391】
刘安武:欧玛尔·海亚姆

1995 年 12 月,季羡林主编《东方文学史(三卷本)/上/第四章/波斯文学/第三节》,吉林教育出版社,第 345–355 页。

Rubáiyát 译为"鲁拜集"。

Omar Khayyám 译为"欧玛尔·海亚姆/莪默·伽亚谟"。

Edward FitzGerald 译为"费慈吉拉德"。

文中选载海亚姆的诗节共 22 首,未注明译者,应为张鸿年译本。

"一位伊朗学者玛德丁·卡台伯在海亚姆逝世数十年后,提到他写过诗,但是也未把他作为诗人。""伊朗人是通过欧洲人的译作的影响才真正认识这位本民族的大诗人的。甚至至今,海亚姆在本国文学史上的地位与他在世界文坛上的声誉并不相称。"

【392】
[日本]沙卡布拉扬[Sakabulajo]:《露杯夜陶》含[和]我(代序)

1996 年 4 月,[日本]沙卡布拉扬译《露杯夜陶》(台语),日本绿荫社/台湾高雄春晖,第 13–41 页。

Rubáiyát 译为"露杯夜陶/鲁拜集"。

Omar Khayyám 译为"奥玛凯琰"。

Edward FitzGerald 译为"费志嘉拉德"。

沙卡布拉扬[Sakabulajo],本名郑天送,笔名郑穗影。

"讲到遮仔,假定对读启明版的《鲁拜集》(《露杯夜陶》)开始到今仔,算来么已经有 25 年了! 讲起来么是'年久月深'了;唔拘,对奥玛的四行诗的爱及欣赏,犹然无变,甚至愈来愈会当了解着伊的诗境,伊的人生及思想;介侪所在,比以前更伽有'共鸣'。"

【393】
郎樱:柔巴依(条目)

1996 年 9 月,余太山、陈高华、谢方主编《新疆各族历史文化词典》,中华书局,第 318 页。

Rubáiyát 译为"柔巴依"。

Omar Khayyám 未译名。

Edward FitzGerald 未译名。

"维吾尔族诗歌的一种形式。'柔巴依'一词为阿拉伯语汇的音译,原意为'四的组合',意译即为'四行诗'。每首四行,一般一、二、四行押韵,押韵形式为 aaba。四行诗形式在维吾尔族诗歌中早已有之,11 世纪成书的《突厥语大辞典》中收录了大量四行诗,同时代的《福乐智慧》一书中也有 173 首四行诗,这表明伊斯兰诗歌传入之前,四行诗在维吾尔民间已广泛存在。'柔巴依'之名是15世纪以后才为维吾尔族诗人所采用的,以此作为四行诗之称。"

【394】

张玲霞:海亚姆

1996年11月,周一良、林耀华名誉主编/史仲文、胡晓林主编《世界全史/新编世界文学史(上)/张玲霞著〈世界中世纪文学史/三、波斯文学/3.〉》(上下册),中国国际广播出版社,第84－90页。

Rubáiyát 译为"鲁拜集"。

Omar Khayyám 译为"欧玛尔·海亚姆"。

Edward FitzGerald 译为"菲茨杰拉德"。

此版为"百卷本《世界全史》"丛书之一。

1996年11月,周一良、林耀华名誉主编/史仲文、胡晓林主编《世界全史(精装合订本)/第8卷/039、张玲霞著〈世界中世纪文学史/三、波斯文学/3.〉》,中国国际广播出版社,第84－90页。

"海亚姆的四行诗语言质朴,内涵丰富,从诗中人们既能看到在苦苦思索的哲学家,又能领略到诗人的饱满的激情和一个清醒的无神论者对世事的清醒而达观的认识,闪烁着睿智的光辉。具体地分析,海亚姆的四行诗主要有三方面的内容:/第一,对宇宙人生的探索。……/第二,对社会现实的愤懑。……/第三,对宗教教义的批判。"

【395】

[爱尔兰/日本]小泉八云:关于奥玛和他的四行诗(节选)、鹤西:译后记

1997年1月7日,[爱尔兰/日本]小泉八云文/鹤西译《关于奥玛和他的四行诗(节选)》、鹤西文《译后记》,《花溪/花溪涟漪》(月刊)第一期(总第207期),第44页。

Rubáiyát 译为"奥玛四行诗"。

Omar Khayyám 译为"奥玛·开扬谟"。

Edward FitzGerald 译为"费茲杰拉德"。

小泉八云,本名拉甫卡迪沃·赫恩[Lafcadio Hearn 1850－1904]。

◇《鲁拜集》汉译书目

鹤西,本名程侃声。

小泉八云的《关于奥玛和他的四行诗》全文,收入《鹤西文集》(2002年12月版)中的鹤西译本和鹤西译本《鲁拜集》(2010年4月版和2015年1月版)。

"生命的无常,死亡之谜,青春的凋逝,要解释不能解释的事是愚蠢的哲学尝试等等——这些就是奥玛·开扬谟在他的最引人和最美的诗中带着哀愁和嘲弄的幽默所表达的。"

【396】
盖逊:从一首译诗引出的问题

1997年8月,《昌潍师专学报(社会科学版)》(双月刊)第16卷第4期,第76-78页。

Rubáiyát译为"鲁拜集"。

Omar Khayyám译为"欧玛尔·海亚姆"。

Edward FitzGerald译为"菲茨杰拉德"。

"……对于郭氏的这一译文,范家材提出异议说:'原诗中underneath the Bowl,郭沫若先生译为"树荫下",显然,他把"the Bowl"理解为碗状郁郁葱葱的书顶。笔者认为,the Bowl中的B是大写字母,意为"苍穹"。荒原之中未必会有馥郁的树荫'。"

【397】
郑书磊、郝文胜:海亚姆/《鲁拜集》节选(条目)

1997年8月,孙鑫亭主编《古今中外哲理诗鉴赏辞典/丙编/外国部分/波斯-伊朗》,中州古籍出版社,第1031-1033页。

Rubáiyát译为"鲁拜集"。

Omar Khayyám译为"欧玛尔·海亚姆"。

Edward FitzGerald译为"爱德华·菲兹吉拉德"。

选译诗节共8首(第63、64、65、67、81、99、100、101首)。

"作为一名哲学家,海亚姆一生都在思索宇宙和人生的奥秘,他对伊斯兰教真主创世

的既定结论表示怀疑,开始了自己苦苦的探索,寻觅着万事万物的'根由'和'源头'。"

【398】
《伊斯兰教辞典》:欧麦尔·哈亚姆[Umar al-Khayyām](条目)

1997年10月,金宜久主编《伊斯兰教辞典/七、历史人物》,上海辞书出版社,第401页。

Rubáiyát 译为"鲁拜诗集(Rubā'yyāt-i-Khayyām)"。

Omar Khayyám 译为"欧麦尔·哈亚姆(Umar al-Khayyām)"。

Edward FitzGerald 译为"费茨杰拉德"。

———

"鲁拜诗语言朴实,想象奇特,譬喻新颖,在双关语、象声词和迭韵的运用上功夫独到,被誉为'古波斯诗歌的最高典范'。诗中带有反宗教和清规戒律的情感,被传统伊斯兰教学者斥为'伤人的毒蛇,和引人误入歧途的链条'。19世纪中叶,费茨杰拉德译为英文,引起世人关注。"

【399】
[美国]周策纵:静安与莪默

1997年11月,钱文忠编/[美国]周策纵著《弃园文粹/九七》,上海文艺出版社,第320–323页。

Rubáiyát 译为"绝句"。

Omar Khayyám 译为"莪默·赫雅穆"。

Edward FitzGerald 未译名。

该文节录菲氏第一版诗节9段(第2、6、5、18、47、26、61、68、31首),配有部分语体译笺。

静安,本名王国维。

此版为"学苑英华"丛书之一。

2006年1月,叶嘉莹、安易编著《王国维词新释辑评/人间词甲稿/青玉案(姑苏台上)》,中国书店,第78页。

此版为"历代名家词新释辑评丛书"之一。

———

"《青玉案》:'姑苏台上乌啼曙,……十里寒螀语。'醉后月下临流,对歌舞楼台,凄凉坟墓,吊古代之名王佳丽,叹死生之必至,其境其情,与11世纪波斯诗人莪默·赫雅穆之《绝句》[Rubáiyát of Omar Khayyám],何其相类也!"

【400】
张晖:《柔巴依诗集》在中国(词条)

1997年11月,林煌天主编《中国翻译词典》,湖北教育出版社,563页。

Rubáiyát 译为"柔巴依诗集"。

Omar Khayyám 译为"欧玛尔·哈亚姆"。

Edward FitzGerald 译为"费茨吉拉德"。

2005年10月第2版。

———

"……特别值得一提的是,'柔巴依'对我国新疆的维吾尔、乌兹别克、塔吉克等少数民族诗歌有着巨大影响。这些民族的古典诗歌也同波斯诗歌一样分为各种诗体,其中便有'柔巴依'四行诗体。这是直接从波斯诗歌移植来的。"

【401】
黄杲炘:《柔巴依集》——富有传奇色彩的诗篇

1998年1月,黄杲炘译《柔巴依一百首/代序》,中国对外翻译出版公司,第1-33页。

Rubáiyát 译为"柔巴依集"。

Omar Khayyám 译为"欧玛尔·哈亚姆"。

Edward FitzGerald 译为"爱德华·菲茨杰拉德"。

1999年11月,黄杲炘著《从柔巴依到坎特伯雷》,湖北教育出版社,第201-229页。

2007年9月第2版(修订本)。

2016年9月,黄杲炘译《柔巴依集/附录一》,陕西师范大学出版总社,第252-278页。

———

"……无论是欧玛尔·哈亚姆的原作,还是菲氏的英译,更像是璀璨的钻石,而每一个译者就像是工匠,各自在这钻石上打磨出一个有特定角度的反射面。译者越多,这样的反射面就越多,钻石也就更光华四射。""……《柔巴依集》原作的情况……《柔巴依集》

的汉译情况……《柔巴依集》和我……从菲氏《柔巴依集》的汉译看我国译诗的几种方式……本译作的存在理由"。

【402】
马旷源:"柔巴依"

1998年2月,马旷源著《回族文化论集——附〈回回原来〉整理本/域外文谈》,中国文联出版公司,第194-198页。

Rubáiyát 译为"柔巴依/柔巴依集/鲁拜集"。

Omar Khayyám 译为"奥马尔·哈亚姆/莪默·伽亚谟/欧玛尔·哈亚姆"。

Edward FitzGerald 未译名。

2008年1月,马旷源著《马旷源民族文化论集/回族文化论集/上篇/域外文谈》,云南出版集团公司/云南美术出版社,第180-184页。

——————

"诗是一个民族独有的。诗,不能翻译。许多人说过类似的话,以为诗一经离开了它的本土,关键是失去了它赖以生存的特定语种,便丧失了色香味。我同意这个意见。'柔巴依'进入中国,恐怕也太多的失却了它自身的柔媚,因为从译诗中,读者只能感觉朦胧的意境和一点点的哲理,以词句论,远未达到传神。桔生于北则变枳,这原是无可奈何的事,只好怨自己不能读原著。"

【403】
《中西诗鉴赏与翻译》:欧玛尔·海亚姆

1998年8月,辜正坤主编《中西诗鉴赏与翻译》,湖南人民出版社,第363-366页。

Rubáiyát 译为"鲁拜集"。

Omar Khayyám 译为"欧玛尔·海亚姆"。

Edward FitzGerald 译为"爱德华·菲茨杰拉德"。

——————

"中世纪波斯著名数学家和天文学家,其不朽杰作四行诗集是波斯古典诗中的绝唱。……1859年,英国诗人爱德华·菲茨杰拉德将其译为英文,遂风靡世界,译家迭起,仅纽约图书馆就拥有此诗集的500种不同版本。"

◇《鲁拜集》汉译书目

【404】
陈四益:中译《鲁拜集》见闻

  1998年9月26日,《文汇读书周报》第5版。

  Rubáiyát译为"鲁拜集/柔巴依集"。

  Omar Khayyám译为"莪默·伽亚谟/奥马尔·哈亚姆"。

  Edward FitzGerald译为"菲茨杰拉德"。

  2000年8月,黄永厚图/陈四益著《轧闹猛/灯下偶拾》,广东人民出版社,第133-139页。

  此版为"南腔北调丛书/第二辑"之一。

  2001年10月,陈四益著《一枕清霜》,辽宁画报出版社,第154-159页。

  此版为"世相丛书"之一。

  2004年8月,文汇读书周报编辑部编《辫子,还是辫子/咀华小集》,文汇出版社,第145-149页。

  此版为"文汇读书周报文丛"丛书之一。

  "……赵宋庆先生所译的《鲁拜集》……据赵先生推测,莪默《鲁拜集》中的诗歌,很可能在宋代即已传入中国,并对苏轼的创作有过影响。在苏轼的诗集中,曾讲到一首'回先生'的诗作。……苏轼读到回先生的这首诗后,依原韵和了三首。赵先生就是从这些地方提出他的推断的。为了证实他的推测,他居然在一个星期中将维尼菲尔德所译《鲁拜集》五百余首全部译成中文七言绝句,然后再到东坡集中搜集证据。"

【405】
吴兴文:天使的容颜

  1999年1月23日,《文汇读书周报》第5版。

  Rubáiyát译为"鲁拜集"。

  Omar Khayyám未译名。

  Edward FitzGerald译为"爱德华·费滋杰罗/爱德华·菲茨杰拉德"。

  2001年8月,吴兴文著《我的藏书票之旅》,生活·读书·新知三联书店,第127-130页。

"……他[萨克雷]将她[布鲁克菲尔德夫人 Mrs. Jane Brookfield]的容颜设计成'天使捧纹章'藏书票,送给费滋杰罗做纪念。"

【406】
张承志:启示的波斯

1999年,《西北民族研究》(半年刊)第2期(总第25期),第112-118页。

Rubáiyát 译为"四行诗/柔巴依/鲁拜"。

Omar Khayyám 译为"莪默·伽亚谟/欧玛尔·海亚姆"。

Edward FitzGerald 译为"费茨吉拉德"。

1999年,《人民文学》(月刊)第10期,第86-91页。

文题为"波斯的礼物",下同。

1999年12月,张承志著《张承志文集/无援的思想/思想随笔卷》,湖南文艺出版社,第232-243页。

2000年,《回族研究》(季刊)第1期(总第37期),第21-24页。

2000年,《西北第二民族学院学报(哲学社会科学版)》(双月刊)第3期(总第46期),第3-11页。

此篇为增补重写。

2006年1月,张承志著《张承志作品精选》,长江文艺出版社,第358-370页。

———

"莪默·伽亚谟……在他们看来,这一西域怪杰,完全可以与整个的波斯文明相匹敌。确实,这位风流诗人的绝妙'鲁拜',引得中国人译者如蜂,兴而不衰。……重译不厌的一个原因,是由于那个用着方便且大名鼎鼎的、费茨吉拉德英译本。中国人的乐此不疲,也是因着欧洲人的嗜爱无止。……""放肆的剖白、明快的哲理,鲜活的句子。不知它究竟是莪默的,还是费茨吉拉德的。这些胡姬当炉的妙歌,它挑逗了中国文人的渴望和趣味,教导了他们个性解放的极致。文人们出于惊喜,争相一译,寄托自由的悲愿。它不仅是一股清风;对翻译家们来说,它若是末日洪水才好,他们盼它帮忙,冲毁压抑人性的旧中国于一个早晨——于是译笔缤纷,华章比美。"

【407】
沈苇:快乐与忧伤的古歌/附/柔巴依集选(欧玛尔·哈亚姆)

1999年4月,沈苇著《正午的诗神——50个外国重要诗人散文家》,新疆青少年出版社,第15-21页。

Rubáiyát译为"柔巴依集"。

Omar Khayyám译为"欧玛尔·哈亚姆"。

Edward FitzGerald译为"爱德华·菲茨杰拉德"。

此版为"经典之旅丛书"之一。

2000年10月、2007年8月,沈苇著《正午的诗神——五十个外国重要诗人散文家》(修订版),新疆青少年出版社,第15-21页。

2018年10月,沈苇著《正午的诗神》,广西师范大学出版社,第16-22页。

Omar Khayyám译为"欧玛尔·海亚姆"。

陈雨配人物肖像画。

此版为"诗想者·读经典"丛书之一。

"菲茨杰拉德将零碎的《柔巴依集》改造成'波斯花园里的一种伊壁鸠鲁式的田园诗',将破碎的波斯玫瑰施以符咒,变成了朵朵盛开的奇葩。……菲茨杰拉德如同欧玛尔的灵魂转世。他在翻译整理《柔巴依集》时说:'欧玛尔未能找到别的世界,只找到了这个世界。于是,他最大限度地利用它:用他眼中所见的事物,经由感官再得到默许,来抚慰心灵;而不是用徒劳的忧虑,追随事物应该怎样,去迷惑心灵。'"

【408】
《不列颠百科全书》:FitzGerald,Edward[菲茨杰拉德]、Omar Khayyam[欧玛尔·海亚姆]、robā'ī[四行诗](条目)

1999年4月,中国大百科全书出版社不列颠百科全书编辑部编译/徐惟诚总编《不列颠百科全书/国际中文版》(20卷),中国大百科全书出版社,第6卷第318-319页、第12卷第384页、第14卷第310页。

Rubáiyát译为"鲁拜集/欧玛尔·海亚姆的四行诗集"。

Omar Khayyám译为"欧玛尔·海亚姆"。

Edward FitzGerald译为"菲茨杰拉德/E.菲茨杰拉德"。

另见 1985 年 6 月中国大百科全书出版社出版《简明不列颠百科全书》（10 卷）、1986 年 1 月中国大百科全书出版社出版《简明不列颠百科全书》（10 卷）、1986 年 3 月中国大百科全书出版社出版《简明不列颠百科全书》（10 卷）、1986 年 7 月中国大百科全书出版社出版《简明不列颠百科全书》（10 卷）、1986 年 8 月中国大百科全书出版社出版《简明不列颠百科全书》（10 卷）、1991 年 1 月中国大百科全书出版社出版《简明不列颠百科全书》（11 卷/增补本）、2005 年 9 月中国大百科全书出版社出版《不列颠简明百科全书》（上下卷）、2007 年 4 月中国大百科全书出版社出版《不列颠简明百科全书》（20 卷/修订版）、2011 年 4 月中国大百科全书出版社出版《不列颠简明百科全书》（4 卷/修订版/精装本）、2011 年 5 月中国大百科全书出版社出版《不列颠简明百科全书》（4 卷/修订版）。

"菲茨杰拉德……英国作家，以所译《鲁拜集》而闻名。此书虽然是意译的 12 世纪波斯诗人欧玛尔·海亚姆的作品，但其本身已成为一部英国文学名著，是英国人最常引用的抒情诗之一，其中许多比喻已为一般人所使用。""欧玛尔·海亚姆……在菲茨杰拉德从中获得灵感写出他的闻名于世的《欧玛尔·海亚姆的四行诗集》之前，欧玛尔的诗作不大引人注意。……有些学者怀疑欧玛尔曾写过诗，而且在他死后 200 年间，很少有署他名字的四行诗出现。""四行诗，波斯文学中的一种诗体。……在波斯的影响下，这种诗体在其他国家也被采用。欧玛尔·海亚姆的四行诗集《鲁拜集》是这类诗体在西方最为闻名的作品，该诗由英国人 E. 菲茨杰拉德译成英文。"

【409】
陈四益：关于中译《鲁拜集》的补记

1999 年 6 月 5 日，《文汇读书周报》第 9 版。

Rubáiyát 译为"鲁拜集/柔巴依集"。

Omar Khayyám 译为"莪默·伽亚谟"。

Edward FitzGerald 未译名。

2000 年 8 月，黄永厚图/陈四益著《轧闹猛/灯下偶拾》，广东人民出版社，第 140 - 143 页。

此版为"南腔北调丛书/第二辑"之一。

2001 年 10 月，陈四益著《一枕清霜》，辽宁画报出版社，第 160 -

163页。

此版为"世相丛书"之一。

———

"去年,我曾作一短文,说了我所知道的几种《鲁拜集》的译作。我不是专门研究莪默·伽亚谟的人,见闻所及,不免挂一漏万。不料此文刊登之后,陆续接到了一些不相识朋友的来信,有的还热情地寄来了他们搜集的材料,使我眼界顿开。"

【410】
《简明郭沫若词典》:沫若译诗集、费兹吉拉德(条目)

1999年6月,李标晶主编《简明郭沫若词典/二、创作/(九)译著/四、人名/(三)外国部分》,甘肃教育出版社,第209、371页。

Rubáiyát 译为"鲁拜集"。

Omar Khayyám 译为"莪默伽亚谟"。

Edward FitzGerald 译为"费兹杰拉德/菲茨杰拉尔德"。

———

"沫若译诗集/该诗集包括……波斯诗人莪默伽亚谟的《鲁拜集》……""费兹吉拉德/英国诗人、翻译家。原名爱德华·波塞尔。……早年写诗,后以翻译古代波斯诗人莪默伽亚谟的《鲁拜集》而闻名。还译有西班牙剧作家卡尔德隆的6部剧本及波斯作家贾末[米]的寓言《萨拉曼布萨尔》等。"

【411】
刘建基:从巴克汀的"对话论"论衍译的文化课题——以黄克孙译本《鲁拜集》为例

1999年8月31日,台湾国立政治大学英语系主办,台湾"行政院国家科学委员会补助专题研究计划成果报告"会。

Rubáiyát 译为"鲁拜集"。

Omar Khayyám 译为"奥玛珈音"。

Edward FitzGerald 译为"费滋杰罗"。

———

"整体说来,自由了联想及'背离原意的创造性'是衍译的一大特色。借用巴克汀的话,黄氏译本与费氏文本之关系是建立在'回应式的理解'与互动。互动过程中,译者大量运用自由联想并且重新改写,使得译文脱离了原文的'语境'。于是,译文本身成为一种'书写性文本'[writerly text],译者在翻译的过程中,参与写作,发挥最高的创造潜力,与原著者产生对话。"

【412】
[阿根廷]博尔赫斯:《鲁拜集》(诗歌)

1999年11月,[阿根廷]博尔赫斯著/王永年译《博尔赫斯全集/诗歌卷/上/影子的颂歌(1969)》,浙江文艺出版社,第389－390页。

Rubáiyát 译为"鲁拜集"。

Omar Khayyám 译为"欧玛尔·海亚姆"。

Edward FitzGerald 译为"菲茨杰拉尔德"。

———

"让我的声音重现波斯人的韵律,/想起时间是梦幻泡影的交集,/人生一场,宛如一枕黄粱,/任凭隐秘的梦者摆布播弄。""让月亮回到你笔下的诗歌,/正如在苍茫薄暮回到你的花园。/那个花园里的同一轮明月/却无从寻觅你的踪影。"

【413】
[阿根廷]博尔赫斯:爱德华·菲茨杰拉尔德之谜

1999年11月,[阿根廷]博尔赫斯著/王永年译《博尔赫斯全集/散文卷(上)/探讨别集》,浙江文艺出版社,第403－406页

Rubáiyát 译为"鲁拜集"。

Omar Khayyám 译为"欧玛尔·海亚姆"。

Edward FitzGerald 译为"爱德华·菲茨杰拉尔德/爱德华·菲茨杰拉德"。

2008年2月,[阿根廷]博尔赫斯著/王永年译《探讨别集》,浙江文艺出版社,第87－91页。

2015年6月,[阿根廷]博尔赫斯著/王永年译《探讨别集》,上海译文出版社,第107－112页。

———

"斯温伯尔尼说,菲茨杰拉尔德'给了欧玛尔·海亚姆在英国最伟大的诗人中间一席永久的地位',切斯特顿觉察到这个无与伦比的集子的浪漫主义和古典主义特色,评论说它同时兼有'飘逸的旋律又有持久的铭刻'。有些评论家认为菲茨杰拉尔德的欧玛尔译

本实际是有波斯形象的英国诗;菲茨杰拉德推敲、润色、创新,但他的《鲁拜集》仿佛要求我们把它们看做波斯的古诗。""一切合作都带有神秘性。英国人和波斯人的合作更是如此,因为两人截然不同,如生在同一时代也许会视同陌路,但是死亡、变迁和时间促使一个人了解另一个,使两人合成一个诗人。"

【414】

《辞海》:莪默·伽亚谟[Omar Khayyám,1048–1123]、爱德华·菲茨杰拉德[Edward FitzGerald,1809–1883](条目)

  2000年1月,夏征农主编《辞海/1999年版缩印本》,上海辞书出版社,第716、719页。

  Rubáiyát译为"鲁拜集"。

  Omar Khayyám译为"莪默·伽亚谟/欧玛尔·海亚姆"。

  Edward FitzGerald译为"爱德华·菲茨杰拉德"。

  书名题字江泽民。

  该版为《辞海/1999年版普及本》(1999年9月)缩制。

  2000年1月第2次印刷、2000年7月第3次印刷、2001年7月第4次印刷、2001年11月第6次印刷、2005年1月第11次印刷、2005年6月第12次印刷、2009年4月第20次印刷。

———

  "莪默·伽亚谟,一译欧玛尔·海亚姆。波斯诗人、数学家、天文学家。早年辍学,后接近宫廷,从事学术研究,在数学和天文学上卓有成就。1074年修订历法。著名的四行诗集《鲁拜集》,否定来世和宗教信条,谴责权贵和宗教上层人士,肯定现实生活。诗中充满哲学意味,带有悲观厌世色彩。""爱德华·菲茨杰拉德。英国作家、翻译家。1859年意译波斯诗人莪默·伽亚谟的诗作《鲁拜集》,得到诗歌界的热烈推崇。渗入译诗中的忧郁哀伤情绪,对19世纪末英国的诗风产生一定影响。"

【415】

王家瑛:欧玛尔·海亚姆

  2000年1月,蔡德贵主编《东方著名哲学家评传/西亚北非卷》,山东人民出版社,第277–316页。

  文中收入王家瑛直译本44首,译自苏联科学院东方学研究所辑《鲁巴依雅特（1208年抄本）/欧玛尔·海亚姆四行诗》（莫斯科东方文学出版社1959年版）的波斯文文本，该书收入海亚姆四行诗共293首。

Rubáiyát 译为"四行诗集"。

Omar Khayyám 译为"欧玛尔·海亚姆"。

Edward FitzGerald 译为"费茨季拉德"。

2007年5月，王家瑛著《伊斯兰文化哲学史/第十二章/欧麦尔·海亚姆》，宗教文化出版社，第203－247页。

Omar Khayyám 改译为"欧麦尔·海亚姆"。

该文小节标题略为改动。

———

"一、欧玛尔·海亚姆的生平"；"二、海亚姆对伊斯兰教的态度"；"三、海亚姆享乐主义的人生哲学——人的觉醒"；"四、光阴论和宿命论"；"五、'理性主义的悲观主义诗人'"；"六、人本主义的微弱之光"。

【416】
童元方：论《鲁拜集》的英译与汉译

2000年6月15日，《外语与翻译》（季刊）第2期（总第25期），第11－19页。

Rubáiyát 译为"鲁拜集"。

Omar Khayyám 译为"奥玛开俨"。

Edward FitzGerald 译为"费滋杰罗"。

2003年12月，罗选民、屠国元主编《阐释与解构/翻译研究文集》，安徽文艺出版社，第160－179页。

此版为"文学与翻译研究丛书"之一。

2009年7月，童元方著《选择与创造/文学翻译论丛》，牛津大学出版社，第14－34页。

文题为"奥玛开俨与费滋杰罗——论《鲁拜集》的英译与汉译"。

此版为"文学翻译论丛"之一。

2015年6月，童元方著《译心与译艺：文学翻译的究竟》，外语教学与研究出版社，第53－77页。

文题为"奥玛开俨的知音——论《鲁拜集》的英译与汉译"。

◇《鲁拜集》汉译书目

此版为"译家之言"丛书之一。

"1892 年一群奥玛迷在英国成立了'奥玛开俨诗迷会'。因费氏初版的发行日期是 1859 年,而将会员人数限定为 59 人,选出四年后第一位将奥玛诗译成英文散文的麦西尼[Justin Huntly McCarthy]为主席。""奥玛开俨等了七百多年才等到认识他创作的费滋杰罗;而费滋杰罗的译本亦在黯淡的廉价书箱里盼到他的知音,有诗人罗赛蒂[Dante Gabriel Rossetti,1828-1882]与史文朋[Algernon Charles Swinburne,1837-1909],还有诗人画家莫里斯[William Morris,1834-1896]以及《伦敦新闻画报》[Illustrated London News]的著名插画家辛普森[William Simpson]。"

【417】
《外国黑白插图资料》:英国画家罗诺尔·巴尔福特的插图作品

2000 年 7 月,宣森主编《外国黑白插图资料》,黑龙江美术出版社,第 380－399 页。

Rubáiyát 未译名。

Omar Khayyám 未译名。

Edward FitzGerald 未译名。

选载[英国]罗诺尔·巴尔福特[鲍尔弗]的鲁拜集插画作品 20 幅。

【418】
《数学史辞典》:阿拉伯数学、奥马·海亚姆、《代数学》(条目)

2000 年 8 月,杜瑞芝主编《数学史辞典/中外数学/数学家/经典数学著作》,山东教育出版社,第 24－26、106、275－276 页。

Rubáiyát 译为"四行诗集"。

Omar Khayyám 译为"奥马·海亚姆"。

Edward FitzGerald 未译名。

2017 年 5 月,杜瑞芝主编《数学史辞典新编/外国数学/数学家/经典数学著作》,山东教育出版社,第 38－42、180－181、378－379 页。

"代数学作为解方程的学说,在奥马·海亚姆的《代数学》中达到了新的高度。他明确地把代数学定义为解方程的科学,奥马·海亚姆的定义一直保持到19世纪末。""他是一位全能学者,在数学、天文学、哲学、文学、法学、历史、药学和音乐等方面皆有著述。数学著作有《代数问题的论证》、《算术问题》、《智慧的天平》等。""《代数学》/阿拉伯数学家奥马·海亚姆著。书名直译应为《还原与对消问题的论证》。"

【419】

刘建基:对话想象——翻译、衍译、《鲁拜集》

2000年10月,《中外文学》(季刊)第29卷第5期,第226-237页。

Rubáiyát 译为"鲁拜集"。

Omar Khayyám 译为"奥玛珈音"。

Edward FitzGerald 译为"费滋杰罗"。

————

"本论文包含理论与实践二部分。理论部分旨在探讨……实践部分则将巴克汀的'对话论'落实于个案的讨论,以黄克孙译本《鲁拜集》为例析论衍译的策略及文化移转等问题。"

【420】

李奭学:翻译与国家文学

2000年10月5日,台湾《"中央"日报》。

Rubáiyát 译为"鲁拜集"。

Omar Khayyám 译为"奥玛珈音"。

Edward FitzGerald 译为"菲茨杰拉德"。

参阅本书书目#848。

————

"许多人都读过黄克孙译自菲次杰拉德的《鲁拜集》,深为其中的七绝所迷。至少'卿为阿侬歌瀚海,茫茫瀚海即天堂'等句,文科学生背得出的大有其人。黄克孙像译过拜伦的苏曼殊,早就可以列入国史的文苑,《鲁拜集》更可登堂进入文学史。……菲氏的《鲁拜集》也是'译作',译自11世纪波斯诗人奥玛珈音的《四行诗集》。当然,菲茨杰拉德笔巧心更巧,墨渖既下,绝不死译。珈音的'三行转'[alcaic],他易之为'牧歌体'[eclogue],又削减原作'载酒狂歌'的傲态,代之以个人自由心证所得的愁思。是以所成就的'英译本',根本就是'新著'。罗塞蒂一读下惊为天人,卡莱尔再读则忙不迭誉之为'珠玉纷陈'。至于20世纪的文学史家,那就几乎没人胆敢略过不提了。艾文思[Ifor Evans]著名的《英国文学史略》里,菲茨杰拉德不仅是译家,也因所译而受封为'19世纪出类拔萃的诗人'。"

【421】

《科学家大辞典》:奥马尔·海亚姆(条目)

2000年12月,梁宗巨等主编《科学家大辞典》,上海辞书出版社/上海科技教育出版社,第51页。

Rubáiyát 未译名。

Omar Khayyám 译为"奥马尔·海亚姆"。

Edward FitzGerald 未译名。

"奥马尔·海亚姆/阿拉伯数学家、天文学家。是一位全能的学者,在数学、天文学、哲学、文学、音乐等方面皆有著述。其数学著作主要有《代数问题的论证》、《算术问题》、《智慧的天平》等。"

【422】

陈次云:《鲁拜集》导读

2001年2月,陈次云译《鲁拜集》,台湾桂冠图书股份有限公司,第Ⅰ-ⅩⅤ页。

Rubáiyát 译为"鲁拜集"。

Omar Khayyám 译为"奥玛·开俨"。

Edward FitzGerald 译为"艾德华·费兹杰罗"。

"一、题解";"二、原作者简介";"三、英译者费兹杰罗简介";"四、《鲁拜集》的译法";"五、《鲁拜集》的读法";"六、致谢"。

【423】

吴舜立:生与死的终极畅想——海亚姆"鲁拜"诗生命主题论略

2001年,《外国文学研究》(季刊)第2期(总第92期),第113-118页。

Rubáiyát 译为"鲁拜/柔巴依"。

Omar Khayyám 译为"海亚姆"。

Edward FitzGerald 未译名。

"对人类生命存在的哲学探求,是海亚姆'鲁拜'诗的思想主线。诗人拷问宇宙无限、感叹生命短暂,揭示物质不灭、追求人生尽欢,剖析生命矛盾、直面人生痛苦,写下了一部诗化的生命哲学,构筑了一道永恒的诗歌景观。"

【424】
孟昭毅:"柔巴依"与中国

2001年8月,孟昭毅著《东方文学交流史/第四编/中国和西亚文学编/第一章/中国和伊朗/第三节》,天津人民出版社,第468-471页。

Rubáiyát 译为"柔巴依/塔兰涅/鲁拜(绝句/四行诗)"。

Omar Khayyám 译为"海亚姆"。

Edward FitzGerald 译为"菲茨杰拉德"。

此版为"东方文化综合研究编/季羡林总主编《东方文化集成》"丛书之一。

"总之,'柔巴依'这种抒情诗形式,与中国文学的关系密切。二者形成一种文学影响回返的流程。中国绝句两行影响了'柔巴依'的形成,乃至它定型以后,再东行回返流入中国。它不仅在新疆地区保持原貌,成为维吾尔族喜闻乐见、经常运用的诗歌形式,而且被汉译成多种版本,流传、播扬在内地广袤的文化沃土。"

【425】
丁湘:研究诗歌翻译的力作

2001年8月22日,《中华读书报/世界图书·读译评论》第18版。

Rubáiyát 译为"柔巴依集"。

Omar Khayyám 译为"欧玛尔·哈亚姆"。

Edward FitzGerald 译为"爱德华·菲茨杰拉德"。

"波斯诗人欧玛尔·哈亚姆(1048-1122)被后世誉为世界文学瑰宝的《柔巴依集》,

在他身后 737 年间几乎被人遗忘。谁料就在达尔文出版其划时代巨著《物种起源》的那一年即 1859 年,英国作家爱德华·菲茨杰拉德(1809 – 1883)隐名自费出版了他以十分自由的方式译出的《柔巴依集》。菲茨杰拉德的英译本,文笔洗练流畅,音韵和谐优美,被奉为诗人译诗的光辉典范,并成为英国文学中深受广大读者喜爱的一部作品。"

【426】
张鸿年:波斯大诗人海亚姆和《鲁拜集》

2001 年 9 月,张鸿年译《鲁拜集/译者序》,湖南文艺出版社,第 11 – 26 页。

Rubáiyát 译为"鲁拜集/鲁拜(四行诗)"。

Omar Khayyám 译为"欧玛尔·海亚姆/莪默·伽亚漠"。

Edward FitzGerald 译为"菲兹吉拉德"。

2001 年 12 月,张鸿年译《鲁拜集/译者序》,台湾木马文化事业公司,第 11 – 31 页。

2017 年 9 月,张鸿年译《鲁拜集/译者序》,商务印书馆,第 11 – 19 页。

"陵园大门左侧有一座小楼,这是图书馆和展览馆。展览馆墙上挂着两幅油画。一幅是海亚姆画像,另一幅是他鲁拜的英译者菲兹吉拉德的画像。令人感到不解的是英译者的像比诗人的像还大。的确,海亚姆的鲁拜风靡世界,这位英译者功不可没。但是无论如何,也不能说译者比作者更高明。"

【427】
[伊朗]穆罕默德·阿里·伏鲁基编:《鲁拜集》序言/内沙浦尔的哲人海亚姆

2001 年 9 月,张鸿年译《鲁拜集/附录一》,湖南文艺出版社,第 77 – 114 页。

Rubáiyát 译为"鲁拜集/鲁拜(四行诗)"。

Omar Khayyám 译为"欧玛尔·海亚姆"。

Edward FitzGerald 译为"菲兹吉拉德"。

2001 年 12 月,张鸿年译《鲁拜集/附录二》,台湾木马文化事业公司,第 281 – 316 页。

2017年9月,张鸿年译《鲁拜集/附》,商务印书馆,第119 – 163页。

"……海亚姆的鲁拜由一位具有独特欣赏能力的英国诗人菲兹吉拉德译为英文。菲兹吉拉德的译法是取海亚姆的思想以英国诗的形式表达出来。他共译101首。他的这个译本堪称译事的杰作。凡是读到这些诗的英国人无不由衷欣赏,十分珍视。有人甚至说菲译优于原作。我不敢苟同。但是译者的译文的确巧妙地传达了原诗的内容,符合欧洲人的情趣。"

【428】
[伊朗]萨迪克·赫达亚特编:《海亚姆鲁拜集》序言

2001年9月,张鸿年译《鲁拜集/附录二》,湖南文艺出版社,第115 – 154页。

Rubáiyát 译为"鲁拜集"。

Omar Khayyám 译为"海亚姆"。

Edward FitzGerald 未译名。

2001年12月,张鸿年译《鲁拜集/附录三》,台湾木马文化事业公司,第317 – 356页。

"或许世界上还没有任何一本书像海亚姆的《鲁拜集》这样受到赞扬,受到谴责,被人篡改,被人攻击,被人议论,从而获得世界声誉,最终,为人茫然不解。如果把论述海亚姆的鲁拜的书都收集到一起,肯定成为一座大型图书馆。"

【429】
郑慧慈:《鲁拜集》推荐序

2001年12月,张鸿年译《鲁拜集》,台湾木马文化事业公司,第9 – 10页。

Rubáiyát 译为"鲁拜集/al-Rubā'iyyat/四行诗"。

Omar Khayyám 写为"Umar Ibrāhīm al-Khayyām"。

Edward FitzGerald 译为"爱德华·费兹杰罗"。

此版为"经典文学系列"丛书35/十二世纪波斯。

◇《鲁拜集》汉译书目

"《鲁拜集》除了呈现伊斯兰传统社会的生活面,更更要的是表达了当时社会中反传统的价值观与人生哲学,反映当时少数思想家独特的风格。诗人更运用他精湛的诗技,清晰的传达他的思想,而这种思想极适合任何时空爱好文学者欣赏,无怪乎《鲁拜集》能历久弥新。"

【430】
[苏联]阿里耶夫、奥斯曼诺夫:1959年莫斯科本《鲁拜集》序言

2001年12月,张鸿年译《鲁拜集/附录一》,台湾木马文化事业公司,第267-280页。

Rubáiyát 译为"鲁拜集"。

Omar Khayyám 译为"欧玛尔·海亚姆"。

Edward FitzGerald 译为"爱德华·费兹杰罗"。

此版为"经典文学系列"丛书35/十二世纪波斯。

"欧玛尔·海亚姆,这位数学家、哲学家和诗人留给后世的诗作比其他任何波斯和塔吉克诗人都引起更多的争论。""……虽然海亚姆在19世纪初即已闻名欧洲,只是在1859年,爱德华·费兹杰罗发表他的鲁拜的自由式翻译之后,才引起人们对他的诗的普遍兴趣。"

【431】
张竹筠:波斯鲁拜大师海亚姆、海亚姆——"一条嗑咬教义的毒蛇"

2001年12月,吴元迈、赵沛林、仲石主编/张竹筠著《外国文学史话/东方古代·东方中古卷/93./94.》(全十卷),吉林人民出版社,第491-507页。

Rubáiyát 译为"鲁拜集"。

Omar Khayyám 译为"欧玛尔·海亚姆/莪默·伽亚谟"。

Edward FitzGerald 译为"菲兹杰拉"。

文内引用诗节32首,为张鸿年和郭沫若译本。

此版为《中国文学史话》《外国文学史话》"丛书之一。

"海亚姆在他论述民族风习的文章《论元旦》中悲愤地指出:'我们目睹许多学者离开

了人世,现在学者已经屈指可数了。他们不但人数少,而且苦难深重。但正是这屈指可数的几个人,在这艰难的日子里,为科学的进步与发展而献身。……'"

【432】
穆宏燕:《欧玛尔·海亚姆四行诗百首》译者序

2002年,穆宏燕汉译《海亚姆的四行诗[Omar Khayyam's Rubaiyat]》(英、法、中、阿拉伯、波斯五种语合集本),伊朗坦迪斯[Ketabsaraye Tandis]出版社,第75页。

Rubáiyát 译为"四行诗"。

Omar Khayyám 译为"欧玛尔·海亚姆"。

Edward FitzGerald 译为"费兹吉拉德"。

"……在世界古典文学中,波斯诗歌占据着十分重要的地位。菲尔多西、海亚姆、毛拉维、萨迪、哈菲兹……皆是世界文学史上闪闪发光的名字。但若论在世界上影响范围之广大,当以海亚姆为最。从1859年英国费兹吉拉德把海亚姆四行诗译成英文以来,至今世界上几乎所有的重要语种都有了海亚姆四行诗的译本。"

【433】
张鸿年:"啊,我的爱"根本不存在——鲁拜翻译漫谈

2002年5月17日,《文汇读书周报》第6版。

Rubáiyát 译为"鲁拜集"。

Omar Khayyám 译为"欧玛尔·海亚姆"。

Edward FitzGerald 译为"费兹吉拉德"。

2008年1月,郑鲁南主编《一本书和一个世界/第二集》,昆仑出版社,第100-104页。

文题为"鲁拜翻译漫谈"。

"海亚姆把鲁拜发展到了极致。他的鲁拜语言极其朴素,又极其精巧。应该说,他在鲁拜里的每个词都仔细斟酌过。译他的鲁拜,每个词都不能含糊。""这里我联想到一个问题:某些英国人认为费译鲁拜甚至超过海亚姆的原文,笔者不敢苟同。"

◇《鲁拜集》汉译书目

【434】
屠岸:郭译《鲁拜集》若干首质疑

2002年5月,屠岸著《倾听人类灵魂的声音》,湖北教育出版社,第336–341页。

Rubáiyát 译为"鲁拜集"。

Omar Khayyám 译为"欧玛尔·哈亚姆"。

Edward FitzGerald 译为"爱德华·费慈吉罗尔德"。

此版为"巴别塔文丛"丛书之一。

2016年3月,屠岸著《屠岸诗文集/第五卷/倾听人类灵魂的声音/与世界结成真正的文字之交》(全8册),人民文学出版社,第277–281页。

"……我把致郭[沫若]先生的信和对郭译《鲁拜集》的意见书寄到人民文学出版社,请他们转给郭先生。出版社不久就给了我信息。他们转去我的信和意见书时有一封编辑部致郭先生的短信,郭先生即在该信上用毛笔蘸墨汁写了一句话:'我承认屠岸同志的英文程度比我高,但既然费氏的英译是意译,我也就不改了。'……"

【435】
黄杲炘:寻图记

2002年8月2日,《文汇读书周报》第8版。

Rubáiyát 译为"柔巴依集/鲁拜集"。

Omar Khayyám 未译名。

Edward FitzGerald 未译名。

2007年1月,黄杲炘译《柔巴依集/后记》,湖北教育出版社,第287–293页。

2012年8月,黄杲炘著《译诗的演进》,上海译文出版社,第180–186页。

"现在想想,用了那么多时间和精力,只补到十几张图,划得来吗?……幸而总算找到了那么一本,还有了些额外收获,例如对《柔巴依集》插图的情况有了较广泛的了解,还收集到一些别的著名插图。"

【436】
《数学辞海》：阿拉伯数学、奥马·海亚姆（条目）

2002年8月，《数学辞海》编辑委员会编《数学辞海/第六卷/外国数学史/外国古代数学史/外国数学家》，山西教育出版社/中国科学技术出版社/东南大学出版社，第123-124、218页。

Rubáiyát 译为"四行诗集"。

Omar Khayyám 译为"奥马·海亚姆"。

Edward FitzGerald 未译名。

———

"著名的阿拉伯数学家有……奥马·海亚姆……""阿拉伯几何学……有两项工作较为重要：一项是……奥马·海亚姆……等学者对平行公设（即《几何原本》中第五公设）所做的工作对非欧几何的产生有过积极的影响；另一项工作是奥马·海亚姆所创立的用圆锥曲线解三次方程的几何方法……""在数学方面，奥马·海亚姆……所著的《对欧几里得几何原本中困难公设的注释》流传至今……他最著名的数学著作是《代数问题的证明》……此外，他的著作还有《算术问题》、《智慧的天平》等。"

【437】
孟昭毅：阿拉伯波斯作家与中国文化/异曲同工的绝句——"柔巴依"在中国

2002年8月，孟昭毅著《丝路驿花》，宁夏人民出版社，第242-248页。

Rubáiyát 译为"柔巴依/鲁拜集"。

Omar Khayyám 译为"欧玛尔·哈亚姆"。

Edward FitzGerald 译为"费兹杰拉德"。

———

"总之，'柔巴依'这种抒情诗的形式与中国文学的关系密切。二者形成一种文学影响回返的流程。或者中国的绝句西行影响了'柔巴依'的形成，乃至它定型以后，又'出口转内销'，在东行回返传入中国。或者这两种诗歌形式同出于突厥文化一源，而在形成过程中互有接受与影响。"

【438】
［爱尔兰/日本］小泉八云：费兹杰拉德和奥玛的四行诗

◇《鲁拜集》汉译书目

2002年12月,[爱尔兰/日本]小泉八云文/鹤西译《费兹杰拉德和奥玛的四行诗》(代序),鹤西著《鹤西文集/篇后/译诗、译文、书评、书信、谈话/译诗》,云南美术出版社,第305-320页。

Rubáiyát译为"奥玛的四行诗"。

Omar Khayyám译为"奥玛·开扬谟"。

Edward FitzGerald译为"爱德华·费兹杰拉德"。

小泉八云,本名拉甫卡迪沃·赫恩[Lafcadio Hearn 1850-1904]。

鹤西,本名程侃声。

2010年4月,鹤西译《鲁拜集》,世界图书出版公司,第1-19页。

Rubáiyát被改译为"鲁拜集"。

Omar Khayyám被改译为"奥玛·海亚姆"。

Edward FitzGerald被改译为"爱德华·菲茨吉拉德"。

文题被改为"菲茨吉拉德和海亚姆的《鲁拜集》(代序)"。

2014年12月21日,[爱尔兰/日本]小泉八云文《菲茨吉拉德和海亚姆的〈鲁拜集〉》,《北京晨报》第A19版/人文悦读。

此文为删节版。

2015年1月,鹤西译《鲁拜集》,北京联合出版公司/后浪出版公司,第1-19页。

Rubáiyát被改译为"鲁拜集"。

Omar Khayyám被改译为"奥玛·海亚姆"。

Edward FitzGerald被改译为"爱德华·菲茨吉拉德"。

文题被改为"菲茨吉拉德和海亚姆的《鲁拜集》(代序)"。

"……怎么光凭译作能获得文学上最高的地位和荣誉呢?惟一可能的回答是费兹杰拉德也许是世界上最好的翻译家。他不是直译,他译的是神韵,诗文的精髓。正是由于这一原因,他取得了前所未有的成就,还可能是未来几百年中也无人能够做到的。"

【439】

鹤西:《奥玛四行诗(选译)》译后记

2002年12月,鹤西著《鹤西文集/篇后/译诗、译文、书评、书信、谈话/译诗》,云南美术出版社,第334页。

Rubáiyát 译为"奥玛的四行诗"。

Omar Khayyám 译为"奥玛·开扬谟"。

Edward FitzGerald 译为"爱德华·费兹杰拉德"。

2010年4月,鹤西译《鲁拜集》,世界图书出版公司北京公司,第153－154页。

2015年1月,鹤西译《鲁拜集》,北京联合出版公司/后浪出版公司,第153－154页。

"这里我只想指出一点:或许由于奥玛同时是一位天文学家和数学家的缘故,他的诗是不乏哲理的,这不多的译作中,就有诗人的宇宙观和他对于真理与信仰、人生的意义、生命的飘忽、命运的渺茫的思索。"

【440】
傅月庵:鲁拜集

2002年12月,傅月庵著《生涯一蠹鱼》,台湾远流出版公司。

Rubáiyát 译为"鲁拜集"。

Omar Khayyám 译为"奥玛·珈音"。

Edward FitzGerald 译为"爱德华·费滋杰罗"。

傅月庵,本名林皎宏。

2007年7月,傅月庵著《生涯一蠹鱼》,上海书店出版社,第7－10页。

2009年5月再版。

"费氏生性疏散,大有吾国魏晋风度,有一回特地搭船到荷兰看一幅名画,旅途困顿,好不容易到港后,谁知他老兄伸手一试,发现风向正适宜返回英国,立刻掉转头,打道回府。只差没说那句:'吾本乘兴而行,兴尽而返,何必见"画"!'"

【441】
黄杲炘:"柔巴依"的有趣发现

2003年5月16日,《文汇读书周报/书人茶话》第8版。

Rubáiyát 译为"柔巴依集"。

Omar Khayyám 译为"哈亚姆"。

◇《鲁拜集》汉译书目

Edward FitzGerald 译为"菲茨杰拉德"。

"……我不禁想到译名的重要。如果当时郭沫若用'柔巴依'为名,人们可能早把这种波斯诗同维文、乌文乃至哈萨克文的柔巴依联系起来研究。"

【442】
张绍斌:《鲁拜集》导读、评析

2003 年 7 月,马凌、郝岚主编《外国文学作品选[下]/东方文学》,天津社会科学院出版社,第 931-942 页。

Rubáiyát 译为"鲁拜集"。

Omar Khayyám 译为"海亚姆"。

Edward FitzGerald 译为"菲茨杰拉尔德"。

收入张鸿年译本 25 首,选自张鸿年译《鲁拜集》湖南文艺出版社 2001 年版。

此版为"高等学校文科阅读教材文库"丛书之一。

"……具体考察海亚姆诗歌的价值","第一,拷问宇宙无限,感叹生命短暂。""第二、揭示物质不灭,追求人生尽欢。""第三、剖析生命矛盾,直面人生痛苦。""最后,肯定人的价值,反抗荒诞的世界。""从海亚姆的鲁拜诗中,我们可以读出诗人的'完整人格'——既关心人的生命的意义和价值的哲学问题,又思考现实人生的具体问题,并提出了超越其历史时代的具有永恒真理价值的答案。这些都鲜明地表现了海亚姆对人的尊严、价值和力量的肯定。诗人始终执着追求人的主体性的最高实现,不断在理想中完美着人类梦寐以求的'自由的王国',这是一切关心人类命运的诗哲所共有的宽广的人道主义情怀。"

【443】
《简明数学词典》:奥玛开扬(条目)

2003 年 8 月,沈以淡主编《简明数学词典(词条汉英对照)/A》,北京理工大学出版社,第 6 页。

Rubáiyát 未译名。

Omar Khayyám 译为"奥玛开扬"。

Edward FitzGerald 未译名。

"奥玛开扬/杰出的波斯(今伊朗)数学家、天文学家、诗人。他把印度人与亚历山大人的数学成就融合在一起,写出许多数学、天文学著作。"

【444】
[美国]路易斯·安特迈耶[Louis Untermeyer]/王柏华译:《鲁拜集》跋

2003年9月,郭沫若译《鲁拜集》,中国社会科学出版社,第74-105页。

Rubáiyát 译为"鲁拜集/柔巴依"。

Omar Khayyám 译为"莪默·伽亚谟"。

Edward FitzGerald 译为"爱德华·菲茨杰拉德"。

该文为美国纽约兰登书屋[Random House]1947年出版的由美国诗人、《美国信使》月刊编辑路易斯·安特迈耶编辑的[伊朗]马哈茂德·萨亚彩色插画本英文版《鲁拜集》作的跋文。

"菲茨杰拉德迷上莪默·伽亚谟大概有两个原因,首先他可以借此逃离尘世、沉溺于梦幻;此外,在考威尔的劝说下,他相信在莪默的波斯和菲茨杰拉德的先祖爱尔兰之间存在着某种联系。不惟伊朗[Iran]和爱尔兰古称[Erin]有一种离奇的关系,菲茨杰拉德甚至觉得自己就是那位被遗忘的波斯诗人。"

【445】
乔宁:《柔巴依集》——波斯文学的奇珍,世界文学的瑰宝

2003年,《上海师范大学学报(哲学社会科学版)》(双月刊)第32卷第5期,第73-77页。

Rubáiyát 译为"柔巴依集"。

Omar Khayyám 译为"欧玛尔·海亚姆"。

Edward FitzGerald 译为"爱德华·菲茨杰拉德"。

"本文通过欧玛尔·海亚姆和他的《柔巴依集》,对菲茨杰拉德的生平和他的诗译《欧玛尔·海亚姆之柔巴依集》的产生原因和经过进行了梳理,并侧重分析了后者在诗集中

所反映的思想和创作的特色,从而使人们对这本薄薄的但却享誉世界文化的诗集,以及让人回味不已的这段东西方合作的文坛佳话,有进一步的了解。"

【446】
傅一勤:《新译鲁拜集/人生智慧小诗》原作者·英译者简介并序

2003年12月,傅一勤译《新译鲁拜集/人生智慧小诗》,台湾台北文鹤出版有限公司,第 iii 页。

Rubáiyát 译为"鲁拜集"。

Omar Khayyám 译为"奥玛伽音"。

Edward FitzGerald 译为"费兹结娄"。

———

"《鲁拜集》基本上乃一音译的名称,表面上看来对于内容主题毫无提示作用。因此,译者给它加了一个副标题'人生智慧小诗',藉以直接提高读者的阅读兴趣。"

【447】
王妮娜:从海亚姆现象看东西文化的相交汇流

2004年,《西北大学学报(哲学社会科学版)》(双月刊)第34卷第1期,第136-141页。

Rubáiyát 译为"海亚姆的四行诗/海亚姆'鲁拜'体诗"。

Omar Khayyám 译为"海亚姆"。

Edward FitzGerald 译为"费兹吉拉德"。

———

"运用比较文学的研究视域,对波斯诗人海亚姆在东西方掀起的'波斯热'现象进行了文化观照,通过对中西传统文化特质、思维形式等差异性的比照分析,认为20世纪初,处于传统意识形态下的中国文人,所以接受波斯哲人海亚姆的鲁拜诗,极大程度上并非出于艺术审美意义上的文学欣赏或对波斯文学本身的探究,而是源于自身文化变革的需要和对西学的崇尚,以藉此作为张扬个性和自由的范本;海亚姆现象表明,一种文化对他种文化的吸收总是根据自己的文化需要和文化框架来进行的,即使两种文化相交汇流,双方都从相互对比和冲突中获得了益处,也仍然会各自保留着自己的鲜明个性。"

【448】
李霁野:《俄默绝句集》译后记

2004年3月,李霁野著《李霁野文集/第八卷》,百花文艺出版社,第36-39页。

Rubáiyát 译为"俄默绝句集/妙意曲"。

Omar Khayyám 译为"俄默·伽亚默"。

Edward FitzGerald 译为"爱德渥德·菲茨杰拉德"。

———

"以后我得到菲茨杰拉德七十五首和一百零一首的译本,读后觉得很喜欢。……一天夜里我突然想到,可以试以绝句译俄默诗,一以消遣,一以练习写诗。大概用了不长时间,将七十五首先译完了,译完百首似乎是在台北之后了。"

【449】
黄杲炘:菲氏柔巴依是意译还是"形译"?——谈诗体移植及其他

2004年9月,《中国翻译》(双月刊)第25卷第5期(总第167期),第54-58页

Rubáiyát 译为"柔巴依集"。

Omar Khayyám 译为"哈亚姆"。

Edward FitzGerald 译为"菲茨杰拉德"。

2004年12月,香港《诗网络》第18期,第32-49页。

文题为"菲氏柔巴依是意译还是'形译'?"

2012年8月,黄杲炘著《译诗的演进》,上海译文出版社,第114-131页。

———

"在西方,菲氏的'形译'掀起了翻译和研究它的热潮……汉译中用'兼顾顿数与字数'的要求,同样可较准确地反映其内容和形式。……""诗歌是唯一讲究格律的文学品种;……所以即使从审美上说,翻译格律诗而不讲格律,损失也非常巨大。菲氏'形译'的成功,不正是从反面证明了这一点?"

【450】

《彩色速查手册》:欧玛尔·海亚姆(条目)

2004年11月,郭月霞、张俊编著《彩色速查手册/世界文学》,中国书籍出版社,402页。

此版为"彩色速查手册系列"丛书之一。

2005年10月,郭月霞、张俊编著《速查手册/世界文学》,光明日报出版社,第402页。

2010年1月,郭月霞编著《世界文学速查手册》(第2版),光明日报出版社,第235页。

Rubáiyát 译为"鲁拜集/柔巴依集"。

Omar Khayyám 译为"欧玛尔·海亚姆/莪默·伽亚谟"。

Edward FitzGerald 译为"爱德华·菲兹杰拉德"。

"海亚姆的诗大部分关于死亡与享乐,并对当时学者的腐败和学术环境的窒息表示担忧和不满。他还在诗中探讨人生的意义,认为人生有限而宇宙无穷,对来世和神表示否定和讽刺,具有强烈的反宗教迷信的色彩,被统治阶级认为是'吞噬教义的色彩斑斓的毒蛇'。"

【451】

刘建基:谈傅一勤的《新译鲁拜集——人生智慧小诗》

2004年12月,2004师大翻译论坛,国立台湾师范大学翻译研究所。

Rubáiyát 译为"鲁拜集"。

Omar Khayyám 译为"奥玛珈音"。

Edward FitzGerald 译为"费滋杰罗"。

【452】

《人类科学发现发明词典》:阿拉伯/奥马·海亚姆(条目)

2005年1月,葛能全编著《人类科学发现发明词典/第一卷/数学的创造发明》,百花文艺出版社,第10页。

Rubáiyát 未译名。

Omar Khayyám 译为"奥马·海亚姆"。

Edward FitzGerald 未译名。

———

"1100 年,[奥马·海亚姆]著《代数学》,……发展了欧几里得的几何代数学。"

【453】

傅惟慈:心履诗人之乡伊朗

2005 年 2 月 15 日,《中外文化交流/民俗风情》(月刊)第 2 期(总第 94 期),第 50-53 页。

Rubáiyát 译为"鲁拜集"。

Omar Khayyám 译为"欧玛尔·海亚姆"。

Edward FitzGerald 译为"菲茨杰拉德"。

傅惟慈,本名傅韦。

2017 年 6 月,傅惟慈著《心中的大佛/第三辑/行脚》,四川文艺出版社,第 253-257 页。

文题为"诗人之乡"。

———

"我热衷于阅读《鲁拜集》的时候,年纪太轻,天堂和地狱都离我太远。我喜欢的是诗人对人间乐园的讴歌:'树阴下/持一卷诗篇/一壶酒/和面包一篮/还有你/在荒野中伴我吟唱/这荒野就是人间乐园/(《鲁拜集》第 12 首)'。直到年纪大了,才领悟伊甸园难寻,诗人吟诵的只是他理想的国土。"

【454】

沈苇:异域的教诲

2005 年 3 月 25 日,《世界文学/中国作家谈外国文学》(双月刊)第 2 期(总第 299 期),第 276-287 页。

Rubáiyát 译为"柔巴依集"。

Omar Khayyám 译为"欧玛尔·哈亚姆"。

Edward FitzGerald 译为"爱德华·菲茨杰拉德"。

———

◇《鲁拜集》汉译书目

"《柔巴依集》是一曲快乐与忧伤的变奏,一部散发异域芬芳的杰作。欧玛尔的现在主义和享乐主义是健康的,有着阳光的热烈和明媚,肉体的温润、香味、迷醉和痛楚。他喜欢反复使用夜莺、玫瑰、歌声、少女、新月、塔楼、陶罐等意象,形成简洁优雅的风格。"

【455】

孙汝:李霁野与《鲁拜集》

2005年5月14日,《今晚报/副刊》第17版。
Rubáiyát 译为"鲁拜集/柔巴依"。
Omar Khayyám 译为"莪默·伽亚模/欧玛尔·海亚姆"。
Edward FitzGerald 译为"爱德华·菲茨杰拉德"。

"不久前,洋洋九卷四百万言的《李霁野文集》问世了。展卷而读,最吸引我的,是文集第八卷开篇那一部《莪默绝句集》和它背后的故事。"

【456】

《现代领导百科全书》:欧玛尔·海亚姆(条目)

2005年9月,刘海藩总编/王春冰主编/杨佛光、周义龙负责《现代领导百科全书/6/文艺与艺术卷/文学卷/外国文学/伊朗文学》(全六册),中共中央党校出版社,第210页。
Rubáiyát 译为"鲁拜集/阿拉伯语四行诗"。
Omar Khayyám 译为"欧玛尔·海亚姆/莪默·伽亚谟"。
Edward FitzGerald 未译名。

"欧玛尔·海亚姆(1048-1122)/文学上主要以四行诗闻名。……诗歌赞美自由生活与爱情,探讨人生的意义、宇宙的本质,对伊斯兰教义持批判态度,但有时流露悲观厌世情绪。风格明白洗练,感情深沉,音韵和谐。对欧亚近代诗歌有一定影响。"

【457】

刘建基:发现"波斯李白"奥玛珈音——《鲁拜集》翻译在台湾

2005年10月,台湾国立政治大学外语学院翻译中心第一届国际学术研讨会。大会主题:"全球化浪潮中的华语文翻译"。

Rubáiyát 译为"鲁拜集"。

Omar Khayyám 译为"奥玛珈音"。

Edward FitzGerald 译为"费滋杰罗"。

―――

【458】
吴兴文:先拉斐尔画派与《鲁拜集》的交会

2002 年 1 月,吴兴文著《书痴闲话》,云南人民出版社,第 145 – 149 页。

Rubáiyát 译为"鲁拜集"。

Omar Khayyám 未译名。

Edward FitzGerald 未译名。

此版为"台湾名家书话文丛"丛书之一。

2005 年 10 月,吴兴文著《图说藏书票/从杜勒到马蒂斯/艺术大师撷英》,河南教育出版社,第 177 – 180 页。

―――

"特别是克兰设计两款有关《鲁拜集》的藏书票,不但引用了当时英国最流行的译诗集《鲁拜集》,而且也融入了由摩理斯[William Morris]的好友罗塞蒂[Dante Gabriel Rossetti]发起的先拉斐尔派[The Pre-Raphaelite Brotherhood]的画风。"

【459】
陶野:是数学家更是诗人

2005 年 10 月,《中学生百科/高中综合/博闻/大师纪》(下)第 10 期(总第 97 期),第 48 – 49 页。

Rubáiyát 译为"鲁拜集"。

Omar Khayyám 译为"欧玛尔·海亚姆"。

Edward FitzGerald 译为"爱·菲茨杰拉尔德"。

―――

"《鲁拜集》的大部分内容是关于死亡与享乐,海亚姆用了很多笔墨来讽刺来世以及神,但语言明白晓畅,朴实洗练,这与当时的世俗风尚相去甚远。""欧玛尔·海亚姆终生未娶,没有子女,也没有遗产。"

【460】

蔡新乐:历史的漂泊——有关费茨杰拉德的《鲁拜集》译文的两次批评及其历史遗留问题

2006年2月,《英语研究》(半年刊)第1期,第33-47页。

Rubáiyát 译为"鲁拜集"。

Omar Khayyám 译为"奥玛尔·海亚姆"。

Edward FitzGerald 译为"爱德华·费茨杰拉德"。

2006年12月,蔡新乐著《翻译与汉语/解构主义视角下的译学研究/二、》,中央编译出版社,第22-61页。

此版为"中央编译文库"丛书之一。

参阅本书书目#463。

"1926年闻一多发表文章,批评郭沫若《鲁拜集》译文不'准确',从而揭开了历史的一幕:汉语缺席凸显出英语借助于翻译所形成的语言主导地位。近80年之后,张承志撰文批评国人因不懂波斯语而不能'准确'地翻译其文学作品,而维吾尔语虽然早就成为波斯语的现代版但未被现代学者所重视。因而,他认为,仍然需要一种'知识体系'去承接有历史成就以及没有出现停顿的民间翻译。但是,我们可以清楚地看到,闻的阐述意味着英语文学中才能找到诗的典范;而张所强调的,实质上也只是'欧洲中心主义'模式,尽管统一的知识标准最终有可能导致语言的多样性的丧失。原因是,如果以对这样的'惟一'的认同为前提,则很大限度上会破坏语言以及翻译赖以生存的那种基础:多元性。因此,历史究竟有没有走出循环,就成为本文提出的问题。"

【461】

沈苇:柔巴依之路

2006年6月,沈苇著《柔巴依——塔楼上的晨光》,新疆美术摄影出版社,第2-38页。

Rubáiyát 译为"柔巴依集"。

Omar Khayyám 译为"欧玛尔·海亚姆"。

Edward FitzGerald 译为"爱德华·菲茨杰拉德"。

2006年8月10日,沈苇文《波斯柔巴依和维吾尔柔巴依》,《新疆经济报》E第7版。

该文为选载。

2014年10月,沈苇著《新疆词典(增订版)/欧玛尔·海亚姆》,上海文艺出版社,第260-268页。

该文为选载。2005年1月,百花文艺出版社版,沈苇著《新疆词典》中无"欧玛尔·海亚姆"内容。

2016年8月,沈苇著《沈苇散文自选集/上编》,新疆人民出版总社/新疆人民出版社,第197-232页。

此版为"文学高地——新疆60年文学精品丛书"之一。

"旧书摊的馈赠";"波斯绝句和唐代绝句";"柔巴依在波斯";"《柔巴依集》:一部诗歌《圣经》";"维吾尔柔巴依";"美酒佳人·伊璧鸠鲁·希伯来情歌";"世界的柔巴依"。

【462】
刘建基:跨文化沟通/衍译的再现——《鲁拜集》翻译在台湾

2006年6月,台湾《外国语文研究翻译专刊/全球化浪潮中的华语文翻译》创刊号,第213-227页。

Rubáiyát 译为"鲁拜集"。

Omar Khayyám 译为"奥玛珈音"。

Edward FitzGerald 译为"费滋杰罗"。

"本论文分成三部分:(一)检视《鲁拜集》各种译本的不同风貌,并探讨这些译本如何摆荡于古典与现代之间,以及如何运用文化符号的转换以期达到字句上的'信'或意境上的'信';(二)析论《鲁拜集》中译本如何将异文化的'及时行乐'主题,注入东方版、中国式的'纵酒狂欢'与'人生无常'等母题,形成巴克汀[Mikhail Bakhtin]所谓的'对话式'文本;(三)检视国内学界对于《鲁拜集》中译本的评述与回应。"

【463】
蔡新乐:外语之中才有诗——一次有关费茨杰拉德《鲁拜集》译文的批评及其历史遗留问题

2006年,《中国比较文学/海外华人文学研究》(季刊)第3期(总第64期),第114-127页。

◇《鲁拜集》汉译书目

Rubáiyát 译为"鲁拜集"。

Omar Khayyám 译为"奥玛尔·海亚姆"。

Edward FitzGerald 译为"爱德华·费茨杰拉德"。

参阅本书书目#460。

"1923年,闻一多发表文章,批评郭沫若的《鲁拜集》译文不'准确',从而揭开了历史的一幕:汉语缺席凸显出英语借助于翻译所形成的语言主导地位。我们可以清楚地看到,闻一多及其同道所追求的是,只能在英语文学中才可找到诗的典范。随着汉语的'"直接的"丧失',我们看到的可能只是'外语化',甚至'外语'成了翻译本身;在英语诗成为典范的同时,汉语成为必须被改造的对象。"

【464】

姑丽娜尔·吾甫力:译者的误读与误导——以欧玛尔·海亚姆诗歌的翻译为例

2006年,《中国比较文学/海外华人文学研究》(季刊)第3期(总第64期),第128-141页。

Rubáiyát 译为"鲁拜集"。

Omar Khayyám 译为"欧玛尔·海亚姆/莪默·伽亚谟"。

Edward FitzGerald 译为"爱德华·费茨杰拉德"。

"本文从后殖民理论视角,讨论中国译者对波斯诗人欧玛尔·海亚姆的误读。由于对伊斯兰教文化背景缺乏足够的了解,自20世纪20年代以来的中国译者误读了欧玛尔·海亚姆和他的诗歌,并误导了中国的研究者和读者。因此当我们试图了解他者的文学时,应从对方的文化背景和传统出发,而不是从自己的观点或某种固有的思维模式出发。"

【465】

薛春美:"我即是天堂与地狱"——《鲁拜集》选译及赏析

2006年10月1日,《英语知识/诗海拾贝》(月刊)第10期,第7-8页。

Rubáiyát 译为"鲁拜集/柔巴依集"。

Omar Khayyám 译为"欧玛尔·海亚姆"。

Edward FitzGerald 译为"爱德华·菲茨杰拉德"。

"笔者从鲁拜英译诗中选译了以上七首,它们在措辞、内容及意义上是最具代表性的,从各个角度折射出诗集的基本思想倾向。""首先分析一下诗人反复吟咏的死亡主题。""其次探悉一下欧玛尔的人生哲学。""最后看看欧玛尔对待宗教的态度。"

【466】
屠岸:菲茨杰拉德

2007年1月,屠岸选译《英国历代诗歌选/下册/奥马尔·哈亚姆的〈柔巴依集〉(节选)》,凤凰出版传媒集团/译林出版社,第66页。

Rubáiyát 译为"柔巴依集/鲁拜集"。

Omar Khayyám 译为"奥马尔·哈亚姆"。

Edward FitzGerald 译为"菲茨杰拉德"。

该文为《奥马尔·哈亚姆的〈柔巴依集〉(节选)》译诗正文前的简介。

"许多英国诗选把《柔巴依集》作为菲茨杰拉德的作品选入。或者把奥马尔·哈亚姆和菲茨杰拉德作为《柔巴依集》的共同作者,称之为诗界双星。这部诗集在英国文学史上也占有一席位置。"

【467】
邱华栋:鲁拜集

2007年1月,邱华栋编选/品读《世间最美的情诗》,中国青年出版社,第33-34页。

Rubáiyát 译为"鲁拜集"。

Omar Khayyám 译为"海亚漠"。

Edward FitzGerald 未译名。

"鲁拜的形式感很强,表现力也很强,虽然只有短短的四行,但是却可以表达诗人对人间万事万物的态度与看法。这首诗(指郭沫若译本第十二首)就是从他的《鲁拜集》里选出来的,诗句看似简单,但是却表现了爱情的真理——即使是荒原,只要和恋人在一起,也是天堂!"

【468】
邓颖、邓立群:新发现的邓均吾译诗 41 首

2007 年 1 月,《中外诗歌研究》(季刊)第 1 期,第 73－77 页。

Rubáiyát 译为"鲁拜集/四行诗集/柔巴依"。

Omar Khayyám 译为"莪默·伽亚漠/欧玛尔·海亚漠"。

Edward FitzGerald 译为"爱德华·费慈吉拉德"。

邓均吾,本名邓成均。

2010 年 9 月,邓颖编选《邓均吾研究资料/评介》,重庆出版集团/重庆出版社,第 221－223 页。

———

"41 首译诗是抄写在印有毛主席语录的'文革'中通用的信笺纸上的,未加诗题,也未注明译作时间。据我们回忆推断,大约译于 1968 年"。

【469】
蔡天新:欧玛尔·海亚姆的世界

2007 年,《文学界(湖南文学)/专辑版》(半月刊)第 8 期(总第 28 期),第 49－53 页。

Rubáiyát 译为"鲁拜集"。

Omar Khayyám 译为"欧玛尔·海亚姆"。

Edward FitzGerald 译为"爱德华·菲茨杰拉德"。

2007 年 4 月,《万象》(月刊)第 9 卷第 4 期(总第 92 期),第 145－158 页。

文题为"来如流水兮逝如风——欧玛尔·海亚姆的世界"。

2008 年 1 月,蔡天新著《数学与人类文明/第四章/印度人和波斯人/四/波斯的智者/1.欧玛尔·海亚姆》,浙江大学出版社,第 105－108 页。

2009 年 3 月,《科学(上海)》(双月刊)第 61 卷第 2 期,第 49－52 页。

文题为"数学与诗——欧玛尔·海亚姆的世界"。

2009 年 5 月,蔡天新著《难以企及的人物/欧玛尔·海亚姆的世界》,广西师范大学出版社,第 24－41 页。

2012 年 8 月,蔡天新著《数学与人类文明/印度人和波斯人/波斯的智

者/欧玛尔·海亚姆》,商务印书馆,第 140 - 143 页。

此版为"名师讲堂"丛书之一。

2014 年,《科学画报》(月刊)第 6 期,第 58 页。

文题为"欧玛尔·海亚姆——诗人数学家"。

2017 年 2 月,蔡天新著《轻轻掐了她几下》,北方联合出版传媒(集团)股份有限公司/万卷出版公司,第 17 - 35 页。

文题为"欧玛尔·海亚姆的世界"。

2018 年 2 月,《语数外学习(高中版上旬)》(旬刊)第 4 期,第 54 - 61 页。

文题为"数学与诗——欧玛尔·海亚姆的世界"。

"如果海亚姆仅仅是个数学家和天文学家(据说他还精通医术,兼任苏丹的太医),那他很可能不会终身独居,虽然他的后辈同行笛卡尔、帕斯卡尔、斯宾诺莎、牛顿和莱布尼茨等也不曾结婚。这几位西方智者在从事科学研究之余,均把自己的精神献给宗教或哲学。海亚姆在潜心科学王国的同时,也悄悄地把自己的思想记录下来,但却以诗歌的形式。不同的是,他的作品因为不合时宜,很有可能在初次展示以后便收了起来。或者,由于他的身份是数学家和天文学家,被人们忽略了。事实上,尽管对海亚姆创作的诗歌数量意见不一,后世学者们一致认定,他并不囿于伊斯兰宣扬的真主创造世界这一观点,因此,他不讨正统的穆斯林喜欢。"

【470】
黄杲炘:美轮美奂柔巴依

2007 年 4 月 13 日,《文汇读书周报/图与文》第 12 版。

Rubáiyát 译为"柔巴依集"。

Omar Khayyám 译为"欧玛尔·哈亚姆"。

Edward FitzGerald 译为"菲茨杰拉德"。

报讯:"……《柔巴依集》(英汉对照),其译者黄杲炘先生穷十年之力,多方直寻西方名画家为菲茨杰拉德的《柔巴依集》所作的精彩插图,并将它们收录书中,以飨读者。"

【471】

刘建基:文化翻译与跨文化沟通中的"揉杂性"——以孟祥森的白话译本《鲁拜集》与傅一勤的文言译本《新译鲁拜集》为例

2007年6月,台湾政治大学外语学院翻译中心第三届国际学术研讨会。

Rubáiyát 译为"鲁拜集"。

Omar Khayyám 译为"奥玛珈音"。

Edward FitzGerald 译为"费滋杰罗"。

研讨会大会主题:"翻译与跨文化研究"。

【472】

紫军:中国绝句与"柔巴依"

2007年6月13日,《文汇报/文汇笔会》第11版。

Rubáiyát 译为"柔巴依/柔巴雅特"。

Omar Khayyám 译为"欧玛尔·哈亚姆"。

Edward FitzGerald 译为"费茨吉拉德"。

紫军,本名张晖。

"波斯'柔巴依'的形式与中国绝句的形式极为相似,那么两者之间是否可能存在着某种联系呢?有人(如杨宪益先生)曾提出过这种怀疑,但没有做出进一步的论述。笔者在翻译'柔巴依'时发现,确实不能排除两者之间存在着某种联系的可能性。"

【473】

江晓原:天堂有笔写诗篇——影片《继承者》与《鲁拜集》及山中老人

2007年6月13日,《中华读书报》第14版。

Rubáiyát 译为"鲁拜集"。

Omar Khayyám 译为"奥马尔·海亚姆"。

Edward FitzGerald 译为"菲茨杰拉德"。

"在古代波斯世界,也有一个这样的人物——奥马尔·海亚姆[Omar Khayyam],生前以天文历法著称,身后却以抒情四行诗流芳百世。""影片《继承者》[The Keeper,2005]讲述的就是有关奥马尔·海亚姆的故事。"

【474】
董桥:我集藏的《鲁拜集》

2007年7月1日,香港《苹果日报/名采论坛》。

Rubáiyát 译为"鲁拜集"。

Omar Khayyám 未译名。

Edward FitzGerald 译为"菲茨杰罗"。

2007年,《书城》第11期,第38-39页。

2008年8月,董桥著《绝色》,牛津大学出版社,第29-34页。

2009年9月,[美国]黄克孙中译《鲁拜集/双语插图本/诗心伴玉壶》,凤凰出版传媒集团/译林出版社,第7-9页。

2012年1月,董桥著《绝色》,广西师范大学出版社,第25-30页。

"爱书、读书、藏书的人经不起版本品相的诱惑,《鲁拜集》这样的老经典搜集几十种版本的癖好一点不奇怪。"

【475】
蒋星煜:用绝句译的《鲁拜集》

2007年7月9日,《文汇报/文汇笔会》第11版。

Rubáiyát 译为"鲁拜集"。

Omar Khayyám 未译名。

Edward FitzGerald 未译名。

"1946年,我回到上海。1947年在《申报·春秋》副刊发表过一篇题为《山居闲情》的散文,我在文中两次提到自己对《鲁拜集》的爱好,说是天天必读。同年,又在《文化先锋》上发表了一篇评介《鲁拜集》的文章,主要谈此书的忧伤情怀与哲理内涵。"

【476】
陈四益:也说《鲁拜集》的翻译

2007年7月23日,《文汇报/文汇笔会》第11版。

Rubáiyát 译为"鲁拜集"。

Omar Khayyám 未译名。

Edward FitzGerald 未译名。

"关于鲁拜集的中译,多年前曾作一文。见闻未广,不过略叙所知。刊出后曾有一些朋友寄来材料,才知道中文所译的《鲁拜集》诗作,已有一二十种。若要细说,非我所能了。"

【477】
董桥:画《鲁拜集》的人

2007年7月,董桥著《今朝风日好》,香港牛津大学出版社,第41-46页。

Rubáiyát 译为"鲁拜集/四行诗集"。

Omar Khayyám 译为"欧玛·海亚姆"。

Edward FitzGerald 译为"菲茨杰罗"。

2007年9月14日,董桥著《新民晚报/夜光杯》第B5版。

2008年1月,董桥著《今朝风日好》,作家出版社,第41-46页。

2009年9月,[美国]黄克孙中译《鲁拜集/双语插图本/诗心伴玉壶》,凤凰出版传媒集团/译林出版社,第10-12页。

2012年1月,董桥著《今朝风日好》,广西师范大学出版社,第37-42页。

"我最想要一本 Edmund Dulac 画彩图的英译《鲁拜集》,英伦旧书店里见过好几部非常精美,可惜价钱都超乎我囊中买书的涓滴。有些重装的真皮封面尤其贵气,我尤其想要也尤其要不起。"

【478】
罗新璋：七分译 三分作

2007年8月17日,《文汇报/文汇笔会》第11版。

Rubáiyát 译为"柔巴依/鲁拜集"。

Omar Khayyám 译为"莪默·伽亚谟/奥玛珈音/欧玛尔·海亚姆"。

Edward FitzGerald 译为"费茨吉拉德"。

2008年5月,笔会编辑部编《背影是天蓝的/2007笔会文萃/说文谈艺》,文汇出版社,第177-179页。

2018年7月,罗新璋著《艾尔勃夫一日》,海天出版社(中国·深圳),第123-126页。

此版为"本色文丛/第五辑"丛书之一。

————

"……黄[克孙]氏亦取经于此,称自己译法为'衍译'。'衍',犹引也,演也。就是不拘泥于原文的衍绎。译,可译? 非常译! 诗尤难译。黄氏标举,'作诗第一';七分译三分作,未始不是一法。"

【479】
虞润身：美哉!《鲁拜集》——关于《鲁拜集》的材料摘录和归纳、后记

2007年9月,虞尔昌译《鲁拜集》,浙江省海宁市史志办公室编/虞尔昌译《鲁拜集》,海宁市人民政府轻印所,第119-126、141-144页。

Rubáiyát 译为"鲁拜集"。

Omar Khayyám 译为"奥玛·卡扬/莪默·伽亚谟"。

Edward FitzGerald 译为"爱德华·费兹吉若"。

虞润身为虞尔昌之子。

————

"'有朋自远方来,不亦乐乎!'他[虞尔昌]一遍又一遍地读着这些已译成英文的'金色东方诗篇',带着中东伊斯兰地域波斯草原牧歌的芬芳。""在他汉译的笔下,对其每一首白话体的四行诗,也力求要写真。经数易其稿,历时七年,于1984年定稿。不幸的是这一年12月26日,老人未能看到《鲁拜集》的出版就逝世了!"

【480】
黄杲炘:"柔巴依"与"鲁拜"

2007年10月26日,《文汇读书周报》第8版。

Rubáiyát 译为"柔巴依集"。

Omar Khayyám 未译名。

Edward FitzGerald 译为"菲氏"。

2012年8月,黄杲炘著《译诗的演进》,上海译文出版社,第229-232页。

———

"……所以,用'柔巴依'为名,就是要这种译诗在格律上同原作'接轨'的基础上,在名称上把波斯语、英语、维吾尔语中的这种诗体贯穿起来,以揭示其'本是同根生'的关系。"

【481】
瞿光辉:《鲁拜集》(随笔)

2008年1月,瞿光辉著《美丽的旧书/书话》,南京师范大学出版社,第11页。

此版为"开卷读书文丛"丛书之一。

Rubáiyát 译为"鲁拜集"。

Omar Khayyám 未译名。

Edward FitzGerald 未译名。

———

"……才气横溢的诗人郭沫若、史识渊博的历史学家的郭沫若在其后半生的'既要世俗之名,又要世俗的享受'(张中行语),以致'文革'时期的可笑表现,我认为其根源可在这篇《读了鲁拜集后之感想》找到端倪,可惜未为'反思郭沫若'者所注意。"

【482】
江日新:与奥玛·珈音同醉

2008年5月8日,台湾《中国时报/人间副刊》,第E7版。

Rubáiyát 译为"鲁拜集"。

Omar Khayyám 译为"奥玛·珈音"。

Edward FitzGerald 译为"费滋杰罗"。

———

"数学难题,天文难题,Khayyam 解得,也一生享受着这令誉美名,但真正的难题呢?天人之间能知的结果仍还是,'起自尘寰向七天,坐在宝座土曜间,行路曾解多少结,最是难解命里编。'因此,生啊! 死啊! 过去、现在、未来,看破吧! 认了吧!'君我相共出遮幕,天地悠悠还如故,我来我去知如何,恰似投石跳海肚。'"

【483】
沈苇:柔巴依、身边传统及其他——沈苇答诗人艾龙问

2008 年 8 月 14 日,天山网"西域文化·文学·作家访谈"。

Rubáiyát 译为"柔巴依集"。

Omar Khayyám 译为"欧玛尔·哈亚姆"。

Edward FitzGerald 译为"菲茨杰拉德"。

2009 年 9 月,沈苇著《新疆诗章/附录/作者访谈》,新疆人民出版社,第 253 - 266 页。

此版为"博格达文学丛书"之一。

2014 年 5 月,艾龙、沈苇文《柔巴依、身边传统及其他——答诗人艾龙问》,《龙泉驿创作》(季刊)第 2 期/夏季号(总第 8 期),第 144 - 152 页。

———

"……而柔巴依中意象的重复比较明显,美酒、佳人和爱情,还有人生哲理,往往是最基本的抒写内容。但这是有其特点和道理的:要在短短四行的篇幅内表达丰富而深刻的内容,既要抒发感情又要表达哲理,而且不能破坏一首诗的整体感,必然会重复一些基本的主题和意象。意象太多了反而会出现混乱,不利于主题表达的深入。"

【484】
咸立强、李岩:胡适与郭沫若译诗比较研究——以《鲁拜集》中两首诗的汉译为例

2008 年,《北京联合大学学报(人文社会科学版)》(季刊)第 6 卷第 3 期(总 21 期),第 37 - 40 页。

Rubáiyát 译为"鲁拜集"。

Omar Khayyám 未译名。

Edward FitzGerald 译为"菲茨杰拉德"。

"胡适译《鲁拜集》菲茨拉德英文译本第四版第七首与第九十五首[应为第九十九首],曾引起许多同时代人的关注,并将之与郭沫若的译文进行过对比。探索胡适与郭沫若译文间的差异,进而探讨胡适与郭沫若译诗的相关问题,对于我们研究现代翻译文学及与之相关的一些翻译问题和论争问题,都有着不可替代的价值和意义。"

【485】

李焯芬:扶林晚风/鲁拜集

2008年11月14日,香港《文汇报/副刊》。

Rubáiyát 译为"鲁拜集/四行诗集"。

Omar Khayyám 译为"欧玛尔·海亚姆"。

Edward FitzGerald 译为"爱德华·费兹杰罗"。

"'鲁拜'一词,是从波斯文音译而来,是四行诗的意思,故《鲁拜集》即是'四行诗集'。每首诗中的第一、二、四行句必须押韵。第三行大体不押韵。因此,这种诗的格式,和中国的五言绝句或七言绝句较为相近。鲁拜体诗约生成于九世纪末十世纪初的波斯,据传鲁达基为其创始人,起初多在酒宴和聚会上配乐吟唱,类似歌曲。诗人用这种诗体或抒情咏怀,或阐述人生哲理,或宣扬伊斯兰教义。"

【486】

《不可不知的2000个中外名人》:欧玛尔·海亚姆

2009年1月,王晓梅、张晶主编《经典珍藏/不可不知的2000个中外名人/文学名人/外国》,中央编译出版社,第239页。

Rubáiyát 译为"欧玛尔·海亚姆诗集"。

Omar Khayyám 译为"欧玛尔·海亚姆"。

Edward FitzGerald 未译名。

此版为"不可不知的2000个……"系列丛书之一

"在世时以他的数学才华驰名遐迩,但现代人更欣赏他的诗作《欧玛尔·海亚姆诗

集》。他的早期著作中有一部是代数学的经典之作。"

【487】
杨建华:爱德华·菲茨杰拉德

2009年1月,杨建华编著《西方译学理论辑要/下篇/现代西方译学理论/第四章/现代初期西方译论/62》,天津大学出版社,第158-159页。

Rubáiyát 译为"鲁拜集"。

Omar Khayyám 译为"莪默尔·伽亚谟"。

Edward FitzGerald 译为"爱德华·菲茨杰拉德"。

―――

"他在翻译波斯诗歌时,进行了去粗存精的改编加工,根据自己的想象和适合英语读者的方式来传递原诗的情调和思想,但同时又刻意模仿原诗的格律,力求传神,译语优雅,并由此开创了英语的五音步四行诗。由于菲茨杰拉德出色的翻译,其翻译的《鲁拜集》成为英国最优秀的译作之一,被列为'世界文学名著'。"

【488】
[日本]但地·沙卡布拉扬[A. D. Sakabulajo]:奥玛凯琰"Rubai"个诗魂佮科学、精神生命

2009年2月,沙卡布拉扬译《露杯夜陶/附录一/摘自内扎米[Nizāmi Arūdī]个〈四类英才〉/附录二/Omar 个故乡:内沙富亚[Neyshābūr]/附录三/山老个"阿萨辛个古堡"》(台语),日本绿荫社/台湾高雄春晖出版社,第489-524页。

Rubáiyát 译为"露杯夜陶"。

Omar Khayyám 译为"奥玛凯琰"。

Edward FitzGerald 译为"菲志嘉拉陶"。

―――

"讲到兹[tsia],假使对读启明版个'鲁拜集'(《露杯夜陶》)开始到今仔,算来么已经有35年啦!讲起来是'年久月深'啦;唔拘,对奥玛个四行诗个爱佮欣赏,犹然无变,甚至愈来愈会当了解著伊个诗境,伊个人生佮思想;介侪[tse]所在,比以前佫咖有'共鸣'。"

【489】

黄微芬:郑天送译台语版露杯夜陶

2009年5月3日,台湾台北《南市报导》。

Rubáiyát 译为"露杯夜陶"。

Omar Khayyám 译为"奥玛凯琰"。

Edward FitzGerald 译为"爱陶华·费志嘉拉德"。

"……就是这股对书的执着,一九七〇年郑天送第一次接触到奥玛凯琰的诗集后便爱不释手,以后只要看到奥玛凯琰的书就一定收藏,不管是英、日、中文译本、波斯原文还是其他民族语译本,都在他的收藏之列,成了奥玛凯琰的超级大粉丝。"

【490】

邵斌、朱安博:是"鲁拜集",也是"柔巴依集"——Rubaiyat 的译名之争

2009年,《北京第二外国语学院学报》(月刊)第6期(总第170期),第55-60页。

Rubáiyát 译为"鲁拜集/柔巴依集"。

Omar Khayyám 译为"欧玛尔·海亚姆"。

Edward FitzGerald 译为"爱德华·菲茨杰拉德"。

"波斯中古诗人欧玛尔·海亚姆的四行诗'Rubaiyat',经过英国诗人菲茨杰拉德的创造性翻译成了英国文学的瑰宝,其汉译过程也充满了传奇色彩。本文回顾了90年来海亚姆的Rubaiyat在中国的传播历程,比较了其各种汉译名,探索了'柔巴依'译名的来源,指出'鲁拜'和'柔巴依'译名之争的文化意义。"

【491】

邹新明:胡适翻译莪默《鲁拜集》一首四行诗的新发现

2009年8月25日,《胡适研究通讯》(季刊)第3期(总第7期),第1-6页。

Rubáiyát 译为"鲁拜集"。

Omar Khayyám 译为"莪默·伽亚默"。

Edward FitzGerald 译为"爱德华·菲兹杰拉德"。

———

"笔者在整理北京大学图书馆藏胡适藏书时,发现了一册菲兹杰拉德的《鲁拜集》英译本,德国 Bernhard Tauchnitz 1910 年版,扉页上有胡适自题'志摩送我的。在西湖。十二年十月。'字样。虽然没有署名,但从字体上很容易辨认是胡适的笔迹。另外,这本书是夹杂在很多本胡适藏书之中的,也可以作为一个证据。"

【492】
侯传文:《鲁拜集》导读

2009 年 8 月,刘洪涛主编《外国文学名著导读/第四编/东方文学》,高等教育出版社,第 270－277 页。

Rubáiyát 译为"鲁拜集/柔巴依"。

Omar Khayyám 译为"欧玛尔·海亚姆/莪默·伽亚谟"。

Edward FitzGerald 译为"菲慈吉拉德"。

该导读分为"作家简介"、"内容梗概"、"分析评论"和"思考练习"四个部分。

收入 11 首张鸿年译本的海亚姆四行诗诗节作为导读材料。

2009 年 10 月,刘洪涛主编《外国文学作品选读/第五章》,北京师范大学出版社。

———

"《鲁拜集》是一部以思想取胜的哲理诗集,表现了诗人对宇宙、人生和社会问题的深刻思考。诗集像是由不同主题乐章构成的一部思想的交响乐。人因何而生,从何处来,向何处去,是诗人思考的主要问题,也是这部思想交响乐的总主题。"

【493】
殷延军:在醉生梦死中寻求生命的终极价值——从《鲁拜集》看海亚姆的精神世界

2009 年,《作家》(月刊)No.9/第 18 期,第 72－73 页。

Rubáiyát 译为"鲁拜集/柔巴依"。

Omar Khayyám 译为"海亚姆"。

◇《鲁拜集》汉译书目

Edward FitzGerald 译为"爱德华·菲茨杰拉德"。

"从1923年起海亚姆和他的《鲁拜集》就在中国大陆掀起了一阵研究热潮。本文借助《鲁拜集》的诗篇,从诗歌与花和酒的关系探讨和追寻了海亚姆的精神世界,在醉生梦死的世界中来透视海亚姆的死亡观、人生观及宗教观。

【494】
钱锺书:致苏正隆函(手迹)、[美国]黄克孙:《鲁拜集》新版序

2009年9月,[美国]黄克孙中译《鲁拜集/双语插图本/诗心伴玉壶/自序》,凤凰出版传媒集团/译林出版社,扉页、第2页。

Rubáiyát 译为"鲁拜集"。

Omar Khayyám 译为"奥玛珈音"。

Edward FitzGerald 译为"费氏结楼"。

此版为"新课标双语文库"丛书之一。

"黄先生译诗雅贴比美 Fitzgerald 原译。Fitzgerald 书札中论译事屡云'宁为活麻雀,不做死[老]鹰'[better a live sparrow than a dead eagle],况活鹰乎?"《鲁拜集》所表达的感情,包含了哲人的迷惑和诗人的潇洒。但文学,特别是诗,最终是对语言负责的。珈音的原作一定是波斯文学传统的产物。而费氏的译诗,空灵洒脱,怀古感慨,声调铿锵,韵脚美妙,则是英国文学登峰的作品。"

【495】
《辞海》:菲茨杰拉德、莪默·伽亚谟[Omar Khayyám,1048-1122](条目)

2009年9月,夏征农、陈至立主编《辞海/第六版/彩图本》(五卷本),上海世纪出版股份有限公司/上海辞书出版社,第594、532页。

Rubáiyát 译为"鲁拜集"。

Omar Khayyám 译为"莪默·伽亚谟/欧玛尔·海亚姆"。

Edward FitzGerald 译为"爱德华·菲茨杰拉德"。

书名题字江泽民。

"爱德华·菲茨杰拉德[Edward FitzGerald,1809-1883]。英国作家、翻译家。1859年意译波斯诗人莪默·伽亚谟的诗作《鲁拜集》,得到诗歌界的热烈推崇。渗入译诗中的忧郁哀伤情绪,对19世纪末英国的诗风产生一定影响。""莪默·伽亚谟,亦译'欧玛尔·海亚姆'。波斯诗人、数学家、天文学家。早年辍学,后接近宫廷,从事学术研究,在数学和天文学上卓有成就。1074年修订历法。著名的四行诗集《鲁拜集》,否定来世和宗教信条,谴责权贵和宗教上层人士,肯定现实生活。诗中充满哲学意味,带有悲观厌世色彩。"

【496】
傅勇林:《鲁拜集》(评介)

2009年9月,傅勇林总主编《郭沫若翻译研究/下编/译作评介/第九章》,四川出版集团/四川文艺出版社,第253-258页。

Rubáiyát 译为"鲁拜集"。

Omar Khayyám 译为"莪默·伽亚谟"。

Edward FitzGerald 译为"费慈吉拉德"。

此版为"静一述林·西南交通大学外国语学院学术论丛之二"。

"《鲁拜集》作为世界文学名著,其丰富的意蕴与持久的艺术魅力至今仍被世人所熟识,其版本之多仅次于《圣经》。'有的译家称《鲁拜集》为"波斯哲理诗",是很有点道理的。当诗人感叹时光无垠的时候,又感叹着生命的短暂;当诗人感叹万物永恒的时候,又感叹着即刻的尽欢;当诗人感叹人性绚烂的时候,又感叹着人的内心无法回避的那种苦难。[摘自顾家华:《读莪默〈鲁拜集〉(2)》,原载"老鸽的博客(新浪博客)"]'"

【497】
佚名:Superstar 之奥马·海亚姆

2009年,《快乐学数学(初中版)/名人轶事》(月刊)第11期,第4-7页。

Rubáiyát 译为"四行诗"。

Omar Khayyám 译为"奥马·海亚姆"。

Edward FitzGerald 未译名。

"奥马是一个渊博的科学家,但在西方却以诗人而闻名。他写了很多四行诗,其中透

露出无神论的自由思想。这在他的一生中导致很多麻烦。晚年的时候,他甚至到麦加去朝觐,力图洗刷人们对他的无神论的指控。"

【498】
乔颖、毛利丹:翻译——语言背后的语言——张承志对《鲁拜集》的讨论中存在的"知识"问题

2009年,《河南省科技情报事业创建五十周年学术研讨会论文集》(中国科学技术情报学会、河南省科学技术情报学会主办:河南省科技情报事业创建五十周年学术研讨会),第214-217页。

Rubáiyát 译为"鲁拜集"。

Omar Khayyám 译为"海亚姆"。

Edward FitzGerald 未译名。

———

"对翻译的讨论,已经触及翻译本身的存在问题。本文提出的质疑,尽管是针对张承志对《鲁拜集》的汉语译本的讨论,但很可能会涉及翻译的再认识及其再概念化问题。"

【499】
《外国文学插图精鉴》:鲁拜集插画(匈牙利未署名画家2幅、爱德蒙·杜拉克1幅、爱德蒙·J·沙利文3幅、赫伯特·柯尔2幅)

2009年12月,李文俊主编《外国文学插图精鉴/18/鲁拜集[波斯]海亚姆》,中国青年出版社,第62-65页。

Rubáiyát 译为"鲁拜集"。

Omar Khayyám 译为"欧玛尔·海亚姆"。

Edward FitzGerald 译为"爱·菲茨杰拉德"。

收入郭沫若译本诗节8首配图。

2014年8月该书发行"典藏版"。

此版为"典藏名著丛书/艺术书系"之一。

———

"海亚姆在诗中探讨了人生的意义,他认为:'我们来去匆匆的宇宙,上不见渊源,下不见尽头,没有人能解释清楚,我们自何方来,又向何处去。'[张鸿年译本]他不相信灵魂不灭。针对'来世'说,他主张珍惜'现时':'人说天堂上有美女仙泉,奶酒蜜糖,如河似

川。斟满这杯酒,高高举起吧!人世比幻境胜过千般。'[张鸿年译本]"

【500】
昀林:乘着歌声的翅膀

2010年1月1日,《竞争力·三联财经/时光》(月刊)第1期(总第94期),第96页。

Rubáiyát 译为"鲁拜集"。

Omar Khayyám 未译名。

Edward FitzGerald 未译名。

———

"Omar 与天地星辰作伴,在间或的停歇时分,将闲时的感触思索,了凡顿悟,片片缕缕,成千首诗歌辑录落笔于纸上。……Omar 的诗歌为时光所湮没,只有唯一的一本诗集辗转传至英国,穿越七个多世纪的年光,终于落到一位定与其前世有缘的英国绅士手中。"

【501】
苏正隆:翻译文学出版因缘

2010年1月,《文讯/跨越译世界——翻译文学的繁花盛景》第291期,文讯杂志社,第47-48页。

Rubáiyát 译为"鲁拜集"。

Omar Khayyám 译为"奥玛·珈音"。

Edward FitzGerald 译为"费氏"。

———

"费氏英译的波斯诗《鲁拜集》,英国文学史上将它纳入英国文学范围;而黄克孙译本文采斑斓,足以媲美,叶嘉莹和方瑜教授也都把它视为中国文学。翻译作品能达到这样的境界,是我最高的理想。有机缘让它能够重新出土,对我而言是极有意义的事。"

【502】
沈苇:柔巴依论

2010年1月15日,《西域研究》(季刊)第1期(总第77期),第98-

104页。

  Rubáiyát 译为"柔巴依集"。

  Omar Khayyám 译为"欧玛尔·海亚姆"。

  Edward FitzGerald 译为"爱德华·菲茨杰拉德"。

"享乐带来忧伤,而忧伤带来深刻,带来灵魂的自省、顿悟和智慧。这使《柔巴依集》成为一首'痛楚的时间之歌',一部'饱含肉欲之美的神圣诗篇'。原则上,我们需要传道书和启示录的庄严,同时又渴求一种轻松的有血有肉的智慧。我们容易高蹈,或者陷入阴郁的泥潭不可自拔,而忽视了快乐、温暖和爱的重要性。《柔巴依集》是从心灵和体验出发的诗,欧玛尔说:'我本身便是天堂和地狱。'他把我们从虚妄拉回到个体生命的自足与神圣。如此说来,《柔巴依集》就是一部诗的启示录。""刘易斯·安特迈耶在英文版《柔巴依集·跋》中说得好:'人的最隐晦最沉重的难题在这里遇到了最轻松的哲学家。……欢快和热忱使《柔巴依集》成为我们的良友。'"

【503】
李宁:《福乐智慧》中柔巴依的英译——兼与菲茨杰拉德之柔巴依英译比较

  2010 年,《民族文学研究》(季刊)第 1 期(总第 116 期),第 116－122 页。

  Rubáiyát 译为"柔巴依集/鲁拜集"。

  Omar Khayyám 译为"欧玛尔·海亚姆"。

  Edward FitzGerald 译为"爱德华·菲茨杰拉德"。

  2010 年 8 月,李宁著《〈福乐智慧〉英译研究/第六章/〈福乐智慧〉中柔巴依翻译》,民族出版社,第 166－196 页。

  此版为"民族典籍翻译研究丛书"之一。

"结合文明背景和诗学传统剖析中世纪回鹘典籍《福乐聪明》中柔巴依的英译状况,并与爱德华·菲茨杰拉德的《柔巴依集》英译相比拟,讨论柔巴依翻译效果。柔巴依诗体具有可移植性,关键在于将诗体和原作宗旨一致于新的言语文本中,做到还诗歌以诗歌。"

【504】
《汉英社会科学大辞典》:菲茨杰拉德(条目)

2010年2月,胡志勇主编《汉英社会科学大辞典》,科学出版社,第424页。

Rubáiyát 未译名。

Omar Khayyám 未译名。

Edward FitzGerald 译为"菲茨杰拉德"。

―――――

"菲茨杰拉德[Edward,(1809-1883年),英国诗人] Fitzgerald"。

【505】
费德里科·玛约尔:《海亚姆的鲁拜集(四行诗)》序言

2010年4月,费德里科·玛约尔文/王一丹译《海亚姆的鲁拜集(四行诗)[RUBAI'YAT(QUATRAINS) OMAR KHAYYAM]》(波斯、英、法、阿拉伯、西班牙、俄、中、日八种语合集本),伊朗古雅文化艺术之家[Gooya House of Culture & Art],第XXIV-XXV页。

Rubáiyát 译为"鲁拜集"。

Omar Khayyám 译为"欧玛尔·海亚姆"。

Edward FitzGerald 未译名。

费德里科·玛约尔[Federico Mayor]为"联合国教科文组织前任总干事"。

―――――

"1999年,联合国教科文组织纪念一位对人类的科学与艺术进步作出了无法估量的贡献的伟人,他,就是欧玛尔·海亚姆。纪念活动包括出版他关于数学的著作、在总部举办一个讨论其科学成就的国际会议。同样,本诗集的出版也得到了联合国教科文组织的支持。……"

【506】
[伊朗]侯赛因·萨德基:导言/欧马尔·海亚姆和他的四行诗

2010年4月,[伊朗]侯赛因·萨德基文/王一丹译《海亚姆的鲁拜集

（四行诗）[RUBAI'YAT(QUATRAINS) OMAR KHAYYAM]》（波斯、英、法、阿拉伯、西班牙、俄、中、日八种语合集本），伊朗古雅文化艺术之家[Gooya House of Culture & Art]，第XXVI – XXX页。

Rubáiyát 译为"四行诗"。

Omar Khayyám 译为"欧马尔·海亚姆/欧玛尔·海亚姆"。

Edward FitzGerald 译为"爱得华·菲兹杰拉德"。

"阿布·法特赫·欧玛尔·本·伊卜拉欣·海亚米·内沙浦里，以'海亚姆'闻名于世，出生于伊朗东北部的内沙浦里城，生卒年不详。一般认为他出生于伊斯兰历432年，即伊朗太阳历420年，相当于公元1041年；去世于伊斯兰历517年，即伊朗太阳历502年，相当于公元1123年。……海亚姆在世时并不以诗歌闻名。他去世大约一百年之后，有人把几首四行诗归于他的名下，在他去世后两个世纪的时候，只有36首四行诗被认为是他写的，其中的34首都蕴含着哲学问题。"

【507】
王一丹：《海亚姆的鲁拜集（四行诗）》汉译者序

2010年4月，王一丹文《海亚姆的鲁拜集（四行诗）[RUBAI'YAT (QUATRAINS) OMAR KHAYYAM]/汉译者序》（波斯、英、法、阿拉伯、西班牙、俄、中、日八种语合集本），伊朗古雅文化艺术之家[Gooya House of Culture & Art]，第XXXI – XXXIII页。

Rubáiyát 译为"鲁拜集"。

Omar Khayyám 译为"欧马尔·海亚姆/欧玛尔·海亚姆"。

Edward FitzGerald 译为"爱得华·菲兹杰拉德"。

"……对于每一个懂得波斯语、并且喜爱波斯文学的人来说，阅读欧玛尔·海亚姆美妙的四行诗，是一种精神的享受，从中能获得极大的心灵愉悦。"

【508】
Lewis Eden：《鲁拜集》出版后记

2010年4月，鹤西译《鲁拜集》，世界图书出版公司北京公司，第220 – 225页。

Rubáiyát 译为"鲁拜集/四行诗"。

Omar Khayyám 译为"奥玛·海亚姆"。

Edward FitzGerald 译为"菲茨吉拉德"。

Lewis Eden,本名刘乐园。

2015年1月,鹤西译《鲁拜集》,北京联合出版公司/后浪出版公司,第197-199页。

文章经修改。

―――

"《鲁拜集》中文译本很多。先生[鹤西]曾和我说,诗集想要译好,很重要的一条是不能全都译。其实先生是全部都译过的。因为语言的转换,有点译文他自己不够满意,宁可就不拿出来。""钱锺书先生早年也曾译过《鲁拜集》,不过译稿没有公布,大家只能从《槐聚诗存》看到一首讲《鲁拜集》的诗。"

【509】
钟蓓:寻找"鲁拜"

2010年5月1日,《周末画报》(周刊)第593期,第A28页。

Rubáiyát 译为"鲁拜集"。

Omar Khayyám 译为"奥玛·海亚姆"。

Edward FitzGerald 译为"爱德华·菲茨杰拉尔德"。

―――

"1858年,菲茨杰拉德将译稿发给《弗雷泽杂志》[Fraser's Magazine],谁知石沉大海。以至于1年后,他从杂志社要回了手稿,自费印刷250册诗集,大部分放在伦敦的夸里奇书店[Quaritch]寄卖。这本诗集几乎就没有卖出去过。很快,小册子沦为折价处理品。定价,每册1便士。三年后,斯文伯尔尼[Swinburne]和罗寒蒂[Rossetti]获得了菲茨杰拉德的翻译成英文的《鲁拜集》。很快,有关这册诗集多么杰出的评论在文学的小圈子里流传。可惜的没有任何评论留下,而且剩下的诗集竟然被当做废纸处理掉了。直到1868年,它的第二版出版。这一回,查尔斯·艾略特·诺顿[Charles Eliot Norton]在1869年10月号的《北美评论》上写了一篇关于它的文章,也是第一篇关键性评论。很快,到处都可以看到被引用的《鲁拜集》里的四行诗。《鲁拜集》顺理成章有了自己的第三版、第四版、第五版……"。

【510】

徐燮均：莪默·伽亚谟事略、鲁拜集百一首/人生杯酒一长歌/重译后序

2010年5月，徐燮均译《英语名诗80首》，四川大学出版社，第254-255、310页。

Rubáiyát 译为"鲁拜集"。

Omar Khayyám 译为"莪默·伽亚谟"。

Edward FitzGerald 译为"爱德华·菲茨杰拉德"。

"鲁拜集百一首……世人推为能品；……我今再以五言古调意译，但求传神，未尝斤斤于字句之形影相印与音韵平仄之切合规范也。""梁昭太子萧统，序陶渊明集曰：'有疑陶渊明诗，篇篇有酒，吾观其意不在酒，亦寄酒为迹者也。'鲁拜集百一首出自中古波斯诗人莪默·伽亚谟之手；吾观作者之遭际胸怀；作品之含义神韵，与陶何其肖耶！"

【511】

王虹：从英语绝句到汉语绝句——以《鲁拜集》汉译为例

2010年6月，《淮北煤炭师范学院学报（哲学社会科学版）》（双月刊）第31卷第3期，第119-122页。

Rubáiyát 译为"鲁拜集"。

Omar Khayyám 译为"奥马尔·海亚姆"。

Edward FitzGerald 译为"爱德华·菲茨杰拉尔德"。

"著名的'奥马尔诗节'是英语诗歌中四行诗节的变体，它每首四行，独立成诗，具有独特的韵律，这与汉语绝句的特点基本相同。通过汉译例证，认为《鲁拜集》最好的翻译形式就是从绝句到绝句，即把两种具有相似的外部节奏形式的诗歌语言进行基本对等的翻译，从而更好地保留'奥马尔诗节'这种英语绝句的外在节奏和形式美。"

【512】

邵斌：经典与炒作——评鹤西选择的《鲁拜集》（修订版）

2010年6月14日，新浪博客"窥天的博客"。

Rubáiyát 译为"鲁拜集"。

Omar Khayyám 译为"欧玛尔·海亚姆"。

Edward FitzGerald 译为"爱德华·菲茨杰拉德"。

原文题"别假借经典的名义哗众取宠——评鹤西选译的《鲁拜集》"。

2010年6月23日,邵斌文《"仰望星空"与"脚踏实地"——评鹤西选译的〈鲁拜集〉》,《中华读书报》第9版。

"……我想结论已经非常明显了,那就是:精美的包装下苍白的内容,澎湃的豪情中内荏的实质。一言以蔽之,菲译《鲁拜集》是经典,但眼下的程译本是炒作。《鲁拜集》值得研究,值得深入探索,它不排斥新的译本,但我们需要的是脚踏实地的研究,是具有创新意义的译本,是懂得'板凳要坐十年冷'的学者和译家,不知程译鲁拜中的当事人做到了吗?"

【513】
咸立强:郭沫若与《鲁拜集》的翻译

2010年7月,咸立强著《译坛异军:创造社翻译研究/第五章》,人民出版社,第219-255页。

Rubáiyát 译为"鲁拜集"。

Omar Khayyám 译为"欧玛尔·海亚姆"。

Edward FitzGerald 译为"爱德华·菲茨杰拉德"。

"一九二四年一月一日,郭沫若重译的《鲁拜集》单行本初版,实际被列为泰东图书局'辛夷小丛书'第四种。此后,《鲁拜集》屡次再版。在郭沫若的众多翻译成果中,郭沫若对《鲁拜集》的翻译比较满意。"

【514】
胡洪侠:人书俱沉海底、《鲁拜集》毛边签赠本

2010年7月,胡洪侠著《书情书色二集/辑一/四一九/四三一》,中华书局,第13-14、21-22页。

Rubáiyát 译为"鲁拜集"。

Omar Khayyám 未译名。

◇《鲁拜集》汉译书目

Edward FitzGerald 未译名。

"近读董[桥]先生文章,方知一九一二年四月十五日,和一千五百多乘客一同罹难的,还有另外一册豪华装帧珍籍《鲁拜集》。书是英国书籍装帧名匠桑格斯基于一九〇八年做成的。书中杜赖克的彩色插图已经够珍贵,上等牛皮封面上竟又镶上多种宝石,奢华得不得了……""……这次我第一眼就看上了玻璃柜中的一册毛边本:那可是《鲁拜集》啊……我相信这该是译者的题赠本……哈!吴剑岚又名'吴钩'。"

【515】
陈苍多:《鲁拜集》成为中国文学?

2010年10月8日,台湾《联合报/译林撷趣》。

Rubáiyát 译为"鲁拜集"。

Omar Khayyám 未译名。

Edward FitzGerald 译为"费滋杰罗"。

"……费滋杰罗的《鲁拜集》完全不同于原作。可见……费滋杰罗的翻译美则美矣,但恐怕不很忠实;黄克孙先生根据费滋杰罗的翻译译成中文文言文,则是美上加美,且用了很多中文典故,如'兰陵酒'、'女娲'等,难怪有中文教授会认为是中国文学。……结果一部波斯文学(或英国文学)杰作竟要成为中国文学。一个男人涂脂抹粉,装扮像女人,几可乱真,但本质上还是男人。"

【516】
钟芳玲:随铁达尼号沉海的华丽之书(两百五十年历史/莎乐伦书店)

2010年11月,钟芳玲著《书店传奇/第一章》,台湾远景出版事业有限公司。

Rubáiyát 译为"鲁拜集"。

Omar Khayyám 译为"奥玛·开俨"。

Edward FitzGerald 译为"爱德华·费兹杰罗"。

2012年2月,钟芳玲著《书店传奇/1/两百五十年历史/莎乐伦书店/与泰坦尼克号俱沉的华丽之书》,中央编译出版社,第17-20页。

此版为精装,2014年4月版平装,2017年8月版精装。

2012年6月29日,钟芳玲文《与泰坦尼克号俱沉的华丽之书/250年历史的传奇书店》,《文汇读书周报/新书坊》第14版。

"圣高斯基与他的团队花了两年时间设计制作,共享了五千片裁切的皮革、一百平方英尺24K纯度的金箔、一千零五十颗不同种类与色泽的宝石装饰。封面有着三只孔雀的《鲁拜集》贵气十足,莎乐伦将此书标价一千英镑,当时来自纽约的犹太裔美籍大书商盖博利亚·韦尔斯[Gabriel Wells]正好在伦敦,出价八百英镑,莎乐伦不从,最后决定卖给另一个出价八百五十英镑的纽约客,没想到书运到纽约,海关要依最早的估价(一千英镑)课百分之二十五的税,结果买家拒付,莎乐伦只好回头找韦尔斯,允许他用当初的议价买下此书,回到纽约的韦尔斯盘算他得付上高额税金,这下只愿出六百五十英镑,莎乐伦不答应,所以这本《鲁拜集》只好返回英国。为了求得一个好价钱,这书被送到伦敦苏富比公司拍卖,韦尔斯实在不愿放弃这本书,所以请了代理人去竞标,底价是六百二十五英镑,若是需要,还可往上加码,谁知他竟以四百零五英镑超低价得标。几经折腾后,这本书被送上1912年4月10日首航的铁达尼号,几天后,铁达尼撞上冰山,结果书与船俱沉到海底。"

【517】
邵斌:翻译即改写/从菲茨杰拉德到胡适——以《鲁拜集》第99首为个案

2010年12月30日,《北京第二外国语学院学报/翻译研究》(月刊)第32卷第12期(总第188期),第8—14页。

Rubáiyát 译为"鲁拜集"。

Omar Khayyám 译为"欧玛尔·海亚姆"。

Edward FitzGerald 译为"爱德华·菲茨杰拉德"。

"波斯古代诗人欧玛尔·海亚姆的四行诗集《鲁拜集》,经过英国诗人菲茨杰拉德的创造性翻译成了英国文学的瑰宝,其汉译本也异彩纷呈,其中不乏创造性译本。自20世纪80年代以来,翻译研究已经从单纯考虑语言层面的对等发展到考虑文化层面以及制约翻译行为的各种社会、政治、经济、文化媒介等因素,呈现了多元化的趋势。美国翻译理论家勒菲弗尔就提出翻译操控理论,认为翻译是改写,这种改写会对译语文化产生影响。本文以勒菲弗尔的操控理论作为理论基础,以《鲁拜集》第99首的英译和汉译作为研究对象,通过细致的译本比对,探索了意识形态和诗学体系对菲茨杰拉德和胡适译诗的影

响,最后得出创造性诗歌翻译是合理而又可行的这一结论。"

【518】

冯象:黎明的左手——冯象论《鲁拜集》

2011年1月9日,《东方早报/上海书评/随笔》第12版。

Rubáiyát 译为"鲁拜集"。

Omar Khayyám 译为"莪默/奥马尔"。

Edward FitzGerald 译为"费慈杰罗"。

2012年7月,冯象著《信与忘——约伯福音及其他/上编/黎明的左手》,生活·读书·新知三联书店,第124-131页。

文题无"冯象论《鲁拜集》"的副题。

文后增添"补注"(2011年3月):"谈'黎明的左手'同'朝昧的幻影'有何寓意。"

"当年博尔赫斯在哈佛作'诗艺六讲',论及《鲁拜集》,激赏费氏初版的大胆比喻,特意举出'黎明的左手'为例。左,或左手,在《圣经》与近东文学的传统,常有邪曲、不祥、罪恶的意味,乃至充当异族或'他者'的象征。而莪默的原作,压根儿就没有这一短语;完全是译者的夏夏独造。第二版起,改作'朝昧的幻影'[phantom of false morning],则精巧隐晦有余,少了点神秘的猝不及防的冲击力。假使这'东方情调'的一束诗章,不称翻译而是当作费氏的原创发表,罗赛蒂、史文朋他们还会赞不绝口吗?博翁问道[Jorge Luis Borges:This Craft of Verse,哈佛大学出版社,2000,页69]。只怕要说他滥情、媚俗,没翻几页,就把诗集丢回那堆一便士削价书里去了。"

【519】

穆宏燕:四行诗

2011年1月,穆宏燕著《波斯古典诗学研究/第七章/诗歌体用/第一节》,昆仑出版社,第254-264页。

Rubáiyát 译为"柔巴依/鲁拜/海亚姆的四行诗"。

Omar Khayyám 译为"欧玛尔·海亚姆"。

Edward FitzGerald 未译名。

2014年6月,穆宏燕著《波斯札记》,河南大学出版社,第270-281页。

文题为"再谈波斯四行诗的产生"。

"关于波斯四行诗的起源,……与我国的绝句存在很大相似之处,而波斯四行诗的兴起是在强盛的中国唐王朝控制西域中亚地区之后,不少学者对二者之间的关系进行探讨。……认为波斯四行诗可能受唐绝句的影响而产生。……然而,伊朗国内学术界坚决反对这一说法。笔者曾在伊朗参加学术研讨会时表达过这一观点,但遭到伊朗学者们的一致否定。"

【520】
覃学岚:《鲁拜集新译》译后言

2011年1月,覃学岚译《鲁拜集新译》,中国对外翻译出版公司,第174–182页。

Rubáiyát 译为"鲁拜集"。

Omar Khayyám 未译名。

Edward FitzGerald 译为"菲茨杰拉德"。

2013年,覃学岚文《对语言层面的翻译问题的再认识——〈鲁拜集新译〉译后言》,《翻译季刊》第67期,第41–72页。

"笔者之所以萌生重译《鲁拜集》的念头,原因之一就是想在诗歌翻译方面进行一次新的尝试,这种尝试不是简单的文字转换处理,或者说企图超越现有的译本,而是想借此体现一种翻译思想;原因之二则是希望通过重译来检讨一下目前的一些主流翻译理论,并澄清一些似是而非的概念。"

【521】
眭谦:莪默绝句集译记

2011年1月,眭谦著《由梐斋吟稿/附录》,四川出版集团/巴蜀书社,第189–193页。

Rubáiyát 译为"莪默绝句集/鲁拜集/柔巴依"。

Omar Khayyám 译为"莪默·伽亚谟/欧玛尔·海亚姆"。

Edward FitzGerald 译为"菲茨杰拉德/菲兹杰拉德"。

"……莪默的'鲁拜'早进入了中国。福建福州市郊外一处穆斯林麻紥有位波斯人的墓碑上,刻着一首莪默的'鲁拜':从地底深处直到土星之巅,我已解决了宇宙间的一切疑难,如今,没有什么问题使我困惑,但是,面对死亡之结我仍感茫然。时为一三〇六年(元大德十年)。这首'鲁拜'即菲兹杰拉德英译的第三十一首……"。

【522】

邵斌:《诗歌创意翻译研究——以《鲁拜集》翻译为个案》

2011年2月,邵斌著《诗歌创意翻译研究——以《鲁拜集》翻译为个案》,浙江大学出版社,第1-229页。

Rubáiyát 译为"鲁拜集"。

Omar Khayyám 译为"欧玛尔·海亚姆"。

Edward FitzGerald 译为"爱德华·菲茨杰拉德"。

"第一章/绪论/'创意翻译'概念的提出/'创意翻译'的典型:《鲁拜集》传奇/《鲁拜集》翻译研究的意义/第二章/《鲁拜集》源语文本研究/渺不可寻:《鲁拜集》作者之考证/上下求索:海亚姆哲学思想探源/妙笔生花:海亚姆诗歌评述/第三章/《鲁拜集》英译研究/诗人译诗:菲茨杰拉德英译《鲁拜集》/二次创作:菲译《鲁拜集》探微/宁为活麻雀,不做死老鹰:菲茨杰拉德的翻译观/第四章/《鲁拜集》百年汉译研究/异彩纷呈:《鲁拜集》汉译概述/议论纷纭:《鲁拜集》汉译研究/译名之争:是'鲁拜集',也是'柔巴依集'/天才乱舞戏笔墨:郭沫若初译《鲁拜集》/冥冥有手译天书:黄克孙衍译《鲁拜集》/亦步亦趋费苦心:黄杲炘形译《鲁拜集》/各显神通:《鲁拜集》其他译本述评/八仙过海:《鲁拜集》台湾译本述评/有我之译:以第12首鲁拜为个案/翻译即改写:以第99首鲁拜为个案/第五章/诗,到底该怎么译:《鲁拜集》的启示/英诗汉译的方法之一:形译/英诗汉译的方法之二:意译/英诗汉译的方法之三:衍译/创意翻译:《鲁拜集》翻译的启示/第六章/丝路青鸟:文化视域里的《鲁拜集》翻译/丝绸古道'柔巴依'/欧美世界'东方风'/《鲁拜集》和五四新文化运动的交汇/第七章/结语"。

【523】

汪榕培:《诗歌创意翻译研究——以《鲁拜集》翻译为个案》序

2011年2月,邵斌著《诗歌创意翻译研究——以《鲁拜集》翻译为个案》,浙江大学出版社,第i-ii页。

Rubáiyát 译为"鲁拜集"。

Omar Khayyám 译为"海亚姆"。

Edward FitzGerald 译为"菲茨杰拉德"。

2012年12月,门顺德主编《"传神达意"/翻译理论研究/汪榕培论翻译》,上海外语教育出版社,第21-22页。

文题为"为邵斌著《诗歌创意翻译研究》所作的序言"。

2017年6月,汪榕培著《汪榕培学术研究文集/第五部分/杂录/翻译散论——序言选辑/六、为邵斌著〈诗歌创意翻译研究〉所作的序言》,上海外语教育出版社,第426-428页。

此版为"中国知名外语学者学术研究丛书"之一。

"邵斌专著的意义在于它从《鲁拜集》个案出发,用描述性的实证方法探讨了诗歌翻译的若干重要课题,并着重阐发了'诗歌创意翻译'的概念,言之有物、言之成理,是当代中青年学者潜心学术研究而收获的一个丰硕成果(从他搜集的资料就可以看出来)。"

【524】
罗选民:衍译/诗歌翻译的涅槃

2011年2月,邵斌著《诗歌创意翻译研究——以《鲁拜集》翻译为个案/(代序)》,浙江大学出版社,第1-8页。

Rubáiyát 译为"鲁拜集"。

Omar Khayyám 译为"海亚姆"。

Edward FitzGerald 译为"菲茨杰拉德"。

"他[邵斌]的《诗歌创意翻译研究:以〈鲁拜集〉翻译为个案》,从文化的角度探讨了诗是否可译的问题,在英诗汉译方面,率先提出'诗歌创意翻译'的概念,这些研究很有意义,具有较高的理论水平和实践价值。尤其难能可贵的是,作者在搜集资料方面下了大力气,做到了语料翔实,论据可靠,案例研究到位。"

【525】
邵斌:《诗歌创意翻译研究——以《鲁拜集》翻译为个案》前言

2011年2月,邵斌著《诗歌创意翻译研究——以《鲁拜集》翻译为个案》,浙江大学出版社,第1-3页。

Rubáiyát 译为"鲁拜集"。

Omar Khayyám 译为"海亚姆"。

Edward FitzGerald 译为"菲茨杰拉德"。

此版为"外国文学研究丛书"之一。

———

"菲译鲁拜就像是一个大磁场,吸引着众多诗歌和翻译爱好者。而对中国研究者来说,《鲁拜集》的汉译更是不同寻常,它可以说是中国百年英诗汉译史的一个缩影。"

【526】
[黎巴嫩/法国] 阿敏·马卢夫 [Amin Maalouf] :《撒马尔罕 [Samarkand] 》

2011年2月,[黎巴嫩/法国]阿敏·马卢夫著/黄思恩、林子涵、彭广恺译《撒马尔罕》(长篇小说),台湾河中文化出版社。

Rubáiyát 译为"鲁拜集"。

Omar Khayyám 译为"奥马尔·卡亚姆"。

Edward FitzGerald 译为"费兹杰罗德"。

以《鲁拜集》原作者奥玛的原型与奥玛生活的时代为背景的长篇历史小说。

2017年7月,[黎巴嫩/法国]阿敏·马卢夫著/黄思恩、林子涵、彭广恺译《撒马尔罕》,民主与建设出版社,第1-313页。

———

"奥马尔·卡亚姆和他的《鲁拜集》的故事,就在这样一个舞台上(撒马尔罕,丝路上连接波斯、印度、中国三大古国的枢纽,中亚古老的城市之一)徐徐展开。一部鲁拜集,半部中亚史。在卡亚姆生活的年代,突厥人取代波斯人和阿拉伯人成为中亚新霸主,东方穆斯林世界的真正统治者为正值鼎盛时期的大塞尔柱帝国。他和当时的权臣尼扎姆是朋友,也无意中结识了阿煞星的创建者哈桑,宗教冲突交织着权力斗争,诗人、哲学家、科学家卡亚姆,该怎样选择他的人生道路?透过本书,读者可以对中亚和伊朗在11、12世纪和19、20世纪的纷乱历史有所了解。世事一场大梦,人生几度秋凉?无论中世纪或是现代,可叹中亚始终摆脱不了宗教迫害和政治纷争的厄运。马卢夫具有高超的串连历史、铺陈故事的能力,他用绵密细腻的文字,成功地将两个相距遥远的时代编织在一起,呈现出那两个时代各自的繁盛和喧嚣。"

【527】
邵斌、缪佳:冥冥有手译天书——黄克孙衍译《鲁拜集》

2011年,《外语与翻译》(季刊)第18卷第2期(总第69期),第17-22页。

Rubáiyát 译为"鲁拜集"。

Omar Khayyám 译为"欧玛尔·海亚姆"。

Edward FitzGerald 译为"爱德华·菲茨杰拉德"。

"波斯古代诗人欧玛尔·海亚姆的四行诗集《鲁拜集》,经英国诗人菲茨杰拉德的创造性翻译成了英国文学的瑰宝,其汉译本也异彩纷呈,其中麻省理工学院的物理学家黄克孙的'衍译'本备受赞扬。本文认为黄氏翻译《鲁拜集》所采取的'衍译'法,是在互文性基础之上的翻译与创作的结合,是诗歌翻译的有效途径。"

【528】
张广兴:酒里人生——李白饮酒诗与欧玛尔·海亚姆饮酒诗比较

2011年5月,南京师范大学/硕士学位论文(英语稿),第1-53页。

Rubáiyát 未译名。

Omar Khayyám 译为"欧玛尔·海亚姆"。

Edward FitzGerald 未译名。

"唐诗人李白与诗人欧玛尔·海亚姆皆善饮,二者都为后世留下了为数颇多的饮酒诗。这些极能彰显诗人情性的饮酒诗里,有畅快淋漓的豪情,也有低徊哀怨的幽情;有浪漫旖旎的诗意,也有深沉灵妙的哲思。本论文欲结合相关理论探讨二者饮酒诗思想内涵的异同,并从跨文化的角度,把它们放入各自的时代语境和文化传统中探析其异同的原因,找寻二诗人在饮酒诗的这片天地里彰显出的生命姿态、构筑起的生命美学。"

【529】
沈苇:与欧玛尔·海亚姆相遇

2011年3月,《诗人的第一次相遇/只为了途中与你相见》,《诗歌与人》

第2期(总第26期),"珍藏诗歌民刊"之一,第91-99页。

Rubáiyát 译为"柔巴依集"。

Omar Khayyám 译为"欧玛尔·海亚姆"。

Edward FitzGerald 译为"爱德华·菲茨杰拉德"。

2011年5月23日,《光明日报》第12版。

———

"欧玛尔·海亚姆(1048-1132)博学多才,但作为诗人,名气并不很大,几乎被人们遗忘。直到1859年,英国学者兼诗人爱德华·菲茨杰拉德不署名地整理发表了《欧玛尔·海亚姆之柔巴依集》。此后,欧玛尔名声大振,渐渐享有了世界性的声誉。菲茨杰拉德将零散的《柔巴依集》改造成'波斯花园里的一种伊壁鸠鲁式的田园诗',将破碎的波斯玫瑰施以符咒,变成了朵朵盛开的奇葩。"

【530】

沈一鸣:后殖民主义翻译理论在世界文学中的运用——以欧玛尔·海亚姆的《鲁拜集》翻译为例

2011年6月,王邦维主编《东方文学研究/集刊(6)/文本解读与跨文化比较/跨文化比较》,山西出版集团/北岳文艺出版社,第315-329页。

Rubáiyát 译为"鲁拜集"。

Omar Khayyám 译为"欧玛尔·海亚姆"。

Edward FitzGerald 译为"爱德华·菲茨杰拉德"。

———

"本文将以波斯诗人欧玛尔·海亚姆的《鲁拜集》的英译和中译本为例,来说明后殖民主义翻译理论下的不平等竞争模型在以英文为中介的两个半殖民地语言文化之间的翻译案例的运用。"

【531】

阮小晨:关于《鲁拜集》

2011年6月,阮小晨译《英美名诗二百首新译/前言/二、》,漓江出版社,第6-9页。

Rubáiyát 译为"鲁拜集/莪默·卡亚姆的柔巴依集"。

Omar Khayyám 译为"莪默·卡亚姆"。

Edward FitzGerald 译为"爱德华·菲茨杰拉德/费氏"。

————

"译者已经用古诗体和汉语口语将《鲁拜集》最权威的费氏译本第五版 101 首诗歌全部译出。请大家轻松欣赏'波斯李白'的风采。"

【532】
邵斌：诗歌衍译——从菲茨杰拉德到黄克孙

2011 年，《解放军外国语学院学报》（双月刊）第 34 卷第 4 期，第 81 - 85 页。

Rubáiyát 译为"鲁拜集"。

Omar Khayyám 译为"欧玛尔·海亚姆"。

Edward FitzGerald 译为"爱德华·菲茨杰拉德"。

————

"波斯古代诗人欧玛尔·海亚姆的四行诗集《鲁拜集》，经英国诗人菲茨杰拉德的创造性翻译成了英国文学的瑰宝，其汉译本也异彩纷呈，其中麻省理工学院的物理学家黄克孙的译本备受赞扬。且菲译和黄译都以不忠实于原作者著称，黄氏称之为'衍译'。衍译是在互文性基础上的翻译和创作的结合，在诗歌翻译中具有可行性和有效性。"

【533】
戴明贤：鹤西译《鲁拜集》

2011 年 8 月，戴明贤著《戴明贤作品/贵州往事且行且忆/物之物语》，人民文学出版社，第 123 - 128 页。

Rubáiyát 译为"鲁拜集/奥玛四行诗"。

Omar Khayyám 译为"奥玛"。

Edward FitzGerald 未译名。

2013 年，《贵阳文史》第 5 期，第 86 - 87 页。

特约撰稿卢惠龙。

2016 年 11 月，戴明贤著《戴明贤集/第三卷/物之物语》，广西师范大学出版社，第 107 - 110 页。

————

"九六年秋，鹤西先生把他的《奥玛四行诗选译》寄给我。……我知道奥玛四行诗就是'鲁拜集',……于是我想,先在我们《花溪》上连续刊出,单行本的问题有机会再说。鹤西先生听了这个想法,很是高兴。当时我认为毫无问题的一件事,在操作时竟遇到一些分歧和干扰,最终只能选刊了一小半。"

【534】
邵斌、缪佳:互文性与诗歌衍译——以菲茨杰拉德和黄克孙翻译《鲁拜集》为例

2011年,《外语教学理论与实践》(季刊)第4期,第94-97,71页。

Rubáiyát 译为"鲁拜集"。

Omar Khayyám 译为"欧玛尔·海亚姆"。

Edward FitzGerald 译为"爱德华·菲茨杰拉德"。

———

"波斯中古诗人欧玛尔·海亚姆的四行诗集《鲁拜集》,经英国诗人菲茨杰拉德的创造性翻译,成了英国文学的瑰宝,其汉译本也异彩纷呈,其中物理学家黄克孙的译本备受称赞。菲译和黄译都是以不忠实于原作者著称的,黄氏称之为'衍译'。本文以互文性理论为基础,以《鲁拜集》的菲译和黄译为例,指出衍译的实质是在互文性基础上翻译和创作的结合,是译诗的有效途径。"

【535】
董桥:春水如蓝

2011年11月20日,香港《苹果日报/苹果树下/辛卯随笔》第E6版。

Rubáiyát 译为"鲁拜集"。

Omar Khayyám 未译名。

Edward FitzGerald 译为"爱德华·菲茨杰罗"。

2012年2月,董桥著《立春前后》,香港牛津大学出版社,第68-74页。

2013年4月,董桥著《立春前后》,海豚出版社,第69-75页。

此版为"董桥散文系列"丛书之一。

———

"爱德华·菲茨杰罗英译《鲁拜集》确实自资交给伦敦大书商梧利兹出版。梧利兹确实标价一个便士一本都卖不掉。早年一些书刊说梧利兹于是扛了好几本给圣马丁巷书摊试卖,诗人罗塞蒂和斯温伯尔尼路过书摊随便翻翻爱得要命,一口气买了几本送朋友。

上个月美国魏红来信说她找到不一样的说法:一八六一年是凯尔特学者惠特里·斯托克斯在梧利兹书店廉价书堆里翻出《鲁拜集》,他多买了两本送给两个人,一个是英国探险作家理查·伯顿,一个是英国诗人画家罗塞蒂,罗塞蒂读完买了好几本分送给斯温伯尔尼、布朗宁、摩里斯、梅瑞狄斯和伯尔尼琼斯。"

【536】
江晓原:"卿为阿侬歌瀚海,茫茫瀚海即天堂"——从黄克孙译《鲁拜集》谈起

2011年,《博览群书/脉望夜谭(15)》(月刊)第11期,第56-59页。

Rubáiyát译为"鲁拜集"。

Omar Khayyám译为"奥玛尔·海亚姆"。

Edward FitzGerald译为"菲茨杰拉德"。

2012年8月,江晓原著《脉望夜谭》,复旦大学出版社,第93-100页。

"黄克孙是美籍华人,在美国拿的物理学博士学位,退休时是麻省理工学院的教授。他在普林斯顿大学、麻省理工学院等处的工作都是研究理论物理,在玻色-爱因斯坦凝聚和量子场论方面有建树。谁知他在物理学之外,却另有一番锦心绣口,居然用旧体诗翻译了《鲁拜集》。……我尤其激赏'卿为阿侬歌瀚海,茫茫瀚海即天堂'两句。"

【537】
邵斌:《鲁拜集》翻译在中国[Translation of Rubaiyat in China]

2011年11月18-20日,《首届清华亚太地区翻译与跨文化论坛论文摘要集》(清华大学翻译与跨学科研究中心、中国英汉语比较研究会主办:首届清华亚太地区翻译与跨文化论坛)。

Rubáiyát译为"鲁拜集"。

Omar Khayyám译为"海亚姆"。

Edward FitzGerald译为"菲茨杰拉德"。

"19世纪的英国诗人菲茨杰拉德创造性地翻译中古波斯诗人海亚姆的《鲁拜集》成了英国文学的奇葩,世界文学的精品,也成为其它85种语言翻译的对象。自1919年胡适翻译鲁拜以来,其汉译本多达20余种,可以说《鲁拜集》的汉译是中国百年英诗汉译史

的一个缩影。本文拟对《鲁拜集》在中国的译介及由其引发的翻译讨论做一全面梳理,以有助于国内外学界就《鲁拜集》的研究展开交流与合作,同时对诗歌翻译的理论构建有所帮助。"

【538】
滕学钦:译序、鲁拜诗译比较浅说——代译后记

2011年12月,滕学钦译《陌上蔷薇/鲁拜集新译》,中国海洋大学出版社,第1–3、105–110页,

Rubáiyát 译为"鲁拜集"。

Omar Khayyám 译为"莪默·伽亚谟"。

Edward FitzGerald 译为"爱德华·菲兹杰拉德"。

———

"我与《鲁拜集》结缘于1959年,时为高二学生,偶从校园图书馆借得一本《沫若译诗集》,该书最后部分即为《鲁拜集》,诗中对酒与人生之讴歌,令人心驰神往。""据说莪默白天以诗酒自娱,夜间则仰望星空为乐。曾主持修改过历法,身后留下了多种科学著作。正因为这样,莪默诗中闪耀着一种在中国古典诗作中少见的睿智的光辉。"

【539】
胡洪侠:《鲁拜集》

2011年12月,胡洪侠著《微书话》,世纪出版集团/上海人民出版社,第30页。

Rubáiyát 译为"鲁拜集"。

Omar Khayyám 未译名。

Edward FitzGerald 未译名。

———

"十几年前写《老插图,新看法》,发现肯特的《鲁拜集》插图实在漂亮,……肯特、杜拉克的插图都精彩。"

【540】
孟松:李白、海亚姆饮酒诗之比较

2011年12月《南京工程学院学报(社会科学版)/文学·艺术》(季刊)

第 11 卷第 4 期(总第 42 期),第 24 – 27 页。

2012 年 3 月 15 日,《宁波广播电视大学学报/文史探索》(季刊)第 10 卷第 1 期(总第 35 期),第 25 – 27 页。

Rubáiyát 译为"鲁拜集/海亚姆四行诗集"。

Omar Khayyám 译为"欧玛尔·海亚姆"。

Edward FitzGerald 未译名。

———

"李白与海亚姆分别是中国与波斯写饮酒诗的两位大诗人,他们的饮酒诗具有很大的可比性,在传达出的精神追求与现世要求方面,李、海有着相同性,而由于文化背景与个人因素的不同,两人的饮酒诗在表现出的理想抱负、情感宣泄、创作手法等方面又存在明显差异。"

【541】

李丹:从波斯文学中的儒道精神内涵看文化的相似与沟通

2012 年,《学理论》(月刊)第 3 期,第 108 – 109 页。

Rubáiyát 译为"鲁拜集"。

Omar Khayyám 译为"欧玛尔·海亚姆"。

Edward FitzGerald 未译名。

———

"从中世纪波斯两位作家海亚姆与萨迪的文学作品中,可以看到中国传统儒道思想的影子。这种文化相似性的出现不是偶然,个体思维发展的共同之路、现实政治的被动引导以及两国文化的客观交流等,均导致了文化相似的必然性。这种文化相似性也是全球文化共通、人类文明共享的前提。"

【542】

罗选民:衍译——诗歌翻译的涅盘/四、鲁拜集:衍译与创作

2012 年,《外语教学理论与实践》(季刊)第 2 期,第 63 – 66 页。

Rubáiyát 译为"鲁拜集"。

Omar Khayyám 译为"海亚姆"。

Edward FitzGerald 译为"菲茨杰拉德"。

参阅邵斌著《诗歌创意翻译研究——以《鲁拜集》翻译为个案》,罗选民

文《衍译:诗歌翻译的涅槃(代序)》,浙江大学出版社2011年2月版。

"衍译是诗歌翻译的涅槃。衍译可以让译者的主观能动性得到极致的发挥,文学翻译和文学创作也会因此得到丰满和创新。关于这一点,我们可以从《鲁拜集》的翻译中得到证实。"

【543】

袁业涛:勒菲弗尔诗学视角下《鲁拜集》译本在中西文化中的不同际遇

2012年6月,广西民族大学/硕士学位论文(英语稿),第1-46页。

Rubáiyát 译为"鲁拜集"。

Omar Khayyám 译为"欧玛尔·海亚姆"。

Edward FitzGerald 译为"爱德华·菲兹杰拉德"。

"本论文意欲探求两个问题:菲茨杰拉德和郭沫若翻译的《鲁拜集》在各自文化中有何不同际遇?为什么在东西文化中会出现这种不同的际遇?作者借助安德烈·勒菲弗尔的诗学理论——主流诗学和译者的个人诗学——来分析两个译本的不同际遇。作为翻译文化学派的流行理论,诗学有助于阐释影响诗歌翻译的社会、文学及意识形态等方面的问题。"

【544】

周永涛:郭沫若译《鲁拜集》文体浅论

2012年6月17日,《大观周刊》2012年第17期,第32-33,24页。

Rubáiyát 译为"鲁拜集"。

Omar Khayyám 译为"欧玛尔·海亚姆"。

Edward FitzGerald 译为"爱德华·菲兹杰拉德"。

"作为《鲁拜集》的第一个完整中译本,郭沫若的翻译已过去将近一百年,这期间新产生的中译本,不下十个。然而,郭译仍然深受欢迎,不断重印。按说,一时代有一时代的语言,郭译本理应被淘汰了,但它依然生机勃勃,似乎不可替代。这其中有何诀窍?笔者以为主要是文体丰富,不拘一格,特别是语言使用方面,文言、白话并用,加上对称结构和离骚体的出现,使得整部译诗错落有致、抑扬顿挫、精彩纷呈,是以不可取代。"

【545】

金春岚、黄芳:郭沫若译《鲁拜集》的生态解读

2012年,《西安外国语大学学报》(季刊)第20卷第3期,第104 - 107页。

Rubáiyát 译为"鲁拜集"。

Omar Khayyám 译为"欧玛尔·海亚姆/奥马尔·海亚姆"。

Edward FitzGerald 译为"爱德华·费兹诘拉德/菲兹杰拉德"。

"在郭沫若译《鲁拜集》中,生态翻译批评的解读才是全面和综合的。原文和译本乍看是静止的,实质是译者与作者及虚构或者实在的读者在不断对话、广泛联系的过程。这种对话和联系受两种不同语言内部生态结构和外部生态环境的影响,是一个语言特征竞争与选择进行重组的机制。在郭译本中可以发现,他不仅重视诗歌本身特点的表达,有其'自然'、'浪漫'情绪的宣泄,也重视原作与译作的'淳化'过程,即如何用译文最自然的语言和结构反映原文的特点,他翻译的'淳化——自然——创作'的整个过程就是原文、译本及读者的有机互动过程。"

【546】

黄杲炘:忠实,是译者的本分——读《诗歌创意翻译研究:以〈鲁拜集〉翻译为个案》有感

2012年8月,黄杲炘著《译诗的演进》,上海译文出版社,第442 - 468页。

Rubáiyát 译为"柔巴依集"。

Omar Khayyám 未译名。

Edward FitzGerald 译为"菲茨杰拉德"。

"菲《柔》的成功有其非常特殊的主、客观条件,凭这样一二本书的例子很难有说服力。因为读者看到,菲《柔》的成功极其偶然,连菲氏自己也无法在其他翻译中复制这样的'创意'成功。"

【547】

白撞雨:树荫下放着一卷诗章——探访伦敦莎乐伦书店

2012年9月1日,《中外文化交流/交流》(月刊)第9期(总第185期),第46-49页。

Rubáiyát 译为"鲁拜集"。

Omar Khayyám 未译名。

Edward FitzGerald 未译名。

"1912年4月10日,泰坦尼克号轮船从英国南安普敦出发,开始其驶向纽约的处女之航。4月14日晚,轮船在北大西洋撞上冰山,翌日凌晨2点20分沉没。伴随这艘时称'梦幻豪华游轮'葬身海底的是1523条生命,以及一部价值连城的收藏级珍本——《鲁拜集》。"

【548】
张建伟:《鲁拜集》主要译本比较

2012年9月15日,《绵阳师范学院学报/外语与翻译》(月刊)第9期第31卷(总第163期),第108-111页。

Rubáiyát 译为"鲁拜集"。

Omar Khayyám 译为"欧玛尔·海亚姆"。

Edward FitzGerald 译为"爱德华·菲兹杰拉德"。

"海亚姆的'鲁拜集'在中国译本众多,不同译本因翻译的时代和译者的翻译观的差别常呈现给读者以不同的面貌,转译自菲茨杰拉德英译本的郭沫若译本、黄杲炘译本以及直接译自波斯文的张鸿年译本是'鲁拜集'译本中较有代表性的译本,它们在内在的思想和外在的形式方面差异明显。"

【549】
[美国]叶子南:从一首诗的翻译看文学翻译

2012年9月15日,《中国翻译/自学之友》(双月刊)第33卷第5期(总第215期),第118-120页。

Rubáiyát 译为"鲁拜集"。

Omar Khayyám 译为"奥玛珈音/莪默·伽亚谟"。

Edward FitzGerald 译为"爱德华·菲茨杰拉德"。

"……中国译界虽然也不乏强调形式细节对应的译论,但注重整体把握、推崇意译的观点好像仍是主流,所以在中国译论的大氛围里,黄[克孙]译受到推崇是不令人意外的。""学习翻译的人,其实只要认准一个方向,精于一种译法,不管你是信奉宏观译论还是追随微观学说,都能有所作为,问题是你必须真的很棒,必须有自己的特色。"

【550】
顾远:形式与内容的钟摆后的意境——读黄杲炘先生的《柔巴依集》的两个译本有感

2012年10月,《海外英语(10月上)》(半月刊)第19期(总第212期),第135-137页。

Rubáiyát 译为"柔巴依集"。

Omar Khayyám 未译名。

Edward FitzGerald 译为"菲兹杰拉德"。

―――――

"该文基于对黄杲炘先生的两个《柔巴依集》翻译译本,从而简要梳理了其基于柔巴依翻译的翻译方法的发展脉络,并进而对英诗翻译中的形式内容与意境做出进一步探讨。"

【551】
董桥:彩翎之恋

2012年10月14日,香港《苹果日报/从心篇》第E6版。

Rubáiyát 译为"鲁拜集"。

Omar Khayyám 译为"奥玛·开俨"。

Edward FitzGerald 译为"菲茨杰罗"。

2013年3月,董桥著《克雷莫纳的月光》,香港牛津大学出版社。

―――――

"……我喜欢《鲁拜集》。名家装帧的版本我集藏好多种。书上看到孔雀装《鲁拜集》有一款封底镶了圣杯蟒蛇高兴得很:我家一部利威那做的也镶了圣杯蟒蛇,一九二八年作品,漂亮得很。上个月,伦敦书商书妃来电邮说一位望族后人放出一部桑科斯基孔雀装《鲁拜集》,一八七二年第三版,一九一〇年装帧,问我要不要?彩色书影华美绝伦,原装皮盒完整如新。我和书妃电邮往来一天一夜。那位卖家是女士,议价爽快,深宵成交。"

【552】
刘禹轩:陌上蔷薇又绽开

2012年11月6日,《书屋/书林折枝》(月刊)第11期(总第181期),第65—67页。

Rubáiyát 译为"鲁拜集"。

Omar Khayyám 译为"莪默·迦亚谟"。

Edward FitzGerald 译为"爱德华·菲兹杰拉德"。

2012年11月14日,刘禹轩文《陌上蔷薇又绽开——滕学钦译〈鲁拜集〉读后》《中华读书报》第19版。

"为什么当时的英国人对《鲁拜集》会有那么大的兴趣?先师说,因为它深刻地探索了生命的意义,表现了各种宗教徒和非宗教徒对生与死的困惑。而《鲁拜集》的主题是醇酒、爱情、及时行乐,还有关于陶器和陶工的说法,都引起人们的兴趣和思考,生命的短暂更使他们……产生了共鸣……"。

【553】
王一丹:跨越东西方的诗歌之旅——从《鲁拜集》的最初汉译看文学翻译成功的时代契机

2012年11月30日,《新疆师范大学学报(哲学社会科学版)》(双月刊)第33卷第6期(总第121期),第1—7页。

Rubáiyát 译为"鲁拜集"。

Omar Khayyám 译为"海亚姆"。

Edward FitzGerald 译为"费兹杰拉德/菲兹杰拉德"。

2013年3月,杨海萍编《昆仑名师讲坛演讲录(第一辑)》,商务印书馆,第36—51页。

"如果没有菲兹杰拉德那充满维多利亚时代人文精神的、自由而优美的、富于创造性的翻译,海亚姆作为诗人的面目也许至今仍不为世人所知,《鲁拜集》仍然只能作为一部深奥的波斯古典文学文本停留在少数几个东方学家的案头,而不会像今天这样走入世界上难以计数的读者的心田,引起如此广泛地共鸣。"

【554】

汪永青:从《鲁拜集》的汉译看诗歌翻译的归化与异化——以黄克孙的汉译本为例

2012年,《文艺生活(中旬刊)/文艺理论》(月刊)第12期,第212页。

Rubáiyát 译为"鲁拜集"。

Omar Khayyám 译为"奥玛·海亚姆"。

Edward FitzGerald 译为"费兹吉拉德"。

"翻译界向来有归化与异化之争,归化主要以目的语文化为归宿,而异化主要以源语文化为归宿。而《鲁拜集》语言丰富,并传达了丰富的文化内涵。本文通过分析黄克孙汉译本,得出黄克孙采用的是归化为主,异化为辅的翻译策略,指出归化与异化是相辅相成的。"

【555】

孔燕然: Poetry Regeneration: a Study of Rubaiyat translated by Kerson Huang

2012年,中国石油大学(北京)/硕士学位论文(英语稿)。

Rubáiyát 译为"鲁拜集"。

Omar Khayyám 译为"欧玛尔·海亚姆"。

Edward FitzGerald 译为"菲茨杰拉德"。

"《鲁拜集》是11世纪著名的波斯诗人欧玛尔·海亚姆所做,经由英国著名诗人菲茨杰拉德的翻译,成为英国文学殿堂里的瑰宝,在全世界有着数以百计的译本,呈现一派异彩纷呈之势,其中仅汉译本就有数十种之多。众多译本之中,美国艺术与科学院院士物理学教授黄克孙的七绝译本颇为学者与读者所推崇。且菲氏译本和黄氏译本都与原文有很大差异,皆以其翻译的不忠实而闻名,黄氏称其翻译方法为'衍译'。然而目前国内学术界对于黄氏译本的研究仍未起步,几乎等同空白。因此,本文作者力图通过对黄氏'衍译'翻译方法及其译本的研究为诗歌翻译理论与实践做出贡献。本文结合已有诗歌翻译理论,对衍译这一翻译方法进行了尝试性的讨论,并在总结的基础之上给出了衍译一词的定义。同时,以翻译美学理论为基础,结合许渊冲'三美论'诗歌翻译理论,从音、形、意境三个方面对黄译《鲁拜集》进行了详细的分析,指出其译本具有很高的审美价值,

◇《鲁拜集》汉译书目

并肯定该译本所采用的翻译方法在诗歌翻译中所具有的优势。诗歌的翻译最重要的任务是重现原作的精神,坚持对美的追求。黄译《鲁拜集》在看似不忠实的翻译中,实现了译诗的音美、形美及意美,再现了原诗的美与精神。其衍译的翻译方法摆脱对于原文的依附,着重原诗精神的重现,是翻译与创作的结合。黄氏译本对诗歌翻译有以下几点启示。首先,诗歌翻译应坚持以诗译诗的原则,呈现诗歌的美感。其次,诗歌翻译应充分发挥译入语的优势,使译诗成为符合译入语标准的好诗。最后,诗歌翻译不应拘泥于原作的表层结构。译者要勇于发挥自身的能动作用,使译诗成为与原作相联系又不依附于原作的再创作。"

【556】

王虹:英诗汉译研究、《鲁拜集——世界上最美的诗歌》译者后记

2012 年 12 月,王虹:《鲁拜集——世界上最美的诗歌/附录二》,广东省出版集团/花城出版社,第 129 – 158、165 – 172 页。

Rubáiyát 译为"鲁拜集"。

Omar Khayyám 译为"莪默·伽亚谟"。

Edward FitzGerald 译为"费慈吉拉德"。

"一、英语'白体诗'的节奏与汉语近体诗声律比较";"二、英语古诗翻译试探";"三、《鲁拜集》翻译研究"。"如果要说网络给了我什么收获?鲁拜诗应为至宝;如果说人生大幸是什么?结交同道之友为其一。/读鲁拜、译鲁拜、读自译作品,成为我终生享受。/鲁拜译诗置于床头,一夜都会安稳无忧。"

【557】

安行:集《鲁拜集》的人

2012 年 12 月 31 日,香港《苹果日报/苹果树下》。

Rubáiyát 译为"鲁拜集"。

Omar Khayyám 未译名。

Edward FitzGerald 未译名。

安行,本名徐文其,号安行居士。

"在我藏品中有一枚《鲁拜集》英译者 Fitzgerald 自用藏书票。那时我正满世界寻找

'狄更斯的雄狮'。'狄更斯太难找,'一位藏家朋友告诉我,'与狄更斯齐名的小说家William Thackeray 为 Edward Fitzgerald 设计藏书票倒是有一枚。'设计师与票主俱是文学名家的藏书票凤毛麟角,实在没有不要的道理。票面图案与狄更斯藏书票一样简略。门廊内站着一位穿着长裙的女性天使,手持纹章盾牌于胸前。下方标示'E. FITZ. GERALD'"。

【558】
董桥:卖花人去路还香

2013年1月6日,香港《苹果日报》。

Rubáiyát 译为"鲁拜集"。

Omar Khayyám 译为"奥玛·开俨"。

Edward FitzGerald 译为"费滋杰罗"。

2013年3月,董桥著《克雷莫纳的月光》,香港牛津大学出版社。

"历来中文译本大半参照费滋杰罗英译迻译。郭沫若译文最有名,一九二二年上海泰东图书局出版,我十五、六岁在亦梅先生煮梦庐里读过好几遍,半文半白,绝句体裁,很好看。Rubaiyat 音译鲁拜也好听。台湾求学时代我还读过黄克荪[孙]译本,也叫《鲁拜集》。"

【559】
王虹:《鲁拜集》虚静审美译介

2013年2月,《黄山学院学报》(双月刊)第15卷第1期,第54-57页。

Rubáiyát 译为"鲁拜集"。

Omar Khayyám 译为"海亚姆"。

Edward FitzGerald 译为"菲茨杰拉尔德"。

"《鲁拜集》里的诗歌体现了作者海亚姆虚静的审美境界和中国的哲学境界——道不谋而合。虚静的审美境界除了给诗歌本身增加了很多美的元素和艺术的价值,同时也彰显了作者旷达的人生态度和崇高的精神理想。通过对《鲁拜集》虚静审美的译介,可以找到《鲁拜集》和中国道家虚静审美的切合之处,从而找到世界文学在哲学基础和审美境界上的共性。"

【560】
董小染:奢华的《鲁拜集》

2013年2月2日,《天津日报》第8版。

Rubáiyát 译为"鲁拜集"。

Omar Khayyám 译为"欧玛·海亚姆"。

Edward FitzGerald 译为"爱德华·费兹杰罗"。

———

"西方老书的装帧花样繁多,奢华的典籍不仅具有可读性,更适合闲中把玩,流传下来的少量经典老书为当代藏书家们所觊觎。一部好书,不仅是文字的承载者,还是那个时代的缩影。循着这些旧书的华丽外表,我们似乎看得到西方曾经的富足与奢靡。"

【561】
格非:鹤西/看得梅花忘却月,可怜人影不知香。

2013年,《小说界/格非专栏/寻章摘句》(双月刊)第2期(总第187期),第195–196页。

Rubáiyát 译为"鲁拜集/奥玛四行诗"。

Omar Khayyám 译为"奥玛·海亚姆"。

Edward FitzGerald 译为"菲茨吉拉德"。

格非,本名刘勇。

2014年1月,格非著《博尔赫斯的面孔/短文十篇》,凤凰出版传媒股份有限公司/译林出版社,第16–18页。

此版为"格非作品"丛书之一。

———

"……以为人生犹如花开,云散花谢之后,果实却结在自己的心里。这样一位才华横溢且修养深湛的文学青年,却早早结束自己的文学生涯,昙花一现,不免使人磋叹不已。""歌德对菲尔多西的《列王记》十分称赏,他在《浮士德》中对'魔鬼与天使集于人类一身'的思考,与《鲁拜集》中'人既是魔鬼,又是天使'的描述如出一辙。至于托尔斯泰那句'天国就在你的心中'的名言,在《鲁拜集》中早已多次出现。"

【562】
刘美希:郭沫若的翻译思想及其在《鲁拜集》中的体现

2013年,《科技致富向导》(半月刊)第35期,第221,230页。

Rubáiyát 译为"鲁拜集"。

Omar Khayyám 译为"莪默·伽亚谟"。

Edward FitzGerald 译为"爱德华·费兹杰罗"。

———

"郭沫若是我国家喻户晓的人物,他在文学,戏剧,古文字学,书法等领域都颇有成就。然而,大多数人都只知道郭沫若具有颇深的文学造诣,并不知道其实他还是个大翻译家。本文简要地介绍了郭沫若的翻译思想,并以郭译本《鲁拜集》为例分析郭沫若译诗的优美之处。"

【563】

[瑞典]傅正明:不羡丝绸爱布衣——《鲁拜集》的丝绸意象

2013年5月,[瑞典]傅正明著《地球文学结构》,台湾台北联经出版事业公司,第367-373页。

Rubáiyát 译为"鲁拜集"。

Omar Khayyám 译为"欧玛尔·海亚姆"。

Edward FitzGerald 译为"菲茨杰拉德"。

2013年6月28日,新加坡《联合早报》。

———

"归在海亚姆名下的鲁拜多达千多首,其中有些伪托之作,但已真伪难辨。因此,不少学者认为,由于模仿《鲁拜集》的诗人代有人出,多种语言的创造性翻译竞相争奇,实际上已形成一个海亚姆思想学派或诗歌流派。对于研究者来说,重要的不是甄别真伪,而是看哪些作品仍然具有现代价值,能给读者带来思想启迪和善美愉悦。""……在鲜明的对比中,体现了诗人同情穷苦鄙夷富豪的高贵精神。从《鲁拜集》的丝绸这一中国意象,我们可以充分看到:无论处江湖之远还是居庙堂之高,海亚姆始终是属于平民草根的伟大诗人。"

【564】

韩艳玲:"三美"理论视角下的郭沫若和黄克孙《鲁拜集》译本研究

2013年5月,郑州大学/硕士学位论文(英语稿),第1-54页。

Rubáiyát 译为"鲁拜集"。

Omar Khayyám 译为"欧玛尔·海亚姆"。

◇《鲁拜集》汉译书目

　　Edward FitzGerald 译为"菲茨杰拉德"。

"许渊冲作为闻名中外的诗歌翻译家和诗歌翻译理论家,其诗歌译文极受欢迎,其诗歌翻译理论较系统,操作性强。他的诗歌翻译本体论'三美'理论,即意美,音美,形美,就是一个较全面,操作性强的诗歌翻译的指导性理论和评价标准。""目前最受读者关注和欢迎的《鲁拜集》的两个汉译本均译自菲茨杰拉德的英译本,分别是由郭沫若和黄克孙翻译的。本研究首次使用'三美'这一理论视角对这两个译本进行对比分析。"

【565】
黄杲炘:2013 年版"译者前言"(为菲氏原作第二版拙译作)

　　2013 年 5 月,黄杲炘译《谐趣诗 A～Z/柔巴依集(二)》,安徽人民出版社,第 63－74 页。

　　Rubáiyát 译为"柔巴依集/欧玛尔·哈亚姆之柔巴依集"。

　　Omar Khayyám 译为"欧玛尔·哈亚姆"。

　　Edward FitzGerald 译为"爱德华·菲茨杰拉德"。

　　2016 年 9 月,黄杲炘译《柔巴依集/附录二》,陕西师范大学出版总社,第 279－291 页。

"爱德华·菲茨杰拉德的《欧玛尔·哈亚姆之柔巴依集》是国人较熟悉的诗集,早在白话文译诗之初,就有了郭沫若的译本:莪默·伽亚谟《鲁拜集》,而后来译本之多也属罕见。但很多读者未必知道该书原作有五个文本,而且前三个文本间有较大差异,连所含'柔巴依'数量也不同,如第一版(1859)75 首,第二版(1868)110 首,到了第三、四、五版(1872,1879,1889)才固定为 101 首,而前几版的诗中文字也常有差异。"

【566】
黄杲炘:说不尽的"柔巴依"

　　2013 年 5 月,黄杲炘译《谐趣诗 A～Z·柔巴依集(二)/后记》,安徽人民出版社,第 206－208 页。

　　Rubáiyát 译为"柔巴依集"。

　　Omar Khayyám 译为"欧玛尔·哈亚姆"。

　　Edward FitzGerald 译为"菲氏"。

2016年9月,黄杲炘译《柔巴依集/后记》,陕西师范大学出版总社,第292-296页。

———

"菲《柔》版本之多令人眼花缭乱,这也有插图本多的原因,因为众多版本中插图本约占一半。当然,考虑到这本书的内容、体裁和篇幅,可说很少有哪本严肃的文学作品如此适合做插图。所以菲《柔》即使是世界上插图最丰富的文学作品也并不奇怪,而大量插图本反过来又使菲《柔》更加普及。"

【567】
庞培:《鲁拜集》原稿(诗歌)

2013年,《西部/新文学》(双月刊)第9期,第96-97页。

Rubáiyát 译为"鲁拜集/柔巴依集"。

Omar Khayyám 未译名。

Edward FitzGerald 未译名。

2013年3月,《读诗/2013年/第一卷/雪加速的姿态/银河系/庞培/雨中曲(17首)》,长江出版集团/长江文艺出版社,第7-8页。

2013年4月,庞培编《江南十二人诗歌集/庞培诗选》,长江文艺出版社,第210-211页。

2013年6月,谭克修主编《21世纪华语诗歌前沿读本/明天/2011—2012华语诗歌双年展/第肆卷》,长江文艺出版社,第187页。

———

"诗的抽象价值/被撞白色惨淡的冰山/《鲁拜集》/中国人译成《柔巴依集》/是中古时代东方人的情色/记载。睿智而渊博/它们在大海中朗朗上口/它们在深海底熠熠生辉/真正的诗歌无助、无字、无声无息/长夜中已经没有时间道别了。"

【568】
[瑞典]傅正明:定命与自由——谈《鲁拜集》里头的几首名诗

2013年9月9日,台湾《中国时报》。

Rubáiyát 译为"鲁拜集/四行诗集"。

Omar Khayyám 译为"奥玛·珈音"。

Edward FitzGerald 译为"爱德华·费兹杰罗"。

"珈音生前并非以诗人闻名,而是以天文学家、历法家和哲学家著称。他的哲学论文《论存在与必然性》,涉及多种不同领域的定命论,'必然性'是一个与定命论接近的概念,因此,与定命相对的自由意志的实现属于偶然性的范畴。""诗人崇尚的自由,是与崇高密切相连的。崇高的精神内涵,就是普世之爱。诗人心目中的'祂'或神明,究竟是不是伊斯兰真主,这是有争议的。"

【569】

郑诗亮:情迷柔巴依

2013年9月15日,《东方早报/上海书评》第16版。

Rubáiyát 译为"柔巴依集"。

Omar Khayyám 未译名。

Edward FitzGerald 译为"爱德华·菲茨杰拉德"。

"……《柔巴依集》于1982年在向来'门槛高'的上海译文社出版。这本篇幅不大的诗集,既充实了黄[杲炘]先生的'文革'生活,使他得以译诗自娱自勉,也改变了他的下半生。他有好多不同版本的《柔巴依集》,大多是国外书店的斩获,开本有大有小,或精装,或平装,有插画家 René Bull 的插画本,也有插画家 Edmund Dulac 的插画本,还有全用铜版纸彩印、研究《柔巴依集》插图的大开本专著,极耐赏玩。黄先生2007年的湖北教育版英汉对照本《柔巴依集》所用插图,该书中都有介绍。翻看这些藏书,让人不得不感叹,黄杲炘先生的确是菲氏的异国、异代知己。"

【570】

毕婷婷:从《鲁拜集》看郭沫若诗歌翻译中的"通感"策略

2013年9月,《西昌学院学报(社会科学版)》(季刊)第25卷第3期,第14-16,20页。

Rubáiyát 译为"鲁拜集"。

Omar Khayyám 译为"莪默·伽亚默"。

Edward FitzGerald 译为"菲茨杰拉德"。

"'通感'作为一种心理现象,在文学艺术,尤其是诗歌的创作和鉴赏过程中发挥着重

要的作用。好的诗歌翻译犹如文学艺术的再创造,而'通感'这种'以感觉译感觉'策略的运用,能使读者通过联想身临其境,亲见其景,从而内心得到感染,与原作产生共鸣。郭沫若译《鲁拜集》,无论是译者与作者,还是译诗与原诗,个中转变都因'通感'策略的灵活运用而无一丝牵强痕迹,自然天成。这对当前的诗歌翻译理论研究有着一定的学术价值,同时又有助于推动散文、诗歌等'美化文学'翻译实践的发展。"

【571】
梁欣荣:《鲁拜新诠》缘起、和黄克孙译《鲁拜集》"题诗"三韵

2013年9月,梁欣荣译《鲁拜新诠》,台湾书林出版有限公司,第5-15、17页。

Rubáiyát 译为"鲁拜集"。

Omar Khayyám 译为"奥玛珈音"。

Edward FitzGerald 译为"费氏"。

2014年,《东方翻译》(双月刊)第2期(总第28期),第53-56页。

————

"《鲁拜集》的中文翻译不下数十种,除了两种是从波斯文直接翻译成中文及一本包括闽南语译文在内的《露杯夜陶》外,其余几全依赖费氏1889年的英译本,而且迄今只有寥寥几种是用七言绝句的格式来诠释,其中除了黄克孙先生的翻译广受好评外,其余的都不算很成功。……读过郭沫若等人用现代白话文翻译的部分作品后,觉得内容大抵都正确,意义亦与原文相差无几,但读来索然无味,没有诗的动人感觉。""因此,我出版《鲁拜新诠》一书,冀望能透过诠释《鲁拜集》来捍卫七言绝句的传统,也希望我的译文能与费氏的英译一样,自成一个可以独立欣赏的文本。""千载逢君故意深/孤瓢百韵和知音/茫茫翰海招魂日/谁与诗人赤子心。"

【572】
吴艳、董海琳、姚静:人民的"殉道者"——欧玛尔·海亚姆

2013年9月28日,《作家/借鉴与比较》(半月刊/下半月)第9月号/18期(总第535期),第121-122页。

Rubáiyát 译为"四行诗集"。

Omar Khayyám 译为"欧玛尔·海亚姆"。

Edward FitzGerald 译为"菲兹杰拉德/费氏"。

"欧玛尔·海亚姆是历史上盛极一时的波斯帝国的天文学家、数学家和诗人。在宗教的重压之下,他留下了不朽的诗篇《四行诗集》。自1859年英国诗人菲兹杰拉德将他的诗歌翻译成英文之后,他的诗作一时间蜚声于世,海亚姆也因此跻身于世界东方诗人之列。论文翻译了几首[收入吴艳、秦学锋、刘颖、刘国善译《鲁拜集》,中国经济出版社2015年12月版]最能代表海亚姆反抗精神的诗篇,并给出了符合英文诗格律的译文和赏析,以期与读者共享。"

【573】

雷宗瑞、胥瑾:从译者主体性分析诗歌翻译中的创造性叛逆现象——以黄克孙译《鲁拜集》为例

2013年12月,《海外英语》(12月下)第24期(总第256期),第160-161,167页。

Rubáiyát 译为"鲁拜集"。

Omar Khayyám 译为"海亚姆"。

Edward FitzGerald 译为"菲茨杰拉德"。

"翻译是文化交流的一种方式和手段,随着社会的发展和进步,各国间文化交流日益频繁,翻译作为文化交流的一种方式日益发挥着重要的作用。而诗歌作为一种文学体裁的一种形式,承载着不同文化的特征以及各国文化的差异。因此,翻译诗歌是实现不同文化交流的重要桥梁之一。然而,自古以来,便有诗歌不可译之说。该文从译者主体性出发分析诗歌翻译中的创造性叛逆现象,以黄克孙译《鲁拜集》为例,分析译者在翻译中创造性叛逆现象,并最终实现翻译的最佳目的——即文化传播和交流。"

【574】

吴艳、刘颖:析"鲁拜"诗一首

2014年2月15日,《长城/诗苑纵横》(双月号)第1期(总第227期),第123-124页。

Rubáiyát 译为"鲁拜集"。

Omar Khayyám 译为"欧玛尔·海亚姆"。

Edward FitzGerald 译为"爱德华·菲茨杰拉德/费氏"。

"一、'鲁拜集'和诗人欧玛尔·海亚姆";"二、国内外关于'鲁拜集'的翻译研究";"三、品读'鲁拜'诗一首"。

【575】
孙慕天:诗苑玫瑰——莪默的诗魂

2014年2月20日,《民主与科学/思想空间》(双月刊)第1期(总第146期),第41-46页。

Rubáiyát译为"鲁拜集"。

Omar Khayyám译为"莪默·伽亚谟/欧玛尔·海亚姆"。

Edward FitzGerald译为"爱德华·菲兹杰拉德"。

"《鲁拜集》曾在我幼年的心灵中打下了深刻的印记,莪默·伽亚谟的诗书写了生命的册页,许多儿时读过的诗章一直萦绕心头。白居易说:'诗者,根情,苗言,华声,实义',《鲁拜集》正是四者兼具,一百多年来,风靡中国和世界,铸就了'鲁拜现象'的奇观。"

【576】
晋剑琴:四行诗集《鲁拜集》的翻译浅析

2014年2月20日,《语文建设》(旬刊)第5期,第77-78页。

Rubáiyát译为"鲁拜集/四行诗集"。

Omar Khayyám译为"海亚姆"。

Edward FitzGerald译为"菲兹杰拉德"。

"四行诗集《鲁拜集》是英国文学的瑰宝,其在汉译本中,属物理学家黄克孙先生的译本影响深远。黄克孙先生的译文被称之为'衍译'。本文以黄克孙先生的译文《鲁拜集》为例,指出衍译的实质是在互文性基础上翻译和创作的结合,是译诗的有效途径。"

【577】
方亚婷:黄译《鲁拜集》从灵感精神到儒释道哲学思想的衍译

2014年2月,《长春理工大学学报(社会科学版)》(双月刊)第27卷第

2 期,第 145 – 147 页。

Rubáiyát 译为"鲁拜集"。

Omar Khayyám 译为"奥玛珈音"。

Edward FitzGerald 译为"爱德华·费茨杰拉德"。

"黄克孙从中国传统文学标准的视角出发,以创造引人入胜的文学效果为目的,'衍译'了费茨杰拉德的英译本《鲁拜集》。他充分发挥自己的主体性,创造性地将原诗中灵感精神衍化成了中国儒释道传统哲学思想,并赋予了译诗七言绝句的音韵风格。在翻译过程中,译者先内化原诗灵感精神,再通过创作衍为符合中国传统诗歌诗学标准的译诗,这种翻译方法值得现当代的翻译家借鉴,尤其是在不断重拾传统文化的今天。"

【578】

周巧巧:翻旧调出新音/接受美学观照下的译者主体性——以《鲁拜集》两个汉译本为例

2014 年,《名作欣赏/院校平台/暨南大学》(旬刊/下旬)第 5 期,第 20 – 22 页。

Rubáiyát 译为"鲁拜集"。

Omar Khayyám 译为"欧玛尔·海亚姆"。

Edward FitzGerald 译为"爱德华·菲茨杰拉德"。

"接受美学观于文本的'召唤结构'、读者的'期待视野'等重要概念为译学研究开辟了一个全新的视角,实现了翻译研究从文本中心论向读者导向论的转变,将译者从被动的接受者提升为能动的主体。本文以接受美学理论为指导,通过对《鲁拜集》两个不同汉译本的对比分析,从而揭示译者作为阐释者、协调者和创造者的主体性。"

【579】

都森:世界诗坛上的夜明珠——介绍欧玛尔·哈亚姆的波斯绝句、诗译史上的大悲剧

2014 年 3 月,都森译《柔巴依 108 首选译》,华中科技大学出版社,第 I – VIII、128 – 144 页。

Rubáiyát 译为"四行绝句诗/柔巴依"。

Omar Khayyám 译为"欧玛尔·哈亚姆/奥玛尔·哈雅姆"。

Edward FitzGerald 译为"爱德华·费茨吉拉德"。

2015 年,Selection & translation:Sen DU/刘永年、都华选编译《The 108 Quatrains of Omar Khayyam 欧玛尔·哈亚姆绝句 108 首选译》,美国 Litfire 出版社,第 VI–XI、121–146 页。

该书收入的"诗译史上的大悲剧——费氏作品糟蹋了哈氏的精髓"一文为"7.",前面各为"1.哈氏绝句尾韵分析;2.尊重常识尊重科学;3.货比三家——资产阶级学者不可能达到的高度;4.颠倒了的阶级关系;5.温故知新——引证欧玛尔·哈亚姆的一首新绝句;6.将一军"。

———————

"西方人对欧玛尔·哈亚姆以韵律 EP = aaba 的尾韵模式有美的享受感,甚至认为是一种新创,其实 300 年以前的唐诗在这方面已很成熟了。""费氏的英译有严重缺陷,支离破碎,几乎没有一首能与原文对上号。原因很简单,没有掌握波斯语。他往往两首、三首或四首并作一首,加以再创造,实际上是他自己写的英文诗。费氏的英译本没有附上波斯原文,这可能就是第一版时连名都未署的原因,可见他太'虚'心了。"

【580】

吴艳、孙倩:"鲁拜集"英诗汉译文的比较与品读

2014 年 6 月 15 日,《长城/文学与翻译》(双月号)第 3 期(总第 231 期),第 203–204 页。

Rubáiyát 译为"鲁拜集/四行诗集"。

Omar Khayyám 译为"欧玛尔·海亚姆"。

Edward FitzGerald 译为"爱德华·菲茨杰拉德/费氏"。

———————

"一、'鲁拜集'这一诗体堪称奇迹";"二、'鲁拜集'盛誉满钵,费氏译本广为流传";"三、关于三首鲁拜诗的比较与品读"。

【581】

张曦娜:诗歌与物理有相似之处

2014 年 7 月 7 日,新加坡《联合早报》/中国新闻网。

Rubáiyát 译为"鲁拜集"。

◇《鲁拜集》汉译书目

Omar Khayyám 译为"奥玛珈音"。

Edward FitzGerald 译为"费兹杰罗"。

———

"国际知名物理学家黄克孙,也是位文采斐然的诗人。文理兼通的他在22岁时因翻译《鲁拜集》而一举成名。他在科学与文学之间悠游自在,不仅古典诗造诣深,新诗也写得动人。""黄克孙的第一首七言绝句《长空万里》:'长空万里碧无瑕/轻度孤云薄似纱/想是蓬莱仙羽驾/乘风飘到玉皇家'写于1942年,时年14岁。这首诗后来收录进《沧江集》。"

【582】
周立民:文人的游戏

2014年8月,周立民著《文人/下编/文人剪影》,上海世纪出版股份有限公司/上海辞书出版社,第220-225页。

Rubáiyát 译为"鲁拜集"。

Omar Khayyám 译为"莪默·伽亚默/欧玛尔·海亚姆"。

Edward FitzGerald 译为"菲茨杰拉德/菲茨杰拉尔德"。

此版为"开卷书坊(第三辑)"丛书之一。

另见微信公众号,文题为"文人的游戏……徐志摩们真会玩"。

———

"我没有去统计,在中国究竟有多少人译过莪默的诗,反正那一阵子也有'莪默热'和他的崇拜者。译诗大约是最能显示出译者语言技艺的活计,所以很多人都愿意在此一较高下。""谈诗论道向来是中国文人的雅事,徐志摩主持的《晨副》好像是一个活跃的文艺沙龙,十分活泼,像这类的雅事也不少。文人总该有几件属于他自己的雅事,坐下来尽是股票桑拿,未免似煮鹤焚琴,并不是说谈诗就高尚,但至少它显示了文人内心中别样的风景,相比而下,如今的文人总是欠缺了点什么似的。"

【583】
姜德明:鲁拜集(随笔)

2014年8月31日,《东方早报/上海书评/随笔》第13版。

Rubáiyát 译为"鲁拜集"。

Omar Khayyám 译为"莪默伽亚谟"。

Edward FitzGerald 未译名。

2015年6月1日,《读书文摘/掌故新知/书边杂拾》6月号(总第365期),第17页。

———

"1859年问世的《鲁拜集》,是波斯(伊朗)莪默伽亚谟著的宗教文学四行诗,共一百零一首,堪称古代的经典。""《鲁拜集》最早的中译本是郭沫若在1924年1月,由上海泰东书局出版。我收存的是1930年12月上海光华书局的再版本。"

【584】
刘云:硬译、衍译、转译——诗歌翻译中的语言政治

2014年,《鲁迅研究月刊》第9期,第39-45,86页。

Rubáiyát 译为"鲁拜集"。

Omar Khayyám 译为"欧玛尔·海亚姆"。

Edward FitzGerald 译为"菲茨杰拉德"。

———

"转译的行为实际上是一种对'表述的权力'的语言政治的象征。因此,从这样的角度,我们也就可以理解为何闻一多等人所要求的'准确'实际上是对菲茨杰拉德而非海亚姆本人的'准确';而《鲁拜集》也被更多地看作是英译者菲茨杰拉德的功绩,而真正的作者海亚姆反而在重重的转述中面目更加模糊。""如果说'硬译'是一种特殊的'直译',那么'衍译'则可以看作是'意译'的极端,二者正好处于天平的两极。"

【585】
王晓利:《鲁拜集》英译本出版过程中的译者主体研究

2014年8月25-28日,中国英汉语比较研究会主办:中国英汉语比较研究会第11次全国学术研讨会暨2014年英汉语比较与翻译研究国际研讨会,第四分会场/27日下午发言。《中国英汉语比较研究会第11次全国学术研讨会暨2014年英汉语比较与翻译研究国际研讨会摘要集》,第148页。

Rubáiyát 译为"鲁拜集"。

Omar Khayyám 译为"欧玛尔·海亚姆"。

Edward FitzGerald 译为"菲茨杰拉德"。

———

"虽然菲茨杰拉德翻译的《欧玛尔·海亚姆的鲁拜集》在这一个世纪以来,印行无数、

影响极大,但它最初出版的过程却非常曲折。作为二十世纪印刷次数最多的英国文学作品,它的传播过程可以分为两个阶段:作为小众文学作品的《鲁拜集》和作为文学畅销书的《鲁拜集》。菲茨杰拉德生前曾积极地参与了《鲁拜集》的出版过程(1859—1879),并且《鲁拜集》第一版就是他亲自监督印刷并且自费出版的。"

【586】

[瑞典]傅正明:东写西读——鲁拜集与走马灯

2014年9月7日,台湾《中国时报》。

Rubáiyát译为"鲁拜集"。

Omar Khayyám译为"奥玛·珈音/伽亚谟"。

Edward FitzGerald译为"费兹杰罗"。

———

"作为天文学家,珈音公认的主要成就,是他动摇了托勒密的地心说,在哥白尼之前提出了日心说的雏形。""有趣的是,珈音设想大地是个转动的球体,多亏一件中国玩具:经由丝绸之路传到波斯的走马灯。"

【587】

《随笔》:《鲁拜集》插图

2014年,谭秀江(专栏主编)《名著名家插图》,《随笔》(双月刊)第5期(总214期),封面、封二、封三。

Rubáiyát译为"鲁拜集"。

Omar Khayyám译为"欧玛尔·海亚姆"。

Edward FitzGerald译为"爱德华·菲茨格拉德"。

———

选载埃德蒙·杜拉克的鲁拜集插画作品6幅。

【588】

方汉文:欧玛尔·海亚姆与《鲁拜集》

2014年10月,方汉文主编《世界文学史教程/上/第二编/世界文学的古典时代/第十章/中古阿拉伯文学/第四节/中古波斯文学的史诗与抒情诗》,北京师范大学出版集团/北京师范大学出版社,第246－248页。

Rubáiyát 译为"鲁拜集"。

Omar Khayyám 译为"欧玛尔·海亚姆"。

Edward FitzGerald 未译名。

此版为"比较文学与世界文学学科建设教材系列"丛书之一。

―――――

"在世界文学史上,欧玛尔·海亚姆的影响远超过其他波斯诗人,英国诗人丁尼生[A. Tennyson]称赞他是'像太阳一样的明星。'"

【589】
成湘丽:"鲁拜""柔巴依"与中国的新诗

2014年,"2014年中国西部文学与地域文化国际高端论坛"(《文学评论》编辑部、俄罗斯圣彼得堡大学东方系、新疆大学人文学院主办:首届中国西部文学与地域文化国际高端论坛)。

Rubáiyát 译为"鲁拜集/柔巴依集"。

Omar Khayyám 译为"莪默·伽亚谟"。

Edward FitzGerald 译为"菲茨杰拉尔德"。

2015年10月,陈国恩、冯冠军、和谈主编《2014年中国西部文学与地域文化国际高端论坛论文选》,暨南大学出版社,第142－152页。

此版为"红湖人文学科丛书"之一。

2016年,《中国比较文学》(季刊)第3期(总第104期),第110－122页。

文题为"'鲁拜'、'柔巴依'与中国新诗的比较研究"。

―――――

"鲁拜体本来指波斯语'四行诗',从波斯的诗歌之父鲁达基(858－941)以来,波斯几乎所有的重要诗人都写过鲁拜体诗作,但其世界声誉却是因19世纪的英国诗人菲茨杰拉尔德成功翻译了11世纪的波斯大诗人莪默·伽亚谟的诗集《鲁拜集》而获得。""本文从比较文学文体学入手,发掘波斯'鲁拜'和中国'绝句'以及'柔巴依'之间曲折的历史谱系。现代中国第一批翻译'鲁拜'的诗人恰好是白话新诗的奠基人,'鲁拜'体的翻译由此呈现出中国白话新诗格律化诉求的潜在内因和动力机制;当'鲁拜'的当代汉语翻译越来越趋于格律化时,汉语'柔巴依'创作却日趋自由化。与'鲁拜'翻译的百舸争流与重溯中亚文化渊源不同,新疆'柔巴依'的当代创作一直体现着明显的时代症候。"

【590】
我瞻室:《波斯短歌行》译序、跋

2014年12月,我瞻室译《波斯短歌行》,华东师范大学出版社,第1-7、31-35页(线装本单页页码数)。

Rubáiyát 译为"波斯短歌行/鲁拜集"。

Omar Khayyám 译为"奥玛伽音"。

Edward FitzGerald 译为"费氏结楼"。

我瞻室,本名钟锦。

———

"余初阅黄克孙氏迻译之鲁拜集颇易之竟仿周介存词论为戏谑黄氏译文虽众口交誉然亦有俗滥处寒酸处补凑处敷衍处支处复处不可不知实则不止此也尚有差误处如玫瑰之瑰屡作仄声宝藏之藏泥瓮之瓮皆屡作平声……余因曰此殊难谓之尽善也"。"昉乎周介存之言也则彼译严妆也余译澹妆也黄克孙译乱头粗服矣虽然不得不谓黄译乃真有不掩国色者伯昏子与余但得古雅耳。"

【591】
俞晓群:《鲁拜集》/随着泰坦尼克号沉没

2015年1月6日,《光明日报/光明阅读/书林/史海钩沉》第11版。

Rubáiyát 译为"鲁拜集"。

Omar Khayyám 译为"奥玛·海亚姆"。

Edward FitzGerald 译为"爱华德[爱德华]·菲兹杰拉德"。

2017年5月,俞晓群著《杖乡集》,浙江大学出版社,第1-7页。

———

"泰坦尼克号上那本《鲁拜集》,其底本是1884年美国波士顿霍顿·米福林公司出版的,对开本,伊莱休·维德绘画,只印100部。当时伦敦萨瑟伦书店进了几本销售,被书籍装帧家弗朗西斯·桑格斯基见到,他决心以此为底本,装帧出一部世界上最豪华最富丽的书。在萨瑟伦书店高级职员约翰·斯特恩豪斯的支持下,桑格斯基用两年时间完成了此事,分别在封面、封底、封二、封三和前后环衬上,实现了他超凡出尘的装帧设计:烫金用去了2500个小时,拼接嵌入4967块各种颜色的羊皮,烫有100平方英尺的金叶脉络,镶嵌1050颗各种宝石。此书首次展出时,标价1000英镑,立即引起轰动。"

【592】
赵国栋:欧玛尔海亚姆"柔巴依"10首(前言)

2015年1月,赵国栋编译《玫瑰园——维吾尔族古体诗"柔巴依"集/经典"柔巴依"欣赏》,新疆人民出版社/新疆科学技术出版社,第111页。

Rubáiyát 译为"欧玛尔·海亚姆'柔巴依'集"。

Omar Khayyám 译为"欧玛尔·海亚姆"。

Edward FitzGerald 译为"爱德华·菲次杰拉德"。

————

"欧玛尔·海亚姆……作为诗人,他的名气并不是很大。写诗纯属业余爱好,大多是增友或饮酒时吟诵之作,他写的'柔巴依'只在朋友间传诵,多数失传、湮没,可以说他是一个差点儿被埋没的诗人。"

【593】
[瑞典]傅正明:《鲁拜诗词新译五百首》关于本书、《鲁拜集》"题诗"三韵、序诗/奥玛·珈音挽歌

2015年1月,[瑞典]傅正明译著《鲁拜诗词新译五百首》,台湾唐山出版社,第1-5页。

Rubáiyát 译为"鲁拜集"。

Omar Khayyám 译为"奥玛·珈音/莪默·伽亚姆/欧马尔·海亚姆"。

Edward FitzGerald 译为"费兹杰罗"。

"关于本书"为"本书介绍";《鲁拜集》'题诗'三韵"为"步原韵奉和黄克孙译《鲁拜集》'题诗',反其意而用之";"序诗:奥玛·珈音挽歌"为"诺顿·F.W.哈泽尔丁作诗/傅正明汉译"。

————

"经现代全球知名大学学者们的讨论,费兹杰罗英译的《鲁拜集》被列为世界上必读书籍五十本中信仰类的首本,被誉为'信仰的归宿,灵魂的良药!'""月隐花残夜又深,/寒林暖室听悲音。/波斯魂卷天涯雪,/呼啸灯前逐客心。""大地之原乡兮,/杂苦辛与愉悦,/余兼爱而就土兮,/辞阳世而告别。"

【594】

[瑞典]傅正明:锈蚀镜和鉴世杯——《鲁拜诗词新译五百首》前言

2015年1月,[瑞典]傅正明译著《鲁拜诗词新译五百首》,台湾唐山出版社,第6-28页。

Rubáiyát 译为"鲁拜集"。

Omar Khayyám 译为"奥玛·珈音"。

Edward FitzGerald 译为"费兹杰罗"。

2015年1月16日,[瑞典]傅正明文《读鲁拜,春夏秋冬咸宜——〈鲁拜诗词新译五百首〉前言》,新加坡《联合早报》第7版。

2015年2月5日,[瑞典]傅正明文《〈鲁拜诗词新译五百首〉前言(摘要)》台湾《中国时报》、《中时电子报》。

"我……深感《鲁拜集》的内容……与中国古代诗人作家相比,《鲁拜集》的字里行间还有老子的智慧,庄子的飘逸,赵壹的讥刺锋芒,左思的痛切讽喻,杜甫的沉郁顿挫,白居易的义愤填膺,苏轼的悟心达观,《红楼梦》诗词的五味杂陈……。这些方面或有人略微论及,或未被学者所识。由于中国读者论者大多囿于费译,管见难免。更不为人所知的,是拙译呈现的珈音作为反专制的政治诗人和伟大的人文主义者的面向,……"。

【595】

俞晓群:《鲁拜集》问答

2015年2月6日,《深圳商报/万象》第C04版。

Rubáiyát 译为"鲁拜集"。

Omar Khayyám 未译名。

Edward FitzGerald 译为"菲茨杰拉德"。

2016年9月,俞晓群著《我读故我在》,天地出版社,第128-130页。

"1.桑格斯基做过几本《鲁拜集》呢?";"2.上述第二本《鲁拜集》,用的是什么'书芯'?";"3.后来桑萨公司又按照桑格斯基的设计,做过两本《鲁拜集》?"

【596】
[英国]罗勃·谢泼德:《随泰坦尼克沉没的书之瑰宝》

2015年3月,[英国]罗勃·谢泼德著/李凌云译《随泰坦尼克沉没的书之瑰宝》,海豚出版社,1-77页。

Rubáiyát 译为"鲁拜集"。

Omar Khayyám 译为"奥玛·海亚姆"。

Edward FitzGerald 译为"爱德华·菲兹杰拉德"。

该书开本尺寸分为8k和16k两种,硬面装。

———

"本书以随泰坦尼克沉没于大西洋海底之最豪华的书《伟大的奥玛》(《鲁拜集》)为叙述主线,记录19世纪末20世纪初英国杰出的书籍装帧大师桑格斯基和萨克利夫的书装成就。作者对手工书籍装帧艺术造诣颇深,常于英伦举办手工书装讲座,此书之外另有著述,对自己作品出版要求甚严。中文版沿英文版开本及版式,仅将两帧黑白书影置换为彩色,余皆缘其旧,只印刷纸张及油墨无法在短时间内达到与英文版一致。文中所引资料为S&S档案,早年的新闻报道、数据、纪录等略存差异,中文版为保持原貌,未作修正,惟备译注,以便阅读。"

【597】
蔡震:随泰坦尼克沉没的还有本最豪华的书——镶嵌上千颗宝石烫了100平方英尺金叶

2015年3月14日,《扬子晚报/文娱新闻》第A17版。

Rubáiyát 译为"鲁拜集"。

Omar Khayyám 译为"奥玛·海亚姆"。

Edward FitzGerald 未译名。

———

"除了罗斯丢入大海的蓝宝石海洋之星,很多人不知道在真实的泰坦尼克沉没那天,一起消失的还有一本当时世界上最豪华的书,这本书承载的不是爱情,而是几代人对自己事业的热爱。这本书叫做《鲁拜集》。书上镶嵌着上千颗宝石,是'史无前例的装帧艺术典范'。"

◇《鲁拜集》汉译书目

【598】

梁欣荣:《鲁拜拾遗》序

2015年3月,梁欣荣译著《鲁拜拾遗》,台湾台北书林出版有限公司,第1－7页。

Rubáiyát 译为"鲁拜/四行诗"。

Omar Khayyám 译为"奥玛珈音"。

Edward FitzGerald 译为"费兹杰罗"。

此版为"世界诗选"丛书之14。

"本书之所以取名《鲁拜拾遗》是因为今日大多数人知道的鲁拜都是来自费氏英译的101首,其余的绝句似乎乏人问津。就费氏译本来说,后来从波斯文直接翻译成英文的译者多半认为费氏的四行体风流典雅,但信度稍嫌不足。"

【599】

许旸:最豪华书籍随泰坦尼克沉没

2015年4月1日,《文汇报/文化》第9版。

Rubáiyát 译为"鲁拜集"。

Omar Khayyám 译为"奥玛·海亚姆"。

Edward FitzGerald 未译名。

2015年4月,《满分阅读(高中版)》第6期,第35页。

文题为"随泰坦尼克沉没的书之瑰宝"。

"在电影《泰坦尼克号》讲述的1912年巨轮遇难事故中,令万千少女心碎的杰克沉入海底,蓝宝石海洋之心被丢进冰冷海水中……但鲜为人知的是,镶嵌了1050颗宝石的豪华本《鲁拜集》,也坠入深不可测的大西洋里。"

【600】

俞晓群:伟大的奥玛(上、中、下)

2015年4月10日、17日、24日,《深圳商报/万象》第C04版。

Rubáiyát 译为"鲁拜集"。

Omar Khayyám 译为"奥玛·海亚姆"。

Edward FitzGerald 译为"爱德华·菲兹杰拉德"。

2016 年 9 月,俞晓群著《我读故我在》,天地出版社,第 146 – 154 页。

"本世纪初,在翻阅资料的基础上,罗勃写出一本书《随泰坦尼克沉没的书之瑰宝》。为了怀念前辈,罗勃的书采取复古的主题:他专门铸造铅字,沿用传统的铅字印刷;书中的彩图,采用特殊纸张,另行印制,然后手工粘贴在书页上;正文的字体、印刷油墨、纸张出处等等,都有说道。这本书的纪念版仅印一千册,编号在欧洲与美国上市,凡购买者,随书赠送一张图画,就是罗勃用电脑再现的那张《伟大的奥玛》封面,对开本原大!"

【601】
思郁:泰坦尼克号上的"珍宝书"

2015 年 4 月 18 日,《京华时报/文娱/读书》第 19 版。

Rubáiyát 译为"鲁拜集"。

Omar Khayyám 未译名。

Edward FitzGerald 未译名。

2018 年 6 月,思郁著《带一本书远离人群/第二辑/藏书家与偷书贼》,广东人民出版社,第 138 – 140 页。

"但我还有一个疑问,为什么巴斯贝恩在《文雅的疯狂》中提及了沉入海底的一本相对普通的'珍本书'(培根的《论说文集》),而没有提到这本'珍宝书'(桑格斯基 & 萨克利夫公司的《伟大的奥玛》)?私心揣测一下,对藏书家而言,大概是因为这本镶满珍宝的图书有哗众取宠之嫌,反而丧失了一本真正的书籍所具备的那种历史感。"

【602】
简平:一本最豪华书籍的悲喜历程/中英联手再造豪华版《鲁拜集》工程已经启动

2015 年 4 月 20 日,《文汇报/文汇读书周报》第 1 – 2 版。

Rubáiyát 译为"鲁拜集"。

Omar Khayyám 译为"奥玛·海亚姆"。

Edward FitzGerald 译为"爱华德·菲兹杰拉德"。

"现今,电子技术的迅猛发展,使纸质书籍面临前所未有的挑战,但纸质书籍并不是只能消极地等待被电子书所淘汰,它完全可以凭借其特有的审美功能遗世独立,而书籍装帧艺术正是重要而可靠的一大保证,今天的纸质出版既赋予书籍装帧更多的责任,同时也赋予了书籍装帧艺术更大的发展空间。"

【603】
黄杲炘:菲茨杰拉德

2015年4月,黄杲炘选译《英国名诗选/诗人简介》,上海外语教育出版社,第391页。

Rubáiyát 译为"柔巴依集"。

Omar Khayyám 未译名。

Edward FitzGerald 译为"菲茨杰拉德/菲氏"。

"剑桥大学毕业后,过着半隐居的生活。代表作是《柔巴依集》('柔巴依'是起源于中亚的诗体,也是维吾尔族传统诗体)。诗的原作者据说是十二世纪波斯诗人,但经过菲氏又编又译又创作的处理后,成为英语世界家喻户晓的名作,一些诗句脍炙人口。"

【604】
[瑞典]傅正明:鲁拜集与中国美人

2015年5月3日,台湾《中国时报/人间副刊》第20版。

Rubáiyát 译为"鲁拜集"。

Omar Khayyám 译为"奥玛·珈音"。

Edward FitzGerald 未译名。

"有诱惑力的美人,像美酒一样,同时是诗歌灵感的源泉。珈音笔下的绝代美人,与中国美女一个接一个对弈,总是打个平手。"

【605】
江晓原:泰坦尼克号上的绝世奇书

2015年5月29日,《第一财经日报/脉望夜谭Ⅱ(第17篇)》第A15版。

Rubáiyát 译为"鲁拜集"。

Omar Khayyám 未译名。

Edward FitzGerald 未译名。

"……当时英国还有许多书籍装帧公司,它们的业务主要是替富人的藏书做个人化的装帧。在印刷术已经普及的年代,书籍的'芯'当然是批量生产的,但富人可以给自己心爱的书籍穿上华贵的'外衣',包括重新设计制作的封面,以及环衬、扉页之类,使自己的藏书显得独一无二与众不同。""这种书籍装帧公司的灵魂人物,通常是公司的设计师,他们在很大程度上已经臻于艺术家的境界,对书籍和艺术的热爱会驱使他们做出珍贵的书籍艺术品,当然有时也会驱使他们做出一些痴迷、傻气或一往情深的事情来。"

【606】
林辰:"东方的缪斯"——论菲兹杰拉德译《鲁拜集》之于 T. S. 艾略特

2015 年 5 月 30－31 日,中国外国文学学会主办,四川大学外国语学院、当代俄罗斯研究中心承办,"中国外国文学学会第十三届年会"在四川大学举行。该文为年会上发布的论文。

Rubáiyát 译为"鲁拜集"。

Omar Khayyám 译为"奥玛·伽亚谟"。

Edward FitzGerald 译为"菲兹杰拉德"。

2017 年 6 月,中国外国文学学会主办/刘亚丁、李志强主编《外国文学与国家认同——中国外国文学学会第十三届年会论文集》,四川大学出版社,第 231－246 页。

"《鲁拜集》的翻译是西方翻译史上的重大事件,可是这一域外诗集是如何影响了西方文化的发展呢!本文通过《鲁拜集》对 T.S.艾略特的影响作为一个角度折射出这部诗集对西方文化的影响。第一部分通过对艾略特诗作《灰星期三》进行文本细读,探究了在 1930 年阶段艾略特的心理危机和转折期同《鲁拜集》之关系。第二部分联系艾略特本人在论文中对《鲁拜集》的看法,以及《鲁拜集》为当时所接受的情况,着重探讨了菲茨杰拉德译本《鲁拜集》对艾略特的影响。"

【607】
张亚军:基于互文性的诗歌翻译研究——以《鲁拜集》为例

2015年5月31日,中国海洋大学/硕士学位论文(英语稿),第1－59页。

Rubáiyát 译为"鲁拜集"。

Omar Khayyám 未译名。

Edward FitzGerald 未译名。

————

"本文以郭沫若、黄克孙和黄杲炘所译《鲁拜集》为例,分析了外显互文性(包括引用、用典和戏拟)和成构互文性(包括结构互文性、主题互文性和功能互文性)的翻译方法,以期能够对诗歌翻译理论和实践有所贡献。"

【608】
林颐:躺在时光深处的传奇之书

2015年6月11日,《图书馆报》第263期。

Rubáiyát 译为"伟大的奥玛"。

Omar Khayyám 译为"奥玛"。

Edward FitzGerald 未译名。

————

"好莱坞电影《泰坦尼克号》凄婉悱恻,令世人扼腕长叹。这部经典的浪漫灾难片有一件至关重要的道具——海洋之星,一颗无比珍贵的瑰丽的蓝宝石。其实,如果把'海洋之星'换成《伟大的奥玛》——一本镶嵌无数宝石的'世上最奢华之书'——那才是真正的历史。"

【609】
顾家华:诗与画的完美结合——谈伊莱休·维德的"绘画本《鲁拜集》"

2015年7月20日,《文汇报/文汇读书周报》第1－2版。

Rubáiyát 译为"鲁拜集/柔巴依"。

Omar Khayyám 译为"奥玛·海亚姆"。

Edward FitzGerald 译为"爱德华·菲茨杰拉德"。

"毫无疑问,维德开创了Rubáiyát绘画艺术史的先河,成了Rubáiyát插图艺术家的开山鼻祖。然而,确切地说,维德绘制的Rubáiyát是独具一格的诗中有画、画中有诗、诗情画意、诗画并茂的'诗画本',没有比这个'诗画本'的诗与画更紧密融合浑然一体的了,恰似钢琴和小提琴的合作能够奏出非常协调的合奏共鸣曲一样。所以,维德自己就从来不认为他的'诗画本'只是'插图'[illustrations],而是'配图'[accompaniments]——的确,理由很简单也很明显:菲茨杰拉德的诗被镶嵌在维德画的画内,菲诗看上去简直就像是画作的'旁白'。"

【610】

[瑞典]傅正明:庄周梦蝶的苏菲新解

2015年8月2日,台湾《中国时报》。

Rubáiyát译为"鲁拜集"。

Omar Khayyám译为"珈音"。

Edward FitzGerald未译名。

"珈音以飞蛾自况,以酾客(托盏者)作为精神向导或女神的象征,以殉情喻殉道,其诗的意涵与中文成语'飞蛾扑火'的贬义完全不同。此刻的蛾飞,像红蝶飞舞一样,像苏菲的'萨玛',即旋转舞蹈一样。庄周梦蝶,可以说接近飞蛾和红蝶的境界,但没有那种殉道的壮烈。"

【611】

李超:四行诗集《鲁拜集》的译作语言研究

2015年9月11日,《语文建设》(旬刊)第26期,第88-89页。

Rubáiyát译为"鲁拜集"。

Omar Khayyám译为"欧玛尔·海亚姆"。

Edward FitzGerald译为"爱德华·菲兹杰拉德"。

"四行诗集《鲁拜集》是英国文学的瑰宝,流传版本中以汉译本中语言学家黄克孙先生的版本影响最为深远。黄克孙先生采用称之为'衍生'的文本表达方式。本文以黄克孙先生版本《鲁拜集》为例,指出衍生的实质是在互文性基础上文本表达和创作的结合,是诗歌创作表达的有效途径之一。"

【612】
[英国]罗勃·谢泼德文/李凌云译:关于《鲁拜集》

2015年9月,[美国]伊莱休·维德绘/郭沫若译《鲁拜集》,海豚出版社/中国国际出版集团,第126-128页。

Rubáiyát 译为"鲁拜集"。

Omar Khayyám 译为"奥玛"。

Edward FitzGerald 译为"爱德华·菲茨杰拉德"。

"《鲁拜集》成为英语诗歌中的经典已届150年,当一想到这些诗歌来自炎热干燥、尘土飞扬的大陆,与绿草如茵的英格兰牧场隔着遥远的距离,便会知道它有多么不同寻常。更令人称奇的是,这些朦胧晦涩的诗得以在1859年问世,要归功于一位藉藉无名的剑桥学者爱德华·菲茨杰拉德,他对波斯语颇有造诣,机遇使然,他得到邀请,翻译这些在加尔各答亚洲文会图书馆[Asiatic Society Library]发现的晦涩难懂的波斯四行诗。"

【613】
《鲁拜集豪华版笔记本》

2015年9月,封面仿桑格斯基1905年版《鲁拜集》设计图案,海豚出版社。

Rubáiyát 译为"鲁拜集"。

Omar Khayyám 译为"奥玛·海亚姆"。

Edward FitzGerald 未译名。

封面仿桑格斯基1905年版《鲁拜集》设计图案,1905年版疑为1903年版。

"《鲁拜集豪华版笔记本》封面使用英国伟大的书籍装帧艺术家弗朗西斯·桑格斯基1905年制作的《鲁拜集》的图案,原书藏于法兰克福工艺博物馆[Museum fur Kunsthandwerk]。""封面孔雀和花卉由深绿、蓝色、红色、白色、棕色等染色羊皮镶嵌裱贴,中央圆环镶嵌21颗猫眼石。""英国有复刻经典书籍与图案的传统,以使古典艺术传播于世。木封面由英国谢泼德·桑格斯基&萨克利夫·扎赫诺斯朵夫公司[Shepherds Sangorski & Sutcliffe and Zaehnsdorf]提供桑格斯基设计图稿,由罗勃·谢泼德[Rob Shepherd]先生监制。"

【614】
唐宝民:三生事业尽朦胧,一世浮华总落空——读黄克孙译《鲁拜集》

2015年10月10日,《中国职工教育/文化驿站》(月刊)第10期(总第293期),第76页。

Rubáiyát译为"鲁拜集"。

Omar Khayyám译为"奥玛珈音"。

Edward FitzGerald译为"菲茨杰拉德"。

2018年12月5日,《巨鹿晚报/读书》第4版。

———

"《鲁拜集》是波斯诗人兼数学家奥玛珈音的四行诗集,'鲁拜'即指四行诗体,奥玛珈音生活在公元1048年至1131年间,约相当于中国的北宋时期,《鲁拜集》的内容,有种类似《红楼梦》中的那种幻灭思想及叔本华的悲观的宿命感,弥漫着一种浓浓的末世情怀,一切对于人生的笼统观察都指向虚无。"

【615】
郭辉、小艾:《鲁拜集》,一次豪华复制的成败

2015年11月6日,《北京青年报/美术馆》第B4版。

Rubáiyát译为"鲁拜集"。

Omar Khayyám译为"奥玛尔·海亚姆"。

Edward FitzGerald译为"菲茨杰拉德"。

———

"海豚版复制的是1884年由美国霍顿·米福林公司出版的对开本,由伊莱休·维德绘制插画并装帧设计的《鲁拜集》。据悉,原书为320mm×395mm,中文版略作缩小。封面依1884年原版制作,仅增加中文书名,余则一应其旧。原版插图,系由石版画原石单页印刷,再经手工将画页用纱布粘连装订,遂致画面对排、背页留白的版式。而海豚版则改为机器装订,中译文排于背白处,对应石版画上的英文。"

【616】
黄杲炘:《柔巴依集》的中国故事——英诗汉译百年发展与出版的见证

2015年12月2日,《中华读书报》(第403期)第17版。

Rubáiyát译为"柔巴依集"。

Omar Khayyám 译为"欧玛尔·哈亚姆"。

Edward FitzGerald 译为"爱德华·菲茨杰拉德"。

2017年1月,黄杲炘著《译路漫漫》,陕西师范大学出版社,第87-102页。

"……菲《柔》近百年来汉译众多,粗看起来译文五花八门,似乎怎么译都行。但每首译诗都是某种译法的产物,而各译法的出现有必然规律。根据对英诗汉译的观察梳理,我发现,译诗作为翻译总追求准确,因此每种有普遍意义的新译法总比先前译法有较高要求,可较准确反映原作。就是说,追求准确促使翻译发展,提高标准显示译诗进步。"

【617】
吴艳等:英诗汉译理论与实践——以《鲁拜集》为例、与海亚姆哲学思想相通之人文百科

2015年12月,吴艳、秦学锋、刘颖、刘国善(合译):《鲁拜集/英诗汉译理论与实践的典范/序言/附录》,中国经济出版社,序第1-3页、第111-155页。

Rubáiyát 译为"鲁拜集"。

Omar Khayyám 译为"欧玛尔·海亚姆"。

Edward FitzGerald 译为"菲茨杰拉德"。

"通过研读《鲁拜集》在不同时期的译文,我们初步了解了我国英诗汉译不断演进的过程。在本书中,我们对《鲁拜集》中101首英文诗的汉译文逐一进行译文比较与赏析。通过比较,力求能够选出与英诗从格律和内容上都对应的更佳译文。"

【618】
《新世纪英汉大词典》:FitzGerald, Edward、Omar Khayyám、rubáiyát(条目)

2016年1月,胡壮麟主编《新世纪英汉大词典》,外语教学与研究出版社,第1001、1854、2308页。

Rubáiyát 译为"鲁拜/鲁拜集"。

Omar Khayyám 译为"欧玛尔·海亚姆"。

Edward FitzGerald 译为"菲茨杰拉德"。

———

"菲茨杰拉德,英国作家,译有《鲁拜集》"、"欧玛尔·海亚姆,波斯诗人、数学家和天文学家,作品包括四行诗集《鲁拜集》"、"rubáiyát = rubai[诗]鲁拜(一种源于波斯的每节四行的诗体形式)"。

【619】
阿钒:伊朗奇才哈亚姆

2016年1月,阿钒编著《伊朗/丝绸西路上的明珠/第四章/文化盛宴》,北京联合出版公司,第156-157页。

Rubáiyát 译为"鲁拜集"。

Omar Khayyám 译为"阿普尔·法塔赫·欧马尔·本·易卜拉欣·哈亚姆·内沙浦里"。

Edward FitzGerald 未译名。

此版为"'一带一路'列国巡礼"丛书之一。

———

"大约在11世纪后半叶,伊朗出了一位博学多识的跨界奇才。他不光是优秀的诗人,还是数学家、天文学家、哲学家,同时又在音乐、机械、地理和医学等方面屡有建树。""哈亚姆的以上成就在生前即为大众所熟知,他在诗歌方面的成就却在逝世50年后才被世人发现。"

【620】
吴伟:念念不忘 必有回响——寻找鲍尔弗插图版《鲁拜集》

2016年1月16日,《中国美术报》第A14版。

Rubáiyát 译为"鲁拜集"。

Omar Khayyám 译为"奥玛·海亚姆"。

Edward FitzGerald 译为"爱德华·菲茨吉拉德/菲茨杰拉德"。

———

"……此段文字说:鲍尔弗的生平和职业似乎没有记录;鲍尔弗的画在比亚兹莱之后继续产生影响,他的黑白插图与比亚兹莱有明显的相似,而他的彩图令人想起丹麦插图画家凯·尼尔森(1886-1957)。""鲍尔弗的黑白插图给人的第一印象确实是类似比亚兹莱的风格,但细看就能发现其中的差异。至于彩色插图,我认为尼尔森带有北欧画风的作品更诡异。"

【621】
高天恩:英诗中译的美丽与哀愁

2016 年 2 月,彭镜禧主编《文学翻译自由谈》,台湾台北书林出版社,第 58－70 页。

Rubáiyát 译为"鲁拜集"。

Omar Khayyám 译为"奥玛开俨"。

Edward FitzGerald 译为"费兹杰罗"。

———

"……到黄克孙与梁欣荣两位先生的《鲁拜集》与《鲁拜新诠》,则是'华山论剑'的层次了。""不过两位译者不约而同地印证了威尔逊[Edmund Wilson]的一句话:'我一向都认为最佳的翻译——以《鲁拜集》为例——都是与原作距离最远的翻译——亦即,如果译者本人就是一位诗人的话'。""但话又说回来,黄与梁二位先生如果拿此等堪称经典杰作的'衍译'即'新诠'去参加梁实秋文学奖译诗组的比赛,是否能得奖,我可就不敢说了。"

【622】
张晖:波斯"柔巴依"从转译到直接译自原文的启示

2016 年 2 月,文化部对外联络局/中国翻译协会/北京语言大学主编《摆渡者/中外文化翻译与传播》,中央编译出版社,第 295－305 页。

Rubáiyát 译为"柔巴依/柔巴雅特"。

Omar Khayyám 译为"欧玛尔·海亚姆"。

Edward FitzGerald 译为"爱德华·费茨吉拉德"。

———

"为什么翻译家们都喜爱以欧玛尔·海亚姆的诗歌作为对象,不厌其烦地反复翻译呢?""——这实际是一种时代的需求。中国的封建社会长达数千年,随着社会发展,也需要像欧洲那样的文艺复兴。文艺复兴的核心内容是,肯定现世生活,承认并尊重人的价值,主张人本主义。而这些内容,在欧玛尔·海亚姆的诗歌中表现得淋漓尽致。"

【623】
黄杲炘：洛威尔一节诗的中国故事

2016年2月,《东方翻译》(双月刊)第1期(总第39期),第64-68页。

Rubáiyát 译为"柔巴依集"。

Omar Khayyám 译为"欧玛尔·哈亚姆/欧马尔"。

Edward FitzGerald 译为"菲茨杰拉德/菲兹杰拉德"。

收入两幅鲍尔弗的彩色插画作品。

2017年1月,黄杲炘著《译路漫漫》,陕西师范大学出版社,第201-214页。

———

"'美国诗人洛厄尔写过一首名诗……'……我为《美国抒情诗选》准备洛厄尔作品时发现,这四行诗是他所写《题欧玛尔·哈亚姆之〈柔巴依集〉》的第一节。余下的两节为:……""……而下面这拙译也将固定下来不再改动,……:波斯湾孕育的这些思想之珠/颗颗散发出满月的柔和光辉;/欧马尔潜入水中把珍珠摘出,/菲茨杰拉德用英语一线串住。"

【624】
罗乐：灵魂深处的偶遇——海亚姆与陶渊明诗歌的主题研究

2016年,《北方文学(中旬刊)》(月刊)第3期,第94-96页。

Rubáiyát 译为"鲁拜集"。

Omar Khayyám 译为"海亚姆"。

Edward FitzGerald 未译名。

———

"海亚姆与陶渊明这两位不同民族、时代的诗人,其诗歌主题却颇有一种惺惺相惜之同感。本文将对陶渊明与海亚姆的诗歌作主题研究,引入比较文学理论找出二者诗歌主题上的相似之处,结合两个民族的时代背景、传统文化和审美心理的差异对两者诗歌主题同中之异的原因作出解释。"

【625】
王蒙：胸怀开放的伟大诗人海亚姆

2016年,王蒙文/康笑宇图《胸怀开放的伟大诗人海亚姆》,《读书》(月

◇《鲁拜集》汉译书目

刊)第 5 期,封二。

Rubáiyát 译为"鲁拜集"。

Omar Khayyám 译为"奥玛尔·海亚姆"。

Edward FitzGerald 未译名。

———

"我一手捧着古兰经另一手拿着酒樽,/有时候我沾染不洁有时候绝对清真,/这蓝宝石一样的同一个苍穹下面哟,/为何搞成了穆斯林异教徒两者区分?""瞧,他是什么样的胸襟。他坦承自己有时候不洁,因为他是活人,他许多诗都写饮酒,而酒这个词就是由阿拉伯语的'不洁'构成的。"

【626】
吴伟:杜拉克插图版《鲁拜集》

2016 年 5 月 9 日,《藏书报》第 4 版。

Rubáiyát 译为"鲁拜集"。

Omar Khayyám 译为"奥玛·海亚姆"。

Edward FitzGerald 译为"菲茨杰拉德"。

———

"杜拉克为《鲁拜集》配的插图带给我们的是一种浓郁的东方情调。从这幅插图中,我们看到:一对情侣在树荫下乘凉,男士拿着诗集,悠闲地斜靠在坡地上,草地上搁着葡萄酒和面包;美人倚树而歌。波斯终年高温少雨,一树荫凉实属珍贵。杜拉克妙笔绘出了海亚姆的诗句,形象地展示了'一壶美酒伴诗章,几片面包当食粮;美人清曲耳鬓绕,荒野树荫作天堂'(刘佳敏译)的意境,犹如清代画家任伯年画南宋姜夔的词句:'自作新词韵最娇,小红低唱我吹箫。'"

【627】
李儒忠:欧玛尔·海亚姆的《柔巴依集》

2016 年 6 月,阿不都热依木·乌铁库尔、依敏·吐尔逊、马赫穆德·翟依地、玉素甫·哈斯·哈吉甫著/赵国栋译《美的神韵/赵国栋译柔巴依选集/千年"柔巴依"——贺赵国栋语言教学及文学创作 60 周年》,北京语言大学出版社,第(序)1-11 页。

Rubáiyát 译为"柔巴依集/鲁拜集"。

Omar Khayyám 译为"欧玛尔·海亚姆"。

Edward FitzGerald 译为"费兹吉拉德"。

———————

"一、赵国栋的两个舞台";"二、欧玛尔·海亚姆的《柔巴依集》";"三、维吾尔柔巴依";"四、赵国栋与柔巴依";"五、我与柔巴依";"六、历史的回声"。"《柔巴依集》作为世界名著,是波斯诗人欧玛尔·海亚姆献给世界的永恒的精神财富,经过英国诗人、翻译家费兹吉拉德的创造性英译,也成为英国文学宝库中公认的珍品。这是世界文学的奇迹,也是让人们津津乐道的佳话。"

【628】

王卫朋:有着无数面目的经典现身沪上——《鲁拜集》专题文献展开幕

2016年6月1日,《劳动报/文体》第7版。

Rubáiyát 译为"鲁拜集/柔巴依集"。

Omar Khayyám 译为"欧玛尔·哈亚姆"。

Edward FitzGerald 译为"爱德华·菲茨杰拉德"。

———————

"昨天,上海图书馆联合民间收藏家共同举办的'鲁拜集:一部经典的无数面目版本展',在上海图书馆徐家汇藏书楼开幕。"

【629】

李婷:100多年来近50个版本《鲁拜集》汇聚沪上——装帧之美呈现纸质书无限可能

2016年6月1日,《文汇报/文化》第9版。

Rubáiyát 译为"鲁拜集/柔巴依集"。

Omar Khayyám 译为"莪默·伽亚谟"。

Edward FitzGerald 译为"爱华德·菲兹杰拉德"。

———————

"昨天,'鲁拜集:一部经典的无数面目版本展'在上海图书馆徐家汇藏书楼揭幕,展出的100多年来近50个版本的《鲁拜集》,让人们惊叹于书籍装帧设计之美的同时,也看到了纸质书的无限可能性。"

【630】
老鸽：刘佳敏译本《鲁拜集》序言

2016年7月，刘佳敏译《鲁拜集》，三叶草独立出版[Clover bookshop]（杨佳琪手工自制），序第1-4页。

Rubáiyát 译为"鲁拜集"。

Omar Khayyám 译为"奥玛·海亚姆"。

Edward FitzGerald 译为"爱德华·菲茨杰拉德/菲氏"。

老鸽，本名顾家华。

杨佳琪，本名朱潇。

"菲氏将'鲁拜集'这一波斯四行诗的诗体形式运用到英诗时，是做得非常严谨得体、循规蹈矩的，因而给了英语世界的读者大有耳目一新的感觉，也正是这种具有浓烈东西方色彩的风格、诗意、韵味与文体的因素，才织造出了一件东西方文化浑然一体的至臻绝品！"

【631】
王晓利：文化翻译视角下诗歌意象的翻译——以《鲁拜集》中"酒"的意象为例

2016年7月，《武汉大学学报（人文科学版）》（双月刊）第69卷第4期，第99-103页。

Rubáiyát 译为"鲁拜集/柔巴依集"。

Omar Khayyám 译为"欧玛尔·海亚姆"。

Edward FitzGerald 译为"爱德华·菲茨杰拉德"。

"诗歌意象不仅仅是诗人借以抒情言志的载体，它们还从不同的角度反映出一个民族文化的某些特征，往往同一文学意象在不同的文化语境中会产生不同的语义联想和情感体验。从文化翻译的视角来看，处于两种文学（文化）语境之间的译者，既要力求保留意象在源语文化中所包含的文化内涵，又要考虑译入语社会的文化语境及读者大众的接受能力。因此，译者在翻译诗歌意象的过程中应当充分利用本文化的诗学传统，借鉴并吸取民族文学的精粹，在向译语读者传达原诗思想内容的同时，使他们获得跟源语读者一样的审美情趣和情感体验，最终达到两种文化互动和交流的目的。"

【632】

眭谦:《莪默绝句集译笺》自序

2016年7月,眭谦译《莪默绝句集译笺》,华东师范大学出版社,正文前页。

Rubáiyát 译为"莪默绝句集/鲁拜"。

Omar Khayyám 译为"莪默"。

Edward FitzGerald 译为"菲兹杰拉德"。

———

"莪默者,古波斯之畴人也。论其宗信,清真玄士,夷言谓苏非也。所赋妙解人天,旨归玄道,词丽以则,义微而隐。其体曰鲁拜,而其律与吾国绝句几等匹,疑或出一源,余尝有论。其诗播芬泰西,盖得英伦绅士菲兹杰拉德之翼助也。晚近复流韵中土,亦大率以菲译为津梁。"

【633】

[美国]迈克尔·卡尼:菲茨杰拉德传

2016年7月,[美国]迈克尔·卡尼文/石任之译/伯昏子校《菲茨杰拉德传》,眭谦译《莪默绝句集译笺》,华东师范大学出版社,第80-86页。

Rubáiyát 译为"鲁拜集"。

Omar Khayyám 译为"莪默·伽亚谟"。

Edward FitzGerald 译为"爱德华·菲茨杰拉德"。

眭谦,别名伯昏子。

2016年8月,钟锦等编译《莪默绝句百衲集》,华东师范大学出版社,第3-55页。

2018年10月,眭谦译《鲁拜集》,浙江人民美术出版社,第8-15页。

———

"宿世业缘,不朽永生,人之所来所归,今日基督世界化育之士以为固有之宗教命题,伽亚谟俱有妙想独见萌于奇篇之间,殊可钦仰。其为穆斯林之虔诚,亦不稍逊于吾辈之奉天主。其哲思瑰想,丰赡于抒情雅丽,堪与贺拉斯并骎。其妙意生辉,罗马诗歌无以过之。其锻炼陶染菲氏之思,致其越乎译家疆域,而菲氏重塑原作之神形,较之言辞比附有迹者,尤切元旨。人多以菲氏英译再造,乃菲氏之《鲁拜集》,非伽亚谟之《鲁拜集》也,古波斯仅以诗材供盎格鲁-爱尔兰人炫能而已,实大谬不然。"

◇《鲁拜集》汉译书目

【634】

沈苇:绿洲翡翠

2016年8月,沈苇著《沈苇散文自选集/上编》,新疆人民出版总社/新疆人民出版社,第152–163页。

Rubáiyát 译为"柔巴依集"。

Omar Khayyám 译为"欧玛尔·海亚姆"。

Edward FitzGerald 未译名。

此版为"文学高地——新疆60年文学精品丛书"之一。

———

"波斯人称葡萄为'生命饮料之树''月亮的圣树'。在波斯王宫中,司酒是一个很体面很重要的职务,享受大臣待遇。希罗多德说,波斯人习惯于在陶醉状态中讨论重大事情,认为喝醉酒通过的决定要比清醒时做出的更加可靠。在促进波斯诗歌、音乐、舞蹈的繁荣方面,葡萄酒的确发挥了很大作用。鲁达基、欧玛尔·海亚姆等人的诗歌中,葡萄酒和美人是最常出现的意象。"

【635】

魏志成:《鲁拜集·书法篇》序

2016年8月,[美国]黄克孙译《鲁拜集/书法篇(魏志成书法)》,台湾台北书林出版有限公司,第iv–v页。

Rubáiyát 译为"鲁拜集"。

Omar Khayyám 译为"奥玛珈音"。

Edward FitzGerald 译为"费氏结楼"。

———

"于国家和民族而言,书法是汉文化的精华(联合国将其列入世界遗产);于我个人而言,书法滋慰藉我一生,晚年尤甚,以纵情于书艺为自娱。"

【636】

[伊朗]阿里·阿斯加尔·哈吉:《波斯短歌行/鲁拜集译笺》序/奉至仁至善的安拉之名、钟锦:译序、笺序、鲁拜集译序、莪默绝句百衲集序

2016年8月,钟锦译笺/顾家华汇校《波斯短歌行/鲁拜集译笺》,中华

书局,序第 1 – 3 页、第 17 – 19、21 – 22、23 – 24、25 – 27 页。

Rubáiyát 译为"波斯短歌行/鲁拜集/莪默绝句"。

Omar Khayyám 译为"欧玛尔·海亚姆/奥玛珈音"。

Edward FitzGerald 译为"菲兹杰拉德/费氏结楼"。

阿里·阿斯加尔·哈吉为伊朗伊斯兰共和国驻华大使。

《波斯短歌行/鲁拜集译笺》一书被叶嘉莹推介,推荐语为"《鲁拜集》译者虽多,而私意以为此本颇具特色,故乐为之推介。"

此版为"国民阅读经典(第十七辑)"丛书之一。

"为什么海亚姆的诗歌如此深受世人的喜爱?为什么他的诗歌得到了全世界人民的赞赏?也许是海亚姆的诗歌反映了每个人内心深处的孤独与寂寞,也许他的诗歌表达了人们对人生意义的探索。""故诗之迻译,信为最下矣。彼费氏结楼之迻译《鲁拜集》也,得译之道,具辞之雅。故能不为奥玛珈音之奴,而翻为其主也。余颇怪今之迻译费氏者,必反其道而行之,甘为之奴,何耶?"

【637】
老鸽(顾家华):《波斯短歌行/鲁拜集译笺》前言

2016 年 8 月,钟锦译笺/顾家华汇校《波斯短歌行/鲁拜集译笺》,中华书局,第 1 – 11 页。

Rubáiyát 译为"奥玛珈音的鲁拜集/鲁拜集"。

Omar Khayyám 译为"奥玛珈音"。

Edward FitzGerald 译为"爱德华·费氏结楼/费氏"。

"费氏采用了从'日出'到'月落'的时空轮回意象,将《鲁拜集》组成了整体连贯、前呼后应的篇章,它竭尽了诗情的舒展和文字的优美,咏唱潇洒,佳句叠出,以致一百五十多年来,始终广泛地受到文坛的追捧与读者的热忱,几乎风靡全球,成了英语世界与世界文学的不朽经典,成了诗歌爱好者们的宠爱读物,也成了世界上众多国家各种文字译家学者们的争译作品。"

【638】
[英国]爱德华·费氏结楼:奥玛珈音——波斯之天学诗客、三版序

◇《鲁拜集》汉译书目

2016年8月,[英国]爱德华·费氏结楼文/钟锦译《奥玛珈音——波斯之天学诗客》,钟锦译笺/顾家华汇校《波斯短歌行/鲁拜集译笺》,中华书局,第9-25、27-36页。

Rubáiyát 译为"鲁拜集"。

Omar Khayyám 译为"奥玛珈音"。

Edward FitzGerald 译为"爱德华·费氏结楼"。

2016年8月,钟锦等编译《莪默绝句百纳集》,华东师范大学出版社,第165-199页。

文题为"莪默·伽亚谟——波斯之天学诗客"。

———

"东国之诗卷,胥用字母排序,《鲁拜集》亦是也。故墓[Grave]与乐[Gay]竟成诡列。今所选者,适成一田园诗集。'醇酒妇人',本东国诗人屡爱言之者,虽未知果出其诚否,而今之删馀者于比率则殊少矣。然此终为悲怀诗也。悲之甚者,无过于名矜逸乐,而实则能伤不能怒也。盖徒然欲逃定命,一瞥明朝,而终住今日,又将无尽待明朝也。彼篷庐老匠惟能于今日立足,而今日又转瞬从足下逝矣。""然颇有博学之鸿儒持成见、散疑说,许奥玛为一苏菲,甚乃一圣徒,故乐由是而诠其酒与酒人也。而又有更多之史事足徵彼哲人也,具学力,逾世代,但谦谦乎欲为一世间之智者、一知足之纵乐者耳。"

【639】
揭斯丁·亨德利·麦卡锡:莪默颂、波特·嘉讷:鲁拜引(诗歌)

2016年8月,揭斯丁·亨德利·麦卡锡作/眭谦译《莪默颂》、波特·嘉讷作/眭谦译《鲁拜引》,钟锦编译/笔译,眭谦、石任之、段晓华、魏新河、汪莹集唐(唐诗集句):《莪默绝句百衲集》,华东师范大学出版社,第56-57、58-61页。

Rubáiyát 译为"莪默绝句集"。

Omar Khayyám 译为"莪默·伽亚谟"。

Edward FitzGerald 译为"爱德华·菲茨杰拉德"。

———

"尔乃波斯诗中王,与尔相契久且长。是非杂陈奇幻世,乐尔卷帙可遁藏。""导吾精魂步尔式,不复烦劳长太息。陟彼羽舞碧桐荫,葡萄藤蔓蜿蜒织。"

【640】
迤逦鸦:异色《鲁拜集》

2016年9月18日,《东方早报/上海书评/淘书记趣》,第14版。

Rubáiyát 译为"鲁拜集"。

Omar Khayyám 译为"奥玛"。

Edward FitzGerald 译为"费茨杰拉德"。

迤逦鸦,本名顾真。

———

"这部卡尔插图版《鲁拜集》的英译者原名 Frederick William Rolfe,'科尔沃男爵'是他众多笔名中的一个。他生于伦敦,死于威尼斯,行事怪诞,写作之外,兼有绘画与摄影的才具。在世时,他在文坛并未获得瞩目成功,但据说其作品影响了乔伊斯的创作。他翻译的《鲁拜集》是形式素洁的散文体,用词却常常标新立异,'美酒'在他笔下成了 Kitteys Iakchos,成了 Nektareos Dionysos,成了 Dionysos Pyripais。他的研究者 Shane Leslie 说:他不是语言的宗师,而是要成为词语的暴君。难怪十多年后卡尔的插图本在纽约重版时终究换成了费茨杰拉德的译本。"

【641】
黄杲炘:《柔巴依集》译者前言

2016年9月,黄杲炘译《柔巴依集》,陕西师范大学出版总社,第1-9页。

Rubáiyát 译为"柔巴依集/欧玛尔·哈亚姆之柔巴依集"。

Omar Khayyám 译为"欧玛尔·哈亚姆"。

Edward FitzGerald 译为"爱德华·菲茨杰拉德"。

———

"菲氏《柔巴依集》有一个原作没有的重要特点,就是其中各诗的次序已按内容重新编排。于是在诗集开始时,我们看到旭日初升景象,而到诗集结束处,已是暮色降临时分,而在这象征从生到死的整个白天里,主人公边喝酒边发议论……,而随着时间流逝,对上天的不公越来越感到愤慨,言辞越来越激烈,最后又归于冷静。通过这种匠心独运的安排,菲氏让诗集内容有了时间上的先后、意义上的关联和逻辑上的连续性,成为更和谐更合理的有机整体——也正是这缘故,洛威尔才说菲氏用英语之线把这些思想之珠串住。"

◇《鲁拜集》汉译书目

【642】
《世界文学》:欧玛尔·海亚姆《鲁拜集》插图(10 幅)

2016 年 9 月 25 日,《世界文学》(双月刊)第 5 期(总第 368 期),封二、封底。

Rubáiyát 译为"鲁拜集"。

Omar Khayyám 译为"欧玛尔·海亚姆"。

Edward FitzGerald 未译名。

———

刊登的 10 幅插图虽为杜拉克作品,名曰"欧玛尔·海亚姆《鲁拜集》插图/[英国]埃德蒙·杜拉克",但均非杜拉克作品中以《鲁拜集》为内容的图案。

【643】
赵馥洁:融通诗心的《波斯短歌行》

2016 年 9 月 28 日,《中华读书报》第 11 版。

Rubáiyát 译为"鲁拜集"。

Omar Khayyám 译为"欧玛尔·海亚姆"。

Edward FitzGerald 译为"费氏结楼"。

———

"……钟锦译本,特色安在?以愚读后的感受,概而言之,其一为格律严谨;其二为词语典雅;其三为诗味浓郁;其四为理趣丰饶。因此既充分体现了中国传统诗的形式特点、语言格调和精神风貌,也展现了鲁拜集作为诗歌审美对象的义蕴丰富性。这实际上是一次新的文化对话与交流,是对鲁拜集的重新解读。它为读者提供了可以与其他译本相互比照、相互补充的理解鲁拜集的新维度。"

【644】
吴笛:海亚姆《鲁拜集》的生成与传播

2016 年,《外国文学研究/比较文学研究》(双月刊)第 38 卷第 5 期(总第 181 期),第 9–15 页。

Rubáiyát 译为"鲁拜集"。

Omar Khayyám 译为"欧玛尔·海亚姆"。

Edward FitzGerald 译为"菲茨杰拉德"。

———

"中古时期,波斯作为诗国,其诗歌艺术成就达到了极高的水准,对世界诗歌的发展产生了深远影响。本文以海亚姆的《鲁拜集》为例,探讨波斯诗歌的经典生成,以及在中国的译介与传播。《鲁拜集》经典生成与传播的重要媒介是菲茨杰拉德的英译,正是借助于菲氏英译,《鲁拜集》的经典地位得以确立,并在我国出现了繁荣的翻译格局以及经过转译而形成的被广为接受的优秀译本。本文还通过对菲茨杰拉德英文译本的考证性研究,探讨其翻译策略对于《鲁拜集》这部经典在中国的传播所具有的独特意义,认为《鲁拜集》在英语世界的经典重生以及在中文世界的广泛译介和传播,都为民族文学的发展提供了可资借鉴的重要资源。"

【645】

[美国]J·伦纳特·柏格伦[J. Lennart Berggren]:奥马尔·海亚姆的《代数学》

2016年10月,[美国]维克多·J·卡兹主编/郭园园译《东方数学选粹:埃及、美索不达米亚、中国、印度与伊斯兰/第五编/中世纪的伊斯兰数学/四/代数/4.7》,上海交通大学出版社,第590-594、(544、645)。

Rubáiyát 未译名。

Omar Khayyám 译为"乌马儿·海亚米['Umar al-Khayyāmī]/奥马尔·海亚姆"。

Edward FitzGerald 未译名。

———

"事实上,作为一个历法改革小组的领头人,他[海亚姆]在伊斯法汗的观测台度过了许多年。约1070年,他完成了一本代数学著作,在书中他将三次方程进行了分类,并且在方程有解的前提下,利用适当的圆锥曲线相交来对方程的解进行定性描述。"

【646】

钟锦:长与吟坛作典经——怀念《鲁拜集》译者黄克孙先生

2016年11月14日,上海《文汇报/文汇笔会》第7版。

Rubáiyát 译为"鲁拜集"。

Omar Khayyám 未译名。

◇《鲁拜集》汉译书目

Edward FitzGerald 未译名。

———

"[黄克孙]先生《鲁拜集》译本之前,有三首七绝题诗。既然我和先生的因缘,由《鲁拜集》而起,姑且次其韵,以致哀思。辞不佳,但写出了对先生的怀念、仰慕,以及一段未曾谋面的交往:/侧身东望恨遥深,如泣泠泠海上音。天地无言人去后,空余万古太玄心。/交谊曾无倾盖情,为翁译笔擅名声。定知一卷波斯集,长与吟坛作典经。/此日难携酒一壶,流传译本莫令孤。我今正有新刊出,泉下翁仍记得无?"

【647】

汪莹:归化翻译与江西诗法——以《鲁拜集》的三个七言绝句译本为例

2016年,《外语教学理论与实践》(季刊)第4期(总第156期),第84-90页。

Rubáiyát 译为"鲁拜集"。

Omar Khayyám 译为"欧玛尔·海亚姆"。

Edward FitzGerald 译为"菲兹杰拉德"。

———

"《鲁拜集》的汉译,旧诗体译本较多采取了归化翻译的策略。通过黄克孙、眭谦、钟锦三个《鲁拜集》七言绝句译本中的具体翻译实例,我们看到,译者潜移默化于中国旧诗传统中的娴熟技巧出人意料地为归化翻译理论提供了一个审视角度。归化翻译在别除文本中目的语文化没有或与之相冲突的成分从而使译文'本土化'之时,必然造成译文和原文之间的异质性。然而在翻译转换的一致性要求下,两种异质性的文本就被一个原则所包括,因而产生了一种独特的美感。这种美感与江西诗派利用古人陈言完成自己独特表达的技巧具有内在的共通性。揭示这种共通性,就为归化翻译理论敞开了一个新的解读视域。"

【648】

吕海玲:诗意与诗体的"旅行"——以《柔巴依集》为例论诗歌翻译的"种子移植"理论

2016年11月30日,《考试周刊/文学语言学研究》第96期,第11-14页。

Rubáiyát 译为"柔巴依集/鲁拜集"。

Omar Khayyám 译为"欧玛尔·海亚姆/哈亚姆"。

Edward FitzGerald 译为"爱德华·菲茨杰拉德"。

———

"本文以古波斯诗歌经典《柔巴依集》的译介(主要是英国和中国)为依托,进一步阐释诗歌翻译的种子理论。这一古波斯诗歌的经典由它的'英国知音'菲茨杰拉德译介,走出几百年的沉寂,首先成为英诗名篇、英诗丰碑跻身于英国的文学经典之列,继而蜚声世界,传播到其他国家,获得堪比《圣经》的世界性的声誉;柔巴依与中国现代白话诗歌的发展、唐朝绝句和少数民族传统诗歌的千丝万缕的联系,把这一个古波斯的文学传奇故事变得更加丰富多彩。"

【649】

王晓利:以《鲁拜集》为例看译者对翻译传播的促进作用

2016 年,《文学教育杂志》(月刊)第 11 期(《文学教育(中)》第 4 期),第 11-14 页。

Rubáiyát 译为"鲁拜集/柔巴依集"。

Omar Khayyám 译为"欧玛尔·海亚姆"。

Edward FitzGerald 译为"爱德华·菲茨杰拉德"。

———

"海亚姆的《鲁拜集》跨越了时间、地域和文化的障碍在世界范围内广泛流传,享有很高的声誉,是迄今拥有最多译本的波斯诗集。文章考察了《鲁拜集》在中西方的译介传播历程,讨论了译者在翻译传播活动中的重要作用。一方面译者是译著质量的重要保证;另一方面,译者本身的社会地位、影响力和文学成就等也为图书的出版和传播积累了'无形资本'。"

【650】

王晓利:海亚姆鲁拜诗歌的翻译与传播研究

2016 年 12 月 1 日,华东师范大学/博士学位论文,第 1-155 页。

Rubáiyát 译为"鲁拜集/柔巴依集"。

Omar Khayyám 译为"欧玛尔·海亚姆"。

Edward FitzGerald 译为"爱德华·菲茨杰拉德"。

———

"本文是以海亚姆鲁拜诗歌的翻译与传播为对象而展开的个案研究。主要内容围绕两个方面展开:一、考察海亚姆诗歌在英、汉文化圈的译介传播过程以及影响其传播的多种因素;二、讨论诗歌翻译过程中语言风格、形式、意象等方面移植与再现的可能性和可操作性。""绪论/第一章/欧玛尔·海亚姆及其鲁拜诗歌/1.欧玛尔·海亚姆的身世之谜/2.海亚姆及其鲁拜诗歌的研究/3.海亚姆鲁拜诗歌的主题研究/第二章/爱德华·菲茨杰拉德及其英译本《欧玛尔·海亚姆的鲁拜集》/1.英译者爱德华·菲茨杰拉德/2.菲译本《鲁拜集》的传播及经典化过程/第三章/海亚姆鲁拜诗歌在中国的译介/1.海亚姆鲁拜诗歌的汉译情况/2.海亚姆鲁拜诗歌的汉译历程/第四章/海亚姆鲁拜诗歌汉语译本文本特征研究/1.译诗体式分析/2.副文本特征分析/3.语言特征分析/第五章/海亚姆鲁拜诗歌中意象的阐释与翻译/1.意象概念的内涵及表现方式/2.中心意象:'酒'/3.自然景物意象/4.动、植物意象/第六章/理论反思/1.译介模式的探讨/2.转译和复译现象的探讨/结论/一、主要发现/二、本研究的创新之处/三、本研究的不足之处"。

【651】
顾家华(老鸽):周树基与瞿炜译本合编《鲁拜集》序言

2016年12月,周树基、瞿炜汉译《鲁拜集/中文七言体和新诗体双译本/英汉对照/配乐朗诵/一诗一图》,哈尔滨商业大学音像教材出版社,第1–20页。

Rubáiyát 译为"鲁拜集/奥玛·海亚姆的鲁拜集"。

Omar Khayyám 译为"奥玛·海亚姆"。

Edward FitzGerald 译为"爱德华·菲茨杰拉德/菲氏"。

"一、奥玛·海亚姆与爱德华·菲茨杰拉德简介";"二、菲氏的原版本及格律问题";"三、菲氏《鲁拜集》在中国"。"菲氏作为英国诗人和翻译家,出版《鲁拜集》之前,有过文学作品和译作,但他文学成就的名声,很大程度上得益于这本《鲁拜集》小册子,而这本小册子产生的盛誉,却是菲氏的身后获得的。特别是在1878年美国第一次出版了菲氏《鲁拜集》(第三版)之后,在美国受到了读者的空前欢迎。1884年,美国又率先图解《鲁拜集》,推出了伊莱休·维德[Elihu Vedder]相当精致的豪华版绘画本。这样在美国的推波助澜之下,英语国家及其它欧美地区逐步掀起了势不可挡的《鲁拜集》狂热风潮。"

【652】
李欣:色·象

2016年12月12日,《文汇报/文汇笔会》第7版。

Rubáiyát 译为"鲁拜集"。

Omar Khayyám 译为"奥玛·海亚姆"。

Edward FitzGerald 译为"爱德华·费氏结楼"。

———

"……《波斯短歌行》则是今人钟锦以传统七言绝句意译费氏。书中另附五十五幅波斯古细密画,插画并非为《鲁拜》作。译者配图,以意度之,览者以意会之,姑妄观之。古今东西之间,三重意会,真是神光离合。""我要算买椟还珠了,独对书中波斯古细密画有兴趣。""据说,这本书是按中国文人画的审美来校色的。难怪与原版对比,色彩深沉不少,明度降低,也灰了一些。而且书用九十克艺术纸,纸质韧而柔腻,光泽内敛含蓄,完全没有铜版纸特有的刺目贼光,平添一层低调。整体情调变成既古且艳,细密画本有的装饰味,保留得恰到好处。"

【653】
汪莹:接受美学视域下的诗歌意象翻译——以《波斯短歌行》为例

2016年12月,《思想与文化》(年刊)第十九辑,第346-359页。

Rubáiyát 译为"鲁拜集"。

Omar Khayyám 未译名。

Edward FitzGerald 译为"菲茨杰拉德"。

———

"接受美学理论为文学翻译提供了一个新的思路。在接受美学视域下,'读者中心论'赋予了译者在翻译过程中充分的主动权,译者凭借创造性思维对原诗的意象进行具体化,对原诗意象进行移植、转换、重构和释义,从而传达原诗的意境之美。本文以《波斯短歌行》为例,具体思考诗歌翻译中意象转换和传达的处理方法及翻译策略,以探求如何在译语环境中更好地传达原诗的神韵和艺术感染力。"

【654】
黄杲炘:从"诗味寡淡"说起

2017年1月,黄杲炘著《译路漫漫》,陕西师范大学出版社,第164-

176页。

Rubáiyát 译为"柔巴依集"。

Omar Khayyám 译为"欧玛尔·哈亚姆"。

Edward FitzGerald 译为"菲氏"。

"翻译追求'忠信',不是借题发挥;不能因为译的是诗或短诗就不讲'忠信',应当'忠信'地追求原作'诗味'。拙译如果还称得上'忠信',那就没有丢失什么,包括原作的'诗味'——这方面可以肯定地说,拙译至少比滕译[滕学钦绝句体译本]接近原作。因此,他[滕学钦]说拙译'诗味寡淡'恐怕是指原作'诗味寡淡'。"

【655】

黄杲炘:我读过的一篇序言

2017年1月,黄杲炘著《译路漫漫》,陕西师范大学出版社,第393-405页。

Rubáiyát 译为"柔巴依集"。

Omar Khayyám 译为"欧玛尔·哈亚姆"。

Edward FitzGerald 译为"菲氏"。

"我们不妨回顾一下菲氏。他在《柔巴依集》上花费的时间,前后二三十年,一直在点点滴滴修改并多次重译重编,却全无功利之心,生前从未在书上署名。对照如今该书[吴艳等人译本]的某些汉译,虽说我们处于浮躁又浮夸的时代,但有些做法还是让人感到不太应该,特别是为了拿人家译文'垫底'来'提升'自己,在译文之外做'小动作',因为这涉及的不仅是翻译问题。其实,作为后出的译文,要在旧译基础上有所提高既不很难,也理当如此,因为译诗在一定程度上本是知其不可为而为之的事,总有可以'提升之处',而译诗是在发展的,新译优于旧译是发展的必然。新译者只要从难从严要求自己,认认真真踏踏实实去做,总该有所收获,而这也是旧译对新译的期望。当然,新译是否都能优于旧译,则要看译文本身,如果新译为方便采用低要求译法,那么在出发点上就'有待提升'了。"

【656】

黄杲炘:我的"柔巴依"之路

2017年2月6日,《文汇报/文汇读书周报/书人茶话》第4版。

Rubáiyát 译为"柔巴依集"。

Omar Khayyám 译为"奥马尔·哈亚姆"。

Edward FitzGerald 译为"菲茨杰拉德"。

该文原为由上海图书馆历史文献中心主办/乔旸、顾家华、黄杲炘、阿罡等协办,于2016年5月31日起至该年年底期间,连续三轮在上海徐家汇藏书楼举行的"鲁拜集———部经典的无数面目版本展"上的讲话稿。

2019年11月,黄杲炘译著《丽人 拾零集/翻译与我》,陕西师范大学出版总社,第305-277页。

———————

"菲茨杰拉德《柔巴依集》是我的幸运之星。我因祸得福,遇上它也就'诗来运转'。我在它的吸引下找到了方向,不断学习的过程中既充实了我'文革'中的业余生活,给了我很多美好回忆,也为我提供了宝贵机会。"

【657】

潘兆璇:这部动辄卖出天价的诗歌集,见证了英诗汉译的演进史

2017年3月10日,澎湃新闻。

Rubáiyát 译为"柔巴依集/鲁拜集"。

Omar Khayyám 译为"欧马尔·海亚姆"。

Edward FitzGerald 译为"爱德华·菲茨杰拉德"。

———————

"《柔巴依集》的问世,是黄杲炘初生牛犊不怕虎,在完全不知晓任何前人译作和原作文学地位之时,囿于穷极无聊的岁月里完成的杰作。关于这段奇缘,他也依照柔巴依的格律体写就了一首诗抒发感慨:无花无果的院子里,一间陋屋;/昏黄灯光下,几本借来的旧书;/从中,传来了远方诱人的歌声——/啊,柔巴依,引我走出一条路。"

【658】

陈渲文:"信达雅"框架下的文化反思——《波斯短歌行》翻译理念小议

2017年3月,《文化中国/特约书评》(季刊)第1期(总第92期),第122-128页。

Rubáiyát 译为"鲁拜集"。

◇《鲁拜集》汉译书目

Omar Khayyám 译为"奥玛珈音"。

Edward FitzGerald 译为"费氏结楼"。

———

"……然而,今世皆以'信'为翻译的最高尺度,不考虑如何看待其背后的文化背景,结果必定要么不接受这些背景,从而无法完全理解这些概念在整个背景下的含义(于是诞生了学界许多公认的符合外语但一塌糊涂的翻译);要么就直接同时接受其背景而不对背景本身加以鉴别吸收。于是,今世强求于'信'的翻译,钟锦先生皆称之'奴译'。"

【659】
佚名:说不尽的"柔巴依"(黄杲炘演讲)——上海译协举办第二十期"上海译家谈/译家——读者文学沙龙"(报讯)

2017 年 4 月 8 日,《上海翻译家》第 3 版。

Rubáiyát 译为"柔巴依集"。

Omar Khayyám 译为"欧玛尔·哈亚姆"。

Edward FitzGerald 译为"爱德华·菲茨杰拉德"。

———

"在中国,《柔巴依集》翻译见证了英诗汉译的百年历程,作为菲氏《柔巴依集》的译者,黄杲炘向大家介绍了这传奇性诗篇的汉译历程,……"。

【660】
魏沛娜:《鲁拜集》波斯版本/完整汉译首次面世

2017 年 4 月 9 日,《深圳商报/读书周刊/书林》第 2 版。

Rubáiyát 译为"鲁拜集"。

Omar Khayyám 译为"奥玛·海亚姆"。

Edward FitzGerald 未译名。

———

"此次后浪出版公司和四川人民出版社共同出版的《鲁拜集》是由张鸿年和宋丕方两位波斯语言文学专家共同翻译。张鸿年在该书序言中介绍,这次翻译《鲁拜集》所依据的底本是公元 1462 年抄本,亦称《乐园》本。《乐园》本共收录鲁拜 554 首,是一个非常重要的抄本。其最大的优点是集抄时间(1462 年)数据可靠,收诗数量多,几乎是海亚姆《鲁拜集》早期写本中收诗数量最多、'最全'的本子。"

【661】
顾农:借唐人句读莪默诗

2017年4月19日,《文汇报/文汇笔会》第12版。

Rubáiyát 译为"鲁拜集"。

Omar Khayyám 译为"莪默·伽亚谟/奥马尔·哈雅姆"。

Edward FitzGerald 译为"爱德华·菲茨杰拉德"。

"最新的一种中译《鲁拜集》称为《莪默绝句百衲集》(钟锦等编译,华东师大出版社2016年8月版)。'百衲'云者,是因为这里的译本乃是集唐诗之句而形成的,操刀者除了钟锦先生本人之外,还有他的几位诗友、翻译家。《百衲集》中颇有佳作,……对照着看本书中影印的菲茨杰拉德的英文译文以及钟锦用文言散文做的'笔译',这些集唐诗之句而成的莪默诗的译文,虽然与原来的字句出入不小,意境却颇能得其神似,是一种很有意味的创造。"

【662】
董桥:孔雀装《鲁拜集》(29)、察恩装帧(64)、费滋杰罗(69)

2017年4月,董桥著《读书便佳》,牛津大学出版社,第79-81、161-163、173-175页。

Rubáiyát 译为"鲁拜集"。

Omar Khayyám 译为"欧玛尔·海亚姆"。

Edward FitzGerald 译为"爱德华·费滋杰罗"。

"我向来觉得《鲁拜集》那些英文诗句十分切合先拉斐尔派画家和诗家的艺术风格,总想着罗塞蒂他们肯为《鲁拜集》画插图一定圆满。我新近找到的这部《鲁拜集》是匈牙利画家波卡尼 Willy Pogany 画插图,色调偏淡,人物似梦,画不出先拉斐尔派仕女那股媚和怨。封面彩皮镶出来的伊甸园夏娃倒是杰作了,利威耶装帧作坊一九一六年作品,John Rice Bullock 旧藏,有他的藏书票。"

【663】
张鸿年:《鲁拜集》(《乐园》抄本)译者序言、宋丕方:《鲁拜集》(《乐园》抄本)翻译后记、出版工作小组:《鲁拜集》(《乐园》抄本)出版

后记

2017年4月,张鸿年、宋丕方译《鲁拜集》,四川人民出版社,第1-13、433-434、435-442页。

Rubáiyát 译为"鲁拜集"。

Omar Khayyám 译为"奥玛·海亚姆"。

Edward FitzGerald 译为"菲茨吉拉德"。

2017年11月,张鸿年、宋丕方译《鲁拜集》(精装本),四川人民出版社,第1-13、399-402、403-410页。

该版宋丕方的《翻译后记》一文有增改。

"我们这次翻译《鲁拜集》所依据的底本是公元1462年抄本,亦称《乐园》[Tarabkhānah]本。""我以为,这个版本是张先生多个《鲁拜集》译本中着力最大的一个。……译稿出版过程中,张先生突发心脏疾病离世。后续校对、修改等工作由我和刘乐园先生接棒完成。""海亚姆的《鲁拜集》究竟有多少首?究竟该有多少首?这个问题我们无法回答。任何一个海亚姆《鲁拜集》写本,都不是海亚姆的手泽,或多或少包含着后世蹿入的伪托作品。任何一个海亚姆《鲁拜集》的写本,又都传承着海亚姆的衣钵,在时间的长河里发出永不熄灭的光。"

【664】
李广宇:终于有了《鲁拜集》

2017年8月,李广宇著《猎书家的假日》,法律出版社,第141-146页。

Rubáiyát 译为"鲁拜集"。

Omar Khayyám 译为"欧玛·海亚姆"。

Edward FitzGerald 译为"菲茨杰罗"。

"波斯诗人欧玛·海亚姆的《鲁拜集》,从来都是猎书狂们趋之若鹜的对象,好像不拥有一本像样的《鲁拜集》,就会觉得自己是个伪书迷似的。所以董桥说:'《鲁拜集》这样的老经典搜集几十种版本的癖好一点也不奇怪。'"

【665】
李悟:今朝有酒今朝醉,莫管门前是与非/《鲁拜集》译者序、《鲁拜集》

译后记——或怎样用透镜从事翻译

2017 年 8 月,豆瓣阅读,第 1 – 32 页,电子书。

Rubáiyát 译为"鲁拜集"。

Omar Khayyám 译为"莪默·伽亚谟/奥玛·海亚姆"。

Edward FitzGerald 译为"爱德华·菲茨杰拉德"。

———

"鲁拜集一百零一首,绝不止是享乐,这薄薄的本子里是疯狂,是奇诡,是放荡,是不羁,是反抗,是嘲讽,是蔑视,是自由,是一个勇敢灵魂对真实的渴求!这也都是我在翻译中力图体现的。""据说莪默确实受到过绝句的影响,也正是由于《鲁拜集》与我国古诗的相似之处,我在翻译中许多地方运用了古诗中的典故,也可与原文相映成趣。"

【666】
俞晓群:谢泼德先生

2017 年 9 月 1 日,《深圳商报/书后的故事》第 B06 版。

Rubáiyát 译为"鲁拜集"。

Omar Khayyám 未译名。

Edward FitzGerald 未译名。

———

"我最初颇有些野心,试图将那本沉入大西洋海底的《鲁拜集》按照原样复制出来。那本书上镶嵌着一千多颗宝石,还有无与伦比的皮装书镶嵌艺术,精美的绘画,天衣无缝的手工装帧技术,每一处细微功夫都让人折服。依据中国人的聪明和智慧,我相信假以时日,这些工艺都可以在东方再现。"

【667】
汪莹:在"信"与"雅"之间艰难抉择的旧体译诗——以《鲁拜集》为例

2017 年,《上海文化》(月刊)第 9 期,第 58 – 67 页。

Rubáiyát 译为"鲁拜集"。

Omar Khayyám 译为"海亚姆"。

Edward FitzGerald 译为"菲兹杰拉德"。

———

"《鲁拜集》仍然持续成为出版的热点,但各种译本的翻译理念却存在极端的冲突。

旧体翻译尤其处在不利的位置。本文对旧体译本和白话译本各自的弱势进行了细致分析,并具体对比各种旧体译本,从而深入反思了旧体翻译在'信'与'雅'之间所面临的艰难处境及其应对策略,由此重新评估它在翻译上的合理位置。"

【668】

曾记:鲁拜集——古波斯诗歌的典范,版本之多仅次于《圣经》

2017年10月,曾记译《鲁拜集/译序》,中山大学出版社,第1-8页。

Rubáiyát译为"鲁拜集/柔巴依"。

Omar Khayyám译为"欧玛尔·海亚姆"。

Edward FitzGerald未译名。

"少年时读《鲁拜集》,只是朦胧地感受到那种略带感伤的优美。如今重又拿起,更认识到它的深邃。翻阅了几个译本,多少有些失望。有的过于晦涩,有的过于激昂,有的还有不少错解。而我心中的'鲁拜'虽然深刻,但文字上并不艰涩。在情感和节奏上,它应该是平缓悠远的。我曾听过波斯语吟诵的'鲁拜',似长风流水,有其独特的悠长韵律。《鲁拜集》中涉及不少历史与宗教的背景,包含着丰富的哲学和神学思辨。如果缺少这些方面的知识结构,译文难免有牵强之处。当然,要译好它,最需要的还是那种可遇而不可求的情感的共鸣。于是萌生了一种念头,自己译一本《鲁拜集》,聊以寄情,聊以解忧,略做无用之事,稍遣有涯之生。"

【669】

[瑞典]傅正明:月半中秋飞镜时——《鲁拜集》与中国古代咏月诗

2017年10月30日,新加坡《联合早报》。

Rubáiyát译为"鲁拜集"。

Omar Khayyám译为"奥玛·珈音"。

Edward FitzGerald未译名。

"依照波斯传说,月亮脸上的斑点是太阳出于嫉妒用沾满泥巴的手弄出来的。作为天文学家的珈音,早就借重想象飞上月亮,发现月球表面的粗糙。几百年后,伽利略借重望远镜发现月球表面布满坑坑洼洼,他用希腊文的'坑'[crater]来形容,这个词的原意,是一种把酒和水调匀的器皿,因此,可以暗示月球表面美丑并存。为了纪念珈音的天文

学成就,月球上一个'陨石坑'被命名为奥玛·珈音。"

【670】
吴笛:菲茨杰拉德《鲁拜集》翻译策略探究

2017年11月30日,《安徽师范大学学报(人文社会科学版)/外国文学研究》(双月刊)第45卷第6期(总第215期),第758-763页。

Rubáiyát 译为"鲁拜集"。

Omar Khayyám 译为"海亚姆"。

Edward FitzGerald 译为"爱德华·菲茨杰拉德"。

"英国维多利亚时代的文学翻译成就以菲茨杰拉德的《鲁拜集》英译为代表。数十年来,菲茨杰拉德的英译一直被视为'意译'或'再创作'的典型,绝少顾及他尊崇源语文本的本质特征。本文以文本考证分析为基础,力图探究菲茨杰拉德为实现源语文本经典再生这一原则而施行的多种独到的翻译策略。认为菲氏《鲁拜集》英译,根据文化传承与经典传播的需求,博采众长,灵活运用,旨在源语文本的生命得以延续,在'脱胎换骨'之后依然具有被读者认可和接受的旺盛生命力。"

【671】
[瑞典]傅正明:珈音的"爱之书"与儒家的仁爱观

2018年4月23日,新加坡《联合早报/名采》第05版。

Rubáiyát 译为"鲁拜集"。

Omar Khayyám 译为"奥玛·珈音"。

Edward FitzGerald 未译名。

"林语堂先生在《孔子的智慧》中说:'孔子差不多可算做一个无政府主义者,因为他的最高政治理想在于社会上大家和睦相处。'珈音同样被人视为一个无政府主义者。《鲁拜集》中吟咏的美景,既是风景也是人景,往往是一幅幅'无政府'的图画,但是,诗人赞美的,并不是混乱、虚无、无道的状态,而是一种由自由的个体自愿结合的互助互爱的社会,是反政教合一,反独裁统治的和谐社会。"

【672】

子安:快闪书店聊书票

2018年6月6日,《深圳商报》第B5版。

Rubáiyát 译为"鲁拜集"。

Omar Khayyám 未译名。

Edward FitzGerald 译为"菲斯杰拉德"。

———

"杜拉克设计的票面,简单的花饰、点缀渗透出浓郁的新艺术风格。椭圆镜中体态婀娜的人马丢掉了手中的弓箭,举着火把回首张望,似乎在引领着每位追随者走向光明。书票的下方装饰线两端各有'E'和'D',即是杜拉克姓名首字。杜拉克制作的藏书票数量不多,若没有首字画押,不细看来很难辨别。"

【673】

[瑞典]傅正明:《鲁拜集》与上帝的三大宇宙游戏——《鲁拜集/初版新译》译序、附录/中国古典诗词格律,以《鲁拜集初版新译》代表作为例

2018年6月,台湾电子书城,第6-16、74-80页,电子书。

Rubáiyát 译为"鲁拜集"。

Omar Khayyám 译为"奥玛·珈音"。

Edward FitzGerald 译为"爱德华·费兹杰罗"。

———

"依照珈音对各种宗教的创世纪神话的诗意解读,上帝开的宇宙玩笑可以概括为三大游戏:第一是抟土造人,第二是躲猫猫,第三是掷骰子。"

【674】

[瑞典]傅正明:屈原放逐与珈音流亡

2018年6月11日,新加坡《联合早报》。

Rubáiyát 译为"鲁拜集"。

Omar Khayyám 译为"奥玛·珈音"。

Edward FitzGerald 未译名。

"作为流亡诗人的珈音,不会通过悔过回到统治者身边。在这种意义上,珈音的流亡同样是单行道,是陶渊明式的'觉今是而昨非',是对官场看空之后进一步寻找'真有',即寻找真正的人生意义的精神苦旅。流亡一年之后,珈音辞去官职,回归故里,聚徒讲学,安享晚年。比起屈原,珈音乐观得多,在他的身上,浸透着在屈原身上看不到的乐天知命的喜剧精神,以及不断开悟而达成的类似禅宗的圆融。"

【675】
许昆:《鲁拜集》的译介传播,以及郭、黄译本对比

2018年8月10日,《传媒论坛》(半月刊/八月上)第15期第1卷(总第15期),第143-144页。

Rubáiyát 译为"鲁拜集"。

Omar Khayyám 译为"奥玛珈音"。

Edward FitzGerald 译为"爱德华·菲茨杰拉德"。

"本文介绍了《鲁拜集》的作者、主要内容及艺术成就,《鲁拜集》英译本的译者及文学成就、中文译本的翻译历史;梳理了《鲁拜集》的译介传播;重点对比了郭沫若和黄克孙的《鲁拜集》译本,阐述了其各自的特点,并对著名的第12首鲁拜细致地进行了鉴赏和对比分析。本文特别提出了黄译中的波斯和中国文化特色的糅合是否得当的问题。作者期望通过对两个《鲁拜集》译本的分析加深对诗歌翻译与翻译传播的理解,促进翻译实践。"

【676】
宋自容、程敏、王昌杰:改写理论视阈下译者主体性研究——以郭译《鲁拜集》为例

2018年8月,《湖北函授大学学报》(半月刊/上)第15期第31卷(总第229期),第167-168页。

Rubáiyát 译为"鲁拜集"。

Omar Khayyám 译为"海亚姆"。

Edward FitzGerald 译为"菲茨杰拉德"。

"勒菲弗尔认为'翻译即改写',翻译不仅只是单纯的语言系统之间的语际转换,而是

译者基于时代及自身的意识形态及诗学观念对原作进行有意识,有目的性的改写过程。译者并不是一个被动隐身的存在,而是一个具有主体性的个体。本文以郭沫若翻译的《鲁拜集》为例,探讨了译者是如何在赞助人、意识形态和诗学观念的规约下发挥其主体性的。"

【677】
李婷婷:《鲁拜集》经典中文译本辨析举隅

2018 年 8 月,《文教资料/语言文学研究》(旬刊)第 18 期(总第 792 期),第 22 - 23 页。

Rubáiyát 译为"鲁拜集/柔巴依"。

Omar Khayyám 译为"欧玛尔·海亚姆"。

Edward FitzGerald 译为"爱德华·菲兹杰拉德"。

———

"波斯哲学家、数学家和天文学家欧玛尔·海亚姆的四行诗集——《鲁拜集》由英国诗人爱德华·菲兹杰德编译成英文后得到了广泛关注,被视为英国文学经典。但由于菲氏的英译饱含编订、改写和自由发挥等创作成分,加上译者所处的时代和使用的翻译策略的不同,使得这些译文不够完善和准确。本文以文学批评为切入点,对经典中文译本(郭沫若、黄克孙)从历史文化根源和诗歌翻译策略两方面对其中存在的缺陷和错误进行求证及辨析,旨在为诗歌翻译提供有价值的参考。"

【678】
韦力:《鲁拜集》

2018 年 8 月,韦力著《琼瑶集/2016 年 10 月》,中国出版集团/东方出版中心,第 28 页。

Rubáiyát 译为"鲁拜集"。

Omar Khayyám 未译名。

Edward FitzGerald 未译名。

———

"求完美也是一种偏执,能够把一部西洋珍本制作到如此惟妙惟肖的程度,正是今人所强调的工匠精神。把任何一件事情做到极致,这本身就是一种艺术。"

【679】

吴伟:《鲁拜集插图精选》

2018年8月,吴伟编著《鲁拜集插图精选》,西泠印社出版社,第1－238页。

Rubáiyát 译为"鲁拜集"。

Omar Khayyám 译为"奥玛·海亚姆"。

Edward FitzGerald 译为"爱德华·菲茨杰拉德"。

该书发行时疑似配有"笔记本",内有"树荫下"诗意插画15幅(图下注画家信息),内页仅一页印有菲氏第五版第12首英文原文与黄克孙译文,无出品单位、无印刷单位、无发行日期等信息。

―――――

"黄杲炘:《柔巴依集》插图之精妙和丰富多彩可谓举世无双,国外有不少研究,就我所见,十来年前至少已有两种专著。吴伟先生的这本'插图精选'在我国这方面首开局面,必将引来更多'柔巴依'插图的爱好者,推动更广泛深入的研究。""顾家华:世界文学史上如此诗情画意相得益彰、图文并茂长盛不衰者,非菲译奥玛的柔巴依(《鲁拜集》)莫属。吴伟此书的精彩介绍功不可没!""钟锦:菲氏之译莪默绝句也,以英伦之健笔,幻异邦之奇彩。驰人之神,遂令歌咏不足,形诸画图、积久乃繁,浸若成学,亦足为观止矣。惟吾中国,久传其诗,间有附图,至于汇观通览,渺无闻焉。有之,请自吴伟之书始。""为菲茨杰拉德的英译本《鲁拜集》画插图的知名画家,至今约有140位,有的画家甚至画过3个系列的插图。本书的《鲁拜集》插图定位是菲氏英译本的《鲁拜集》插图,精选了24位画家的作品,从插画家及其风格的角度来撰写和介绍。""本书中的很多插图是首次与国内广大读者见面。书中的主要图片是用甘肃谷仓影像文化科技有限公司的'敦煌小子'III型采集仪采集的,这是目前国内外数据采集领域中非常先进的设备。"

【680】

眭谦:《鲁拜集插图精选》序／道术未裂,诗画同源

2018年8月,吴伟编著《鲁拜集插图精选》,西泠印社出版社,第Ⅰ－Ⅲ页。

Rubáiyát 译为"鲁拜集"。

Omar Khayyám 译为"莪默"。

Edward FitzGerald 未译名。

"世界上很少有像莪默'鲁拜'这样的文学作品能激发起如此之多的艺术灵感和翻译冲动。英语、波斯语、汉语之间的辗转互译,更像一个不同文明世界之间相互观照、相互理解的跨文化沟通过程,其中既蕴含着不同译者对不同文化背景理解的前识,也反映了他们各自不同的文化旨趣。在各自的译本中,译者关心的不仅是莪默是谁,也隐含着一种自问——我是谁。诗歌翻译成为不同国家不同民族诗歌之间的转化与诗人之间的对话,而不仅仅是简单地对源语言形式与语义进行直接传达和置换。不同翻译的风格体现的是一种多元文化殊途同归的文化大同精神……"。

【681】
吴伟:《鲁拜集插图精选》前言

2018年8月,吴伟编著《鲁拜集插图精选》,西泠印社出版社,第Ⅴ-Ⅶ页。

Rubáiyát 译为"鲁拜集"。

Omar Khayyám 译为"奥玛·海亚姆"。

Edward FitzGerald 译为"爱德华·菲茨杰拉德"。

"自从1884年第一本《鲁拜集》插图本出版后,众多插图本随之纷纷涌现,'欧美插图黄金时期'(1880年至20世纪30年代)的很多著名画家参与了创作。2009年,在英国伦敦纪念菲氏英译本《鲁拜集》诞生150周年展览上,展出的插图主要是杜拉克、波加尼、查尔斯·鲁滨逊、鲍尔弗等名家作品。1980年出生的泰国裔画家普塔皮帕特[Niroot Puttapipat]专门为这次展览创作了《鲁拜集》插图,精美绝伦,插图本在伦敦出版,有画家签名,限量1000册;2012年又出版了普通本。这些充分说明了《鲁拜集》在欧美国家的持续影响力和受欢迎的程度。近年来,我国也连续出版了几种配有外国名家插图的《鲁拜集》汉译本,深受读者欢迎。"

【682】
眭谦译:《鲁拜集》昂德梅叶序

2018年10月,眭谦译《鲁拜集》,浙江人民美术出版社,第16-20页。

Rubáiyát 译为"鲁拜集"。

Omar Khayyám 译为"吉亚图丁·艾布尔法斯·莪默·本·易卜拉欣·艾尔-海亚米"。

Edward FitzGerald 译为"爱德华·菲茨杰拉德"。

———

"菲茨杰拉德之《鲁拜集》所传,无乃张标榜之号,启逃俗之门乎?抑转帝国之重商主义而为理想之异教主义。盖少男少女欲抵御威权,复思绝地逢生,遂皆推菲茨杰拉德-莪默为风范。世所引论,其最繁者或为兹章:/一壶浊酒一诗函,/箪食长随坐古杉。/听汝荒原妙音曲,便如阆苑降尘凡。/斯诚乃万灵之药,人皆好之者,半因振魄,半为迷魂。若曰其为价值观之折中,何若曰所欲之物之大集,盖逃乎寻常之存在而入于富完且杂虚幻之人生也。兹一反格伦迪夫人所示中产阶层之禁忌,而倡虚无世界之否定。'醇妇歌诗',许以为荣,升歌凯奏,嘉其所欢。故波斯传道之书编,假途英伦乡绅之妙手,而解时人之悯心,示万物之皆妄,使悟今世荣名,殊胜来世极乐;折花当须及时,韶华勿恃来期;人生如戏,虚而不实,身为役役,了无所依;世间伟业,终化土灰;命涯苦短,惟酒可亲;慰心泯虑,非关哲人。"

【683】

眭谦:《鲁拜集》译者跋

2018 年 10 月,眭谦译《鲁拜集》,浙江人民美术出版社,第 172 - 179 页。

Rubáiyát 译为"鲁拜集"。

Omar Khayyám 译为"莪默·伽亚谟"。

Edward FitzGerald 译为"爱德华·菲茨杰拉德"。

———

"意义最深远的是菲氏在这部作品中插入了《陶缶篇》,即首版第五十九首至六十六首。此部分菲氏仿佛导演了一出戏中之戏,借一群陶缶之口展开了一场有关创造论、预定论、原罪论等议题的哲学大辩论。根据贺荣-艾伦的分析,这几节诗基本都是菲氏根据一些作品拼接或改写而成,甚至有菲氏本人自己创作的。"

【684】

高德容:酒中人生——海亚姆《鲁拜集》与阮籍《咏怀诗》

2018 年 11 月,《长安学刊》(季刊)第 9 卷第 7 期,第 170 - 174 页。

Rubáiyát 译为"鲁拜集"。

Omar Khayyám 译为"欧玛尔·海亚姆"。

Edward FitzGerald 译为"费茨吉拉德"。

该文中引用的海亚姆诗节应为选自都森的选译本《柔巴依108首选译》,被误植为"张晖的译本"。张晖是《柔巴依108首选译》的审定者之一。

"欧玛尔·海亚姆是中古波斯文学史上一颗璀璨的明珠,他所写的《鲁拜集》经英国诗人费兹吉拉德翻译后在世界范围内传播开来,因而受到世界各国人民的喜爱。在《鲁拜集》中有一部分诗歌与酒有关,这些诗歌表现出了强烈而又鲜明的哲理性,一定程度上表明了诗人的人生态度和处世哲学。诗歌短小精悍,含蓄隽永。在欧玛尔·海亚姆之前,千年之前的中国,阮籍是正始时代一位文学成就最高的诗人,著有八十二首《咏怀诗》。其中有一首与酒有关的诗歌,在这首诗中作者关于人生的态度显露无疑,不得不说,这唯一的一首与酒有关的诗实在太珍贵。通过仔细阅读海亚姆与阮籍两人有关饮酒的诗,我们会发现两人在某些方面惊人的相似,或许在各自特定的时代,积极进取,谋求功名利禄,甚至不惜尔虞我诈,媚主求荣从来都不是他们的选择,而真正放下一切,不再关注,天地皆宽,他们无论如何也做不到,放不下,夹在这两者之间,海亚姆和阮籍都太累,身心俱疲,这也无妨,一切似乎都可以消解,在'酒'这个朋友的陪伴下,他们明哲保身,一面天真软弱,一面坚持正义,以自己小心翼翼,如履薄冰的姿态面对生活,在生命的汪洋恣肆的大海中仿佛两页飘摇欲坠的扁舟正痛苦挣扎,顽强求生。酒中人生的味道,想必海亚姆与阮籍深有感触,也只有他们自己才能体会一二了。"

【685】
穆宏燕:是"木偶"还是"棋子"?——从波斯文学翻译实例看文学翻译中的隐含政治性

2018年12月,麦永雄主编《东方丛刊/东方论坛》(2018.2总75辑),广西师范大学出版社,第45-58页。

Rubáiyát 译为"四行诗/鲁拜集/柔巴依/欧玛尔·海亚姆四行诗集"。

Omar Khayyám 译为"欧玛尔·海亚姆"。

Edward FitzGerald 译为"费兹杰拉德"。

"欧玛尔·海亚姆的四行诗是在伊朗之外拥有最多译本的波斯语诗集,其中一首描写'木偶演义'的四行诗,在翻译中或被篡改为'弈棋诗',或被译为表达'木偶被摆布'的无奈,或被彻底改写,在不同译者的译文中皆呈现出不同的潜在政治文化底色。以小见大,文学翻译作为一种主观的、带有强烈自觉意识的文化行为,其中隐含着浓厚的政治文化因素。"

【686】

[英国]E.邓尼生·罗斯:爱德华·菲茨杰拉德的拉丁文四行诗梗概、爱德华·菲茨杰拉德的拉丁语鲁拜(译诗)

2019年2月1日,[英国]E.邓尼生·罗斯文/眭谦译《爱德华·菲茨杰拉德的拉丁文四行诗梗概》、[英国]E.邓尼生·罗斯英译/眭谦汉译《爱德华·菲茨杰拉德的拉丁语鲁拜》,微信公众号"述信录"。

Rubáiyát 译为"莪默伽亚谟四行诗/鲁拜集"。

Omar Khayyám 译为"莪默伽亚谟"。

Edward FitzGerald 译为"爱德华·菲茨杰拉德"。

邓尼生·罗斯英译菲氏拉丁文鲁拜集,共32首。

邓尼生·罗斯的原作登载于英国伦敦金鸡出版社[The Golden Cockerel Press]1938年约翰·巴克兰-莱特[John Buckland-Wright]插画本,第67–100页。

E.邓尼生·罗斯,全名爱德华·邓尼生·罗斯爵士[Sir Edward Denison Ross]。

———

"这些拉丁语四行诗,虽然许多首不尽完美,如果不能为尊崇菲氏的人提供参考,是一件令人惋惜的事,于是才有此编辑之劳。顺便这些译作也将新的光芒投射到他的翻译天赋和他对莪默的激赏上。这些拉丁语四行诗中道而废的原因难以说清,因为很显然他在修订更正上奉献了不少时间。""第六首/记住你将匆匆度过甜美的光阴/在那幽暗的幕帷之后,再也不能从那里返回。/快乐生活吧;因为你不知道起初你从哪里来。/饮酒吧;因为你不知道最后你将要去哪里。"

【687】

周小霞:读奥玛鲁拜,赏精美插图——评《鲁拜集插图精选》

2019年3月,《知识文库/知识窗》(半月刊)第5期/2019.3[上](总第453期),第214页。

Rubáiyát 译为"鲁拜集"。

Omar Khayyám 未译名。

Edward FitzGerald 未译名。

———

◇《鲁拜集》汉译书目

"《鲁拜集插图精选》定位于菲译本《鲁拜集》插图,精选了欧美 24 位著名画家的作品,从插画家及其风格的角度来撰写和介绍。"

【688】
钟锦:聊聊《鲁拜集》的几个绝句译本

2019 年 4 月 18 日,《南方周末/阅读》第 C24 版。

Rubáiyát 译为"鲁拜集"。

Omar Khayyám 未译名。

Edward FitzGerald 未译名。

————

"今人写的旧体诗,如果内容和形式不协调,就叫'老干体'。我们通过……翻译实例,可以看到,这些译者在努力协调内容和形式,其实希望既保存旧体诗的独特美感,又和原文尽量吻合。这才不会出现'老干体'译诗。"

【689】
图尔荪阿依·艾力:中国唐代绝句与波斯柔巴依比较研究

2019 年 5 月 23 日,新疆大学/硕士研究生学位论文,第 1 – 48 页。

Rubáiyát 译为"柔巴依集"。

Omar Khayyám 译为"欧玛尔·海亚姆/莪默·伽亚漠"。

Edward FitzGerald 译为"爱德华·菲茨杰拉德"。

————

"本论文第一部分是绪论:着重讲述了《中国唐代绝句与波斯柔巴依》本论文选题意义和目的以及在国内的研究状况。第二部分是第一章,论中国唐代绝句与波斯柔巴依发展史主要阐述中国唐代绝句与波斯柔巴依的历史起源,小结指出它们之间的关系。第三部分是第二章,对中国唐代绝句与波斯柔巴依形式特点进行研究,从中国唐代绝句与波斯柔巴依的格律方面着手,专门探讨绝句与柔巴依的音节、音乐节奏。本章后面的小结,更好的体现它们的相同点和不同点。第四部分是第三章,对中国唐代绝与波斯柔巴依押韵规则进行研究:从绝句与柔巴依的韵律规范进行详细的阐述。小结显现出它们大押韵规则。第五部分是第四章,对中国唐代绝句与波斯柔巴依内容题材进行简述:分别表述绝句与柔巴依的内容题材优势,通过小结阐述诗歌内容题材。"

【690】

袁业涛:郭沫若《鲁拜集》译本在五四时期的接受度探析

2019年6月15日,《国际公关/文化与艺术》(月刊)第6期(总第90期),第259-260页。

Rubáiyát 译为"鲁拜集"。

Omar Khayyám 译为"欧玛尔"。

Edward FitzGerald 译为"菲茨杰拉德"。

———

"郭沫若所译《鲁拜集》在五四时期的流行,一方面得益于当时社会主流诗学即浪漫主义思潮和白话文运动的影响;另一方面,郭沫若身为文学家及诗人的身份,在翻译《鲁拜集》的过程中也注入了自己的个人诗学即译诗要有风韵,以诗译诗,从而使诗歌翻译更具诗的韵味,进一步提高了其译诗的社会接受度。"

【691】

袁业涛:诗学观照下菲茨杰拉德所译《鲁拜集》的际遇研究

2019年,《求知导刊》(半月刊)第13期(总第161期),第7-8页。

Rubáiyát 译为"鲁拜集"。

Omar Khayyám 译为"欧玛尔·海亚姆"。

Edward FitzGerald 译为"爱德华·菲茨杰拉德"。

———

"《鲁拜集》虽由有波斯'天才诗人'和哲学家之称的欧玛尔·海亚姆创作而成,但该作品的魅力直到1859年英国诗人爱德华·菲茨杰拉德将其翻译为英文后才被发掘。为探求菲茨杰拉德译本的际遇,文章引入了安德烈·勒菲弗尔的诗学相关理论对其进行解读。"

【692】

王净:《鲁拜集》——醇美永恒的人世情感

2019年7月17日,《中国教师报/文化周刊/负暄琐话》第16版。

Rubáiyát 译为"鲁拜集"。

Omar Khayyám 译为"奥玛·海亚姆"。

◇《鲁拜集》汉译书目

Edward FitzGerald 未译名。

该文中的选诗应为选自鹤西译本。

———

"海亚姆的诗歌特别'接地气',你会觉得宛如身边有个历经世事浮沉的老者,在轻轻诉说时光的智慧,你甚至觉得自己也可以写上两句这样的诗,而无难以追慕之感。""整体观之,《鲁拜集》形式上小而微,反映的人世情感却大而美,其抒发的也是人生最基本、最普遍的几种情感和思绪。那些对爱情、美酒的颂扬,对永恒、死生的追问,常常让人想起汉代《古诗十九首》——那种清澈的欢快和明朗的哀伤。"

【693】
黄杲炘:语体译诗百年缩影——聚焦于一首四行诗

2019 年 8 月,《东方翻译/文化视野》(双月刊)第 4 期(总第 60 期),第 50 - 59,69 页。

Rubáiyát 译为"柔巴依集"。

Omar Khayyám 译为"欧玛尔·哈亚姆"。

Edward FitzGerald 译为"菲茨杰拉德"。

该文所有资料都经顾家华与原始资料核对,并提供文内相关图片。

2019 年 11 月,黄杲炘译著《丽人 拾零集/译诗随笔》,陕西师范大学出版总社,第 278 - 294 页。

———

"'柔巴依'是我国维吾尔等西北少数民族的传统诗体,这种源自波斯、塔吉克一带的四行诗格律严谨,内容富含哲理,适于吟咏,原先流传于中亚、西亚地区,让这种诗获得世界性声誉的是菲茨杰拉德。他从归在欧玛尔·哈亚姆名下的大量'柔巴依'中选用了一小部分,通过重组、翻译、编排,甚至创作,于1859年出版了他的《柔巴依集》,这些诗保存了原作的东方韵式,既与东方色彩的内容相得益彰,又让英诗增添一种方便实用的诗体,取得极佳的效果。60 年后,这诗开始出现汉译,随后译者日众,一百年来逐步形成翻译热点,也成为观察译诗发展的窗口,因为通过这些翻译可看到英诗汉译的全过程。这里,我们通过近百年来对一首菲氏'柔巴依'的翻译来观察译诗的发展。"

【694】
胡亮:说不尽的《鲁拜集》

2019 年 9 月 1 日,《文学港》(月刊)第 9 期(总第 250 期),第 92 - 101 页。

Rubáiyát 译为"鲁拜集/柔巴依"。

Omar Khayyám 译为"莪默·伽亚谟/欧玛尔·海亚姆"。

Edward FitzGerald 译为"爱德华·菲茨杰拉德"。

2020 年,《世界文学/评论》(双月刊)第 1 期(总第 388 期),第 235 - 257 页。

"菲茨杰拉德对莪默的英译,既关心莪默,也关心自我,包含了捣碎、编排、剪接、提炼、改造甚至遗貌取神的重写。他还为鲁拜固定了间韵或通韵,以区别于英文四行诗[quatrain]的交韵[abab]或抱韵[abba]。或许可以这样认为,莪默、菲茨杰拉德,两者的相互选拔,让他们都在更高的境界上获得了涅槃:莪默通过菲茨杰拉德,而成为还魂者;菲茨杰拉德通过莪默,而成为通灵者。"

【695】

[瑞典]傅正明:《鲁拜集》与苏轼的反讽艺术

2019 年 9 月 9 日,新加坡《联合早报》第 7 版。

Rubáiyát 译为"鲁拜集"。

Omar Khayyám 译为"奥玛·珈音"。

Edward FitzGerald 未译名。

"据多位学者的记述,曾为复旦大学中文系教授的赵宋庆先生一度对波斯大诗人奥玛·珈音的《鲁拜集》发生兴趣,因为他根据种种材料推测,《鲁拜集》的诗作,可能早在北宋时期就已经传入中国,并对苏轼的创作产生了影响。因此,赵先生依照维尼菲尔德[Whinfield]的英译本,以绝句体对应鲁拜体(四行诗)全部译出,以便从苏轼诗集中寻找《鲁拜集》影响的痕迹,但不知后来何以中断,那五百多首译作也不知散落何方。""依据有关史料,要接续前辈有心却未能完成的研究,要探讨《鲁拜集》对苏轼的影响的痕迹,感到有点荒诞,因为赵先生弄错了年代。"

【696】

杨曦:"鲁拜/柔巴依与绝句发生关系论"献疑

◇《鲁拜集》汉译书目

2019年9月17日,《外国文学动态研究》(双月刊)第5期(总第287期),第95–102页。

Rubáiyát 译为"鲁拜集"。

Omar Khayyám 译为"奥马尔·海亚姆"。

Edward FitzGerald 未译名。

该文为2018年7月14至15日,由北京大学东方文学研究中心和北京大学外国语学院主办,在北京大学外国语学院新楼501会议室召开的"全国东方学与东方文学青年学者论坛"上的议题发言,题名为《"鲁拜与绝句发生关系论"献疑》。

"从波斯古代学者诗人奥马尔·海亚姆的《鲁拜集》被译介到中国开始,波斯语的'鲁拜'这种诗体,与汉语的绝句,以及中国其他民族如维吾尔族的鲁拜或柔巴依诗体,在历史上有无联系,尤其是发生上的联系,就成了中国学界的东方文学研究中一个虽小却长期不决的问题。由于这个问题本身的难度,很难给出一个确定的答案。但是,通过回顾学术史质疑这种联系,对以后的研究应该不无裨益。"

[图十三]　第 66 首诗意

[图十四] 第70首诗意

相关文

【697】
郭沫若:批判《意门湖》译本及其他

1922年8月25日,《创造/文艺季刊/第二/评论》第1卷第2期,第23－44页。

Rubáiyát 未译名。

Omar Khayyám 译为"莪默·伽亚谟"。

Edward FitzGerald 译为"斐池杰罗德"。

文尾有"六月二十四日"字样,应为作文时间。

2007年11月,郭沫若文《批判〈意门湖〉译本及其他(节录)》,海岸选编《中西诗歌翻译百年论集》,上海外语教育出版社,第15－18页。

———

"……据荒川[茂]氏说:他的译文是从波斯文直译,斐池的英译是读了原诗所得的感兴用自己的文字写出来的。原文的一节有时分译成三四节,原文的三四节又有时合译成一节的。但是我宁肯读英译。英译是完美的译品这是久有定评的了。"

【698】
郭沫若:古书今译的问题

1924年1月13日,《创造周报》第37号,第7－11页。

Rubáiyát 译为"鲁拜集"。

Omar Khayyám 译为"莪默伽亚谟"。

Edward FitzGerald 未译名。

1927年8月,《创造周报/半年汇刊/第二辑/第37号》,泰东图书局,第167－171页。

此刊为第三版。

◇《鲁拜集》汉译书目

1983年9月,《创造周报/半年汇刊/第二辑/第37号》,上海书店,第167-171页。

此版为"中国现代文学史参考资料/期刊专辑"(影印版)丛书之一。

"诗的翻译应得是译者在原诗中所感得的情绪的复现。这个问题我不只是说过一次了。然而一般人的先入见总不容易打破,我们最捷近的是读Fitzgerald的'鲁拜集'Rubaiyat,最捷近的是读[成]仿吾所介绍的'莪默伽亚谟'新研究。"

【699】
徐志摩:征译诗启

1924年3月10日,《小说月报》第15卷第3号,第122-126页。

Rubáiyát 未译名。

Omar Khayyám 译为"莪麦"。

Edward FitzGerald 未译名。

1924年3月22日,《晨报副刊》第3-4版。

1969年1月31日,蒋复璁、梁实秋主编/徐志摩著《徐志摩全集/第六辑》,台湾台北传记文学出版社。

此版为"传记文学集刊之一"。

1980年8月31日再版。

1983年10月,徐志摩著《徐志摩全集(全五册)/4/散文集(丙·丁)》,商务印书馆香港分馆,丙集第31-33页。

1988年1月,徐志摩著《徐志摩全集(1-5)/4/散文集(丙·丁)》,上海书店,丙集第31-33页。

1989年9月,徐志摩著《徐志摩译诗集》,湖南人民出版社,第210-211页。

此版为"诗苑译林"丛书之一。

1991年7月,赵遐秋、曾庆瑞、潘百生编/徐志摩著《徐志摩全集/第四卷/散文集(卜)》,广西民族出版社,第233-234页。

2005年5月,韩石三编/徐志摩著《徐志摩全集/第一卷·散文(1)》,天津人民出版社,第426-428页。

2005年5月,韩石三编/徐志摩著《徐志摩散文全编/上册》,天津人民出版社,第 426 – 428 页。

2011 年 6 月,李庆西主编/徐志摩著《徐志摩散文全编/文坛寻梦》,新世界出版社,第 340 – 341 页。

———

"……譬如苏曼殊的拜伦译不如郭沫若的部分的莪麦译,(这里标准当然不是就译论译,而是比较译文与所从译)……"

【700】
郁达夫:读了珰生的译诗而论及于翻译

1924 年 6 月 29 日,《晨报副刊》第 3 – 4 版。

Rubáiyát 译为"四行诗"。

Omar Khayyám 译为"莪默"。

Edward FitzGerald 未译名。

文题为"杂感/读了珰生的译诗而论及于翻译"。

1926 年 4 月,郁达夫著《文艺论集》,光华书局,第 163 – 177 页。

1928 年 4 月,郁达夫著《达夫全集/第五卷/蔽帚集》,上海现代书局,223 – 234 页。

1982 年 7 月,郁达夫著《郁达夫文集(国内版)/第五卷·文论》,花城出版社/生活·读书·新知三联书店香港分店,第 189 – 196 页。

1984 年 5 月,罗新璋、陈应年编《翻译论集/第四辑/现代部分》,商务印书馆,第 464 – 471 页。

2009 年 8 月修订本(第 2 版)。

1985 年 12 月,郁达夫著《郁达夫文论集》,浙江文艺出版社,第 103 – 110 页。

1987 年 11 月,《中国翻译》编辑部编《诗词翻译的艺术》,中国对外翻译出版公司,第 13 – 21 页。

2007 年 11 月,吴秀明主编/郁达夫著《郁达夫全集/第十卷/文论(上)》,浙江大学出版社,第 111 – 119 页。

此版为"浙江文化研究工程成果文库/浙江文献集成"丛书之一。

———

"翻译者的异邦人,……Omar Khayyam 的译者 Fitz-Gerald. 等是不可多得的,但无论如何,我想最卑之论,亦只应降到译者能完全了解原文的真意而止,'不了解原文而从事翻译',总不是我们理想中所应有的事吧!"

【701】

张闻天:恋爱了(短篇小说)

1925年5月10日,《小说月报》第16卷第5期,第28－36页。

Rubáiyát 译为"鲁拜集"。

Omar Khayyám 未译名。

Edward FitzGerald 未译名。

张闻天,本名张应皋(张荫皋)。

1983年6月,程中原编/张闻天著《张闻天早年文学作品选/小说》,人民文学出版社,第136－147页。

1999年3月,张闻天选集传记组/张闻天故居/北京大学图书馆编《张闻天早期文集(1919.7－1925.6)》,中共党史出版社,第492－502页。

———

"'拿酒来吧!'他伸出了手说。""我心中想'这正像Omar《鲁拜集》中的话呀!'"

【702】

志摩:一个译诗问题

1925年8月29日,《现代评论》第2卷第38期,第14－15页。

Rubáiyát 译为"四行诗"。

Omar Khayyám 译为"莪默"。

Edward FitzGerald 未译名。

志摩,即徐志摩。

1969年1月31日,蒋复璁、梁实秋主编/徐志摩著《徐志摩全集/第六辑》,台湾台北传记文学出版社。

1983年10月,徐志摩著《徐志摩全集(全五册)/4/散文集(丙·丁)》,商务印书馆香港分馆,丙集第37－41页。

1988年1月,徐志摩著《徐志摩全集(1－5)/4/散文集(丙·丁)》,上海书店,丙集第37－41页。

1989年9月,徐志摩著《徐志摩译诗集》,湖南人民出版社,第202－204页。

此版为"诗苑译林"丛书之一。

1991年7月,赵遐秋、曾庆瑞、潘百生编/徐志摩著《徐志摩全集/第四卷/散文集(下)》,广西民族出版社,第304－307页。

2005年5月,韩石三编/徐志摩著《徐志摩全集/第二卷·散文(2)》,天津人民出版社,第124－127页。

2005年5月,韩石三编/徐志摩著《徐志摩散文全编/上册》,天津人民出版社,第620－623页。

2007年11月,徐志摩文《一个译诗问题》,海岸选编《中西诗歌翻译百年论集》,上海外语教育出版社,第46－48页。

2011年6月,李庆西主编/徐志摩著《徐志摩散文全编/文坛寻梦》,新世界出版社,第348－350页。

———

"去年我记得曾经为翻莪默一首四行诗引起许多讨论,那时发端是适之,发难是我;……""有的译诗专诚拘泥形式,……例如适之那首莪默,未始不可上口,但那是胡适。不是莪默。"

【703】
朱家骅:关于一个译诗问题的批评

1925年10月3日,《现代评论》第2卷第43期,第19－20页。

Rubáiyát 未译名。

Omar Khayyám 译为"莪默"。

Edward FitzGerald 未译名。

1991年7月,赵遐秋、曾庆瑞、潘百生编/徐志摩著《徐志摩全集/第四卷/散文集(下)》,广西民族出版社,第307－309页。

2000年10月,《寻求幸福——俄苏小说/评论/翻译研究》,南京师范大学出版社,第296－299页。

2005年5月,韩石三编/徐志摩著《徐志摩全集/第二卷·散文(2)》,天津人民出版社,第128－130页。

2005年5月,韩石三编/徐志摩著《徐志摩散文全编/上册》,天津人民

◇《鲁拜集》汉译书目

出版社,第 624 - 625 页。

"徐[志摩]先生说:'有的译诗专诚拘泥形式,原文的字数协韵等等,照样写出,但这来往往神味浅了;又有专注重神情的,结果往往是另写了一首诗,竟许与原作差太远了,那就不能叫译。'这就是徐先生以[胡]适之先生那首莪默为例的说法。"

【704】
郑振铎:十九世纪的英国诗歌

  1926 年 5 月 10 日,郑振铎文《文学大纲/第二十七章/五》,《小说月报》第 17 卷第 5 号,第 20、22 页。

  Rubáiyát 译为"鲁拜集"。

  Omar Khayyám 译为"喔木卡耶"。

  Edward FitzGerald 译为"菲兹格拉尔"。

  1927 年 4 月,郑振铎编《文学大纲/(四)/第三十章/十九世纪的英国诗歌/五》(四册),商务印书馆,第 65 - 66、70 页。

  Omar Khayyám 译为"亚摩客耶"。

  Edward FitzGerald 译为"菲兹格拉尔/菲兹格拉"。

  采用 1 幅菲兹格拉像/Joseph Simpson 作。下同。

  2014 年 3 月,郑振铎编《文学大纲/(四)/第三十章/十九世纪的英国诗歌/五》(四册),上海三联书店,第 65 - 66、70 页。

  此版为"民国沪上初版书·复制版"丛书之一。

  1986 年 9 月,郑振铎编《文学大纲(影印版)/彩图本/下册/第三十章/十九世纪的英国诗歌/五》(上下册),上海书店,第 1501 - 1502、1506 页。

  1992 年 12 月,郑振铎编《文学大纲(影印版)/彩图本/下/第三十章/十九世纪的英国诗歌/五》(上下册),上海书店,第 1501 - 1502、1506 页。

  此版为"民国丛书·第四编"之 54。

  1998 年 11 月,郑振铎著《郑振铎全集/第十二卷/文学大纲(三)/第三十章/十九世纪的英国诗歌/五》(全二十卷),花山文艺出版社,第 49 - 51、54 页。

  2003 年 4 月,郑振铎编《文学大纲/(下)/第三十章/十九世纪的英国诗歌/五》(上下册),广西师范大学出版社,第 231、234 页。

此版为"世界名著·思想+史学文库"丛书之一。

2010年5月,郑振铎著《彩图本文学大纲/(下)/第三十章/十九世纪的英国诗歌/五》(上、下),中国文联出版社,第656、658页。

2010年8月,郑振铎著《文学大纲(彩图版)/近代卷/第一章/十九世纪的英国诗歌/五》,时代文艺出版社,第27、30页。

Omar Khayyám 被译为"莪默·伽亚谟"。

Edward FitzGerald 被译为"菲茨杰拉德"。

无菲茨杰拉德像插图。

此版为"插图本文学名著/郑振铎传世经典"丛书之一。

2013年3月,郑振铎著《文学大纲/(中)/第三十章/19世纪的英国诗歌/五》(上、中、下),吉林人民出版社,第627、630页。

无插图。

此版为"中国学术文化名著文库"丛书之一。

2013年10月,郑振铎著《文学大纲/(中)/第三十章/19世纪的英国诗歌/五》(上中下),人民东方出版传媒有限公司/东方出版社,第253-254、257页。

此版为"民国大学丛书"之一。

2014年1月,郑振铎著《文学大纲/(中)/第三十章/19世纪的英国诗歌/五》(全3册),北京联合出版公司,第627、630页。

此版为"民国大师文库(第三辑)"丛书之一。

2017年10月,郑振铎著《文学大纲/下/第三十章/19世纪的英国诗歌/五》(全2册),江西教育出版社,第597-598、600页。

无插图。

此版为"大家学术文库"丛书之一。

"以一个翻译的文人而能在文学史上站一个坚固的地位,这实是一件很奇异的事,而菲兹格拉尔却是如此。""至十九世纪之末,《鲁拜集》乃成了少年文人无一不手执一册的诗歌圣经了。这时菲兹格拉尔却已经死了。这部诗集实不仅是翻译;菲兹格拉尔使它成了一部超出于翻译以上的英诗的名著了。"

【705】

闻一多：英译李太白诗

1926年6月3日,《北平晨报/副刊》。

Rubáiyát 未译名。

Omar Khayyám 译为"莪默"。

Edward FitzGerald 未译名。

1948年8月,朱自清、郭沫若、吴晗、叶圣陶编辑/闻一多著《闻一多全集3/丙集/唐诗杂论》(竖排本/四卷本),上海开明书店,第157 – 165页。

1982年8月,闻一多著《闻一多全集3/唐诗杂论》(竖排本/四卷本),生活・读书・新知三联书店,第157 – 165页。

1984年2月,中国翻译工作者协会/《翻译通讯》编辑部编《翻译研究论文集(1894 – 1948)》,外语教学与研究出版社,第194 – 200页。

1993年12月,孙党伯、袁謇正主编/徐少舟整理/闻一多著《闻一多全集6/唐诗编上》(横排本/十二卷本),湖北人民出版社,第63 – 71页。

2017年2月,闻一多著《唐诗杂论》,吉林出版集团股份有限公司,第125 – 132页。

此版为"中国学术名著丛书"之一。

2007年11月,海岸选编《中西诗歌翻译百年论集》,上海外语教育出版社,第34 – 39页。

"一件翻译的作品,也许旁人都以为很好,可是叫原著的作者看了,准是不满意的,叫作者本国的人看了,满意的许有,但是一定不多。Fitzgerald 译的 Rubaiyat 在英文读者的眼里,不成问题,是译品中的杰作,如果让一个波斯人看了,也许就要摇头了。再要让莪默自己看了,定要跳起来嚷道'牛头不对马嘴!'但是翻译当然不是为原著的作者看的,也不是为懂原著的人看的,翻译毕竟是翻译,同原著当然是没有比较的。一件译品要在懂原著的人面前讨好,是不可能的,也是没有必要的。"

【706】

西谛：中世纪的波斯诗人/中世纪的波斯诗人(续)

1926年10月,西谛文《中世纪的波斯诗人》,《一般(上海1926)》(月刊)第1卷第2期,第205、211 – 213、370页。

Rubáiyát 译为"鲁拜集[Rubazyat]"。

Omar Khayyám 译为"亚摩客耶[Umor Khaygam]"。

Edward FitzGerald 译为"菲兹格尔[Fitz-Gerald]"。

西谛,本名郑振铎。

1927年4月,郑振铎编《文学大纲/(二)/第十五章/中世纪的波斯诗人》(四册),商务印书馆,第213、221-227、248、261页。

Edward FitzGerald 译为"菲兹格拉"。

采用尤恩·盖迪斯插画作品2幅。下同。

2014年3月,郑振铎编《文学大纲/(二)/第十五章/中世纪的波斯诗人》(四册),上海三联书店,第213、221-227、248、261页。

此版为"民国沪上初版书·复制版"丛书之一。

1986年9月,郑振铎编《文学大纲(影印版)/彩图本/上册/第十五章/中世纪的波斯诗人》(上下册),上海书店,第729、737-743、764、777页。

1992年12月,郑振铎编《文学大纲(影印版)/彩图本/上/第十五章/中世纪的波斯诗人》(上下册),上海书店,第729、737-743、764、777页。

此版为"民国丛书·第四编"之53。

1998年11月,郑振铎著《郑振铎全集/第十一卷/文学大纲(二)/第十五章/中世纪的波斯诗人》(全二十卷),花山文艺出版社,第1、6-10、22、32页。

2003年4月,郑振铎编《文学大纲/(上)/第十五章/中世纪的波斯诗人》(上下册),广西师范大学出版社,第360、364-366、376、384页。

此版为"世界名著·思想+史学文库"丛书之一。

2010年5月,郑振铎著《彩图本文学大纲/(上)/第十五章/中世纪的波斯诗人》(上、下),中国文联出版社,第314、317-319、329、335页。

2010年8月,郑振铎著《文学大纲(彩图版)/中世纪卷/第四章/中世纪的波斯诗人》,时代文艺出版社,第126、129-134、144、152页。

Omar Khayyám 被译为"莪默·伽亚谟"。

Edward FitzGerald 被译为"菲茨杰拉德"。

采用杜拉克插画作品2幅。

此版为"插图本文学名著/郑振铎传世经典"丛书之一。

2013年3月,郑振铎著《文学大纲/(中)/第十五章/中世纪的波斯诗人》(上、中、下),吉林人民出版社,第326、330-333、344、350-351页。

无插图。

此版为"中国学术文化名著文库"丛书之一。

2013年10月,郑振铎著《文学大纲/(上)/第十五章/中世纪的波斯诗人》(上中下),人民东方出版传媒有限公司/东方出版社,第390、394-398、409、417页。

此版为"民国大学丛书"之一。

2014年1月,郑振铎著《文学大纲/(中)/第十五章/中世纪的波斯诗人》(全3册),北京联合出版公司,第326、330-333、344、350-351页。

此版为"民国大师文库(第三辑)"丛书之一。

2017年10月,郑振铎著《文学大纲/上/第十五章/中世纪的波斯诗人》(全2册),江西教育出版社,第298、302-304、314、320页。

无插图。

此版为"大家学术文库"丛书之一。

"亚摩客耶为了英国文人菲兹格尔曾翻译了他的诗,几乎在欧洲成了东方一个最大的诗人,比他在本国所得的声望大得多了。在他的本国,波斯,他的名望乃大部分在于他的算学与天文学,而非他的诗的成功。……他的著作,以《鲁拜集》为最有名,凡包含四行诗一百五十八首,即菲兹格尔所译者是。"

【707】

朱湘:说译诗

1928年,《文学周报》第276-300期,第454-457页。

Rubáiyát 译为"茹贝雅式"。

Omar Khayyám 译为"莪默·迦亚谟"。

Edward FitzGerald 译为"费兹基洛"。

据罗旭著《视界的融合:朱湘译诗新探(修订版)》第303页"参考文献"记载,该文曾刊登于1927年11月13日《文学旬刊》(《文学周报》第290期)。

1934年10月,朱湘著《中书集/第四辑》,上海生活书店,第409-412页。

1937年5月再版。

此版为"创作文库"丛书之十三。

1986年7月,朱湘著《中书集/第四辑》(影印版),上海书店印行,第409—412页。

此版为"中国现代文学史参考资料"之一。

1993年10月,朱湘著《中书集/第四辑》,中国文联出版公司,第219—220页。

此版为"中国现代散文名家名作原版库"(三十本)丛书之一。

1999年10月,《现代名著宝库/第15辑/中书集/第四辑》,延边人民出版社,第400—401页。

2007年11月,海岸选编《中西诗歌翻译百年论集》,上海外语教育出版社,第49—57页。

据书内选载文尾记载,该文曾刊登于1927年11月13日《文学周报》第290期。

2016年8月,朱湘著《徒步旅行者/朱湘集》,辽宁人民出版社,第100—101页。

此版为"才子英年"丛书之一。

2017年1月,朱湘著《朱湘全集/散文卷/中书集》,安徽文艺出版社,第196—197页。

"还有近世的费兹基洛译波斯诗人莪默迦亚谟的《茹贝雅忒》,在英国文坛留下了广大的影响,有许多的英国诗选都将它采录入集。……茹贝雅忒的原文经人一丝不走的译出后,拿来与费兹基洛的译文比照的时候,简直成了两篇诗,便是一个好例。"

【708】
鲁迅:《北欧文学的原理》译者识

1928年11月,《大江月刊》第11月号,第11页。

Rubáiyát 译为"鲁拜集"。

Omar Khayyám 未译名。

Edward FitzGerald 未译名。

鲁迅,本名周树人。

1979年,《鲁迅与郭沫若》,一九七九年徐州师范学院学报增刊,第

◇《鲁拜集》汉译书目

38页。

1979年10月,《鲁迅佚文集》(内部发行),四川人民出版社,第268－270页。

1995年12月,《鲁迅文集全编》(全二册),国际文化出版公司,第1165页。

文题为"《北欧文学的原理》译者附记二"。

2002年5月,鲁迅著《古籍序跋集/其它:译文序跋集》,中国文史出版社,第232－233页。

文题为"《北欧文学的原理》译者附记二"。

此版为"鲁迅作品精选"丛书之一。

2005年11月,鲁迅著《鲁迅全集/第10卷/〈译文序跋集/壁下译丛〉》(全十八卷),人民文学出版社,第316－320页。

文题为"《北欧文学的原理》译者附记二"。

2005年12月,《鲁迅谈日本》,新华出版社,第60页。

文题为"《北欧文学的原理》译者附记二"。

此版为"中国现代文化泰斗大讲堂"丛书之一。

2006年5月,《编年体鲁迅著作全集/第肆卷/1928－1932/插图本》(共8卷),福建教育出版社,第117页。

文题为"《北欧文学的原理》译者附记二"。

2008年3月,北京鲁迅博物馆编《鲁迅译文全集/第四卷/壁下译丛》,福建教育出版社,第111页。

"……一面源源的卖《少年维特的烦恼》和《鲁拜集》,将'反映支配阶级底意识为支配阶级作他底统治的工作'的东西,灌进那些吓得忙来革命的'革命底印贴利更追亚'里面去,弄得他们'落伍',于是'打发他们去',这才算是不矛盾,在革命了。"

【709】

西滢:论翻译

1929年6月,《新月》第2卷第4号,第12页。

Rubáiyát 未译名。

Omar Khayyám 译为"莪默"。

Edward FitzGerald 未译名。

西滢,本名陈通伯(陈源、陈西滢)。

1933 年 1 月,吴曙天编《翻译论》,上海光华书局,第 18 页。

1940 年 1 月,黄嘉德编《翻译论集/第一辑/翻译通论》,上海西风社,第 146 页。

1984 年 2 月,陈西滢文《论翻译(1929 年)》,中国翻译工作者协会/《翻译通讯》编辑部编《翻译研究论文集(1894－1948)》,外语教学与研究出版社,第 143 页。

此版为"译学丛书"之一。

2009 年 8 月,陈西滢文《论翻译》(节录),《翻译论集/修订本/第四辑/现代部分》,商务印书馆,第 482 页。

1984 年 5 月第一版。

"有人说,'在波斯,莪默是第一流的天文家,却只是第三流以下的诗人,'我不知道这话真假如何,可是在译诗中间,谁能替代莪默在许多读者心中所占的地位呢?"

【710】
[美国]约翰玛西:《世界文学的故事》/《世界文学史话》

1928 年 2 月 24 日,[美国]约翰玛西著/胡仲持译《世界文学的故事/十一/第三章/神秘的东方/波斯》,《申报》第 18 版。

Rubáiyát 译为"鲁拜集"。

OmarKhayyám 译为"莪默卡耶谟"。

Edward FitzGerald 译为"爱特华特弗志裘拉尔特"。

《申报》1928 年 2 月 11 日起连载。

1929 年 1 月 25 日,[美国]约翰玛西著/胡仲持译《世界文学的故事/九二/第二十二章/十九世纪前的西班牙和葡萄牙文学》,《申报》第 25 版。

Edward FitzGerald 译为"菲次泽刺德"。

1930 年 1 月 22 日,[美国]约翰玛西著/胡仲持译《世界文学的故事/一三九/第三十七章/维多利亚朝的诗》,《申报》第 27 版。

Edward FitzGerald 译为"爱德华菲次泽刺德"。

1931 年 9 月,[美国]约翰玛西[John Macy]著/胡仲持译《世界文学史

◇《鲁拜集》汉译书目

话/第三章/神秘的东方/波斯/第二十二章/十九世纪前的西班牙和葡萄牙文学/第三十七章/维多利亚朝的诗》,开明书店,第31、43、320、489、497-498页。

Rubáiyát译为"鲁拜集"。

Omar Khayyám译为"莪默·卡耶谟"。

Edward FitzGerald译为"爱特华特·菲次泽刺德/爱德华·菲次泽刺德"。

1966年11月,[美国]约翰玛西[John Macy]著/本店编译部译《世界文学史话》,台湾开明书店,第31、43、320、489、497-498页。

应为开明书店1931年9月的重版,胡仲持译本。

1988年5月,[美国]约翰·玛西[John Macy]著/胡仲持译《世界文学史话》,中国书店,第31、43、320、489、497-498页。

1992年10月,[美国]约翰·玛西[John Macy]著/胡仲持译《世界文学史话/上海书店版》,上海书店,第31、43、320、489、497-498页。

2016年10月,周蓓主编/[美国]约翰·玛西[John Macy]著/胡仲持译《世界文学史话》,河南人民出版社,第31、43、320、489、497-498页。

此版为"民国专题史丛书"之一。

2017年4月,李天纲主编/[美国]约翰·玛西[John Macy]著/胡仲持译《世界文学史话(2册)》,上海社会科学院出版社,第一册第31、43、320页,第二册第489、497-498页。

此版为"民国西学要籍汉译文献/文学艺术(第一辑)"丛书之一。

1935年1月,[美国]约翰·麦茜[John Macy]著/由稚吾译《世界文学史(世界文学的故事)/第三章/神秘的东方/波斯/第二十二章/十九世纪前的西班牙和葡萄牙文学/第三十七章/维多利亚朝的诗》,世界书局(上海),第21、28、222、370、381-382页。

Rubáiyát译为"莪默之鲁拜集"。

Omar Khayyám译为"莪默"。

Edward FitzGerald译为"菲茨·泽刺德"。

1998年2月,[美国]约翰·玛西著/临湖、朱渊译《文学的故事/第三章/东方,神密的文化/第二十二章/19世纪以前的西班牙和葡萄牙文学/第三十七章/维多利亚时代的诗歌》,江苏人民出版社,第26、32、194、294、298

−299页。

Rubáiyát 译为"鲁拜集"。

Omar Khayyám 译为"奥马尔·卡亚姆/莪默卡耶莫"。

Edward FitzGerald 译为"爱德华·菲茨杰拉德"。

此版为"野骆驼译丛/第二辑"丛书之一。

2010年6月,[美国]约翰·梅西[John Albert Macy]著/临湖、朱渊译《文学的故事/第三章/东方,神密的文化/第二十二章/19世纪以前的西班牙和葡萄牙文学/第三十七章/维多利亚时代的诗歌》,凤凰出版传媒集团/江苏人民出版社,第17、22、163、251、255页。

Rubáiyát 译为"鲁拜集"。

Omar Khayyám 译为"欧玛尔·海亚姆"。

Edward FitzGerald 译为"爱德华·菲茨杰拉德"。

此版为"野骆驼译丛"丛书之一。

2004年6月,[美国]约翰·玛西[John Macy]著/于惠平译《文学的故事/写给大家看的西方文学史/第3章/神秘的东方文化/波斯/第22章/19世纪以前的西班牙和葡萄牙文学/第37章/维多利亚时期的诗歌》,贵州人民出版社,第18、24−25、179、285、289−290页。

Rubáiyát 译为"鲁拜集"。

Omar Khayyám 译为"欧玛尔·海亚姆"。

Edward FitzGerald 译为"爱德华·菲茨杰拉德"。

采用2幅沙利文的插画作品;采用1幅菲茨杰拉德像有误。

此版为"插图珍藏本/人文系列"丛书之一。

2005年6月,[美国]约翰·玛西[John Macy]著/阎敏译《插图珍藏本/你应该知道的/文学的故事/第3章/神秘的东方文化/波斯/第22章/19世纪以前的西班牙和葡萄牙文学/第37章/维多利亚时期的诗歌》,九州出版社,第22−23、163、246、249−250页。

Rubáiyát 译为"鲁拜集"。

Omar Khayyám 译为"欧玛尔·海亚姆"。

Edward FitzGerald 译为"爱德华·菲茨杰拉德"。

采用1幅沙利文的插画作品;采用1幅菲茨杰拉德像有误。

2009年6月,[美国]J·梅西著/熊建译《西方文学的故事/第三章/东方,博大而神奇的文化/波斯/第十六章/19世纪以前的西班牙和葡萄牙文学/第十八章/十九世纪及以后的英国文学/维多利亚时代的诗歌》,陕西师范大学出版社,第14、23、206、271、274页。

Rubáiyát 译为"鲁拜集"。

Omar Khayyám 译为"奥马尔·卡亚姆/厄默·卡耶莫"。

Edward FitzGerald 译为"爱德华·菲茨杰拉德"。

采用1幅菲茨杰拉德像有误。

2009年12月,[美国]约翰·阿尔伯特·梅西著/孙青玥译《文学的故事/第一部分/古代史部分/第三章/神秘的东方文学/第三部分/19世纪以前的近代欧洲文学/第二十二章/19世纪以前的西班牙和葡萄牙文学/第四部分/19世纪和当代文学/第三十七章/维多利亚时期的诗歌》,陕西师范大学出版社,第14、18-19、142、215、219页。

Rubáiyát 译为"鲁拜集"。

Omar Khayyám 译为"欧玛尔·海亚姆"。

Edward FitzGerald 译为"爱德华·菲茨杰拉德"。

2014年12月,[美国]约翰·梅西著/孙青玥译《西方文学史:文学的故事/第一篇/古典文学/第三章/神秘的东方文学/第二篇/中世纪西方文学/第五章/19世纪以前的西班牙和葡萄牙文学/第四篇/19世纪和当代文学/第四章/维多利亚时期的诗歌》,红旗出版社,第18、23、174、265、269页。

2014年12月,[美国]吉尔·摩西著/石井译《文学的故事/第二章/东方,博大而神奇的文化/四、波斯》,东方出版社,第25-26页。

Rubáiyát 译为"鲁拜集"。

Omar Khayyám 译为"厄默·卡耶默"。

Edward FitzGerald 未译名。

该译本为节译改写本。

此版为"西方人文经典"丛书之一。

2017年2月,[美国]约翰·阿尔伯特·梅西[John A. Macy]著/杨德友译《世界文学的故事/3.神秘的东方/19.19世纪以前的西班牙文学和葡萄牙文学/37.维多利亚时期的诗歌》,山西出版传媒集团/北岳文艺出版社,第23、31、223、340、346页。

Rubáiyát 译为"鲁拜集"。

相关文

Omar Khayyám 译为"欧玛尔·海亚姆"。
Edward FitzGerald 译为"爱德华·菲茨杰拉尔德"。
此版为"天星文库·通识经典"丛书之一。

胡仲持译:"丁尼生……那罗曼斯风的组曲《公主》刊行后,……优美的批评者爱德华·菲次泽剌德以为他一无足取。""爱德华·菲次泽剌德的莪默卡耶谟的《鲁拜集》。这是从那波斯人得来的,却远在翻译以上,乃是英吉利语的杰作。……至菲次泽剌德死后,同世纪的末叶,这便成为青年文学者的一种诗的圣书,而被称赞到竟过于那崇高的价值了;这在今日是较之同样美的性质的任何别的诗更被熟知,更被广泛地引用的。"

由稚吾译:"丁尼生……浪漫杂曲《公主[The Princess]》刊印时,……美妙的批评家菲茨·泽剌德以其为一无足取。""……但菲茨·泽剌德的成绩,并非竟止于翻译,确是一篇英文学中的杰作。……到该世纪之末,菲氏死后,竟成为文学青年的一本'圣经',所受称颂,竟高于其崇高价值。到了现在,在美丽的波斯诗中,为人传送最广的,就算这一首。"

临湖、朱渊译:"丁尼生……浪漫主义风格的组诗《公主》发行后……优雅的批评家爱德华·菲茨杰拉德,都认为它一无是处。""……爱德华·菲茨杰拉德的《鲁拜集》,虽从波斯人那得来,却绝不止翻译作品本身,而是英语的杰作。……菲茨杰拉德死后,同世纪末叶,它便成了青年读者手中的一本诗歌圣经,而最终被吹到言过其实的地步。今天,它是同类诗歌中被吟诵和引用最多的作品。"

于惠平译:"丁尼生……浪漫主义风格的组诗《公主》发表后……温和的批评家爱德华·菲茨杰拉德都把它批评得体无完肤。""……菲茨杰拉德的《鲁拜集》,虽然作者自认为它很有价值,却不为世人看好。这本诗集最初是翻译的波斯作品,但却不仅仅局限于翻译,实际上,它是一部英语的诗歌杰作。……菲茨杰拉德死后那个世纪的末期,它更是成了青年读者心中的诗歌'圣经',甚至都有些名过其实了。"

阎敏译:同上于惠平译。

熊建译:"丁尼生……浪漫主义风格的组诗《公主》发行后……温和的批评家爱德华·菲茨杰拉德,一致认为它一无是处。""……爱德华·菲茨杰拉德的《鲁拜集》,它虽是从波斯人那里得来的,却决不仅反是翻译作品,而是英语的杰作。……菲茨杰拉德死后,到这个世纪末期,它便成为青年读者手中的一本诗歌圣经,而最终被吹捧到神乎其神的地步。今天,它是同类诗歌中被吟诵和引用最多的作品。"

孙青玥译:"丁尼生……他的浪漫主义组诗《公主》出版以后,……言辞温和的评论家爱德华·菲茨杰拉德对之进行了批判。""……菲茨杰拉德的《鲁拜集》。这本诗集是翻译波斯文学的一部作品,但是它已经远远不再局限于译作了,它同样成为英语诗歌中的杰作。……菲茨杰拉德死后,这本诗集已经成为了文学青年心中的诗歌'圣经',虽然有些

◇《鲁拜集》汉译书目

言过其实了,但今天,它获得了更高的知名度,在水平相当的诗歌中,它也是被吟唱、被引用得最多的作品。"

石井译:"厄默·卡耶默的《鲁拜集》是波斯最有名的诗……"。

杨德友译:"丁尼生……在浪漫组诗《公主》发表之后,……优秀诗歌评论爱德华·菲茨杰拉德都认为迷失了自我。""……爱德华·菲茨杰拉德的《欧玛尔·海亚姆的鲁拜集》。它来源于波斯,但它远远超过任何一部译作,已经成为一部杰出的诗歌杰作。……19世纪末,即菲茨拉尔德逝世之后,这部作品对于文学青年来说,已成为诗歌圣经,对它的赞誉远远超过了它自身的价值。今天,它同样很有名,比那些同样上乘的诗作都更知名,并被广泛引用。"

【711】

鲁迅:竖琴(前记)

1933年1月,赵家璧编辑/鲁迅编译《竖琴/前记》,上海良友图书公司,第1-6页。

Rubáiyát 未译名。

Omar Khayyám 未译名。

Edward FitzGerald 未译名。

此版为"良友文学丛书/第一种"。

1933年6月二版。

1973年8月,鲁迅编译《竖琴/前记》,人民文学出版社,第14-17页。

1979年,《鲁迅与郭沫若》,一九七九年徐州师范学院学报增刊,第328页。

―――

"创造社竖起了'为艺术的艺术'的大旗,喊着'自我表现'的口号,要用波斯诗人的酒杯,'黄书'文士的手杖,将这些'庸俗'打平。"

【712】

林语堂:论翻译

1933年1月,吴曙天编著《翻译论/序》,上海光华书局。

Rubáiyát 未译名。

Omar Khayyám 未译名。

Edward FitzGerald 未译名。

1933年,林语堂著《语言学论丛》,开明书店。

1981年8月,刘靖之主编《翻译论集》,三联书店(香港)有限公司,第32-47页。

1984年2月,中国翻译工作者协会/《翻译通讯》编辑部编《翻译研究论文集(1894-1948)》,外语教学与研究出版社,第259-272页。

此版为"译学丛书"之一。

1984年5月,罗新璋、陈应年编《翻译论集/第四辑/现代部分》,商务印书馆,第491-507页。

2009年8月修订本(第2版)。

2007年11月,海岸选编《中西诗歌翻译百年论集》,上海外语教育出版社,第58-69页。

"虽然,诗文既有不可不译之时,自亦当求一切不可中比较之可,且事实上固有成绩昭然之艺术文翻译如 Sheleyel 之译莎士比亚,FitzGerald 之译 Sophocles[索福克勒斯],Omar Khayyam,Morris[莫里斯]之译 Volsunnga[《沃尔松格传》],Carlyle[卡莱尔]之译 Wilhelm Meister[歌德:《威廉·迈斯特》]等。"

【713】
朱湘:文化大观

1934年8月,朱湘著《文学闲谈/一三/文化大观》,北新书局,第90页。

Rubáiyát 未译名。

Omar Khayyám 译为"峨默"。

Edward FitzGerald 未译名。

"峨默(Omar Khayyam)是波斯民族的喉舌"。

【714】
朱湘:寄彭基相

1936年3月,罗念生编/朱湘著《朱湘书信集》,天津人生与文学社,第16页。

◇《鲁拜集》汉译书目

Rubáiyát 未译名。

Omar Khayyám 未译名。

Edward FitzGerald 未译名。

此版为"人生与文学社丛书/第二种"。

———

"还有波斯国的诗不知同我们中国诗有关系否:因为诗章与用韵逼肖之故,所以我起了疑心。我将来大概要学波斯文。(波斯在古代与我国有密切的商业来往,这是我们都知道的。)"

【715】
梁宗岱:自选译诗集自序/《一切的峰顶》序

1934 年 9 月 26 日,天津《大公报/文艺副刊》。

Rubáiyát 译为"鲁拜集"。

Omar Khayyám 未译名。

Edward FitzGerald 译为"斐慈哲路"。

1936 年 3 月,[德国]歌德等著/梁宗岱译《一切的峰顶》,上海时代图书公司,第 4 页。

此版为"新诗库"丛书第一集第二种。

2006 年 12 月,[德国]歌德等著/梁宗岱译《一切的峰顶》,中央编译出版社,第 4 页。

2007 年 11 月,梁宗岱文《译诗集〈一切的峰顶〉序》,海岸选编《中西诗歌翻译百年论集》,上海外语教育出版社,第 73-74 页。

2011 年 1 月,《书边闲语》,天津人民出版社,第 53 页。

此版为"民国名报撷珍"丛书之一。

2016 年 9 月,[德国]歌德等著/梁宗岱译《一切的峰顶》,华东师范大学出版社,第 4 页。

2018 年 1 月,付祥喜编《梁宗岱集/第一辑/论诗/译诗集〈一切的峰顶〉序》,南方出版传媒/广东人民出版社,第 164-165 页。

此版为"大家文存/粤派评论丛书"之一。

———

"……作品在译者心里唤起的回响是那么深沉和清澈,……这时候翻译就等于两颗伟大的灵魂遥隔着世纪和国界携手合作，那收获是文艺史上罕有的佳话与奇迹。英国斐慈哲路底《鲁拜集》……是最难得的例：前者的灵魂，我们可以说，只在迻译波斯诗人的时候充分找着了自己，……得到了至高的表现。”

【716】

钱锺书：Edward FitzGerald 英译波斯诗人鲁拜集［Rubàiyàt］颂酒之名篇

1936 年 12 月，钱锺书作《诗录（二）/清音河小桥［Petit pont］晚眺。踧前诗后。》，《国风（南京）》（月刊）第 8 卷第 12 期，第 28－29 页。

拟译自“第四版（1879 年）101 首”的第 12 首。

Rubáiyát 译为“鲁拜集”。

Omar Khayyám 未译名。

Edward FitzGerald 未译名。

钱锺书，字默存，号槐聚，笔名中书君。

《国风（南京）》杂志原为半月刊，后改为月刊。

1994 年 5 月，钱锺书著《槐聚诗存/钱锺书默存稿/杨绛季康录》，生活·读书·新知三联书店，第 10－12 页。

Rubáiyát 被改译为“英译波斯醹醅雅”。

译诗收入《槐聚诗存》中无题名并被列为“1937 年”作品，原诗“清音河小桥［Petit pont］晚眺。踧前诗后。”被变更题名为“清音河［La Seine］河上小桥［Le Petit Pont］晚眺”，不作该译诗题名，仍列为“1936 年”作品。

此版为线装本。

1995 年 9 月再版。

1995 年 3 月，钱锺书著《槐聚诗存》，生活·读书·新知三联书店，第 17－19 页。

1995 年 5 月，钱锺书著《槐聚诗存》，三联书店（香港）有限公司，第 17－19 页。

1999 年 9 月，钱锺书著《钱锺书作品集 8/槐聚诗存/石语（合订本）》，台湾书林出版有限公司，第 17－19 页。

2001 年 1 月，钱锺书著《钱锺书集/槐聚诗存》，生活·读书·新知三联书店，第 16－17 页。

2007年10月第2版,第18-19页。

2012年6月,钱锺书著《槐聚诗存/钱锺书默存著/杨绛季康书》,人民文学出版社,第14-15页。

此版为线装本。

———

"初无英译尔许语。一章云。倘得少酒。一清歌妙舞者。一女便娟。席芳草而临清流。便作极乐园主[Tu possedes I' Eden]。不须畏地狱诸苦恼耳。又一章云。有面包一片。羊一肩[Un gigot de mouton]。酒一瓯。更得丽姝与俱。即在荒烟蔓草间。而南面王不以易也[Vaux mieux que d'un Empire être le Souverain]。乃知英译剪裁二章为一。造境幽深。反胜原作。"

【717】
萧乾:《梦之谷》(长篇小说)

1937年3月,上海文化生活出版社编《文丛》(纯创作月刊)第1卷第1号(第52-74页)起连载,至1938年4月第1卷第6号(第1033-1085页)止,中间因抗战爆发曾一度中断。

Rubáiyát 未译名。

Omar Khayyám 未译名。

Edward FitzGerald 未译名。

萧乾,本名萧秉乾、萧炳乾。

1938年11月,萧乾著《梦之谷/二五/幸福的糖衣》,文化生活出版社。

此版为巴金主编的"现代长篇小说丛书"之一。

1981年6月,萧乾著《梦之谷/二五/幸福的糖衣》,广东人民出版社,第139页。

Omar Khayyam(Rubáiyát)译为"鲁拜集"。

1983年7月,萧乾著《萧乾选集/第一卷/梦之谷/二五/幸福的糖衣》,四川人民出版社,第155页。

1997年1月,中国现代文学馆编/张玲编选/萧乾著《萧乾/梦之谷/二五/幸福的糖衣》,华夏出版社,第214页。

此版为"自强文库/中国现代文学百家"丛书之一。

2009年1月,中国现代文学百家/中国现代文学馆/张玲编/萧乾著《萧乾代表作/梦之谷/二五/幸福的糖衣》,华夏出版社,第 155 页。此版为"中国现代文学百家"丛书之一。

2011 年 6 月,萧乾著《梦之谷/二五/幸福的糖衣》,凤凰出版传媒集团/江苏文艺出版社,第 314 页。

此版为"现代文库"丛书之一。

"我们隐身在那株苦奈树下,她靠了我,我又靠了树干地那么半躺着,诵着 Omar Khayyam 和 Shelley 的诗,也诵着一本卷了边的《苏辛词》。"

【718】
郁达夫:语及翻译

1939 年 8 月 15 日,新加坡《星洲日报半月刊》第二十八期。

Rubáiyát 译为"鲁拜集"。

Omar Khayyám 未译名。

Edward FitzGerald 译为"菲兹及拉儿特"。

1983 年 9 月,郁达夫著《郁达夫文集(国内版)/第七卷·文论、序跋》,花城出版社/生活·读书·新知三联书店香港分店,第 120-121 页。

1985 年 12 月,郁达夫著《郁达夫文论集》,浙江文艺出版社,第 837-838 页。

2007 年 11 月,吴秀明主编/郁达夫著《郁达夫全集/第十一卷/文论(下)》,浙江大学出版社,第 401-402 页。

此版为"浙江文化研究工程成果文库/浙江文献集成"丛书之一。

2014 年 1 月,刘涛、沈小惠主编《郁达夫新加坡文集(下)/文论》,浙江文艺出版社,第 193-194 页。

2017 年 10 月,郁达夫著《郁达夫全集/郁达夫文论集/下》(全二册),古林出版集团股份有限公司,第 457-458 页。

此版为"达夫文集"丛书之一。

"……那么现代的译文,只教能使读者感到有直读下去的趣味,也就可以了。换一句话说,就是原文的味儿,是原作者的,但译文的味儿,却须是译者的。英国人菲兹及拉儿特的翻译《鲁拜集》,就是一个好例。"

◇《鲁拜集》汉译书目

【719】
艾伟:译学问题商榷/译法与材料之关系

1940年1月,黄嘉德编《翻译论集/第一辑/翻译通论》,上海西风社,第94页。

Rubáiyát 未译名。

Omar Khayyám 未译名。

Edward FitzGerald 未译名。

1940年3月再版、1941年5月三版。

―――

"……'文学(尤其是诗歌)'只可意译,……在英国文学史中,更有译本与原本大相出入,而其译本反成为一种文学之杰作者,如……Fitzgerald之译Omar Khayyam等是。"

【720】
林语堂:读书的艺术

1941年2月,林语堂著/黄嘉德译《特许全译本/生活的艺术/第十二章/文化的享受/第三节/读书的艺术》,西风社,第385页。

Rubáiyát 未译名。

Omar Khayyám 译为"奥玛开俨/奥奥·迦厓/奥玛·迦"。

Edward FitzGerald 未译名。

1941年9月再版、1948年3月三版。

1990年12月,林语堂著/黄嘉德译《生活的艺术/民国丛书第二编65/美学·艺术类/第十二章/文化的享受/第三节/读书的艺术》(与周作人著《艺术于生活》合刊),上海书店根据群益书社版影印,第385页。

此版书名页后的"本书据群益书社1931年版影印",疑为误植,应为"1941年版"。

另有林语堂著/林若年译《生活的艺术》,1942年12月建国书局版;林语堂著/拙存译《全译本/生活的艺术》,欧风社版。

1947年2月,林语堂著/越裔译《生活的艺术/第十二章/文化的享受/第三节/读书的艺术》,世界文化出版社,第387页。

该书原文为英文版,即 LIN YUTANG《The Importance of Living》(John

Day Company,1937NY 版),此版至 1939 年 11 月重印 18 次。

1940 年 12 月初版(上下册)、1941 年 3 月三版(上下册)、1942 年 8 月启智书店版、1946 年 10 月初版、1947 年 2 月再版、1948 年 11 月四版、1972 年 2 月再版/台湾旋风出版社版等。

1998 年 10 月,林语堂著/越裔译《生活的艺术/第十二章/文化的享受/第三节/读书的艺术》,外语教学与研究出版社。

2003 年 12 月,林语堂著/越裔译《生活的艺术/第十二章/文化的享受/第三节/读书的艺术》,陕西师范大学出版社,第 275 页。

另见 2012 年 1 月湖南文艺出版社版,林语堂著/越裔汉译《生活的艺术》。

黄嘉德译:"那么,什么是读书的真艺术呢?简单的答案就是有那种心情的时候便拿起书来读。一个人读书必须出其自然,才能够彻底享受读书的乐趣。他可以拿一本《离骚》或奥玛开俨(Omar Khayyam——波斯诗人——译者注)的作品,牵着他的爱人的手到河边去读。如果天上有可爱的白云,那么,让他们读白云而忘掉书本吧,或同时读书本和白云吧。……"

越裔译:"那么究竟怎样才算是真正的读书艺术呢?简单的答案就是:随手拿过一本书,想读时,便读一下子。如想真正得到享受,读书必须出于完全自动。一个人尽可以拿一本《离骚》或一本奥奥·迦厓(《奥玛·迦》Omar Khayyam),一手挽着爱人,同到河边去读。如若那时天空中有美丽的云霞,他尽可以放下手中的书,抬头赏玩。也可以一面看,一面读,……"。

【721】

木曾:翻译释义/四/翻译之标准

1941 年,《北华月刊》第 2 卷第 2 期,第 56 – 62 页。

Rubáiyát 译为"鲁拜集"。

Omar Khayyám 译为"峨马喀耶"。

Edward FitzGerald 未译名。

1984 年 2 月,中国翻译工作者协会/《翻译通讯》编辑部编《翻译研究论文集(1894 – 1948)》,外语教学与研究出版社,第 322 – 336 页。

◇《鲁拜集》汉译书目

"……波斯十一世纪末的诗人峨马喀耶所撰之《鲁拜集》是波斯文学史上不朽的一种名著,后经英人 Edward FitzGerald 将其译成英文,译笔典雅详实,不让原著,于今 Edward FitzGerald 之译文亦成功英国文学史上不朽之精品矣(《鲁拜集》我国有郭沫若氏译本,创造社出版)。"

【722】
梁实秋:文学的堕落

1942 年 1 月 19 日,《中央周刊[报]》第 4 卷第 24 期,第 5 页。

Rubáiyát 译为"鲁拜集"。

Omar Khayyám 译为"峨谟伽耶姆"。

Edward FitzGerald 未译名。

1942 年,《革命理论》第 8-9 期,第 5 页。

1998 年 11 月,徐迺翔主编《中国新文艺大系(1937-1949)/理论史料集》,中国文联出版公司,第 219 页。

2015 年 3 月,梁实秋著《梁实秋散文集/第 4 卷/雅舍散文拾遗三集》,时代文艺出版社,第 236 页。

2002 年 10 月,梁实秋著《梁实秋文集/第 7 卷/散文(一九三一~一九四八)》,鹭江出版社,第 541 页。

———

"为什么波斯诗人峨谟伽耶姆的《鲁拜集》在十九世纪末被译成英文而大为流行?一部分是因为诗中'及时行乐'的意味正适合当时堕落的时尚。"

【723】
朱光潜:谈翻译

1944 年,《华声》第 1 卷第 4 期,第 10-16 页。

Rubáiyát 译为"劝酒行"。

Omar Khayyám 译为"奥马康颜"。

Edward FitzGerald 未译名。

朱光潜,字孟实。

1946 年 5 月,朱光潜著《谈文学》,开明书店,第 200-220 页。

此版为"开明青年丛书"之一。

1948年7月特一版。

1984年2月,中国翻译工作者协会/《翻译通讯》编辑部编《翻译研究论文集(1894-1948)》,外语教学与研究出版社,第353-363页。

1984年5月,罗新璋、陈应年编《翻译论集/第四辑/现代部分》,商务印书馆,第529-537页。

2009年8月修订本(第2版)。

1988年2月,王富仁、张翼健主编/朱光潜著《谈美·谈文学》,人民文学出版社,第228-240页。

此版为"高中语文选修课程资源系列"丛书之一。

2011年10月,朱光潜著《谈文学》,漓江出版社,第140-153页。

此版为"朱光潜作品系列"丛书之一。

2012年9月,朱光潜著《朱光潜全集(新编增订本)/6/我与文学及其他/谈文学》,中华书局,第285-297页。

"提起'改译',人们都会联想到英人Fitzgerald所译的波斯诗人奥马康颜的《劝酒行》。据说这诗的译文比原文还好,假如这样,那便不是翻译而是创作。译者只是从原诗得到一种灵感,根据它的大意,而自己创作一首诗。"

【724】
屠岸:译诗杂谈

1947年12月,《大公报》(分两期登载刊完)。

Rubáiyát译为"鲁拜集"。

Omar Khayyám译为"奥马客耶"。

Edward FitzGerald译为"费支吉罗"。

屠岸,本名蒋壁厚。

"朱湘的《番石榴集》有一个惊人的目录,一看内容却就教人摇头;……又如奥马客耶的'鲁拜集',他拣选了其中最难解的几首译出一团糟给中国的读者,显明的例子就是'禁宴月份'的英文波斯音译被他硬译成一个市场的专有名词。""即以郭沫若先生的学力来译《鲁拜集》,……也不免有译错的地方,比如这样的一句:'但愿荒漠能呈现一闪泉水——……',因为原诗由于语气与韵脚关系而颠倒排列的缘故,郭先生就没有看清楚而

译成了但只愿那'有流泉荒漠'……"。"当译者用全身心拥抱原作的时候,更当译者的主观精神征服了原作的时候,他可以产生与原作同样成功或更胜于原作的译作。……费支吉罗也是这样地译了莪默客耶,而且有一个更辉煌的成绩。"

【725】

郭沫若:郁金香(诗歌)

1958 年 5 月 9 日,《人民日报》第 8 版。

Rubáiyát 译为"鲁拜集"。

Omar Khayyám 译为"莪默·伽亚牟"。

Edward FitzGerald 未译名。

作者原注:莪默·伽亚牟《鲁拜集》第四十首:"郁金香从沙中仰望,承受着夜露以备晨觞,你也请举起杯来痛醉,醉到玉山倒地如象空杯。"

1958 年 7 月,郭沫若著《百花齐放》,人民日报出版社,第 28 页。

该书收入郭诗 101 首。

另见《百花齐放图集/张吉根、吴山、芮金富、喻继高剪纸》1959 年 4 月江苏文艺出版社版、《百花齐放/刘岘、王琦、黄永玉、李桦、力群、肖林、马克、沃渣木刻插图本》1959 年 4 月人民日报出版社版、《百花齐放/刘岘木刻插图本》1959 年 8 月上海文艺出版社版、《百花齐放/张永寿剪纸本》1959 年 9 月江苏扬州人民出版社版、《百花齐放/木版水印本》1960 年 8 月荣宝斋版。

1983 年 10 月,郭沫若著《郭沫若全集/文学编/第三卷/百花齐放》,人民文学出版社,第 98 页。

"波斯诗人曾经把我们比作酒杯,/但他错误地只用来作自我陶醉。/我们今天是要为大跃进而干杯,/高呼中国共产党和毛主席万岁。"

【726】

苏雪林:作家的习气

1959 年 5 月,苏雪林著《读与写/第二辑/文艺理论之部/六、作家论/三》,台湾台北光启出版社。

Rubáiyát 译为"鲁拜集"。

Omar Khayyám 译为"奥马伽音"。

Edward FitzGerald 未译名。

1996年4月,沈晖编/苏雪林著《苏雪林文集/第三卷/作家论/三》,安徽文艺出版社,第74-97页。

"酒好像是女人之外另一文艺灵泉,作家爱饮的故事更指不胜屈了。孔融说'座上客常满,樽中酒不空'一生愿足。……李白一味高唱'百年三万六千日,一日须倾三百杯'、'钟鼓馔玉不足贵,但愿长醉不愿醒'一生清醒的日子谅必甚少,但他所有佳篇大都产自美酒,'斗酒百篇'是这位天才诗人的佳话。""波斯奥马伽音的名著《鲁拜集》,篇篇是酒。中世纪的西洋诗人歌颂的也无非是女人与酒。"

【727】
金庸:倚天屠龙记/第30回/东西永隔如参商("射雕三部曲"系列第三部)

1976年12月,金庸著《倚天屠龙记(三)》(长篇武侠小说/全四册),香港明河社,第1199-1240页。

Rubáiyát 未译名。

Omar Khayyám 译为"峨默"。

Edward FitzGerald 未译名。

1961~1962年,金庸的长篇武侠小说《倚天屠龙记》在香港《明报》连载,并由香港武史出版社出版/邝拾记报局发行"单行本",单行本自1961年8月4日始,分每本四回为单册,至1963年8月30日止,共111回计28册。

"……'这首波斯小曲,是韩夫人教她的,二十余年前的一天晚上,我在光明顶上也曾早已听到过一次。'""'其时波斯大哲野芒设帐授徒,门下有三个杰出的弟子:峨默长于文学,尼若年擅于政事,霍山武功精强。三人意气相投,相互誓约,他年祸福与共,富贵不忘。……'""首相临死时口吟峨默诗句,便是这两句'来如流水兮逝如风,不知何处来兮何所终'了"。

【728】
梁实秋：沉没的庞德

1978年10月31日,梁实秋著《梁实秋札记》,台湾台北时报文化出版事业有限公司。

Rubáiyát 译为"四行诗/四行绝句"。

Omar Khayyám 译为"欧玛卡雅姆/欧玛·卡雅姆"。

Edward FitzGerald 译为"菲兹哲罗"。

《梁实秋札记》,其中60篇原载梁实秋《四宜轩杂记》(1976年间台湾《中华日报/副刊/"四宜轩杂记"专栏》)。

此版为"时报书系"丛书之135。

1990年9月,刘天华、维辛编选/梁实秋著《梁实秋读书札记》,中国广播电视出版社,第34-35页。

2007年5月,刘天华、维辛选编/梁实秋著《梁实秋读书札记/感悟文化大师的阅读心得》,当代世界出版社,第23页。

2002年10月,梁实秋著《梁实秋文集/第四卷/梁实秋札记/第一辑/第二辑》,鹭江出版社,第34页。

2017年12月,梁实秋《你若来,无论风雨我去接你/你若走,我却当你从未来过/第一辑/开卷有得》,北京理工大学出版社,第46-47页。

―――――

"庞德是才气很高的一位诗人。四十六年前我和闻一多一起研读美国意象派[Imagists]的作品,就对他的诗特别激赏,认为是其中的翘楚。十几年前我又读到他译的《诗经》,虽然距离原文太远,但是非常可读,不愧为诗人的翻译。可能是菲兹哲罗译欧玛卡雅姆'四行诗'以后第一部精采的诗译。"

【729】
周熙良：谈谈翻译诗的几个问题

1980年3月15日,《外国语(上海外国语学院学报)》(双月刊)第2期(总第6期),第23-32页。

Rubáiyát 译为"鲁拜集"。

Omar Khayyám 译为"莪玛"。

Edward FitzGerald 译为"费慈济拉德"。

1984年11月,中国翻译工作者协会/《翻译通讯》编辑部编《翻译研究论文集(1949-1983)》,外语教学与研究出版社,第141-158页。

此版为"译学丛书"之一。

2007年11月,海岸选编《中西诗歌翻译百年论集》,上海外语教育出版社,第141-155页。

―――

"我们全都喜欢英国费慈济拉德译的波斯诗人莪玛的《鲁拜集》,但是他那种从原诗吸取一点灵感来发挥自己的诗才的做法,总不能说是对头。他的《鲁拜集》是好诗,但严格说来,不能说是翻译,这一点要区别开来。"

【730】

许渊冲:译诗记趣

1980年,《编译参考/外语与翻译》(月刊)第6期(总第30期),第86-93页。

Rubáiyát 译为"鲁拜集"。

Omar Khayyám 未译名。

Edward FitzGerald 译为"菲兹杰拉德/菲兹杰拉尔德"。

1984年10月,许渊冲著《翻译的艺术(论文集)》,中国对外翻译出版公司,第121-133页。

2006年1月,许渊冲著《翻译的艺术》(增订本),五洲传播出版社,第97-108页。

文题为"知之·好之·乐之:三之论"。

2018年1月,许渊冲著《翻译的艺术》(修订版),五洲传播出版社,第119-129页。文题为"知之·好之·乐之:三之论"。

―――

"翻译不易,译诗更难,译格律诗更是难上难。翻译有趣,译诗更有趣,把格律诗译成格律诗简直是其乐无穷。""英国文学史上把格律诗译成格律诗的,一百年只有一部名著:18世纪波普[Pope]译的荷马史诗,19世纪菲茨杰拉尔德译的《鲁拜集》。"

【731】

梁宗巨:世界数学史简编

1980年8月,梁宗巨著《世界数学史简编/第二编/各科发展概况/第六章/代数学/第二节/方程/(四)中亚细亚》,辽宁人民出版社,第143-144页。

Rubáiyát 译为未译名。

Omar Khayyám 译为"奥玛尔·海雅姆"。

Edward FitzGerald 未译名。

"奥玛尔·海雅姆是诗人兼科学家,他的《代数学》1851年译成法文'L' Algèbre d'Omar Alkhayyâmî',详尽地研究三次方程,借助圆锥曲线去求方程的解。这种方法是整个中亚细亚最重要的功劳之一,它是希腊圆锥曲线论的发展。"

【732】
劳陇:诗的翻译

1980年,《中国翻译》(双月刊)第5期,第4-8页。

Rubáiyát 译为"鲁拜集"。

Omar Khayyám 译为"莪玛"。

Edward FitzGerald 译为"菲茨杰拉德"。

劳陇,本名许景渊。

1987年11月,《中国翻译》编辑部编《诗词翻译的艺术》,中国对外翻译出版公司,第214-223页。

"例如英国诗人菲茨杰拉德译波斯诗人莪玛的'鲁拜集'是传诵诗坛的名作。他并不拘泥于原诗的词句,而是摄取原诗的灵感进行再创作。所以,它既具有英国诗歌的音韵之美,而又传达了原诗的意境和情调。"

【733】
范存忠:CHINESE POETRY AND ENGLISH TRANSLATIONS

1981年9月20日,《外国语(上海外国语学院学报)》(双月刊)第5期(总第15期),第7-24页。

Rubáiyát 译为"鲁拜集"。

Omar Khayyám 未译名。

Edward FitzGerald 译为"费兹杰拉德"。

该文为英语稿。

"英诗曾从乔叟的《特洛以勒斯》到费兹杰拉德的《鲁拜集》的译作中吸取了丰富的营养。"

【734】
吾铁库尔:"柔巴依"的特点

1982年2月15日,吾铁库尔文/张宏超、王一之译《"柔巴依"的特点》,《民族文学》(月刊)第2期(总第8期),第87页。

Rubáiyát 译为"柔巴依"。

Omar Khayyám 译为"莪默·伽亚谟"。

Edward FitzGerald 未译名。

该文为摘译自维吾尔文《塔尔木》杂志1981年八月号。

"实质上柔巴依的根本特点,还是在于思想内容的哲理性、讽喻性和语言的高度简练含蓄方面。""柔巴依诗体,从莪默·伽亚谟开始,在漫长的历史岁月中经受了种种考验,证明它是一种具有顽强生命力的诗体。"

【735】
马树钧:"柔巴依"浅析

1982年2月15日,《民族文学》(月刊)第2期(总第8期),第88-90页。

Rubáiyát 译为"柔巴依/鲁拜"。

Omar Khayyám 译为"莪默·伽亚谟"。

Edward FitzGerald 未译名。

1987年11月,《民族文学论文选》,中央民族学院出版社,第119-124页。

此版为"中央民族学院民族研究论丛"丛书之一。

"他[莪默·伽亚谟]的作品,长期以来,一直在维吾尔人民中广泛流传。维吾尔诗人

亲切地称他做'柔巴依之父',足见其影响之深、影响之广。他的柔巴依诗集,被译成了世界许多国家的文字。"

【736】
乌铁库尔:试论柔巴依

1982年,乌铁库尔文/张宏超译《试论柔巴依》,《新疆社会科学》(双月刊)第2期,第20-24页。

1982年,《诗探索/诗人诗作研究》(月刊)第3期(总第8期),第159-167页。

Rubáiyát译为"柔巴依"。

Omar Khayyám译为"奥马尔·海杨"。

Edward FitzGerald未译名。

———

"东方国家的文学史告诉我们,柔巴依是由阿拉伯、波斯、塔吉克和操突厥语民族的诗人创造的,并在东方国家文学中被加以采用和发展。其中奥马尔·海杨、拜赫里万·马哈木提、阿不都热合曼·嘉米、艾里希尔·纳沃依、穆罕默德·费祖里、祖赫尔丁·巴卑尔、米尔扎拜迪里等诗歌大师,就是柔巴依创作的杰出的代表。特别是波斯人民的大哲学家、思想家、诗人奥马尔·海杨,在其毕生的文学创作活动中,专门从事柔巴依创作,通过勇敢的探索和辛勤的耕耘,在他那支生花妙笔之下,柔巴依差不多达到了尽善尽美的程度,而他自己则成为柔巴依诗体的奠基人。"

【737】
[英国] A.C.格雷厄姆:中国诗的翻译

1982年6月,[英国] A.C.格雷厄姆文/张隆溪译《中国诗的翻译》,张隆溪选编《比较文学译文集》,北京大学出版社,第219-239页。

Rubáiyát译为"鲁拜集"。

Omar Khayyám译为"莪默·伽亚谟"。

Edward FitzGerald译为"爱德华·费兹杰拉德"。

格雷厄姆,本名Angus Charles Graham,汉名葛瑞汉。

此版为"北京大学比较文学研究丛书"之一。

2007年11月,[英国]葛瑞汉文/张隆溪译《中国诗的翻译》,海岸选编

《中西诗歌翻译百年论集》,上海外语教育出版社,第 479 – 494 页。

2018 年 4 月,《比较文学文献精读:经典与案例/中国诗的翻译(节选)》,武汉大学出版社,第 144 – 150 页。

此版为"比较文学与世界文学阅读系列教材"丛书之一。

"……每一位诗的翻译者都必须做出决定,是在英国读者最能看见莪默·伽亚谟的真面目时就止步呢,还是像爱德华·费兹杰拉德那样再进一步,在英国诗人的行列中去取得一席地位。""英国诗人费兹杰拉德译波斯诗人莪默·伽亚谟的《鲁拜集》,在英国文学中成为一部佳作,但从翻译角度看来,却并不忠实可靠。"

【738】
范存忠:英国诗人论诗的翻译

1982 年 8 月 15 日,《翻译通讯》(双月刊)第 4 期,第 16 – 18,48 页。

Rubáiyát 译为"鲁拜集"。

Omar Khayyám 译为"莪默·伽亚谟"。

Edward FitzGerald 译为"爱德华·费兹杰拉德"。

《翻译通讯》于 1979 年 3 月 1 日由中国对外翻译出版公司创刊,1980 年正式公开出版,1983 年 1 月 15 日改为中国翻译工作者协会会刊,1986 年改名为《中国翻译》。

1987 年 11 月,《中国翻译》编辑部编《诗词翻译的艺术》,中国对外翻译出版公司,第 334 – 340 页。

"蒲伯这样的翻译已经够'自由'了,但英国还有更'自由'的译品,那就是爱德华·费兹杰拉德写的莪默·伽亚谟的《鲁拜集》……当时英国一般读者所看上的不是波斯的莪默·伽亚谟,而是他们自己的诗人费兹杰拉德的莪默·伽亚谟。"

【739】
叶君健:关于文学作品翻译的一点体会

1983 年 2 月 15 日,《翻译通讯》(双月刊)第 2 期,第 8 – 16 页。

Rubáiyát 译为"鲁拜集"。

Omar Khayyám 未译名。

◇《鲁拜集》汉译书目

Edward FitzGerald 译为"费兹季拉德"。

1984年11月,中国翻译工作者协会/《翻译通讯》编辑部编《翻译研究论文集(1949-1983)》,外语教学与研究出版社,第551-565页。

此版为"译学丛书"之一。

"……译文要做到绝对的'信'很困难,在大多数情况下,只不过是与原文近似罢了。因此,一部作品,在不同的时代有不同的译本,在同一个时代也经常会有好几种译本同时存在,其原因恐怕也就在此。读者并不一定会埋怨译本的重复,因为他可以有较多的选择,从不同的译本中去体会原作。在这种意义上,翻译就不能说是'复制',而确实有'再创造'的一面,因而也是一种文学'创作'。无怪乎英国文学界总是把优秀的翻译作品看成是英国文学,而不是'外国文学',如阿瑟·威利[Arthur Waley]译的中国唐诗和费兹季拉德译的古波斯的《鲁拜集》,就是如此。"

【740】
《外国文学简编》:中古伊朗文学

1983年2月,朱维之、雷石榆、梁立基主编《外国文学简编[亚非部分]/第六章/中古伊朗文学/第一节/概述》,中国人民大学出版社,第141-144页。

Rubáiyát 译为"海亚姆的四行诗"。

Omar Khayyám 译为"欧玛尔·海亚姆/莪默·伽亚谟"。

Edward FitzGerald 未译名。

"在菲尔多西逝世后的三十年,在霍拉桑的尼沙浦尔诞生了另一位世界闻名的波斯诗人,这就是哲理诗人欧玛尔·海亚姆。""……但是,在他去世后的五十年内人们并不知道他是一位诗人。1173年才有人在一本历史著作中提到他的诗。"

【741】
杨周翰:8/John Donne/题解与注释/4.29

1983年9月,王佐良等主编《英国文学名篇选注》,商务印书馆,第249页。

Rubáiyát 译为"鲁拜集"。

Omar Khayyám 未译名。

Edward FitzGerald 未译名。

"按:圆规历来是坚贞[firmitas]象征[emblem],圆又是完美的象征。据注家考证十一世纪末波斯诗人 Omar Khayyam 的 Rubaiyat(《鲁拜集》)中已出现过,其后传入欧洲。"

【742】
李赋宁:浅谈文学翻译

1983年11月15日,《翻译通讯》(月刊)第11期,第6-11页。

Rubáiyát 译为"鲁拜集"。

Omar Khayyám 译为"欧玛尔·海亚姆"。

Edward FitzGerald 未译名。

2018年5月,李赋宁著《英语学习》,北京出版集团公司/北京出版社,第68-81页。

此版为"大家小书"丛书之一。

"就外国文学的英文翻译来说,一般分为三类:第一类属于直译……第二类属于意译……第三类属于自由翻译,一方面保持原文的精神,另一方面却可以对原文的风格、语法、句子结构和惯用语等作出相当大的变动。这一类的代表是 Edward Fitzgerald 译的波斯诗人欧玛尔·海亚姆的《鲁拜集》。"

【743】
臧克家:初学新诗忆当年

1984年2月,臧克家著《青柯小朵集》,花城出版社,第151页。

Rubáiyát 译为"鲁拜集"。

Omar Khayyám 未译名。

Edward FitzGerald 未译名。

"……郭老翻译的《鲁拜集》,至今我还能背诵其中的一些名句。"

◇《鲁拜集》汉译书目

【744】

朱光潜:替诗的音律辩护——读胡适的《白话文学史》后的意见

1984年7月,朱光潜著《诗论》,生活·读书·新知三联书店,第229-258页。

1943年6月国民图书出版社(初版)和1948年3月正中书局(初版)的朱光潜著《诗论》,均未收入此文。

另见《朱光潜全集/第三卷》安徽教育出版社1987年8月版、《诗论》安徽教育出版社1997年9月版、《诗论》广西师范大学出版社2004年11月版、《诗论》漓江出版社2011年8月版等。

Rubáiyát译为"劝酒行"。

Omar Khayyám译为"奥马康颜"。

Edward FitzGerald译为"斐兹吉越尔德"。

"成功的译品都是创造而不是翻译。英人斐兹吉越尔德所译的奥马康颜的《劝酒行》差不多是译诗中唯一的成功,但是这部译诗实在是创作,和波斯原文出入甚多。"

【745】

茅盾:致周扬

1984年12月,《茅盾研究》编辑部编《茅盾研究(第二辑)/茅盾书简(九封)》,文化艺术出版社,第73页。

Rubáiyát译为"鲁拜集"。

Omar Khayyám未译名。

Edward FitzGerald未译名。

茅盾,本名沈雁冰。

"周扬同志:……有一事奉告:郭老追悼会时,黄华外长适自伊朗回,对我说起伊朗早知郭老译《鲁拜集》,谓伊朗有插图,我国如再印《鲁拜集》时,愿以插图相赠云云。请考虑是否通过友协办理此事。"

【746】
劳陇:译诗象诗——读郭老遗作《英诗译稿》

1985年,《外国语/上海外国语学院学报》(双月刊)第2期(总第36期),第15-18页。

Rubáiyát 译为"鲁拜集"。

Omar Khayyám 未译名。

Edward FitzGerald 译为"菲茨杰拉德"。

劳陇,本名许景渊。

2012年7月,《郭沫若研究文献汇要(1920-2008)/卷八/文学·小说、散文、中外文学比较卷》,上海书店出版社,第459-466页。

文题为"译诗像诗——读郭老遗作《英诗译稿》"。

———

"正如英国格里埃逊教授[Professor Grierson]所说:'诗的翻译,虽然有人认为是不可能的,但是因此而不去尝试也是不可能的。回顾英国诗歌曾经从乔叟的《特洛以勒斯》以至菲茨杰拉德的《鲁拜集》这些译作中汲取了多么丰富的养料,我们就会认识到诗的翻译毕竟是不能排斥的。'"

【747】
《东方文学简史》:中古波斯文学

1985年5月,陶德臻主编《东方文学简史/第二编/中古文学/第四章/中古波斯文学》,北京出版社,第99-101页。

Rubáiyát 译为"鲁拜集"。

Omar Khayyám 译为"欧玛尔·海亚姆"。

Edward FitzGerald 译为"爱·菲茨杰拉尔德"。

———

"欧玛尔·海亚姆生活在塞尔柱帝国社会矛盾不断加深的动荡年代。他在诗中表达了对当时社会强烈不满、渴望改变现实的愿望。""海亚姆的抒情诗具有鲜明的特色。内容充实,语言优美、凝练,想象丰富,诗中蕴含着哲理,发人深思。"

【748】
彭瑞智:欧玛尔·海亚姆

1985年6月,王忠祥、宋寅展、彭瑞智主编《外国文学教程(下)/亚非文学/第二章/中古文学/第三节/波斯文学/一/概述》(上下册),湖南教育出版社,第112-117页。

Rubáiyát 译为"海亚姆四行诗/鲁拜集"。

Omar Khayyám 译为"欧玛尔·海亚姆/莪默·伽亚谟"。

Edward FitzGerald 译为"费茨吉拉德"。

———

"欧玛尔·海亚姆是中古波斯的一位伟大的科学家,他在天文、历法和数学等方面,都屡有发明创造。他作为一个诗人而为世人所知,是十九世纪中叶以后。1857年,英国诗人费茨吉拉德把海亚姆的一些诗译成英文出版后,引起人们的极大兴趣,受到欧人的重视。不久,海亚姆就跃居世界著名诗人的行列。"

【749】
飞白:英国维多利亚时代诗歌绪论

1985年6月,飞白著《英国维多利亚时代诗选》,湖南人民出版社,第18-19页。

Rubáiyát 译为"鲁拜集"。

Omar Khayyám 译为"奥马尔·海亚姆"。

Edward FitzGerald 译为"爱德华·费茨杰拉德"。

飞白,本名汪飞白。

此版为"诗苑译林"丛书之一。

———

"……英国维多利亚诗人费兹杰拉德在海亚姆诗中发现了引起自己共鸣的因素:对宗教信仰和神学的公然怀疑,对人生之谜的悲观宿命情绪。于是费兹杰拉德对海亚姆的原诗作了一番'编译'(包括比较自由的翻译、整理、集句和润色),加强了与自己共鸣的即维多利亚诗歌的精神,……《鲁拜集》的发表推动了新浪漫派的唯美主义思潮,对罗斯蒂、斯温本等维多利亚诗人有不可低估的影响。"

【750】
邹郎:波斯六位神秘大诗人、唯美派诗人出现以后

1985年8月,钱歌川校订/邹郎编著《世界文学史(上)/第二十章/中世纪的波斯诗坛/三、》、《世界文学史(下)/第三十五章/光华夺目的英国诗坛/五、》,台湾台北五南图书出版公司,第516–517、947页。

Rubáiyát 译为"鲁拜集"。

Omar Khayyám 译为"亚摩·客耶/亚摩客耶"。

Edward FitzGerald 译为"菲兹格拉/菲兹格拉尔"。

———

"亚摩客耶为了英国文人菲兹格拉曾翻译了他的诗,几乎在欧洲成了东方最大的诗人,比他在本国所得的声望大得多了。""在欧洲,亚摩的故事,流传于大众口头的不少,却大半是一些浪漫的故事而并非真实的事迹,他的著作,以《鲁拜集》为最有名……""……菲兹格拉尔他的得名不是由于他自己的作品。而是偶然的,以一个翻译的文人而能在文学史上站一个坚固的地位,这实在是一件很奇异的事,而菲兹格拉便是如此。"

【751】
罗洛:译诗断想

1985年,《翻译通讯(中国翻译)》(双月刊)第9期,第5–8页。

Rubáiyát 译为"鲁拜集"。

Omar Khayyám 译为"莪默·伽亚谟"。

Edward FitzGerald 译为"费慈吉拉德"。

罗洛,本名罗泽浦。

1987年11月,《中国翻译》编辑部编《诗词翻译的艺术》,中国对外翻译出版公司,第486–494页。

2007年11月,海岸选编《中西诗歌翻译百年论集》,上海外语教育出版社,第267–273页。

2016年3月,《从〈茶花女〉到〈流浪的星星〉/启蒙的光辉与人性的力量》,西苑出版社,第74–80页。

此版为"翻译家谈翻译丛书(法语文学卷)"之一。

———

"如果没有费慈吉拉德,《鲁拜集》的作者莪默·伽亚谟也许还只是一个默默无闻的

波斯诗人。"

【752】
张效之:波斯文学

1985年12月,张效之主编《东方文学简编/第二章/中古文学/第四节/波斯文学/综述》,山东教育出版社,第82—84页。

Rubáiyát 译为"鲁拜集/四行诗"。

Omar Khayyám 译为"欧玛尔·海亚姆/莪默·伽亚谟"。

Edward FitzGerald 译为"菲茨吉拉尔德"。

―――

"欧玛尔·海亚姆(1048—1122)是科学家,在数学上第一次提出三次方程式的理论,还制定了近似现在通行的公历。生前并不以诗闻名,去世五十年后才有人提到他写过四行诗。"

【753】
绿原:夜里猫都是灰的吗?——一个读者对于译诗的几点浅见

1985年12月,绿原著《葱与蜜》,生活·读书·新知三联书店,第166页。

Rubáiyát 译为"鲁拜集"。

Omar Khayyám 未译名。

Edward FitzGerald 译为"菲兹杰拉德"。

此版为"今诗话丛书"之一。

绿原,本名刘仁甫,曾用译名刘半九。

2007年11月,海岸选编《中西诗歌翻译百年论集》,上海外语教育出版社,第256页。

―――

"迄今为止,像英国的菲兹杰拉德翻译《鲁拜集》、德国奥·威·施莱格尔翻译莎士比亚和但丁那样,译品本身有资格进入本国文学宝藏的光荣范例,在任何国家都是罕见的。"

【754】

陈之藩:《时空之海》序

1986年1月,陈之藩著《时空之海》,台湾远东图书公司,第1-3页。

Rubáiyát 译为"鲁拜集"。

Omar Khayyám 未译名。

Edward FitzGerald 译为"费兹杰罗"。

———

"有一天在剑桥,我与协曼讨论起鲁拜集费兹杰罗的英译来,自然很难免提到郭沫若的中译本之粗糙,草率与不易卒读。我于是向协曼说:昨晚我把费兹杰罗的名译之第七十二首改译如下……"。

【755】

朱湘:菲茨杰拉尔德作/往日(诗歌)

1986年5月,朱湘译/洪振国整理加注《朱湘译诗集》,湖南人民出版社,第179-181页。

Rubáiyát 译为"鲁拜集"。

Omar Khayyám 译为"莪默·伽亚谟"。

Edward FitzGerald 译为"菲茨杰拉尔德·爱德华"。

此版为"诗苑译林"丛书之一。

朱湘译菲氏诗作《往日》,译诗正文前有"菲茨杰拉尔德"一段介绍,未署名作者,拟为整理加注者文。

———

"我坐在火旁,/读着古代的诗文。/咏春的词章,/这时候风儿悲吟——/寂寞的悲吟!""我只学秋蛩/紧挨在壁火之旁,/诵咏夏之文/与歌任侠的诗章——/慷慨的诗章!/我又与友人/闲话昔年的琐事,/那刻多快乐,/但有时也是傻子——终究啊快乐!"

【756】

洪振国:《朱湘译诗集》后记

1986年5月,朱湘译/洪振国整理加注《朱湘译诗集》,湖南人民出版社,第335-344页。

◇《鲁拜集》汉译书目

  Rubáiyát 译为"鲁拜集"。
  Omar Khayyám 译为"阿伽提亚斯"。
  Edward FitzGerald 译为"菲茨杰尔德"。
  此版为"诗苑译林"丛书之一。

  "朱湘强调译者要能'瞭解诗人','解释诗人',因此他主张诗人译诗。朱湘对菲茨杰尔德所译波斯诗人阿伽提亚斯的《鲁拜集》被许多英国诗选采录入集,与其他诗人的创作同等看待,表示赞同与欣赏。……朱湘的译诗决不是两种文字的机械对换,而是含有多份的创作意味,饱含着他的创作的艺术匠心。"

【757】
卞之琳:《孙毓棠诗集》序

  1986年5月21日,卞之琳文《孙毓棠诗集/序》,《文论报》第2版。
  Rubáiyát 译为"鲁拜集"。
  Omar Khayyám 译为"峨玛·卡延"。
  Edward FitzGerald 译为"爱德华·费茨吉拉尔德"。
  1992年10月,孙毓棠著/王次澄、余太山编选《孙毓棠诗集/宝马与渔夫/序》,台湾台北业强出版社,第7-17页。
  2002年10月,卞之琳著《卞之琳文集/人与诗:忆旧说新(增订本)/第二辑/中卷(共三卷)》,安徽教育出版社,第376-385页。
  2007年4月,卞之琳著《人与诗:忆旧说新(增订本)》,安徽教育出版社,第217-225页。
  此版为"大家经典书系/卞之琳系列"丛书之一。
  该版为"第二版"(增订本),"第一版"《人与诗:忆旧说新》为生活·读书·新知三联书店1984年11月版,未收入该文。
  2013年9月,孙毓棠著/余太山编《孙毓棠诗集/序》,商务印书馆,第Ⅰ-Ⅺ页。

  "他通外文,没有译过诗,却译了《鲁拜集》……《鲁拜集》贯串了慨叹人生如梦,譬如朝露,赫赫功名,终归尘土,号召及时行乐,纵情醇酒妇人,不求渺茫的天国至福等等的思想感情,和孙诗少作的一些悲观色彩实际上并不契合。……毓棠译'峨玛-贵兹',我看宁

可说是出于他专业当中的缅怀东西交流史实的兴趣。"

【758】

黄杲炘:菲茨杰拉德作/旧时的歌(诗歌)

1986年9月,黄杲炘译/黄杲昶注《英国抒情诗100首》,上海译文出版社,第124-129页,英汉对照。

Rubáiyát 未译名。

Omar Khayyám 未译名。

Edward FitzGerald 译为"菲茨杰拉德"。

该书于1988年10月、1990年(更换封面)、1993年5月重印。

1998年12月,黄杲炘译/黄杲昶注《英国抒情诗100首》,上海译文出版社,第二版(修订一版),第126-133页,英汉对照。

———

"我挨炉火坐,/象蟋蟀一只——/读夏天传说,/读骑士故事——/侠义呀骑士!""我们也作乐,/重把老歌唱——/过去夏日里/这歌林间荡——/夏日好时光!"

【759】

张鸿年:波斯文学在中国

1987年2月,深圳大学比较文学研究所主编/卢蔚秋编《东方比较文学论文集》,湖南文艺出版社,第345-354页。

Rubáiyát 译为"柔巴依集"。

Omar Khayyám 译为"欧玛尔·海亚姆/莪默·伽亚谟"。

Edward FitzGerald 译为"费慈吉拉德"。

此版为"比较文学丛书"之一。

———

"继萨迪之后,最早介绍到中国的波斯诗人是欧玛尔·海亚姆(即莪默·伽亚谟)。1924年郭沫若翻译了海亚姆的四行诗《鲁拜集》。这本书译自英国诗人费慈吉拉德(1809-1883年)的英译本。费慈吉拉德与郭沫若的译文都没有拘泥于原诗的字句,而着眼于神韵。现在,英译海亚姆的四行诗已经成为英国诗歌的组成部分,郭译《鲁拜集》也为关心东方文学的中国读者所珍视。"

【760】
易风:维吾尔族古典诗歌与中古波斯文学

1987年,《西北民族大学学报(哲学社会科学版)/文学》(双月刊)第2期,第49–57页。

Rubáiyát 译为"柔巴依集"。

Omar Khayyám 译为"欧玛尔·海亚姆/欧玛尔·哈亚姆"。

Edward FitzGerald 译为"爱德华·费茨吉拉尔德"。

"维吾尔古典抒情诗歌深受波斯抒情诗人鲁达基、欧玛尔·海亚姆、哈菲孜等的影响,又发展了本民族传统,表现了本族人民的精神、气质。格则勒、柔巴依、卡斯台等维吾尔诗人常用的诗体,都是从波斯诗人学来又发展了的。""……欧玛尔·哈亚姆的柔巴依中,也常有'人生无常'、'人生匆匆'的伤感色彩,有些诗又含有宗教神密主义内容,有一定的复杂性。""由于历史动乱原因,波斯诗歌中的西移,欧玛尔·哈亚姆逝世后,柔巴依体渐次衰落,格则勒体大为繁荣,他的柔巴依也被人们忘却。"

【761】
许渊冲:三谈"意美、音美、形美"

1987年,《深圳大学学报(人文社会科学版)》(双月刊)第2期,第76页。

Rubáiyát 译为"鲁拜集"。

Omar Khayyám 未译名。

Edward FitzGerald 未译名。

"英国译者格雷厄姆说得好:'每一位诗的翻译者都必须作出决定,是在英国读者最能看见原作者的真面目时就止步呢,还是象《鲁拜集》的译者那样再进一步,在英国诗人的行列中去取得一席地位。'""译成英文而取得真正诗的地位的很少一些外国诗,都是不依靠原文也能获得许多价值的译作。"

【762】
《中学数学实用辞典》:代数学简史(词条)

1987年5月,梁宗巨、王鸿钧主编《中学数学实用辞典/第五章/代数学》,辽宁教育出版社,第404页。

Rubáiyát 未译名。

Omar Khayyám 译为"奥马·海亚姆"。

Edward FitzGerald 未译名。

———

"……数学家奥马·海亚姆也著有《代数学》[Algebra,约1079]一书,其中较详尽地讨论了三次方程问题,区分了若干类可解的三次方程,并借助圆锥曲线来求其解。"

【763】

[英国]乔治·桑普森:罗塞蒂兄妹,威廉·莫里斯,斯温伯恩,菲茨杰拉尔德

1987年7月,[英国]乔治·桑普森著/刘玉麟译《简明剑桥英国文学史(十九世纪部份)/二十、/二十二、十九世纪的诗体》,上海外语教育出版社,第150-151、179页。

Rubáiyát 译为"鲁拜集"。

Omar Khayyám 译为"欧玛尔·海亚姆"。

Edward FitzGerald 译为"爱德华·菲茨杰拉尔德"。

———

"英国读者喜爱的只是菲茨杰拉尔德的欧玛尔诗,它是一首英国诗,不过是提到波斯的事情而已。当这诗篇最后得以发表出来时,诗中大胆的怀疑主义特别有吸引力;然而除了诗的内容以外,它所具有的古典之美,其词藻的精炼与音调和节奏的轻快流畅,使诗篇在英诗杰作中占有永久的地位。"

【764】

吴景荣:浅论中国古典诗歌的翻译

1987年,《中国翻译/诗歌翻译》(双月刊)第6期,第9-17页。

Rubáiyát 译为"鲁拜集"。

Omar Khayyám 译为"欧玛尔·海亚姆"。

Edward FitzGerald 译为"菲茨杰拉尔德"。

1994年6月,杜承南、文军主编《中国当代翻译百论/翻译理论与翻译技巧》,重庆大学出版社,第253-266页。

"菲茨杰拉德是以翻译欧玛尔·海亚姆的《鲁拜集》出名的。译文与原文相去很远,这是大家公认的事实。具有讽刺意味的是:菲茨杰拉德却因此得以名垂英国文学史册。阿诺德[Matthew Arnold]也很推崇这部译作。他说:'翻译感人的程度,应该同想象中原作曾感动过它的读者一般。这意味着,象菲茨杰拉德那样,为了美的效果宁可牺牲词句的确切性。'菲茨杰拉德自己也说过:'活的麻雀总比剥制的老鹰强嘛!'他不是不懂波斯文,不过他以'高超'的文学家自居,认为自己有权修改那些还称不上艺术的东方作品。1857年3月27日,他给他的朋友寇安尔[Cowell]一封信说:'随心所欲地搬弄这些波斯人作品,对我来说是一种娱乐;我认为这班人还够不上诗人资格,唬不住我们,而他们真的也需要一点艺术才象个样子。'菲茨杰拉德的思想代表一种倾向。"

【765】
吕骥:《吕骥歌曲选集》自序

1987年12月,吕骥曲《吕骥歌曲选集》,人民音乐出版社,第V页。

Rubáiyát 译为"鲁拜集"。

Omar Khayyám 未译名。

Edward FitzGerald 未译名。

吕骥,本名吕展青。

2010年4月,中国音乐家协会编《吕骥纪念选集/歌曲卷/附》,人民音乐出版社,第141页。

文题为"1985年版《吕骥歌曲选集》自序"。

"以前,我曾计划把《鲁拜集》全部谱成歌曲……"。

【766】
《日华天文学辞典》:オマ-ルカヤム/[Omar Khayyam]/奥驾·开阳(条目)

1988年4月,左秀灵、陈维升编译《日华天文学辞典/附录/八、/2.月球背面地形名称》,台湾台北名山出版社/五洲出版社,第321页。

Rubáiyát 未译名。

Omar Khayyám 译为"奥驾·开阳"。

Edward FitzGerald 未译名。

————

以"Omar Khayyám"命名的一"月球坑"。

【767】
陶德臻、何乃英:波斯文学

1988年7月,智量主编《自学考试外国文学史纲/第二编/亚非文学/第二章/中古亚非文学/第四节》,上海文艺出版社,第576-577页。

Rubáiyát 译为"四行诗"。

Omar Khayyám 译为"欧玛尔·海亚姆"。

Edward FitzGerald 未译名。

此版为"高等教育自学考试教材"丛书之一。

————

"诗人尖锐地揭露了现实社会的罪恶,不相信'真主'决定一切的永恒真理,否定世界上有所谓地狱和天堂的存在。他在诗中写道:/有一天,我能主宰这罪恶的天国,/我就将它毁掉,另建一个,/不让有任何障碍阻挡高尚的愿望,/让人们活下去,不被烦闷所折磨。"

【768】
王佐良:既是本土的,又是世界的

1988年9月,王佐良文《英国诗选/译本序》,上海译文出版社,第6-7页。

Rubáiyát 译为"柔巴依集/鲁拜集"。

Omar Khayyám 译为"奥马尔·哈亚姆"。

Edward FitzGerald 未译名。

1997年10月,王佐良著《王佐良文集/〈英国诗选〉序》,外语教学与研究出版社,第767-775页。

2011年12月,王佐良主编《英国诗选/译本序》,上海世纪出版股份有限公司/译文出版社,第6-7页。

————

"……十六世纪译荷马,十九世纪译奥马尔·哈亚姆,二十世纪译中国唐诗,都使英

◇《鲁拜集》汉译书目

国诗吸收了外来影响,而优秀的译作本身又成为英国诗里的精品。"

【769】
温祖荫:东方文学鉴赏

1988年10月,温祖荫著《东方文学鉴赏/上册/波斯文学简史/一、古代文学》,福建教育出版社,第33-35页。

Rubáiyát 译为"鲁拜/鲁拜集"。

Omar Khayyám 译为"莪默·伽亚谟/欧玛尔·海亚姆"。

Edward FitzGerald 未译名。

书前插图其中采用鲍尔弗的插画作品1幅。

此版为"世界文学名著选介丛书"之一。

2014年6月,温祖荫著《亚洲文学史话/上篇/西亚与南亚文学/波斯文学史话》,海峡出版发行集团/海峡文艺出版社,第28-30页。

"莪默·伽亚谟/他是塞尔柱王朝时期的诗人。他生活年代与我国北宋文学家苏轼同时。""伽亚谟的诗短小精悍,又带有哲学意味,被翻译成各国文字,很受欢迎。"

【770】
李克因等:先父生平琐事、李竟容年谱

1988年12月,中国人民政治协商会议河北省赞皇县文史资料委员会编《赞皇文史资料/第一辑》(创刊号),第22-34、56页。

Rubáiyát 译为"鲁拜集"。

Omar Khayyám 未译名。

Edward FitzGerald 未译名。

李竟容,又作李竟荣、李镜容,字晓沧,号自苏。

"[李竟容]晚年潜心研读英语,穷十年之功,译出长篇诗歌名著《鲁拜集》,字斟句酌,反复誊清修改。确是呕心沥血的劳动,总想有出版机会,但在当时是完全不可能的。此憾也难消。""一九四六年,六十二岁,随机关复员南京,经确真[诊]为癌症,加紧翻译并亲自抄缮《鲁拜集》。"

【771】
刘英凯:关于"音美"理论的再商榷

1989年,《现代外语》(双月刊)第2期(总第44期),第36-41,35页。

Rubáiyát 译为"鲁拜集"。

Omar Khayyám 译为"莪默·伽亚谟"。

Edward FitzGerald 译为"艾德华·费兹杰拉德"。

2007年11月,海岸选编《中西诗歌翻译百年论集》,上海外语教育出版社,286-296页。

"三、应该走《鲁拜集》的翻译道路吗?……","……翻译要尽量保持原作的特点,要尽量恪遵原作的思想方式,'译者的第一责任就是忠于原作'。"

【772】
萧远强:郭沫若与闻一多

1989年6月,中国郭沫若研究学会《郭沫若研究》编辑部编/林林主编《郭沫若研究(第7辑)/文史研究》,文化艺术出版社,第186-223页。

Rubáiyát 译为"鲁拜集"。

Omar Khayyám 译为"莪默伽亚谟"。

Edward FitzGerald 译为"费兹吉拉德"。

"郭沫若与闻一多早年在诗歌方面的文字之交,还有一段值得回顾的往事,那就是郭沫若翻译波斯古典诗人莪默伽亚谟的诗集《鲁拜集》,和闻一多对郭译莪默诗的评论。""郭沫若的莪默诗译,发表在《创造季刊》上,闻一多看到后非常注意。这时,他刚写完了对《女神》的两篇诗评。这位不但长于诗的创作,对译诗也有独到见解的诗人,对他的友人又在进行一番新的认识。1923年2月,闻一多写出了一篇题为《莪默伽亚谟之绝句》的文章,寄回国来,发表在同年3月2日《创造季刊》二卷一期上,对郭译莪默诗作了评论。"

【773】
陈玉刚:未名社的成立与以翻译为己任的翻译文学队伍的初步形成/郭沫若的生平和翻译活动

1989年8月,陈玉刚主编《中国翻译文学史稿/第五章/未名社的成立与中国翻译文学发展的新趋势/第一节//第八章/郭沫若的翻译活动与贡献/第一节》,中国对外翻译出版公司,第159、203-205页。

Rubáiyát 译为"鲁拜集"。

Omar Khayyám 译为"莪默伽亚谟"。

Edward FitzGerald 未译名。

———

"……李霁野……用五、七言绝句翻译的《鲁拜集》(抗战时期译了七十五首),在十年动乱中损失了。""1925年,郭沫若翻译出版了波斯作家莪默伽亚谟的《鲁拜集》……"。

【774】

飞白:诗律学/四行[quatrain]

1989年8月,飞白著《诗海——世界诗歌史纲/现代卷/第22章/3/韵式与诗体/3》,漓江出版社,第1599-1628页。

Rubáiyát 译为"鲁拜集"。

Omar Khayyám 译为"海亚姆"。

Edward FitzGerald 未译名。

2007年11月,海岸选编《中西诗歌翻译百年论集》,上海外语教育出版社,第308-328页。

———

"鲁拜韵:aaxa,即第一二四行押韵,第三行不押。这是伊朗鲁拜体诗[rubay]的韵式,……此外有些诗也用了类似的韵式,如弗罗斯特(419)《雪夜林边小立》用的是 aaba,bbcb……在鲁拜韵中引进了三行连环韵的因素。"

【775】

梁实秋:忆青岛

1989年9月,梁实秋著《梁实秋散文(共四册)/第四集》,中国广播电视出版社,第248-254页。

Rubáiyát 未译名。

Omar Khayyám 未译名。

Edward FitzGerald 未译名。

此版为"二十世纪中国文化名人文库"丛书之一。

1998年8月,梁实秋著《雅舍散文》,文化艺术出版社,第128-134页。

2002年10月,梁实秋著《梁实秋文集/第5卷/雅舍散文》,鹭江出版社,第251-256页。

2008年,梁实秋文《忆青岛》,《文化月刊》第2期,第23-25页。

2014年,梁实秋文《忆青岛》,《新校园/阅读版》第5期,第61-63页。

———

"我曾梦想,如果有朝一日,可以安然退休,总要找一个比较舒适安逸的地点去居住。我不是不知道随遇而安的道理。……这只是说说罢了。荒漠不可能长久地变成天堂。我不存幻想,只想寻找一个比较能长的居之安的所在。"

【776】

许渊冲:文学翻译与翻译文学

1990年,《世界文学》(双月刊)第1期,第277-284页。

Rubáiyát 译为"鲁拜集"。

Omar Khayyám 未译名。

Edward FitzGerald 译为"费茨杰拉德"。

2006年1月,许渊冲著《翻译的艺术》(增订本),五洲传播出版社,第178页。

2018年1月,许渊冲著《翻译的艺术》(修订版),五洲传播出版社,第198页。

———

"文学翻译的最高目标是成为翻译文学,也就是说,翻译作品本身要是文学作品。三百年来,在世界范围内,成为文学作品的译作不多。如以英美文学而论,18世纪蒲伯译的荷马史诗《伊利亚特》和《奥德赛》,19世纪费茨杰拉德译的《鲁拜集》,20世纪庞德译的李白和雷罗斯译的杜甫,都曾被编入《英诗选集》,翻译作品本身成为文学作品了。"

【777】

辜正坤:维多利亚王朝诗人(词条)

1990年2月,辜正坤主编《世界名诗鉴赏辞典》,北京大学出版社,第900页。

Rubáiyát 译为"鲁拜集"。

Omar Khayyám 未译名。

Edward FitzGerald 译为"爱德华·菲茨杰拉德"。

1998年8月,辜正坤著《中西诗鉴赏与翻译/维多利亚王朝诗人》,湖南人民出版社,第120页。

"在19世纪后期三分之一的时间里,人们对史文朋、爱德华·菲茨杰拉德(作品《鲁拜集》)和后来的A.E.豪斯曼的新异教信仰主义中的种种虔诚行为作出了新的反应。"

【778】

《新编外国文学教程》:波斯文学

1990年8月,李锡禧、谭燧主编《新编外国文学教程/上/文学史部分/亚非文学/第二章/中古文学/第三节/波斯文学/二、中古波斯文学的发展概况》(上下册),湖南师范大学出版社,第442、444-445页。

Rubáiyát 译为"鲁拜集"。

Omar Khayyám 译为"欧玛尔·海亚姆/莪·伽亚谟"。

Edward FitzGerald 译为"费茨吉拉德"。

"在艺术上,海亚姆的鲁拜诗,语言朴实洗练、旋律优美轻快、风格含蓄深沉、思想广阔深邃,富有哲理性,对后世波斯文学的发展有着重要的影响。"

【779】

王慧才:波斯文学/概况

1990年8月,陶德臻主编《外国文学史纲/第一编/东方文学/第二章/中古文学/第六节/一、》,北京出版社,第72页。

Rubáiyát 译为"鲁拜集/四行诗"。

Omar Khayyám 译为"海亚姆"。

Edward FitzGerald 未译名。

此版为"高等学校文科教材"丛书之一。

"《鲁拜集》是海亚姆在文学上的主要贡献。他30多岁开始写诗,一生共写过三百多

首'鲁拜'(四行诗)体抒情诗。因都未注明日期,无法探知其创作过程。但生活在赛尔柱帝国社会矛盾不断加深的时代,诗人对专制制度、禁欲主义的强烈抗议和大胆挑战,对自由、平等的热烈渴求都跃然纸上:/一旦我能主宰这凶恶的苍天,/我就把它摧毁,加以重建,/不让任何障碍阻挡高高[尚]的愿望,/让欢乐充满人间。"

【780】
孟昭毅:中伊文学交流史断想

1991年,《国外文学/波斯文学专号/论文》(季刊)第1期(总第41期),第1-12页。

Rubáiyát 译为"柔巴依/鲁拜集/海亚姆的四行诗"。

Omar Khayyám 译为"欧玛尔·海亚姆"。

Edward FitzGerald 未译名。

"……著名哲理诗人欧玛尔·海亚姆运用名为'柔巴依'的古典抒情诗形式进行创作,颇富盛名。'柔巴依'格律独特而严谨,适于吟咏,每首四行,独立成篇。每行诗由五个音组构成,一二四行或四行全部押尾韵。这种出现于九、十世纪波斯和塔吉克民间口头创作的诗体,在波斯古典文学奠基人鲁达基时代定型,到十一世纪中叶海亚姆时代达到繁荣。同时在阿拉伯语以及包括维吾尔语在内的突厥语等东方语言文学中也有出现,是深受人们喜爱的一种抒情诗形式。在古代波斯'柔巴依'又称为'塔兰涅',意即'绝句'。据中国杨宪益等一些学者考证,这种可能来自中亚突厥文化传统的诗体,与中国唐代的绝句同出一源,或者可能是唐代绝句通过突厥文化传入波斯而形成。中国新疆塔吉克民族甚至认为'柔巴依'这种四行诗体,首见于塔吉克,是生于丝绸之路上的沙布尔市的海亚姆加以完善和发展成'柔巴依'的。"

【781】
黎跃进:东方理智文化的春与秋——波斯古典诗歌中的人生哲理格言与中国的《增广贤文》比较

1991年,《国外文学/波斯文学专号/比较文学》(季刊)第1期(总第41期),第179-198页。

Rubáiyát 译为"鲁拜集/柔巴依集/海亚姆哲理诗"。

Omar Khayyám 译为"海亚姆"。

◇《鲁拜集》汉译书目

Edward FitzGerald 未译名。

———

"即使象海亚姆这样具有朴素唯物主义思想的诗人,也由'不可知论'和现实人生的悲苦走向了'宿命论',发出'乐天知命'的呼喊:/因为你的衣食生计皆由命运的上苍注定,/所以你不要妄想减少或企图增添,/对你眼下所有的应该感到满意,/对你所没有的也要乐天知命。"

【782】
胡泽刚:庞德的启示——评庞德的译作《华夏》兼论汉诗英译中的一个问题

1991 年 4 月 20 日,《外国语(上海外国语学院学报)》(双月刊)第 2 期(总第 72 期),第 54-59,48 页。

Rubáiyát 译为"鲁拜集"。

Omar Khayyám 译为"莪默·伽亚谟"。

Edward FitzGerald 译为"费兹杰拉德"。

———

"在英国名诗的群峰丛中耸立着一座'飞来峰'——英国十九世纪诗人费兹杰拉德翻译的十三世纪波斯科学家、诗人莪默·伽亚谟的长诗《鲁拜集》,在大西洋的彼岸与之遥遥相对的、美国诗歌的杰作之中则有现代美国大诗人庞德译的《华夏》。""然而费兹杰拉德的翻译是彻头彻尾的改写,因为他的译文从形式到思想内容与原作相去甚远;他还把另外几位波斯诗人的一些诗句塞进莪默·伽业谟的作品中。"

【783】
谭载喜:英国的翻译……

1991 年 5 月,谭载喜著《西方翻译简史/第五章/近代翻译/第四节》,商务印书馆,第 168-169 页。

Rubáiyát 译为"鲁拜集"。

Omar Khayyám 译为"莪默·伽亚谟"。

Edward FitzGerald 译为"爱德华·菲茨杰拉尔德"。

2004 年 12 月,谭载喜著《西方翻译简史(增订版)/第五章/近代翻译/第四节》,商务印书馆,第 132-133、185、292 页。

"菲茨杰拉德出版《鲁拜集》的主要贡献在于:(1)他通过模仿原诗格律,为英语创立了一种新的诗体,该诗体由四行组成,每行为五个音步,第三行不押韵;(2)他使英国读者了解到东方国家的一些情调。正如一位叫菲茨毛里斯-凯利 Fitzmaurice-Kelly 的评论家所说:'通过一种奇迹般的、坚韧不拔的聪明才智,一个几乎被遗忘的波斯诗人脱胎换骨变成了厌世的英国天才。'"

【784】
[瑞典]托·柴特霍姆、[英国]彼得·昆内尔编著/黄绮静译:伊斯兰国家

1991年7月,[瑞典]托·柴特霍姆、[英国]彼得·昆内尔编著/李文俊等译《彩色插图世界文学史/四、中世纪/东方》,漓江出版社,第50-51页。

Rubáiyát 译为"鲁拜集"。

Omar Khayyám 译为"欧玛尔·海亚姆"。

Edward FitzGerald 译为"爱德华·菲茨杰拉德"。

"直到19世纪,西方人才再次注意到阿拉伯文学及其艺术特点,尤其是波斯诗歌。……1859年英国作家爱德华·菲茨杰拉德又把欧玛尔·海亚姆的一部大型四行诗集《鲁拜集》译成自由体英文诗集。欧玛尔·海亚姆是11世纪后期的波斯诗人,哲学家兼数学家;菲茨杰拉德的《鲁拜集》英译本深受拉斐尔前派兄弟会的喜爱,现已成为人们最常引用其中诗句的集子之一。"

【785】
阿·图尔迪、郝关中:柔巴依(条目)

1991年10月,马良春、李福田总主编《中国文学大辞典/第六卷》(1-8卷),天津人民出版社,第4636页。

Rubáiyát 译为"柔巴依/鲁拜"。

Omar Khayyám 未译名。

Edward FitzGerald 未译名。

"柔巴依/维吾尔、乌孜别克、塔吉克等民族文学中的一种古典诗体。""内容多阐发某

种哲理或诗人瞬间的感受,以不多的笔墨表达一种深刻的思想见解,语言简洁,意味隽永,耐人寻味。"

【786】
元文琪:伊朗的古典格律诗主要有哪几种?

1991年10月,中国社会科学院世界宗教研究所伊斯兰教研究室编《伊斯兰教文化面面观/87.》,齐鲁书社,第182-186页。

Rubáiyát 译为"鲁巴伊"。

Omar Khayyám 译为"欧麦尔·哈亚姆"。

Edward FitzGerald 译为"费茨吉拉德"。

此版为"宗教文化通俗丛书"之一。

―――

"鲁巴伊约产生于9世纪末10世纪初,据传其创始人为鲁达基。起初它多在酒宴和聚会上配乐吟唱,故又名'塔朗内'(意为歌曲)。……伊朗著名的鲁巴伊诗人不少,其中翘楚当推欧麦尔·哈亚姆(1048-1132),他的诗作朴实无华,词意隽永,富于哲理,耐人寻味。"

【787】
张晖:《痴醉的恋歌——波斯柔巴依集》译者序

1991年12月,张晖译《痴醉的恋歌——波斯柔巴依集》,漓江出版社,第1-5页。

Rubáiyát 译为"柔巴依集"。

Omar Khayyám 译为"欧玛尔·哈亚姆"。

Edward FitzGerald 译为"费茨吉拉德"。

―――

"……英国人虽对自己的四行诗[quatrain]不感兴趣,却对波斯柔巴依[roba'i]十分青睐。欧玛尔·哈亚姆的《柔巴依集》被译成英文后,英国曾一度出现'柔巴依热'。……"

【788】
陈融:哈菲兹与歌德——兼论波斯文学的总体美感特征

1992年,《外国文学研究》(双月刊)第1期,第111-117页。

Rubáiyát 未译名。

Omar Khayyám 译为"莪默·伽亚谟"。

Edward FitzGerald 未译名。

———

"国内一些学者已经注意到伽亚谟和哈菲兹诗歌的不同与相似之处,并作出了种种解脱[释]。而在我看来,这两位诗人正是分属于上述两种不同色彩类别。伽亚谟属于暗色调的,他的诗显得悲怆有力;哈菲兹属于明色调的,他的诗显得伤感沉郁。而他们又共同体现了波斯文学的总体美感特征——苍凉沉郁"。

【789】
郑同:"黄"及"黑"、"白"、"灰"

1992年5月16日,《文汇读书周报》第3版。

Rubáiyát 译为"柔巴依/鲁拜"。

Omar Khayyám 译为"迦默"。

Edward FitzGerald 未译名。

———

"'灰'的含义倒还明白,大体指颓废消沉等等。用到文艺问题上,亦应慎重。有些非昂扬作品,如《二泉映月》的二胡曲,朱自清的散文《匆匆》,波斯诗人迦默的《柔巴依》(鲁拜),就不能因为其中包含的阴郁色彩而斥之为'灰'。即使有'灰'色,也不是个简单取缔扫除的问题。"

【790】
杨烈:中世波斯(伊朗)文学

1992年10月,杨烈主编《世界文学史话(第一卷)/中世纪》(二卷本),黑龙江人民出版社,第272-274页。

Rubáiyát 译为"鲁拜集"。

Omar Khayyám 译为"莪默·迦亚谟"。

Edward FitzGerald 译为"菲兹杰拉尔德"。

2018年4月,杨烈著《世界文学史/第十章》,复旦大学出版社,第202-203页。

此版为"林骧华编/复旦百年经典文库"丛书之一。

"迦亚谟的诗,在唯心的观察中有物质的潜流。他写存在的永恒和天体诸星,也写时间的万能,但他又激烈反对来世生活的主张。他号召人们享受现世生活的快乐。他的诗也反对世上的不公平的制度。很多诗渗透着悲观主义和神秘哲学。他谴责僧侣的虚伪和伪善,歌颂自由而轻快的享乐者,轻视宗教法规。诗句精警,语言简练。"

【791】
何乃英:伊朗诗歌发展史纲

1992 年 10 月,何乃英编著《伊朗古今名诗选译/序言/二、中古文学》,北京师范大学出版社,第 11 页。

Rubáiyát 译为"四行诗"。

Omar Khayyám 译为"欧玛尔·海亚姆"。

Edward FitzGerald 未译名。

"四行诗由鲁达基创立以后,……而欧玛尔·海亚姆则进而将四行诗提高了一大步,使之成为思想深邃、言简意赅的哲理诗,并且对于后世诗歌的发展产生了深远的影响。"

【792】
陈福康:闻一多论译诗

1992 年 11 月,陈福康著《中国译学理论史稿/第三章/中国现代译学理论/十》,上海外语教育出版社,第 285 - 288 页。

Rubáiyát 译为"鲁拜集"。

Omar Khayyám 译为"莪默·伽亚谟"。

Edward FitzGerald 译为"斐芝吉乐"。

"《莪默伽亚谟之绝句》一文共分三节:一、郭译订误,二、郭译总评,三、怎样读莪默。其译诗理论主要见于前二节中。在第一节,他指出莪默的名诗很不容易翻译,其中有两种难处:第一是诗中文字本有艰深费解之处;这还不算,第二种更难的是要用中文从英文里转译出波斯文的精神来。"

【793】

李文钟:"为美好的时刻活着"——波斯文化与盛唐李白诗歌之关系

1992年12月,《昆明师专学报(哲学社会科学版)》(双月刊)第14卷第4期,第39-43页。

Rubáiyát 译为"鲁拜集"。

Omar Khayyám 译为"莪默·海亚姆"。

Edward FitzGerald 未译名。

"醇酒妇人,亦为波斯诗人吟咏陶醉之重要主题。如莪默·海亚姆《鲁拜集》中,竟将诗、酒、美人与诗人自己四者融合为一,极颠倒淋漓之能事:……与李白一样,非一个'颓废'了得。醇酒妇人中,盖深蕴风刀霜剑人生之一把辛酸泪,也包含'白头理智'无数探索碰壁后的哲理。"

【794】

《东方文学辞典》:波斯诗人(条目)

1992年12月,季羡林主编《东方文学辞典/伊朗》,吉林教育出版社,第139-141页。

Rubáiyát 译为"四行诗"。

Omar Khayyám 译为"欧玛尔·海亚姆"。

Edward FitzGerald 未译名。

"在塞尔柱王朝(1055-1194)时期,出现了著名的四行诗人欧玛尔·海亚姆(1048-1122)。他的诗具有深刻的哲理和强烈的反封建反宗教的色彩。"

【795】

[伊朗]穆扎法尔·巴赫蒂亚尔:萨迪在西方文学中的崇高地位

1993年,[伊朗]穆扎法尔·巴赫蒂亚尔文/黄璟译《萨迪在西方文学中的崇高地位》,《国外文学》(季刊)第1期,第70-74页。

Rubáiyát 译为"四行诗"。

Omar Khayyám 译为"海亚姆"。

Edward FitzGerald 译为"费慈吉拉德"。

———

"英国杰出的东方学家威廉·琼斯把《果园》的优秀英译本与英国大诗人蒲柏和德莱顿的著作相提并论,琼斯在一本关于波斯语语法的书中,推荐《蔷薇园》作为学习波斯语的初级课本。海亚姆的四行诗著名译者费慈吉拉德根据琼斯的建议,于1854年以阅读《蔷薇园》作为学习波斯语的开端,并在给他的亲密朋友卡维尔女士的措词优美的信中提到它。"

【796】
陈建中:吴宓的译诗(下)

1993年,《外语教学与研究》(双月刊)第3期(总第95期),第55-58页。

Rubáiyát 译为"鲁拜集"。

Omar Khayyám 未译名。

Edward FitzGerald 未译名。

———

"吴宓的译文诗味浓郁,具有当时一般新诗难以企及的效果,就是比起同时代的郭沫若和梁实秋来也毫不逊色。试比较这三人译的《鲁拜集》[Rubiayat]中的第28节……"
"综观《鲁拜集》,读者可以发现,诗中的'我'正如'风'意象所代表的自由精神和不安的情绪一样只求今日不求明天,追求美酒和爱情,因此对收获不多并不遗憾。"

【797】
王佐良:司各特及其他诗人

1993年6月,王佐良著《英国诗史/第十一章/四》,译林出版社,第393页。

Rubáiyát 译为"鲁拜集"。

Omar Khayyám 译为"峨墨·伽亚谟"。

Edward FitzGerald 译为"爱德华·费兹裘罗尔"。

1997年7月第2版,王佐良著《英国诗史/第十一章/四》,译林出版社,第374页。

此版为"英国文体文学史丛书"之一。

2008年8月第2版,王佐良著《英国诗史/第12章/19世纪诗歌,丁尼生、勃朗宁》,凤凰出版传媒集团/译林出版社,第393页。

1996年10月,王佐良著《英国文学史/第十四章/十九世纪诗歌/世纪中叶的其他诗人》,商务印书馆,第372页。

2017年7月,王佐良著《英国文学史/第十四章/十九世纪诗歌》,商务印书馆,第372页。

2016年2月,王佐良著《王佐良全集/第一卷/英国文学史/第十四章/十九世纪诗歌/世纪中叶的其他诗人》,外语教学与研究出版社,第417页。

2016年2月,王佐良著《王佐良全集/第二卷/英国诗史/第十一章/四》,外语教学与研究出版社,第434页。

"另一位是爱德华·费兹裘罗尔(1809-1883),他是诗歌翻译家,所译11世纪波斯诗人峨墨·伽亚谟的《鲁拜集》(1859)虽被学者们认为有许多不忠于原文之处,却以其清新的东方情调和一种但求今世欢乐的思想打动了读者的心,成为文学史上名译之一。此书在中国有诗人郭沫若的再译本。"

【798】
王向远:美色、美酒与波斯古典诗歌

1993年8月25日,《国外文学/诗与诗人》(季刊)第3期(总第51期),第83-88页。

Rubáiyát 未译名。

Omar Khayyám 译为"海亚姆"。

Edward FitzGerald 未译名。

1993年12月,陶德臻、何乃英编选《伊朗文学论集》,江西人民出版社,第43-53页。

此版为"东方文化丛书"之一。

2007年10月,王向远著《王向远著作集/第七卷/比较文学学科论/第三章/研究对象/第二节/比较创作学/附例义》,宁夏人民出版社,第155-163页。

"诗人海亚姆(约1048-1122)的至乐境界是:'愿时时厮伴着如花的女郎,愿日日手

不离杯盏与酒浆'或'一手高擎酒杯,一手把情人的秀发轻挽'或'饮一口美酒,心中恋着如月的姑娘。'有时,他干脆把美酒与美女合为一谈,叹道:'啊,美酒,你是找这浪子的情人。'"

【799】
陶德臻、何乃英:伊朗文学嬗变概观

  1993年12月,陶德臻、何乃英编选《伊朗文学论集》,江西人民出版社,第19-33页。

  Rubáiyát 译为"四行诗"。

  Omar Khayyám 译为"欧玛尔·海亚姆"。

  Edward FitzGerald 未译名。

  此版为"东方文化丛书"之一。

———

"欧玛尔·海亚姆(1048-1122)是塞尔柱王朝的著名哲理诗人,也是伊朗文学史上最著名的诗人之一。他以四行诗的形式,表现对人生的积极探索,对现实的深刻解剖,对神学的大胆批评。他在前人创作的基础上,将四行诗提高了一大步,使之成为思想深邃、言简意赅的哲理诗,并且对于后世诗歌的发展产生了深远的影响。"

【800】
张晖:波斯诗歌及其在世界诗歌史上的地位

  1993年12月,陶德臻、何乃英编选《伊朗文学论集》,江西人民出版社,第34-42页。

  Rubáiyát 译为"四行诗"。

  Omar Khayyám 译为"欧玛尔·海亚姆"。

  Edward FitzGerald 未译名。

  此版为"东方文化丛书"之一。

———

"波斯诗人还常用四行诗来写哲理,言简意赅、内含深邃,其中以欧玛尔·海亚姆的诗歌影响最大。他的诗歌对人生进行了冷峻、深刻的思考。现在世界上没有译过他的诗歌的文字已不多……"。

【801】
宁宓用:波斯文学思想艺术特征浅议

1993年12月,陶德臻、何乃英编选《伊朗文学论集》,江西人民出版社,54–63页。

Rubáiyát 译为"鲁拜集"。

Omar Khayyám 译为"海亚姆"。

Edward FitzGerald 未译名。

此版为"东方文化丛书"之一。

———

"[海亚姆]作为一名自然科学家,他具有更多的唯物辩证的思维,使他对世界、社会、人生进行哲理性的思索、探讨。他曾写道:/年老年轻一代接着一代,/代代世人接踵去来。/谁也无法永远占据这世界,/有来有去,有去又有人来。"

【802】
[爱尔兰/日本]小泉八云:读拜伦

1994年1月,[爱尔兰/日本]小泉八云著/孟修译:《小泉八云散文选/读拜伦》,百花文艺出版社,第192页。

Rubáiyát 译为"四行诗集"。

Omar Khayyám 译为"俄默伽耶"。

Edward FitzGerald 译为"爱·费兹杰拉尔德"。

2005年5月第2版。

2009年6月第3版。

此版为"外国名家散文丛书"之一。

———

"我想你们会记得俄默伽耶的《四行诗集》的英译本,其中有又一个把人的生命比作泡沫的比喻;……"。

【803】
王向远:波斯古典诗歌

1994年2月,王向远著《东方文学史通论/第二编/贵族化的文学时代/

第三章/东方古典诗歌/第四节》,上海文艺出版社,第 84-95 页。

Rubáiyát 未译名。

Omar Khayyám 译为"欧玛尔·海亚姆/莪默·伽亚谟"。

Edward FitzGerald 未译名。

2007 年 10 月,王向远著《王向远著作集/第一卷/东方文学史通论/第二编/贵族化的文学时代/第三章/东方古典诗歌/第四节》,宁夏人民出版社,第 54-61 页。

Edward FitzGerald 译为"费兹杰拉德"。

———

"欧玛尔·海亚姆……是一位著名学者、哲学家和科学家,多才多艺犹似中国的张衡。……在艺术上,他把鲁达吉创造的四行诗体推向了高度成熟完美的境界。""诗人海亚姆的至乐境界……干脆把美酒与美女合为一谈,叹道'啊,美酒,你是我这浪子的情人。'"

【804】
何茂正:统摄原意,另铸新词——论诗歌的翻译

1994 年 6 月,杜承南、文军主编《中国当代翻译百论/翻译理论与翻译技巧》,重庆大学出版社,第 314-322 页。

Rubáiyát 译为"鲁拜集"。

Omar Khayyám 未译名。

Edward FitzGerald 未译名。

———

"我们看看 Rubaiy[应为 Rubáiyát]（《鲁拜集》）第一首头几行……闻一多译为:/醒呀! 石弹抛进了天碗,/已经驱得群星四散;/东方的猎人放出光绳/又套住了苏丹底塔尖。/郭沫若译为:/醒呀! 太阳驱散了群星,/暗夜从空中逃遁,/灿烂的金箭,/射中了酥丹的高瓴。/闻一多的英文相当精确显豁,已是很美的了,但闻一多却推崇郭沫若的译文,誉之为'神奇的工作',这是因为郭沫若更好地转达了原诗的风格神韵,诗味更足一些,尽管郭译比闻译表面上离英译原句远一些。"

【805】
江家骏:读汉译《英诗金库》对照本的几点管见

1994年6月,杜承南、文军主编《中国当代翻译百论/译评》,重庆大学出版社,第781–786页。

Rubáiyát 译为"鲁拜集/柔巴依集"。

Omar Khayyám 译为"奥马尔·哈亚姆"。

Edward FitzGerald 未译名。

"天地是飘摇的逆旅,/昼夜是逆旅的门户;/多少苏丹与荣华,/住不多时,又匆匆离去。/上面这首诗似应属于郭老所说的'译得相当满意'的'好几首'之一。我并无意否认现在《汉译〈英诗金库〉》入选的这首诗译得不错。但郭老上面这首汉译,确是译得相当成功的,尤其是把它吟诵起来,便更觉诗味无穷。"

【806】

许渊冲:谈"比较翻译学"

1994年12月15日,《外语与翻译》(季刊)第3期(总第3期),第8–13页。

Rubáiyát 译为"鲁拜集"。

Omar Khayyám 未译名。

Edward FitzGerald 译为"菲茨杰拉德"。

2018年1月,许渊冲著《翻译艺术学》(修订版),五洲传播出版社,第214–220页。

许渊冲著《翻译的艺术》(增订本),五洲传播出版社2006年1月版,收入该文(第194–203页)为删减版,无"鲁拜集"内容。

"'译诗,不求形似,单求神似而获得成功者',最著名的例子,是菲茨杰拉德英译的《鲁拜集》,英文学者几乎无人不知,而江枫却断言'绝无一例'。"

【807】

张鸿年:《波斯古代诗选》译本序

1995年5月,张鸿年编选/张鸿年、邢秉顺、张晖、元文祺译《波斯古代诗选/欧玛尔·海亚姆》,人民文学出版社,序第1–10页。

Rubáiyát 译为"鲁拜集"。

◇《鲁拜集》汉译书目

Omar Khayyám 译为"欧玛尔·海亚姆/莪默·伽亚谟"。
Edward FitzGerald 未译名。

"在福州市郊一位伊朗人的墓碑上,刻着一首欧玛尔·海亚姆的四行诗:/从地底深处直到土星之巅,/我已解决了宇宙的一切疑难,/如今,没有什么问题使我困惑,/但是,面对死亡之结我仍感茫然。/该诗的时间是一三○六年。"(作者注:这首诗是福州社科院陈达生同志在一九九三年北大东方学系伊朗文化研究所召开的"伊朗文学研讨会"上提供的。)

【808】
谢天振:翻译文学当然是中国文学的组成部分——与王树荣先生商榷

1995 年 7 月 10 日,《书城杂志》(双月刊)第 4 期(总第 19 期),第 25 - 27 页。

Rubáiyát 译为"鲁拜集"。
Omar Khayyám 未译名。
Edward FitzGerald 译为"菲茨杰拉德"。

"……《剑桥英国文学简史》里面提到翻译的地方达 206 处之多,提到译者 182 人,译作 234 种;另一本名为《文学史纲》,里面提到翻译的地方为 91 处,提到译者 65 人,译作 106 种。英国翻译家菲茨杰拉德翻译的波斯诗人的诗集《鲁拜集》也被视作英国文学史上的杰作。"

【809】
施志元:汉译外国作品与中国文学——不敢苟同谢天振先生的高见

1995 年 7 月 10 日,《书城杂志》(双月刊)第 4 期(总第 19 期),第 27 - 29 页。

Rubáiyát 译为"鲁拜集"。
Omar Khayyám 译为"莪默伽亚谟/欧玛尔·海亚姆"。
Edward FitzGerald 译为"菲茨杰拉德/F 氏"。
施志元,本名倪墨炎。
1998 年 12 月,倪墨炎著《现代文坛内外/朱湘的译诗集〈番石榴集〉/汉译外国作品与中国文学》,汉语大词典出版社,第 124、149 – 154 页。

此版为"书友文丛"丛书之一。

———

"……F 氏的英译《拜鲁集》[疑印刷错误]实际上是根据波斯原诗诗意的重新创作。这就和一般的翻译大为不同。否则,英国每年都有大量外国文学作品的译本,何以单单把 F 氏译的《拜鲁集》视为'英国文学'呢?"

【810】
梁宗巨:数学历史典故

1995 年 7 月,梁宗巨著《数学历史典故/十七/圆锥曲线/(四)中世纪以后》,辽宁教育出版社,第 423 – 426 页。

Rubáiyát 未译名。

Omar Khayyám 译为"奥马海亚姆"。

Edward FitzGerald 未译名。

———

"阿拉伯数学家对圆锥曲线作了很多的探索,最值得称道的奥马海亚姆用圆锥曲线来解三次方程。""奥马海亚姆写了一本代数学专著,阐述方程(主要是三次)的几何解法。""奥马海亚姆用几何方法解三次方程,发展了欧几里得的几何代数,使几何和代数更紧密地联系起来,这是一项重要的贡献。"

【811】
何乃英:欧玛尔·海亚姆

1995 年 8 月,陈惇、何乃英主编《外国文学史纲要/第一部分/亚非文学/第二章/中古文学/第四节/西亚、北非文学》,北京师范大学出版社,第 42、48 – 49 页。

Rubáiyát 译为"四行诗/鲁拜"。

Omar Khayyám 译为"欧玛尔·海亚姆"。

Edward FitzGerald 未译名。

此版为"高等院校汉语言文学专业必修课系列教材"丛书之一。

———

"欧玛尔·海亚姆(1048 – 1122)是伊朗塞尔柱王朝时期的诗人。他生于霍拉桑的内沙浦尔,从小聪慧好学,广泛涉猎各种知识。其后在数学、医学、天文学和哲学等方面取得了很高的成就,成为当时的著名科学家。他的哲学思想既在他所撰写的哲学论文中有明确表述,也在他所创作的诗篇里得到艺术体现。后者使他的诗歌充满哲理味道,使他成为伊朗有史以来最负盛名的哲理诗人。"

【812】
江枫:关于英诗汉译的形似与神似——答许渊冲

1995年9月15日,《外语与翻译》(季刊)第3期(总第6期),第11–16页。

Rubáiyát 译为"鲁拜集"。

Omar Khayyám 译为"欧玛尔·海亚姆"。

Edward FitzGerald 译为"菲茨杰拉德"。

———

"……菲茨杰拉德译文对欧玛尔·海亚姆原作的似与不似,除了那在西方显得独特的绝句式四行诗的格律和醇酒妇人形象这类形式因素想当然与原作相似以外,在神似与否的问题上,我江枫没有发言权,许渊冲若不懂波斯文则同样没有发言权……既然英国有关专家,想当然是懂波斯文的专家,对译文是否忠实尚且长时期聚讼纷纭莫衷一是,怎么能不对照原文比较译文就把它抓过来当作不求形似而居然神似的一例呢?菲茨杰拉德的成功,是他笔下作品作为优美英语诗歌的成功!"

【813】
张芝联:五十五年前的一次尝试

1995年,《读书》(月刊)第12期,第128页。

Rubáiyát 译为"鲁拜集"。

Omar Khayyám 译为"奥马·卡雅姆"。

Edward FitzGerald 未译名。

2007年11月,张芝联著《我的学术之路》,生活·读书·新知三联书店,第264页。

———

"……我们收到了孙毓棠寄来的波斯诗人奥马·卡雅姆的《鲁拜集》四行诗一〇一首全部译文,令人喜出望外。于是破例用英汉对照排印,分两期登完。孙先生是历史学家、诗人、作家,他的译文简直无懈可击。"

【814】
李业道:《吕骥评传/第一部分1909－1937(中)》

1996年,《音乐研究 MUSIC STUDY》第1期,第42－52页。

Rubáiyát 译为"鲁拜集"。

Omar Khayyám 译为"伽亚默"。

Edward FitzGerald 未译名。

2001年6月,李业道著《吕骥评传/第一部分1909－1937》,人民音乐出版社,第18页。

———

"郭沫若翻译的伽亚默的《鲁拜集》引起了吕骥的兴趣,他将集中几首诗谱了曲,收入《吕骥歌曲选集》的《鲁拜集第廿一首》就是其中的一首。从诗的内容和曲调看,当时吕骥似乎是在浪漫主义文艺思潮影响下寻找什么,他在这方面的尝试没有得到肯定的结果,而艺术思考已越出校门了。浪漫主义的幻想和激情常常是现实主义不可缺少的补充。"

【815】
黄杲炘:格律诗翻译中的"接轨"问题

1996年,《外国语(上海外国语大学学报)》(双月刊)第4期(总第104期),第65－68页。

Rubáiyát 译为"柔巴依集"。

Omar Khayyám 未译名。

Edward FitzGerald 未译名。

1999年11月,黄杲炘著《从柔巴依到坎特伯雷——英语诗汉译研究》,湖北教育出版社,第139－148页。

此版为"中华翻译研究丛书之十"。

2007年9月,黄杲炘著《英语诗汉译研究——从柔巴依到坎特伯雷(修订本)》,湖北长江出版集团/湖北教育出版社,第139－148页。此版为"中华翻译研究"丛书第二辑(十)。

———

"柔巴依体(一译鲁拜)是源出中亚的一种诗体,流行在从我国新疆到伊朗等中西亚地区的民族中。这种诗体的节律与英语中的抑扬格五音步较为接近,但其韵式与我国的绝句一样为 aaba 或 aaaa,这是英国诗歌中没有的。1859 年,Edward FitzGerald 出版了他的《柔巴依集》,使这种格律的诗体传遍了世界,而凭这韵式,英国诗中也就多了个一眼就可辨认出来的外来诗体。"

【816】
［美国］房龙:波斯艺术

1996 年 10 月,［美国］房龙著/衣成信译《人类的艺术/(上册)/第 13 章》,中国和平出版社,第 188 - 190 页。

Rubáiyát 译为"鲁拜集"。

Omar Khayyám 译为"欧玛尔·海亚姆"。

Edward FitzGerald 译为"爱德华·菲茨杰拉德"。

1989 年 11 月,［美国］亨德里克·威廉·房龙著/衣成信译《人类的艺术(上下册)》,中国文联出版公司,第 192 - 199 页。

1999 年 6 月,［美国］房龙［Hendrik Willem Van Loon］著/衣成信译《人类的艺术(上下册)》,台湾台北米娜贝尔出版公司。

2010 年 12 月,［美国］房龙［Van Loon, H. W.］著/衣成信译《人类的艺术(上)/第十三章/波斯/艺术的花园》,海峡出版发行集团/鹭江出版社,第 129 - 130 页。

2016 年 3 月,［美国］亨德里克·威廉·房龙著/衣成信译《人类的艺术》,中国出版集团/现代出版社。

1999 年 10 月,房龙绘/聂作平文《房龙图话/艺术王国的藏宝图/波斯地毯之外》,四川文艺出版社,第 247 - 248 页。

2000 年 5 月,［美国］房龙著/聂作平编译《房龙论艺术/文学篇/欧玛尔·海亚姆的诗》,四川文艺出版社,第 70 - 71 页。

Edward FitzGerald 译为"爱德华·莫茨杰拉德"。

2001 年 1 月,［美国］房龙著/赵茜、赵栩译《房龙文集/艺术/16/中世纪的波斯》,北京出版社,第 202 - 203 页。

2004 年 8 月,［美国］亨德里克·威廉·房龙著/赵茜、赵栩译《房龙文集/艺术/中世纪的波斯》,北京出版社,第 126 页。此版为"伦洋书坊"丛书之一。

2003年1月,[美国]亨德里克·房龙著/王英文译《艺术的故事/第一卷/中世纪的波斯》,山东美术出版社,第158页。

2005年6月,[美国]亨德里克·房龙著/李龙机译《人类的艺术(插图珍藏本)/上/第十六章/中世纪的波斯帝国》(上下册),陕西师范大学出版社,第157-158页。

Omar Khayyám译为"欧马尔·海约姆"。

此版为"发现世界丛书"之一。

2008年2月,[美国]亨德里克·房龙著/李龙机译《人类的艺术(彩色插图增修本)/第十六章/中世纪的波斯帝国》,陕西师范大学出版社,第153-155页。

2009年9月,[美国]亨德里克·威廉·房龙著/李含译《人类的艺术/波斯》,武汉出版社,第66页。

2010年4月,[美国]亨德里克·威廉·房龙著/周亚群译《人类的艺术/第九章/波斯艺术》,中国友谊出版公司,第54-55页。

2011年10月,[美国]房龙[Van Loon, H. W.]著/杨家盛译《人类的艺术/第十三章/波斯艺术/艺术之园》,时代出版传媒股份有限公司/安徽文艺出版社,第206-208页。

此版为"理想图文藏书系列·房龙作品"丛书之一。

2012年2月,[美国]房龙[Van Loon, H. W.]著/陈静译《人类的艺术/第十五章/中世纪的波斯》,凤凰出版传媒集团/凤凰出版传媒股份有限公司/江苏文艺出版社,第150-151页。

此版为"房龙作品典藏"丛书之一。

"真正能够影响全人类的书想起来,只有屈指可数的几本。而其中的一本,短短的不到二十页,我指的是欧玛尔·海亚姆的诗。""你读过《鲁拜集》吗?这是一本影响世界和全人类进程的书。仔细思索一下,世上伟大的著作实在是寥寥无几,而欧玛尔·海亚姆的《鲁拜集》必定是其中之一。""欧玛尔用诗句为我们建造了一座开满玫瑰的花园,每当读到他的诗句,我总是禁不住对自己说,'这是一个多么美妙的世界啊!柔和的月光挥洒在塔楼上,阴影斑驳;盛开的玫瑰丛中随处可以听到夜莺的啼叫,悦耳动听;有甘美的芳醇相陪,有婀娜多姿的少女相伴,还有那潺潺流水。这么完美,这么令人神往的世界,恐怕世界上从来没有过吧?'"

◇《鲁拜集》汉译书目

【817】
[阿根廷]博尔赫斯:棋(诗歌)

1996年11月,[阿根廷]博尔赫斯著/陈东飙、陈子弘等译《博尔赫斯文集·诗歌随笔卷/另一个,同一个》,海南国际新闻出版中心,第88-89页。

Rubáiyát 译为"鲁拜集"。

Omar Khayyám 译为"欧玛尔·海亚姆"。

Edward FitzGerald 未译名。

此版为"守望者文库/世界文学大师文丛"丛书之一。

1999年12月,[阿根廷]博尔赫斯著/林之木、王永年译《博尔赫斯全集/诗歌卷[上]/诗人(1960)》,浙江文艺出版社,第155-156页。

2003年1月,[阿根廷]博尔赫斯著/陈东飙译《博尔赫斯诗选》,河北教育出版社,第99-101页。

此版为"20世纪世界诗歌译丛/第二辑"丛书之一。

―――

陈东飙译:"而棋手同样也是被禁锢的囚徒/(这句话出自欧玛尔)在另一个/黑夜与白天构成的棋盘上。""是上帝移动棋手,后者移动棋子。/在上帝身后,又是什么上帝设下了/这尘土,时间,睡梦与痛苦的布局?"

林之木译:"黑夜与白天组成另一张棋盘,/牢牢地将棋手囚禁在了中间/(这可是欧玛尔所作出的论断)。""上帝操纵棋手,棋手摆布棋子。/上帝背后,又有哪位神祇设下/尘埃、时光、梦境和苦痛的羁绊?"

【818】
王巍:阿拉伯数学

1996年11月,周一良、林耀华名誉主编/史仲文、胡晓林主编《世界全史(精装合订本)/第8卷/王巍著〈037、世界中世纪科技史/二、数学/2.〉》,中国国际广播出版社,第24-25页。

Rubáiyát 未译名。

Omar Khayyám 译为"莪默·伽亚谟"。

Edward FitzGerald 未译名。

此版为"百卷本《世界全史》"丛书之一。

―――

"阿拉伯人提出了三次方程的几何解法。波斯诗人、数学家莪默·伽亚谟以 $x^3 + Bx = C$（B 和 C 都是正数）说明他的方法。""伽亚谟把方程写成 $x^3 + b^2x = b^2C$……用圆锥曲线相交来解三次方程是阿拉伯人在代数发展史上迈出的一大步,也是中世纪数学的最大成就之一。"

【819】
黄杲炘：诗歌翻译是否"只分坏和次坏的两种"——兼谈汉字在译诗中的优势

1997 年,《现代外语》(双月刊)第 1 期(总第 75 期),第 20-27 页。

Rubáiyát 译为"柔巴依集"。

Omar Khayyám 未译名。

Edward FitzGerald 未译名。

1998 年 10 月,黄杲炘文《诗歌翻译是否'只分坏和次坏的两种'？——兼谈汉字在译诗中的潜力》,刘重德主编《英汉语比较与翻译/英汉翻译研究》,青岛出版社,第 301-315 页。

此版为"翻译理论与实践丛书"之一。

1999 年 11 月,黄杲炘著《从柔巴依到坎特伯雷——英语诗汉译研究》,湖北教育出版社,第 39-53 页。

文题为"诗歌翻译是否'只分坏和次坏的两种'——兼谈汉字在译诗中的潜力"。

此版为"中华翻译研究丛书之十"。

2007 年 9 月,黄杲炘著《英语诗汉译研究——从柔巴依到坎特伯雷(修订本)》,湖北教育出版社,第 39-53 页。文题为"诗歌翻译是否'只分坏和次坏的两种'——兼谈汉字在译诗中的潜力"。此版为"中华翻译研究丛书第二辑(十)"。

"……拙译《柔巴依集》中第 20 首:/草儿苏醒毛羽般的新翠嫩绿/铺满江湣,这儿我们靠下身躯;/啊,轻轻地靠下地,谁知道从前/多美的绛唇才把它暗中化育。/这里的'江湣'在原文中是 river-lip。根据我的理解,诗人自造了这个词,是有意强调它与某位古代美人的朱唇[lip]之间可能存在的因果关系。按常理说,这种关联在翻译中较难照应。但汉语中偏偏有'江湣'和'绛唇',可用来解决这一问题。"

【820】
叶君健:翻译也要出"精品"

  1997年1月15日,《中国翻译/翻译家论坛》(双月刊)第1期(总第121期),第29-30页。

  Rubáiyát 译为"鲁拜集"。

  Omar Khayyám 译为"奥马尔·加言"。

  Edward FitzGerald 译为"爱德华·费兹诘拉德"。

  1997年1月24日,《文艺理论与批评》(双月刊)第1期(总第63期),第96-97页。

  Edward FitzGerald 译为"爱德华·费兹洁拉德"。

  1998年11月,许钧主编《翻译思考录/上编/翻译纵横谈》,湖北教育出版社,第120-123页。

  此版为"中华翻译研究丛书之五"。

  1999年6月,乔萍、瞿淑蓉、宋洪玮编著《散文佳作108篇(汉英·英汉对照)/代序》,译林出版社,第1-3页。

  Omar Khayyám 改译为"欧玛尔·海亚姆"。

  Edward FitzGerald 改译为"爱德华·菲茨杰拉德"。

  2002年7月第2版,此版为"'双语译林'翻译系列丛书"之一。

  2009年9月,《重庆大学外国语学院/外国语言文学研究集萃》,四川大学出版社,第25-27页。

  2011年1月,乔萍、瞿淑蓉、宋洪玮编著《散文佳作108篇(英汉双语对照)/代序》,凤凰出版传媒集团/译林出版社,第1-4页。

  此版为"双语译林/第一辑"丛书之一。

"古波斯诗人欧玛尔·海亚姆写的牧歌式的《鲁拜集》,……菲茨杰拉德的译文很传神,触动了英国知识界读者的心,而成为英国文学中的一种创作。在英国图书馆的书目中,'外国文学'栏中就没有这部诗集的名字,而只能在'英国文学'的栏目中找到它,它成了英国文学。"

【821】
穆宏燕:试析《恶之花》对《盲枭》的影响

1997年,《国外文学》(季刊)第3期(总第67期),第119-125页。

Rubáiyát 译为"海亚姆四行诗"。

Omar Khayyám 译为"海亚姆"。

Edward FitzGerald 未译名。

———

"赫达亚特[萨迪克·赫达亚特,伊朗现代作家]在《〈海亚姆四行诗〉前言》中曾把海亚姆四行诗中所表现出的深切的内心痛苦与波德莱尔的《恶之花》所表现的内心痛苦进行比较。海亚姆是赫达亚特最为推崇的波斯中世纪诗人。因为海亚姆的四行诗正好切合了赫氏心灵的痛苦"。

【822】
裴善明:艾略特访谈录/诗歌创作及其他

1997年10月,裴善明编《诺贝尔文学奖获奖者访谈录》,江苏文艺出版社,第1-3页。

Rubáiyát 译为"鲁拜集"。

Omar Khayyám 未译名。

Edward FitzGerald 译为"爱德华·菲茨杰拉德"。

2003年1月,潞潞主编/王诜编《面对面:外国著名诗人访谈、演说/5/艾略特/只能用一种语文来写诗——艾略特访谈录》,北京出版社,第42页。

2005年2月,宋兆霖选编/单德兴译《诺贝尔文学奖获奖作家访谈录/谈诗歌创作》,浙江文艺出版社,第1页。

———

"艾略特:我记得大概是在十四岁开始写诗,当时受了爱德华·菲茨杰拉德《鲁拜集》的影响,写了一些非常灰色、绝望、无神论的四行诗……"。

【823】
王佐良:另一面镜子——英美人怎样译外国诗/二

1997年10月,王佐良著《王佐良文集/论翻译》,外语教学与研究出版社,第 524 – 525 页。

Rubáiyát 译为"鲁拜集"。

Omar Khayyám 未译名。

Edward FitzGerald 译为"爱德华·费茨求尔德"。

"……一本值得一读的书是查理士·汤林生编的《牛津英文译诗选》。……古今并选,相当齐全。……历来所谓名译,都备一格,如……费茨求尔德译《鲁拜集》……"。

【824】

罗选民、耿俐琴:西方翻译研究综述

1997 年,《中国翻译》(双月刊)第 6 期,第 35 – 40 页。

Rubáiyát 译为"鲁拜集"。

Omar Khayyám 译为"莪默·伽亚谟"。

Edward FitzGerald 译为"爱德华·菲茨杰拉德"。

"19 世纪英国的爱德华·菲茨杰拉德从波斯语译了莪默·伽亚谟的《鲁拜集》,通过模仿原诗格律,为英语创立了一种新的诗体:由四行组成,每行为五个音步,第三行不押韵。"

【825】

张明:维吾尔族当代"柔巴依"创作漫议

1998 年,《民族文学研究》(双月刊)第 2 期,第 8 – 13 页。

Rubáiyát 译为"欧玛尔·海亚姆'鲁拜'诗/柔巴依"。

Omar Khayyám 译为"欧玛尔·海亚姆/莪默·伽亚谟"。

Edward FitzGerald 未译名。

"……另一种观点认为维吾尔族柔巴依诗体来源于'素负盛名的波斯文学',是伊斯兰文化东渐的结果之一。特别是'鲁拜大师'欧玛尔·海亚姆(一译莪默·伽亚谟)的影响巨大而深远。……有一点是可以肯定的:于 15 世纪后所定型的我国维吾尔族传统诗歌体裁'柔巴依',确曾受到了中古波斯文学,尤其是欧玛尔·海亚姆'鲁拜'诗的直接强烈的影响。"

【826】
叶君健:谈文学作品的翻译

1998年8月,金圣华、黄国彬主编《因难见巧/名家翻译经验谈》,中国对外翻译出版公司,第85-99页。

Rubáiyát 译为"鲁拜集"。

Omar Khayyám 未译名。

Edward FitzGerald 译为"费兹季拉德"。

此版为"(当代)翻译理论与实务丛书"之一。

———

"……译文要做到绝对的'信'很困难,在大多数情况下,只不过是与原文近似罢了。因此,一部作品,在不同的时代有不同的译本,在同一个时代也经常会有好几种译本同时存在,其原因恐怕也就在此。读者并不一定会埋怨译本的重复,因为他可以有较多的选择,从不同的译本中去体会原作。在这种意义上,翻译就不能说是'复制',而确实有'再创造'的一面,因而也是一种文学'创作'。无怪乎英国文学界总是把优秀的翻译作品看成是英国文学,而不是'外国文学',如……费兹季拉德译的古波斯的《鲁拜集》,就是如此。"

【827】
杜建慧、杨金良、雷万忠:翻译学概论

1998年9月,杜建慧、杨金良、雷万忠著《翻译学概论/第二篇/中外翻译史/第二章/外国翻译发展简史/二、近代时期/(二)东方古代时期/1.文学方面》,民族出版社,第64-65页。

Rubáiyát 译为"鲁拜集"。

Omar Khayyám 未译名。

Edward FitzGerald 未译名。

———

"11世纪时,波斯另一名著《鲁拜集》被多次译为多种文本,并出现了32种英文本、16种法文本、12种德译本和数十种亚洲译本。"

【828】
李琛:诗人白雅帖与苏非神秘主义

1998年,《国外文学》(季刊)第4期(总第72期),第22-31页。

Rubáiyát 译为"四行诗"。

Omar Khayyám 译为"海亚姆"。

Edward FitzGerald 未译名。

———

"伊拉克诗人阿卜杜·沃哈布·白雅帖(1926—)是阿拉伯新诗运动的先驱和旗手。""海亚姆是另一位深受白雅帖青睐的诗人哲学家。""60年代,他一连写了三部有关海亚姆的作品。诗剧《尼沙布尔的审判》(1963)是第一部。……第二部是长诗《来与不来的》(1966)。……第三部《生命中的死》(1968)……"。

【829】
文钧:《鲁达基/海亚姆/萨迪/哈菲兹作品选》前言

1998年10月,潘庆舲、水建馥、邢秉顺译《鲁达基/海亚姆/萨迪/哈菲兹作品选》,人民文学出版社,第1-4页。

Rubáiyát 译为"四行诗/鲁拜诗"。

Omar Khayyám 译为"欧玛尔·海亚姆"。

Edward FitzGerald 未译名。

———

"……他[海亚姆]死后五十年,才有人提到他创作的四行诗(鲁拜诗)。他的诗表现了他对同时代学者的迂腐和窒息学术讨论的社会环境的不满,抨击当时的神秘主义;他以醇酒和美女譬喻人世的欢乐,认为这份欢乐人人都有权享受,但社会的不平等使他愤愤不平;他还探讨宇宙本质、人与真主的关系等永恒性问题。……"

【830】
江枫:形神兼备——诗歌翻译的一种追求

1998年11月15日,江枫、许钧访谈录《形神兼备:诗歌翻译的一种追求》,《译林》(外国文学双月刊)第6期(总第81期),第206-212页。

Rubáiyát 译为"鲁拜集"。

Omar Khayyám 译为"欧玛尔·海亚姆"。

Edward FitzGerald 译为"爱德华·菲茨杰拉德"。

2001年4月,许钧等著《文学翻译的理论与实践/翻译对话录/江枫、许钧:形神兼备——诗歌翻译的一种追求》,译林出版社,第 113－128 页。

此版为"译林学论丛书"之一。

2010 年 1 月,许钧等著《文学翻译的理论与实践/翻译对话录(增订本)/江枫、许钧:形神兼备——诗歌翻译的一种追求》,凤凰出版传媒集团/译林出版社,第 91－103 页。

2007 年 11 月,海岸选编《中西诗歌翻译百年论集》,上海外语教育出版社,377－388 页。

2009 年 6 月,江枫著《论文学翻译及汉语汉字》,华文出版社,第 60－72 页。

此版为"百家丛书"之一。

2009 年 10 月,江枫著《江枫论文学翻译自选集》武汉大学出版社,第 92－105 页。

文题为"形神兼备:诗歌翻译的一种追求——接受南京大学许钧教授访谈录"。

"……爱德华·菲茨杰拉德便是由于出色地翻译了欧玛尔·海亚姆的《鲁拜集》,才在英国文学史上成了著名诗人的。而由于发表过诗而被称为诗人的,却未必更懂得什么是诗和怎样理解、翻译一首外国诗。我们国内现在已经成名的诗歌翻译家几乎都是诗人,都喜欢诗,都发表过诗。译诗,最好是诗人;但是诗人,甚至著名诗人,却不一定都能把诗译好。"

【831】
佚名:李竞荣

1998 年 12 月,河北省赞皇县地方志编纂委员会编/甄民一主编《赞皇县志/第七编/人物/第一章/人物传记》,方志出版社,第 636－637 页。

Rubáiyát 未译名。

Omar Khayyám 未译名。

Edward FitzGerald 未译名。

"李竞荣(1885－1947 年),字晓沧,号自苏,赞皇县南羊角村人,出身于小商民家庭。李资质聪敏,18 岁进秀才,20 岁考入保定北洋陆军速成学堂。""有诗集《自苏室烬

◇《鲁拜集》汉译书目

余稿》三卷。"

【832】
梁遇春:致石民信四十一封/二十二

1998年12月,李冰封著《李冰封散文随笔续集》,湖南教育出版社,第188页。

Rubáiyát 译为"鲁拜集"。

Omar Khayyám 译为"莪默·伽亚谟"。

Edward FitzGerald 译为"菲兹杰拉德"。

"据我看,好的译文是总带些译者的情调,若使译者个人没有跑到作品里去,他绝不能传神阿堵,既是走进去了,译出来当然俱有译者色彩,Fitzgerald 的 Omar 就是如此。"

【833】
[锡兰/英国/加拿大]L.A.贝克:爱好神秘主义的波斯人

1999年1月,[锡兰/英国/加拿大]L.A.贝克[Beck]著/傅永吉译《东方哲学的故事/第六章》,江苏人民出版社,第250-269页。

Rubáiyát 译为"鲁拜集"。

Omar Khayyám 译为"欧玛尔·海亚姆"。

Edward FitzGerald 译为"弗茨格莱德"。

此版为"野骆驼译丛/第二辑"丛书之一。

2011年1月,[锡兰/英国/加拿大]L.A.贝克著/傅永吉译《东方哲学的故事/第六章》,凤凰出版传媒集团/江苏人民出版社,第221-237页。此版为"野骆驼译丛"丛书之一。

2006年1月,[锡兰/英国/加拿大]L.A.贝克著/赵增越译《东方哲学简史/第六章/波斯人的苏非主义》,中国友谊出版公司,第135-145页。

Omar Khayyám 另译为"欧迈尔海亚姆"。

此版为"简史文丛系列"丛书之一。

"苏非主义变成了一种生活哲学,这种哲学对波斯人的文学和艺术形成了深刻的影响,产生了形形色色、丰富多彩的果实,诸如欧玛尔·海亚姆的鲁拜体四行诗……"。"曾

经翻译过欧玛尔·海亚姆的作品的弗茨格莱德[Fitzgerald],将波斯诗人杰米[Jami]的《萨拉曼和阿布沙》[Salaman and Absal]一书翻译成了精美的英语。这部著作表述了这样一个观念,即:一切世俗爱情和美好事物,都是上帝的神圣智慧之闪现。"

【834】
余杰:自由的言说(自序)

1999年2月,余杰著《说,还是不说》,文化艺术出版社,第1-6页。

Rubáiyát 译为"鲁拜集"。

Omar Khayyám 译为"莪默·伽亚谟"。

Edward FitzGerald 译为"爱德华·菲茨杰拉德"。

2006年8月,余杰著《沉默的告白/第四辑/序跋/言说的自由——〈说,还是不说〉序》,珠海出版社,第308-311页。

此版为"走向幸福文丛"丛书之一。

———

"黄克孙先生译《鲁拜集》,字字含香。其中有一首小诗意境空旷寥远,我时时吟诵。诗云:'绿酒朱唇空过眼,微尘原自化微尘。今朝我即明朝我,昨日身犹此日身。'当我在书桌前对着一盏孤灯整理一年多以来的厚厚的文稿时,正是这样的心情。我从文字里看到了昔日的自我,看到了自我的脆弱与坚韧,看到了自我的寂寞与充实,看到了自我的哀伤与欣喜。"

【835】
谢天振:西方翻译史上的文艺学派、译作——文学作品的一种存在形式

1999年2月,谢天振著《译介学/第一章/翻译和翻译研究中的文学传统/第一节/第五章/翻译文学——争取承认的文学/第一节》,上海外语教育出版社,第40、216页。

Rubáiyát 译为"鲁拜集"。

Omar Khayyám 未译名。

Edward FitzGerald 译为"菲兹杰拉德/菲茨杰拉德"。

2013年10月,谢天振著《译介学(增订本)/第一章/翻译和翻译研究中的文学传统/第一节/第五章/翻译文学——争取承认的文学/第一节》,凤

◇《鲁拜集》汉译书目

凰出版传媒股份有限公司/译林出版社,第35、174-175页。

Edward FitzGerald 译为"菲茨杰拉德"。

"……从十九世纪起,英国的文学翻译和翻译研究出现了新的繁荣,菲兹杰拉德奉献了英国翻译史上最优秀的译作之一——《鲁拜集》……""菲兹杰拉德翻译的《鲁拜集》的意义不光在于向英国、向整个西方介绍了一位东方的诗人,它还极大地提高了这位波斯诗人在其本国的地位。"

【836】
丁新华:郭沫若与诗歌翻译、刘全福:徐志摩与诗歌翻译

1999年7月,郭著章等著《翻译名家研究》,湖北教育出版社,第67-68、73、125-126页。

Rubáiyát 译为"鲁拜集"。

Omar Khayyám 译为"莪默"。

Edward FitzGerald 译为"费滋杰尔德"。

此版为"中华翻译研究丛书之七"。

"郭沫若所译《鲁拜集》是根据费滋杰尔德英译本而译成汉语的。《鲁拜集》凝聚着诗人对于生命,时空,死亡的种种思索,对于现实人生的挚爱则是本诗集的精神内核。无论是费滋杰尔德的英译还是郭沫若的汉译,都被公认为经久不衰的佳译。""在徐志摩看来,胡适的译文太过于'注重神情',虽可'打起徽州调高声朗唱',但却已完全改变了原诗的语言风格,因而称不上是真正的翻译。"

【837】
黄杲炘:《从柔巴依到坎特伯雷——英语诗汉译研究》

1999年11月,黄杲炘著《从柔巴依到坎特伯雷——英语诗汉译研究》,湖北教育出版社,第1-393页。

Rubáiyát 译为"柔巴依集"。

Omar Khayyám 译为"欧尔玛·哈亚姆"。

Edward FitzGerald 译为"爱德华·菲茨杰拉德"。

此版为"中华翻译研究丛书之十"。

2007年9月,黄杲炘著《英语诗汉译研究——从柔巴依到坎特伯雷(修订本)》,湖北长江出版集团/湖北教育出版社,第1-393页。此版为"中华翻译研究丛书第二辑(十)"。

"序言/第一部分/诗,未必不可译/第二部分/诗,要看怎么译/第三部分/诗,'译难,评更难'/附录部分"。"《欧尔玛·哈亚姆之柔巴依集》也许是英语诗集里篇幅最短小的最著名作品之一,……""柔巴依是一种起源于中亚的诗体,我国的新疆也可说是这种诗体的故乡之一。由于英国学者菲茨杰拉德的创造性翻译,如今这诗体已为全世界熟知,因此这一诗体名称本身就使我联想到诗歌翻译,联想到英国译者对东方诗歌的翻译。"

【838】
穆宏燕:波斯中世纪诗歌中的苏菲思想审美价值

1999年,《国外文学》(季刊)第4期(总第76期),第35-41页。

Rubáiyát 译为"四行诗"。

Omar Khayyám 译为"海亚姆"。

Edward FitzGerald 未译名。

"前面提到的各大诗人都擅长用四行诗体作诗,其中影响最大的是海亚姆的四行诗。(因对海亚姆是否具有苏菲思想争议较大,这里不作讨论。)"

【839】
黄杲炘:英语格律诗汉译标准的量化及其应用

1999年,《中国翻译》(双月刊)第6期,第14-18页。

Rubáiyát 译为"柔巴依集"。

Omar Khayyám 未译名。

Edward FitzGerald 未译名。

1999年11月,黄杲炘著《从柔巴依到坎特伯雷——英语诗汉译研究/英语格律诗汉译标准的量化及其应用》,湖北教育出版社,第321-335页。此版为"中华翻译研究丛书之十"。

2007年9月,黄杲炘著《英语诗汉译研究——从柔巴依到坎特伯雷(修订本)》,湖北教育出版社,第321-335页。此版为"中华翻译研究丛书第二辑(十)"。

2003年12月,罗选民、屠国元主编《阐释结构:翻译研究文集/英语格律诗汉译标准的量化及其应用》,安徽文艺出版社,第180-194页。

此版为"文学与翻译研究丛书"之一。

———

"文学翻译中标准混乱的情况,以诗歌翻译,尤其以格律诗翻译中的情形最为显著,因为诗与形式的关系最为密切,而眼下的译文在对待原作格律形式上差别很大。""……大家都知道,这种英式柔巴依的基本格律特征是每首四行,每行都含五个音步,而构成这五个音步的都是十个音节,韵式则为 aaba(或 aaaa)。"

【840】
谢天振:作者本意和本文本意——解释学理论与翻译研究

2000年,《外国语/上海外国语学院学报》(双月刊)第3期(总第127期),第53-60页。

Rubáiyát 译为"鲁拜集"。

Omar Khayyám 未译名。

Edward FitzGerald 译为"菲茨杰拉德"。

参阅本书书目#873。

———

"这种情况在各国早期的翻译中比比皆是,英国菲茨杰拉德翻译的《鲁拜集》是在文学史上享有盛誉的译作,但它与其说移译了波斯诗人的诗作,不如说通过模仿原诗格律创造了一种英语的新诗体,正如有的评论家所说的,它把一个'几乎被遗忘了的波斯诗人脱胎换骨变成了厌世的英国天才'"。

【841】
黎跃进:诗人辈出的"黄金时期"

2000年5月,黎跃进著《东方文学史论/第三章/波斯文学论/一/波斯古代文学的嬗变/(二)》,湖南人民出版社,第122、127-128页。

Rubáiyát 译为"四行诗"。

Omar Khayyám 译为"欧玛尔·海亚姆"。

Edward FitzGerald 未译名。

2012年5月,季羡林主编/东方文化综合研究编/黎跃进著《东方文学史论/第二章/波斯文学论/一/波斯古代文学的嬗变/(二)》,昆仑出版社,第113、119-120页。

此版为"东方文化集成系列"丛书之一。

"总之,从海亚姆的四行诗中,我们可以看到一个愤世嫉俗、傲然孑立又充满矛盾的诗人形象:既相信人是宇宙的中心,又深深感受到人的渺小脆弱;既盛赞生活的欢乐,追求现实的公平,又消极避世,借酒浇愁。然而又是在这种矛盾当中让人感受到诗人的深邃与执著。"

【842】
蔡智恒:集句诗

2000年4月26日,观潮楼主著《翼手龙与小青蛙/05/24》(网络小说),台湾红色文化出版社。

Rubáiyát 译为"鲁拜集"。

Omar Khayyám 译为"奥马珈音"。

Edward FitzGerald 译为"费氏结楼/佛氏结楼"。

观潮楼主,本名蔡智恒,网名痞子蔡。

选载黄克孙译本第42首一诗节。

2000年6月,蔡智恒著《翼手龙与小青蛙/05/24》,贵州人民出版社,第51-52、180页。

2000年12月,蔡智恒著《蔡智恒网文作品集/翼手龙与小青蛙/05/24》,贵州人民出版社,第34-35、117-118页。

"君问归期未有期,潇潇风信潇潇雨。劝君更尽一杯酒,一谢花魂再不香。"[集句中第一句为李商隐《夜雨寄北》绝句诗首句;第二句为黄克孙译本第9首的第3句;第三句为王维《渭城曲》绝句诗的第三句;第四句为黄克孙译本第63首的第4句。]

【843】
[伊朗]阿巴斯·基亚罗斯塔米/单万里译:电影没有护照——阿巴斯谈《随风而去》(采访录)

◇《鲁拜集》汉译书目

2000年5月15日,《当代电影》(月刊)第3期(总第96期),第32-35页。

Rubáiyát 未译名。

Omar Khayyám 译为"欧玛尔·海亚姆"。

Edward FitzGerald 未译名。

"在伊朗,欧玛尔·海亚姆的地位是如此重要以致很难评论,他在全世界都很出名,有人甚至对我说他的著作发行量仅次于《圣经》。……我在电影创作中对欧玛尔·海亚姆的参照开始于《生活在继续》,那是我到地震现场观看地震灾难的时候。在此之前,我从来没有这样近距离地看到过生与死的矛盾。"

【844】
《世界文学史纲》:东方文学

2000年7月,蒋承勇主编《世界文学史纲/第十四章/中古东方文学/第一节/概述/三、中古东方文学发展概况/3.西亚、北非文化圈的文学》,复旦大学出版社,第465-466页。

Rubáiyát 译为"鲁拜集"。

Omar Khayyám 译为"欧玛尔·海亚姆"。

Edward FitzGerald 未译名。

此版为"高等院校中文系本科教材"丛书之一。

2002年7月,蒋承勇主编《世界文学史纲(第二版)/第十四章/中古东方文学/第一节/概述/三、中古东方文学发展概况/3.西亚、北非文化圈的文学》,复旦大学出版社,第464页。此版为"高等院校中文系本科教材"丛书之一。

2008年1月,蒋承勇主编《世界文学史纲(第三版)/下编/第十三章/中古文学/第一节/概述/二、中古文学发展概况/6.中古波斯文学》,复旦大学出版社,第415-416页。此版为"国家重点学科'比较文学与世界文学'研究系列"丛书之一。

"波斯中古文学的成就主要是诗歌。公元10至15世纪,是波斯诗歌的黄金时代,相继出现了七大诗人:鲁达基、菲尔多西、海亚姆、涅扎米、莫拉维、萨迪、哈菲兹。""欧玛

尔·海亚姆(1048—1122)是一位科学家、哲学家和诗人,他的诗思想内容深刻,富有哲理性,他把鲁达基创造的四行诗体推向了成熟与完美的境地。"

【845】

《中国文学大辞典》:柔巴依(条目)

2000年9月,钱仲联等著《中国文学大辞典(分类修订本)/下/少数民族文学/口传文学形式》,上海辞书出版社,第1887页。

Rubáiyát 译为"柔巴依"。

Omar Khayyám 未译名。

Edward FitzGerald 未译名。

―――

"柔巴依/维吾尔族诗体名。'柔巴依'一词,源出于阿拉伯语,意为'四的组合',也译为'四行诗'。"

【846】

A. Lefevere:西方翻译史源流

2000年9月15日,安德列·莱弗威尔[A. Lefevere]文/陈韵琴、朱志瑜译《西方翻译史源流》,《外语与翻译》(季刊)第3期(总第26期),第28—36页。

Rubáiyát 译为"鲁拜集"。

Omar Khayyám 译为"欧玛尔·卡亚姆"。

Edward FitzGerald 译为"费兹杰罗"。

―――

"费兹杰罗(1809—1883)英国作家,以译《鲁拜集》而闻名。此书是12世纪波斯诗人欧玛尔·卡亚姆的作品,经他加工,已成为英国文学名著,英国人经常引用其中的抒情诗句。译《鲁拜集》时,为使英国读者容易理解,常用自己的词句反映诗人思想。"

【847】

黄杲炘:译诗的进化

2000年9月30日,《文汇读书周报》第5版。

Rubáiyát 译为"柔巴依集"。

Omar Khayyám 未译名。

Edward FitzGerald 未译名。

2001年,《外语与翻译》(季刊)第2期(总第29期),第1-12页。

文题"译诗进化的方向——英诗汉译百年回眸"。

2007年11月,海岸选编《中西诗歌翻译百年论集/序二》,上海外语教育出版社,第XI-XXXVI页。

文题"译诗的进化:英语诗汉译百年回眸"。

2012年8月,黄杲炘著《译诗的演进/译诗的进化——英语诗汉译百年回眸》,上海译文出版社,第3-33页。

"尽管《柔巴依集》在我国是译本最多的诗集,但迄今未看到一本纯按'以顿代步'要求译出的,只是在某些较自由的译文中有时能发现恰好符合这种要求的译文,……""上面的译例已足可表明两点,即现代汉语具有很大潜力,能在忠实于原作内容的同时,还在一定程度上反映原作的格律形式;而且,要反映原作的格律形式,未必就有损于对原作内容的忠实,这两者可以并行不悖。"

【848】

李奭学:翻译与国家文学

2000年10月5日,台湾"中央日报"。

Rubáiyát 译为"鲁拜集/四行诗集"。

Omar Khayyám 译为"奥玛珈音"。

Edward FitzGerald 译为"菲茨杰拉德"。

2007年7月,李奭学著《得意忘言:翻译、文学与文化评论/辑一/翻译》,生活·读书·新知三联书店,第12-14页。

参阅本书书目#420。

【849】

吴邦文、葛桂录:文字材料的媒介

2001年4月,刘献彪、刘介民主编《比较文学教程/第二编/比较文学的基本原理和当代的新发展/第四章/影响研究/第四节/媒介学/三》,中国青年出版社,第 63 页。

Rubáiyát 译为"鲁拜集"。

Omar Khayyám 未译名。

Edward FitzGerald 译为"菲茨杰拉德"。

"比较文学学者对翻译理论与原则的探讨,目的不在其本身,而是要研究理论和实践在事实上的差距,从而剖析各种译作所产生的'媒'的作用。例如,为什么有些不忠实的翻译(如菲茨杰拉德英译《鲁拜集》、林纾译小说等)居然比忠实的翻译能够产生较大的影响?……"。

【850】

美合拉伊·买买提力:新疆维吾尔文的波斯文学翻译及研究最新状况评述

2001 年,《民族文学研究/维吾尔族古典文学研究》(双月刊)第 3 期,第 24 – 27 页。

Rubáiyát 译为"鲁拜集/鲁拜伊/四行诗"。

Omar Khayyám 译为"欧玛尔·海亚姆"。

Edward FitzGerald 未译名。

"……欧玛尔·海亚姆的《鲁拜伊》直接从波斯文译成维吾尔文。""译成维吾尔文的波斯古典文学作品/欧玛尔·海亚姆:《鲁拜伊》(四行诗),喀什维吾尔文出版社,1981 年(维文版),努尔穆罕默德·艾尔凯[Nurmuhammad Erki]译。""维吾尔文波斯文学研究论文/努尔穆罕默德·艾尔凯:《欧玛尔·海亚姆及其鲁拜伊》,《欧玛尔·海亚姆鲁拜伊》一书的前言,喀什维吾尔文出版社,1981 年。"

【851】

梁焕强:寻找开罗会议旧址

2001 年,《当代世界/环球巡礼》(月刊)第 5 期,第 40 – 42 页。

Rubáiyát 译为"鲁拜集"。

Omar Khayyám 译为"莪默·伽亚谟"。

Edward FitzGerald 译为"爱德华·菲茨杰拉德"。

———

"'鲁拜集'饭店建于1870年,1943年11月至12月间的开罗会议就是在这个饭店举行的。饭店原是古波斯最著名的诗人、天文学家莪默·伽亚谟居住过的地方。他出生于11世纪后半期的波斯,在后来成为开罗会议旧址的地方写成他的独一无二的哲学四行诗《鲁拜集》一书。"

【852】
黎跃进、刘慧:波斯古代文学的纵向发展、马瑞瑜:波斯、阿拉伯古代文学的横向发展

2001年5月,曹顺庆主编《世界文学发展比较史(上册)/第六章/波斯、阿拉伯古代文学/第一节/二/诗人辈出的黄金时期/第三节》(上下册),北京师范大学出版社,第291-292、316-318页。

Rubáiyát 译为"四行哲理诗/鲁拜集"。

Omar Khayyám 译为"欧玛尔·海亚姆"。

Edward FitzGerald 未译名。

此版为"面向21世纪课程教材"丛书之一。

———

"欧玛尔·海亚姆以四行哲理诗著称。……写诗只是他的业余爱好,是探索宇宙之余的情思抒发。……其内容有四个方面:(一)对自然、宇宙奥秘的哲理探索。……(二)对人生价值和现世生活的肯定。……(三)抗议不合理的社会现实。……(四)揶揄嘲笑虚伪的宗教神学。""请见他著名的陶罐诗……海亚姆的诗已做到物随心化。明写陶罐,暗示人生。在这里陶罐与人同为一行,分不出你我。正是这种物随心化显示出海亚姆悟透人生的思想深度和独特的艺术个性。"

【853】
江枫:"新世纪的新译论"点评/菲茨杰拉德的《鲁拜集》是神似佳译?

2001年5月,《中国翻译》(双月刊)第22卷第3期,第21-26页。

Rubáiyát 译为"鲁拜集"。

Omar Khayyám 未译名。

Edward FitzGerald 译为"菲茨杰拉德"。

江枫,本名吴云森。

2009年6月,江枫著《江枫论文学翻译及汉语汉字/二/译,岂可不求忠实/"新世纪的新译论"点评——A Refutation to the So-called New Translation Theory/一〇、》,华文出版社,第129-130页。

此版为"百家丛书"之一。

2009年10月,江枫著《江枫翻译评论自选集》,武汉大学出版社,第117-138页。

"……我说过,译诗,不求形似、但求神似而获得成功者,断无一例。""……据英国 NORTON ANTHOLOGY OF ENGLISH LITERATURE 说,连英国的专家学者们对菲茨杰拉德的《鲁拜集》是否算得忠实的译作仍然聚讼纷纭迄无定论。"

【854】
郁龙余、孟昭毅:中古波斯文学

2001年8月,郁龙余、孟昭毅主编《东方文学史/第二卷/中古东方文学/第六章/中古波斯文学/第一节/概述》,北京大学出版社,第169-174页。

Rubáiyát 译为"柔巴依集/鲁拜集"。

Omar Khayyám 译为"欧玛尔·海亚姆"。

Edward FitzGerald 译为"费兹杰拉德"。

2015年8月,郁龙余、孟昭毅主编《东方文学史(第二版)/第二卷/中古东方文学/第六章/中古波斯文学/第一节/概述》,北京大学出版社,第123-126页。此版为"21世纪外国文学系列教材"丛书之一。

"海亚姆在中古波斯文学发展史上占有不可替代的重要地位,他的出现标志着一个新的文学时代的开启。""在海亚姆之前,中古波斯诗歌的主题主要表现为颂扬帝王公侯的赫赫业绩。……然而,自海亚姆始,波斯诗风大变,诗人的目光开始移向民间,把昔日酬酢唱和的清歌慢曲换成了凄楚沉郁的悲歌愤词。……中古波斯诗歌突破了贵族化的樊篱,踏上了现实坚硬的土地,开创了一个新的局面。而首创这一代诗风的,就是海亚姆。"

【855】
吴钧陶:编辑谈译诗兼谈杜甫诗英译及其他

2001年11月,吴钧陶著《幻影——吴钧陶诗和译诗集/第六辑/吟余谈诗》,河北教育出版社,第383-398页。

Rubáiyát 译为"柔巴依集/鲁拜集"。

Omar Khayyám 译为"哈亚姆/莪默·伽亚谟"。

Edward FitzGerald 译为"菲茨杰拉德"。

据作者文后"注释",该文为1990年12月参加中国翻译家协会在北京举行的"全国中译英学术研讨会"时写的论文,作大会发言,后发表于1999年3月《中国翻译》第2期(应为《中国翻译》1991年第2期)。《中国翻译》1991年第2期(第6-10页)登载的该文为删减版,无"鲁拜集"内容。《中国翻译》编辑部1992年10月编辑出版《中译英技巧文集》(中国对外翻译出版公司),即"全国中译英学术研讨会"发言稿论文集,收入该文(第90-102页)亦为删减版,无"鲁拜集"内容。

2007年11月,海岸选编《中西诗歌翻译百年论集》,上海外语教育出版社,第337-347页。2016年8月,吴钧陶著《云影/第二辑/谈译诗兼谈杜甫诗英译及其他》,上海辞书出版社,第228-229页。

文字有改动。

此版为"开卷书坊/第五辑"丛书之一。

"那位菲茨杰拉德靠翻译波斯诗人哈亚姆《柔巴依集》(又译《鲁拜集》)而一举成名,竟然不懂得'感恩图报',却狂妄地说:'随心所欲地搬弄这些波斯人作品,对我来说是一种娱乐。我认为这班人还够不上诗人资格,唬不住我们,而他们真的也需要一点艺术才像个样子。'(见《中国翻译》1987年第6期,吴景荣著《浅论中国古典诗歌的翻译》。)"

【856】
施蛰存:李白/将进酒

2001年12月,施蛰存著《施蛰存文集/古典文学研究编/第一卷/唐诗百题(普及本)/盛唐诗话/32》,华东师范大学出版社,第141-145页。

Rubáiyát 译为"鲁拜集"。

Omar Khayyám 译为"莪玛·哈耶谟"。

Edward FitzGerald 未译名。

2005 年 6 月,西渡编《名家读唐诗/李白》,中国计划出版社,第 126 - 130 页。

文题为"析李白《将进酒》"。

此版为"经典阅读书系/名家课堂"丛书之一。

2011 年 2 月,刘凌、刘效礼编/施蛰存著《施蛰存全集/第六卷/唐诗百题/盛唐诗话/32》,华东师范大学出版社,第 208 - 214 页。

2017 年 9 月,西渡编《名家读唐诗/李白》,北京联合出版有限公司,第 150 - 155 页。

此版为"名家领读系列"丛书之一。

———

"我觉得李白的饮酒诗,只能比之为古代波斯诗人莪玛·哈耶谟和哈菲兹,而不能和陶渊明相提并论。"

【857】

陈晓玮、廖昌胤:认知建构——翻译的制约机制

2002 年,《苏州职业大学学报/外语论坛》(双月刊)第 2 期(总第 13 卷),第 76 - 77 页。

Rubáiyát 译为"鲁拜集"。

Omar Khayyám 未译名。

Edward FitzGerald 译为"菲茨杰拉德"。

———

"'为什么有些不忠实的翻译(如菲茨杰拉德英译《鲁拜集》、林纾译小说等)居然比忠实的翻译能够产生较大的影响? 那些具有重大影响的译作究竟在哪些方面符合翻译原则,产生的作用是什么?'"

【858】

[英国]罗诺尔·巴尔福特(插画 2 幅)

2002 年 3 月,郭东斌、孙奎朋主编《歌谣大辞典》,延边人民出版社,第 208、376 页。

Rubáiyát 译为"鲁拜集"。

◇《鲁拜集》汉译书目

　　Omar Khayyám 未译名。
　　Edward FitzGerald 未译名。
————

【859】
李欧梵:一部间谍小说的诞生

　　2002 年 5 月 17 日,《文汇读书周报》第 3 版。
　　Rubáiyát 译为"鲁拜集"。
　　Omar Khayyám 译为"奥玛卡样"。
　　Edward FitzGerald 译为"费滋觉罗"。
　　2002 年 5 月,李欧梵著《东方猎手/后记/一部间谍小说的诞生》(长篇小说),上海文艺出版社,第 256－259 页。
————

"不知为什么,我一时心血来潮,想在小说的开头引几段古波斯诗人奥玛卡样[Omar Khayyam]的诗,别开生面,作为间谍军火买卖的密码,于是就在旧书摊上买了一本著名的费滋觉罗的英译本(事实上是改写),开始写小说的第一章。写了一半,才发现卡样的《鲁拜集》[the Rubaiyat]有五六种中译本,而每一种译文都比我译得好;更糟的是费滋觉罗的原译也有五个版本,我用的是较早的版本,内中的英文颇为古雅,但译成中文却更困难……"

【860】
屠岸:横看成岭侧成峰——关于诗歌翻译答香港《诗双月刊》王伟明先生问

　　2002 年 5 月,屠岸著《倾听人类灵魂的声音》,湖北教育出版社,第 455－495 页。
　　Rubáiyát 译为"鲁拜集"。
　　Omar Khayyám 译为"欧玛尔·海亚姆"。
　　Edward FitzGerald 译为"费兹吉罗德"。
　　2007 年 11 月,海岸选编《中西诗歌翻译百年论集》,上海外语教育出版社,389－411 页。
　　2016 年 3 月,屠岸著《屠岸诗文集/第五卷/倾听人类灵魂的声音/一名之立,旬月踟蹰》(全8册),人民文学出版社,第378-410页。

"诗人以过多的才情掩盖原作者的情况是存在的。彭镜禧先生在他的论文《翻译与个人才情》中举了黄克孙先生汉译英诗《鲁拜集》(《鲁拜集》虽是费兹吉罗德英译海亚姆的波斯文诗,实则已成为英诗)的例子,有说服力。""在中国,以诗人的才情掩盖了原作者的最出名例子,我想应该是郭沫若。……""比如郭沫若译的《鲁拜集》中就有这样的诗篇:……闻一多的批评至今不失为灼见。"

【861】
屠岸:"定本"与"功夫到家"

2002年5月,屠岸著《倾听人类灵魂的声音》,湖北教育出版社,第502-503页。

Rubáiyát 译为"鲁拜集"。

Omar Khayyám 译为"奥玛尔·卡耶姆"。

Edward FitzGerald 译为"爱德华·费芝吉罗德"。

2016年3月,屠岸著《屠岸诗文集/第五卷/倾听人类灵魂的声音/一名之立,旬月踟蹰》(全8册),人民文学出版社,第416-417页。

"是的,费芝吉罗德用英文译的《鲁拜集》已成为英国文学作品。在英国图书馆的书目中,'外国文学'英译栏中没有这部作品的名字,而在'英国文学'栏中则可以找到它。在英国诗歌的各种选本中,几乎都可以找到它。它与莎士比亚、拜伦、济慈等诗人的作品放在一起。这是一种十分特殊的现象。"

【862】
何乃英:世界诗苑的奇珍异宝——《波斯经典文库》述评

2002年7月22日,《中国新闻出版报》第3版。

Rubáiyát 译为"鲁拜集"。

Omar Khayyám 译为"海亚姆"。

Edward FitzGerald 译为"菲兹吉拉德"。

"海亚姆的四行诗语言流畅,旋律优美,比喻巧妙,风格自然;更加令人瞩目的乃是其中所包含的广阔的思想、新颖的见解和深刻的哲理。大胆地探索宇宙的奥秘和人生的意义,勇敢地否定关于地狱和天堂的学说,尖锐地揭露世道的不公,严厉地谴责压迫和仇恨,坚决地保持独立和高尚的人格,既不肯追逐功名利禄,又不愿听人摆布和随人俯仰等,这一切使他的诗歌大放光芒。"

【863】
谢安定:波斯文学

2002 年 7 月,陈建华主编/谢安定编写《插图本/外国文学史/第八章/中世纪亚非文学/第四节/阿拉伯波斯文学/一、》,高等教育出版社,第 242 页。

Rubáiyát 译为"鲁拜"。

Omar Khayyám 译为"欧玛尔·海亚姆"。

Edward FitzGerald 未译名。

———

"菲尔多西之后 30 年,出现了欧玛尔·海亚姆(1048—1122)。他长时期以哲学家、数学家和天文学家闻名。海亚姆的诗突破了宗教的束缚,在创世、人生、彼世,以及地狱和天堂等方面表现了进步的哲学观念。对中世纪神学的揭露和抨击是他诗歌的核心。酒、命运、人生等也是他诗歌的重要题材。"

【864】
吴笛:论东西方诗歌中的"及时行乐"主题

2002 年,《外国文学研究》(双月刊)第 4 期,第 104—110,175—176 页。

Rubáiyát 译为"鲁拜集"。

Omar Khayyám 译为"海亚姆"。

Edward FitzGerald 未译名。

———

"东方的另一诗国——波斯的重要诗人海亚姆的《鲁拜集》中的一些诗篇,虽然表现的也是'及时行乐'的主题,但却是对人的存在之谜的探讨。如在第 24 节诗中,诗人认为生命来自于土,归之于土,一旦'沉沦成泥',便毫无声息,'永无尽期',因此,人的生命的意义就在于'尽情利用'现实的时光:……"。

【865】
《外国文学教程》:海亚姆

2002年8月,成良臣主编《外国文学教程/亚非文学/第十三章/中古亚非文学/第一节/概述》,四川大学出版社,第364页。

Rubáiyát 译为"柔巴依/四行诗"。

Omar Khayyám 译为"海亚姆"。

Edward FitzGerald 未译名。

此版为"21/高等师范院校教材/中文类"丛书之一。

———

"海亚姆(约1048–1123)是波斯中古著名的哲理诗人,他留给我们的文学遗产是四百余首'柔巴依'(意为四行诗)体哲理诗,代表了中古波斯哲理诗的最高成就。"

【866】
林广泽:中西合璧 辉耀诗史——郭沫若早期译诗浅论

2002年,《郭沫若学刊》(季刊)第4期(总第62期),第25–30页。

Rubáiyát 未译名。

Omar Khayyám 译为"莪默·伽亚谟"。

Edward FitzGerald 未译名。

———

"就请读读他翻译的波斯诗人莪默·伽亚谟的几首诗吧:……在郭沫若翻译的莪默·伽亚谟的诗里,我们读到了一种忧愁和感伤,甚至是一种浓郁的苍凉情怀。""总而言之,郭沫若的译诗最大的成功(也是它的最大的特色,这与他诗歌的创作上的成功同出一辙)来源于他深厚的民族文化的功底;这使他所译之诗达到了一种中外文化精神层面上的通和融汇之境界,形成其中外合璧的诗风。"

【867】
[阿根廷]豪尔赫·博尔赫斯:第四讲/文字——字音与翻译

2002年12月,[阿根廷]豪尔赫·博尔赫斯著/凯林-安德·米海列斯库编/陈重仁译《博尔赫斯谈诗论艺》,上海世纪出版集团/译文出版社,第68–70页。

◇《鲁拜集》汉译书目

Rubáiyát 译为"鲁拜集"。

Omar Khayyám 译为"欧玛尔·哈亚姆"。

Edward FitzGerald 译为"爱德华·菲茨杰拉德"。

2008年2月,[阿根廷]豪尔赫·路易斯·博尔赫斯著/[加拿大]凯林-安德·米海列司库编/陈重仁译《博尔赫斯谈诗论艺/第四讲/文字——音韵与翻译》,上海世纪出版集团/译文出版社,第73-76页。

2015年6月,[阿根廷]豪尔赫·路易斯·博尔赫斯著/[美国]凯林-安德·米海列司库编/陈重仁译《博尔赫斯全集/诗艺/第四讲/文字——音韵与翻译》,上海世纪出版股份有限公司/译文出版社,第91-94页。

"现在我们要读一篇最好也最有名的英文翻译。我说的,当然就是费茨杰拉德翻译自欧玛尔·哈亚姆的《鲁拜集》[Rubáiyát]。""……罗塞蒂跟斯温伯恩都感受到了这个翻译作品的美感,不过我却很怀疑,如果费茨杰拉德介绍给大家的是这本书的原文,而不是翻译作品的话(其实这本书有一部分还真的是原文),那么他们两人是否还会觉得这首诗很美?他们还会容许费茨杰拉德这样翻译这首诗吗?……"。

【868】
张春柏:诗歌翻译的基本原则和方法

2003年1月,教育部师范教育司组织编写/张春柏主编《英汉汉英翻译教程/中学教师进修高等师范本科(专科起点)教材/专升本/第十四章/汉英诗歌的对译/14.2.1》,高等教育出版社,第314 315页。

Rubáiyát 译为"鲁拜集"。

Omar Khayyám 未译名。

Edward FitzGerald 未译名。

"这节诗(指第70/101首)的波斯语原文描写的是中世纪波斯的一种马球游戏,Fitzgerald将这个意象改为足球运动,后来黄克孙把它改成了围棋:/眼看乾坤一局棋,/满枰黑白子离离。/铿然一子成何劫,/惟有苍苍妙手知。/毫无疑问,汉语的译文在形式与意象两个方面与原诗已相距十万八千里。黄克孙把这种翻译方法称为'衍译'[derivative translation],但问题是,这个威士忌的瓶子里装的已经是茅台了,其酒固然香醇,但是瓶上的标签恐怕必须换掉。换言之,它已经是借用别人思想的一种创作,而不是翻译了。"

【869】
郑延国:钱锺书诗中论译

2003年,《上海科技翻译》(双月刊)第1期,第11页。

Rubáiyát 译为"醽醁雅/鲁拜集"。

Omar Khayyám 未译名。

Edward FitzGerald 译为"爱德华·菲茨杰拉德"。

―――――

"醽醁雅即鲁拜集,钱公不袭此名,而更之为醽醁雅,可谓别出机抒,另有一番风采。"

【870】
邢秉顺:鲁拜(四行诗)、哲理诗人欧玛尔·海亚姆

2003年2月,邢秉顺著《伊朗文化/第三章/古老的文明/三/伊斯兰时期的鼎盛/第四章/灿烂的文学/二/光辉灿烂的中古文学》,文化艺术出版社,第59、65-66页。

Rubáiyát 译为"鲁拜集"。

Omar Khayyám 译为"欧玛尔·哈亚姆"。

Edward FitzGerald 译为"菲兹吉拉德"。

此版为"世界各国文化概览"丛书之一。

―――――

"欧玛尔·哈亚姆的《鲁拜集》自11世纪至19世纪尘封了数百年之后方见天日,并显现它无穷的光辉和魅力,着实使伊朗人为之惊喜。……哈亚姆的诗歌中,显然流露出在残酷的现实面前的无奈和矛盾心理,但作为一名科学家和诗人也表现了他的高风亮节和耐人寻味的性格。"

【871】
郑汉生:中古波斯文学

2003年4月,杨正先、冯丽军、郑汉生编著《简明外国文学史/亚非文学/第二章/中古文学/第一节/概述/一、》,中国社会科学出版社,第512页。

Rubáiyát 译为"鲁拜集"。

Omar Khayyám 译为"欧玛尔·海亚姆/莪默·伽亚谟"。

◇《鲁拜集》汉译书目

Edward FitzGerald 未译名。

"代表作《鲁拜集》……表达了对社会的不满,对上帝、宗教及种种神学理论的讽刺,否吁天堂地狱的存在,呼吁人们追求享受和宁静的生活。当然,有些诗也流露了悲观主义和绝望情绪(维特自杀时,手中拿着他的诗集)。"

【872】
巴拉提、刘闽:波斯文学精华/世界文明瑰宝——读《波斯经典文库》

2003 年 5 月 31 日,《中国穆斯林/学术文化纵观》(双月刊)第 3 期(总第 143 期),第 18 – 20 页。

Rubáiyát 译为"鲁拜集"。

Omar Khayyám 译为"赫亚姆/海亚姆"。

Edward FitzGerald 译为"费兹吉拉"。

"赫亚姆(1048 – 1125)是波斯文学史上'鲁拜'(即四行诗)诗体创作的巨擘。""在一本鲁拜集的序言中有这样一句话:你可能不太了解伊朗,但你不大可能没有听说过诗人海亚姆。他诗歌中的人本主义思想,也是后来欧洲文艺复兴运动的核心内容。"

【873】
谢天振·解释学/作者本意和本文本意

2003 年 7 月,谢天振主编/著《翻译研究新视野/第四章/当代文化理论与翻译研究/第一节》,青岛出版社,第 204 页。

Rubáiyát 译为"鲁拜集"。

Omar Khayyám 未译名。

Edward FitzGerald 译为"菲茨杰拉德"。

此版为"翻译理论与实践丛书"之一。

参阅本书书目#840。

"……伽达默尔关于两个视界融合的观点在一定程度上相当确切地道出了翻译、尤其是文学翻译的实质。在翻译中,尽管大家都明白,译者应进入原文文本的世界,应努力领悟作者的本意,但在翻译实践中,译者总是不可避免地把自己熟悉的世界里的知识和

信仰带进原文这个陌生的世界。这种情况在各国早期的翻译中比比皆是,英国菲茨杰拉德翻译的《鲁拜集》是在文学史上享有盛誉的译作,但它与其说迻译了波斯诗人的诗体,不如说通过模仿原诗格律创造了一种英语的新诗体,正如有的评论家所说的,它把一个'几乎被遗忘了的波斯诗人脱胎换骨变成了厌世的英国天才'。"

【874】
穆宏燕:波斯古典诗歌中的诗酒风流——以海亚姆、莫拉维、哈菲兹为例

2003 年 8 月,王邦维主编《东方文学:从浪漫主义到神秘主义/东方文学研究集刊[1]》,湖南文艺出版社,第 194 – 215 页。

Rubáiyát 译为"海亚姆四行诗集"。

Omar Khayyám 译为"海亚姆"。

Edward FitzGerald 未译名。

2014 年 6 月,穆宏燕著《波斯札记》,河南大学出版社,第 299 – 323 页。

"这种与深沉的人生痛苦紧密相伴的诗酒风流的代表当推海亚姆(1048 – 1122)。《海亚姆四行诗集》现比较通行的可靠版本是伊朗纳希德出版社编纂的,共收录 178 首,其中具有酒意象的诗占半数以上。海亚姆用'酒'这个意象把自己内心的各种痛苦在诗歌中宣泄得淋漓尽致。"

【875】
赵毅衡:东方风与浪漫主义

2003 年 11 月,赵毅衡著《诗神远游——中国如何改变了美国现代诗/第三章/影响的诗学与诗学的影响/第一节/东方风与中国风/1.》,上海世纪出版集团/上海译文出版社,第 173 页。

Rubáiyát 译为"鲁拜集"。

Omar Khayyám 译为"奥玛尔·海亚姆"。

Edward FitzGerald 译为"菲茨杰拉尔德"。

2013 年 3 月,赵毅衡著《诗神远游——中国如何改变了美国现代诗/第三章/影响的诗学与诗学的影响/第一节/东方风与中国风/1.》,四川出版集团/四川文艺出版社,第 171 页。

◇《鲁拜集》汉译书目

此版为"赵毅衡文集"丛书之一。

"伊朗文学史家并不认为奥玛尔·海亚姆是波斯一流诗人,他实际上是阿拉伯大诗人阿布尔·阿拉[Abul Ala]的一个模仿者。菲茨杰拉尔德的译文究竟有多少真波斯成分,有多少只是'幻象'[mirage],无法在此讨论,但《鲁拜集》的醇酒妇人之乐,人生短暂之叹,还有整齐协律的音乐性,正是维多利亚浪漫主义所需要的。"《鲁拜集》是维多利亚时代的特殊产物,庞德在《毛伯利》[Mauberley]一诗中把它作为维多利亚文学的象征来指责:/像溪水一样稀薄/眼光空虚呆滞。/英文《鲁拜集》是死胎/当年就是如此。/庞德说错了。在十九世纪中叶的'当年',《鲁拜集》是个宁馨儿,不是死胎。"

【876】
吴定宇:论郭沫若与东方文学/(二)波斯雨露

2003年,《中山大学学报(社会科学版)》(双月刊)第6期第43卷(总第186期),第14-18页。

Rubáiyát 译为"鲁拜集"。

Omar Khayyám 译为"莪默·伽亚谟"。

Edward FitzGerald 未译名。

"郭沫若是十分好学的人,在1924年伊始,他翻译出版了伊朗中古诗人莪默·伽亚谟的诗集《鲁拜集》。读过莪默·伽亚谟作品的中国读者不多,这位世界闻名的诗人对郭沫若早年的影响也常为研究者所忽视。郭沫若不懂波斯文,为什么对莪默·伽亚谟产生兴趣并根据英译本把《鲁拜集》译成中文呢?笔者认为是基于以下两个方面的原因。一是伽亚谟作为一位学识渊博的天文学家和哲学家,不像当时一般人那样,以畏惧的心情匍匐在伊斯兰神学的灵光下。他关切地注视着世间的生活,冷静地思考人生的意义,不断探索宇宙的奥秘,并……显示出他的创作也从《鲁拜集》中获取过营养。"

【877】
许钧:文化立场对翻译的影响

2003年12月,许钧著《翻译论/第四章/翻译因素论/第一节/文化语境与社会因素/2.》,湖北教育出版社,第209-210页。

Rubáiyát 未译名。

Omar Khayyám 未译名。

Edward FitzGerald 译为"菲兹杰拉德"。

此版为"中华翻译研究丛书第二辑(六)"。

2014年4月,许钧著《翻译论(修订本)/第四章/翻译因素论/第一节/文化语境与社会因素/2.》,凤凰出版传媒股份有限公司/译林出版社,第145－146页。

此版为"译林学论丛书"之一。

———

"勒菲弗尔[安德烈·勒菲弗尔]举菲茨杰拉德为例,揭露了这样一个事实:菲茨杰拉德给他们的朋友科维尔[E. B. Cowell]的信中,谈到了他翻译波斯诗歌时的心理:'完全随意地翻译这些波斯人的诗歌,给我很多乐趣,(我想)他们不是令译者却步的大诗人,而且确实需要一点艺术加工。'在这句话中,我们看到的是译者与波斯诗人之间的关系。在菲茨杰拉德看来,他所译的波斯诗人并不能令他却步,意思中含有这样一层:诗人并不值得他崇敬。不仅如此,菲茨杰拉德还认为诗歌并不完美,需要加工。"

【878】

周向勤:读黄杲炘的《从柔巴依到坎特伯雷》

2004年3月,《中国翻译》(双月刊)第25卷第2期,第59－62页。

Rubáiyát 译为"柔巴依集"。

Omar Khayyám 未译名。

Edward FitzGerald 未译名。

———

"《柔巴依集——富有传奇色彩的诗篇》一文中有一节'从菲氏《柔巴依集》的汉译看我国译诗的几种方式'。……读了这一部分内容,相信人们会对黄杲炘先生在译诗这一高难领域所作的不懈努力深感钦佩。原诗作者,若地下有知,会十分感激他在竭力把他们呕心沥血创作的外语诗篇,信息无一遗漏地变成优美的汉语诗篇;不译诗却认为诗不可译者,会重新思考自己的结论;译诗者,会以更高的标准重新审视自己的译作;而最受惠的是那些初学译诗者,他们会从他的翻译实践和理论中得到启示,少走弯路。"

【879】

李文革:20世纪以前西方翻译的文艺学派

◇《鲁拜集》汉译书目

2004 年 8 月,李文革著《西方翻译理论流派研究/第二章/翻译的文艺学派/第一节》,中国社会科学出版社,第 30 页。

Rubáiyát 译为"鲁拜集"。

Omar Khayyám 未译名。

Edward FitzGerald 译为"菲兹杰拉德"。

"……从 19 世纪起,英国的文学翻译和翻译研究出现了新的繁荣,菲兹杰拉德奉献出了英国翻译史上最优秀的译作之一——《鲁拜集》……"。

【880】
谢天振、查明建:中国现代翻译文学史

2004 年 9 月,谢天振、查明建主编《中国现代翻译文学史(1898 - 1949)/上编/第四章/新文学作家的翻译活动/第二节/郭沫若的翻译活动/下编/第十一章/亚洲诸国文学的翻译/第一节/概述》,上海外语教育出版社,第 87、591 页。

Rubáiyát 译为"鲁拜集"。

Omar Khayyám 译为"莪默·伽亚谟"。

Edward FitzGerald 译为"爱·菲茨杰拉尔德"。

"最早将莪默的诗译入中国的是胡适,1919 年胡适翻译了《希望》一诗,刊登在《新青年》第 6 卷第 4 期上。之后,郭沫若开始介绍和翻译莪默的诗,1923 年发表了题为《波斯诗人莪默伽亚谟》的译介文章,1924 年出版了莪默诗集《鲁拜集》,收译四行诗 101 首,此书在之后的 20 多年里一共出了 4 种版本,至少重印了 8 次以上,对中国新诗的发展产生了重要影响。"

【881】
黄杲炘:世事沧桑心未冷——王伟明与黄杲炘细谈翻译

2004 年 10 月 15 日,香港《文学评论》第 34 期,第 77 - 86 页。

Rubáiyát 译为"柔巴依集"。

Omar Khayyám 未译名。

Edward FitzGerald 未译名。

2004年12月,黄杲炘文《译事得失存心知——黄杲炘答客问》,香港《诗网络》第18期,第4-31页。

2006年8月,黄杲炘文《译事得失存心知——答香港〈诗网络〉双月刊编审王伟明》,王伟明著《诗里诗外》,香港玮业出版社,第193-255页。

2012年8月,黄杲炘文《译事得失存心知——答香港〈诗网络〉双月刊编审王伟明》,黄杲炘著《译诗的演进》,上海译文出版社,第309-341页。

2017年1月,黄杲炘文《世事沧桑心未冷——王伟明与黄杲炘细谈翻译》,黄杲炘著《译路漫漫》,陕西师范大学出版社,第256-351页。

"……《柔巴依集》的原作极为重要,而对我来说,是我走向英语诗翻译的最重要一步,又是'兼顾顿数与字数'译法的第一次'亮相',不仅改变了我后半生的走向,其出版过程也让我回想起来尚有余甘。因此我愿意视该书为第一本拙译。"

【882】
范传新:中古亚非文学

2004年11月,范传新、钱奇佳主编《外国文学史/第十章/亚非文学/第一节/概述/二、》,安徽大学出版社,第291页。

Rubáiyát 译为"波斯'鲁拜'/四行诗/鲁拜集"。

Omar Khayyám 译为"海亚姆"。

Edward FitzGerald 未译名。

此版为"面向21世纪高等院校课程教材"丛书之一。

"海亚姆(1048-1122)是波斯'鲁拜'(即四行诗)诗体创作的巨擘,享有世界声誉。……海亚姆的诗风独特,抒情和哲理相融,语言质朴凝练。"

【883】
《艺术界》编辑:坐觉苍茫万古意

2004年11-12月,孙叙伦主编《艺术界》(双月刊)第六期刊(总期号95号),第2页[勒口]。

Rubáiyát 译为"四行诗"。

Omar Khayyám 译为"欧玛尔·海亚姆"。

◇《鲁拜集》汉译书目

Edward FitzGerald 未译名。

"我们来去匆匆的宇宙,上不见渊源,下不见尽头,从来无人能解释清楚,我们从何方来,向何方走?(伊朗,欧玛尔·海亚姆《四行诗》)我们都在人类时间的隧道里行走,但行程何其短暂,多数人行走后从此便无踪无影,而象俞晓夫一类的中国的优秀艺术家却能在精神的苦旅中走出一片斑斓。"

【884】
廖七一:译耶? 作耶?——胡适译诗与翻译的历史界定

2004年11月5日,《外语学刊》(双月刊)第6期(总第121期),第106–110页。

Rubáiyát 译为"鲁拜集"。

Omar Khayyám 未译名。

Edward FitzGerald 未译名。

"[第7首]两种译文的前两句还基本相似,第三、第四句出入太大:郭译是描述'时鸟'展翅翱翔,而胡译则是恨春光不再,劝君对酒当歌,及时行乐。笔者对比再三,简直不敢相信这是同一首诗歌的翻译。"

【885】
佚名:键盘上的长途之旅/打字机

2004年,《数码》第11期,第94–95页。

Rubáiyát 译为"鲁拜集"。

Omar Khayyám 译为"欧玛尔·海亚姆"。

Edward FitzGerald 未译名。

"'指动字成,字成指动;任你如何至诚,如何机智:难叫他收回成命消去半行,任你眼泪流完也难洗掉一字。'波期诗人欧玛尔·海亚姆的名作《鲁拜集》中的一段小诗往往会被大家误认为是对打字机的写照。其实欧玛尔·海亚姆活跃在十一世纪,在几百年后才出现了目前被人们所熟知的打字机,但是这段小诗确实把传统意义上的打字机描绘得惟妙惟肖。"

【886】

傅浩：论中国古诗的英译

2005年,《国外文学》(季刊)第1期,第52-61页。

Rubáiyát 译为"鲁拜集"。

Omar Khayyám 译为"莪默·海亚姆"。

Edward FitzGerald 译为"埃德华·菲兹杰拉德"。

2005年1月,傅浩著《说诗解译——中外诗歌与翻译论集/第一部分/论文/论中国古诗的英译/三、韵律和体式》,中国传媒大学出版社,第60-77页。

该文英文本原载1999年3月国际翻译工作者联合会会刊《BABEL》,陈子慕汉译,傅浩审校。

2006年4月,辜正坤等执行主编《国际翻译学新探/文类翻译理论》,百花文艺出版社,第184-199页。

此版为"人文新视野/第四辑"丛书之一。

"……也许以下事实还不广为人知,早在19世纪中期,英语读者就已通过埃德华·菲兹杰拉德翻译的波斯诗人莪默·海亚姆的《鲁拜集》欣赏到了对一种非常流行的中国诗体的模仿的模仿。某些学术研究发现,'鲁拜体'可能源自中国的'绝句',即一种每行五音或七音、韵式为aaba的四行诗体,很可能是晚唐时期由某些能写汉语诗的旅华波斯商人和学者传到波斯去的。绝句恐怕是最容易被英诗吸纳的中国诗体了。"

【887】

傅浩：《距离》跋、诗里诗外

2005年1月,傅浩著《说诗解译——中外诗歌与翻译论集/第三部分/序跋/第六部分/访谈/——答香港〈诗网络〉双月刊主编王伟明问》,中国传媒大学出版社,第266、418页。

Rubáiyát 译为"鲁拜集"。

Omar Khayyám 译为"莪默·伽亚谟"。

Edward FitzGerald 未译名。

"我受先祖父熏陶,自幼闻诗。十三岁作第一首旧体诗。十六岁读郭沫若译《鲁拜

集》,开始从文言诗向白话诗过渡。""我是偶然读到郭沫若译的波斯诗人莪默·伽亚谟的《鲁拜集》,才对白话诗改变了看法。其实郭的译文文白夹杂,莪默·伽亚谟的情调又近似李白,恰好充当了我从文言诗过渡到白话诗的桥梁。"

【888】
王宝童:也谈诗歌翻译——兼论黄杲炘先生的"三兼顾"译诗法

2005年1月,《中国翻译》(双月刊)第26卷第1期,第35-40页。

Rubáiyát 译为"柔巴依集"。

Omar Khayyám 未译名。

Edward FitzGerald 未译名。

"黄先生根据自己的译诗实践,在以梁宗岱、朱湘为代表的'限制译诗诗行的字数,使之与原作诗行的音节数相应'译法和以孙大雨、卞之琳为代表的'以顿代步'译法基础上,综合二者的长处再向前迈出一步,摸索到一种比较忠实于原作格律形式的做法,在使译诗诗行顿数与原作诗行的音步数相等的同时,还使其字数与原作诗行中的音节数相应或相等,并论证了它的合理性、可行性和必要性。黄先生称这种做法为'兼顾顿数、字数和韵式'和'在音节数、节奏、韵式三方面追步原作'。黄先生说这只是一种'译诗要求'。他的《柔巴依集》就是用'三兼顾'法译出的诗集。"

【889】
方华文:大文豪郭沫若的翻译活动

2005年2月,方华文著《20世纪中国翻译史/第二章/大文豪郭沫若的翻译活动/第二节/从实践中总结出翻译观点》,西北大学出版社,第154-155页。

Rubáiyát 译为"鲁拜集"。

Omar Khayyám 未译名。

Edward FitzGerald 译为"爱德华·菲茨杰拉德"。

"……郭沫若翻译的《鲁拜集》……具有很高的鉴别力,能够把代表世界文学一流水平的作品推荐给中国读者,令中国读者大饱眼福。"

【890】
胡泽刚:中西方文学中月亮意象的相似性

2005年,《湖北师范学院学报(哲学社会科学版)/美学、文学研究》(双月刊)第2期第25卷(总第112期),第34-38页。

Rubáiyát 译为"鲁拜集"。

Omar Khayyám 译为"奥玛·卡言"。

Edward FitzGerald 未译名。

———

"波斯诗人奥玛·卡言的《鲁拜集》第74[首]中称'令我快乐的月亮永不亏缺,瞧,天上又升起了那轮明月,从今以后每次升起在这个园圃,她都将徒劳地照着我的身躯。'"

【891】
[美国]哈罗德·布鲁姆:西方正典/附录/经典书目/爱德华·菲茨杰拉德

2005年4月,[美国]哈罗德·布鲁姆著/江宁康译《西方正典/伟大作家和不朽作品/附录:经典书目/英国》,江苏出版集团/译林出版社。

Rubáiyát 译为"鲁拜集"。

Omar Khayyám 未译名。

Edward FitzGerald 译为"爱德华·菲茨杰拉德"。

2011年7月,[美国]哈罗德·布鲁姆著/江宁康译《西方正典/伟大作家和不朽作品/附录:经典书目/英国》,凤凰出版传媒集团/译林出版社,第452页。此版为第2版。

2011年7月,[美国]哈罗德·布鲁姆/江宁康译《西方正典/附录:经典书目/英国》,凤凰出版传媒股份有限公司/译林出版社,第484页。此版为第2版,2015年10月第1次印刷,"阅读指南丛书"之一。

———

"爱德华·菲茨杰拉德[Edward FitzGerald]/《鲁拜集》[*The Rubáiyát of Omar Khayyám*]"。

◇ 《鲁拜集》汉译书目

【892】
黎跃进：西亚北非文化圈的文学

2005年5月，孟昭毅、黎跃进编著《简明东方文学史/第二章/中古东方文学/第一节/中古东方社会文化特点与文学概况/（三）》，北京大学出版社，第57-58页。

Rubáiyát 未译名。

Omar Khayyám 译为"欧玛尔·海亚姆"。

Edward FitzGerald 未译名。

此版为"21世纪外国文学系列教材"丛书之一。

2012年8月，孟昭毅、黎跃进编著《简明东方文学史（修订版）/第二章/中古东方文学/第一节/中古东方社会文化特点与文学概况/（三）》，北京大学出版社，第61页。此版为"普通高等教育'十一五'国家级规划教材/21世纪外国文学系列教材"丛书之一。

———

"波斯在10至15世纪的几百年里，出了七大世界著名诗人：波斯'民族诗歌之父'鲁达基(858-941)、民族史诗《列王记》的作者菲尔多西(934-1020)、四行诗巨擘欧玛尔·海亚姆(1040-1123)、叙事诗大师尼扎米(1140-1202)、哲理诗翘楚萨迪(1184-1292)、抒情诗王哈菲兹(1320-1391)和波斯古典诗歌的集大成者贾米(1414-1492)。"

【893】
[美国]夏志清：创造社郭沫若、郁达夫

2005年7月，[美国]夏志清著/刘绍铭等译《中国现代小说史/第四章》，复旦大学出版社，第69页（页下注）。

Rubáiyát 译为"鲁拜集"。

Omar Khayyám 译为"奥玛·卡言"。

Edward FitzGerald 未译名。

1979年7月，[美国]夏志清著/刘绍铭等译《中国现代小说史/第四章》，香港友联出版社有限公司。

2001年9月，[美国]夏志清著/刘绍铭等译《中国现代小说史/第四章/创造社/附注》，香港中文大学出版社，第94页。

———

"《创造季刊》和创造社出版的其他刊物如《创造月刊》、《创造周报》等,常有错误的翻译出现。闻一多老早就在'奥玛开阳之绝句'一文中指出了郭沫若译的《鲁拜集》所犯的错误。"

【894】
孟昭毅:张鸿年与波斯语文学的翻译

2005年7月,孟昭毅、李载道主编《中国翻译文学史/第十三章/东方其他主要语种文学的翻译/第一节》,北京大学出版社,第578-579页。

Rubáiyát 译为"鲁拜集"。

Omar Khayyám 译为"欧玛尔·海亚姆"。

Edward FitzGerald 译为"菲兹杰拉德"。

———

"'波斯经典文库'丛书所收的《鲁拜集》,……译者'建议读者读一读本书……'这两位海亚姆的同胞细腻深入地分析了海亚姆的性格及其鲁拜的特点。他们从思想到艺术,又从艺术到思想,把海亚姆的鲁拜中所传达的精神解析的非常精辟透彻,译者认为就此而言,'非本民族的研究者恐怕很难做到'。这两个附录对中国读者和学者理解和研究海亚姆及其鲁拜都是及[极]其重要的。"

【895】
[美国]Charles M. Vest:Excellence 卓越

2005年,[美国]Charles M. Vest 文/左连凯译《Excellence 卓越》,《英语学习》(月刊)第8期,第10-13页。

Rubáiyát 译为"鲁拜集"。

Omar Khayyám 译为"欧玛尔·海亚姆"。

Edward FitzGerald 未译名。

———

"The Moving Finger writes; and, having writ, Moves on.[指动字成,字成指动]""《鲁拜集》,欧玛尔·海亚姆著的四行诗集,在西方倍受推崇……"。

【896】
张铁伟:波斯中世纪文学

2005年10月,张铁伟编著《伊朗/第六章/教育、文艺、卫生、体育、新闻出版/第二节/文化艺术/一/文学》,社会科学文献出版社,第232页。

Rubáiyát 未译名。

Omar Khayyám 译为"海亚姆"。

Edward FitzGerald 未译名。

此版为"列国志"丛书之一。

2010年12月,张铁伟编著《伊朗/第六章/教育、文艺、卫生、体育、新闻出版/第二节/文化艺术/一/文学》,社会科学文献出版社,第232页。

此版为"列国志"丛书之一,全套141卷。

"中世纪以诗歌为主体的波斯文学的发展大放光彩,人才辈出,达到了极盛时期。它对西亚和欧洲文学产生了深远的影响,甚至有的欧洲文学家把波斯中世纪著名诗人菲尔多西、海亚姆、内扎米、萨迪和哈菲兹誉为世界五大诗人。"

【897】

[美国]爱德华·诺顿:藏书之爱

2005年11月,[美国]A.爱德华·诺顿[Alfred Edward Newton]著/陈建铭译《藏书之爱/第一卷/藏书之乐/I/海外得书记》,重庆出版社,第26、57页。

Rubáiyát 译为"鲁拜集"。

Omar Khayyám 译为"欧玛尔·海亚姆"。

Edward FitzGerald 译为"爱德华·菲茨杰拉德"。

2011年8月,[美国]A.爱德华·纽顿著/陈建铭、杨传纬译《藏书之乐(全译本)/藏书之爱之一/I/海外得书记》,浙江大学出版社,第32、63页。

OmarKhayyám 未译名。

Edward FitzGerald 译为"爱德华·费兹杰拉德"。

2012年8月,唐静编译《藏书之乐/书架上的珍宝/第二章/淘书琐记/阿尔弗雷德·爱德华·纽顿:海外淘书》(英汉对照),西安交通大学出版社,第153页。

此版为"新东方双语书话译丛"丛书之一。

"……当年夸里奇书店将菲茨杰拉德的《鲁拜集》当成'滞销书',以一便士贱价抛售

的公案,相信大家都依然记忆犹新,如今那部书的价位只有等重的黄金条块差可比拟……"。

【898】
《大辞典》:波斯历(条目)

2005年12月,夏征农主编《大辞典/天文学·地球科学卷/天文学/历法》,上海世纪出版股份有限公司/上海辞书出版社,第67页。

Rubáiyát 未译名。

Omar Khayyám 译为"奥马尔·海亚姆"。

Edward FitzGerald 未译名。

书名题写江泽民。

"波斯历/指古代波斯和中亚地区特有的历法。""阿拉伯天文学家奥马尔·海亚姆在实测基础上,于1079年前后提出阳历置闰方案,即每33年8闰制。"

【899】
王玉春:郭沫若的文学翻译观

2006年3月25日,《郭沫若学刊/郭沫若与中外文化》(季刊)第1期(总第75期),第46-50页。

Rubáiyát 译为"鲁拜集"。

Omar Khayyám 未译名。

Edward FitzGerald 未译名。

"'风韵译'使郭沫若的译作'诗味'更加浓郁、个性更加鲜明。时间的流逝不知湮没了多少质量平庸的译作,但郭沫若的很多翻译直到今天还闪烁着耀眼的光芒。以《鲁拜集》的翻译为例,从1912年起至2001年,胡适、闻一多、徐志摩、伍蠡甫[无译本]、黄克荪[孙]、李霁野、黄杲昕[炘]、陈次震[云]、张鸿年等十多人翻译过,郭沫若的译作却别有特色,有些诗句可谓美轮美奂。"

【900】
廖七一:胡适诗歌翻译研究

◇《鲁拜集》汉译书目

2006年4月,廖七一著《胡适诗歌翻译研究》,清华大学出版社,第29－30、67－68、117、133－134、176、187－188、213－215、263－264、269页。

Rubáiyát 译为"鲁拜集"。

Omar Khayyám 译为"莪墨•伽亚谟"。

Edward FitzGerald 译为"E•菲茨杰拉德"。

此版为"翻译与跨学科学术研究丛书"之一。

该书收入"胡適译诗年表"、"胡適译诗"。

"就一般而言,胡适在诗歌翻译中力求忠实,反对'讹而失真'。但在他为数不多的译诗中也不乏不落窠臼,创、译结合之作。仅以《希望》为例:……要是天公换了卿和我,……仔细对照原文我们可以看出,胡适的译诗落拓潇洒,完全不受原诗形式和字句意义的约束。"

【901】
[英国]萨基•H.芒罗:帕克尔泰夫人的老虎(节选)

2006年6月5日,[英国]萨基•H.芒罗著/张英译《帕克尔泰夫人的老虎(节选)》,《海外英语 OVERSEAS ENGLISH/精品文选》第6期(总第68期),第40－41页。

Rubáiyát 译为"鲁拜集"。

Omar Khayyám 译为"欧玛尔•海亚姆"。

Edward FitzGerald 未译名。

"萨基[Saki]是英国小说家赫克托•休•芒罗[Hector Hugh Munro]的笔名。此名取自11世纪波斯诗人欧玛尔•海亚姆所著诗集《鲁拜集》。"

奥玛的柔巴依

Edward FitzGerald's Rubáiyát of Omar Khayyám

《鲁拜集》汉译书目（下）

A Bibliography Of Chinese Translation And
Related Literature Of Rubáiyát Of Omar Khayyám

（Ⅱ）

顾家华 编

上海三联书店

【902】

唐正秋:诗歌翻译的形式和诗歌形式的翻译——评介国外文化翻译学派诗译观

2006年6月,香港《诗网络》第26期。

Rubáiyát 译为"鲁拜集"。

Omar Khayyám 译为"伽亚谟"。

Edward FitzGerald 译为"菲茨杰拉德"。

"……十九世纪菲茨杰拉德翻译波斯诗人伽亚谟的《鲁拜集》,竭力模仿原诗格律,为英语创立了一种新的体裁。但关于诗歌用什么形式来译,一直没有一个确切的归纳或理论上的分析。翻译研究派的研究,填补了这方面的缺憾。"

【903】

许琦:困顿之中的美丽——由伊朗电影《巴伦》所想到的

2006年7月1日,《电影画刊(上半月刊)/Flim Pictorial Film Pictorial/论坛》(特别珍藏版)第7期(总第259期),第4-5页。

Rubáiyát 译为"鲁拜集"。

Omar Khayyám 未译名。

Edward FitzGerald 未译名。

"……未能找到别的世界,只找到了这个世界,于是,最大限度地利用它;用眼中所见的事物,经由感官再到默许,来抚慰心灵;而不是用徒劳的忧虑,追随事物应当如何,去迷惑心灵。"(爱德华·菲茨杰拉德《〈鲁拜集〉英文版序》)

【904】

张德明:中古波斯文学

2006年7月,张德明著《世界文学史/第二编/中古文学/第九章/第一节/抒情诗与叙事诗》,浙江大学出版社,第65-68页。

Rubáiyát 译为"鲁拜集"。

Omar Khayyám 译为"莪默·海亚姆"。

◇《鲁拜集》汉译书目

　　Edward FitzGerald 译为"菲茨杰拉德"。
　　此版为"浙江省高等教育重点教材"丛书之一。
———

　　"据说波斯诗歌中有名的四行诗体'鲁拜'(一译'柔巴依')就是由他[鲁达基]创始的。这种诗体后来在海亚姆那里得到进一步完善和发展。""菲氏选译的 101 首'鲁拜'体诗,每首诗都独立成章,通篇又自成体系,从中可以梳理出诗人流动的情思、连贯的意象和富有哲学意味的思想探索轨迹。"

【905】
王燕:东方文学——跨文化审视与说解

　　2006 年 8 月,王燕著《东方文学:跨文化审视与说解/亚非文学论要/中古文学/第一节/历史背景和文学成就》,河南大学出版社,第 37 页。
　　Rubáiyát 未译名。
　　Omar Khayyám 译为"欧玛尔·海亚姆"。
　　Edward FitzGerald 未译名。
———

　　"中古波斯诗坛上曾涌现出灿若群星的大诗人,如鲁达基、菲尔多西、欧玛尔·海亚姆、内扎米、莫拉维、萨迪、哈菲兹等……"

【906】
王蒙:波斯诗人的一首诗

　　2006 年,王蒙文《〈红楼梦〉与现代文论——在深圳大学的一次演讲》,《书屋》(月刊)第 9 期,第 73–80 页。
　　Rubáiyát 译为"鲁拜集"。
　　Omar Khayyám 未译名。
　　Edward FitzGerald 未译名。
———

　　"波斯诗人在《鲁拜集》——郭沫若翻译的,全部都是这种叹息,我用五绝重译过其中的一首诗。它的原文是这样的,就是说空闲的时候要多读一些有趣的书,不要让忧郁的青草在心里生长,干杯吧,把杯中酒全部喝尽,而死亡的阴影已经渐渐地临近。我把它译成五绝……"

【907】
徐平:浅论英美诗歌中的修辞意象

2006年,《中国海洋大学学报(社会科学版)》(双月刊)第5期,第84－86页。

Rubáiyát 译为"鲁拜集"。

Omar Khayyám 未译名。

Edward FitzGerald 未译名。

———

"圆规的意象虽并非邓恩首创,'圆规历来是坚贞的象征,圆又是完美的象征。据注家考证,11世纪末波斯诗人 Omar Khayyam 的 Rubaiyat(《鲁拜集》)中已出现过,其后传入欧洲。'"

【908】
陈辽:"人间声价是文章"——追思李克因同志

2006年10月1日,《雨花》(月刊)第10期(A)(总第511期),第78－80页。

Rubáiyát 译为"鲁拜集"。

Omar Khayyám 未译名。

Edward FitzGerald 未译名。

———

"克因兄出身于一个文化氛围很浓厚的家庭,他的父亲李竟容,文化素养很高,诗书兼攻,曾经翻译过《鲁拜集》。李竟容还是位同盟会会员,为了反对清王朝,曾在战场上殊死血战;孙中山北上谈判,他又折冲于樽俎之间,为反对腐败的北洋政府艰苦奋斗。"

【909】
马红军:从文学翻译到翻译文学

2006年10月,张柏然、许钧主编／马红军著《从文学翻译到翻译文学——许渊冲的译学理论与实践》,上海世纪出版股份有限公司／上海译文出版社,第53、75、104、117页。

Rubáiyát 译为"鲁拜集"。

Omar Khayyám 译为"莪默·伽亚姆"。

Edward FitzGerald 译为"爱德华·费兹杰拉德"。

此版为"译学新论丛书"之一。

"英国伦敦大学中国古典文学教授格雷厄姆也说过:'每一位诗的译者都必须作出决定,是在英国读者最能看见莪默·伽亚姆的真面目时就止步呢,还是像爱德华·费兹杰拉德那样再进一步,在英国诗人的行列中去取得一席地位。'格雷厄姆这段话的言外之意,分明是说译作具有超越原作的可能。"

【910】

栗长江:文化·操纵·翻译的暴力

2006 年 10 月,《湖南人文科技学院学报》(双月刊)第 5 期,第 61 - 64 页。

Rubáiyát 译为"鲁拜集"。

Omar Khayyám 未译名。

Edward FitzGerald 译为"爱德华·菲茨杰拉德"。

"有的译者还恣意去'征服'原作。哲罗姆宣称,'译者将原文的思想内容视为囚徒,用征服者的特权将其移植入自己的语言之中'。这种翻译与其说是翻译,不如说是对原文的一种强暴。《鲁拜集》的译者爱德华·菲茨杰拉德给他的朋友科维尔[E. B. Cowell]的信中,谈到了他翻译波斯诗歌时的心理:'我想怎样翻译这些波斯人的诗歌就怎样翻译,这给了我很多乐趣。(我想)他们不是令译者却步的大诗人,而且确实需要一点艺术加工来塑造自身'。在这句话中,我们看到了译者与波斯人之间的关系:在爱德华·菲茨杰拉德看来,他所译的波斯诗人不能令他却步,其潜台词是诗人属于'庶民',并不值得尊敬,'庶民'的诗歌也便属于'属下话语',并不完美,因而需要'艺术加工'。于是译者便可心安理得地对原作任意摆布,随意翻译。"

【911】

许淇:《生命之曲》([阿富汗]乌尔法特[Gulpacha Ulfat]的诗)赏析

2007 年 1 月 1 日,《散文诗/世界名家作品赏析》(半月刊)上半月/第 1 期(总第 205 期),第 78 - 79 页。

Rubáiyát 译为"鲁拜集"。

Omar Khayyám 译为"莪默伽亚膜"。

Edward FitzGerald 未译名。

"我们的邻国阿富汗灾难够多的了,但是最沉重的苦难,也无法阻断人民心中的歌:凡有生命的地方,便有生命之曲如不歇的溪流,滋润着干旱的土地和大漠。""我少时对神秘的阿拉伯世界十分向往,读着《天方夜谭》,度过一千零一夜,那既是童话也是现实。波斯诗人莪默伽亚膜的《鲁拜集》绝句,曾经风行一时,不仅西方世界争相传诵,我国的现代诗人,也曾研究译介……"

【912】

刘新民:质疑"兼顾顿数和字数"——读黄杲炘的《从柔巴依到坎特伯雷》

2007年1月,《四川外语学院学报》第23卷第1期,第118-123页。

Rubáiyát 译为"柔巴依集"。

Omar Khayyám 未译名。

Edward FitzGerald 未译名。

2016年4月,刘新民著《朝圣的足迹——外国文学论文集/译艺》,浙江工商大学出版社,第209-220页。

"对黄杲炘先生'兼顾顿数和字数'的译诗主张提出质疑。理由有三:1.顿数字数并不能全面反映原诗格律;2.字数对再现节奏影响甚微;3.固定字数不符合诗歌发展趋势。文中还引用并简析了黄先生本人的译诗,以佐证'兼顾顿数字数'译法并不可取。"

【913】

叶嘉莹:说李雯词

2007年1月,叶嘉莹著《清代名家词选讲/第一章/清初时期/第二讲》,北京大学出版社,第12-13页。

Rubáiyát 译为"鲁拜集"。

Omar Khayyám 译为"奥马珈音"。

Edward FitzGerald 未译名。

此版为"迦陵讲演集"丛书之一。

◇《鲁拜集》汉译书目

2016年5月,叶嘉莹著《清词选讲/第二讲/李雯》,生活·读书·新知三联书店,第10-11页。

———

"有一位在麻省理工学院教书而旧学修养很好的物理学教授黄克荪[孙],他曾翻译有波斯诗人奥马珈音的《鲁拜集》,其中有这样的诗句:'搔首苍茫欲问天,天垂日月寂无言。海涛悲涌深蓝色,不答凡夫问太玄。'他说我'搔首苍茫欲问天',人间有这么多悲苦、战乱、不平,而天上悬挂着有太阳、月亮,但是太阳月亮并不能回答我这些困惑的疑问。既然天上的日月不能回答我的问题,那么我低头看看海水汹涌的波涛,这深湛的蓝色波浪也不能解答我的疑惑。"

【914】
陈榕:敞开的窗户——鬼故事背后的嘲讽

2007年,《新东方NOE英语(大学版)New Oriental English/名篇名人》第Z2期,第78-79页。

Rubáiyát 译为"鲁拜集"。

Omar Khayyám 译为"莪默·伽亚谟"。

Edward FitzGerald 未译名。

———

"英国小说家萨基[Saki,1870-1916]对我国读者来说可能还是个相对陌生的名字。事实上,在英美文学界,萨基是与欧·亨利齐名的短篇小说大师。萨基原名赫克托·休·芒罗[H. H. Munro],笔名'萨基'典出古波斯诗人莪默·伽亚谟所作的长诗《鲁拜集》,意思是'手持美酒的人'。萨基的短篇小说篇幅都不长,有的篇目仅有四五百字,但笔法幽默,情节生动,人物特色鲜明。和欧·亨利相似,萨基擅长在小说中铺设伏笔,制造悬念,给小说以出其不意的结尾。"

【915】
王蒙:不去伊朗不算知道

2007年2月28日,《新民晚报/夜光杯》第B5版。

Rubáiyát 译为"柔巴衣"。

Omar Khayyám 译为"海亚姆"。

Edward FitzGerald 未译名。

"我还看到了波斯/英语对照的海亚姆的柔巴衣,也有这样的装帧和奇美的插图。"

【916】
徐晓敏:豪斯曼的悲观主义和坚忍主义——《希普罗郡少年》的现象学

2007年4月1日,上海师范大学/硕士学位论文(英语稿),第1–65页。

Rubáiyát 译为"鲁拜集"。

Omar Khayyám 未译名。

Edward FitzGerald 译为"费茨杰拉德"。

《西普罗郡少年》是豪斯曼的第一部、也是最著名的诗歌集,曾有人把它跟费茨杰拉德的《鲁拜集》相提并论,并称豪斯曼诗歌的影响要比费茨杰拉德的更深远,因其不事雕琢的风格在二十世纪比后者的矫揉造作更受欢迎。

【917】
[加拿大]玛格丽特·艾特伍德:定位——你以为你是谁?

2007年4月,[加拿大]玛格丽特·艾特伍德著/严韵译《与死者协商——布克奖得主玛格丽特·艾特伍德谈写作/第一章/定位:你以为你是谁?/"作家"是什么,我又是如何成为作家的?》,上海三联书店,第4页。

Rubáiyát 译为"鲁拜集"。

Omar Khayyám 译为"欧玛尔·海亚姆"。

Edward FitzGerald 译为"爱德华·菲茨杰拉德/爱德华·菲兹杰拉德"。

2013年1月,[加拿大]玛格丽特·阿特伍德著/王莉娜译《与死者协商——一个作家论写作/第一章/定位:你以为你是谁?/"作家"是什么?我是怎样成为一名作家的?》,上海文艺出版社,第17页。

"……诗人厄尔·伯尼在杂志上发表(加拿大人识字,但是否真的阅读?)一文,宣称大部分加拿大人家里只有三本精装书:《圣经》、《莎士比亚全集》以及菲茨杰拉德的《欧玛尔·海亚姆的鲁拜集》。"

◇《鲁拜集》汉译书目

【918】

刘琳、杨淑辉:奥马·海亚姆《代数学》来源初探

2007年5月1日,《广西民族大学学报(自然科学版)/科学史研究》(季刊)第13卷第2期(总第44期),第6-9页。

Rubáiyát 译为"四行诗集"。

Omar Khayyám 译为"奥马·海亚姆"。

Edward FitzGerald 未译名。

―――――

"海亚姆是一位全能学者,在数学、天文学、哲学、文学、法学、历史、药学和音乐等方面皆有著述,可是流传至今的作品很少。在西方,他还以诗人而闻名,他的《四行诗集》在十九世纪被译为多种文字。他学识渊博,思想深刻,所注意的问题是宇宙的本质、时间的推移、人与真主的关系等永恒性的问题。后人为了纪念他,1934年在海亚姆的故乡内沙布里为他修建了一座宏伟的陵墓。"

【919】

陈辽:我和李克因

2007年5月,陈辽著《文缘:我和文坛百家/二十七、》,香港作家出版社,第135-138页。

Rubáiyát 译为"鲁拜集"。

Omar Khayyám 未译名。

Edward FitzGerald 未译名。

―――――

"李克因出身于一个文化氛围很浓厚的家庭,他的父亲李竟容,文化素养很高,诗书兼攻,曾经翻译过《鲁拜集》。李竟容还是位同盟会会员,为了反对清王朝,曾在战场上殊死血战;孙中山北上谈判,他又折冲于樽俎之间,为反对腐败的北洋政府艰苦奋斗。"

【920】

杨涛:蔡天新——哪个少年不梦游

2007年,《商务旅行/风格旅人》(月刊)第5期,第145页。

Rubáiyát 未译名。

Omar Khayyám 译为"欧玛尔·海亚姆"。

Edward FitzGerald 未译名。

———

"……中亚,包括河间地带,《万象》杂志最近一期刊发了我的文章《欧玛尔·海亚姆的世界》,讲的就是那个地方。"

【921】
江家骏:感受教学相长 促进教学提高

2007年6月,《民办高等教育研究》(季刊)第4卷第2期(总第12期),第49-52页。

Rubáiyát 译为"鲁拜集/四行诗集"。

Omar Khayyám 译为"莪默·伽亚谟"。

Edward FitzGerald 未译名。

2008年11月,《退思文汇/西南大学老教授协会学术论文集/人文社会科学》,西南师范大学出版社,第159-163页。

2009年9月,《外国语言文学研究集萃》,四川大学出版社,第44-49页。

———

"凡是读过郭沫若译的古波斯诗人莪默·伽亚谟的《鲁拜集》(四行诗集)的人,大多会对他那优美的译文加以赞赏。他的译文是据英国诗人 Edward F 的英译本(第四版)重译的。1958年人民文学出版社出版了他修订后的《鲁拜集》,……"。

【922】
吴建英:让书籍成为孩子们的"天堂"

2007年6月10日,《学校管理》(双月刊)第3期(总第131期),第53页。

Rubáiyát 未译名。

Omar Khayyám 译为"奥马尔·海亚姆"。

Edward FitzGerald 未译名。

———

"著名诗人奥马尔·海亚姆在一首诗中写道:'树荫下放着一卷诗章,……荒原呀,啊,便是天堂!'是的,那一卷一卷的书籍,就是我们的天堂!——题记"

【923】
张建华:波斯文学

2007年7月,蒋承勇主编《外国文学教程/下编/东方文学/第十三章/中古东方文学/第一节/概述/二、中古东方文学的发展/(六)》,高等教育出版社,第400页。

Rubáiyát 未译名。

Omar Khayyám 译为"欧玛尔·海亚姆"。

Edward FitzGerald 未译名。

――――

"欧玛尔·海亚姆(1048-1122)是继菲尔多西之后的又一位著名的诗人。他精通数学和哲学,同时又是一个勇敢的叛逆诗人。"

【924】
董桥:今朝风日好

2007年7月,董桥著《今朝风日好》,香港牛津大学出版社,第1-9页。

Rubáiyát 译为"鲁拜集"。

Omar Khayyám 未译名。

Edward FitzGerald 未译名。

2008年1月,董桥著《今朝风日好》,作家出版社,第1-6页。

2012年1月,董桥著《今朝风日好》,广西师范大学出版社,第1-6页。

――――

"我最想要一本 Edmund Dulac 画彩图的英译《鲁拜集》,英伦旧书店里见过好几部非常精美,可惜价钱都超乎我囊中买书的涓滴。有些重装的真皮封面尤其贵气,我尤其想要也尤其要不起。"

【925】
陈四益:鲍正鹄先生

2007年,《传记文学》(月刊)第8期,第95-102页。

Rubáiyát 译为"鲁拜集/柔巴依集"。
Omar Khayyám 译为"奥马尔·哈亚姆"。
Edward FitzGerald 译为"菲茨杰拉德"。

"鲍先生讲到赵[宋庆]先生也每每夸赞他的才情。他说,赵先生有一阵对波斯诗人奥马尔·哈亚姆的《鲁拜集》(一译《柔巴依集》)发生了兴趣,因为他根据种种材料推测,《鲁拜集》中的诗作,可能早在北宋时期就已经传入中国,并对苏轼的创作产生了影响。为了求证这一推测,他曾用一个星期的时间,按维尼菲尔德的译本,用绝句的形式翻译了全部五百余首'柔巴依'。完成这步工作后,他的计划是从苏东坡的诗集中寻找《鲁拜集》影响的痕迹,但不知后来何以中断,以致那五百多首译作也不知散落何方。"

【926】
金敬红、张艳新:从权力话语理论看异化翻译

2007年9月,《东北大学学报(社会科学版)》(双月刊)第9卷第5期,第451-455页。

Rubáiyát 译为"鲁拜集"。
Omar Khayyám 译为"欧谟·伽亚谟"。
Edward FitzGerald 译为"菲茨杰拉德"。

"更为典型的例子是英国译者菲茨杰拉德对波斯诗人欧谟·伽亚谟《鲁拜集》的翻译。在英美中心主义意识形态的影响下,菲茨杰拉德对原作进行了随意改动,他在1851年写道:'这些个波斯人,我拿他们想怎么着就怎么着,实在是开心得很。他们虽说也是诗人,但还没到让人不敢恣意妄为的地步,而且他们也确实缺乏一点艺术来塑造自身'。结果译作被英国人视做不仅是英国整个翻译史上最优秀的译作之一,而且是英国文学史上的杰作,被列入'世界文学名著'"。

【927】
[英国]阿加莎·克里斯蒂:《魔手 The Moving Finger》(小说书名)

2007年10月,[英国]阿加莎·克里斯蒂著/叶刚译《魔手 The Moving Finger》,人民文学出版社,封面。

Rubáiyát 未译名。

◇《鲁拜集》汉译书目

Omar Khayyám 未译名。
Edward FitzGerald 未译名。

———

该书名取自菲氏鲁拜集第 71/101 首诗节第一行"The Moving Finger writes; and, having writ, ..."起首词组。

【928】
王向远:波斯古典文学的译介

2007年10月,王向远著《王向远著作集/第二卷/东方文学译介与研究史/第二章/中东各国文学在中国/第三节》,宁夏人民出版社,第106－114页。

Rubáiyát 译为"鲁拜集"。
Omar Khayyám 译为"莪默·伽亚谟/欧玛尔·海亚姆"。
Edward FitzGerald 译为"费兹杰拉德"。

———

"郭沫若译《鲁拜集》是我国翻译的第一本波斯诗人的诗集,在中波文学交流史上,有开创之功。但这个译本和郭沫若的其他译作一样,译文不够忠实。……他之所以翻译莪默·伽亚谟的诗歌,显然是基于对伽亚谟诗歌中的革命与反叛的浪漫主义精神的强烈共鸣。《鲁拜集》对五四时期郭沫若的浪漫主义文学精神产生了一定的影响。《鲁拜集》译本出版后,在当时的中国文坛产生了一定的反响。"

【929】
王向远:文体的国际移植与国际化

2007年10月,王向远著《王向远著作集/第七卷/比较文学学科论/第三章/研究对象/第一节/比较文体学/三、》,宁夏人民出版社,第127页。

Rubáiyát 译为"波斯的四行诗/鲁拜体"。
Omar Khayyám 译为"莪默凯延"。
Edward FitzGerald 未译名。

———

"……波斯的四行诗'鲁拜体',从时间上和地域上看,可能是从中国唐代的绝句演变而来的。这当然只是合理的推测。但它表明,文体传播与移植中的许多问题,仍是悬而未决的文化之谜,需要今后的比较文体学加以关注。"

【930】
王向远：概念论、译作类型论、中国文学翻译九大论争

2007年10月，王向远著《王向远著作集/第八卷》，宁夏人民出版社，第29、171、415页。

Rubáiyát 译为"鲁拜集"。

Omar Khayyám 译为"海亚姆"。

Edward FitzGerald 译为"菲茨杰拉德"。

"显然，菲茨杰拉德的《鲁拜集》作为'翻译文学'，与作为'外国文学'的波斯文本的海亚姆原作是不同的。这样的例子在各国翻译文学史上俯拾皆是。例如，俄国翻译文学史上普希金翻译的法国诗人的讽刺诗、20世纪美国人庞德翻译的中国汉诗、中国翻译文学史上的著名的林译小说等。""针对着谢天振所举的例子——'英国翻译家菲茨杰拉德翻译的波斯诗人的诗集《鲁拜集》也被视作英国文学史上的杰作'，施志元认为：'菲茨杰拉德的英译《鲁拜集》实际上是根据波斯原诗诗意的重新创作，这就和一般的翻译大为不同。否则，英国每年都有大量外国文学作品的译本，何以单单把菲氏的《鲁拜集》视为"英国文学"呢？以《鲁拜集》为例，恐怕难以证明英译《红楼梦》是英国文学作品、日译《三国演义》就是日本文学作品吧？'"。

【931】
季羡林：莫让时间再怕东方人

2007年11月，季羡林著《人生漫谈》，文汇出版社，第69-70页。

Rubáiyát 未译名。

Omar Khayyám 未译名。

Edward FitzGerald 未译名。

此版为"新民文库·夜光杯文丛·个人专辑"丛书之一。

"五六十年前，我在德国读书的时候，在一本书上读到了这样一句谚语：'所有人都怕时间，时间独怕东方人。'……谚语里的'东方人'，大概指的中东一带的人，也可能包含这地区以外的人。古代一部分波斯人，当然是有钱者和有闲者，过着慢悠悠的闲散生活。'树荫下一卷诗章，一瓶葡萄美酒，一点干粮。'对时间的流逝表现出不屑一顾的大无畏的精神……"。

◇《鲁拜集》汉译书目

【932】
王蒙:比历史还要古老

2007年11月,王蒙著《伊朗印象/比历史还要古老》,山东出版集团/山东友谊出版社,第5—11页。

Rubáiyát 译为"鲁拜集/柔巴依"。

Omar Khayyám 译为"欧玛尔·海亚姆"。

Edward FitzGerald 未译名。

―――

"精神生活荒漠化的时刻,得以背诵赏玩一千年以前的波斯律诗,这是缘分,这是神交,这是上苍的安排。"

【933】
杜平:记忆里的东方——维多利亚诗人的东方臆想

2007年12月,杜平著《想象东方:英国文学的异国情调和东方形象/第四章/帝国版图上的东方——维多利亚时代文学的东方形象/第二节/历史与记忆——诗歌和散文中的东方/1.》,上海外语教育出版社,第174—175页。

Rubáiyát 译为"鲁拜集"。

Omar Khayyám 译为"莪默·伽亚谟"。

Edward FitzGerald 译为"爱德华·菲兹杰拉德"。

―――

"爱德华·菲兹杰拉德从严格意义上说称不上是一位出色的诗人,只能算是一位优秀的翻译家,但他却奉献了维多利亚时代最脍炙人口的诗句。他翻译的《鲁拜集》影响了整整一代人,已经作为那一时期的经典诗歌载入了英国文学的史册。""从文学的角度评判,菲兹杰拉德翻译的每一首诗都像是一首出自某位英国抒情诗人之手的精美小诗,堪与当时英国诗坛流行的诗歌媲美,具有极高的可读性,'诗集本身给人的印象就是伟大的原创性诗'。""……关键在于《鲁拜集》传递了维多利亚人盼望听到的来自异域远方的声音,道出了他们的普遍困惑与失落。"

【934】
黄杲炘:《英诗汉译学》

2007年12月,黄杲炘著《英诗汉译学》,上海外语教育出版社,第11—

12、16、22-24、26-27、32-34、41、63、77-80、129-132、138-139 页。

Rubáiyát 译为"柔巴依集/鲁拜集"。

Omar Khayyám 未译名。

Edward FitzGerald 译为"菲氏"。

2020年1月,黄杲炘著《英诗汉译学(修订本)》,上海外语教育出版社,第 11-12、17、22-24、27、32、41-42、63、77-81、94、130-132、139-140、144-148、152 页。

"FitzGerald 的 Rubáiyát 非常著名,诗又短小,翻译频率很高,是译诗研究的合适对象。""译诗每行十二字五顿,既'以顿代步'也'字数相应','兼顾'了诗行顿数与字数的整齐(韵式也一如原作),更准确地反映了原作格律(原作中音步数相同而音节数相异的特点由此也可区分)。这样的译诗不是孤立现象,因为整本《柔巴依集》都是这种'柔巴依'格律。"

【935】
王东风:文学翻译寻找天才的标志——《爱情故事》译后

2007年,《外语与外语教学/翻译研究》(双月刊)第12期(总第225期),第45-47,57 页。

Rubáiyát 译为"鲁拜集/柔巴依"。

Omar Khayyám 译为"莪默·伽亚模"。

Edward FitzGerald 译为"菲茨杰拉德"。

"……还记得莪默·伽亚模那几句有名的诗吗?什么大树底下诗一卷,面包一条,酒一坛什么的?要是手上捧的不是那个诗卷,而是《斯考特论企业联合》,这哪还有什么诗情画意、田园风光可言哟。啊,天国?呸,放屁!""这段里包含着一个显性的典故,但译者在此还是要为读者多着想,因为如果我要是读者,我就非常想知道莪默·伽亚模是何许人也,这首潇洒不羁、几成千古绝唱的诗篇究竟是怎么写的。"

【936】
张旭:朱湘译诗新探

2008年1月,张旭著《视界的融合:朱湘译诗新探》,清华大学出版社,

◇《鲁拜集》汉译书目

第 199—206、269 页。

Rubáiyát 译为"鲁拜集"。

Omar Khayyám 译为"莪默·伽亚谟"。

Edward FitzGerald 译为"费兹杰拉德"。

2017 年 5 月,张旭著《视界的融合:朱湘译诗新探(修订版)》(第 2 版),清华大学出版社,第 193—200、260 页。

二版均为"翻译与跨学科学术研究丛书"之一。

————

"这里最具代表的莫过于他选译被誉为'波斯民族喉舌'的莪默·伽亚谟的《鲁拜集》中的 15 首诗。……未尝不是以汉语新格律体迻译英语格律诗的一种大胆而有益的尝试。"(第五章/朱湘译诗"建筑美"的实验/第二节/译诗字数均齐的实验)"……其次就是鲁拜体,……故而翻译的数量相对较多;……"。(第六章/朱湘译诗"音乐美"的实验/第一节/译诗音乐化节奏的实验)

【937】
黄杲炘:请英诗之父作证——为什么我要译《坎特伯雷故事》

2008 年 1 月,郑鲁南主编《一本书和一个世界/第二集》,昆仑出版社,第 172—177 页。

Rubáiyát 译为"柔巴依集/鲁拜集"。

Omar Khayyám 未译名。

Edward FitzGerald 译为"菲茨杰拉德"。

2012 年 8 月,黄杲炘著《译诗的演进》,上海译文出版社,第 171—176 页。

2000 年 12 月 3 日,《文汇报/笔会·新书摘》第 6 版。

文题为"请英诗之父作证",该文拟是初稿故无"柔巴依集"内容。

————

"具体地讲,译这本书是想让它证明诗在汉语中有可译性,汉语译诗有可能相当准确地反映原作的内容与形式。……例如早在 1982 年出版的菲茨杰拉德《柔巴依集》(一译《鲁拜集》)就是。"

【938】

瞿光辉:漫谈我的译诗

2008 年 1 月,瞿光辉著《美丽的旧书/书情》,南京师范大学出版社,第 177－181 页。

Rubáiyát 译为"鲁拜集"。

Omar Khayyám 译为"莪默·伽亚谟"。

Edward FitzGerald 未译名。

此版为"开卷读书文丛"丛书之一。

"我最早拥有的一部英译诗歌是波斯莪默·伽亚谟的《鲁拜集》,是偶然从一间兼营杂货的旧书摊上购得的。我从中译出几首,与郭沫若译的一比较相差甚远,我领悟到译诗,即使是外译中也是需要天才的,并非像有些人所认为的外译中很容易。"

【939】

阿布都外力·克热木:从文学翻译看波斯与维吾尔族的文化交流

2008 年,《民族翻译》(季刊)第 1 期(总第 68 期),第 71－76 页。

Rubáiyát 译为"鲁拜集/四行诗"。

Omar Khayyám 译为"欧玛尔·海亚姆"。

Edward FitzGerald 未译名。

"1981 年,努尔穆罕默德·艾尔凯翻译了波斯诗人欧玛尔·海亚姆的《鲁拜集》(四行诗,类似于汉族绝句)。"

【940】

张彩霞:自由派翻译传统研究

2008 年 2 月,张彩霞等编著《自由派翻译传统研究》,外语教学与研究出版社,第 185、190、193－195、199、201－204 页。

Rubáiyát 译为"鲁拜集"。

Omar Khayyám 译为"莪默·伽亚谟"。

Edward FitzGerald 译为"菲茨杰拉德"。

"郭沫若从英语翻译波斯诗人莪默·伽亚谟的《鲁拜集》,译文用白话体的自由诗译原文的格律诗,译文陌生化的文体是对原诗文体风格的创造性叛逆,它为冲破我国传统诗律起过重大作用,其文化价值不容低估。"

【941】

张晖:智慧源于汲取,传播有赖智慧——对王蒙《伊朗印象》的印象

2008年4月10日,《对外传播》(月刊)第4期(总第139期),第47-49页。

Rubáiyát 译为"柔巴依"。

Omar Khayyám 译为"欧玛尔·海亚姆"。

Edward FitzGerald 未译名。

"曾有记者问王蒙:你受哪些文学家的影响最大?王蒙说出几个名字,其中便有伊朗的欧玛尔·海亚姆。我曾经想:伊朗是个诗国。欧玛尔·海亚姆首先是个数学家、天文学家、科学家,之后才是诗人,王蒙为何要提及伊朗的欧玛尔·海亚姆呢?如果王蒙能亲身来到欧玛尔·海亚姆的故乡——伊朗访问,又会有怎样的感受呢?""我们谈及了他在新疆时所翻译的伊朗诗人欧玛尔·海亚姆的'柔巴依'诗歌,问他:'为什么这些诗译自乌兹别克文,而不是维吾尔文?'他说:'乌兹别克文与维吾尔文十分相近。我看到一部从塔什干传过来的乌兹别克文的手抄本,便译了一些。'"

【942】

[美国]埃里奇·西格尔:《爱情故事》

2008年5月,[美国]埃里奇·西格尔著/李玉瑶译:《爱情故事》(小说),南海出版公司,第61页。

Rubáiyát 译为"鲁拜集/柔巴依"。

Omar Khayyám 译为"欧玛尔·海亚姆"。

Edward FitzGerald 译为"菲茨杰拉德"。

页面下注引用《鲁拜集》第十二首,未署名译者,应为郭沫若译本。

此版为"新经典文化"丛书之一。

"还记得欧玛尔·海亚姆那段有名的诗吗?什么树荫下诗一卷,一条面包,一壶美酒等等?以《信托法》代替了那本诗集,你说我还会有多少诗意去过那田园诗般的生活?啊,天堂?呸,胡扯!真要叫我到了树荫下,我要考虑的是买那本书要多少钱(我们能不能买到二手的)以及我们在哪儿(如果还有那么个地方)可以挂个账,弄到那份面包和美酒。再有,就是我们怎样才能凑足一笔钱,把债务彻底还清。"

【943】
赵沛林:伊朗高原的鲁拜之花

2008年5月,赵沛林编著《图说世界文学/010》,吉林人民出版社,第52页。

Rubáiyát 译为"鲁拜/柔巴依"。

Omar Khayyám 译为"海亚姆"。

Edward FitzGerald 未译名。

此版为"图说世界文化"丛书之一。

"波斯古老的诗歌体裁四行诗,又名'鲁拜'或'柔巴依'。鲁拜是阿拉伯词汇,意为'四个一组的'。鲁拜诗的形式短小,便于抒情,易吟易记。诗歌意象优美,意境深远。现存的最早鲁拜诗出自鲁达基,后经海亚姆之手四行诗已臻于完备。"

【944】
陈大亮:译作超过原作现象的主体性视角

2008年,《北京第二外国语学院学报》(月刊)第6期(总158期),第1-8页。

Rubáiyát 译为"鲁拜集"。

Omar Khayyám 译为"莪默·迦亚谟"。

Edward FitzGerald 译为"菲茨杰拉德"。

"菲茨杰拉德把波斯诗人莪默·迦亚谟的《鲁拜集》翻译成英文,获得极大成功,译作的艺术水平远远高于原作。勒弗维尔认为,有些译作在某一文化中比原著重要千万倍,菲茨杰拉德的《鲁拜集》即是这方面最突出的例子。……他所译的《鲁拜集》成为英国文学史上的经典之作,是诗人译诗的典范。"

【945】

陈君朴:《四行诗体(quatrain)》

2008年7月,陈君朴编著《英语诗歌助读/八/英语诗歌的分类(下)/4》,上海大学出版社,第148–150页。

Rubáiyát 译为"鲁拜集"。

Omar Khayyám 译为"奥玛"。

Edward FitzGerald 译为"费兹杰拉德"。

———

"他[费兹杰拉德]的译作已成为英国诗歌史上的经典。他的译文是一种高超的再创造,给原诗增添了一层浪漫色彩和一丝淡淡的哀愁。"

【946】

董桥:《绝色》后记

2008年8月,董桥著《绝色》,牛津大学出版社,第259–265页。

Rubáiyát 译为"鲁拜集"。

Omar Khayyám 未译名。

Edward FitzGerald 未译名。

2012年1月,董桥著《绝色》,广西师范大学出版社,第239–241页。

2012年2月,胡洪侠编选《董桥七十/〈绝色〉后记》,海豚出版社,第218–222页。

此版繁体字版由牛津大学出版社(中国)有限公司出版。

———

"旧书贵得多,莫里斯的手工绝色古籍尽管缘份未到,我书房里那些漂亮的皮装老书倒是我永远依恋的绝色,那本一九一〇年出版的《鲁拜集》手抄影印本算是莫里斯手工艺术的承袭,描金七彩花饰描花起首字母再配上彩图十分考究,堪可止渴。"

【947】

[日本]李长声:陈舜臣和他的历史小说

2008年11月13日,《南方周末/阅读》第D24版。

Rubáiyát 译为"鲁拜集"。

Omar Khayyám 未译名。

Edward FitzGerald 未译名。

该文的作者之名被误植为"陈舜臣"。

2010年2月,[日本]李长声著《日下散记/随笔集/枕日读/麒麟志在昆仑河》,广东省出版集团/花城出版社,第136-137页。

2014年8月,[日本]李长声著《太宰治的脸/麒麟志在昆仑河》,生活·读书·新知三联书店,第156页。

此版为"长声闲话"丛书之一。

———

"青春梦未了,陈舜臣自学波斯文,尝试翻译,当年躲在防空洞里也不释手,2004年终于出版了 Omar Khayyám 的《鲁拜集》。郭沫若曾汉译《鲁拜集》,说'读者可在这些诗里面,看出我国的李太白的面目来'"。

【948】
佚名:关于童元方的报道一则(刊讯)

2009年1月4日,《香港中文大学/中大通讯/语言之外》第330期,第1-2页。

Rubáiyát 译为"鲁拜集"。

Omar Khayyám 未译名。

Edward FitzGerald 未译名。

———

"若有时间,童教授希望翻译《鲁拜集》……"

【949】
王鹏飞、李文凤:论郭沫若诗歌翻译中的变异

2009年3月,《社科纵横》(月刊)第3期(总第24卷),第85-87页。

Rubáiyát 译为"鲁拜集"。

Omar Khayyám 未译名。

Edward FitzGerald 未译名。

———

"下面特以《西风颂》和《鲁拜集》的译作为例,……郭在翻译《鲁拜集》中也通过创造

性变异,放弃或改动了原文中所塑造的形象,创造性地采用了新的形象来栩栩如生地再现了原作中的诗情画意。……通过意象的重构或变异将原诗生疏杂乱的形象统一起来,保持了诗歌的自然流畅,成功地传达了原诗的内容,赋予译诗以神韵、意境和浓重的诗味。正是此番对神韵的把握、对情感体验的交流,才使得译文更具创造力,展示出了原、译文的美学对等,并且在一定程度上达到了变异后的增值效果。"

【950】
董桥:东京旅馆夜读钞

2009年4月,董桥著《青玉案》,香港牛津大学出版社。

Rubáiyát 译为"鲁拜集"。

Omar Khayyám 未译名。

Edward FitzGerald 未译名。

2011年1月,董桥著《青玉案》,广西师范大学出版社,第217-222页。

"'Zaehnsdorf 的装帧通常都崇尚古典风格,'新田先生说,'这一部花饰比较稳健,是学院派的端庄图案,那是 Scolar Press 的传统。'书中登了 Zaehnsdorf 一本《鲁拜集》,装帧果然十分古雅,藏在牛津大学图书馆里。……那天半夜我跟伦敦的李侬通长途电话聊天,她要我替她看看崇文庄有没有 Zaehnsdorf 装帧的袖珍本《鲁拜集》。"

【951】
[日本]陈舜臣:长安的波斯美女

2009年4月,[日本]陈舜臣著/吴菲译《西域余闻/七》,广西师范大学出版社,第74-86页。

Rubáiyát 译为"鲁拜集"。

Omar Khayyám 译为"欧玛尔·海亚姆/奥马尔·哈雅姆"。

Edward FitzGerald 译为"菲茨杰拉德"。

"……欧玛尔·海亚姆的《鲁拜集》(四行诗集)中,常常出现'萨基'这个词,原意指斟酒。""但是在波斯诗歌中,'萨基'指男性,似应译作'酌童'。此外,也指给人们带来欢乐的人。""伊朗人曾经酷爱酒,甚至被誉为诗与蔷薇以及酒的国度。进入伊斯兰时代之后,仍有像奥马尔·哈雅姆那样热情颂酒的诗人。"

【952】
朱建祥:译诗主体的再认识——兼评黄杲炘先生的译诗主体观

2009年,《山东文学/文学自由谭》(月刊)第5期(总第606期),第103-105页。

Rubáiyát 译为"柔巴依集"。

Omar Khayyám 未译名。

Edward FitzGerald 未译名。

"……他[黄杲炘]在继承前人译法基础上,结合自己的翻译实践,创造性地提出了'兼顾顿数、字数和韵式'的'三兼顾'译诗法,并按此法翻译了以《柔巴依集》和《坎特伯雷故事》为代表的英语格律诗6万余行。黄先生的译诗意义明白、节奏感强、诗行排列整齐,能够比较忠实地反映原作。"

【953】
[美国]M.H.艾布拉姆斯:Carpe Diem 及时行乐(词条)

2009年5月,[美国]M.H.艾布拉姆斯[Meyer Howard Abrams]著/吴松江等编译《文学术语词典(中英对照)/第7版》,北京大学出版社,第63-65页。

Rubáiyát 译为"鲁拜集"。

Omar Khayyám 译为"欧玛尔·海亚姆"。

Edward FitzGerald 译为"爱德华·菲茨杰拉德"。

此版为"培文书系/人文科学系列"丛书之一。

2014年11月,[美国]M.H.艾布拉姆斯、杰弗里·高尔特·哈珀姆[Geoffrey Galt Harpham]著/吴松江等编译《文学术语词典(中英对照)/第10版》,北京大学出版社,第89-91页。

"'Carpe Diem'是出自贺拉斯《歌集》[I.xi]中的一个拉丁文短语,意为'及时行乐',现已成为一个常见的文学题旨——在抒情诗中尤为常见。此类诗歌中的言语者强调人生短暂、岁月如流水,从而告诫他的听众——常常是不愿改变自身情境的贞女——要尽情享受眼前的快乐。诗人多用玫瑰花象征容貌娇艳的短暂和最终死亡的必然,如……维多利亚女王时代的诗人爱德华·菲茨杰拉德以及时行乐的各种形式为题旨创作的《欧玛

◇《鲁拜集》汉译书目

尔·海亚姆的鲁拜集》。"

【954】

陈之藩:时间的究竟/序《爱因斯坦的梦》

  2004年3月,《大学语文新读本/下编/新文化与世界文学/第六单元/散文》,浙江文艺出版社,第365-367页。

  Rubáiyát译为"鲁拜集"。

  Omar Khayyám未译名。

  Edward FitzGerald未译名。

  2009年6月,陈之藩著《时空之海·看云听雨》,黄山书社,第21页。

  此版为"陈之藩作品系列"丛书之(四)。

  "……诗之翻译,不比寻常,世间又有几部像《鲁拜集》之英译所达之成就。"

【955】

叶公超:买书

  1936年11月26日,北平《世界日报》副刊。

  Rubáiyát译为"鲁拜集"。

  Omar Khayyám未译名。

  Edward FitzGerald未译名。

  叶公超,本名叶崇智。

  1995年1月,《读书有味》,上海社会科学院出版社,第145-147页。

  此版为"名家谈丛"丛书之8。

  2000年5月,《北大学者谈读书》,北京图书馆出版社,第111-113页。

  2001年9月,《北大小品/第二辑/艺术家的午睡》,内蒙古文化出版社,第51-53页。

  此版为"北大精品书系"丛书之一。

  2003年8月,《世界华人学者散文大系/2》(共10卷),大象出版社,第339-340页。

  2008年10月,《青少年受益一生的名人读书经验/第6辑/还是好读书着好》,九州出版社,第 173—174 页。

此版为"'读·品·悟'青少年受益一生的励志书系"丛书之一。

2009 年,《新读写/我和橘皮的往事》(月刊)第 7、8 期(总第 79、80 期),第 71 页。

2012 年 11 月,《买书琐记/上编》,生活·读书·新知三联书店,第 64—66 页。

此版为"闲趣坊书系"丛书之 03。

―――――

"以译《鲁拜集》传名于后世的 Fitzgerald,有一天呆坐在他的小书房里,怒视着围绕他的书。愤怒之下,致书友人云:'我写这信告诉你我最近的决断。我想把所有的书都卖出去,或烧去,只留下《圣经》、字典、《失乐园》、颇普的诗各一部,放在我书案上,最好都就在手边,那样,我再不会找不着我要的书了,至少我会知道我此处只有这四部书,别的,世间别的书都在别处,不在我的架上。……'"

【956】

刘振堂:将诗人抬上圣坛

2009 年 9 月,刘振堂著《伊朗零距离/艺术伊朗》,上海世纪出版股份有限公司/上海辞书出版社,第 135—140 页。

Rubáiyát 译为"鲁拜集"。

Omar Khayyám 译为"欧默尔·海亚姆"。

Edward FitzGerald 译为"菲茨杰拉德"。

―――――

"诗人欧默尔·海亚姆(1048—1122)是波斯历史上一位伟大的数学家和天文学家,也曾出任塞尔柱王朝宫廷御医。他的四行诗《鲁拜集》与他的数学、天文学一样光彩夺目,成为穆斯林学者论文的范本。……海亚姆认为:来世、天国与地狱都是虚幻的,都不可信,应该珍惜现实世界。"

【957】

秦弓:二十世纪中国翻译文学史

2009 年 11 月,杨义主编/秦弓著《二十世纪中国翻译文学史/五四时期卷》,百花文艺出版社,第 30、37—39、272 页。

Rubáiyát 译为"鲁拜集"。

Omar Khayyám 译为"莪默·伽亚谟/欧玛尔·海亚姆"。

Edward FitzGerald 译为"爱·菲茨杰拉尔德"。

———

"西亚有波斯诗人莪默·伽亚谟作品的翻译。莪默·伽亚谟擅长写伊朗传统的诗体四行诗,第一、二、四行协尾韵,类似中国的绝句。1859 年英国人爱·菲茨杰拉尔德把他的四行诗译为英文出版,使之闻名欧美。莪默·伽亚谟对同时代学者的迂腐表示忧虑,对窒息学术自由的社会环境表示不满,他的许多四行诗就流露出这种不满与愤懑,并且对当政的权贵亦有谴责与揭露。伽亚谟诗歌中的革命与反叛的浪漫主义精神,引起了新文化阵营的强烈共鸣。"

【958】

[美国]叶维廉:神思的机遇(增订版代序)

2009 年 12 月,[美国]庞德等著/[美国]叶维廉译《众树歌唱/欧美现代诗 100 首/增订版》,人民文学出版社,第 16 页。

Rubáiyát 译为"鲁拜集"。

Omar Khayyám 未译名。

Edward FitzGerald 译为"费滋罗"。

———

"宁为一只活生生的麻雀,不做一只塞满稻草的大鸦"。

【959】

佚名:2009 年十大考古发现(刊讯)

2010 年 1 月,《新语文学习(高中)NEW CHINESE STUDY/关注天下/资讯》(月刊)第(1、2 月)61、62 期,第 62 页。

Rubáiyát 译为"鲁拜集"。

Omar Khayyám 未译名。

Edward FitzGerald 未译名。

2009 年,有一陶罐文物出土于以色列耶路撒冷,荣登了美国《考古学[Archaeology]》杂志评选的当年世界十大考古发现榜,陶罐残片的装饰上刻有一句奥玛的柔巴依诗句,意为:"……那手也曾轻拢在情人的颈上[ىتسدتساەكبرگندرایىوبەدتس].”

"美国《考古学》杂志日前评出了2009年最令人兴奋的十大考古发现：……《鲁拜集》陶罐(以色列)。"

【960】

刘以焕:杨宪益的文史考证志趣

2010年1月13日,《文汇报/文汇笔会》第11版。

Rubáiyát 译为"鲁拜集"。

Omar Khayyám 译为"莪默凯延"。

Edward FitzGerald 未译名。

2010年1月15日中国网(china.com.cn)转载。

"……杨先生又从事中外文史考证了,撰写了《〈鲁拜集〉和唐代的绝句》(载《文汇月刊》1980年第2期)。随后1983年8月,在北京召开了中美双边比较文学讨论会,杨先生在会上宣读了自己撰写的论文《试论欧洲十四行诗及波斯诗人莪默凯延的鲁拜体与我国唐代诗歌的可能联系》(首发在《文艺研究》1983年第四期上)。仅从题目上就明显地看出这是篇中外文史考证的专论,意义深远。我受到杨先生这两篇文章的启示,也效颦写出了《"鲁拜"探源并与汉诗比较》及《〈鲁拜集〉的汉译、英译兼论诗歌的翻译》(收入拙作《相遇和对话》,重庆出版社,1990)。"

【961】

张小明:数学与诗歌

2010年,《中学生天地/高中学习/延长线》(月刊)第2期(C),第26页。

Rubáiyát 译为"鲁拜集"。

Omar Khayyám 译为"奥马·海牙姆"。

Edward FitzGerald 未译名。

"历史上,不乏数学家同时也是诗人的例子。11世纪波斯(今伊朗)数学家奥马海牙姆就是著名的诗人,今人已将他的诗汇集成册,名为《鲁拜集》。"

【962】

[美国]杰克·伦敦:《海狼/第十一章》

2010年3月,[美国]杰克·伦敦著/王人敏译《海狼/第十一章》(长篇小说),内蒙古人民出版社,第86-90页。

Omar Khayyám 译为"奥马尔"。

此版为"世界名著阅读经典"丛书之一。

————

"他看书是漫无目的地选取,没有看过《鲁拜集》,如今感到是发现了珍贵的东西。我能记得许多'鲁拜',差不多有三分之二,剩下的我不费吹灰之力也补了出来。……""我问他对哪一首'鲁拜'最感兴趣。他选择的是那首一时发怒而作的诗,那诗和那位波斯人真切的生活与人生信条完全相反。"

【963】

刘丹、熊辉:外国诗歌的"翻译体"与中国新诗的形式建构

2010年,《社会科学战线》(双月刊)第3期,第145-149页。

Rubáiyát 译为"鲁拜集"。

Omar Khayyám 译为"莪默伽亚谟"。

Edward FitzGerald 译为"费茨杰拉德"。

————

"在中外文学史上,将外国诗歌的翻译体视为民族诗歌创作成果的例子很多,英国人费茨杰拉德翻译了波斯诗人莪默伽亚谟赋的作品而使《鲁拜集》的英文翻译体成为英国诗歌史上的杰作;……"。

【964】

[英国]希瑟·库珀、奈杰尔·亨贝斯特:地球的运行

2010年6月,[英国]希瑟·库珀、奈杰尔·亨贝斯特著/萧耐园译《图解天文学史/第4章》,湖南科学技术出版社,第82-83页。

Rubáiyát 译为"鲁拜集"。

Omar Khayyám 译为"欧马尔·海亚姆"。

Edward FitzGerald 译为"爱德华·菲茨杰拉德"。

此版为"第一推动丛书插图本"之一。

"一个重要的突破——四次方程,是由波斯数学家欧马尔·海亚姆作出的。""海亚姆是一位成就杰出的博学多才之人。""多才多艺的海亚姆也是天文学家。他测量了一年的长度,比他之前的任何人都更精确。他设计了一种历法,理论上比今天西方所用的历法更精密。"

【965】
宋炳辉:王蒙的翻译活动及其语言才华

2010年6月,《东方翻译/作家与翻译》(双月刊)第3期(总第5期),第56-61页。

Rubáiyát 译为"柔巴依集"。

Omar Khayyám 译为"欧玛尔·海亚姆"。

Edward FitzGerald 译为"菲茨杰拉德"。

文中辑录王蒙的译诗三首(四译)。

2011年,《扬子江评论》第2期,第36-40页。

2011年4月,《"中国文学海外传播"国际学术研讨会论文集》,第261-266页。

2011年4月末,由中国国家汉办、北京师范大学文学院、美国俄克拉荷马大学文理学院、《当代世界文学》(World Literature-Today)杂志社、《今日中国文学》(Chinese Literature Today)杂志社联合主办的"中国文学海外传播"国际学术研讨会,在北京师范大学新图书馆报告厅召开,该文为会议论文,文题为"王蒙的翻译活动、文学视野及其语言才华"。

"值得一提的是,王蒙还通过乌兹别克语手抄本读到了波斯诗人欧玛尔·海亚姆的'柔巴依',即四行体诗。据传,欧玛尔·海亚姆一生共创作了一千多首'柔巴依',如果此说确实,目前通行的《柔巴依集》大多是依据英国诗人菲茨杰拉德的英译本,共收入101首,仅占总数的十分之一。"

【966】
王蒙:泛漫与经典——当前文艺生活一瞥

2010年7月10日,《文艺研究/理论专题》(月刊)第7期(总第221

◇《鲁拜集》汉译书目

期),第39-46页。

Rubáiyát 译为"鲁拜集"。

Omar Khayyám 译为"莪默·伽亚谟"。

Edward FitzGerald 译为"菲茨杰拉德"。

该文为作者2010年5月22日在浙江绍兴文理学院的演讲。

———

"……波斯诗人莪默·伽亚谟,郭沫若曾经翻译过他的《鲁拜集》,'鲁拜'是一种诗歌形式,就像我们的七律一样,不过比七律还要严格,不但有首韵、尾韵还有腰韵。莪默·伽亚谟的诗是在他死了很多年后被两个英国人发现的,这两个人翻译的莪默·伽亚谟的诗在英国大红,连带着莪默·伽亚谟也就红起来了,波斯人这才知道原来他们有一个这么好的诗人。莪默·伽亚谟的主业不是写诗而是历法,他是一个主管历法的官员,每天计算历法。"

【967】

李晓红:诗歌翻译中的审美移情与艺术生成

2010年,《浙江学刊》(双月刊)第4期,第95-99页。

Rubáiyát 译为"鲁拜集"。

Omar Khayyám 未译名。

Edward FitzGerald 译为"菲茨杰拉德"。

———

"菲茨杰拉德在翻译《鲁拜集》时倾注了自己的全部情感,五易其稿,'好像在冥想静思中从如丝如缕的文字与音韵里面捕捉到异国诗人在另一时空里飘渺的私语,触到了他的灵魂'"。

【968】

王丽耘、吴华南:于赓虞诗学理论平议

2010年8月,《上饶师范学院学报》(双月刊)第30卷第4期,第62-66页。

Rubáiyát 译为"鲁拜集"。

Omar Khayyám 未译名。

Edward FitzGerald 未译名。

"1921年秋,于赓虞考入南开中学,接触到《鲁拜集》,爱不释手,常在落日的余辉中,在芦苇丛中的湖滨,独自朗诵《鲁拜集》,这可谓是其接受诗歌熏陶的滥觞。此后,于赓虞与诗歌创作及诗歌理论建构结下了不解之缘。"

【969】

熊辉:西潮涌动下的东方诗风——五四诗歌的逆向审美

2010年,《文学评论》(双月刊)第5期,第146-151页。

Rubáiyát译为"鲁拜集"。

Omar Khayyám译为"莪默伽亚墨/莪默伽亚谟"。

Edward FitzGerald译为"爱德华·菲茨杰拉德"。

2017年6月,熊辉著《隐形的力量/翻译诗歌与中国新诗文体地位的确立/第二辑/创作诉求》,广西师范大学出版社,第95-109页。

此版为"诗想者·学人文库/'70后'诗歌批评家文丛"丛书之一。

"对波斯诗人莪默伽亚谟的翻译热潮同样说明了五四时期东方诗歌的翻译是受了西方审美观念的影响,而不是中国人自身的审美价值理念决定着东方诗歌的翻译。英国人爱德华·菲茨杰拉德于1859年自费出版了他翻译的波斯诗人莪默伽亚墨的《鲁拜集》,由此在全球引发了鲁拜诗的翻译热潮,有几十种语言从菲氏英语译文中转译了该诗集。这股翻译热潮带动了中国五四时期翻译界的《鲁拜集》热,……为什么五四时期有这么多诗人来翻译和介绍《鲁拜集》呢?除了前面分析的鲁拜诗的情感特质符合五四时期的时代精神,以及在形式上与中国古诗具有相似性之外,也与世界范围的鲁拜诗翻译热潮分不开。……世界范围内的鲁拜诗热潮自然带动了中国人对鲁拜诗的关注和翻译,加上五四前后是一个思想解放和引入外国文化最繁盛的时期,鲁拜诗在中国的翻译热潮就不可避免了。"

【970】

王家新:新译的字行不住翻动

2010年9月25日,《当代作家评论》双月刊第5期(总第161期),第125页。

Rubáiyát译为"鲁拜集"。

◇《鲁拜集》汉译书目

  Omar Khayyám 未译名。

  Edward FitzGerald 译为"费滋罗"。

  2011 年,《凤凰》下半年刊(总第 8 期)第 175 页。

  文题为"新译的字行不住翻动——近半年的翻译诗歌"。

———

"在《翻译:神思的机遇》这篇增订版代序中,叶[维廉]先生引用了《鲁拜集》的译者费滋罗的话:'宁为一只活生生的麻雀,不做一只塞满稻草的大鸦',这也正是他自己的翻译理念。在他那里,译诗不是别的,这完全是一种'再生'、'再投胎'或'异花受精'的过程,直到一切'焕然欲语',被赋予生命……"

【971】
邓雪梅:"借尸还魂"黄道光

  2010 年,《世界科学》第 10 期,第 36-37 页。

  Rubáiyát 译为"鲁拜集"。

  Omar Khayyám 译为"莪默·伽亚谟"。

  Edward FitzGerald 未译名。

  2011 年,《自然密码》第 2 期。

  2011 年,《科技信息(山东)》第 4 期,第 27 页。

———

"早在 11 世纪,波斯诗人和天文学家莪默·伽亚谟就在他的《鲁拜集》中提到了'虚假的黎明'。这一现象其实是由于太空中的尘埃反射阳光而产生的,加之它总出现在天空中的黄道星座中,因此得名'黄道光'"。

【972】
张宗子:虎头食肉亦非豪——陆游的几首饮酒诗

  2010 年,《读书》第 10 期,第 140-147 页。

  Rubáiyát 译为"鲁拜集"。

  Omar Khayyám 未译名。

  Edward FitzGerald 未译名。

———

"王绩曾在《醉后》诗中自豪地宣称:'阮籍醒时少,陶潜醉日多。百年何足度,乘兴且长歌。'他的十几首五言绝句有意无意地构成了一个酒鬼的系列宣言。英译唐诗选本喜欢拿这一首打头:'此日长昏饮,非关养性灵。眼看人尽醉,何忍独为醒。'政治挂帅,饮酒先强调思想和动机。《鲁拜集》风流犹在,郭沫若译本的第一句很潇洒地高呼'醒呀!'这里却说不肯醒,大有更进一步,并驾齐驱的意思。"

【973】
黄维樑:四季读书乐

2010年10月26日,《深圳特区报/副刊前海/文史随笔》第C4版。

Rubáiyát 译为"鲁拜集"。

Omar Khayyám 译为"莪马·卡扬穆"。

Edward FitzGerald 译为"爱德华·菲茨杰拉德"。

———

"十一世纪波斯诗人莪马·卡扬穆的《鲁拜集》中有一名篇:树阴下放着一卷诗章,一瓶葡萄美酒,一点干粮,有你在这荒原中傍我欢歌——荒原呀,啊,便是天堂!""原文是波斯文,这里的英译出自英国十九世纪诗人爱德华·菲茨杰拉德手笔;郭沫若据此英译本翻成中文,即上面引录的。英译和中译都声韵畅美。诗人有'你'为伴,就是中国古人说的红袖添香;读诗时饮酒,则和中国古人以《汉书》下酒的情景差不多。"

【974】
周梦蝶:行者日记(诗歌)

2010年11月,周梦蝶著《刹那/辑一/孤独国》,海豚出版社,第13-14页。

Rubáiyát 译为"鲁拜集"。

Omar Khayyám 译为"峨默·开阳"。

Edward FitzGerald 未译名。

周梦蝶,本名周起述。

2015年1月,周梦蝶著《鸟道/周梦蝶世纪诗选/卷一/〈孤独国〉/行者日记》,中央编译出版社,第7-8页。

———

"天黑了!死亡斟给我一杯葡萄酒/我在峨默疯狂而清醒的瞳孔里/照见永恒,照见隐在永恒背后我底名姓。"

◇《鲁拜集》汉译书目

【975】
虞淑燕:《海狼》导读

2010年11月,[美国]杰克·伦敦著/姚海科改写《海狼》(长篇小说),海洋出版社,第Ⅶ页。

Rubáiyát 译为"鲁拜集"。

Omar Khayyám 未译名。

Edward FitzGerald 未译名。

此版为"蓝海文库/世界海洋文学经典"丛书之一。

"……同时,他对文学也有着极高的兴趣,能够从《鲁拜集》读出悔恨和反叛的呐喊,连文学家凡·卫登也觉得他言之有理。"

【976】
王秉钦:东西方大师的对话——关于重建中国翻译理论话语之我见

2010年12月15日,《中华读书报》第19版。

Rubáiyát 译为"鲁拜集"。

Omar Khayyám 译为"欧玛尔·海亚姆"。

Edward FitzGerald 译为"爱德华·菲茨杰拉德"。

2014年9月3日,《天津日报》第19版。

"英国诗人爱德华·菲茨杰拉德有一句名言,译者所应当追求的,'宁愿是只活的麻雀,而不是只死鹰'。他翻译的波斯诗人欧玛尔·海亚姆的《鲁拜集》就是一部典型的'灵魂转生'的样板。英国东方学家艾伦对此给予了高度的评价,艾伦说:'从纯粹狭义的翻译角度而言,菲译并不是翻译,但从'翻译'一词最经典的意义而言,毫无疑问这是翻译。'曾任美国驻英大使的约翰·海伊对菲译和原作者海亚姆的关系说得更清楚、更直接。他说:'菲氏译诗的最显著特点之一恰恰是对原作的'忠实'。简而言之,海亚姆是菲茨杰拉德的前身,菲茨杰拉德是海亚姆的投胎转世。'可见,东西方大师在'灵魂转生'这一核心概念上是完全相通的。"

【977】
陈四益:赵宋庆先生与《秋之星》

2010 年 12 月 24 日，《复旦新闻文化网/校史通讯校史通讯》第 70 期。

Rubáiyát 译为"鲁拜集"。

Omar Khayyám 译为"奥马尔·哈亚姆"。

Edward FitzGerald 未译名。

———

"为了寻找苏轼受过波斯诗人奥马尔·哈亚姆影响的证据，他用一周时间以绝句形式翻译了《鲁拜集》全部五百余首诗。""传闻归传闻，我也未曾核实，但这次听鲍正鹄先生说起，才知道赵先生确有这份才情，因为鲍先生同赵先生交往有数十年之久，不比道听途说未必可信。"

【978】

佚名：李竟容

2010 年 12 月，政协赞皇县委员会编/郝振绪主编《千年古县赞皇/赞皇县文史资料/7》，中国文史出版社，第 9、255 – 260 页。

Rubáiyát 译为"鲁拜集"。

Omar Khayyám 未译名。

Edward FitzGerald 未译名。

———

"李竟容(1885 – 1947)，原名李镜容，字晓沧，晚号自苏，小名银银。""1938 年至 1947 年，隐居乡间读书作诗。……主要精力一直放在写诗以及外国古典诗的研究和翻译上，先后自费印制《自苏室烬余稿》两本各数百册(其一为增订本)，译出英国爱国主义诗人拜伦、雪莱等人诗作多首及长诗《鲁拜集》数百首。"

【979】

沈苇：我的柔巴依写作

2011 年 1 月 1 日，《诗刊/大阅读/诗人随笔》(半月刊/上半月)第 1 期(总第 608 期)，第 16 – 17 页。

———

"我尝试柔巴依的写作是受了黄杲炘先生翻译的欧玛尔·海亚姆《柔巴依集》的启发。觉得这种诗歌形式很有意思，短小精悍，琅琅上口，就像压缩饼干一样饱含了诗的能量，可以借鉴它，用来锤炼自己的诗艺。况且，这种诗歌形式已是我生活的新疆、乃至中

◇《鲁拜集》汉译书目

亚西亚地区重要的诗歌传统,是身边的传统。"

【980】
[英国]约翰·德林瓦特:爱德华·菲茨杰拉德

2011年1月,[英国]约翰·德林瓦特主编/陈永国、尹晶译《世界文学史/插图本/下卷/第二十九章/维多利亚诗人/第六节》(上、下卷),北京大学出版社,第715-717页。

Rubáiyát 译为"鲁拜集"。

Omar Khayyám 译为"莪默·伽亚谟/欧玛尔·海亚姆"。

Edward FitzGerald 译为"爱德华·菲茨杰拉德"。

选载郭沫若译本8首。

———

"就这样,《鲁拜集》开始热卖。""除了诗句极为优美之外,还有其他一些让这本小书变得如此有名的特点:首先就是大众永远接受的人生哲学,也就是赫里克的歌'有花堪折直须折'的人生哲学;其次是东方景色的绚烂瑰丽,从一束黎明的阳光照在苏丹的宫殿上,到美丽的黄昏具有的壮美魅力,那时一轮低低的大月亮悬挂在芳香四溢的花园之上,客人们端着酒杯,戴着玫瑰花环,坐在草地上,头顶上'繁星点缀'。"

【981】
王丽耘、葛桂录:域外影响下的于赓虞诗学理论

2011年,《贵州师范大学学报(社会科学版)》(双月刊)第1期,第98-102页。

Rubáiyát 译为"鲁拜集"。

Omar Khayyám 译为"莪默·伽亚谟"。

Edward FitzGerald 未译名。

———

"……于赓虞曾亲自谈到《鲁拜集》对他的影响:'那时候,我在散步的时候,手里常常拿着一本 Rubaiyat,我每次必读的是当那诗人立在苍波之前,向流动的天海发出惨叫的声音,他问命运之子在黑暗里彷徨的意义那一首。这是我的无归宿的灵魂,在黑暗的旅途的惨叫的回响。我又喜欢一个人同他爱人在旷野林丛中歌唱,有酒,有诗,有面包,当他爱人在身边歌唱时,他说即如这是荒原也胜于天堂那一首。这完全适合于我未来的梦,

而这首诗就成了我心中常常波动的韵律。"

【982】
傅月庵:爱染·爱书·热/涂鸦·鲁拜·扇

2011年2月,傅月庵著《书人行脚》,中华书局,第161、180–181页。

Rubáiyát译为"四行诗集/鲁拜集"。

Omar Khayyám译为"奥玛·开俨"。

Edward FitzGerald未译名。

傅月庵,本名林皎宏。

———

"四、一九三八年,台北日孝山房曾刊行矢野峰人所翻译的《四行诗集》……何谓'天使本'、'蔷薇本'?一头雾水!""昨夜与友人聚餐,相谈大欢,满座皆笑语。……一本诗集而有五种译本,说来不算少,……是也!是也!呵呵。"

【983】
张莹:探讨译学前沿与趋势的一次国际盛会——第四届岭南-清华翻译学国际研讨会综述

2011年4月,《东方翻译/译界动态》(双月刊)第2期(总第10期),第93–95页。

Rubáiyát译为"鲁拜集"。

Omar Khayyám未译名。

Edward FitzGerald未译名。

———

"清华大学覃学岚讨论了自己重新翻译的《鲁拜集》,并与郭沫若译本进行对比,指出言语与语言差异在翻译策略中的体现,和翻译语言的'中和'概念。"

【984】
熊辉:《两支笔的恋语/中国现代诗人的译与作》

2011年5月,熊辉著《两支笔的恋语:中国现代诗人的译与作》,西南师范大学出版社,第135–136、222–223页。

Rubáiyát 译为"鲁拜集"。

Omar Khayyám 译为"莪默伽亚谟"。

Edward FitzGerald 译为"菲茨杰拉德"。

此版为"西南大学人文社科青年论丛"丛书之一。

"……闻一多首先肯定了菲茨杰拉德的译诗语言因为具有诗性色彩而使他的译诗在英国文学史上享有盛誉,同理,他希望中国的译者在译诗语言上同样应该具有符合中国诗歌审美特质的诗性色彩,以保证译文的文学性。"

【985】

李伟民:丹心血染尊中华——张采真与莎士比亚

2011年6月,《东方翻译/译海钩沉》(双月刊)第3期(总第11期),第40-43页。

Rubáiyát 译为"鲁拜集"。

Omar Khayyám 未译名。

Edward FitzGerald 未译名。

"1925-1926年间,张采真在《语丝》、《晨报副刊》、《京报副刊》上时常发表以他的作品(以译作居多)。《语丝》中曾刊载张采真以自由体形式翻译莪默的《鲁拜集》诗歌4首。"(编者注:张采真选译《鲁拜集》诗节应为3首。)

【986】

张鲁艳:对"兼顾"译法的一些看法——兼议黄杲炘《英诗汉译学》

2011年,《外语教学理论与实践》(季刊)第3期,第93-97页。

Rubáiyát 译为"柔巴依集/四行诗"。

Omar Khayyám 未译名。

Edward FitzGerald 未译名。

"早在十年动乱期间黄先生就接触和翻译了《柔巴依集》[The Rubaiyat]。""在'兼顾'译法于1992年正式提出之前,黄先生翻译了万行多诗。从如此丰富的翻译经验中总结出来的'兼顾'译法对翻译实践自然具有很大的指导价值,也理所当然地成为黄先生自

己的译事原则、检验译诗质量的标准。"

【987】

马海甸:《西洋文学》杂志

2011年8月19日,《大公报》。

Rubáiyát 译为"鲁拜集"。

Omar Khayyám 未译名。

Edward FitzGerald 未译名。

2011年8月26日,马海甸文《〈西洋文学〉杂志》,《文汇读书周报/访书札记/特稿》,第5版。

2014年3月,马海甸著《我的西书架/辑二/译外胜谈》,新世界出版社,第108-111页。

———

"《鲁拜集》的中译者,有一段时间世人只知道郭沫若,而不知道还有孙毓棠。历史界知道孙毓棠的名字(正如他们知道张芝联的名字),乃理所当然,要不他们怎么混饭吃?中国现代文学史的研究者可能只有不多的人知道叙事诗《宝马与渔夫》,因为长诗写得早,一直没怎么重印,又被《王贵与李香香》一类解放区文学的盛名压着;翻译界绝大多数人不知道有孙译《鲁拜集》(包括读《西洋文学》前的不才),乃理有固然,未足深怪。"

【988】

[伊朗]扎比胡拉·萨法:伊朗人在数学上的贡献、11-13世纪的波斯文学

2011年9月,[伊朗]扎比胡拉·萨法著/张鸿年译《伊朗文化及其对世界的影响/第三章/伊朗人和伊斯兰学术/8./第四章/波斯语和波斯文学/4.》,商务印书馆,第98、103 104、128页。

Rubáiyát 未译名。

Omar Khayyám 译为"海亚姆·内沙浦里/欧玛尔·海亚姆"。

Edward FitzGerald 未译名。

———

"哲人欧玛尔·海亚姆除撰写多部天文和星相著作外,还有专著《代数》[Jabrva moghābele],此书是重要的数学专著。""海亚姆·内沙浦里,上文提到他是一位数学家。

◇《鲁拜集》汉译书目

他的具有批判色彩的哲理诗世界闻名。"

【989】
董桥:残梦水声中

  2011年10月23日,《东方早报/随笔》第13版。
  Rubáiyát 译为"鲁拜集"。
  Omar Khayyám 未译名。
  Edward FitzGerald 未译名。
  2012年2月,董桥著《立春前后》,牛津大学出版社,第110-116页。
  2013年4月,董桥著《立春前后》,海豚出版社,第110-116页。
  此版为"董桥散文系列"丛书之一。

———

  "从前在慕尼黑书店见过波加尼画册,薄薄一本,签了名,很贵,没买。李侬家里珍藏一部他画的《鲁拜集》精致得不得了,水彩朦胧如梦,人物都会说话,她说替我再找一部几十年了找不到。波加尼十九世纪末叶生在匈牙利,1955年七十三岁死在美利坚。"

【990】
E. Fitz·Gerald(藏书票)

  2011年12月,国家图书馆典藏阅览部编《寸纸留香——国家图书馆西文藏书票集萃》,国家图书馆出版社,第78-79页。
  Rubáiyát 未译名。
  Omar Khayyám 未译名。
  Edward FitzGerald 未译名。

———

  "书目信息:/书名:Edward FitzGerald/作者:Francis Hindes Groome/出版时间:1902年/出版社:Thomas B. Mosher[Portland,Maine]/外观描述:精装;硬纸板装;毛边;平脊,有起脊"。

【991】
陆瑾、张立明:"阿塞拜疆体"时代的伊朗文学

2011年，陆瑾、张立明著《伊朗/东西方文明的汇合点/7/教育、文化、体育、卫生/波斯文学》，香港城市大学出版社，第182、184页。

Rubáiyát 译为"鲁拜体"。

Omar Khayyám 译为"欧玛律·海亚姆"。

Edward FitzGerald 未译名。

此版为"认识亚洲系列"丛书之一。

"'阿塞拜疆体'代表人物有欧玛律·海亚姆、内扎米两位。欧玛律·海亚姆(1048—1122)是最具世界声誉的波斯哲理诗人。"

【992】
飞白、熊辉：诗海一生——飞白先生访谈录

2012年3月，《红岩(特刊)/重庆评论/名家访谈/翻译的色彩》(双月刊)第1期，第4-21页。

Rubáiyát 译为"鲁拜集"。

Omar Khayyám 译为"海亚姆/莪默伽亚谟"。

Edward FitzGerald 译为"Ed. 菲茨杰拉德"。

"……从菲氏《鲁拜集》英译本转译，不能等同于从波斯原文翻译。但由于菲译《鲁拜集》本身的艺术造诣，它已不仅是一个译本，同时也已跻身于英国文学瑰宝之林，所以中文及许多其他语种以它为依据进行翻译，译的是'菲译《鲁拜集》'而不是原本《鲁拜集》。"

【993】
李丹：从波斯文学中的儒道精神内涵看文化的相似与沟通

2012年，《学理论》(月刊)第3期，第108—109页。

Rubáiyát 译为"鲁拜集"。

Omar Khayyám 译为"欧玛尔·海亚姆"。

Edward FitzGerald 未译名。

"欧玛尔·海亚姆是塞尔柱王朝时期波斯著名的哲理诗人，他的四行诗集《鲁拜集》不仅充溢着诗人所普遍具有的高昂热情，同时也包含着难得的冷峻思考。""第一是对宇

宙不可知和人之孱弱发出感叹。……第二是人生奋斗无意义和及时行乐的思想。……第三是万物循环转化论。""诗中常表现出一种对酒的依赖。笔者认为这种对酒的特殊嗜好有些类似于中国魏晋名士对酒的嗜好,起到的是逃避与麻醉自我的作用。一方面,诗人对社会现实不满却无力解决,另一方面,对个体生命渺小的事实心怀不甘却难以逃避。"

【994】
覃江华、刘军平:杜博妮的翻译人生与翻译思想——兼论西方当代中国文学的译者和读者

2012年4月,《东方翻译/译人译事》(双月刊)第2期(总第16期),第49–58页。

Rubáiyát 译为"鲁拜集"。

Omar Khayyám 未译名。

Edward FitzGerald 未译名。

———

"杜博妮提出,有时'归化翻译反而能体现对源语文化的尊重','翻译伦理呼唤我们不要异化和贬损源语文化'。这也让人联想到《鲁拜集》这个典型的归化翻译对英语文化的异化影响。"

【995】
司马白羽:我欲化身小蠹鱼——读《书店传奇》

2012年5月20日,《黔中早报/阅读周刊/视野专栏》第B8版。

Rubáiyát 译为"鲁拜集"。

Omar Khayyám 译为"莪默·伽亚谟"。

Edward FitzGerald 未译名。

司马白羽,本名尚论聪,笔名歌斐木。

———

"……波斯大诗人莪默·伽亚谟所著的《鲁拜集》之装帧出自美术大师圣高斯基之手,设计花了两年的时间,使用了五千片裁切精美的牛皮,一百平方英尺的金箔,一千零五十颗色泽与质地不同的宝石,这背后还包括工匠们付出的劳动。这本书封面正中是一个拱门型,拱门外是繁复的植物压花纹,拱门内是三只栩栩如生的孔雀,羽毛全部用掐金

丝制成,孔雀身体呈宝石蓝,尾翎则装饰红宝石。这样一本奢华至极的书,却遭遇坎坷。先被美国富商购买,却在海关被阻,要征收巨额关税,富商无奈之下干脆把书退了;之后书被送到伦敦苏富比公司拍卖,再度落入美国人手中,但它'搭乘'的轮船是鼎鼎大名的'泰坦尼克号',结果沉入大海。类似掌故枚不胜数,自有一番妙趣。"

【996】
李怀宇:黄克孙/物理与诗歌都很美/我能接受美国理想和中国传统

2012年5月24日,《时代周报》第182期第C04版。

Rubáiyát 译为"鲁拜集"。

Omar Khayyám 未译名。

Edward FitzGerald 未译名。

―――――

"后来黄克孙翻译《鲁拜集》,……多年后钱锺书读到此书,大加赞赏:'黄先生译诗雅贴比美 Fitzgerald 原译。Fitzgerald 书札中论译事屡云"宁为活麻雀,不做死[老]鹰"[better a live sparrow than a dead eagle],况活鹰乎?'""你怎么会去翻译《鲁拜集》?……后来过了几十年,原版已经没有了。台湾有个出版社给我再版了。那个老板苏正隆也要出钱锺书的全集,所以他寄了一本《鲁拜集》给钱锺书。钱锺书看了就写了一封信,我从来没有见过钱先生。"

【997】
曾诣:试析波斯古典诗歌中的"酒"意象

2012年6月,《广州大学学报(社会科学版)》(月刊)第11卷第6期,第93-96页。

Rubáiyát 未译名。

Omar Khayyám 译为"海亚姆"。

Edward FitzGerald 未译名。

―――――

"一、波斯的'酒'文化传统……诗人海亚姆的诗句'一口陈酒胜似一个新建的王国,凡事无酒,最好一律摆脱。一杯美酒胜过千个法里东国家,酒罐陶盖比霍斯鲁王冠价值更高。'"二、'酒'意象的多层含蕴……如诗人海亚姆的诗句:'畅饮美酒,心恋着如月的姑娘。''一手高挚着杯,一手把情人秀发轻挽'。""三、'酒'意象背后的文化特征……如诗人海亚姆的诗句:'主啊,请宽恕我这颗痴迷不改的心,请谅解我胸中充满痛苦悲辛,请原谅我这双脚日日直奔酒肆,还有这手,朝朝举杯供我痛饮。'我们从中可以感受到诗人对于贪杯犯禁的忏悔心理。但是,转眼间诗人又表达出:'举起杯儿,畅饮一杯美酒,管他什么清真寺什么礼拜堂'这样放纵无羁的情怀。"

【998】
王蒙:一边读一边苦苦地思考/《鲁拜集》

2012年8月19日,《羊城晚报/文化界推荐书目》。

Rubáiyát 译为"鲁拜集"。

Omar Khayyám 译为"莪默·伽亚谟"。

Edward FitzGerald 译为"爱德华·菲孜杰拉德"。

———

"请注意,这本的要点是它必须是非母语的书,绝对必须!我建议的是英语版的《鲁拜集》,原著波斯诗人莪默·伽亚谟,英译者爱德华·菲孜杰拉德。如果你能直接读波斯文的当然更好,如果你的外语不是英语,你会什么语就读什么语的译本吧。东方的情调,西人的译笔,生死的关注,诗人的情怀,酒神的潇洒,哲人的思想,把你自己释放一下也提升一下吧,面向一下历史与地球吧。"

【999】
吴笛:Omar Khayyam

2012年8月,吴笛编著《世界文学读本/Chapter Two Medieval Literature/V.》,浙江工商大学出版社,第34-36、233-234页。

Rubáiyát 译为"鲁拜集"。

Omar Khayyám 译为"海亚姆"。

Edward FitzGerald 未译名。

选载8首菲氏《鲁拜集》英文诗节为"第12、20、24、29、35、36、37、38首",配飞白译诗。

———

"Omar Khayyam is believed to have composed more than one thousand Rubaiyat (quatrains)."

【1000】
朱建祥:论异化视角下的"三兼顾"诗歌译法
2012年9月,《学术探索》(月刊)第9期,第150-153页。

Rubáiyát 译为"柔巴依集"。

Omar Khayyám 未译名。

Edward FitzGerald 未译名。

———

"……《柔巴依集》第4版第1首,英语原诗4行,每行5音步10音节。郭沫若将其译为自由诗:/醒呀,太阳驱散了群星,/黑夜从空中逃遁,/灿烂的金箭,/射中了苏丹的高瓴。/而黄[杲炘]先生根据'三兼顾'原则,即以顿代步(汉语的5顿代替英语的5音步),字数相应(12个汉字代替英语10音节),韵式相同[aaba],将其译为:/醒醒吧!太阳已把满天的星斗/赶得纷纷飞离了黑夜的田畴,/叫夜色也随同星星逃出天庭,/阳光之箭已射上苏丹的塔楼。/以上两种译诗,郭译简洁,但有悖于原诗形式,节奏和韵律感不强;黄译诗行较长,但较为忠实地再现了原诗形式与格律。而内容各有千秋:郭译古朴典雅,黄译则明白晓畅。"

【1001】
格非:不必急于当下(冯唐对话格非:聊聊文学,谈谈写作)
2012年9月,《时尚先生/专题》9月号(总第85期),第330页。

Rubáiyát 译为"鲁拜集"。

Omar Khayyám 译为"奥马·哈亚姆"。

Edward FitzGerald 未译名。

———

"冯唐:你现在读什么书?/格非:我看的书很杂,我最近在看中东史。我突然发现知识储备里有个最大的盲点——波斯。去年我看了奥马·哈亚姆的《鲁拜集》,吓一跳。11世纪在波斯居然就出现了那样的诗歌,真了不起。劝人及时行乐,既没有地狱、也没有天堂。魔鬼又是天使,天国就在你的心中。完全是托尔斯泰式的言论,但在11世纪已经出现了。"

【1002】
孟文博:郭沫若《〈文艺论集〉汇校本》补正
2012年11月25日,《山东师范大学学报(人文社会科学版)》(双月刊)第57卷第6期(总第245期),第13-43页。

Rubáiyát 译为"鲁拜集"。

Omar Khayyám 译为"莪默伽亚谟"。

Edward FitzGerald 译为"费兹吉拉德"。

———

"〔消极的 Epicurian 了〕季刊、订本、改本同;文本作:'消极的享乐主义者[Epicurian]了'""〔他的诗集 Rubaiyat[四行诗集]据 Fitzgerald 所举,原文有四五种类,各种所含首数亦各不同〕季刊、订本、改本同;文本作:'他的诗集《鲁拜集》[四行诗集]据费兹吉拉德所说,原文有四五种,各种所含首数各有不同'""〔使之永远不朽,与莪默伽亚谟之名如双子星座之 Castor 与 Pollux 二星者,便是他的 Rubaiyat 的英译〕季刊、订本、改本同;文本作:'使之永垂不朽,与莪默伽亚谟之名相联如双子星座之卡斯托[Castor]与坡鲁克斯[Pollux]二星者,便是他的《鲁拜集》的英译'。"

【1003】
马海甸:切斯特访书

2012年11月26日,《南方都市报》。

Rubáiyát 译为"鲁拜集"。

Omar Khayyám 未译名。

Edward FitzGerald 译为"菲茨杰拉德"。

2014年3月,马海甸著《我的西书架/辑一/淘书录/英国访书录》,新世界出版社,第67-69页。

文题为"切斯特的小书店"。

此版为"儒者书系/当代名家散文"丛书之一。

———

"'本店有五十种鲁拜集出售'……只知菲译一出,英美的翻译家立时裹足,因此,买不同版本的鲁集,一般来说买的就是插图和版式,文字方面除非买到第五版以前的版本,否则差别不大。但五版以前的老版本,书价之高,非一般人所可觊觎。"

【1004】
谭福民:郭沫若翻译研究

2012年12月19日,湖南师范大学/博士学位论文,第1-214页。

Rubáiyát 译为"鲁拜集"。

Omar Khayyám 译为"奥马尔·哈亚姆"。

Edward FitzGerald 译为"费兹吉拉德"。

"第五章探讨郭沫若翻译与创作之间的相互关系。本章讨论郭沫若的翻译观和创作观,深入考察他从事翻译与创作的历史文化背景,并以《鲁拜集》和《雪莱诗选》为例,分析其翻译与创作的相互影响。"

【1005】
木心:中世纪波斯文学、十九世纪英国文学(二)

2013年1月,木心讲述/陈丹青笔录《1989-1994文学回忆录/上册/第二十六讲/下册/第四十讲》(上下册),广西师范大学出版社,第311-322、529-530页。

Rubáiyát 译为"鲁拜集"。

Omar Khayyám 译为"莪默·伽亚谟"。

Edward FitzGerald 译为"爱德华·菲兹杰拉德"。

"莪默·伽亚谟的诗风,豪迈、旷达、深情,读他的诗比读李白的诗还亲切。他是世界上名声最高的波斯诗人,被称为'东方之星'。英国文人爱德华·菲兹杰拉德译了他的诗。他的诗不重个人,不重时空,有一种世界性。""……菲兹杰拉德,译者,译波斯《鲁拜集》,名载文史。十九世纪末,爱文学的青年每人一本《鲁拜集》。""这是文学史上的风流韵事。我在十三岁时见到《鲁拜集》译本,也爱不释手。奇怪的文学因缘,凭本能觉得好。"

【1006】
刘霞:《福乐智慧》艺术形式之别致——独创与兼收并蓄

2013年,《新疆大学学报(哲学/人文社会科学版)》(双月刊)第41卷第2期,第134-137页。

Rubáiyát 译为"鲁拜集/柔巴依集"。

Omar Khayyám 译为"欧玛尔·海亚姆"。

Edward FitzGerald 未译名。

2014年12月,刘霞文《文之别致——试述《福乐智慧》艺术形式的独创与兼收并蓄》,周珊、吴华峰主编《西域文学与文化论丛(第二辑)》,学苑出版社,第39-45页。

"……这些四行诗被称作'柔巴依'。在古波斯语中,也叫'塔兰涅'[Taraneh],意为'绝句'。它是一种独立的传统诗体,郭沫若曾译作'鲁拜体',维吾尔诗歌译者一般译作'柔巴依'。这种诗体每首四行,独立成篇,一般一、二、四行押韵。一直以来它都被认为起源并定型于波斯文学,其奠基人是鲁达基,集大成在欧玛尔·海亚姆的《柔巴依集》,并经由丝绸之路传入西域,在突厥文化圈发扬光大。"

【1007】
苏艳:西方翻译研究中的集体自恋情结

2013年3月,《天津外国语大学学报》(双月刊)第20卷第2期,第25-30页。

Rubáiyát 译为"鲁拜集"。

Omar Khayyám 未译名。

Edward FitzGerald 译为"菲兹杰拉德"。

"菲兹杰拉德曾怀疑波斯人的诗歌水平,认为他们需要一点艺术灌溉,因此在翻译《鲁拜集》时恣意改写。"

【1008】
[美国]埃里奇·西格尔:《爱情故事》(小说)

2013年5月,[美国]埃里奇·西格尔著/舒心、鄂以迪译:《爱情故事》,上海世纪出版股份有限公司/译文出版社,第90-91页,英汉对照。

Rubáiyát 译为"柔巴依集/鲁拜集"。

Omar Khayyám 译为"奥马尔·哈亚姆"。

Edward FitzGerald 未译名。

"还记得奥马尔·哈亚姆那段有名的诗吗?什么树荫下诗一卷,面包一块,美酒一壶,等等,等等?以《斯科特论托拉斯》代替了那本诗集,你说我还会有多少诗意,去过那

田园诗般的生活?啊,是天堂?呸,胡扯!真要叫我到了树荫下,我要考虑的是买那本书要多少钱(我们能不能买到旧的?)以及我们在哪儿(如果还有那么个地方的话)可以赊账,弄到那份面包和美酒。再有,就是我们怎样才能凑足一笔钱,把债务彻底料理清楚。"

【1009】
马征:苏菲文学研究——从阿拉伯到世界

2013年6月,王邦维、林丰民主编《东方文学研究集刊(7)/东方文学:文化阐释与比较研究》,北京大学出版社,第60-75页。

Rubáiyát 译为"海亚姆四行诗/鲁拜集"。

Omar Khayyám 译为"海亚姆"。

Edward FitzGerald 译为"菲兹杰拉德"。

———

"……无论是在西方还是中国,都很少有批评者去关注波斯诗人海亚姆诗歌中的神秘主义特征。在西方世界,从19世纪海亚姆四行诗被菲兹杰拉德译为英文并成为英语诗歌的经典之作,他诗作中的'伊壁鸠鲁式'的享乐主义精神,就是译者、批评者关注的重心:菲兹杰拉德通过翻译海亚姆的四行诗,是想要将自己的诗歌装点成'波斯花园中伊壁鸠鲁式(享乐主义)的田园诗'。"

【1010】
沈苇:葡萄——火洲翡翠

2013年,《鸭绿江(上半月版)》(月刊)第7期(总第709期),第81页。

Rubáiyát 译为"柔巴依集"。

Omar Khayyám 译为"欧玛尔·海亚姆"。

Edward FitzGerald 未译名。

———

"请用葡萄酒洗净我生命的躯壳,用葡萄叶裹我,葬我在花园边。——欧玛尔·海亚姆:《柔巴依集》/吐峪沟葡萄园/峡谷中的村庄。山坡上是一片墓地村庄一年年缩小,墓地一天天变大村庄在低处,在浓荫中墓地在高处,在烈日下村民们在葡萄园中采摘、忙碌当他们抬头时,就从死者那里获得俯视自己的一个角度,一双眼睛"。

◇《鲁拜集》汉译书目

【1011】
黄杲炘:诗,未必不可"译"

2013年8月8日,《文学报/新批评》第53期第23版。

Rubáiyát译为"柔巴依"。

Omar Khayyám未译名。

Edward FitzGerald译为"菲茨杰拉德"。

2017年1月,黄杲炘著《译路漫漫》,陕西师范大学出版社,第14-24页。

———

"同样,《槐聚诗存》中谈到'英译波斯醻酷雅颂酒之名篇'第十二首时,也译成散文:……我曾觉得奇怪:钱[锺书]先生的学养可说是最理想的译者,译此两首诗易如反掌,为什么译成散文?后来想到钱先生《汉译第一首英语诗〈人生颂〉及有关二三事》中所言:关于译诗问题,近代两位诗人讲得最干脆。弗罗斯脱[Robert Frost]给诗下了定义:诗就是'在翻译中丧失掉的东西'[What gets lost in translation]。摩尔根斯特恩[Christian Morgenstern]认为诗歌翻译'只分坏和次坏的两种'[Es gibt nur schlechte Uebersetzungen und weniger schlechte],也就是说,不是更坏的,就是坏的。一个译本以诗而论,也许不失为好'诗',但作为原诗的复制,它终不免是坏'译'"。"这让我明白了钱先生为什么仅以散文译出原诗含意却未译成诗。我想这表明他的一丝不苟:在他认为没有合适形式容纳内容前,宁可译成散文。我们当然没这种顾虑,是坏译可以修改,即使改不好,也可为译诗增添经验。"

【1012】
[美国]叶子南:不同的文学翻译观

2013年8月,[美国]叶子南著《高级英汉翻译理论与实践(第三版)/第十四章/文学翻译简述/3.》,清华大学出版社,第196-197页。

Rubáiyát译为"鲁拜集"。

Omar Khayyám未译名。

Edward FitzGerald未译名。

该文载叶子南译自"第五版(1889年)101首"的第63首二节,一诗二译。

2001年10月第1版、2008年11月第2版均无该章节。

此版为"高校英语选修课系列教材"之一。

"……文学作品可以有不同的译本,因为不同的译者理解、表达原文的角度和深度可能不同,不同的译本正好为读者提供对作品不同的理解侧面。……《鲁拜集》的短诗就可以有不同的演绎方法……"。

【1013】
《外国文学史(东方卷)》:中古东方文学

2013年9月,王立新、黎跃进主编《外国文学史(东方卷)/第二章/第一节/概述》,高等教育出版社,第93、97页。

Rubáiyát 译为"鲁拜诗"。

Omar Khayyám 译为"欧玛尔·海亚姆"。

Edward FitzGerald 未译名。

"欧玛尔·海亚姆(1048-1122)是一位科学家、哲学家和诗人,他的诗思想内容深刻,富有哲理性,他把鲁达基创造的四行诗体推向成熟与完美,是鲁拜诗的典范,如'我们来去匆匆的宇宙,上不见渊源,下不见尽头'。"

【1014】
陈子善:闲话别发印书馆

2013年10月20日,《东方早报/上海书评/随笔》第13版。

Rubáiyát 未译名。

Omar Khayyám 未译名。

Edward FitzGerald 未译名。

"鲁迅两次提及别发。1928年3月28日日记云:'上午同方仁往别发洋行买《Rubáiyát》一本,五元。'"

【1015】
[苏联]高尔基世界文学研究所:伊朗和中亚文学

2013年12月,[苏联]高尔基世界文学研究所编撰/方坪等译《世界文学史/第二卷·上册/第四编/近东和中亚文学/第二章/3. 十一至十二世纪文学》(八卷本),上海文艺出版社,第 390 – 394 页。

Rubáiyát 译为"四行诗(鲁拜体)/海亚姆鲁拜诗"。

Omar Khayyám 译为"欧玛尔·海亚姆·吉雅撒丁·艾布-里-法赫特·伊本·伊卜拉欣"。

Edward FitzGerald 未译名。

该书于 1980 年代的苏联时期编撰出版。

"海亚姆的每一首四行诗都是一篇小型长诗。海亚姆像对待宝石一样,把四行诗形式琢磨的有棱有角。他确立了鲁拜诗的内在规律,在这方面无人能与他媲美。"

【1016】
黄杲炘:非常诗,非常译——谈杜拉克"立马锐克"与"创形-创意翻译"

2014 年,《中国翻译/实践探索》(双月刊)第 35 卷第 1 期,第 97 – 101 页。

Rubáiyát 译为"柔巴依集"。

Omar Khayyám 未译名。

Edward FitzGerald 译为"菲茨杰拉德"。

2017 年 1 月,黄杲炘著《译路漫漫》,陕西师范大学出版总社,第 49 – 51 页。

"其实,菲氏《柔巴依集》的成功因素中,有一点常被忽视,就是菲氏一目了然的'创形':凭引进的东方韵式 aaxa 创制出与原作对应的特有诗体。可以说,如果没有这种定型的英国柔巴依形式来配合 Rubáiyát of Omar Khayyám 书名,来承载异国情调内容,那么菲氏该书难有出头日子。"

【1017】
董桥:济慈

2014 年 2 月 23 日,《苹果日报/副刊/苹果树下》。

Rubáiyát 译为"鲁拜集"。

Omar Khayyám 未译名。

Edward FitzGerald 未译名。

"阿尔贝托·桑科斯基一八六二年出生,一九三二年逝世,是装帧著名家族桑科斯基家里的大哥。他原先在一家金银首饰老字号里当文书,不久回桑科斯基装帧作坊专做彩绘手抄册页,早年桑科斯作坊那部宝石封面《鲁拜集》是他手抄手绘的精品,那部册页不幸跟随铁达尼号邮轮葬身大海。阿尔贝托跟他弟弟弗朗西斯不和,转去同行对手利威耶父子装帧店担任美术设计部门主管。他说他过去做的手抄册页他弟弟向来禁止他署名,那个时期完成的几本册页都没有他的签名。"

【1018】
梁珺霞:在李霁野先生诞辰110周年纪念座谈会上的致辞

2014年,《上海鲁迅研究/纪念李霁野诞辰110周年》(季刊)第2期,第16-17页。

Rubáiyát 译为"鲁拜集"。

Omar Khayyám 未译名。

Edward FitzGerald 未译名。

"李霁野先生……后又翻译了许多英美文学名著,最著名的当属英国作家夏绿蒂·勃朗特的《简·爱》,它一经出版就受到广大读者的欢迎,1935年即被列入《世界文库》。除了《简·爱》这部脍炙人口的优秀文学名著外,先生还翻译了《虎皮武士》《四季随笔》《化身博士》《鲁拜集》《妙意曲》等外国著作、小说和诗歌,在海内外译界享有很高的声誉。在鲁迅、周作人、瞿秋白、茅盾等翻译大师的积极影响下,李霁野先生形成了'直译为主,意译为辅'的翻译观,是一位典型的直译派。既包括'字对字'直译,又包括'句法直译',他追求的是译文的形式和内容的和谐统一。"

【1019】
孟昭毅:中国东方文学翻译史

2014年4月,孟昭毅著《中国东方文学翻译史(上卷)/第二编/第十四章/郭沫若对东方文学翻译的贡献/(下卷)/第四编/第三十章/波斯语文学的译评》,昆仑出版社,第261-262、273、781-786页。

Rubáiyát 译为"鲁拜集"。

◇《鲁拜集》汉译书目

Omar Khayyám 译为"莪默伽亚谟/欧玛尔·海亚姆"。

Edward FitzGerald 译为"菲兹杰拉德"。

此版为由季羡林主编的"东方文化集成"丛书之一。

"……郭沫若之所以热心研读莪默伽亚谟并翻译《鲁拜集》是与'五四'时期中国诸多黑暗腐败的社会情况分不开的。……而莪默伽亚谟的《鲁拜集》,从思想主旨到文体风格无不吻合郭沫若当时的心境心态和'五四'时代的气息,因此受到人们的广泛关注。莪默伽亚谟对宇宙本原、人生真谛的思考,重视现世生活的态度,无疑启迪了当时迷惘苦闷又力图寻求出路的郭沫若。他这时创作的《新芽》《赠友》《苦味之杯》等诗歌,都可以看到《鲁拜集》文风的痕迹。""为了让中国读者更进一步地了解海亚姆和他的鲁拜,译者[张鸿年]'建议读者读一读本书(即张鸿年译本《鲁拜集》)选录的两篇伊朗文学家写的有关海亚姆的文章。……'"

【1020】

葛桂录:外来接受——于赓虞的诗论观及其所受的域外影响

2014年6月,葛桂录著《比较文学之路:交流视野与阐释方法/第一编/交流/第二章/文学交流研究的几种基本类型/二、》,上海三联书店,第75-87、202页。

Rubáiyát 译为"鲁拜集"。

Omar Khayyám 译为"莪默·伽亚谟"。

Edward FitzGerald 未译名。

"……笔者认为对于于赓虞诗论形成有着关键影响的是《鲁拜集》、厨川白村和华兹华斯……","翻开于赓虞的诗集,尤其是作于二十年代的诗作,伽亚谟的很多主题在其中都得到了不断再现。于赓虞常爱吟咏醉酒、颓废的生命意识、女人、天堂与地狱,这既是其生命体验的表现,也是对《鲁拜集》的呼应。于赓虞诗歌创作初期对《鲁拜集》的特别欣赏与格外偏爱一定程度上影响了其诗论的形成。"

【1021】

[新加坡]何华:逢人便说黄克孙

2014年7月16日,《信息时报/品弹》,第C11版。

Rubáiyát 译为"鲁拜集"。

Omar Khayyám 译为"奥玛"。

Edward FitzGerald 未译名。

"黄克孙在科学界是个响当当的人物。但他另一个衔头——波斯诗人奥玛《鲁拜集》的译者,似乎更响亮。这本年轻时用七言绝句翻译的诗集,给他带来了物理学界之外的名声。1986 年,台湾书林出版社重印了这本旧译,因为书林同时也出版了钱锺书的著作,所以出版社顺便寄了一本《鲁拜集》给钱锺书,钱先生看了,对黄的译本颇为夸奖。"

【1022】

小重山:"我自己就是地狱,就是天堂"

2014 年 7 月,小重山著《伊朗,五月的蔷薇》,中国青年出版社,第 15、62 - 69、79、114、123、126、192、201、240、261、267 页。

Rubáiyát 译为"鲁拜集"。

Omar Khayyám 译为"奥马尔·哈雅姆"。

Edward FitzGerald 未译名。

书内转引郭沫若译本诗节 14 首。

此版为"中青版经典旅游图书"丛书之一。

"奥马尔·哈雅姆的陵墓……陵园环境清幽,花木茂盛,有许多当地人前来参拜。有趣的是,墓室独具风格,如许多菱形组成的网罩,仿佛他只是在此露营。"

【1023】

陆钰明:《浮士德》译后感言

2014 年 8 月,《东方翻译/译人译事》(双月刊)第 4 期(总第 30 期),第 40 - 44 页。

Rubáiyát 译为"鲁拜集"。

Omar Khayyám 译为"莪墨"。

Edward FitzGerald 译为"菲兹吉拉德"。

"当一位译者在诗歌翻译中被迫对译作进行一番改动,以达到跟原作有异曲同工之

妙,这时译者的劳动中便融入了一种创造性精神,他的劳动便是一种潜在的创造。而如果这位译者对译作的改动不是被迫的而是主动的或者说是故意的,那么,这位译者的劳动,便是一种明显的创造。这样的例子,应该说,在古今中外的翻译史上不难找到。19世纪英国诗人菲兹吉拉德翻译波斯诗人莪墨的《鲁拜集》便是明显的一例。"

【1024】
填下乌贼:威震西域的"山中老人"

2014年10月,填下乌贼著《金庸笔下的真实大历史/第一章》,西南财经大学出版社,第57-62页。

Rubáiyát 未译名。

Omar Khayyám 译为"峨默/欧玛尔·海亚姆"。

Edward FitzGerald 未译名。

填下乌贼,本名汤大友。

2016年11月,填下乌贼著《金庸笔下的真实大历史(增订版)/第一章》,西南财经大学出版社,第66-71页。

"Q:'山中老人'霍山是真实存在的吗?/作者A:是的,不仅真实存在,而且据说还是恐怖大亨本拉登的偶像。/公元1037~1194年,突厥人在波斯故土建立了塞尔柱王朝。《倚天屠龙记》中的大儒野芒、诗人峨默、首相尼若牟、教主霍山等人,就是在这个风云变幻的时刻登上历史舞台的。"

【1025】
董冶宇:天堂也许是书店模样

2014年,《新民周刊 Xinmin Weekly》第36期(总807期),第106页。

Rubáiyát 译为"鲁拜集"。

Omar Khayyám 译为"欧玛尔·海亚姆"。

Edward FitzGerald 未译名。

"1909年,'莎乐伦书店'经理约翰·哈里逊·石浩思助圆书籍装帧名家弗朗西斯·圣高斯基意欲打造世界最华丽之书的梦想,于是,该团队花费两年时间倾情设计制作了波斯诗人欧玛尔·海亚姆的四行诗《鲁拜集》,裁切皮革、24K纯度金箔、种类不同色泽各

异的宝石,将其装饰得熠熠生辉,标价高达一千英镑。"

【1026】
程彤:古代波斯与中国马球运动文献

2014年11月8-9日,由上海外国语大学东方语学院伊朗学中心主办、文化部对外文化联络局协办的"中国和伊朗:丝绸之路上的文化交流学术研讨会",在上海外国语大学召开,共有来自中国、伊朗、德国和日本的近20位学者参加了这次会议并提交了15篇学术论文。

Rubáiyát 译为"鲁拜集"。

Omar Khayyám 译为"海雅姆"。

Edward FitzGerald 未译名。

2015年6月,《元史及民族与边疆研究/集刊/第二十九辑》,上海古籍出版社,第180-195页。

文题为"古代波斯与中国马球运动文献、文物之比较"。

2016年3月,程彤主编《丝绸之路上的照世杯——"中国与伊朗:丝绸之路上的文化交流"国际研讨会文集》,上海世纪出版集团/中西书局,第14-30页。

文题为"古代波斯与中国马球运动文献、文物之比较"。

"海雅姆则将马球比喻成渺小的个人,无奈地被命运摆弄。"

【1027】
赵国栋:《玫瑰园——维吾尔族古体诗"柔巴依"集》编后语

2015年1月,赵国栋编译《玫瑰园——维吾尔族古体诗"柔巴依"集》,新疆人民出版社/新疆科学技术出版社,第186-196页。

Rubáiyát 译为"'柔巴依'集"。

Omar Khayyám 译为"欧玛尔·海亚姆"。

Edward FitzGerald 未译名。

"维吾尔族'柔巴依'和波斯、阿拉伯的'柔巴依'有着密切的渊源关系,这在许多古代和现代维吾尔族诗人的作品中都有充分的体现。""波斯'柔巴依'——维吾尔族古典'柔

巴依'——维吾尔族现代'柔巴依','柔巴依'走过了一条继承、发展的光辉之路。"

【1028】
俞晓群:一笑而过

  2015年1月16日,《深圳商报/万象》第4版。

  Rubáiyát 译为"鲁拜集"。

  Omar Khayyám 未译名。

  Edward FitzGerald 未译名。

  2016年9月,俞晓群著《我读故我在》,天地出版社,第119-121页。

  2015年1月,俞晓群文《俞晓群序》,杨小洲著《伦敦的书店》,海豚出版社,第1-6页。

  2017年5月,俞晓群著《杖乡集》,浙江大学出版社,第132-135页。

  文题为"任性的杨小洲"。

  "只是那天,与吴兴文午间小聚,他微醉后来到我办公室,送我一本台版小书《鲁拜集》,他说要做西方名著,可在此书上下功夫。"

【1029】
杨小洲:亨利·萨瑟伦书店 HENRY SOTHERAN'S BOOKSHOP

  2015年1月,杨小洲著《伦敦的书店》,海豚出版社,第1-46页。

  Rubáiyát 译为"鲁拜集"。

  Omar Khayyám 未译名。

  Edward FitzGerald 未译名。

  "……原本想打探寻找莎士比亚作品,却被靠在桌边的一幅嵌在镜框里的彩图吸引,三只蓝色开屏孔雀像一袭华贵美丽的衣裳,妆扮着妖娆的新娘,这是那本随世界上最华贵的邮轮泰坦尼克号沉入海底的世界上最华贵的书《鲁拜集》的封面,近前俯身细看,精彩令人赞叹。"

【1030】
俞晓群:真皮书

2015年1月23日,《深圳商报/万象》第4版。

Rubáiyát 译为"鲁拜集"。

Omar Khayyám 未译名。

Edward FitzGerald 未译名。

2016年9月,俞晓群著《我读故我在》,天地出版社,第122-124页。

———

"……《鲁拜集》,我们拟将一八八四年美国波士顿霍顿·米福林公司出版的对开本《鲁拜集》再现出来,其中伊莱休·维德的绘画,很精美。"

【1031】
俞晓群:开本

2015年1月30日,《深圳商报/万象》第4版。

Rubáiyát 译为"鲁拜集"。

Omar Khayyám 未译名。

Edward FitzGerald 未译名。

2016年9月,俞晓群著《我读故我在》,天地出版社,第125-127页。

———

"……泰坦尼克号沉没时,曾有一册《鲁拜集》沉入海底,被称为'世界上最豪华的书'。那本书就是对开本,它的'书芯'是一八八四年美国人制作的,只印了一百本。"

【1032】
郭园园:萨拉夫·丁·图西三次方程数值解的研究

2015年,《自然科学史研究》(季刊)第34卷第2期,第142-163页。

Rubáiyát 未译名。

Omar Khayyám 译为"海亚姆"。

Edward FitzGerald 未译名。

该文为2014年7月15日在"2014年度自然科学史研究所青年学者夏季研讨会暨第二届国际前沿态势青年学者研讨会"上的报告。

"……海亚姆最大的贡献在于他对这25类方程均给出了基于希腊数学知识的几何解法,尤其是对方程13-25分别利用两条圆锥曲线相交的方法给出其几何解,本质上是利用圆锥曲线交点对方程的解进行定性描述。""海亚姆在早期阿拉伯代数学传统的影响下将三次方程分为25类,并利用圆锥曲线相交的方法对所有类型方程的解进行希腊式的定性描述。此外海亚姆还明确指出'印度算数'中的开方算法可以求解部分方程,但是其不属于代数学范畴,且不承认方程的无理根。萨拉夫·丁·图西全面继承并且发展了海亚姆的方程理论,他首先对25类方程的可解条件进行分析,随后对于可解方程均给出了各自的几何解和数值解。"

【1033】

王永盛:展示鼓浪屿独有的浪漫与人文气息——《语堂千千结》观后

2015年4月5日,《厦门文学》(月刊)第4期,第68-69页。

Rubáiyát 译为"鲁拜集"。

Omar Khayyám 未译名。

Edward FitzGerald 未译名。

2015年9月,王永盛著《符号与思想/第二辑/读感》,厦门大学出版社,第168-170页。

文题为"鼓浪屿的浪漫与人文气息——评《语堂千千结》"。

"……文学梦是指林语堂在鼓浪屿开始文字的学习、创作和翻译,电影中的场景有与陈家小姐陈锦端的谈诗论画,特写了他翻译《鲁拜集》的诗,都是与之相对应的;美满人生则是指林语堂的婚姻。"

【1034】

潘建伟:郁达夫——"译文的味儿,却须是译者的"

2015年,《书屋/书林折枝》(月刊)第4期,第47-50页。

Rubáiyát 译为"鲁拜集"。

Omar Khayyám 译为"奥玛·奥加耶姆"。

Edward FitzGerald 译为"菲兹及拉儿特"。

"1930年3月,温梓川、陈毓泰译《南洋恋歌》由上海华通书局初版,其中的'马来恋歌选译'一栏共译四十八首诗,第二十八首至第四十首均用五言体。郁达夫对此的评价是:'现在由两君译出的四十八首马来恋歌之中,虽则不能说是篇篇珠玑,但其中却有不少像我国古乐府似的名句。'他引用了其中的三首,其中有两首即以五言旧体翻译,分别为:/蝴蝶为花忙,我为君相思,蝶死因花残,我病因君离。/昨日入山来,邂逅逢旧好,今日入山来,谁知伊去了!/接着郁氏又评价道:'真是多么像波斯诗人奥玛·奥加耶姆的口吻;德国海涅的情诗,有时也会有这样的紧张情绪,可是简洁干脆的味儿,要逊一筹。'将这些译诗与《鲁拜集》、海涅的情诗相提并论,评价殊高。"

【1035】

张玲芳:海豚出版社举行书籍装帧艺术专题讲座

2015年4月,《出版参考》(4月下/旬刊)第8期,第45页。

Rubáiyát 译为"鲁拜集"。

Omar Khayyám 译为"奥玛"。

Edward FitzGerald 未译名。

———

"本刊讯4月1日,由海豚出版社主办、Rob Shepherd主讲的'英国19世纪书籍装帧艺术及其高峰'专题讲座在国家图书馆举行。""本次讲座,Rob Shepherd以《鲁拜集》的出版经历为主线,总括式地解读了英国书籍装帧艺术的发展经历。"

【1036】

俞晓群:上海书展的与众不同

2015年8月16日,《出版商务周报》第B2版。

Rubáiyát 译为"鲁拜集"。

Omar Khayyám 未译名。

Edward FitzGerald 未译名。

2017年5月,俞晓群著《杖乡集》,浙江大学出版社,第48页。

———

"……在上海书展上,搞……活动,……其中有:英国谢波德签售他的著作《随泰坦尼克号沉没的书之瑰宝》,并且还要在思南会馆作专题演讲《19世纪英国文学作品的装帧》……发布的新书还有……《鲁拜集》经典版和《鲁拜集》笔记本……"。

【1037】

飞白:《世界在门外闪光/英国维多利亚时代诗选/上卷》新版前言

2015年9月,飞白编译《世界在门外闪光/英国维多利亚时代诗选/上卷》,湖南文艺出版社,第18、21页。

Rubáiyát 译为"鲁拜集"。

Omar Khayyám 译为"奥玛尔·海亚姆"。

Edward FitzGerald 译为"爱德华·菲茨杰拉德"。

此版为"诗苑译林"丛书之一。

"维多利亚时代中期诗人中,爱德华·菲茨杰拉德是以英译《鲁拜集》奠定其诗人地位的。这本向禁欲主义发起大胆挑战、带唯美色彩和宿命论情调的小册子成了维多利亚时代最风行的诗集,推动了新浪漫派唯美主义思潮……"。

【1038】

原业伟:一部5千元天价书的背后,隐藏着什么?

2015年10月24日,《出版商务周报》微信公号。

Rubáiyát 译为"鲁拜集"。

Omar Khayyám 未译名。

Edward FitzGerald 译为"菲茨杰拉德"。

"精致出版目前风行一时,唯美的装帧、精致的工艺、独特耐人品味的内容,读者捧书在手,有种或时尚新潮或庄重的体验。但却又有人说精致出版背弃了为广大低收入读者服务的原则,它能否长久维持也是一个问题。"

【1039】

黄洪光:鲁拜集(诗歌)

2015年12月,黄洪光著《鲁拜集》,宁波出版社,第112-149页。

Rubáiyát 译为"鲁拜集"。

Omar Khayyám 译为"海亚姆"。

Edward FitzGerald 未译名。

此版为"宁波青年作家创作文库(第2辑)"丛书之一。

黄洪光,笔名金色的老虎。

———

"因为爱读海亚姆的《鲁拜集》,故取这名字,结集近年来我写下的这一类文字。可惜集中诗节,包括但不局限于四行,有悖于'鲁拜'的本意。只好暂不顾及。""19/暮春之暮,/凉风吹过。/一派潮湿的气息,/四面簌簌花落。"

【1040】
赵婧怡、王根明:中世纪穆斯林遗产之教育与科学篇(上)/五、数学

2015年,《中国回族学》(年刊)第5卷,第104-126页。

Rubáiyát 译为"鲁拜集"。

Omar Khayyám 译为"欧麦尔·赫亚姆"。

Edward FitzGerald 译为"爱·菲茨杰拉德"。

———

"欧麦尔·赫亚姆也为代数学做出过贡献,他就是今天知名的诗人欧麦尔·赫亚姆,生于1048年。他对立方方程作了系统的研究,他发现了锥形截面交叉处并从几何学的角度对此做了解释。他很想从代数角度对立方方程做出深入的研究:'若有合适的机会并且我可以成功的话,我会用所有的分支和实例给出所有这十四种形式的定义描述,以及如何辨别可能或不可能的方法,由此来完成一篇包含上述内容中十分有用的元素的文章。'"

【1041】
杨建民:李霁野与译作《四季随笔》的曲折经历

2016年1月1日,《译林书评》第1期(总第114期),第4-9页。

Rubáiyát 译为"鲁拜集"。

Omar Khayyám 未译名。

Edward FitzGerald 未译名。

———

"1946年10月……《四季随笔》中译本便于1947年由台北的台湾省编译馆出版。……《四季随笔》出版后,李霁野又将著名的《鲁拜集》用五、七言绝句的形式译了出来,已经打好了纸型将付印之际,因台湾发生'二·二八'起义,台湾的第一任省主席魏道明到任后,做了一些政府方面的补救工作,可同时却解散了编译馆。"

【1042】
沈苇:"一带一路"背景下的当代诗歌

2016年1月5日,沈苇文《演说与答谢》,《四川文学/4 作家书架/漫谈随笔》(月刊)第1期(总第635期),第135–136页。

Rubáiyát 译为"柔巴依集/鲁拜集"。

Omar Khayyám 译为"欧玛尔·海亚姆"。

Edward FitzGerald 未译名。

———

"有一种诗歌文体,柔巴依(鲁拜体),扮演过古丝路文化交流的'使者'。柔巴依是波斯-突厥民族共有的古典四行诗样式,有一种说法,它的产生与唐代绝句有关,是从唐代绝句脱胎而来,并由生活在汉地和长安的胡人带到了波斯-突厥地区。我们知道,源于六朝乐府的四行绝句,到唐代才真正到了一个成熟期和极盛期。柔巴依的巅峰之作是欧玛尔·海亚姆的《柔巴依集》(又译《鲁拜集》),被誉为'波斯诗歌的最高典范'……"。

【1043】
谢桃坊:吴宓先生讲外国文学

2016年,《世纪》(双月刊)第1期,第33–35页。

Rubáiyát 译为"鲁拜集/四行诗集"。

Omar Khayyám 译为"莪默·伽亚谟/鄂马·开耶谟"。

Edward FitzGerald 未译名。

2017年9月,《蜀学/第十三辑》,西南交通大学出版社,第192–195页。

———

"先生给我们讲波斯文学文献说:'莪默·伽亚谟(一译鄂马·开耶谟)是波斯的尼夏城人,兼为天文学家,生平作品抒情诗约1200首,总名《鲁拜集》即《四行诗集》。……郭沫若先生的《鲁拜集》一册(1922年开明书店,又1958年人民文学出版社)所译的莪默诗101首,又我所译的《七绝体》13首(见1924年五月《学衡杂志》二十九期"世界文学史"东方各国文学章)都是由英文转译出来的。'先生特介绍了其早年的译作。"

【1044】
俞晓群:人书俱老

2016年2月26日,《深圳商报/万象》第B07版。

Rubáiyát 译为"鲁拜集"。

Omar Khayyám 未译名。

Edward FitzGerald 未译名。

2016年9月,俞晓群著《我读故我在》,天地出版社,第257-259页。

———

"关于《鲁拜集》,我在二○一五年年初,出版英国人谢波德著作《随泰坦尼克沉没的书之瑰宝》,此书专门介绍在泰坦尼克沉船上,有一本世界上最昂贵、最美的书《鲁拜集》,桑格斯基设计制作,它随着沉船落入海底。我为《鲁拜集》故事痴迷,一年中出版《伦敦的书店》《鲁拜集》笔记本和《鲁拜集》影印石刻版等书,还希望未来能出版《鲁拜集》更好的版本,最终把沉船中的那本《鲁拜集》复制出来。"

【1045】
梁欣荣:论翻译之"神"与"意"

2016年2月,彭镜禧主编《文学翻译自由谈》,台湾台北书林出版社,第71-77页。

Rubáiyát 译为"鲁拜集"。

Omar Khayyám 译为"奥玛珈音"。

Edward FitzGerald 未译名。

———

"下面用11世纪波斯诗人奥玛珈音的一首鲁拜(四行诗)来看'递减'的文学翻译。……既然翻译没有标准答案,而且很多经典都不断被重复翻译,一遍又一遍,所以没有真正的 definitive edition。50年前黄克孙先生翻译了《鲁拜集》,看似空前绝后,谁又能想到50年后我在台北出版了《鲁拜新诠》。同样的101首诗,同样的七言绝句,各有不同的解读。谁是谁非?孰胜孰负?只能说等'悠悠千载,问个分明'。"

【1046】
匙河:荐诗

2016年3月,《中学生百科/风骚/[葡萄牙]若泽·萨拉马戈[José Saramago]作/孙成敖译:让我们学会礼仪(诗歌)》第8期,第9页。

Rubáiyát 译为"鲁拜集"。

◇《鲁拜集》汉译书目

Omar Khayyám 译为"奥马尔·哈亚姆"。

Edward FitzGerald 未译名。

"玫瑰、美酒与面包,花缎般的餐巾、银和象牙制的餐刀……我们难以抵御这文明的诱惑,便等待着精细、考究地咬开自然的伤口(当然,那切开的面包用它的伤口来成就我们)。我们习惯于这既定的礼仪,欣悦于拔去刺的玫瑰,小心翼翼却似无活力,至少再无曾经身处荒野的粗爽与自在:/在枝干粗壮的树下,一卷诗抄,/一大杯葡萄美酒,加一个面包——/你也在我身旁,在荒野中歌唱——/啊,在荒野中,这天堂已够美好!/——奥马尔·哈亚姆《鲁拜集12》,黄杲炘译/一个失落的天堂又能允诺给我们什么?"

【1047】
屠岸:诗人译诗/有关济慈诗歌汉译的对话——答卢炜先生问

2016年3月,屠岸著《屠岸诗文集/第四卷》(全8册),人民文学出版社,第466-476页。

Rubáiyát 译为"鲁拜集"。

Omar Khayyám 未译名。

Edward FitzGerald 未译名。

"综观二十世纪中国诗歌翻译史,许多脍炙人口、影响深远的译著均出自著名诗人之手,例如苏曼殊译拜伦的《哀希腊》、郭沫若的《鲁拜集》、梁宗岱的《莎士比亚十四行诗》等。"

【1048】
屠岸:"定本"与"功夫到家"

2016年3月,屠岸著《屠岸诗文集/第五卷/倾听人类灵魂的声音/一名之立,旬月踟躇》(全8册),人民文学出版社,第416-417页。

Rubáiyát 译为"鲁拜集"。

Omar Khayyám 译为"欧玛尔·哈亚姆"。

Edward FitzGerald 译为"费慈吉罗尔德"。

"……《鲁拜集》已成为英国文学作品。在英国图书馆的书目中,'外国文学'英译栏

中没有这部作品的名字,而在'英国文学'栏中则可以找到它。在英国诗歌的各种选本中,几乎都可以找到它。它与莎士比亚、拜伦、济慈等诗人的作品放在一起。这是一种十分特殊的现象。"

【1049】

屠岸:外国诗汉译拾零

2016年3月,屠岸著《屠岸诗文集/第五卷/倾听人类灵魂的声音/一名之立,旬月踟蹰》(全8册),人民文学出版社,第418-419页。

Rubáiyát 译为"鲁拜集"。

Omar Khayyám 未译名。

Edward FitzGerald 译为"费慈吉罗尔德"。

———

"在外国诗汉译方面有人主张'再创造'(文学翻译在一定意义上是再创造,但有人主张的'再创造'略同于另起炉灶),有人主张'不忠之美',并以费慈吉罗尔德英译波斯诗《鲁拜集》和庞德英译中国古诗为例。其实这是'个案',不可能全面推广。"

【1050】

伊沙:有话要说(第三辑)

2016年3月5日,《六盘山》(双月刊)第3期(总第191期),第63页。

Rubáiyát 译为"鲁拜集"。

Omar Khayyám 未译名。

Edward FitzGerald 未译名。

———

"余毒:'伊沙翻达赖情歌翻得大识,翻布考斯基翻得太早,我期待伊沙翻鲁拜集!'伊沙:'你该换个思维了:我吃到营养早啊!'"

【1051】

俞晓群:另类出版

2016年3月11日,《深圳商报/万象》第B07版。

Rubáiyát 译为"鲁拜集"。

◇《鲁拜集》汉译书目

Omar Khayyám 未译名。

Edward FitzGerald 未译名。

2016年9月,俞晓群著《我读故我在》,天地出版社,第269-271页

———

"……《鲁拜集》仿真版,毛边编号五百册,真皮版只做十册,拍卖三册,每册拍到五千元以上……"。

【1052】
俞晓群:大工匠

2016年3月25日,《深圳商报/万象》第B06版。

Rubáiyát 译为"鲁拜集"。

Omar Khayyám 未译名。

Edward FitzGerald 未译名。

2016年9月,俞晓群著《我读故我在》,天地出版社,第275-277页

———

"去年我们翻印上世纪美国人维德的经典制作《鲁拜集》,那个封面就是吴光前用几个月的时间,一笔笔画出来的,看上去与原书几无差别。此书真皮版,能够在孔夫子旧书网上拍卖到五千元一册,有他手工绘制的功劳。"

【1053】
赵卫:近五年中国对伊朗文化研究综述/对伊朗文学名著翻译的研究

2016年5月,《丝绸之路/国别文化》(半月刊)第10期(总第323期),第16-17页。

Rubáiyát 译为"鲁拜集"。

Omar Khayyám 译为"欧玛尔·海亚姆"。

Edward FitzGerald 译为"菲茨杰拉德"。

———

"波斯诗人欧玛尔·海亚姆的代表作《鲁拜集》,因英国学者菲茨杰拉德的英译而闻名于世,'五四'时期经胡适、郭沫若等人的译介传入中国。90多年来,《鲁拜集》的汉译层出不穷,它所引发的关于诗歌翻译的讨论也经久不衰。"

【1054】
司真真：从生成至对接与深化——于赓虞研究述评

2016年5月20日，《重庆理工大学学报(社会科学)/文学·哲学》(月刊)第30卷第5期(总第331期)，第90-98页。

Rubáiyát 译为"鲁拜集"。

Omar Khayyám 译为"伽亚谟"。

Edward FitzGerald 未译名。

"于赓虞研究可分为两个阶段：1923-1949年的研究多为其好友所作，在诗歌内容、艺术形式、中外影响等方面为于赓虞研究打开了通道，其中，诗歌的情感内容与艺术形式时人毁誉不一，牵涉到复杂的人事因素；1980年后的研究为全面深化期，诗歌方面在延续前一阶段研究的基础上逐渐深化，影响源由雪莱扩展至波德莱尔、《鲁拜集》、厨川白村和华兹华斯等，诗歌分期多样化，生平经历和诗论获得关注，意味着开辟了新的研究领域，研究观念和研究方法也得以更新。"

【1055】
杨涛、张立明：《伊朗概论》

2016年6月，杨涛、张立明编著《伊朗概论/第五章/文学艺术/第一节/语言和文学/二、波斯文学/(二)伊斯兰后至复古运动时期的波斯文学/2."阿塞拜疆体"时期》，中国出版集团/世界图书出版公司/世界图书出版广东有限公司，第149页。

Rubáiyát 译为"鲁拜体诗"。

Omar Khayyám 译为"欧麦尔·海亚姆"。

Edward FitzGerald 未译名。

"海亚姆是伊朗著名的哲理诗人，在世界文坛上也享有盛誉。……海亚姆的作品最为可贵之处是其唯物主义思想和人本主义思想，他对神创造世界的说法提出质疑，认为人类生死的本质是物质形式的一种转化。他歌颂人的价值和尊严，认为人是世界的中心。"

【1056】
杨智源:从模因论看诗歌意象翻译——以郭沫若英诗汉译为例

2016年6月1日,广东外语外贸大学/硕士学位论文(英语稿),第1-82页。

Rubáiyát 译为"鲁拜集"。

Omar Khayyám 未译名。

Edward FitzGerald 未译名。

"郭沫若(1892-1978),是我国伟大的文学家、历史学家、翻译家、新诗奠基人之一。他一生翻译介绍了大量外国诗歌、小说、戏剧和其他非文学著作,对我国新文化、新文学作出了巨大贡献。其中,数其译诗最为出名,译有《鲁拜集》……等诗集。由此,郭沫若形成了自己的一套翻译理论,如'创作论'、'风韵译'、'共鸣说'、'生活体验论'、'媒婆说'等。""本文旨在利用文化传播理论模因论研究郭沫若英诗汉译中的意象传译,从而揭示意象传译的过程和郭沫若英诗汉译的艺术与不足。"

【1057】
黄杲炘:对闻一多译诗的再认识

2016年,《中国翻译》(双月刊)第37卷第3期(总第237期),第92-96页。

Rubáiyát 译为"鲁拜集"。

Omar Khayyám 未译名。

Edward FitzGerald 译为"菲茨杰拉德"。

2017年1月,黄杲炘著《译路漫漫》,陕西师范大学出版社,第215-227页。

"过去看过闻一多先生的代表作《死水》,又因为郭沫若译的《鲁拜集》,得知闻先生对这本郭译的评论《莪默伽亚谟之绝句》(当时郭沫若尚未定名'鲁拜集'),看到了他文中的几首译诗,此外没读过他什么诗作与译诗,而这么点了解带来了不正确印象,以为他创作中对格律的重视和追求没有'延伸'到他的译诗中,似乎他的写诗与译诗互不相干。最近翻阅《闻一多诗》(浙江文艺版,2007),又看了些其它材料,有了点新认识。"

【1058】

吾买尔江·阿木提:《美的神韵/赵国栋译柔巴依选集》编者寄语

2016年6月,阿不都热依木·乌铁库尔、依敏·吐尔逊、马赫穆德·翟依地、玉素甫·哈斯·哈吉甫著/赵国栋译《美的神韵/赵国栋译柔巴依选集》,北京语言大学出版社,第111-115页。

Rubáiyát 译为"柔巴依"。

Omar Khayyám 译为"欧玛尔·海亚姆"。

Edward FitzGerald 未译名。

"柔巴依这种意为'四行诗'的古典诗体是广泛流传在波斯人民和中亚某些操突厥语的人以及我国新疆维吾尔族、塔吉克族人民中间的传统诗体。它由波斯-塔吉克文学泰斗鲁达基定型,另一位波斯的著名诗人欧玛尔·海亚姆将这种诗体发展到了一个高峰。"

【1059】

王颖:编辑的功底/也谈英诗汉译百年演进——黄杲炘译诗学及编辑思想评析

2016年6月,《出版广角/实战·营销实战》(半月刊)第6月(下)期,第54-55页。

Rubáiyát 译为"柔巴依集/鲁拜集"。

Omar Khayyám 未译名。

Edward FitzGerald 译为"爱德华·菲茨杰拉德"。

"《柔巴依集》是黄杲炘第一部译作集。""从译学的角度来看,格律是原作的特色之一,是不可忽视的,因此,以格律体来翻译是必需的。黄杲炘的《柔巴依集》恢复了原作的格律,让诗歌格律问题重新回到了译学的中心。"

【1060】

迤逦鸦:最后的埃德蒙·杜拉克

2016年7月3日,《东方早报/上海书评》第14版。

◇《鲁拜集》汉译书目

Rubáiyát 译为"鲁拜集"。

Omar Khayyám 未译名。

Edward FitzGerald 译为"菲茨杰拉德"。

迤逦鸦,本名顾真。

———

"杜拉克生于1882年,逝于1953年,二十二岁就靠菲茨杰拉德英译《鲁拜集》的插画扬名天下,难怪去世时许多人暗暗吃惊:原来一代宗师杜拉克'年仅'七十一岁。"

【1061】
沈苇:洛克的旅行

2016年7月7日,《红岩/中国文存》(文学双月刊)第4期(总第211期),第114页。

Rubáiyát 译为"柔巴依集"。

Omar Khayyám 译为"欧玛尔·海亚姆"。

Edward FitzGerald 未译名。

———

"那年写完《柔巴依:塔楼上的晨光》一书后去了俄罗斯,在圣彼得堡一家书店发现欧玛尔·海亚姆《柔巴依集》的四五个俄文译本,其中最为袖珍可爱的只有火柴盒那么大,于是大喜过望,统统拿下,如获至宝。"

【1062】
詹宏志:吟诵奥玛·开俨的地毯商人

2016年8月,詹宏志著《旅行与读书》,中信出版集团股份有限公司/中信出版社,第69-106页。

Rubáiyát 译为"鲁拜集"。

Omar Khayyám 译为"奥玛·亥严/奥玛·开俨/奥马珈音/欧玛尔·海亚姆/莪默·伽亚谟"。

Edward FitzGerald 译为"爱德华·菲茨杰拉德"。

2015年,詹宏志著《旅行与读书》,台湾台北新经典图文传播有限公司。

詹宏志,英文名 H. T. JAN。

———

"Omar Khayyám,十一世纪、十二世纪的波斯古诗人,在中文世界也鼎鼎大名,大学时代曾是文艺青年的我也很着迷。""……奥玛·开俨的人名音译,黄克孙先生本来是译为更优雅的'奥马珈音',奥玛·开俨则是昔日晨钟版孟祥森译本与桂冠版陈次云译本的用法,在台湾颇为流行,大陆学者则普遍译为'欧玛尔·海亚姆',另外也有译作'莪默·伽亚谟'的。如果从这位老先生的波斯文发音听起来,'海亚姆'可能最为准确接近,但最没有诗意气氛;'奥马珈音'最有诗人气质,发音却相对远离真相。"

【1063】

焦鹏帅:我的文字要像水一样淌下去——《朱兰花——罗·弗罗斯特抒情诗选》译者姚祖培访谈录

2016年8月,《东方翻译》(双月刊)第4期(总第42期),第40-46页。

Rubáiyát 译为"鲁拜集"。

Omar Khayyám 未译名。

Edward FitzGerald 译为"菲茨杰拉德"。

———

"还以菲茨杰拉德的《鲁拜集》为例来说吧。在英国19世纪诗坛上,它算得上一件杰作,我看到过两种版本的英国诗选集,其一为朗文[Longman]的《19世纪英国诗人》;另一为《诺顿诗歌选》[The Norton Anthology of Poetry],都全部收入,总共101首四行诗[Quatrains]。我很喜欢读,曾想把我最喜欢的几首试译成中文,……菲茨杰拉德的诗原来也是译作,……就译诗而论,可以称得上是译作的神品,一般人很难做到。"

【1064】

秦武、韩生辉:试论"柔巴依"及其汉译

2016年9月,《新疆教育学院学报》(季刊)第32卷第3期,第98-102页。

Rubáiyát 译为"鲁拜集/柔巴依"。

Omar Khayyám 译为"莪默·伽亚谟"。

Edward FitzGerald 未译名。

———

"一、引言";"二、柔巴依的发展历程";"三、柔巴依的韵律";"四、柔巴依的翻译";"五、结语"。"'柔巴依'也译作'鲁拜体',而说到'鲁拜体',就不能不提到莪默·伽亚

谟。莪默·伽亚谟出生于公元1048年,死于1123年,是著名的波斯诗人。他的《鲁拜集》是波斯古典诗歌的精品之一,也是世界文学名著。《鲁拜集》早在十七世纪便有了拉丁文的翻译,十八世纪又有了数种德文和英文译本。"

【1065】
沈东子:两个国家

2016年9月23日,《深圳商报/万象》第B06版。

Rubáiyát 译为"鲁拜集/柔巴依集"。

Omar Khayyám 译为"海亚姆"。

Edward FitzGerald 未译名。

———

"说起世界文学,伊朗是一个绕不开的民族,古波斯自不待说,菲尔多西、萨迪闻名世界,曾读过一本《痴醉的恋歌——波斯柔巴依集》(漓江版),诗人海亚姆汪洋恣肆,气势非凡,有伊朗李白之称,所谓柔巴依集,是鲁拜集的别种译法。"

【1066】
佚名:聚焦伊朗花卉业(刊讯)

2016年10月1日,心怡译《聚焦伊朗花卉业》,《中国花卉园艺》(半月刊)第19期(总第379期),第60页。

Rubáiyát 未译名。

Omar Khayyám 译为"奥马尔·海亚姆"。

Edward FitzGerald 未译名。

———

"在伊朗人民每年3月21日庆祝传统新年诺鲁兹节[Nowruz]的时候,有一个传统就是要在桌上摆上7种S开头的食物(即Haft Sin)。11世纪伊朗大诗人奥马尔·海亚姆和14世纪伊朗著名诗人哈菲兹在诺鲁兹节的赞美诗中,已大加赞美了摆上Haft Sin桌上并占据了显著位置的玫瑰和盆栽风信子。"

【1067】
张雨轩:波斯文学研究在中国(1919–2014)

2016年10月,陕西师范大学文学院编《长安学术/研究生论坛》第9

辑,高等教育出版社,第 227－238 页。

Rubáiyát 译为"鲁拜集"。

Omar Khayyám 译为"莪默伽亚谟/海亚姆"。

Edward FitzGerald 未译名。

———

"本文试图对'五四'以来中国的波斯文学研究做一次全面梳理。在对相关文献的爬梳剔抉的基础之上,文章行文整体以时间演进为序,从早期波斯文学的传入中国,到民国时期的波斯文学批评和研究,再到当代的波斯文学研究。而在当代,又根据相关学科理论在共时层面上把波斯文学研究划分两种形态,以作鉴别。"

【1068】
周树基:我对英诗汉译的一点想法

2016 年 12 月,周树基、瞿炜译《鲁拜集/附录 II》,哈尔滨商业大学音像教材出版社,第 240－251 页。

Rubáiyát 译为"鲁拜集"。

Omar Khayyám 未译名。

Edward FitzGerald 译为"菲氏"。

———

"……黄克孙先生所译'鲁拜集'可以说都是以美取胜。菲氏对'鲁拜集'的英语'创译',也是因为具有英语诗歌的美,才成为英语文学的著名遗产。美应该是我们追求的目标,至于未能达到美的境界,那是水平有限。"

【1069】
黄杲炘:从"柔巴依"进地铁想到

2017 年 1 月,黄杲炘著《译路漫漫》,陕西师范大学出版社,第 186－191 页。

Rubáiyát 译为"柔巴依集"。

Omar Khayyám 未译名。

Edward FitzGerald 译为"菲茨杰拉德"。

———

"2015 年'九·一八'前夕接到电话,得知拙译的一首'柔巴依'(第 29 首)被选中,将随近200首中外诗歌进入地铁。"

【1070】
[德国]赫尔曼·黑塞:东方文学的杰作

2017年1月,[德国]赫尔曼·黑塞著/张芸、孟薇译《东方之行》,浙江联合出版集团/浙江文艺出版社,第44－45页。

Rubáiyát 译为"鲁拜集"。

Omar Khayyám 译为"欧玛尔·海亚姆"。

Edward FitzGerald 未译名。

―――――

"……此外,对伊斯兰文学的参与多少有些停滞不前,除了突然从英国传来的、在这里成为时髦的作家欧玛尔·海亚姆的作品之外,在过去的十到二十年间,几乎没有哪个近东的作家在我们这里有多少读者。"

【1071】
[新加坡]何华:诗人,也研究物理——悼黄克孙先生

2017年,《书城》(月刊)1月号,第51－54页。

Rubáiyát 译为"鲁拜集"。

Omar Khayyám 译为"奥玛"。

Edward FitzGerald 未译名。

―――――

"黄克孙在科学界是个响当当的人物。但他另一个衔头——波斯诗人奥玛《鲁拜集》的译者,似乎更响亮。这本年轻时用七言绝句翻译的诗集,给他带来了物理学界之外的名声。……钱锺书……对黄的译本颇为夸奖……他后来在《平居有所思》一书里写道:'钱锺书的好评给了我很大的鼓舞,头一次觉得我的诗可以登大雅之堂了!于是,收集过去和近来写的诗,陆续出版了两本诗集《沧江集》和《梦雨录》。'"

【1072】
董桥:绝色(图录)

2017年4月,董桥文《读书人家——董桥书房剪影》,香港苏富比有限公司,第100页。

Rubáiyát 译为"鲁拜集"。

Omar Khayyám 未译名。

Edward FitzGerald 未译名。

此版为董桥书房内含《鲁拜集》珍藏本的展览图录。

―――――

阿罡语:"那本镶珐琅及石榴红宝的《鲁拜集》就躺在书桌上,根据解说得知底本是1872年Bernard Quaritch第三版,封面由桑格斯基作坊于1910年定做,璀璨夺目。可惜开本略小了些,且内页没有插图。"(阿罡,本名俞昕罡。2017年5月26日作《香江观展记》一文,原载"微信公众号"。)

【1073】

魏沛娜:文气飘香都爱 华贵庸俗不收/"读书人家——董桥书房剪影"展首度公开董桥珍藏逾百件

2017年5月4日,《深圳商报/典藏周刊(第319期)》,第B05版。

Rubáiyát 译为"鲁拜集"。

Omar Khayyám 未译名。

Edward FitzGerald 未译名。

―――――

"董桥坦言,爱书、读书、藏书的人经不起版本品相的诱惑,诸如《鲁拜集》这样的老经典搜集几十种版本的癖好一点不奇怪。'我不是藏书家,是痴恋老岁月的老顽固,偏爱的老书,家里都藏着好几种老版本。'像著名的《鲁拜集》,董桥先是收了1898年的小开本,再收1905年的袖珍开本。1898那本是英国著名书籍装帧家Bayntun重装的红色书皮,1905那本是另一家老字号Riviere & Son重装的蓝色书皮。1909年杜赖克画插图的那部大开本布面精装之外,还收藏了大开本《鲁拜集》,是Bayntun收购Riviere之后的Bayntun-Riviere重装的绿色书皮。"

【1074】

大愚若智:我收藏的《鲁拜集》

2017年5月19日,豆瓣网/读书。

Rubáiyát 译为"鲁拜集"。

Omar Khayyám 未译名。

◇《鲁拜集》汉译书目

Edward FitzGerald 译为"菲兹杰拉德"。

大愚若智,本名虞顺祥。

———

"菲兹杰拉德 Edward Fitzgerald 译本鲁拜集一直以来都是英语文学界的经典,我也喜欢。近年来每次见到装帧考究的版本我总会心动,可惜价格大多昂贵,只能看看图片过过瘾。去年在纽约一家拍卖行的珍本图录上我看中了这本埃德蒙·沙利文插画的鲁拜集,是 1913 年伦敦 Methuen 出版社初版一印,彩色插画卷首页附蝉翼棉纸保护,正文 75 幅黑白线条插画。我填好竞拍单传给拍卖行安排竞拍,几经竞价竟然归我了,价格合适,是个好兆头。几天后包裹如期而至,巴斯著名装帧工坊 Bayntum-Rivière 出品,使用红色摩洛哥山羊皮装帧,封面烫金印圣杯蟒蛇图案,五节竹节书脊烫金印玫瑰图案,大理石羽状纹环衬页烫金印葡萄蔓藤围边,书顶、书脊与书底三面刷金,上一任藏家是美国藏书家华特 Walter Ward Jr. 。"

【1075】
俞晓群:《杖乡集》后记

2017 年 5 月,俞晓群著《杖乡集》,浙江大学出版社,第 132 – 135 页。

Rubáiyát 译为"鲁拜集"。

Omar Khayyám 未译名。

Edward FitzGerald 未译名。

———

"……我动了复制《鲁拜集》的念头……。需要说明,桑格斯基《鲁拜集》的制作难度有一个标志,即封面上的孔雀数量。一只孔雀是最低端的版本,三只孔雀是顶级作品,泰坦尼克号沉船中的那本即是。"

【1076】
范家材:《英文修辞》

2017 年 6 月,范家材著《英文修辞/第十八章/层进与突降/18 – 2/突降》,复旦大学出版社有限公司,第 353 – 354 页。

Rubáiyát 译为"鲁拜集"。

Omar Khayyám 译为"欧玛尔·海亚姆"。

Edward FitzGerald 未译名。

"……A Book of Verses underneath the Bowl……此诗中,underneath the Bowl,郭沫若译为'树荫下',显然,他把 the Bowl 理解为碗状的郁郁葱葱的树顶。笔者则认为,B 大写的 the Bowl,意指'苍穹'[curved horizon having the shape of a bowl]。荒原[wilderness]之中,何来葱郁的[lush and green]树荫?……"[原诗为"A Book of Verses underneath the Bough",该文将"Bough"误植为"Bowl"。]

【1077】
[英国]罗勃·谢泼德著/李凌云译:《艺术中的灰姑娘——西方书籍装帧》

2017 年 6 月,海豚出版社,第 1 – 222 页。

Rubáiyát 译为"鲁拜集"。

Omar Khayyám 译为"奥玛·海亚姆"。

Edward FitzGerald 译为"爱德华·菲茨杰拉德"。

"目录/一、前言/二、简介/三、桑格斯基-萨克利夫公司的早期岁月/四、《伟大的奥玛》/五、随泰坦尼克沉没/六、萨克利夫时代/七、斯坦利·布雷/八、绅士与玩家/九、价格之因/十、附录/十一、参考文献";"桑格斯基珍爱无比的抚摸着后面那本书介绍:'这个封面已经做了 15 个月,中间从未中断,光设计就用了 3 个月,里面的书芯是一本《鲁拜集》'这本镶嵌着众多珠宝的《鲁拜集》,日后被人们称为《伟大的奥玛》,由萨瑟伦书店委托,是桑格斯基-萨克利夫公司最杰出的创作成果之一,……""《鲁拜集》是 19 世纪英语文学的一座高峰,像威廉·莫里斯、埃德蒙·杜拉克和威利·波加尼等艺术家都创作了大量以此为主题的插图本,它新颖而略微有伤风化的风格为维多利亚时代保守的英国吹来一股清风。"

【1078】
冯象:美极了,珍珠——译经散记(二)

2013 年 8 月,冯象译注《摩西五经/希伯来法文化经典之一/附录》,生活·读书·新知三联书店,第 416 – 425 页。

Rubáiyát 译为"鲁拜集"。

Omar Khayyám 译为"莪默"。

Edward FitzGerald 译为"费慈杰罗"。

文题为"美极了,珍珠(三联版跋)"。

2017年7月,冯象著《以赛亚之歌》,生活·读书·新知三联书店,第26-36页。

"少年T. S. 艾略特为费慈杰罗的《鲁拜集》所迷倒,这和归于哲人莪默名下的波斯文'绝句',有何相干(《信与忘·黎明的左手》)?"

【1079】

孙天任:星空照片中,除银河外的另一条光带是什么?

2017年8月3日,《Newton 科学世界/专栏 In Every Issue/Q&A》(月刊)第8期(新版第222期),第136页。

Rubáiyát 译为"鲁拜集"。

Omar Khayyám 译为"欧玛尔·海亚姆"。

Edward FitzGerald 未译名。

"星空照片中,除银河外的另一条光带是什么?……中世纪的波斯诗人和天文学家欧玛尔·海亚姆在他的名著《鲁拜集》中,曾把这种现象称作虚假的黎明。"

【1080】

韩祥临、徐峰:阿拉伯数学文化

2017年8月,韩祥临、徐峰著《数学与人类文明/第一章/踏着数学的源流赏析人类文明/§1 农业文明的孪生姐妹——常量数学/1.6》,浙江大学出版社,第57页。

Rubáiyát 未译名。

Omar Khayyám 译为"奥马尔·海亚姆"。

Edward FitzGerald 未译名。

"奥马尔·海亚姆(1044-1123)塔吉克学者,诗人、哲学家、天文学家和数学家,著有《代数学》,用圆锥曲线求解了三次方程。"

【1081】

穆宏燕：波斯文学翻译与研究在中国

2010年7月，《外国文学研究60年/宏观反思》，浙江大学出版社，第55－61页。

此版为"外语·文化·教学论丛"丛书之一。

Rubáiyát 译为"鲁拜集"。

Omar Khayyám 译为"欧玛尔·海亚姆"。

Edward FitzGerald 译为"费兹杰拉德"。

2017年8月23日，《中华读书报/BIBF·主宾国》第7版。

"波斯文学翻译的颠峰之作，是由张鸿年、宋丕方、邢秉顺、穆宏燕、张晖、元文琪、王一丹七人共同翻译的'波斯经典文库丛书'，由湖南文艺出版社于2002年出版，该'丛书'共18卷包括：《列王纪全集》6卷、《玛斯纳维全集》6卷、《哈菲兹抒情诗全集》2卷、《鲁达基诗集》《鲁拜集》《蔷薇园》《果园》。该'丛书'在伊朗和中国获得了多项大奖，伊朗政府和文化界盛赞中国波斯文学学者在翻译介绍波斯文学方面所作出的巨大贡献，中国是迄今为止世界上唯一推出如此大规模的'波斯经典文库丛书'的国家，对促进中伊两国的文化交流和传统友谊具有重大意义。"

【1082】

黄杲炘："立马锐克"的中国故事

2017年9月6日，《中华读书报/国际文化》（第440期）第17版。

Rubáiyát 译为"鲁拜集"。

Omar Khayyám 译为"欧玛尔·海亚姆"。

Edward FitzGerald 译为"费兹杰拉德"。

2019年11月，黄杲炘译著《丽人/拾零集/译诗随笔》，陕西师范大学出版总社，第184－196页。

"真正的诗人应该拥抱全宇宙，/只沉迷于玫瑰、夜莺，怎成气候？/我参谒鲁拜名园已迟到百年，/幸仍能陶醉于它的密码、符咒。""此诗出现在《怒湃译草》最后一页，作者柏丽是该书译者。她的'怒湃'译文有两种形式，一为七绝，一为每行十字的白话诗。而在该书即将付梓前，她'写了从来不写的语体诗四句，聊作小结'，而这却是一首地道的柔巴依。"

【1083】

张宇欣:翻译家许渊冲回应"抄袭"争议/我英文怎么不行?

2017年9月19日,《南方人物周刊》微信公号。

Rubáiyát 译为"鲁拜集"。

Omar Khayyám 未译名。

Edward FitzGerald 未译名。

———

"许渊冲:……'总而言之,方重的陶渊明诗翻得很好,令人赞赏。但是,如果能再锦上添花,加上译文的音美和形美,那就可以和翻译史上的《鲁拜集》比美了。'"

【1084】

[美国]杰克·霍克海默、史蒂夫·詹姆斯·奥米拉:一起来观星

2017年,[美国]杰克·霍克海默、史蒂夫·詹姆斯·奥米拉文/里奇·哈林顿图/伏晓译《一起来观星/寻找莪默·伽亚谟笔下的假"曙光"》,《天天爱科学/大课堂/漫话科学》(月刊)第10期,第34–37页。

Rubáiyát 未译名。

Omar Khayyám 译为"莪默·伽亚谟"。

Edward FitzGerald 未译名。

———

"……九月是观看'假曙光'的最佳时机。/天亮之前大概两个小时,在东方的天空中,我们可以看到一条微弱的金字塔形状的发光带。/你必须远离城市的灯光,在没有月亮的夜晚才能观察到它。/这种现象的科学名称叫'黄道光',由星际尘埃对太阳光的散射而形成。"

【1085】

李钧:翻译家黄杲炘的"工匠精神"

2017年10月24日,《中华读书报/瞭望》第5版。

Rubáiyát 译为"柔巴依集"。

Omar Khayyám 未译名。

Edward FitzGerald 译为"菲茨杰拉德"。

"黄杲炘反复校译菲茨杰拉德的《柔巴依集》,不仅因为它是英国翻译文学经典和'英国文学的瑰宝',让人们读到了英诗'定型诗'的绝句经典,还因为它对工业革命、达尔文进化论和加尔文主义进行了审美反思。"

【1086】
郭照天:简论维吾尔族古体诗歌"柔巴依"的特色及其翻译

2017年12月,《伊犁师范学院学报(社会科学版)》(季刊)第36卷第4期(总第133期),第85-88页。

Rubáiyát 译为"柔巴依"。

Omar Khayyám 译为"欧玛尔·海亚姆"。

Edward FitzGerald 译为"费兹古拉德"。

———

"关于'柔巴依'的起源普遍有两种观点,一种认为:'柔巴依'原由阿拉伯语'柔布'一词演变而来,意为四行诗。这种诗体是由波斯——塔吉克文学泰斗鲁达基定型,后经波斯的另一位诗人欧玛尔·海亚姆将其逐步发展完善,但当时该诗体并未出名。……还有一种观点认为:由于'柔巴依'这种四行诗与唐代'绝句'有着异曲同工之妙,所以'柔巴依'和唐代的绝句有紧密的关系,唐代的绝句经西域传播到了波斯并对波斯的诗歌形式产生了影响。"

【1087】
俞晓群:书业七家

2017年12月8日,《深圳商报》第B06版。

Rubáiyát 译为"鲁拜集"。

Omar Khayyám 未译名。

Edward FitzGerald 未译名。

———

"……再一是制作工艺,说是工匠精神,桑格斯基设计《鲁拜集》,随泰坦尼克号沉入海底。前几天王强告诉我,那本沉入海底的书声称镶有一千多颗宝石,其中许多宝石是假的;王强收藏一本桑格斯基制作的更美的书,虽然只有一只孔雀,但宝石都是真的,而且保存完好,一颗不缺。现在见到王强收藏的此书本尊,其装帧之美,品相之好,足以让人晕倒。"

【1088】
Sarkis Katchadourian:《鲁拜集》插图

2018年,巴金故居、巴金研究会主编《点滴》第1期,封二。

Rubáiyát 译为"鲁拜集"。

Omar Khayyám 未译名。

Edward FitzGerald 未译名。

———

该杂志刊登一幅"巴金藏书插图(《鲁拜集》插图,Sarkis Katchadourian 绘)"。巴金收藏的该书是1946年美国纽约 Grosset & Dunlap 出版的[亚美尼亚/美国]萨尔基斯·卡恰杜良插画本,杂志采用的是卡恰杜良创作的11幅插画作品中的1幅。

【1089】
瞿光辉:翻译家的诗集之———杨宪益的《银翘集》

2018年1月3日,《温州读书报》第11期第3版。

Rubáiyát 译为"鲁拜集"。

Omar Khayyám 未译名。

Edward FitzGerald 译为"菲兹吉拉德"。

———

"不过私心还是更喜爱他用汉诗形式写的西洋诗意,如作于一九三二年初春的五言诗《死》。显然是读了菲兹吉拉德《鲁拜集》后的思考。"

【1090】
刘英军:此味与彼昧术——中国与波斯古典诗学味论例说

2018年,《国外文学》(季刊)第1期(总第149期),第47-55页。

Rubáiyát 未译名。

Omar Khayyám 译为"欧玛尔·海亚姆"。

Edward FitzGerald 未译名。

———

"波斯诗人欧玛尔·海亚姆['Umar Khayyam,1048-1122]的四行诗:/世事如同流水何需恐惧,/烦恼忧愁总会悄然逝去,/权且欢欢喜喜度过眼前的瞬间,/未来无需惧怕过去的何必追忆。/四句都在议论,道出'逝者如斯夫'以及人应珍惜现世的感悟。"

【1091】

雷墨:骚乱之后,伊朗走向何方?

2018年2月5日,《时代人物》(2月刊/旬刊)第1期,第62-64页。

"革命并非'箭在弦上',这是伊朗目前的政治现实。'年老年轻一代接着一代,代代世人接踵去来。谁也无法永远占据这个世界。有来有去,有去又有人来。'这是11世纪波斯诗人欧玛尔·海亚姆的名句。伊朗岁末年初的抗议浪潮,突如其来又倏忽而去。以诗人的视野来看,抗议归于沉寂符合历史的逻辑,抗争再起也会是历史的必然。"

【1092】

汪莹、张子璇:异质的"归化"——评《莪默绝句百衲集》的集句译诗策略

2018年,《中国韵文学刊》(季刊)第2期,第48-52页。

Rubáiyát 译为"莪默绝句"。

Omar Khayyám 译为"莪默"。

Edward FitzGerald 未译名。

"集句和译诗有着共通的美学原理。这个原理在西方为康德所表述,在中国为黄庭坚所揭示。通过集句的演变和译诗的发展,我们看到在背后支配它们的原理也有个自身衍化的过程。对这个过程的把握,可以使我们在更为广阔的美学视域中阐释集句和译诗如何最终相遇。"

【1093】

关万维:波斯之恋——爱的倾诉

2018年3月30日,《晶报》第A05版。

Rubáiyát 译为"鲁拜集"。

Omar Khayyám 未译名。

Edward FitzGerald 未译名。

"波斯古代抒情诗集《鲁拜集》有云:'如一滴水汇入大海,一粒沙撒落在大地。你因何降生到这人世,像一只蚊子来而复去?'水滴、尘埃或沙子,看来是波斯人理解人生人世的重要参照。"

【1094】
黄杲炘:闻一多——格律移植的先驱

2018年6月20日,《中华读书报/国际文化》第18版。

Rubáiyát 译为"莪默伽亚谟之绝句"。

Omar Khayyám 译为"莪默伽亚谟"。

Edward FitzGerald 未译名。

2019年11月,黄杲炘译著《丽人/拾零集/译诗随笔》,陕西师范大学出版总社,第210-223页。

"闻一多……1923年发表的《莪默伽亚谟之绝句》中译有六首'绝句'。……与闻先生此前的译诗比,有一点明显不同,就是六首'绝句'都已做到了'等行翻译'……"。

【1095】
《外国文学名著欣赏》:外国诗歌的源流

2018年9月,阮航主编《外国文学名著欣赏/第五章/外国诗歌欣赏/第一节/外国诗歌概述/一、》,清华大学出版社,第135页。

Rubáiyát 译为"鲁拜集"。

Omar Khayyám 译为"欧玛尔·海亚姆"。

Edward FitzGerald 未译名。

此版为"高等学校应用型特色规划教材/公共基础课系列教材"丛书之一。

"波斯……塞尔柱王朝时期,欧玛尔·海亚姆(1048-1122)著有四行诗集《鲁拜集》,他是伊朗文学史上最著名的诗人之一。"

【1096】
绿茶:绿茶书情(刊讯)

2018年10月,《温州人》(半月刊)第19期(总第304期),第83页。

Rubáiyát 译为"鲁拜集"。

Omar Khayyám 未译名。

Edward FitzGerald 译为"菲茨杰拉德"。

———

"《鲁拜集》是本奇书,世界范围有无数的版本,还有无数艺术家为其画插图,单菲茨杰拉德英译本,就约有140位画家画过插图。"

【1097】
《外国文学史纲》:《鲁拜集》

2018年10月,罗文敏编著《外国文学史纲/下编/亚非文学/第二章/中古亚非文学/第四节/中古波斯文学/二》,中国社会科学出版社,第265-266页。

Rubáiyát 译为"鲁拜集/柔巴依/四行诗"。

Omar Khayyám 译为"奥玛·海亚姆"。

Edward FitzGerald 未译名。

———

"(一)《鲁拜集》的基本思想/1.否定来世和宗教信条,谴责僧侣之伪善。2.感慨时间流逝,生命短暂,勉励珍惜时光,纵情享受人生。/(二)生命哲思/1.不断追问宇宙的无穷和永存,对生命的消逝发出悲伤的感慨。2.追求物质生活的富足,提倡享受现实人生。3.勇于接受并分析生活中存在的矛盾,敢于面对生命的悲痛。"

【1098】
黄杲炘:格律诗的无限可能——从"来自大英图书馆的珍宝"说起

2018年11月7日,《中华读书报/国际文化》第19版。

Rubáiyát 译为"柔巴依集"。

Omar Khayyám 未译名。

Edward FitzGerald 译为"菲茨杰拉德"。

2019年11月,黄杲炘译著《丽人 拾零集/译诗随笔》,陕西师范大学出版总社,第239-249页。

———

"……艾略特深受传统文化熏陶,善于从前辈作家的作品汲取营养。14岁时读了菲茨杰拉德的Rubáiyát of Omar Khayyám(《柔巴依集》)立志成为诗人,还曾学写'柔巴依'。"

【1099】
黄杲炘:《老洛伯》一百岁了——从胡适的"尝试"看译诗发展

2019年1月,《中国翻译》(双月刊)第1期第40卷(总第253期),第159-166页。

Rubáiyát 译为"柔巴依集"。

Omar Khayyám 未译名。

Edward FitzGerald 译为"菲茨杰拉德"。

2019年11月,黄杲炘译著《丽人/拾零集/译诗随笔》,陕西师范大学出版总社,第250-265页。

———

"……菲茨杰拉德的Rubáiyát of Omar Khayyám,英诗中才有了定型诗体ruba'i。这是菲氏对波斯roba'i诗体的移植,这种传统诗体广泛存在于中亚地区,我国的维吾尔族至今还有这样的创作,早已约定俗成称之为'柔巴依'——显然,这译名准确反映了原来的读音。""菲氏'柔巴依'原作的格律十分严谨,每行诗都是5音步10音节,毫不含糊。"

【1100】
《世界文学简史》:东方文学

2019年1月,李明滨主编《世界文学简史(第三版)/第二部分/第十五章/中古文学/第一节/概述》,北京大学出版社,第373页。

Rubáiyát 译为"柔巴依"。

Omar Khayyám 译为"欧玛尔·海亚姆"。

Edward FitzGerald 未译名。

该书2002年8月第1版、2007年7月第二版。

此版为"21世纪外国文学系列教材"丛书之一。

———

"海亚姆的四行诗很多,确切数字难以考定,其内容主要有三个方面,即探索宇宙人生的奥秘,剖析社会现象,揭露与抨击宗教神学。"

【1101】
于桂丽:波斯文学新经典/萨迪克·赫达亚特

2019年1月7日,《文艺报》第6版。

Rubáiyát 译为"鲁拜集"。

Omar Khayyám 译为"哈亚姆"。

Edward FitzGerald 未译名。

———

"赫达亚特在中学时代曾编辑出版《哈亚姆鲁拜集》(1924),……此外,还……完成了学术专著《哈亚姆的诗歌》(1934)。"

【1102】
黄杲炘:从剑桥纪念徐志摩说起

2019年3月20日,《中华读书报/国际文化》第18版。

Rubáiyát 译为"柔巴依集"。

Omar Khayyám 未译名。

Edward FitzGerald 译为"菲茨杰拉德"。

2019年11月,黄杲炘译著《丽人/拾零集/译诗随笔》,陕西师范大学出版总社,第266-277页。

———

"这里我想到下之琳先生在《徐志摩译诗集·序》中说的话:'按他在《一个译诗问题》一文里提出神、形一致的严格要求来说,他的译诗里失败借鉴有余,成功榜样不多。'不错,这可说是徐志摩那一代译诗者的悲壮宿命,因为这是知其不可为而为之的事业。他在《莪默的一首诗》中说过'完全的译诗是根本不可能的'。但他毕竟参与开启了较准确反映原作的白话译诗之路,筚路蓝缕,功不可没。"

【1103】
李妍、宫照华:亚洲文学地图

2019年5月18日,《新京报/书评周刊》第B01版。

◇《鲁拜集》汉译书目

Rubáiyát 译为"鲁拜集"。
Omar Khayyám 未译名。
Edward FitzGerald 未译名。

"在亚洲的47个国家,居住着全球三分之二的人口,1000多个民族。几千年来,这片广袤的土地孕育了包括中华文明在内的几大古代文明,也在近两个世纪共同经历了近现代化的洗礼。辉煌,苦痛,沉思,希冀……所有这一切,都映照在从古至今的一部部亚洲文学作品之中。""……从《鲁拜集》到《源氏物语》,丰富的哲思与情感在一千年前就被伟大的作家用精妙文字书写下来……"。

【1104】
李炜:推开波斯诗的大门

2019年5月20日,李炜文/袁秋婷译《译/推开波斯诗的大门》,《上海文化/阅读札记》(单/双/月刊)五月号,第88-106页。

Rubáiyát 译为"海亚姆的鲁拜集"。
Omar Khayyám 译为"海亚姆"。
Edward FitzGerald 译为"菲茨杰拉德/菲兹杰拉德"。

"菲茨杰拉德如是译。他的译笔精致典雅,字与字之间,紧凑到滴水不入。""虽然海亚姆也采用了相同的押韵模式,但他的诗作远远不及菲茨杰拉德的细腻。至少,这是学术界的一致看法。阅读原作,整体印象是诗人在灵感到来时一气呵成。不像菲茨杰拉德,为了字斟句酌而连连失眠,海亚姆似乎毫不在乎。确实,酷爱饮酒作乐的他,怎可能为了几行字而操心发愁?""总的来说,菲茨杰拉德并没有亦步亦趋地跟着海亚姆。只有少数几次他走得很近。大部分时候他会从不同的诗中选取片段,然后再重新组合。此外,他还把自己选集中的所有'鲁拜'天衣无缝地连接起来,以便读起来宛如一首连贯完整的长诗。如此看来,一位熟悉波斯文的评论家早年间对菲茨杰拉德做出的评价,并非完全有失公允:'与其说他翻译了海亚姆,不如说他写了一首关于海亚姆的诗'。""《鲁拜集》刚好与达尔文的《物种起源》和英国哲学家密尔[John Stuart Mill]的《论自由》发表于同一年。""乍看之下,三本书毫无关联。仔细比较,却会发现每本书皆以自己的方式,捍卫人权。……每本书都是对19世纪价值观的一波攻击。""19世纪美国公知诺顿[Charles Eliot Norton]对《鲁拜集》的总结,其实同样适用于《物种起源》和《论自由》:'它读起来极适时宜,表达的简直就是我们身处的这个时代的困惑与疑问。'"

【1105】
[英国]爱德华·赫荣-艾伦:牛津饱蠢楼抄本《鲁拜集》(译诗)

2019年9月10日,[英国]爱德华·赫荣-艾伦英译/眭谦汉译《牛津饱蠢楼抄本〈鲁拜集〉》,微信公众号"述信录"。

Rubáiyát 译为"鲁拜集"。

Omar Khayyám 译为"奥马尔·海亚姆"。

Edward FitzGerald 译为"菲茨杰拉德"。

艾伦的牛津饱蠢楼抄本《鲁拜集》英译本,共158首。

———

"四十三/每处遍开郁金香和蔷薇之地,/都曾有君王的殷红鲜血溅洒;/每支土中生出的紫罗兰嫩芽/都曾是乌痣长在美人的面颊。""九十四/如不用隐喻,用平白的话来说,/我们都是棋子,而上天在下棋;/存在的棋枰上我们玩着童戏,/然后依次都回到虚无盒子里。"

【1106】
黄杲炘:告别翻译

2019年10月,《东方翻译/文化视野》(双月刊)第5期(总第61期),第57-65页。

Rubáiyát 译为"柔巴依集"。

Omar Khayyám 未译名。

Edward FitzGerald 译为"爱德华·菲兹杰拉德"。

2019年11月,黄杲炘译著《丽人/拾零集/翻译与我》,陕西师范大学出版总社,第327-340页。

———

"当初我在生活的低谷中偶遇爱德华·菲兹杰拉德的 Rubáiyát of Omar Khayyám,全然不知该诗来龙去脉,却在其吸引下摸索译诗之道,发展出'三兼顾'译诗要求,而这样译出的《柔巴依集》打开了我的译诗之路,让我在译道上跋涉奔忙的后半生过得比较充实。"

【1107】
刘巨文:追慕经典的诗神世界导航者

2019年10月31日,《文学报/新批评》第171期第21版。

◇《鲁拜集》汉译书目

Rubáiyát 译为"柔巴依集"。
Omar Khayyám 译为"欧玛尔·海亚姆"。
Edward FitzGerald 未译名。

"我想世界本来神秘,诗歌的存在与这本书[沈苇著《正午的诗神》]的存在,正是这种神秘的显现,都有其隐蔽的意味供我们揣摩自省。现在,我希望读到这本书的读者能够像沈苇当年获得《柔巴依集》时那样惊喜,'终于找到它了——遥远的波斯湾古歌!',并把这种惊喜持久地保存下来。"

【1108】

黄杲炘:自我总结、黄杲炘先生访谈录、"今晚我们读书"

2019年11月,黄杲炘译著《丽人/拾零集/翻译与我/附录》,陕西师范大学出版总社,第320-321、363-384、385-395页。

Rubáiyát 译为"柔巴依集/欧玛尔·哈亚姆之柔巴依集"。
Omar Khayyám 译为"欧玛尔·哈亚姆"。
Edward FitzGerald 译为"爱德华·菲茨杰拉德"。

"1.1982年出版《柔巴依集》,结束了郭沫若名译《鲁拜集》在大陆一花独放局面,同时在英诗汉译中首创迄今最严格的'三兼顾'译诗要求:兼顾韵式和诗行顿数、字数。这是'讲究字数'与'以顿代步'两种译法发展的必然结果并兼有两者之长。""此后我对《鲁拜集》的前尘后事了解多了,发现以前所有译本中没有我这种译法,这译法体现了严格的译诗标准,既准确反映原作内容,也准确反映原作的韵式、诗行的音步数和音节数。这种译诗要求'兼顾'了三项格律要素,在英诗汉译中前所未有。""诗歌最讲究形式,是唯一有格律的文体,格律是诗歌的文体特征和音乐性的集中体现。译格律诗而不反映格律,等于丢掉诗的文体特征去译,那算什么译诗?"

【1109】

[新加坡/英国]许忠如:谈伦敦珍本书收藏及市场/采访者[英国]恺蒂

2019年12月1日,《上海书评周刊》(微信公众号),上海书评/澎湃新闻。

Rubáiyát 译为"鲁拜集"。

Omar Khayyám 译为"海亚姆"。

Edward FitzGerald 译为"菲茨杰拉德"。

许忠如,英文名 John Koh。

恺蒂,本名郑海瑶。

———

"夸瑞奇出版的书中,大家至今仍要提到的就是《鲁拜集》。海亚姆是十一世纪的波斯诗人,但西方人一直不知道他。1857 年,菲茨杰拉德和朋友在牛津大学饱蠹楼中发现他的诗作,觉得太了不起了,立马着手翻译。1859 年,菲茨杰拉德将他翻译出的七十五首诗在伦敦自费印成小册子,没有署名。但他不懂市场,就问夸瑞奇是否能做出版人,发行和销售这本书。此书第一版销售很不好,后来就被放在书店外的一便士一本的小筐里贱卖,罗赛蒂走过书店,发现了这本小书,后来诗人斯温博恩也发现了,两位都大力推广,《鲁拜集》也因此名声大振,以后夸瑞奇又出了三版。"

【1110】

[新加坡/英国]许忠如:《Books 珍本书/Book Collectors 藏书家/Booksellers 书商》

2019 年 12 月 6 日,[新加坡/英国]许忠如、[英国]凯蒂编译《Books 珍本书/Book Collectors 藏书家/Booksellers 书商/奎文斋简介》,Bernard Quaritch Ltd,扉页。

Rubáiyát 译为"鲁拜集"。

Omar Khayyám 未译名。

Edward FitzGerald 译为"菲茨杰拉德"。

———

"珍本书店奎文斋[Bernard Quaritch Ltd,旧译夸瑞奇],英国最古老的珍本书店之一,由德裔书商及出版家伯纳德·夸瑞奇(1819 – 1899)成立于 1847 年。""书店一开始就有出版的传统。它曾出版过菲茨杰拉德翻译的《鲁拜集》(1859),也曾出版发行莫里斯凯尔姆斯格特书坊印刷的最早的几部书,例如《金色传说》等。"

【1111】

HG 书籍装帧/时空书旅人/huhu:西式装帧之美、英国装帧工坊里维

◇《鲁拜集》汉译书目

耶[Riviere & Son]

2019年8月,《书世界/第一集》,九州出版社,第150－151、178－180页。

2019年12月25日,微信公众号"HG书籍装帧"。

Rubáiyát译为"鲁拜集"。

Omar Khayyám未译名。

Edward FitzGerald未译名。

HG书籍装帧/时空书旅人/huhu,本名胡瑾。

"桑格斯基装帧工坊制作的宝石装帧《鲁拜集》"(封面、内衬图影)、"桑格斯基装帧工坊1912年制作的《鲁拜集》"(封面、封底图影)。"桑科斯基做的《鲁拜集》非常有名,里维耶也跟着做,虽不及桑科斯基的豪华,但也有自己的风格:减少了烫金的比例,更多使用皮革拼贴图案,显得柔美而克制。""……工坊早期制作的一批《鲁拜集》就是由大哥Alberto手抄,再由弟弟做成豪华的宝石装帧。""可世事难料,1912年那本最精美的《鲁拜集》随着泰坦尼克号而永远沉没在海底,几个月后,弟弟又意外溺水身亡。Alberto离开了桑科斯基工坊,转而到里维耶工作。虽然兄弟俩早在两年前就传出不合,但我总觉得Alberto的离开,更多的是出于悲伤,因为到了里维耶之后,Alberto也做了很多彩绘的书页,可唯独没有再抄写过曾经给弟弟写过的《鲁拜集》。"

[图十五] 第73首诗意

[图十六] 第77首诗意

增 订

【1112】

郭沫若：Rabayat 集［自由体译本］

1948年7月14日、1948年7月21日，郁生文《欧麦尔·伽亚谟/波斯的颓唐诗人》，《北平小报》第2版，选载11首。

Rubáiyát 译为"Rabayat 集"。

Omar Khayyám 译为"欧麦尔·伽亚谟"。

Edward FitzGerald 未译名。

选载11首郭沫若译本诗节（第53、44、72、55、46、93、95、94、7、47、48首），文中未注明译者。

53/"假使你探之不能，在这无情的地上，/你观仰着那永不开门的天乡，/今日你还是你是［时］，你可观瞻——/明日你已不是你时，你又怎样？"

【1113】

黄杲炘：《鲁拜集》拾珠［柔巴依体译本］

2005年5月，《原本名译/世界经典寓言全集/亚洲太平洋部分国家地区卷/波斯·阿拉伯卷/法国卷/珍藏版》，吉林人民出版社，第207-209页，题名"《鲁拜集》拾珠"，题名及诗节各小标题为编者所加，选载14首。

译自"第四版（1879年）101首"的第16、19、58、59、72、82、83、84、85、86、87、88、89、90首。

Rubáiyát 译为"柔巴依集"。

Omar Khayyám 译为"莪默·伽亚谟"。

Edward FitzGerald 未译名。

文尾署名黄杲炘误植为"黄果所"。

82/"5. 游陶工作坊/白昼在消逝,就趁着天色渐幽,/忍饥挨饿的斋月偷偷地溜走;/那陶工的作坊我又独自重版——/各种各样的陶器围在我四周。"

【1114】
黄杲炘:柔巴依[柔巴依体译本]

2011年6月,黄杲炘译《英语趣诗选/下篇/形式之趣/菲茨杰拉德/柔巴依十四首》,湖北长江出版集团/湖北教育出版社,第204-212页,选载14首。

译自"第四版(1879年)101首"的第1、8、12、22、29、32、48、55、68、72、80、91、96、100首。

Rubáiyát 译为"柔巴依"。

Omar Khayyám 未译名。

Edward FitzGerald 译为"菲茨杰拉德"。

此版为"世界名著插图本/英语短诗精粹"丛书之一。

"八/不管在内沙布尔或在巴比伦,/也不管杯中物是酸苦是香醇,/生活之酒一滴滴不住地沥出,/生命之叶一片片飘落在泥尘。"

【1115】
周骏章:1首,题名"鲁拜集"[自由体译本]

1940年4月,斯宾敦[Herbert J. Spinden]文《人类学上的平凡派和浪漫》,周骏章译《文化传播辩论集》,国立编译馆/商务印书馆,第34-36页。

拟译自"第二版(1868年)110首"的第51首。

Rubáiyát 译为"鲁拜集"。

Omar Khayyám 译为"莪默·伽亚谟"。

Edward FitzGerald 译为"费兹拉德"。

51/"他们说,一根头发分开真和伪;/是的,一个简单的A就是秘诀。/你只要找到它,就能发现宝库,/也许你还能会见我们的救主。"

【1116】

刘美丽、叶柏华:1 首,题名"奥玛·开俨的诗"[自由体译本]

1946 年 11 月,冯尼尔[J. S. Bonnell]著/刘美丽、叶柏华译《精神病宗教治疗法》,广学会,第 233 页。

拟译自"第四版(1879 年)101 首"的第 81 首。

Rubáiyát 未译名。

Omar Khayyám 译为"奥玛·开俨"。

Edward FitzGerald 未译名。

———

81/"您是创造宇宙的主宰,/却造了那蛇在乐园里:/因此,一切罪恶就污了你的面。/——你虽饶恕人——但你是咎由自取!"

【1117】

常任侠、袁音:1 首[自由体译本]

1965 年 7 月,[法国]雷奈·格鲁塞[René Grousset]著/常任侠、袁音译《印度的文明/第三章/伊斯兰教的印度/莫卧儿印度》,商务印书馆,第 159 页。

拟译自"第四版(1879 年)101 首"的第 12 首。

Rubáiyát 未译名。

Omar Khayyám 译为"奥玛·开俨"。

Edward FitzGerald 译为"菲茨杰拉德"。

1987 年 5 月,窦武文《伊斯兰国家的造园艺术》,清华大学建筑系编《建筑史论文集/第八辑》,清华大学出版社,第 152-153 页。

1999 年 10 月,[法国]雷奈·格鲁塞著/常任侠、袁音译《东方的文明/上册/第二卷/印度的文明/第三章/伊斯兰教的印度/莫卧儿印度》(上下册),中华书局,第 365 页。

———

12/"在原野的花树下,/一本诗,一块饼,一瓶佳酿,/再有你歌唱在我身旁,/这原野便如人间天上。"

◇《鲁拜集》汉译书目

【1118】

周骏章:1首,题名"鲁拜集"[自由体译本]

1979年3月,十九院校《外国文学》编写组编《外国文学(一)/七/莪默伽亚谟的〈鲁拜集〉》,第140页。

拟译自"第四版(1879年)101首"的第24首。

Rubáiyát 译为"鲁拜集"。

Omar Khayyám 译为"莪默·伽亚谟"。

Edward FitzGerald 译为"爱德华·费慈吉拉德"。

1980年2月,《外国文学五十五讲》编委会编《外国文学五十五讲/上册/七/莪默伽亚谟的〈鲁拜集〉》(上下册),贵州人民出版社,第146页。

―――――

"24/啊,我们要尽量挥霍金钱,/在我们也进入尘土之前;/尘土归尘土,卧在尘土中,/无酒,无歌,无歌师,更——无期限。"

【1119】

周煦良:1首,题名"鲁拜集"[柔巴依体译本]

1983年11月,[英国]霍思曼著/周煦良译《西罗普郡少年/译者序》,湖南人民出版社,第8-9页。

拟译自"第四版(1879年)101首"的第21首。

Rubáiyát 译为"鲁拜集"。

Omar Khayyám 译为"莪默·伽亚谟"。

Edward FitzGerald 译为"费慈济拉德"。

此版为"诗苑译林"丛书之一。

―――――

21/"来啊!我的亲爱的,把酒杯斟满,/一洗过去的悲恨和未来的愁烦,/且莫管明朝!怎么?明朝我也许/和昨天一同并入已往的七千年。"

【1120】

魏宗舒、吕乃刚:1首,题名"鲁拜集"[七言绝句体译本]

1987年4月,[美国]福尔克斯[J. L. Folks]著/魏宗舒、吕乃刚译《统计思想/三种分布/演讲10/二项分布》,上海翻译出版公司,第87页。

拟译自"第四版(1879年)101首"的第87首。

Rubáiyát 译为"鲁拜集"。

Omar Khayyám 译为"莪默·伽亚谟"。

Edward FitzGerald 未译名。

———

87/"陶土工地奇事情,/有能说话有不能:/突然有人来喊问/谁是陶工谁是罐?"

【1121】

[美国]张秀亚:1首,题名"鲁拜集"[自由体译本]

1987年6月,张秀亚著《张秀亚作品选/第一辑/散文/散文的石竹花/玉簪花,多么鲜洁!》,陕西人民出版社,第6页。

拟译自"第四版(1879年)101首"的第19首。

Rubáiyát 译为"鲁拜集"。

Omar Khayyám 未译名。

Edward FitzGerald 未译名。

1996年10月,[美国]张秀亚著《月依依/在康乃馨的芬芳里/玉簪花,多么鲜洁!》,人民日报出版社,第121页。

此版为"名人名家书系"丛书之一。

1998年5月,[美国]张秀亚著《荷塘之忆/玉簪花,多么鲜洁!》,陕西人民出版社,第127页。

此版为"域外著名华文女作家散文自选集"丛书之一。

———

19/"帝王的鲜血流处,/蔷薇花更显殷红,/朵朵的玉簪花儿,/恐是生根在美姬的白骨之中。"

【1122】

谢彦、郑荣:1首[自由体译本]

1987年12月,[美国]戴尔·卡耐基[Dale Cainegie]著/谢彦、郑荣编译《人性的优点-人性的缺点/人性的优点/第一部/如何抗拒忧虑/2/解决忧虑

◇《鲁拜集》汉译书目

的万灵公式》,中国文联出版公司,第 21-22 页。

拟译自"第四版(1879 年)101 首"的第 24 首。

Rubáiyát 未译名。

Omar Khayyám 译为"奥玛开俨"。

Edward FitzGerald 未译名。

2004 年 7 月,林庆昭著《林庆昭作品集/5/我要摆脱烦恼/第三周/自我调适/18/内心的平静》(全 6 册),中国广播电视出版社(台湾小知堂特别授权),第 130 页。

2006 年 5 月,[美国]戴尔·卡耐基著/冯文夫译《人性的优点(全书)/第一章/摆脱孤独忧虑的心理/解决忧虑的万灵公式》,青岛出版社,第 21 页。

此版为"与成功有约"丛书之一。

2009 年 4 月,[美国]戴尔·卡耐基著/杨东编译《戴尔·卡耐基/人性的优点/第二章/如何抗拒忧虑/解决忧虑的万能公式》,吉林大学出版社,第 75-76 页。

2009 年 7 月,[美国]戴尔·卡耐基著/曹玥译《人性的优点全集/第一卷/人性的优点/第 1 章/如何抗拒忧虑/解决忧虑的万灵公式》,西苑出版社,第 16 页。

2010 年 1 月,[美国]戴尔·卡耐基著/奚华译《卡耐基写给青年全集/第七章/走出孤独忧虑的人生/解决忧虑的万能公式》,九州出版社,第 191 页。

2010 年 4 月,[美国]戴尔·卡耐基著/王嵩译《人性的优点/1/Part/克服忧虑的原则/消除忧虑的万能公式》,重庆出版集团/重庆出版社,第 13 页。

Omar Khayyám 译为"奥玛·开俨"。

2011 年 12 月,[美国]戴尔·卡耐基著/杨卫芹译《卡耐基励志经典大全集/人性的优点/一、如何抗拒忧虑/解决忧虑的"万灵公式"》,南海出版公司,第 11 页。

此版为"20 世纪最伟大的励志经典"丛书之一。

2013 年 9 月,[美国]戴尔·卡耐基著/刘芳译《人性的优点/第一章/拒绝忧虑/2. 放之四海皆准的解忧公式》,新世界出版社,第 35 页。

此版为"青少年励志经典文库"丛书之11。

2016年9月,[美国]戴尔·卡耐基著/毕俊峰译《人性的优点/人生顿悟力之情绪篇/全新精校精译本/第1章/摆脱忧郁的法则/2. 摆脱忧郁的神奇方程式》,古吴轩出版社,第31页。

Omar Khayyám 译为"莪默·伽亚谟"。

――――――

谢彦、郑荣编译:24/"啊,在我们零落为泥之前,/岂能辜负,不拼作一生欢/物化为泥,永寐黄泉下/没酒、没弦、没歌伎,而且没明天。"

林庆昭:24/"啊,在我们零落为泥之前,/岂能辜负,不拼作一生欢,/物化为泥,永寂黄泉下,/没酒、没弦、没歌伎,而且没明天。"

冯文夫译:24/"啊,在我们零落为泥之前,/岂能辜负,不拼作一生欢,/物化为泥,永寂黄泉下/没酒、没弦、没歌伎,而且没明天。"

杨东译:24/"啊,在我们零落为泥之前,/岂能辜负,不拼作一生欢,/物化为泥,永寂黄泉下,/没酒、没弦、没歌伎,而且没明天。"

曹玥译:24/"啊,在我们零落为泥之前,/岂能辜负,不拼作一生欢,/物化为泥,永寂黄泉下,/没酒、没弦、没歌伎,而且没明天。"

姜华译:24/"啊,在我们零落为泥之前,/岂能辜负,不拼作一生欢,/物化为泥,永寂黄泉下,/没酒、没弦、没歌伎,也没有明天。"

王嵩译:24/"啊,在我们零落为泥之前,/岂能辜负这一生的长欢,/物化为泥,永寂黄泉,/无酒、无弦、无歌,永无明天。"

杨卫芹译:24/"啊,在我们零落为泥之前,/岂能辜负,不拼作一生欢,/物化为泥,永寂黄泉下,/没酒、没弦、没歌伎,而且没明天。"

刘芳译:24/"在我们零落为泥前,/岂能再辜负大好时光,/寻欢作乐要趁早啊,/莫待黄泉路上没酒、没笙歌、没明天……"。

毕俊峰译:24/"啊,珍视眼前的光阴吧,/在黄土将我们掩埋之前,化为泥土,长眠于黄泉之下,/没有美酒佳酿,没有天籁之音,没有曼妙舞姿,/漫漫长夜无尽头……"。

【1123】

汪铮、范虹、海滨:4首,题名"鲁拜集"[自由体译本]

1989年2月,[美国]阿兰·弗罗美[Allan Fromme]著/汪铮、范虹、海滨译《爱与性/第十三章/浪漫的爱》,海潮出版社,第238-239、245页。

拟译自"第四版(1879年)101首"的第29、12、99、63首。

◇《鲁拜集》汉译书目

Rubáiyát 译为"鲁拜集"。

Omar Khayyám 译为"奥玛"。

Edward FitzGerald 未译名。

2002年10月,[美国]艾伦·弗罗姆著/赵文丽译《爱的力量/五、浪漫的爱》,光明日报出版社,第105-106、112页。

Omar Khayyám 译为"莪默·伽亚谟"。

选译3首(第29、12、17首),第12、17首为郭沫若译本。

此版为"新世纪青年励志丛书"之一。

2012年1月,[美国]艾伦·佛罗姆著/文章主编《爱的能力/浪漫的爱》,新疆美术摄影出版社/新疆电子音像出版社,第120-121、128页。

Omar Khayyám 译为"莪默·伽亚谟"。

选译3首(第29、12、17首),第12、17首为郭沫若译本。

此版为"羊皮卷经典励志丛书"之一。

———

汪铮、范虹、海滨译:29/"入世,不知道为什么/也不知道从哪里来,象流水无端地流;/出世,象吹过荒野的风,/我不知道向哪里去,只是无端地吹。"

赵文丽译:29/"我进入这个世界,不知何因何处,/就像潺潺溪流静静流淌。/我远离这个世界,不知飘向何方,/好似荒原上一阵清风,自由飘荡。"

文章译:29/"不知何因何处,我进入这个世界,/就像溪流潺潺无声流淌。/我远离这个世界,不知飘向何方,/就像荒原上一阵清风,飘荡自由。"

【1124】
周林东:1首,题名"鲁拜集"[自由体译本]

1989年4月,[加拿大]J.彼得、[英国]R.哈尔著/周林东译《凡人的绝症/聪明误/8.暗示与预兆》,上海文化出版社,第51页。

拟译自"第四版(1879年)101首"的第27首。

Rubáiyát 译为"鲁拜集"。

Omar Khayyám 译为"莪默"。

Edward FitzGerald 未译名。

此版为"五角丛书"之一。

———

27/"当我在青年时代,/曾热衷于向圣人博士求教;/侃侃宏论我听过多少回,/告辞出门,我仍旧莫名其妙!"

【1125】

穆南:0.5首,题名"鲁拜集"[自由体译本]

1990年2月,[英国]泰伦斯·霍克斯著/穆南译《隐喻/一/隐喻与比喻性语言》,北岳文艺出版社,第2页。

译自"第一版(1859年)75首"的第1首。

Rubáiyát译为"鲁拜集"。

Omar Khayyám译为"欧玛尔·海亚姆/莪默·伽亚谟"。

Edward FitzGerald译为"爱德华·菲茨杰拉尔德"。

此版为"西方当代文艺批评译丛"丛书之一。

———

"醒来吧!夜的碗盏掬捧的清晨/已经投出一粒石子,惊醒了群星。"

【1126】

李毅春:6首,题名"欧玛尔·海亚姆的四行诗集"[自由体译本]

1990年10月,[美国]麦吉尔主编《世界名著鉴赏大辞典[MASTERPLOTS]/诗歌卷/欧玛尔·海亚姆的四行诗集/菲茨杰拉德(词条)》,中国书籍出版社,第827－829页。

译自"第一版(1859年)75首"的第1、63、60、64、40、75首。

Rubáiyát译为"四行诗集"。

Omar Khayyám译为"欧玛尔·海亚姆"。

Edward FitzGerald译为"爱德华·菲茨杰拉德"。

———

1/"醒来吧!夜尽后的早晨已经/掀起巨大的宝石,使群星逃散;/看哪!东方的'猎人'已将/苏丹的城楼罩上光圈。"

【1127】

羌国华、揭侠:2首[自由体译本]

◇《鲁拜集》汉译书目

1991年3月,羌国华、揭侠编译《每日赠言/11月1日》,漓江出版社,第196页。

拟译自"第四版(1879年)101首"的第27、28首。

Rubáiyát 译为"四行诗"。

Omar Khayyám 译为"莪默·伽亚谟"。

Edward FitzGerald 未译名。

———

28/"与他们一道我也撒下智慧之种,/自己动手加以培养。/提起收获仅以下遐想,/'我似水流般而来,又像风吹般离去。'"

【1128】
谭原等:2首,题名"鲁拜集"[自由体译本]

1992年2月,谭原等编《人生启示录/十月/10月4日/随风飘去》,北京广播学院出版社,第211－212页。

拟译自"第四版(1879年)101首"的第27、28首。

Rubáiyát 译为"鲁拜集"。

Omar Khayyám 译为"奥玛·开俨"。

Edward FitzGerald 未译名。

———

27/"年轻的时候,我也十分认真,/经常前去拜访博学者与圣者/聆听他们大发议论/然而总是 从与进去时一样的门出来"。28/"在与他们相处时 我也播下智慧的种子/使用自己的手想去培育它/至于收获 只是这些:/'我象水一样流来,风一般飘去。'"

【1129】
佚名:2+0.5+0.5+0.5首,题名"鲁拜集"[自由体译本]

1992年4月,《人类智慧宝库/西方智慧卷/玫瑰/太阳/人生/孤独/忏悔》,改革出版社,第32、61－62、270、392、467页。

拟译自"第四版(1879年)101首"的第9、1、63、4、7首,其中第1、7首为完整诗节,第9、63、4为各半节。

Rubáiyát 译为"鲁拜集"。

Omar Khayyám 译为"欧玛尔·海亚姆"。

Edward FitzGerald 未译名。

此版为"人类智慧宝库"丛书之一。

———

1/"醒一醒吧!太阳已从黑夜的田野里/将光明洒向和他毗邻的星星,/把它们连同茫茫长夜一起攥出无垠的苍穹,/用光箭敲击土耳其君主的塔顶。"9/"你说清晨每日都给我们带来千万朵玫瑰,是呵,可昨天的鲜花又在哪里呢?"

【1130】

金马:1 首,题名"鲁拜集"[散文体译本]

1993 年 6 月,金马著《芳菲一瞬间/把握机遇的智慧》,四川人民出版社,第 18 页。

拟译自"第四版(1879 年)101 首"的第 7 首。

Rubáiyát 译为"鲁拜集"。

Omar Khayyám 译为"欧玛尔·海亚姆"。

Edward FitzGerald 未译名。

此版为"金马精品选/太阳伞系列"丛书之 I。

———

7/"来吧,斟满酒杯,向春天的火焰里把你的后悔这冬天的长袍抛弃了时间之鸟只向一个方向拍翅展翼——看,这只大鸟已振翅而去。"

【1131】

田乃钊:4 首,题名"鲁拜集"[柔巴依体译本]

1993 年 10 月,田乃钊编译《英美名诗一百首赏析/〈鲁拜集〉选录》(英汉对照),天津人民出版社,第 235-240 页。

拟译自"第四版(1879 年)101 首"的第 72、12、29、71 首。

Rubáiyát 译为"鲁拜集"。

Omar Khayyám 译为"哦马尔·卡亚姆"。

Edward FitzGerald 译为"E. 菲茨杰拉德"。

英语原诗后有"注释",译诗正文后有"赏析"。

2000 年 1 月,田乃钊编译《新世纪英诗观止/〈鲁拜集〉选录》(英汉对照),天津人民出版社,第 235-240 页。

72/"那个倒扣的碗,人们称之为天,/我们囚禁其下,从生到死不变。/何必匍匐在地,举手向它求助,/它的运转无力,正如你我堪怜。"12/"荒原上、大树下,我真欢畅:/诗一卷。酒一壶,面包一方,/还有你,在我身旁把歌唱——/啊,这荒原是十足的天堂!"

【1132】
蔡志忠:12 首,题名"鲁拜集"[自由体、七言绝句体译本]

1995 年 9 月,蔡志忠编绘《西方十句话/Ⅱ/奥玛·开俨/作者自选十句话》,生活·读书·新知三联书店,第 6-10、113、114 页。

拟译自"第四版(1879 年)101 首"的第 74、66、63、79、29、25、13、12、35、42、54、67 首,其中第 74、66、79、42 首诗节为译句。

Rubáiyát 译为"鲁拜集"。

Omar Khayyám 译为"奥玛·开俨"。

Edward FitzGerald 译为"菲茨杰拉尔德"。

此版为"十句话丛书"之一。

2001 年 9 月,蔡志忠编绘《心灵的哲学/智慧的哲学/青春的哲学/作者自选十句话》,生活·读书·新知三联书店,第 45-48 页。

此版为"蔡志忠哲理漫画"丛书之一。

2001 年 9 月,蔡志忠编绘《童年的哲学/学习的哲学/西方十句话/奥玛·开俨》,生活·读书·新知三联书店,第 6-10 页。

此版为"蔡志忠哲理漫画"丛书之一。

74/"你不知道你从何而来,/也不知道你生而为何!"13/"有人追求此世荣华,/有人渴慕天国生涯;/'啊!现有的且拿去现用,/不要管他远处的鼓声。'"12/"一卷诗词一壶酒,/与君且做逍遥游。/君于吾侧歌且舞,/天堂地狱一时体。"

【1133】
佚名:1 首,题名"鲁拜集"[语体译本]

1995 年 9 月,毓麟主编《3000 年世界名言大辞典/十、真理信仰/天堂》,汉语大词典出版社,第 831 页。

拟译自"第四版(1879 年)101 首"的第 66 首。

Rubáiyát 译为"鲁拜集"。

Omar Khayyám 译为"奥玛·卡亚姆"。

Edward FitzGerald 译为"菲茨杰拉德"。

66/"我通过上帝向我的灵魂送去了一些人死后的信息。渐渐地我的灵魂又回来了,并对我说:'我就是天堂和地狱,只要你满足,我就是天堂,但如果你贪欲如火,我就是地狱。'"

【1134】

东方白:1 首,题名"鲁拜集"[自由体译本]

1998 年 5 月,东方白文《莎河与我》,《台湾经典散文珍藏版/一条名叫时光的河》,中国书籍出版社,第 162 页。

拟译自"第四版(1879 年)101 首"的第 12 首。

Rubáiyát 译为"鲁拜集"。

Omar Khayyám 译为"欧马卡雅"。

Edward FitzGerald 未译名。

东方白,本名林文德。

2003 年 8 月,东方白文《莎河与我》,《世界华人学者散文大系/7》,大象出版社,第 227 页。

12/"伴着树下的情人与我,/是一箪食,一壶酒,一卷诗。/她在原野里歌唱,/这是天上;何曾是人间;何曾是人间?"

【1135】

张远南、张昶:1 首[自由体译本]

1998 年 12 月,[美国]T. 帕帕斯[Theoni Pappas]著/张远南、张昶译《数学趣闻集锦——数学就在你周围/下/诗人兼数学家——海亚姆》(上下册),上海教育出版社,第 315 页。

拟译自"第四版(1879 年)101 首"的第 57 首。

Rubáiyát 译为"诗集"。

Omar Khayyám 译为"海亚姆"。

◇《鲁拜集》汉译书目

Edward FitzGerald 未译名。

此版为"通俗数学名著译丛"丛书之一。

57/"啊!人们说我的计算,/征服了时间,把年份算得更准。/而日历让我们想起,/昨天已经逝去,明天即将来临!"

【1136】

原毅军、陈艳莹:0.5 首,题名"鲁拜集"[语体译本]

1999 年 6 月,[英国]西伦·沃尔什[Ciaran Walsh]著/原毅军、陈艳莹译《核心管理比率——如何分析、比较和控制决定企业价值的各种比率/第二部分/经营绩效/5/绩效的衡量》,大连理工大学出版社,第 45 页。

译自"第一版(1859 年)75 首"的第 71 首。

Rubáiyát 译为"鲁拜集"。

Omar Khayyám 译为"奥默·伽亚谟"。

Edward FitzGerald 未译名。

此版为"现代管理技能译丛"丛书之一。

2007 年 11 月,[英国]夏兰·沃尔什著/吴雅辉译《关键管理比率/第 2 部分/怎样用管理比率衡量经营绩效/5/绩效衡量指标》,中国市场出版社,第 49 页。

此版为"商学院高级管理丛书"之一。

原毅军、陈艳莹译:71/"我总想知道,为什么酒贩子们卖出的酒比他们所买到的贵上一倍。"

吴雅辉译:71/"我总是感到奇怪,为什么酒商能够以高于买价一倍的价钱卖出他们买入的酒。"

【1137】

孔斌:1 首,题名"鲁拜集"[自由体译本]

1999 年 12 月,[美国]詹姆斯·冈恩著/孔斌译《快乐制造者/第三部/八》,河北科学技术出版社,第 266 页。

拟译自"第四版(1879 年)101 首"的第 99 首。

Rubáiyát 译为"鲁拜集"。

Omar Khayyám 译为"莪默·伽亚谟"。

Edward FitzGerald 未译名。

此版为"美国科幻大师詹姆斯·冈恩科幻系列"丛书之一。

99/"啊,我的爱人!你我能否与神灵携手,/将这宇宙万物的可悲格局牢牢把握。/我们能否将它摔成碎片,/然后重新塑造,使它更加符合我们的心愿!"

【1138】

涂为:2 首[六七言译本]

2001 年 6 月,涂为著译《古典突围/2001 版/中东语篇/707. 诗卷、酒壶、面包/708. 爱人,将能浇息》,自印本,第 501 页。

拟译自"第四版(1879 年)101 首"的第 12、21 首。

Rubáiyát 未译名。

Omar Khayyám 译为"奥玛开俨"。

Edward FitzGerald 未译名。

12/"诗卷、酒壶、面包,/树下你影可找——/伴我放歌荒郊,/荒野即天堂妙!"

【1139】

正建:1 首[语体译本]

2001 年 9 月,正建著《最愉快的声音——真理之声、睿智之言/八、生死·幸福篇/财富》,中国致公出版社,第 298 页。

拟译自"第四版(1879 年)101 首"的第 35 首。

Rubáiyát 未译名。

Omar Khayyám 译为"奥玛·开俨"。

Edward FitzGerald 未译名。

此版为"爱知文库"丛书之一。

35/"我将唇对着酒壶的唇,把我生命的秘密寻问,酒壶的唇向我细诉:当你活着,就尽情欢饮,因为一旦离去,便永不重临。"

◇《鲁拜集》汉译书目

【1140】

姚小平:1首,题名"鲁拜集"[自由体译本]

2002年4月,[新西兰]伊恩·戈登著/姚小平译《英语字词用法/第三章/穿越时间的词》(英汉对照),商务印书馆/[新西兰]威尔逊-豪登出版集团B&T霍兰德出版公司,第230-233页。

拟译自"第四版(1879年)101首"的第17首。

Rubáiyát译为"鲁拜集"。

Omar Khayyám译为"峨墨·伽亚姆"。

Edward FitzGerald译为"爱德华·费兹格拉尔"。

———

17/"想想看吧,在这个破旧不堪的沙漠客栈里/它的大门开闭犹如昼夜交替/有多少苏丹行列壮观/定时留宿,然后离去。"

【1141】

刘军平:1首,题名"鲁拜集"[七言绝句体译本]

2002年7月,刘军平文《翻译经典与文学翻译》,《中国翻译/文学翻译》(双月刊)第23卷第4期(总第154期),第38页。

拟译自"第四版(1879年)101首"的第29首。

Rubáiyát译为"莪默·伽亚谟的鲁拜诗/鲁拜集"。

Omar Khayyám译为"莪默·伽亚谟"。

Edward FitzGerald译为"菲茨杰拉德"。

2009年11月,《结构·解构·建构:翻译理论研究/二、译学方法研究/16.翻译经典与文学翻译》,上海外语教育出版社,第226页。

此版为"英汉对比与翻译研究"丛书之6。

———

29/"我自何处入世来,/却问流水为底事;/无可奈何出世去,/荒郊野风欲何之?"

【1142】

佚名:11首,题名"欧玛尔·海亚姆诗集"[自由体译本]

2002年11月,杜瑞清主编《西安外国语学院学术丛论丛/第三卷/〈欧玛尔·海亚姆诗集〉选段》(共 11 卷),陕西人民出版社,第 348－350 页。

拟译自"第一版(1859 年)75 首"的第 7、11、12、14、16、23、26、28、34、37、52 首。

Rubáiyát 译为"欧玛尔·海亚姆诗集"。

Omar Khayyám 译为"欧玛尔·海亚姆"。

Edward FitzGerald 译为"爱德华·费茨杰拉德"。

7/"来吧,把酒杯斟满,已是春意盎然,/快把冬服般的忏悔扔远。/时间之鸟要飞的路程不长,/看啊,它已振翅飞上了天。"11/"树下摆上一部诗集,/一罐红酒,一条面包,你/在我身边,在这荒野歌唱,/哦,这荒野完全可以和天堂相比。"

【1143】

郑颖等:1 首,题名"鲁拜集"[自由体译本]

2002 年 12 月,[美国]珍妮弗·尼文[Jennifer Niven]著/郑颖等译《北极冰王/1914 年 2 月》,中国文史出版社,第 154 页。

拟译自"第四版(1879 年)101 首"的第 35 首。

Rubáiyát 译为"鲁拜集"。

Omar Khayyám 译为"欧玛尔·海亚姆"。

Edward FitzGerald 未译名。

35/"随后我移步陶樽,/用唇齿感悟生命的蜜酿,/簌簌细语在众口间传扬:/生须尽欢痛饮,/一朝仙去杳然无踪。"

【1144】

陈德中:1 首,题名"鲁拜集"[自由体译本]

2003 年 7 月,[英国]拉尔夫·伊利斯[Ralph Ellis]著/陈德中译《宇宙的设计师/揭谜世界最神秘的远古建筑》,陕西师范大学出版社,第 10 页。

拟译自"第四版(1879 年)101 首"的第 58 首。

Rubáiyát 译为"鲁拜集"。

Omar Khayyám 译为"莪默·伽亚谟"。

Edward FitzGerald 未译名。

◇《鲁拜集》汉译书目

此版为"发现世界丛书"之一/"拉尔夫考古风暴系列"丛书之3。

58/"随后,酒馆大门洞开,/薄暮中,一位天使般的人物悄然而至,/他肩扛容器:吩咐我品尝;/原来,这是——葡萄美酒!"

【1145】
李国香:4首,题名"鲁拜集选译"[自由体译本]

2004年6月,李国香著《李国香文集2/上卷/外国文学作品翻译/诗歌/十四世纪至二十世纪英诗选译(70首)》(共三集),中国文联出版社,第161–162页。

拟译自"第四版(1879年)101首"的第12、24、28、29首。

Rubáiyát 译为"鲁拜集"。

Omar Khayyám 未译名。

Edward FitzGerald 译为"菲茨杰拉德"。

"XII/树荫下,一卷诗章,/一杯酒,一块面包,我身旁/有你在荒野唱歌——/啊,荒野似已成了天堂。"

【1146】
靳涵身:1首,题名"Edward Fitzgerald:读Omar Khayyam《鲁拜集》有感"[自由体译本]

2004年12月,靳涵身编著《诗型广告翻译研究/诗论篇/2.以诗论诗/2.20》,四川大学出版社,第74–75页。

拟译自"第四版(1879年)101首"的第12首。

Rubáiyát 译为"鲁拜集"。

Omar Khayyám 未译名。

Edward FitzGerald 未译名。

译诗诗节后有"解读"。

12/"树下,/一本诗集,/一壶美酒,/一片面包,/还有你,/与我促膝而坐,/旷野中/我们引吭高歌——/啊,乡原好抒情,/不逊天堂乐。"

【1147】

可道:1 首[自由体译本]

2005 年 1 月,[美国]房龙著/可道译《房龙讲述名人的故事》,东方出版社,第 18 页。

拟译自"第四版(1879 年)101 首"的第 27 首。

Rubáiyát 译为"鲁拜集"。

Omar Khayyám 译为"欧玛尔·海亚姆"。

Edward FitzGerald 未译名。

———

27/"年轻时我曾孜孜不倦地上下求索,/学者和圣人,聆听着他们。/关于真理的伟大争论:可是永无止境,/于是从进来时的同一道门我又走了出去。"

【1148】

陆丁:1 首[自由体译本]

2005 年 1 月,[英国]马丁·科恩[Marfln Cohen]著/陆丁译《101 个人生悖论/法律疑难/92. 双人案:不是一正常的举动》,新华出版社,第 401 页。

拟译自"第四版(1879 年)101 首"的第 69 首。

Rubáiyát 未译名。

Omar Khayyám 译为"奥玛尔·海亚姆"。

Edward FitzGerald 未译名。

2007 年 12 月,[英国]马丁·科恩著/陆丁译《101 个人生悖论/法律疑难/92. 双人案:不是一正常的举动》,新华出版社,第 430 页。

———

69/"我们只是/他玩的游戏中无力的棋子/在这棋盘上度过我们的日子/从这儿走到那儿,将军又吃子/然后一个一个地回到安放我们的盒子。"

【1149】

宗璞:0.5 首,题名"鲁拜集"[柔巴依体译本]

2005 年 9 月,宗璞著《四季流光》(中篇小说),《十月/第一阅读》(双月刊)第 5 期,北京出版社出版集团,第 5 页。

◇《鲁拜集》汉译书目

拟译自"第四版(1879年)101首"的第8首。

Rubáiyát 译为"鲁拜集"。

Omar Khayyám 未译名。

Edward FitzGerald 未译名。

2014年1月,宗璞著《四季流光》,《新世纪小说大系2001-2010/记忆卷》,上海文艺出版社,第148页。

2015年1月,宗璞著《四季流光》,上海文艺出版社,第1页。

―――――――

8/"生命的酒酿不断地一滴一滴消失/生命的树叶不停地一片一片飘落"。(卷首题词)

【1150】

张新樟:2首[自由体译本]

2006年6月,[美国]汉斯·约纳斯[Hans Jonas]著/张新樟译《诺斯替宗教/异乡神的信息与基督教的开端/第七章/赫尔墨斯的〈波依曼德拉〉》,上海三联书店,第153-154页。

拟译自"第四版(1879年)101首"的第31、32首。

Rubáiyát 未译名。

Omar Khayyám 译为"奥马尔·海亚姆"。

Edward FitzGerald 未译名。

此版为"上海三联人文经典书库"丛书之一。

―――――――

"31/从地心向上历经七道门/我升起,坐在土星的宝座上,/许多罗网抛弃在路旁;/但是没有挣脱控制人的命运的罗网。""32/有一道门,我找不到它的钥匙;/有一道幕,我看不过去:/我与你稍稍讲了一会儿话,/然后就不再有你和我。"

【1151】

佚名:1首[自由体译本]

2006年12月,《世界上最浪漫的爱情诗/汉英珍藏本/第一卷/爱情轻轻飞来/一部诗集》,人民日报出版社,第5页。

译自"第四版(1879年)101首"的第12首。

Rubáiyát 未译名。

Omar Khayyám 译为"海亚姆"。

Edward FitzGerald 未译名。

此版为"世界名家精品英汉对照系列/第一辑"丛书之一。

———

12/"一部诗集,在树干底下。/一壶酒,一块面包——这荒芜的地方,/还有你在我身旁歌唱,/啊,荒野也变成了天堂!"

【1152】

李泳:1 首,题名"莪默·伽亚谟的鲁拜"[自由体译本]

2007 年 3 月,[美国]S.温伯格著/李泳译《终极理论之梦/第 7 章/反对哲学》,湖南科学技术出版社,第 132 页。

译自"第一版(1859 年)75 首"的第 27 首。

Rubáiyát 译为"鲁拜/柔巴依"。

Omar Khayyám 译为"莪默·伽亚谟"。

Edward FitzGerald 译为"E.费兹杰拉德"。

此版为"第一推动丛书/物理系列"之一。

———

27/"当我还年轻,也曾访问/博士和先生,听惯了生和死的宏论;/但当我出来,/走的还是进去的那道门。"

【1153】

金绍禹:1 首,题名"鲁拜集"[七言绝句体译本]

2007 年 4 月,[俄国/美国]弗拉基米尔·纳博科夫著/金绍禹译《〈堂吉诃德〉讲稿/故事与解说,第二部(一六一五)》,上海三联书店,第 190 页。

拟译自"第四版(1879 年)101 首"的第 69 首。

Rubáiyát 译为"鲁拜集"。

Omar Khayyám 译为"欧玛尔·海亚姆"。

Edward FitzGerald 译为"爱德华·菲茨杰拉尔德"。

此版为"三联艺文馆"丛书之一。

———

69/"无可奈何一棋子,/夜以继日方格子;/来来去去杀又刺,/局终一一回柜子。"

◇《鲁拜集》汉译书目

【1154】

洪友：1首，题名"鲁拜集"［自由体译本］

2007年4月，[美国]韦恩·W. 戴尔[Wayne W. Dyer]著/洪友译《灵感/回归真我的18条心灵法则/第二部分/心灵感应的基本原则/第八章/得到灵感并不难》，群言出版社，第85页。

拟译自"第四版(1879年)101首"的第99首。

Rubáiyát 译为"鲁拜集"。

Omar Khayyám 译为"莪默·伽业谟"。

Edward FitzGerald 未译名。

99/"愿上帝串通你和我，/抓住这荒唐世界不放过，/打碎它后再调和，/照我们的意思啊，重新再订做！"

【1155】

李卉、罗亮、刘锦丹：1首，题名"一部诗集"［自由体译本］

2007年9月，李卉、罗亮、刘锦丹编译《最美丽的英诗/一沙一世界(英汉对照)/第一部分/爱情诗/海亚姆》，陕西师范大学出版社，第4页。

拟译自"第四版(1879年)101首"的第12首。

Rubáiyát 译为"鲁拜集"。

Omar Khayyám 译为"海亚姆"。

Edward FitzGerald 译为"菲茨杰拉德"。

此版为"西方元典"丛书之一。

12/"在树干下面，一部诗章，/一壶酒，一块面包——这荒芜的地方，/还有你在我身旁高歌，/啊！荒野也就变成了天堂。"

【1156】

徐笑春：1首［散文体译本］

2008年8月，[英国]马克斯·兰茨伯格著/徐笑春译《唤起你的工作热情/激励与被激励的神奇之术/第六章/毅然行动/战胜犹豫不决》，新世界出版社,第49页。

拟译自"第四版(1879年)101首"的第7首。

Rubáiyát 未译名。

Omar Khayyám 未译名。

Edward FitzGerald 未译名。

2009年2月,[英国]马克斯·兰茨伯格著/曾献译《麦肯锡管理必读/分享/激励/领导/第二部分/激励/第六章/毅然行动/战胜犹豫不决》,新世界出版社,第157页。

2009年10月,[美国]马克斯·兰茨伯格著/卞学光等译《高效能人士的3项卓越管理/第二部分/激励/第6章/毅然行动/战胜犹豫不决》,陕西师范大学出版社,第142页。

Omar Khayyám 译为"莪默·伽亚谟"。

2014年1月,[美国]马克斯·兰茨伯格著/卞学光等译《哈佛管理课/分享/激励/领导/第二部分/激励/第6章/毅然行动/战胜犹豫不决》,北京联合出版公司,第142页。

———

7/"来,斟满杯,春晖中抛开冬日烦忧之外套,因为距离时光之鸟儿的飞翔仅有短暂的距离——是飞,鸟儿已展翼!"

【1157】

王毅:6首,题名"鲁拜集"[自由体译本]

2009年1月,[美国]伯特·多德森[Bert Dodson]著/王毅译《创意素描的诀窍/让你获得绘画自信、提升创意的方法与练习/第7章/从其他文化中汲取/装饰》,上海人民美术出版社,第162-163页。

拟译自"第四版(1879年)101首"的第24、7、68、69、28、17首。

Rubáiyát 译为"鲁拜集"。

Omar Khayyám 译为"奥玛·伽亚谟"。

Edward FitzGerald 译为"爱德华·菲茨杰拉德"。

此版为"西方经典美术技法译丛"丛书之一。

选载著者6幅《鲁拜集》装饰性插画。

2014年1月,[美国]伯特·多德森著/王毅译《创意素描的诀窍/新一版/第 7 章/从其他文化中汲取/装饰》,上海人民美术出版社,第 162 – 163 页。此版为"西方经典美术技法译丛"丛书之一。

2017 年 1 月,[美国]伯特·多德森/杜昀初、王毅译《创意素描的诀窍/经典版/第 7 章/从其他文化中汲取/装饰》,上海人民美术出版社,第 162 – 163 页。此版为"西方经典美术技法译丛"丛书之一。

7/"来吧,斟满美酒,在春天之火中/扔掉冬天那笨重恼人的衣服:/时光之鸟马上就要/上路飞翔——啊!那鸟已经展开了翅膀。"28/"这些智慧的种子,我把它种下,/我用自己的双手劳作,让种子生长:/这就是我的收成,我的收获——要如/水一样来,如风一样走。"

【1158】
但汉源:1 首,题名"鲁拜集"[自由体译本]

2009 年 1 月,[英国]费利克斯·丹尼斯著/但汉源译《富翁是这样炼成的/第三部分/发财致富/15/聚集的力量/聚焦于把工作做得出色》,深圳出版发行集团/海天出版社,第 210 页。

拟译自"第四版(1879 年)101 首"的第 93 首。

Rubáiyát 译为"鲁拜集"。

Omar Khayyám 译为"欧玛尔·海亚姆"。

Edward FitzGerald 译为"爱德华·菲茨杰拉德"。

93/"诸神,我确实敬奉得悠远无期/却恣意地来诋毁我一世的功绩,/把我的荣耀淹没在浅薄的酒杯里,/而且轻贱地出卖了我的名气。"

【1159】
李永灿:1 首,题名"鲁拜集"[自由体译本]

2009 年 4 月,[美国]戴安娜·德·卢卡著/李永灿译《爱·配方/200 个爱的配方和食谱/八/古代爱药/古代爱药集锦》,北方文艺出版社,第 180 页。

拟译自"第四版(1879 年)101 首"的第 12 首。

Rubáiyát 译为"鲁拜集"。

Omar Khayyám 译为"莪默·伽亚谟"。

Edward FitzGerald 未译名。

12/"大树下,一本诗集,/一罐酒,一条面包——还有你,/在我身边,在这荒野里歌唱——/啊,荒野此刻便成了天堂!"

【1160】
程一身:1 首,题名"鲁拜集"[自由体译本]

2009 年 4 月,《外国精美诗歌读本/最红的》,山东友谊出版社,第 13 页。

拟译自"第四版(1879 年)101 首"的第 29 首。

Rubáiyát 译为"鲁拜集"。

Omar Khayyám 译为"欧玛尔·海亚姆"。

Edward FitzGerald 译为"菲茨杰拉德"。

"29/我像流水不由自主地来到宇宙,/不知何来,也不知所由;/像荒漠之风不由自主地飘去,/不知何往,也不能停留。"

【1161】
张景华:1 首,题名"鲁拜诗"[七言绝句体译本]

2009 年 10 月,张景华著《翻译伦理/韦努蒂翻译思想研究/第 3 章/韦努蒂的异化翻译与伦理政治/3.5.2/文学翻译经典的构建》,上海交通大学出版社,第 78 页。

拟译自"第四版(1879 年)101 首"的第 29 首。

Rubáiyát 译为"鲁拜诗"。

Omar Khayyám 译为"莪默·伽亚谟"。

Edward FitzGerald 译为"菲茨格拉德"。

此版为"当代语言学研究文库"丛书之一。

29/"我自何处入世来,却问流水为底事。/无可奈何出世去,郊荒野风欲何之?"

◇《鲁拜集》汉译书目

【1162】

夏廷德:1 首,题名"鲁拜集"[自由体译本]

2009 年 11 月,夏廷德等著《文学翻译与译介学理论新探》,大连海事大学出版社,第 141 页。

拟译自"第四版(1879 年)101 首"的第 15 首。

Rubáiyát 译为"鲁拜集"。

Omar Khayyám 译为"欧玛尔·海亚姆/莪默"。

Edward FitzGerald 译为"菲茨杰拉德"。

15/"吝惜黄金不舍锱铢者,/洒金如雨随风飘落者,/归宿相同都不化为金土,/若埋葬无人欲将其掘出。"("无论节俭者,还是挥霍者,死后皆无价值,无人会视其为珍宝将他们再掘出。")

【1163】

程杰:1 首,题名"鲁拜集"[自由体译本]

2010 年 1 月,[美国]柯里尔著/程杰译《世界上最神奇的 3 本书/第一本/岁月的秘密/第二章/愿望——收获的第一法则》,黑龙江科学技术出版社,第 35 页。

拟译自"第四版(1879 年)101 首"的第 99 首。

Rubáiyát 译为"鲁拜集"。

Omar Khayyám 未译名。

Edward FitzGerald 未译名。

2010 年 11 月,[美国]柯里尔等著/汪洋等译《秘密全集/第一卷/岁月的秘密/第二章/愿望——收获的第一法则》(全四册),中国华侨出版社,第 29 页。

2011 年 1 月,[美国]罗伯特·科里尔[Robert Collier]著/姜雪梅等译《岁岁相传的秘密(英汉对照)/第二卷/第四章/欲望——获得的法则》,中国宇航出版社,第 78 页。

Omar Khayyám 译为"莪默·伽亚谟"。

此版为"金牌励志系列"丛书之一。

程杰译:99/"哦,亲爱的! 能否你、我与命运共掌万物,/我们可否将之化为碎片,再按我们的心意将之重塑!"

汪洋等译:99/"哦,亲爱的! 能否你、我与命运共掌万物,/我们可否将之化为碎片,再按我们的心意将之重塑!"

姜雪梅等译:99/"啊,爱人! 我与你如能与命运携手,/掌控这不幸的万物安排,/希望我们能把它捣得粉碎——/再按我们的心愿重塑!"

【1164】

黄淳:1 首[散文体译本]

2010 年 2 月,[美国]温迪·诺斯科特编/黄淳译《达尔文奖/2/非自然选择/第二章/女人:红颜祸水》,上海科学技术文献出版社,第 14 页。

拟译自"第四版(1879 年)101 首"的第 71 首。

Rubáiyát 未译名。

Omar Khayyám 译为"奥玛·海亚姆"。

Edward FitzGerald 未译名。

71/"手指轻动,文字便着迹纸端,任你有千般的虔诚、万种的智慧,半行也不能被改写!"

【1165】

王艳红、杜磊:1 首,题名"鲁拜集"[自由体译本]

2010 年 6 月,[英国]乔治娜·费里[Georgina Ferry]著/王艳红、杜磊译《为世界而生/霍奇金传/第十章/"最近所有的事都更有希望了"(退休以及退休之后,1977 – 1994 年)》,世纪出版集团/上海科技教育出版社,第 354 – 355 页。

拟译自"第四版(1879 年)101 首"的第 99 首。

Rubáiyát 译为"鲁拜集"。

Omar Khayyám 译为"莪默·伽亚谟"。

Edward FitzGerald 未译名。

此版为"世纪人文系列丛书/开放人文"之一。

99/"啊,我爱,你我是否能与命运同谋/完全把握这悲伤的所有/我们能否将它打成碎片,随后/依着内心的热望重铸?"

【1166】
常耀信:7 首,题名"鲁拜集"[自由体译本]

2011 年 5 月,常耀信主编《英国文学通史/第二卷/第八章/维多利亚时期/第二节/维多利亚诗歌/爱德华·菲茨杰拉德》(全三卷),南开大学出版社,第 357－361 页。

拟译自"第四版(1879 年)101 首"的第 7、85、86、87、1、55、101 首。第 1 首译诗诗节拟译自"第一版(1859 年)75 首"的第 1 首。

Rubáiyát 译为"鲁拜集"。

Omar Khayyám 译为"欧玛·卡雅姆"。

Edward FitzGerald 译为"爱德华·菲茨杰拉德"。

2013 年 5 月,常耀信主编《英国文学通史/第二卷/第八章/维多利亚时期/第二节/维多利亚诗歌/爱德华·菲茨杰拉德》(全三卷),南开大学出版社,第 357－361 页。

"1/醒来吧! 夜晚当中的黎明/已经撒出霞光,赶走群星;/啊! 东方的猎手已用一条光绳/套住苏丹的塔楼顶峰。""55/我的朋友你可知,我再婚时在家里/怎样地纵酒放歌心旷神怡;/把绕嘴的干涩老妻赶下床,/娶来葡萄园女做新妻。"

【1167】
汪咏梅:1 首,题名"鲁拜集"[自由体译本]

2011 年 5 月,[英国]切斯特顿[G. K. Chesterton]著/汪咏梅译《异教徒/第七章/欧玛尔与神圣的葡萄》,生活·读书·新知三联书店,第 65 页。

译自"第五版(1889 年)101 首"的第 70 首。

Rubáiyát 译为"鲁拜集"。

Omar Khayyám 译为"欧玛尔·海亚姆"。

Edward FitzGerald 译为"爱德华·菲茨杰拉德"。

此版为"基督教经典译丛"丛书之一。

70/"球无疑既不赞成也不反对,/任凭球员将它踢到西或踢到东;/将你——球——抛进场地的那个人,/他知道这一切,他知道,他知道。"

【1168】
苏缨、毛晓雯:1 首,题名"鲁拜集"[自由体译本]

2011 年 11 月,苏缨、毛晓雯著《诗的时光书/西方经典诗歌之美/深情品鉴/06/从"一见钟情"到"不期而遇"》,湖南文艺出版社,第 81-83 页。

拟译自"第四版(1879 年)101 首"的第 29 首。

Rubáiyát 译为"鲁拜集"。

Omar Khayyám 译为"海亚姆"。

Edward FitzGerald 译为"菲茨杰拉德"。

"29/我像流水不由自主地来到宇宙,/不知何来,也不知何由;像荒漠之风不由自主地飘去,/不知何往,也不能停留。"

【1169】
罗家伦:1 首[自由体译本]

2012 年 1 月,郭厚英著《那一世的风情/民国才子情事/故事三/酒旗风暖少年狂,一声喟叹罗家伦》,浙江大学出版社,第 124-125 页。

拟译自"第四版(1879 年)101 首"的第 99 首。

Rubáiyát 未译名。

Omar Khayyám 译为"莪默"。

Edward FitzGerald 未译名。

99/"要是我能同你,/爱呵,秘密的,/和造化小儿定计;/抓住这苦恼的宇宙安排,/一把搦得粉碎!/可能依咱俩的铺排,/重造得更称我们的心意!"

【1170】
王博:1 首[自由体译本]

◇《鲁拜集》汉译书目

2012年2月,[印度/美国]帕拉宏撒·尤迦南达[Paramhansa Yogananda]著/王博译《一个瑜伽行者的自传/60周年纪念版全文译本/第33章/遇见近代印度的瑜伽基督——巴巴吉》,新世界出版社,第286-287页。

拟译自"第四版(1879年)101首"的第100首。

Rubáiyát 未译名。

Omar Khayyám 译为"奥玛·海亚姆"。

Edward FitzGerald 未译名。

2014年7月,[印度/美国]帕拉宏撒·尤迦南达著/夏家驷等译《一个瑜伽行者的自传/图文双色全译注释本/第28章/巴巴吉——当代印度瑜伽信徒的基督》,广东旅游出版社,第189-190页。

Rubáiyát 译为"鲁拜集"。

Omar Khayyám 译为"莪默·伽亚谟"。

王博译:100/"啊!我喜爱的月亮不知有月亏,/天空中的月亮再度升起了:/今后她升起时将会经常在,/这同样的园中找寻我——只是惘然!"

夏家驷等译:100/"啊!我不知道我喜爱的月亮有圆缺阴晴,/天上的月亮再次高高挂起;/尽管今后月亮会无数次升起,/但想在同样的花园中找寻到我——却是枉然而已!"

【1171】

肖明波、杨光松:1首[自由体译本]

2013年6月,[英国/美国]弗里曼·戴森[Freeman Dyson]著/肖明波、杨光松译《反叛的科学家/第一部分/当代科学中的问题/1/反叛的科学家》,浙江大学出版社,第14页。

拟译自"第四版(1879年)101首"的第72首。

Rubáiyát 未译名。

Omar Khayyám 译为"莪默·伽亚谟"。

Edward FitzGerald 未译名。

72/"他们将那个倒扣的巨碗称作天,/在它下面,我们画地为牢,/匍匐前行,乍生乍灭,/不要高举双手祈求苍天眷顾,/因为它跟你我一样,/只会徒劳地翻滚。"

【1172】
马宏伟、吕长清:1 首,题名"柔巴依"[七绝体与自由体混合译本]

2013 年 10 月,[美国]比尔·波特著/马宏伟、吕长清译《丝绸之路/第十七章/喀什:神秘的香妃故里》,四川文艺出版社,第 225 页。

拟译自"第四版(1879 年)101 首"的第 24 首。

Rubáiyát 译为"柔巴依"。

Omar Khayyám 译为"奥马儿·哈亚姆"。

Edward FitzGerald 未译名。

2017 年 7 月,[美国]比尔·波特著/马宏伟、吕长清译《丝绸之路/第十七章/喀什:神秘的香妃故里》,四川文艺出版社,第 181 - 183 页。

―――

"今朝有酒今朝醉,/莫待躯壳化尘土。/尘土复归于尘土,/长眠于尘土之下。/无酒无歌无歌者,/永无尽头。"

【1173】
格非:1 首,题名"鲁拜集"[自由体译本]

2014 年 1 月,格非著《博尔赫斯的面孔/短文十篇/〈鲁拜集〉》,凤凰出版传媒股份有限公司/译林出版社,第 14 页。

拟译自"第四版(1879 年)101 首"的第 66 首。

Rubáiyát 译为"鲁拜集"。

Omar Khayyám 译为"奥玛·海亚姆"。

Edward FitzGerald 译为"菲茨吉拉德"。

此版为"格非作品"丛书之一。

―――

66/"我叫我的灵魂去那虚无之乡,/对身后的情况进行探访;/慢慢地他又回到我的身边,/回复说:我自己就是地狱,也是天堂。"

【1174】
史兼丽:1 首[散文体译本]

2014 年 10 月,[英国]詹姆斯·艾伦[James E. Allen]著/史兼丽译《性

格决定命运/第一编/掌控命运/第一章/行为、性格与命运》,河北出版传媒集团/河北人民出版社,第13页。

拟译自"第四版(1879年)101首"的第71首。

Rubáiyát 未译名。

Omar Khayyám 译为"欧玛尔·海亚姆"。

Edward FitzGerald 未译名。

此版为"永恒的励志经典"丛书之一。

71/"移动的手指在写字,已经在写,一刻不停地写,/虔诚和智慧都不能诱使它抹去半行,/眼泪也无法冲刷掉一个字。"

【1175】

简嫃:1首,题为"鲁拜/四行诗"[散文体译本]

2015年2月,简嫃著《谁在银闪闪的地方,等你/老年书写与凋零幻想/第五辑/谁在银闪闪的地方等你/一人旅途/8.雨下的墓园》,长江出版传媒/长江文艺出版社,第342-343页。

拟译自"第四版(1879年)101首"的第28首。

Rubáiyát 译为"鲁拜集"。

Omar Khayyám 译为"奥玛·海亚姆"。

Edward FitzGerald 译为"爱德华·菲茨杰拉德"。

28/"我将智慧的种子播下,劳动我的手使它们发芽长大,我的收获即是如此,'来如水,去如风'。"

【1176】

李伟文:1首[自由体译本]

2015年12月,李伟文著《迷路原为看花开/繁花将尽》,北京联合出版公司,第46-47页。

拟译自"第四版(1879年)101首"的第71首。

Rubáiyát 未译名。

Omar Khayyám 译为"奥玛·开俨"。

Edward FitzGerald 未译名。

———

71/"奥玛·开俨几世纪前就写过了,而且讲得如此精准通透,让我想忘都忘不掉:/挥动的手指书写,而且书写完成/仍继续挥动;既非你的智慧抑或你的虔敬/能令它更改半行/你所有的泪水亦不能洗去任何一字"。

【1177】
赵学工:2 首,题名"四行诗"[自由体译本]

2016 年 4 月,[英国]吴芳思[Frances Wood]著/赵学工译《丝绸之路 2000 年(修订版)/第 9 章/玫瑰花园:前往大明帝国和撒马尔罕的旅行者》,上海辞书出版社,第 140 页。

拟译自"第四版(1879 年)101 首"的第 17、19 首。

Rubáiyát 译为"四行诗"。

Omar Khayyám 译为"莪默·伽亚谟"。

Edward FitzGerald 译为"爱德华·菲茨杰拉德"。

———

17/"想一想,这家破旧的商旅客店,/昼夜在它的门口更替。/一代又一代苏丹怎样随心所欲,/维持他命定的浮华……"19/"我有时想玫瑰永远不会开得那么红,/就像恺撒埋葬时流的血。/花园中的每一朵风信子,/从曾经可爱的穗上掉落在她的衣裙中。"

【1178】
陈晓曦、杨晞帆:3 首,题名"鲁拜集"[自由体译本]

2016 年 11 月,[美国]布鲁斯·N.沃勒[Bruce N. Waller]著/陈晓曦、杨晞帆译《思考哲学基本问题/第八章/宿命论、决定论与自由意志/宿命论》,中国轻工业出版社,第 233-235 页。

拟译自"第四版(1879 年)101 首"的第 73、80、81 首,其中第 80 首为郭沫若译本。文中将第 80、81 首误植为"第 87、88 首"。

Rubáiyát 译为"鲁拜集"。

Omar Khayyám 译为"奥玛·海亚姆"。

Edward FitzGerald 译为"爱德华·菲茨杰拉德"。

———

73/"用地球的黏土,他们揉捏好最后一个人,/播下种子有了最后的收获;/创世纪写下了第一个早晨/思忖最后的黎明会阅读的内容。"

【1179】
仲新元:1 首,题名"鲁拜集"[自由体译本]

2017 年 12 月,[美国]乔伊·哈基姆[Joy Hakim]著/仲新元译《科学之源/自然哲学家的启示/第 25 章/绝对的零》,上海教育出版社,第 223 页。

拟译自"第四版(1879 年)101 首"的第 71 首。

Rubáiyát 译为"鲁拜集"。

Omar Khayyám 译为"奥马尔·海亚姆"。

Edward FitzGerald 未译名。

此版为"'科学的力量'科普译丛"第二辑/"'科学的故事'系列"丛书之 1。

71/"运动的手指在书写,成文,继续书写;/虔诚与智慧,都不能诱使它划去半行;/你的所有眼泪,也不能洗刷掉一个单词。"

【1180】
马广利:1 首,题名"鲁拜集"[自由体译本]

2018 年 1 月,马广利文《比较文明史与中国学术的"通学"》,《江南大学学报(人文社会科学版)》(双月刊)第 17 卷第 1 期,第 69-75 页。

拟译自"第四版(1879 年)101 首"的第 99 首。

Rubáiyát 译为"鲁拜集"。

Omar Khayyám 译为"欧玛尔·海亚姆"。

Edward FitzGerald 未译名。

99/"爱哟,你我若能与'他人'相通,/把这老天的大架子推倒,/重新创造新宇宙/方合我们的心愿。"

【1181】
顾凡及:1首,题名"奥马尔·海亚姆四行诗"［自由体译本］

2018年1月,［美国］V. S. 拉马钱德兰［Vilayanur Subramanian Ramachandran］、［美国］S. 布莱克斯利［Sandra Blakeslee］著/顾凡及译《脑中魅影/第1章/内心幻影》,

湖南科学技术出版社,第1页。

拟译自"第四版(1879年)101首"的第68首。

Rubáiyát 译为"奥马尔·海亚姆四行诗选集"。

Omar Khayyám 译为"奥马尔·海亚姆"。

Edward FitzGerald 译为"菲茨杰拉德"。

此版为"第一推动丛书/生命系列"丛书之一。

―――――

68/"上下左右,里里外外,/一无所有,唯有幻影,/箱中演出,烛光似日,/舞台之上,幻影幢幢。"

【1182】
陈黎、张芬龄:2首,题名"四行诗"［自由体译本］

2018年3月,陈黎、张芬龄译《我想和你一起生活/世界经典情诗选/Chapter 2/我一直以为我就是我——但错矣,我一直是你,而不自知。/奥玛·海亚姆/四行诗二首》,北京联合出版公司,第34–35页。

拟译自"第四版(1879年)101首"的第12、21首。

Rubáiyát 译为"四行诗/鲁拜集"。

Omar Khayyám 译为"奥玛·海亚姆"。

Edward FitzGerald 译为"菲茨杰拉德"。

译诗诗节后有简介。

―――――

12/"一卷诗,一壶酒,一块面包,/在树下——还有你/伴着我在荒野歌唱——/啊,荒野就是天堂!""许多人认为奥玛·海亚姆本是伊斯兰教'苏菲派'［Sufi］神秘主义者,而菲茨杰拉德的英译,语调忧郁纤巧,充满及时行乐的氛围,与原诗甚有出入,与其说是翻译,不如说是再创作。"

◇《鲁拜集》汉译书目

【1183】

郭昕:1 首[自由体译本]

2018 年 6 月,[英国]大卫·佩里[David Perry]著/郭昕译《爵士豪杰/第七章/查理·帕克》,上海世纪出版集团/上海音乐出版社,第 169 页。

拟译自"第四版(1879 年)101 首"的第 7 首。

Rubáiyát 未译名。

Omar Khayyám 译为"奥马儿·海亚姆"。

Edward FitzGerald 未译名。

此版为"20 世纪作曲家系列"丛书之一。

———

7/"快斟满此杯,把你后悔的冬衣,/扔进春之火中烧毁。/时光之鸟飞的路多么短啊,/而且你看,它正在振翅疾飞!"

【1184】

张国辰、王培沛:2 首,题名"鲁拜集"[自由体译本]

2018 年 7 月,[美国]罗伯特·M.波西格著/张国辰、王培沛译《禅与摩托车维修艺术(珍藏版)/第三部》,重庆出版集团/重庆出版社,第 353－355 页。

拟译自"第四版(1879 年)101 首"的第 11、9 首。

Rubáiyát 译为"鲁拜集/四行诗集"。

Omar Khayyám 译为"奥玛·海亚姆"。

Edward FitzGerald 译为"菲茨杰拉德"。

此版为"重现经典"丛书之一。

———

11/"什么,什么,牧草地狭长经过,/一边是田原,一边是荒漠,/无论奴仆与苏丹,姓名皆失落,/可怜穆罕默德,空有黄金宝座……"。

【1185】

田碧霏等:1 首,题名"鲁拜集"[自由体译本]

2018 年 8 月,[英国]马库斯·杜·桑托伊[Marcus du Sautoy]著/田碧

霏、曹烨、刘玥译《知识边缘/从意识到宇宙,科学前沿的七次探索之旅/第四边缘:被裁剪的宇宙/第8章/宇宙的开端及无法证实的猜测》,湖南科学技术出版社,第175页。

拟译自"第四版(1879年)101首"的第68首。

Rubáiyát 译为"鲁拜集"。

Omar Khayyám 译为"欧玛尔·海亚姆"。

Edward FitzGerald 未译名。

68/"里里外外,上面,周围,下面/不过是一只走马灯一般/太阳便是灯里的蜡烛/我们便是人影,围绕着团团转"。

【1186】
柴伟佳、龚皓:1 首[自由体译本]

2018年9月,[美国]小西奥多·希克[Theodore Schick. Jr.]、[美国]刘易斯·沃恩[Lewis Vaughn]著/柴伟佳、龚皓译《做哲学/88个思想实验中的哲学导论/第3章/自由意志与决定论/3.1/导言/在法庭上:是魔鬼让我干的》,北京联合出版公司,第174页。

拟译自"第四版(1879年)101首"的第69首。

Rubáiyát 未译名。

Omar Khayyám 译为"奥马儿·海亚姆"。

Edward FitzGerald 未译名。

69/"他棋局中无助的棋子,/站在这个日与夜的棋盘之上,/到处移动,进攻,肆意杀戮,/最后一个个回到壁橱里。"

【1187】
张辛欣:1 首[自由体译本]

2018年9月,张辛欣著《IT84/36/以身试幻》(长篇小说),江苏凤凰文艺出版社,第131页。

拟译自"第四版(1879年)101首"的第66首。

Rubáiyát 未译名。

◇《鲁拜集》汉译书目

Omar Khayyám 译为"莪默·伽亚谟"。

Edward FitzGerald 未译名。

此版为"张辛欣作品系列"丛书之一。

———

66/"我叫我的灵魂去那乌有之乡/对生后的情景做探访/慢慢的,你又回到我的身边/回禀说,我自己就是地狱/也是天堂"。

【1188】
王岑卉:1 首[七言绝句体译本]

2019 年 3 月,[美国]安德森·库珀[Anderson Cooper]、[美国]葛洛莉娅·范德比尔特[Gloria Vanderbilt]著/王岑卉译《彩虹来了又走了/五/伤痛:与过往和解》,南海出版公司,第 182 页。

拟译自"第四版(1879 年)101 首"的第 71 首。

Rubáiyát 未译名。

Omar Khayyám 译为"莪默·伽亚谟"。

Edward FitzGerald 未译名。

———

71/"巨手挥毫永不停,/天定命数难删移。/虔诚机巧皆无用,/涕泪淌尽亦枉然。"

【1189】
肖之兴:1 首[自由体译本]

1985 年 8 月,[苏联]Б·Г·加富罗夫著/肖之兴译《中亚塔吉克史/上古—十九世纪上半叶》,中国社会科学出版社,第 251-253 页。

译自该书中的俄译本。

Rubáiyát 未译名。

Omar Khayyám 译为"欧麦尔·赫雅木"。

Edward FitzGerald 未译名。

———

"假使我能控制这罪恶的天堂,/我要毁灭它而换上另一个。/为了不妨碍高尚的意图并使人能够生活,/我不让忧愁折磨人们。"

【1190】
王一之、马树钧:4.5 首,题名"柔巴依"[自由体译本]

1987 年 4 月,祖尔东·萨比尔著/王一之、马树钧译《探索/上/宝贵的青春/第四章/告别》(长篇小说),新疆人民出版社,第 323－324、378－379 页。

译自该书中的维吾尔语译本。

Rubáiyát 译为"柔巴依"。

Omar Khayyám 译为"奥马尔·哈亚姆"。

―――――

"你若能使一颗悲伤的心变得欢喜,/那就胜过繁荣了整个大地;/你若能以美俘获一颗心灵,/那就胜过解放上百个奴隶。""倘使有酒、有音乐、有天仙般的伙伴,/在水边、在草坪与你娓娓交谈,/你就尽欢吧,管它什么地狱不地狱,/就是天堂,也不过如此这般……"。

【1191】
冯承天、涂泓:4 首,题名"鲁拜集"[自由体译本]

2003 年 12 月,[美国]丹尼斯·奥弗比[Dennis Overbye]著/冯承天、涂泓译《恋爱中的爱因斯坦/科学罗曼史/第五篇/宇宙的主人/第二十五章/熔化了的世界》,上海科技教育出版社,第 499 页。

拟译自英译本,转引自[英国]Ronald W. Clark[罗纳德·沃·克拉克]著《Einstein/The Life and Times[爱因斯坦的生活和时代]》一书。

Rubáiyát 译为"鲁拜集"。

Omar Khayyám 译为"欧玛尔·海亚姆"。

此版为"哲人石丛书"之一。

2005 年 4 月,[美国]丹尼斯·奥弗比著/冯承天、涂泓译《恋爱中的爱因斯坦/科学罗曼史/第五篇/宇宙的主人/第二十五章/熔化了的世界》,上海科技教育出版社,第 494 页。此版为"世纪人文系列丛书"之一。

2016 年 6 月,[美国]丹尼斯·奥弗比著/冯承天、涂泓译《恋爱中的爱因斯坦/科学罗曼史/第五篇/宇宙的主人/第二十五章/熔化了的世界》,上海科技教育出版社,第 468－469 页。此版为"爱因斯坦书系"丛书之一。

―――――

"钟无疑走得有快有慢,/但是它走的速率却平稳而恒定。/看哪!云层在散开,还有太阳/一轮新月在屏幕上闪烁着——它出现了!——它出现了!!""五分钟,一刻都不容浪费,/五分钟,要追踪的美景——/星星在闪耀,还有日冕之光/从黑暗的球体上流出——哦,赶快!"

【1192】
薄景山:2首,题名"鲁拜集"[柔巴依体、自由体译本]

2008年3月,[英国]约翰·卢伯克著/薄景山译《人生的乐趣/第一章/快乐之责任/第二章/责任之快乐》,世纪出版集团/上海人民出版社,第4、17页。

译自该书中的英译本。

Rubáiyát译为"鲁拜集"。

Omar Khayyám译为"莪默·伽亚谟"。

———

"我们逗留在这里只有一两天,/所有的收获只是痛苦和灾祸。/生活中所有的问题还未解决,/我们就不得不带着遗憾上路。""不要以为我害怕看见我的灵魂/飞进那漆黑的死亡之门,/只要生命真实死亡并不可怕,/是疾病使我们产生对死亡的恐惧。"

【1193】
蒋骁华:1首,题名"鲁拜集"[散文体译本]

2008年,蒋骁华文《东方学对翻译的影响/2.作为一种"欧洲中心主义"思维方式:东方学对翻译的影响/2.2》,《中国翻译》(双月刊)第29卷第5期(总第191期),第16-18页。

译自[英国]Justin Huntly McCarthy的英译本。

Rubáiyát译为"鲁拜集"。

Omar Khayyám译为"莪默·伽亚谟"。

2009年1月,《翻译与跨文化交流:整合与创新/译论研究》,上海外语教育出版社,第83页。

———

"手拿一个小麦面包、两钵酒和一块肉,与面若郁金香的美人幽坐某处,此中快乐,拿苏丹与我交换,我也不干。"

【1194】

黄玉华:1 首,题名"鲁拜集"[自由体译本]

2009 年 1 月,[美国]葛瑞格·摩顿森[Greg Mortenson]、[美国]大卫·奥利佛·瑞林[David Oliver Relin]著/黄玉华译《三杯茶/二/河岸迷途》,吉林文史出版社,第 9 页。

译自该书中的英译本。

Rubáiyát 译为"鲁拜集"。

Omar Khayyám 译为"奥马尔·哈雅姆"。

2018 年 4 月,[美国]葛瑞格·摩顿森[Greg Mortenson]、[美国]大卫·奥利佛·瑞林[David Oliver Relin]著/黄玉华译《三杯茶/二/河岸迷途》,北京联合出版公司,第 9 页。

―――――

"为何烦恼不可知的未来,/殚精竭虑,心神俱疲?/抛开你的担忧,将关于未来的事留给安拉——他在做计划时可从没请教过你。"

【1195】

夏廷德:2 首,题名"鲁拜集"[自由体译本]

2009 年 11 月,夏廷德等著《文学翻译与译介学理论新探》,大连海事大学出版社,第 142 页。

译自艾伦[E. H. Allen]英语散文体译本、勒加利纳[R. Le Gallienne]英语译本。

Rubáiyát 译为"鲁拜集"。

Omar Khayyám 译为"欧玛尔·海亚姆/莪默"。

Edward FitzGerald 译为"菲茨杰拉德"。

―――――

艾伦:"趁命运尚未袭击汝首,/唤店家斟上玫瑰色葡萄酒;汝非珍宝,噫!愚莽蠢材,/人焉能将汝入土待日后复掘出。"

【1196】

何元元:1 首,题名"鲁拜集"[自由体译本]

◇《鲁拜集》汉译书目

2010年8月,[韩国]朴英秀著/何元元译《密码的故事/3.波斯波利斯的铭文之谜/波斯波利斯宫殿为何毁于一旦》,湖南科学技术出版社,第36页。

译自该书中的韩译本。

Rubáiyát 译为"鲁拜集"。

Omar Khayyám 译为"奥玛开阳"。

———

"公元前331年,亚历山大大帝为了报复波斯之前毁坏了希腊神殿,将波斯波利斯宫殿付之一炬,这座宏伟的宫殿从此在历史上消失了。波斯人悲痛不已,12世纪,波斯数学家、诗人奥玛开阳在他的诗集《鲁拜集》中对波斯波利斯的遗迹这样歌颂:/宫殿高耸入云,/啊,那是从前帝国之所在。/鸽群飞过拱形的残垣,/呼唤着昔日的你在何方?"

【1197】

张鸿年:6首,题名"'鲁拜'体抒情诗"[七言绝句体、自由体译本]

1982年5月,《金果小枝/外国历代著名短诗欣赏》,黑龙江人民出版社,第24-27页。

拟译自波斯文本。

Rubáiyát 译为"四行诗集"。

Omar Khayyám 译为"欧玛尔·海亚姆"。

译诗诗节后有"作者简介"、"随感点滴"。

———

"年老年轻一代代,/代代相随接踵来,/谁在世上能永生?逝者已逝来复来。""人言酒徒入地狱,/出语荒唐本无稽,/饮者如若下地府,/天堂岂不嫌荒寂?"

【1198】

佚名:1首[五言体译本]

1983年6月,[塔什干]米儿咱·马黑德·海答儿著/新疆社会科学院历史研究所译《中业蒙兀儿史——拉失德史(第一编)/英译本绪论/第二章/察合台的世系》,新疆人民出版社,第31页。

拟译自波斯文本。

Rubáiyát 译为"鲁拜集"。

Omar Khayyám 译为"莪默·伽亚谟"。

2017年5月,[塔什干]米儿咱·马黑德·海答儿著/新疆社会科学院历史研究所译《中亚蒙兀儿史/拉失德史/英译本绪论/第二章/察合台的世系》,新疆人民出版社,第20页。此版为"新疆文库"丛书之一。

"思此天地间,犹如残逆旅,/日与夜循环,启闭其门户。/速檀继速檀,各逞其豪富,/停留一二时,自奔途程去。"

【1199】
张鸿年:22首,题名"四行诗"[自由体译本]

1991年1月,《外国抒情诗赏析辞典/波斯》,北京师范学院出版社,第53-59页。

译自波斯文本。

Rubáiyát 译为"四行诗/鲁拜集"。

Omar Khayyám 译为"欧玛尔·海亚姆/莪默·伽亚谟"。

Edward FitzGerald 译为"菲慈杰拉德"。

译诗正文前后有张鸿年撰的前言与"赏析"。

"上苍播向人间全是忧愁,/让一个人出生,把另一个掠走。/未出世的若知我们所受的苦,/他决然不会也来人世苦受。""人说,天堂之上有天仙,/琼浆玉液芳香甘甜。/那我恋着美酒情人错在何处?/到头来天堂不也是如此这般?"

【1200】
张晖:4首,题名"柔巴依集(片断)"[柔巴依体译本]

1991年10月,《外国哲理诗精选/伊朗/哈亚姆》,百花文艺出版社,第391-392页。

译自波斯文本。

Rubáiyát 译为"柔巴依集"。

Omar Khayyám 译为"欧玛尔·哈亚姆"。

译诗诗节前有"哈亚姆"的介绍。

每首诗节有小标题。

◇《鲁拜集》汉译书目

"图形/我举目仰望广阔恢宏的苍穹,/把它想象成为巨型的走马灯。/地球恰似灯笼,太阳好像烛焰,/我们则有如来回游动的图形。"

【1201】
张晖:6 首,题名"柔巴依"[柔巴依体译本]

1992 年 1 月,《外国诗/波斯/欧玛尔·海亚姆/柔巴依六首》,湖南文艺出版社,第 163 - 165 页。

译自波斯文本。

Rubáiyát 译为"柔巴依/鲁拜"。

Omar Khayyám 译为"欧玛尔·海亚姆"。

此版为"玲珑文学丛书"之一。

"你我都不知开创世界的秘密,/你我都不懂奥妙的符文咒语。/现在,你我在世界舞台上对话,/帷幕一落便难寻你我的踪迹。"

【1202】
王家瑛:59 首,题名"四行诗集"[自由体译本]

1994 年 10 月,蔡德贵编译《东方思想宝库/三千年东方思想第一部概观/一/论人篇/1. 论人性/2. 论人生/4. 论人与社会/6. 论生与死/二/论神篇/1. 论神的本质/2. 论神与人/五/论哲学篇/2. 论宇宙本体/3. 论认识与知识/十二/论伦理道德篇/4. 论幸福/6. 论人伦/7. 论道德修养/十八/论情感篇/1. 论爱情》,吉林人民出版社,第 21、51 - 52、90 - 91、110、136、151 - 152、427、482、1311、1333、1370、1626 页。

译自苏联科学院东方学研究所辑《四行诗集》(莫斯科东方文学出版社 1959 年版)的波斯文本,该书收入海亚姆四行诗共 293 首。

译诗 59 首诗节编号为 30;7、18、20、28、58、59、80、163、165、171、176、181、197、261;13、21、67、187、193、202、224;12、23、136、287、290;107、123;5、19、29、31、40、88、89、140、144、173、188、213、217、228、275;125、257、273、285;55、114、263、277、293;156、10;222;292、184、207。

Rubáiyát 译为"四行诗集"。

Omar Khayyám 译为"欧玛尔·海亚姆"。

此版为"世界三大思想宝库"丛书之一。

————

"165/人们说:'酒徒要下地狱火炼',/千万不可相信这类谎言,/倘若恋人与酒徒都下地狱,/且看明日的天堂,就将如人的空手心一般。""13/假如手中握有主宰命运的史稿,/一切将按我的心愿和意见起草,/即刻把那人间的忧愁一笔抹掉,/欢乐才会使我的头脑冲入云霄。"

【1203】

周越然:One Book at a Time/Omar Khayyám's Rubaiyat

1920年,《英文杂志》第6卷第11期,第815 – 818页。

Rubáiyát 未译名。

Omar Khayyám 未译名。

Edward FitzGerald 未译名。

————

周越然文《每刻一书/莪默·伽亚谟的鲁拜集》,全文为英语稿。

【1204】

资平:关于各列果良历之计算(勘误)

1923年7月7日,《创造周报》第9号,创造社/泰东图书局,第14 – 15页。

Rubáiyát 未译名。

Omar Khayyám 译为"莪默伽亚谟"。

Edward FitzGerald 未译名。

资平,即张资平。

————

该文为张资平对郭沫若1922年11月发表的《波斯诗人莪默伽亚谟》一文中各列果良历计算的差错勘误。郭沫若在其文末附白:"这一笔完全是我弄错了,……读者诸君照资平的推算更正为祷。"

◇《鲁拜集》汉译书目

【1205】

H. P. Shastri:Omar Khayyam:An Interpretation

1925年,《大亚杂志》第38期,第29-33页。

Rubáiyát 未译名。

Omar Khayyám 未译名。

Edward FitzGerald 未译名。

———

H. P. Shastri 文《莪默·伽亚谟:解读》,全文为英语稿。

【1206】

冯良玉:《OMAR KHAYYAM'S "THE RUBAIYAT" AND BROWNING'S "RABBI BEN EZRA"》

1926年,《英文杂志》第12卷第8期,第641-648页。

Rubáiyát 未译名。

Omar Khayyám 未译名。

Edward FitzGerald 未译名。

———

冯良玉文《莪默·伽亚谟的〈鲁拜集〉和勃朗宁的〈拉比·本·埃兹拉〉》,全文为英语稿。

【1207】

《文艺辞典》:亚摩客耶(条目)

1928年10月,孙俍工编《文艺辞典》,上海民智书局,第293页。亚摩客耶

Rubáiyát 译为"鲁拜集"。

Omar Khayyám 译为"亚摩客耶"。

Edward FitzGerald 未译名。

1978年5月,孙俍工编《文艺辞典》,台湾台北河洛图书出版社/台景印初版,第293页。

此版为"夏学丛书"之一。

"他在本国以算学与天文得名,而在欧洲却是目为东方的最大诗人的。"

【1208】
陈旭轮:鲁拜诗

1930年5月,陈旭轮编《世界历代文学类选/一/诗歌/3.鲁拜诗/莪默伽亚谟》,世界书局,第19-24页。

Rubáiyát 译为"鲁拜集"。

Omar Khayyám 译为"莪默伽亚谟"。

Edward FitzGerald 译为"菲兹格拉"。

文后选载郭沫若译本译诗诗节20首。

"《鲁拜集》英译有好多种,要算菲兹格拉译的最为出色,凡一百五十八首。"

【1209】
《新文艺辞典》:鲁拜集(条目)

1931年4月,顾凤城、邱文渡、邬孟晖合编《新文艺辞典/补遗》,上海四马路/光华书局,第446页。

Rubáiyát 译为"鲁拜集"。

Omar Khayyám 译为"莪默伽亚谟"。

Edward FitzGerald 未译名。

"《鲁拜集》/怀疑派的气息充塞在全部的文字之间,它否认着未来,忘却了过去,只是一味地享乐刹那。全诗集含有三种基本的调了:第一种是反抗的呼籲,第二种是享乐的要求,第三种是断念的觉心。"

【1210】
《中外文学名著辞典》:《鲁拜集》(条目)

1931年12月1日,周梦蝶编《中外文学名著辞典》,上海乐华图书公司,第11-13页。

◇《鲁拜集》汉译书目

Rubáiyát 译为"鲁拜集"。

Omar Khayyám 译为"莪默伽亚谟"。

Edward FitzGerald 译为"菲茨吉乐特"。

选载郭沫若译本译诗诗节 6 首。

1933 年 2 月 20 日再版。

"这卷诗[《鲁拜集》]把矛盾当作矛盾,把怀疑当作怀疑,实在是直率地不想失却中心至诚的抒情的呼声;至于全曲的伴奏乐音,不外三种。""第一,是反抗的情绪"、"第二,是享乐的教训"、"第三,是断念的觉悟"。

【1211】
《中外人名词典》:菲次泽剌德(条目)

1940 年 3 月,《中外人名词典》,中华书局,第 900 页。

Rubáiyát 译为"鲁拜集"。

Omar Khayyám 译为"奥玛开俨"。

Edward FitzGerald 译为"菲次泽剌德"。

1947 年 8 月三版。

"菲次泽剌德/英人。毕业于剑桥三一学院,居乡间,以园艺及驾艇为娱乐。时匿名刊行诗与译作。一八五九年,出版波斯诗人奥玛开俨之《鲁拜集》,因以知名。"

【1212】
孙用:菲兹泽拉尔特的《鲁拜集》

1944 年 6 月 29 日,《革命日报》第 4 版。

Rubáiyát 译为"鲁拜集"。

Omar Khayyám 译为"莪默·伽亚谟"。

Edward FitzGerald 译为"菲兹泽拉尔特"。

"菲兹泽拉尔特对于翻译的主张,我们可以看下面所引几节:……这很使我高兴,对于这些波斯人,我可以利用多大的自由。我以为他们并非那些使人怕敢改动的诗人,而且他们也实在需要一点艺术上的修整……"。

【1213】
《台湾年鉴》:民国三十六年编译书目

1947年6月,台湾新生报社编《台湾年鉴/民国三十六年/第一二章/教育/(三)名著编译组/2.名著编译组编译书目》,上海中和有限公司台湾省分公司,第88页。

Rubáiyát 译为"鲁拜集"。

Omar Khayyám 译为"莪默"。

Edward FitzGerald 未译名。

————

"书名/莪默诗译//内容/莪默为波斯中古时代诗人所著鲁拜集为世界名著之一今拟以绝句试译//原著者/波斯:莪默//译者/李霁野"

【1214】
郁生:欧麦尔·伽亚谟/波斯的颓唐诗人

1948年7月14日、1948年7月21日,《北平小报》第2版。

Rubáiyát 译为"鲁拜集"。

Omar Khayyám 译为"欧麦尔·伽亚谟"。

Edward FitzGerald 未译名。

————

"伽亚谟的笔像是一条融汇,喜与怒,欢娱与忧郁,悔恨和哀痛的人'生命'郊原中的小溪,每一个从这郊原中走过的闲散的道客,都可以从他底每一首四行诗中,从伽亚谟底感伤而抑郁的情调里,找寻出'自我'生命中的阴影。"

【1215】
《外国文学作品选》:《鲁拜集》选

1961年11月,周煦良主编《外国文学作品选/第一卷/古代部分/波斯》(共四卷),上海文艺出版社,第256-262页。

Rubáiyát 译为"鲁拜集"。

Omar Khayyám 译为"莪默·伽亚谟"。

Edward FitzGerald 未译名。

选载郭沫若译本译诗诗节 31 首,译诗正文前有"莪默·伽亚谟"简介。此版为"高等学校文科教材"丛书之一。

"莪默的前半生在幅员广大的塞尔柱国家比较安静的环境中度过。从十二世纪起,这个国家开始发生骚乱,兵祸连连,民不聊生,日益猖獗的宗教反动势力竭力迫害他,他的创作正是在这样的历史环境中发展起来的。"

【1216】
薛绥之:莪默伽亚谟

1978 年 1 月,聊城师院中国现代文学研究室编《鲁迅杂文中的人物/鲁迅杂文辞典(第二分册)》,山东师院聊城分院,第 100－101 页。

Rubáiyát 译为"鲁拜集"。

Omar Khayyám 译为"莪默伽亚谟"。

Edward FitzGerald 未译名。

1981 年 11 月再版。

1986 年 7 月,薛绥之主编《鲁迅杂文辞典》,山东教育出版社,第 714－715 页。

"鲁迅先生在《〈竖琴〉前记》(《南腔北调集》)中曾经谈到莪默伽亚谟……"。

【1217】
周骏章:莪默·伽亚谟的《鲁拜集》

1979 年 3 月,十九院校《外国文学》编写组编《外国文学(一)/七》,第 130－142 页。

Rubáiyát 译为"鲁拜集"。

Omar Khayyám 译为"莪默·伽亚谟"。

Edward FitzGerald 译为"爱德华·费慈吉拉德"。

1980 年 2 月,《外国文学五十五讲》编委会编《外国文学五十五讲/上册/七》(上下册),贵州人民出版社,第 135－147 页。

"一、生平和创作";"二、《鲁拜集》分析"。"《鲁拜集》有一个显著的艺术特点是长于

使用讽刺。诗集中充满着讽刺、嘲笑、自嘲、幽默(即在谐趣中暗含轻微的讽刺)。诗人最擅长的是用含蓄的表现手法,所以虽然讽刺很深刻、很猛烈,却不显露于表面之上。""《鲁拜集》中常用的另一种表现手法是比喻:有直喻、暗喻,有以古喻今的典故,有反复使用的明喻和暗喻,……"。

【1218】
亚洲作家:伽亚谟(波斯)

1980年1月,《外国著名作家传略(续编)》,山东师范学院聊城分院中文系外国文学教研室,第14-15页

Rubáiyát 译为"鲁拜集"。

Omar Khayyám 译为"莪默·伽亚谟"。

Edward FitzGerald 未译名。

———

"他的姓'伽亚谟'一词,在波斯语里原是'制作帐篷者'的意思,人们判断这位诗人可能出身于手工业者家庭。"

【1219】
《外国抒情诗歌选》:《鲁拜集》选

1980年6月,《外国抒情诗歌选/波斯/莪默·伽亚谟》,江西人民出版社,第427-434页。

Rubáiyát 译为"鲁拜集"。

Omar Khayyám 译为"莪默·伽亚谟"。

Edward FitzGerald 未译名。

选载郭沫若译本31首,译诗正文前有"莪默·伽亚谟"介绍。

———

"莪默十八岁时,因父亲去世,就辍学谋生。后来因撒马尔罕首席法官的关系,得以接近宫廷,并在天文台供职,埋头研究天文和数学。"

【1220】
黄舜英:鲁拜集

1981年6月20日,黄恒正/黄舜英译《世界文学名著总解说/上》(上下

◇《鲁拜集》汉译书目

册),台湾台北远流出版事业股份有限公司,第42-44页。

Rubáiyát 译为"鲁拜集"。

Omar Khayyám 译为"奥玛开俨"。

Edward FitzGerald 译为"费滋哲尔"。

此版为广州印刷"内部参考"版。

"《鲁拜集》流传开来后,曾配上精美的插画,图文并茂,风靡了世界各国的读者,被译成数十种文字,从少年至老年,拥有各阶层的读者。""很多酒店和咖啡馆甚至以鲁拜集中的诗句和插图为壁饰,蔚为风气。"

【1221】
宇文捷:《鲁拜集》的遭遇

1981年7月21日,《人民日报》第8版/文苑拾零。

Rubáiyát 译为"鲁拜集"。

OmarKhayyám 译为"莪默·伽亚谟"。

Edward FitzGerald 译为"费兹杰拉尔德"。

"1858年,费兹杰拉尔德把《鲁拜集》译稿交给一家杂志社,压了将近一年,没有发表。于是他把译稿要回,自己花钱印刷,第二年委托一家旧书店代售,每册定价半克朗(合两个半先令)。但是这本小小诗集,根本没有人理会,最后被扔进了书店门口每本一辩士的廉价书箱子里。有一天,英国著名诗人史文朋路过那里,看见这本诗集的奇怪名字,就买了一本,回去读后,立刻就介绍给他的朋友、著名诗人罗塞蒂。第二天,罗塞蒂也去买。于是,不过一个星期,这本小小的诗集就门口的廉价书箱子里搬到了书店里面最显眼的书架上,每册的定价为一个基尼(合20先令)。"

【1222】
《辞海》:莪默·伽亚谟(条目)

1981年11月,辞海编辑委员会编《辞海/文学分册/伊朗》,上海辞书出版社,第330页。

Rubáiyát 译为"鲁拜集"。

Omar Khayyám 译为"莪默·伽亚谟/奥马尔·哈亚姆"。

Edward FitzGerald 未译名。

"在著名的四行诗集《鲁拜集》中,否定来世和宗教信条,谴责僧侣的伪善,肯定现实生活。"

【1223】
《外国文学》:《鲁拜集》(选)

1983 年 3 月,曹汾编《外国文学/东方文学作品选》,西北大学(内部印刷),第 116 – 119 页。

Rubáiyát 译为"鲁拜集"。

Omar Khayyám 译为"莪默·伽亚谟"。

Edward FitzGerald 译为"费兹吉拉德"。

文后选载郭沫若译本 31 首诗节。

"伽亚谟素以哲学家、天文家和数学家闻名于世,他在学术上的名声掩盖了他的文学成就。1859 年,英国诗人费兹吉拉德通过英译把他的四行诗介绍给欧美各国,他才获得了世界声誉。"

【1224】
[德国/美国]保罗·兴德米特:莪默·伽亚谟《鲁拜集》中的四首诗(爱德华·费慈吉拉德英译)/谱成四首混声四部合唱

1983 年 7 月,[德国/美国]保罗·兴德米特[Paul Hindemith]著/罗忠镕译《传统和声学/简明教程/下卷/高级和声练习/第三章/四首混声四声部合唱》,人民音乐出版社,第 21 – 22 页。

Rubáiyát 译为"鲁拜集"。

Omar Khayyám 译为"莪默·伽亚谟"。

Edward FitzGerald 译为"爱德华·费慈吉拉德"。

1997 年 3 月,[德国/美国]保罗·兴德米特著/罗忠镕译《传统和声学/简明教程/下卷/着重练习,精减规则/第三章/四首混声四声部合唱》,人民音乐出版社,第 21 – 22 页。

"第一首四行诗的开端,它那欢乐的诗句'Come fill the cup[来呀,请来浮此一觞]'要求调性和进行的有力和明快,然而当歌词中的欢乐情绪逐渐消失时,就必须用所有音乐成分相应的消减来配合。"

【1225】
袁锦翔:闻一多论译诗

1984年,《翻译通讯》第11期,第2-4页。

Rubáiyát 译为"鲁拜集"。

Omar Khayyám 译为"莪默·伽亚谟"。

Edward FitzGerald 译为"斐芝吉乐"。

1990年7月,袁锦翔著《名家翻译研究与赏析》,湖北教育出版社,第269-280页。

———

"在二十年代,闻一多发表了两篇精辟的译诗评论:《莪默伽亚谟之绝句》与《英译李太白诗》。"

【1226】
谢安定:鲁拜集

1985年4月,《外国文学名作自学手册/亚洲文学》,上海文艺出版社,第479-481页。

Rubáiyát 译为"鲁拜集"。

Omar Khayyám 译为"莪默·伽亚默"。

Edward FitzGerald 未译名。

此版为"高等教育自学考试用书"丛书之一。

———

"伽亚默的诗颇有我国唐代大诗人李白的风格:想象丰富,感情豪放,音律铿锵。在浓厚的浪漫主义色彩中,流露出一丝淡淡的苦味,然而却有着深刻的哲理。这一切与他是个哲学家大约不无关系。"

【1227】
美国《优良读物指南》推荐书目:《鲁拜集》

1985年,《书林/美国〈优良读物指南〉推荐书目/世界名著100种/中世纪及文艺复兴时代/28》第6期。

Rubáiyát 译为"鲁拜集"。

Omar Khayyám 译为"莪默·伽亚谟"。

Edward FitzGerald 未译名。

2002年6月,《智者阅读/中外名报名刊名家的推荐书目/正编/二、名刊推荐书目/(八)美国〈优良读物指南〉推荐书目/世界名著100种/中世纪及文艺复兴时代/28》,华东师范大学出版社,第77页。

———

"《鲁拜集》(波斯)莪默·伽亚谟著"。美国《优良读物指南》收书2500种,每次出版又以问卷方法测得一百种名著选目,此为第21版的选目。

【1228】
《全国总书目/1981》:鲁拜集

1985年6月,中国版本图书馆编《全国总书目/1981/土耳其》,中华书局,第1096页。

Rubáiyát 译为"鲁拜集"。

Omar Khayyám 译为"莪默·伽亚谟"。

Edward FitzGerald 未译名。

———

"鲁拜集(维吾尔文)/莪默·伽亚谟著/努尔穆罕默德·艾尔克译/北京/民族出版社/1981.3"。

【1229】
《世界历史词典》:莪默·伽亚谟(条目)

1985年12月,《世界历史词典》,上海辞书出版社,第533页。

Rubáiyát 译为"鲁拜/四行诗"。

Omar Khayyám 译为"莪默·伽亚谟/欧麦尔·赫雅木"。

Edward FitzGerald 未译名。

———

"莪默·伽亚谟/……写有几百首'鲁拜'(四行诗)体抒情诗。其诗宣扬自由和享乐,

◇《鲁拜集》汉译书目

反对禁欲主义;思想深邃、富有哲理,但也带有浓厚的神秘主义、悲观主义色彩。"

【1230】
《世界著名文史学家辞典》:欧玛尔·海亚姆(条目)

1985年12月,《世界著名文史学家辞典》,黑龙江朝鲜民族出版社,第525页。

Rubáiyát 译为"鲁拜集"。

Omar Khayyám 译为"欧玛尔·海亚姆/莪默·伽亚谟"。

Edward FitzGerald 译为"爱·菲茨杰拉尔德"。

———

"他[欧玛尔·海亚姆]以创作四行诗闻名于世。其最早的诗集抄本刊于1208年,内中收四行诗二百五十二首,该抄本现收藏在剑桥大学图书馆。"

【1231】
《成人高等教育自学考试辅导大全》:《鲁拜集》的独特诗风是什么?

1986年1月,《成人高等教育自学考试辅导大全/语言文学部分/153.》,山东人民出版社,第256页。

Rubáiyát 译为"鲁拜集"。

Omar Khayyám 译为"莪默·伽亚谟"。

Edward FitzGerald 未译名。

———

"《鲁拜集》里大多数是哲理诗,他用艺术形象来阐明哲理,启发深思,而且语言有诗情画意,音调优美有节奏,读起来很像歌曲,不觉枯燥乏味。"

【1232】
邹节成:莪默·伽亚谟《鲁拜集》浅析

1986年3月,江西省外国文学学会编《世界文学名著选评/第5集》,江西人民出版社,第380-390页。

Rubáiyát 译为"鲁拜集/四行诗"。

Omar Khayyám 译为"莪默·伽亚谟"。

Edward FitzGerald 译为"费慈古拉德"。

"翻开《鲁拜集》,一股清新的气息迎面扑来,读者宛如置身一座美妙的花园中,赏心悦目,受到熏陶和感染。随着诗人遐想,人们感情翻腾起伏,时而振奋,时而激愤,时而哀叹,时而消沉。掩卷之后,心情也久久难以平静。"

【1233】
仝祥民:略谈莪默伽亚谟的鲁拜体抒情诗

1986年6月25日,《忻州师专学报(哲学社会科学版)》第1期(总第3期),第56-59,65页。

Rubáiyát 译为"鲁拜体抒情诗/鲁拜集"。

Omar Khayyám 译为"莪默·伽亚谟"。

Edward FitzGerald 译为"费慈古拉德"。

"伽亚谟的诗有很强的哲理性,这与他的概括力、开阔的思路、以及对人生社会探索的努力分不开。正因为如此,所以他的诗思想深邃,即使描述较具体的事物,也能引出深意。"

【1234】
张鸿年:欧玛尔·海亚姆

1986年8月,《亚非文学参考资料/第二编/中古亚非文学/二/波斯文学/(四)》,

时代文艺出版社,第146-147页。

Rubáiyát 译为"四行诗/鲁拜集"。

Omar Khayyám 译为"欧玛尔·海亚姆/莪默·伽亚谟"。

Edward FitzGerald 译为"爱·菲茨杰拉尔德"。

"海亚姆生前不以诗闻名,他逝世五十年之后才有人提到他写过四行诗。""一八五九年爱·菲茨杰拉尔德把他的四行诗译为英文出版,此后他的四行诗闻名欧美。"

【1235】
[英国]菲茨杰拉德:奥马尔·哈亚姆的柔巴依集(节选)

1987年5月,裘小龙、徐如麒、陆灏编选《外国诗人成名作选》,上海文化出版社,第33-35页。

Rubáiyát 译为"柔巴依集"。

Omar Khayyám 译为"奥马尔·哈亚姆"。

Edward FitzGerald 译为"爱德华·菲茨杰拉德"。

选载黄杲炘译本译诗诗节4首(第1、12、29、100首),正文后有黄杲炘撰写的介绍短文。

此版为"五角丛书/第5辑"丛书之一。

———

"菲氏的《柔巴依集》在英国问世之初受尽冷落,每本售价由五先令惨跌至一便士。然而,此书不久即为诗人们发现,备受推崇,影响与日俱增,既促成了'世纪末'诗歌的形成,又带动了后来唯美主义诗歌的发展,成为英语国家中一本家喻户晓、广被引用的作品,其中的第12首甚至可说是十九世纪里被引用得最多的四行诗。"

【1236】
《世界名人辞典》:莪默·伽亚谟(条目)

1987年9月,《世界名人辞典》,黑龙江朝鲜民族出版社,第437页。

Rubáiyát 译为"鲁拜集"。

Omar Khayyám 译为"莪默·伽亚谟/奥马尔·哈亚姆"。

Edward FitzGerald 未译名。

———

"莪默·伽亚谟/知识渊博,才华过人。十八岁时即在撒马尔罕首席法官的府中从事科学研究。发表的一篇关于代数方程式的论文收到重视,被引进布哈拉诸侯宫中,后又被推荐到苏丹宫廷,主管伊斯法罕和麦尔夫天文台。"

【1237】
《简明外国文学艺术家辞典》:莪默·伽亚谟(条目)

1988年2月,《简明外国文学艺术家辞典》,江西人民出版社,第

130 页。

Rubáiyát 译为"鲁拜集"。

Omar Khayyám 译为"莪默·伽亚谟"。

Edward FitzGerald 未译名。

———

"波斯诗人、数学家、天文学家。写有著名的四行诗集《鲁拜集》,否定来世学说,肯定现实生活,并谴责了僧侣的伪善。诗中含有唯物主义因素,充满哲学意味。"

【1238】
黄秋瀛:海亚姆

1988 年 3 月,《外国文学史简明教程/第二篇/中古文学/第四章/中古东方文学/第 11 节》,广东高等教育出版社,第 111－116 页。

Rubáiyát 译为"鲁拜集"。

Omar Khayyám 译为"欧玛尔·海亚姆/莪默·伽亚谟"。

Edward FitzGerald 译为"爱德华·费茨杰拉尔德"。

———

"欧玛尔·海亚姆是波斯中古的哲理诗人。他的诗表现了反宗教的思想,寓意深刻而语言晓畅,在波斯中古的诗坛中别树一帜。他的诗在十九世纪被译成英文以后,他也从始赢得了世界的声誉"。

【1239】
俞久洪:海亚姆《柔巴依集》——对宇宙和人生的深沉思考

1988 年 4 月,《外国文学名篇欣赏》,天津人民出版社,第 289－292 页。

Rubáiyát 译为"柔巴依集/鲁拜"。

Omar Khayyám 译为"欧玛尔·海亚姆"。

Edward FitzGerald 译为"菲茨杰拉德"。

此版为"当代大学生丛书"之一。

———

"19 世纪中叶,由于英国诗人菲茨杰拉德的出色翻译,被人们淡忘了七八百年之久的《柔巴依集》又大放光彩,迅速传遍西方以至全世界。这在世界文学史上也是一个奇迹。"

◇《鲁拜集》汉译书目

【1240】

《外国哲理诗选》:《鲁拜集》片断

1988年5月,《外国哲理诗选》,漓江出版社,第4-11页。

Rubáiyát 译为"鲁拜集/四行诗"。

Omar Khayyám 译为"莪默·伽亚谟"。

Edward FitzGerald 未译名。

译诗正文前有简介。选载郭沫若译本译诗诗节31首。

此版为"域外译丛"丛书之一。

"莪默·伽亚谟是波斯大诗人,数学家,天文学家,也是塔吉克文学的古典作家。他的身世不详,只知道他幼年在纳霞堡从当时最大的哲人野芒受学。十八岁因父亲去世,不得不辍学自谋生活。他的才华后来受到撒玛尔罕首席法官的重视,由此得以接近宫廷,并在天文台供职,埋头研究天文和数学,并于1079年修订当时的历法。"

【1241】

《外国哲理诗选》:[波斯]莪默·伽亚谟/鲁拜集

1988年6月,《外国哲理诗选》,武汉出版社,第1-2页。

Rubáiyát 译为"鲁拜集/四行诗"。

Omar Khayyám 译为"莪默·伽亚谟"。

Edward FitzGerald 未译名。

选载郭沫若译本译诗诗节5首(第63、73、81、77、92首)。

"莪默·伽亚谟(1048-1123)/波斯大诗人、数学家,天文学家。其身世不详,只知道他幼年在纳堡从当时最大的哲人野芒受学,18岁因父亲去世,就辍学谋生。他的才华后来受到撒玛尔罕首席法官的重视,由此得以接近宫廷,在天文台供职,潜心于天文和数学的研究。"

【1242】

杜瑞芝:奥马·海亚姆数学(词条)

1988年11月,杜瑞芝文《奥马·海亚姆》,《中国大百科全书/数学》,中国大百科全书出版社,第 8-9 页。

Rubáiyát 未译名。

Omar Khayyám 译为"奥马·海亚姆"。

Edward FitzGerald 未译名。

2009 年 10 月,舒作标等编著《生产力通史/第 3 卷/第 1 册/下册(上中下)/第四章/阿拉伯帝国(亚、非、欧部分地区)文化/二、阿拉伯帝国文化自然科学/(二)阿拉伯帝国文化数学/4.》,中国科学技术出版社,第 1860 页。

"奥马·海亚姆数学是阿拉伯帝国文化数学之一,……奥马·海亚姆最著名的数学著作是《代数问题的证明》,其阿拉伯文手稿和拉丁文译本已保存下来,近代被译成多种文字。此书定义代数学为'解方程的科学',这定义一直保持到 19 世纪末。书中还首次给出了奥马·海亚姆所创立的一种借助圆锥曲线解三次方程的方法,这是代数与几何相结合的前驱工作。他还研究过二项式的展开、开方法则、比和比例等问题。"

【1243】
《中国文体学辞典》:柔巴依体诗(条目)

1988 年 11 月,《中国文体学辞典/外国文体学词目选译》,湖南教育出版社,第 417 页。

Rubáiyát 译为"柔巴依体诗/鲁拜体诗"。

Omar Khayyám 译为"莪默·伽亚谟"。

Edward FitzGerald 译为"爱德华·菲茨杰拉德"。

"柔巴依体诗/9 至 11 世纪为波斯诗人广为采用的一种抒情诗歌形式。""据有的专家认为我国唐代的绝句与'柔巴依体'诗可能都源于中亚突厥文化。"

【1244】
《西方文学批评术语辞典》:鲁拜亚特诗、鲁拜亚特诗节(条目)

1989 年 5 月,林骧华主编《西方文学批评术语辞典》,上海社会科学院出版社,第 219 页。

Rubáiyát 译为"鲁拜亚特"。

Omar Khayyám 译为"莪默·伽亚谟"。

◇《鲁拜集》汉译书目

Edward FitzGerald 译为"爱德华·费茨吉拉德"。

"费茨吉拉德在把《莪默·伽亚谟的鲁拜亚特》译成英文诗时用的一种诗节形式。这是一种抑扬格五音步诗节,每节为四行,押韵方式为aaba。"

【1245】
《郭沫若著译书目》:鲁拜集

1989年10月,萧斌如、邵华编《郭沫若著译书目/增订版/二/翻译与合译/1924年/五/翻版本/翻译部分/1931年》,上海文艺出版社,第381-382、476页。

Rubáiyát 译为"鲁拜集"。

Omar Khayyám 未译名。

Edward FitzGerald 未译名。

此版为"中国现代文学史资料丛书(甲种)"之一。

1980年8月第1版,上海图书馆编。

"鲁拜集/1931年上海仙岛书店版"。

【1246】
《外国文学题解辞典》·欧玛尔·海亚姆及其诗歌创作成就如何?(词条)

1990年2月,《外国文学题解辞典/73.》,大连出版社,第48-49页。

Rubáiyát 译为"鲁拜集"。

Omar Khayyám 译为"欧玛尔·海亚姆"。

Edward FitzGerald 译为"爱·菲茨杰拉尔德"。

"海亚姆生活的时代,伊斯兰教正在伊朗占据了统治地位,多数人在希望与恐惧之中驯服地拜倒在神的灵光之下。海亚姆则以勇敢的叛逆精神和清醒的头脑,在自己的诗作中鲜明地表达了他的强烈的反宗教哲学思想。他的许多诗篇都闪耀着唯物主义的光辉,并且包涵着辩证法的因素。"

【1247】
邓乔彬:酒中有深味——陶渊明《饮酒》和莪默·伽亚谟《鲁拜集》

1990年5月,智量主编《比较文学三百篇》,上海文艺出版社,第634-638页。

Rubáiyát 译为"鲁拜集"。

Omar Khayyám 译为"莪默·伽亚谟"。

Edward FitzGerald 译为"爱德华·费慈吉拉德"。

2013年8月,邓乔彬著《邓乔彬学术文集/第二卷/比较诗学/比较诗学论文》,安徽师范大学出版社,第242-245页。

"'酒中有深味',两者确有不少共同之处,而时代与世界观的局限,又使陶渊明与莪默·伽亚谟在探索人生不可知后,转而好酒,使作品的消极面也极相似。当然,《饮酒》中拒绝征召,坚持节操,肯定归隐之路,是《鲁拜集》所没有的,而《鲁拜集》中对人生、宇宙的探索精神,对宗教的批判嘲弄,又远过于《饮酒》。"

【1248】
《世界名著鉴赏大辞典》:菲茨杰拉德(词条)

1990年10月,[美国]麦吉尔主编《世界名著鉴赏大辞典[MASTERPLOTS]/诗歌卷/波斯语诗集/哈菲兹(蒋达译)/欧玛尔·海亚姆的四行诗集/菲茨杰拉德(李毅春译)》,中国书籍出版社,第213、827-829页。

Rubáiyát 译为"鲁拜集/四行诗集"。

Omar Khayyám 译为"欧玛尔·海亚姆"。

Edward FitzGerald 译为"爱德华·费茨述拉特/爱德华·菲茨杰拉德"。

"《波斯语诗集》的读者会不知不觉地拿哈菲兹的抒情诗去同更早期的波斯诗人欧玛尔·海亚姆的诗作比较。海亚姆的作品,经过爱德华·费茨述拉特的改编,更广为操英语的读者所熟悉。两位诗人的作品有很多共同点。在他们两人的作品中,都有明显的享乐主义,采用相象的比喻,并具有同样甜美的流畅。明显不同的是格调的表面形式。欧玛尔·海亚姆用四行诗的格式来写,就像《鲁拜集》这个名字所表明的那样;而哈菲兹是采用嘎扎勒抒情诗这一体裁。"

◇《鲁拜集》汉译书目

【1249】
勤耘:世界名诗译介奇葩——新书《怒湃译草》

1990年10月12日,《北京青年报》第4-5版。

Rubáiyát 译为"怒湃译草/四行诗集/鲁拜集/柔巴依集"。

Omar Khayyám 译为"莪默·海涌"。

Edward FitzGerald 译为"爱德华·菲茨杰拉德"。

勤耘,本名秦桂英。

1993年10月,《中国大学出版社概览/1955-1991/〈怒湃译草〉》,上海交通大学出版社,第236页。

1993年12月,《中国出版年鉴/1992/〈怒湃译草〉》,中国出版年鉴社,第365页。

———————

"《怒湃译草》/本书是迄今汉译本中印制最精美的一种。书名由钱锺书题签;月沉日升,怒潮澎湃的彩色封面系女画家王惕绘制;书内一首首短诗和一幅幅插画相映成趣。"

【1250】
《中外名言大辞典》:情人在身旁(格言)

1991年2月,《中外名言大辞典/爱情篇/4.爱情给人以勇气和力量》,四川辞书出版社,第975页。

Rubáiyát 未译名。

Omar Khayyám 译为"莪默伽耶"。

Edward FitzGerald 未译名。

1992年8月,《人生精言/十、婚恋篇/爱情/爱情的力量》,哈尔滨出版社,第379页。

1995年12月,《贺卡金言/三、恋人絮语(情人卡)/4.表憧憬》,上海人民出版社,第103页。

此版为"智慧小屋"丛书之一。

1999年9月,《名人语录/外国卷/情人》,内蒙古人民出版社,第520页。

Omar Khayyám 译为"莪默加亚谟"。

2000年8月,《中外名人名言精选/上(上下卷)/情感篇》,中国社会出版社,第484页。

2004年2月,《心动情人节/四、爱情论语/名人谈"情"说"爱"》,中国书籍出版社,第67页。

2004年4月,《外国名人名言总集/最新修订图文版/情人》,时代文艺出版社,第507页。

Omar Khayyám 译为"莪默加亚谟"。

此版为"传统文化书系"丛书之一。

2014年11月,《智慧短诗文——文学短信鉴赏/4.爱的伤痛/爱情之痛》,江西教育出版社,第141页。

————

"情人在身旁,地狱变天堂!"

【1251】

《文学百科辞典》:菲茨杰拉尔德、《鲁拜集》、欧玛尔·海亚姆、四行诗(条目)

1991年4月,《文学百科辞典》,知识出版社,第201、472、581、734页。

Rubáiyát 译为"鲁拜集"。

Omar Khayyám 译为"欧玛尔·海亚姆"。

Edward FitzGerald 译为"菲茨杰拉尔德"。

————

"《鲁拜集》[Robā'iyāt]/11世纪波斯诗人欧玛尔·海亚姆的四行诗集。赞美肉欲之乐,语言明白晓畅、朴实洗练。1859年被译成英文出版,对英国'世纪末'诗歌有较大影响。"

【1252】

李光超:欧玛尔·海亚姆:《鲁拜集》(节选)

1991年6月,《外国文学/增补本/上/第十五章/西亚北非文学/〈二〉/下/第十四章/西亚文学作品选》,华东师范大学出版社,第324-325、680-686页。

◇《鲁拜集》汉译书目

选载郭沫若译本译诗诗节18首(第1、2、3、28、29、30、80、81、82、83、84、85、86、87、88、89、90、91首)

Rubáiyát 译为"鲁拜集"。

Omar Khayyám 译为"欧玛尔·海亚姆/莪默·伽亚谟"。

Edward FitzGerald 译为"菲茨吉拉德"。

"欧玛尔·海亚姆(1040？—1122？旧译莪默·伽亚谟)是中古波斯著名的哲理诗人,又是著名的哲学家、科学家,著名的四行诗集《鲁拜集》就是他的代表作。作为一个诗人,他长期不为人知。1857年,英国诗人菲茨吉拉德把他的诗作译成英文后,才成为驰名欧洲的'一位东方最大的诗人'。"

【1253】
陈越、田军:《英美名诗精萃》

1991年9月,陈越、田军译编《英美名诗精萃(英汉对照)/莪默·伽亚谟之鲁拜集(节选)》,陕西人民教育出版社,第14-15页。

Rubáiyát 译为"鲁拜集"。

Omar Khayyám 译为"莪默·伽亚谟"。

Edward FitzGerald 译为"爱德华·菲茨杰拉德"。

节选2首,选载闻一多译本1首(第18/101首)和郭沫若译本1首(第28/101首)。

"《鲁拜集》的历史是她被翻译的历史,是这位英国诗人使她成为英语和世界文学的一部分。"

【1254】
《数学教育辞典》:奥马·海亚姆(条目)

1991年9月,《数学教育辞典》,山东教育出版社,第802页。

Rubáiyát 未译名。

Omar Khayyám 译为"奥马·海亚姆"。

Edward FitzGerald 未译名。

"奥马·海亚姆是一位全能的学者,在数学、天文、哲学、文学、音乐等方面都有著述。其主要著作有《代数学》、《算术问题》、《智慧的天平》等。"

【1255】
王青建:奥马·海亚姆(条目)

1991年11月,杜瑞芝、王青建等编著《简明数学史辞典/数学家》,山东教育出版社,第78-79页。

Rubáiyát 译为"四行诗集"。

Omar Khayyám 译为"奥马·海亚姆"。

Edward FitzGerald 未译名。

2000年8月,杜瑞芝主编/王青建撰稿《数学史辞典/数学家/奥马·海亚姆》,山东教育出版社,第106页。

———

"奥马·海亚姆(约1048.5.15-约1131.12.4)/数学著作有《代数问题的论证》、《算术问题》、《智慧的天平》等,主要贡献是:定义代数学为'解方程的科学',……"。

【1256】
《世界名言大词典》:[波斯]海亚姆《鲁拜集》(格言)

1991年12月,《世界名言大词典/自然/树木与花草》,长春出版社,第626页。

Rubáiyát 译为"鲁拜集"。

Omar Khayyám 译为"海亚姆"。

Edward FitzGerald 未译名。

———

"一度盛开的花朵终要永久凋谢。"

【1257】
杨铁原:意外之喜

1991年12月8日,《湖南日报》第3版。

Rubáiyát 译为"鲁拜诗/柔巴依/怒湃"。

Omar Khayyám 未译名。

Edward FitzGerald 未译名。

1996年7月,湖南杂文学会编《湖南杂文百家》,湖南文艺出版社,第289-290页。

"'……有一中译本书名为《怒湃译草》,译名不妥,因为"译草"二字之前只能用译者人名',如同我们不能用《十四行诗译草》或《日本俳句译草》作书名一样。接下来,施先生[施蛰存]带了一笔:'这个书名是钱锺书题字的,不知道锺书君秉笔之际,为什么不向译者提出意见?'读到这里,不禁窃自一喜:钱锺书先生总算让人逮着一回了!"

【1258】
赵国栋:"柔巴依"及其翻译

1991年12月,《新疆民族语文翻译研究》,新疆人民出版社,第230-235页。

Rubáiyát 译为"柔巴依/鲁巴依/鲁拜集"。

Omar Khayyám 译为"奥马尔·哈亚姆/奥巴尔·哈亚姆"。

Edward FitzGerald 未译名。

"'柔巴依'原由阿拉伯语'柔布'一词演变而来,意为'四行诗'。它是广泛流传在波斯人民和中亚某些操突厥语人民以及我国新疆维吾尔族,塔吉克族人民中间的传统诗体之一。它还出现在阿拉伯文学中。"

【1259】
《世界名人思想词典》:欧玛尔·海亚姆(格言)

1992年3月,[法国]让·德·维莱[Jean de Villers]编/施康强等译《世界名人思想词典》,重庆出版社,第224-225页。

Rubáiyát 译为"四行诗集"。

Omar Khayyám 译为"欧玛尔·海亚姆"。

Edward FitzGerald 未译名。

2002年6月,《见解大辞典/豪华彩色插图本/260/昨日》,延边人民出版社,第877页。

"我的一生中总有两天不让我难受:/已被忘却的昨天和我毫无打算的明天。""在我们来到之前,世上什么也不缺;/在我们离去之后,它也不会缺少什么。"

【1260】
《全球名人大典》:莪默·伽亚谟

1992年8月,《全球名人大典》,哈尔滨出版社,第653页

Rubáiyát 译为"鲁拜集"。

Omar Khayyám 译为"莪默·伽亚谟/奥马尔·哈亚姆"。

Edward FitzGerald 未译名。

"莪默·伽亚谟('Umar Khayyam,1048-1123)出生于霍拉桑州首府纳霞堡的一个手工业者家庭。又译奥马尔·哈亚姆。波斯著名诗人、数学家、天文学家。知识渊博,才华过人。十八岁时即在撒马尔罕首席法官的府中从事科学研究。发表的一篇关于代数方程式的论文受到重视,被引进布哈拉诸侯宫中,后又被推荐到苏丹宫廷,主管伊斯法罕和麦尔夫天文台。1079年,编订了历法,这部历法比太阳历还要精确完善。文学上的主要成就是他所创作的三百余首'四行诗'。"

【1261】
《外国名句辞典》:世界、真实、死之必然、青春、命运、真理、天堂(格言)

1993年2月,支顺福等编译《外国名句辞典》,上海辞书出版社,第15、73、415、477、531、724、816页。

Rubáiyát 译为"鲁拜集"。

Omar Khayyám 译为"欧玛尔·海亚姆"。

Edward FitzGerald 未译名。

"我从地心穿过七重天,/爬上了温饱的宝座,/一路上排除千难万险,/但怎么也打不开命运这把总锁。""那翻转的碗儿他们唤作天空,/下面是我们生死其中的樊笼:/别趴倒在地下举手向天求助——/它之行动无力也和你我相同。"

◇《鲁拜集》汉译书目

【1262】
《实用百科全书》:欧玛尔·海亚姆(条目)

1993年5月,实用百科全书编委会编《实用百科全书/外国文学/伊朗》,开明出版社,第685页。

Rubáiyát 译为"鲁拜体/柔巴依体"。

Omar Khayyám 译为"欧玛尔·海亚姆/莪默·伽亚谟"。

Edward FitzGerald 未译名。

———

"欧玛尔·海亚姆/波斯诗人、哲学家、天文学家。生前以自然科学家闻名于世,死后才开始流传他的四行诗。""他的诗19世纪中叶传到欧洲,对欧美抒情短诗的创作产生过一定的影响。"

【1263】
《世界人生名言大辞典》:退隐(格言)

1993年9月,《世界人生名言大辞典/五十三、论生活的艺术篇》,华夏出版社,第922页。

Rubáiyát 译为"鲁拜体"。

Omar Khayyám 译为"欧·海亚姆"。

Edward FitzGerald 未译名。

———

"新年使旧欲复生,思者隐居于幽静之中。[利比亚]欧·海亚姆:《鲁拜集》"(编者:利比亚误植,应为波斯。)

【1264】
范军:"鲁拜"诗圣——欧玛尔·海亚姆

1993年12月,范军著《诗神的诱惑——东方诗歌史话/中古东方诗歌/波斯:群星璀璨的东方"诗国"》,海南出版社,第76-77页。

Rubáiyát 译为"鲁拜集"。

Omar Khayyám 译为"欧玛尔·海亚姆"。

Edward FitzGerald 译为"爱·菲茨杰拉尔德"。

此版为"世界文学评介丛书/第二辑/分体文学史"之一。

―――――

"海亚姆的哲理诗对自然、人生、社会和宗教等问题作了严肃、深入的探讨。《鲁拜集》是中古波斯哲理诗的最高成就;它不仅表现了中古波斯诗歌中前所未有的叛逆精神,而且在前人的基础上,使四行诗(也称'柔巴依'体)在形式达到了完美的地步。"

【1265】
唐湜:费兹杰拉德的奥玛(诗歌)

1995 年 7 月,唐湜著《蓝色的十四行/唐湜十四行诗卷/1965 - 1991/III/新翠集/古瓯水上的城/外八章》,北京燕山出版社出版,第 245 页。

Rubáiyát 译为"四行诗卷/鲁拜集/柔巴依"。

Omar Khayyám 译为"奥玛·海亚姆"。

Edward FitzGerald 译为"费兹杰拉德"。

唐湜,本名唐扬和。

―――――

"你呵,参透了生死的神秘,/深邃的茔墓没叫你心寒;/可时间的尘沙淹没了诗卷,/到这忽儿才遇到幸运的费;//幸运的他遇到了幸运的/你,古波斯伟大的星象家,/拿自己清明的笔描出了/你澄澈的感悟,智慧的花,/给我们添了个光亮的新月,/也给你征服了广大的世界!"

【1266】
《外国文学的艺术发展史》:"吞噬教义"的灵蛇——海亚姆的《鲁拜集》

1998 年 5 月,《外国文学的艺术发展史/第二章/神与英雄的赞颂——传奇时代/三、传奇式的非宗教诗人与反宗教诗人/(一)》,云南人民出版社,第 104 - 107 页。

Rubáiyát 译为"鲁拜集"。

Omar Khayyám 译为"欧玛尔·海亚姆"。

Edward FitzGerald 译为"菲茨杰拉德"。

2009 年 12 月,《外国文学的艺术发展史/第二章/神与英雄的赞颂——传奇时代/三、传奇式的非宗教诗人与反宗教诗人/(一)》,云南人民出版社,第 104 - 107 页。

◇《鲁拜集》汉译书目

"在中古波斯诗人中,欧玛尔·海亚姆(约1048—1123)是一个离经叛道者,在沉重的伊斯兰宗教氛围笼罩下,他却能保持独立的个性,对自然、社会、人生、宇宙等问题作严肃深入的探讨。更有甚者,他敢于冒天下之大不韪,向真主提出质问,对种种教条作大胆的怀疑和否定。难怪教会人士和统治者对他的诗惊惶不安,把他的《鲁拜集》称为'吞噬教义的色彩斑斓的毒蛇'。"

【1267】
《共悟人生》:死之理解(格言)

1998年8月,《共悟人生/第一卷/世界·人生/理解生命之意义,敢于面对死亡》(全四卷),百花文艺出版社,第79页。

Rubáiyát 未译名。

Omar Khayyám 译为"海亚姆"。

Edward FitzGerald 未译名。

"不奇怪吗? 无数人在我们之前走过那黑暗的门,却没有一个回来告诉我们走过的路。为了发现它,我们也必须走一遭。/[波斯]海亚姆"

【1268】
《世界知识大辞典》:海亚姆(条目)

1998年10月,《世界知识大辞典/修订本》,世界知识出版社,第599页。

Rubáiyát 未译名。

Omar Khayyám 译为"海亚姆"。

Edward FitzGerald 未译名。

该版为第2版,1988年2月第1版。

"海亚姆对《古兰经》中所讲的真主创世、复活、末日审判诸说持怀疑态度,认为宇宙、世界自有其规律,但这些规律又是人所不可能理解的,从而陷入不可知论。"

【1269】

[美国] T. 帕帕斯:诗人兼数学家——海亚姆

1998 年 12 月,[美国] T. 帕帕斯[Theoni Pappas]著/张远南、张昶译《数学趣闻集锦——数学就在你周围/下》(上下册),上海教育出版社,第 314-315 页。

Rubáiyát 译为"诗集"。

Omar Khayyám 译为"海亚姆"。

Edward FitzGerald 未译名。

此版为"通俗数学名著译丛"丛书之一。

"海亚姆(Omar Khayyam,1050?-1123)以其诗文作品(如《诗集》)而闻名于世。他在数学上也因多有建树而知名,诸如:发现三次方程的几何解法;提出了确定二项式 4 次,5 次,6 次或高次方的一种规则(正如在他的书《代数》中所提到的);写了一些对欧几里得的《几何原本》批判性的论述。海亚姆还是一位有成就的天文学家。他对波斯的日历加以改造,使其几乎与格里高里历一样精密。"

【1270】

《人类五千年大事典》:奥马尔·哈雅姆去世(条目)

1999 年 1 月,修朋月主编《人类五千年大事典》,北方文艺出版社,第 291 页。

Rubáiyát 译为"鲁拜集"。

Omar Khayyám 译为"奥马尔·哈雅姆"。

Edward FitzGerald 未译名。

"1123 年,伊朗著名诗人、数学家、天文学家奥马尔·哈雅姆(1048-1123)去世。"

【1271】

齐祁:《鲁拜集》鉴赏

1999 年 10 月,《中外文学名著精品赏析/外国文学卷/上/波斯-伊朗/欧玛尔·海亚姆》,首都师范大学出版社,第 175-177 页。

Rubáiyát 译为"鲁拜集/柔巴依集"。

◇《鲁拜集》汉译书目

Omar Khayyám 译为"欧玛尔·海亚姆/莪默·伽亚谟"。

Edward FitzGerald 译为"菲茨杰拉德"。

选载黄杲炘译本译诗诗节 5 首。

"宇宙的永恒,世界的虚无,人生的困惑,这是海亚姆哲理诗中反复吟咏的主题。尽管在这些短诗中充斥着不可知论的彷徨,弥漫着沉郁和悲凉,但它却闪烁着智者透视沉沉夜幕寻觅光明的不屈目光,跳动着诗人那颗探索宇宙、人生奥秘的拳拳之心。"

【1272】
[英国]罗诺尔·巴尔福特、[英国]埃德蒙·沙利文:《鲁拜集》插图

2000 年 7 月,刘天呈编著《英国素描经典》,天津人民美术出版社,第 150－168、170 页。

Rubáiyát 译为"鲁拜集"。

Omar Khayyám 未译名。

Edward FitzGerald 未译名。

此版为"世界素描大系"丛书之一。

选载[英国]罗诺尔·巴尔福特[鲍尔弗]的插画作品 19 幅和[英国]埃德蒙·沙利文的插画作品 1 幅。

【1273】
《文学名著精华》:鲁拜/欧玛尔·哈亚姆

2000 年 7 月,《文学名著精华/外国卷/波斯文学》,时代文艺出版社/吉林音像出版社,第 447－449 页。

Rubáiyát 译为"鲁拜集/柔巴依集"。

Omar Khayyám 译为"阿布法特赫·欧玛尔·哈亚姆/莪默·伽亚谟"。

Edward FitzGerald 译为"费兹吉拉德"。

选载张鸿年译本译诗诗节 10 首,译诗正文前有"作者介绍"、"内容提要"。

"英国诗人费兹吉拉德于 19 世纪中译了哈亚姆的 101 首四行诗,这是哈亚姆登上世界文坛的起点。""……他的诗具有充实的思想内容,严密的论辩逻辑和浓厚的哲理色彩,

语言质朴清新,凝练犀利,内容与形式完美地结合在一起,有强烈的吸引力。"

【1274】
《英华大词典》:《鲁拜集》

2000年8月,《英华大词典/修订第三版》,商务印书馆,第1343页。

Rubáiyát 译为"鲁拜集"。

Omar Khayyám 译为"莪默·伽亚谟"。

Edward FitzGerald 未译名。

1956年12月第一版,1984年6月修订第二版。

————

"Ru·bai·yat['ruːbiˌjɑːt, -bai-; rubìjɑt, -ba1-] n. 〈鲁拜集〉[古波斯诗人莪默·伽亚谟所作的每节四行的长诗]。~stanza 抑扬格五音步的四行诗节[韵律为aaba]。"

【1275】
李欧梵:《东方猎手》——一部小说构思的开端

2000年12月,李欧梵著《世纪末的反思/文学反思》,浙江人民出版社,第133-136页。

Rubáiyát 译为"鲁拜集"。

Omar Khayyám 译为"欧玛尔·海亚姆"。

Edward FitzGerald 未译名。

此版为"陈子善主编'海外学者散文'"丛书之一。

————

"去年某夜,百无聊赖,想听听音乐,随意从我收藏的激光唱片中抽出一张,是一位美国二流作曲家(名字已忘)的一个交响组曲,就叫做《欧玛尔·海亚姆》,开头由一位英国明星Michael York 朗诵《鲁拜集》,他念的诗句颇为动听,也很耳熟,现简译一首如下(根据较流行的该诗集第五版):/拿一部诗集在树下读/一壶酒,一条面包——还有你/在我身旁,高歌于原野/啊,原野就是眼前的天堂/我竟然听得入迷,觉得此诗的意境太好了……"

【1276】
西川:柔巴依集(选章)点评、总评

2001年3月,曹文轩主编/西川点评《外国文学名作导读本/诗歌卷/上

◇《鲁拜集》汉译书目

编/古代和近代诗歌/柔巴依集(选章)》,广西教育出版社,第29-32页。

Rubáiyát 译为"柔巴依集"。

Omar Khayyám 译为"欧玛尔·海亚姆"。

Edward FitzGerald 译为"爱德华·费茨杰拉德"。

选载张鸿年译本12首诗节。

———

"诗人郭沫若曾经把欧玛尔·海亚姆比作波斯的李太白。这是由于欧玛尔·海亚姆像李太白一样嗜酒,至少他在诗中是这样。但这种比附可能容易使我们忽略了欧玛尔·海亚姆'嗜酒'的特殊原因:在《柔巴依集》中,酒壶、酒盏、陶罐等可能象征着真主、世界和个人的关系;酒,可能指的是对真主的默祷。当然,我们也不应排除诗人借酒肯定自由思想和享乐主义。"

【1277】

《世界科技人名辞典》:乌马儿·海亚姆(条目)

2001年10月,《世界科技人名辞典》,广东教育出版社,第1025页。

Rubáiyát 未译名。

Omar Khayyám 译为"乌马儿·海亚姆"。

Edward FitzGerald 未译名。

———

"乌马儿·海亚姆'Umar Khaiyam [英] Omar Khayyam,？-1123(1124)。伊朗天文学家、数学家、哲学家、诗人。生于呼罗珊省的尼沙布尔。参与加拉里历(Jalāli)的制定工作(1079.3.15开始)。"

【1278】

[英国]罗诺尔·巴尔福特:《鲁拜集》(插图)

2002年1月,宋飞等著《黑白有形/绘画技法及造型规律》,岭南美术出版社,第246页。

Rubáiyát 译为"鲁拜集"。

Omar Khayyám 未译名。

Edward FitzGerald 未译名。

选载[英国]罗诺尔·巴尔福特[鲍尔弗]插画作品1幅。

"……罗诺尔·巴尔福特的《鲁拜集》是世外桃源……"。

【1279】
[美国]哈罗德·豪:《鲁拜集》(欧玛尔·海亚姆著)

2002年5月,王月瑞译《哈佛书架/100位哈佛大学教授推荐的最有影响的书/64》,海南出版社,第206页。

Rubáiyát 译为"鲁拜集"。

Omar Khayyám 译为"欧玛尔·海亚姆"。

Edward FitzGerald 未译名。

此版为"蓝书房"丛书之04。

"……某些堕落的笔调也许是我喜爱这部可爱的诗集的原因。它鞭挞浮华,赞美酒、女人与诗歌,温和地嘲笑宗教。所有这一切,都使我喜欢它。"

【1280】
《外国诗歌基本解读》:波斯"天幕制造者"莪默·伽亚谟

2002年6月,北京师联教育科学研究所编《(笺图)外国诗歌基本解读/5/古波斯·非洲卷》,人民武警出版社,第1-21页。

Rubáiyát 译为"鲁拜集"。

Omar Khayyám 译为"莪默·伽亚谟"。

Edward FitzGerald 译为"费慈吉拉德"。

文后录郭沫若译本全文。

此版为"外国文学基本解读/外国诗歌基本解读"丛书之一。

"费慈吉拉德……他爱花,爱音乐,爱舟游。使他永垂不朽,和莪默·伽亚谟之名相联如双子星座的,便是他的'鲁拜集'的英译。"

【1281】
[波斯]莪默·伽亚谟:入世出世

◇《鲁拜集》汉译书目

  2002年10月,《语文拓展读本/外国文选(高中)/一、真情卷/2.》,复旦大学出版社,第8页。

  Rubáiyát 译为"鲁拜集"。

  Omar Khayyám 译为"莪默·伽亚谟"。

  Edward FitzGerald 未译名。

  选载郭沫若译本译诗诗节1首(第29首),诗节后有"思考与练习"。

  此版为"语文拓展读本"丛书之一。

"二、既然'飘飘入世,如水之不得不流','飘飘出世,如风之不得不吹',那么,从入世到出世这段时间应不应该如水流风吹那样的不可逆转?联系人生,应不应该以信念为动力,孜孜以求,以事业为生命,锲而不舍?"

【1282】

博尔赫斯:"圣马丁札记簿"诗选章节前题记

  2003年1月,[阿根廷]豪尔赫·路易斯·博尔赫斯[Jorge Luis Borges]著/陈东飚译《博尔赫斯诗选/圣马丁札记簿(1929)》,河北教育出版社,第39页。

  Rubáiyát 未译名。

  Omar Khayyám 未译名。

  Edward FitzGerald 译为"爱德华·菲茨杰拉德"。

  此版为"20世纪世界诗歌译丛/第二辑"丛书之一。

"对于一本偶然的诗集,这样的人并不多,他们有闲暇阅读,着魔于他们心灵的无论什么音乐,但在他们的自然生命里大约十到二十次无力写诗:以一种正确的星辰排列。对这样的机会加以利用并无害处。"/爱德华·菲茨杰拉德《在一封致伯纳德·巴尔顿的信中》(1842)"

【1283】

[美国]戴尔·古德:欧玛尔·海亚姆、菲茨杰拉德、鲁拜

  2003年11月,[美国]戴尔·古德[Dale Good]主编/周志成等编译《康普顿百科全书/自然科学卷/天文学/欧玛尔·海亚姆》,中国商务印书馆/美国康普顿知识出版社,第346页。

增　订　◇

2005年9月,[美国]戴尔·古德[Dale Good]主编/赵景纯等编译《康普顿百科全书/文化与体育卷/英国文学/维多利亚时代的主要诗人(菲茨杰拉德)/伊斯兰文学(鲁拜)》,中国商务印书馆/美国康普顿知识出版社,第218、323-324页。

Rubáiyát译为"鲁拜/鲁拜集"。

Omar Khayyám译为"欧玛尔·海亚姆"。

Edward FitzGerald译为"爱德华·菲茨杰拉德"。

──────

"欧玛尔·海亚姆(1048-1122)/惟一有双重名声的人。在他所处的时代欧玛尔·海亚姆被公认为一位辉煌的学者,他精通数学、哲学、天文学、法律、医学和历史。对现代英语系的世界,他则是一小册优美非凡的诗篇的作者。""……爱德华·菲茨杰拉德意译的《欧玛尔·海亚姆的鲁拜集》(1859),此诗原是波斯天文学家欧玛尔所写。菲茨杰拉德声称:那些宗教理想被科学摧毁的人们的惟一行动方针是自我放纵。""鲁拜/(四行诗)也植根于伊斯兰教以前波斯的诗歌传统。"

【1284】

严凌君:波斯哲人诗笺

2003年12月,严凌君主编/导读《人间的诗意——人生抒情诗读本/1/上编/我来到这个世界/祖先的智慧》,商务印书馆,第59-61页。

Rubáiyát译为"柔巴依集/鲁拜集"。

Omar Khayyám译为"哈亚姆"。

Edward FitzGerald译为"菲茨杰拉德"。

选载译诗诗节共5首,其中黄杲炘译本4首、飞白译本1首。

此版为"青春读书课系列人文读本/高级读本第四卷"丛书之1。

──────

"哈亚姆是一位全才型的人物,生前以哲学家、数学家、天文学家闻名于世,死后五十年,人们才发现他是一位大诗人。19世纪,名作家菲茨杰拉德把他的诗歌《柔巴依集》译成英文,从此获得世界性声誉。""老天爷,你别神气!你造人用的是劣质的泥,居然要求人有完美的天性。你造个伊甸园,偏偏把蛇放进去。是你设下种种陷阱让人犯罪,却把'原罪'的帽子扣在人的头顶。你宽恕人吧,让人也好宽恕你。"

◇《鲁拜集》汉译书目

【1285】

也文也武:《鲁拜集》

2003年12月19日,香港《文汇报/副刊》第9版。

Rubáiyát 译为"鲁拜集"。

Omar Khayyám 未译名。

Edward FitzGerald 未译名。

"叶嘉莹教授在她的著作中,曾介绍过一本由黄克孙教授衍译,十一世纪波斯诗集《鲁拜集》。这在台湾出版的衍译诗集,多年来,我在本港书坊找不到,甚至托朋友透过计算机网络向台湾书店寻找,也没有着落。"

【1286】

蒋洪新:鲁拜诗节

2004年1月,蒋洪新编著《英美诗歌选读/附录Ⅳ/英语诗体简介》,湖南师范大学出版社,第239页。

Rubáiyát 译为"鲁拜集"。

Omar Khayyám 译为"莪默·伽亚谟"。

Edward FitzGerald 译为"菲茨杰拉德"。

此版为"高等院校英语专业系列教材"丛书之一。

"鲁拜诗节(Rubáiyát Stanza)/菲茨杰拉德在译《莪默·伽亚漠之鲁拜集》(The Rubáiyát of Omar Khayyám of Naishápár)时采用的一种抑扬格五音步四行诗节,韵式为aaba。这种诗节可能是模仿中国古典诗中七绝或五绝的韵式而发明的。"

【1287】

[英国]尼克·阿诺德:科学之星欧玛尔

2004年1月,[英国]尼克·阿诺德著/郭景儒、邓其仁译《受苦受难的科学家/天文学家的故事》,北京少年儿童出版社,第58-63页。

Rubáiyát 未译名。

Omar Khayyám 译为"欧玛尔·海亚姆"。

Edward FitzGerald 未译名。

此版为"可怕的科学/经典科学"丛书之一。

"这一章要说的是希亚特·阿尔-丁·阿布·里法特·欧玛尔·依本·易卜拉欣·阿尔-尼萨布里·阿伊·海亚姆。他的名字非常饶舌,他的妈妈叫他喝茶一定用去了好几年的时间。"

【1288】
奥马尔·哈亚姆的柔巴依集(节选)

2004年12月,《外国诗人成名作选》,延边人民出版社,第33-35页。

Rubáiyát 译为"柔巴依集"。

Omar Khayyám 译为"奥马尔·哈亚姆"。

Edward FitzGerald 译为"爱德华·菲茨杰拉德"。

选载4首,未署名译者,应为黄杲炘译本。选诗诗节后有介绍。

此版为"人生成长奠基石丛书"之一。

"在达尔文发表划时代的《物种起源》的1859年,英国还出版了一本成就同样惊人的《柔巴依集》。""该集篇幅甚小,仅载有格律极为严谨的四行诗75首(后经多次修订,最终定为101首)。这是一位半隐居的英国学者兼翻译家的编译和创作成果,而给予他诗歌形象和灵感的原作,则是归在奥马尔·哈亚姆名下的同名作品。"

【1289】
[韩国]李光延:阿拉伯之夜

2005年1月,[韩国]李光延著/金红子译《有趣的数学/第一集/7》(共2集),北京理工大学出版社,第82-87页。

Rubáiyát 译为"鲁拜集"。

Omar Khayyám 译为"奥玛开阳"。

Edward FitzGerald 译为"菲茨杰拉德"。

"既是数学家又是诗人的奥玛开阳,1123年死于塞浦路斯。奥玛开阳生前常和自己的弟子尼扎米[Nizami]在庭园中散步,并说希望自己死后埋在玫瑰花瓣被北风吹落的地

方。可是尼扎米离开了他的老师,在奥玛开阳去世后很久才回来,那时,他发现了隐藏于庭园外玫瑰花丛中的奥玛开阳的坟墓。"

【1290】
[美国]克里斯·帕特莫尔:埃德孟德·J·苏里凡[沙利文]的一幅插图

2006年4月,[美国]克里斯·帕特莫尔编著/赵嫣译《奇幻卡通创作技法/角色设计篇/黑暗势力/死神》(共4册),美国Quarto出版社/中国青年出版社,第93页。

Rubáiyát 译为"鲁拜集"。

Omar Khayyám 译为"欧玛尔·海亚姆"。

Edward FitzGerald 译为"爱德华·菲茨杰拉德"。

此版为"奇幻卡通创作技法"丛书之一。

———

"埃德孟德·J·苏里凡这幅插图描绘了四行诗《鲁拜集》(11世纪波斯诗人欧玛尔·海亚姆所著的四行诗集。19世纪英国诗人爱德华·菲茨杰拉德把它译成英文。在英文通行的地区,这部诗集家喻户晓,类似于中国的《唐诗三百首》)。第三十五首的内容,死神从讲究美食和生活的人手中接过酒杯啜饮。死神可以看作是最终的黑暗势力,即使是再了不起的英雄,也无法逾越死亡。"

【1291】
[俄国]列夫·托尔斯泰:用心去感觉(格言)

2006年5月,[俄国]列夫·托尔斯泰著/李旭大译《生活值得过吗/托尔斯泰智慧日历/九月/3日》,中国发展出版社,第241页。

Rubáiyát 未译名。

Omar Khayyám 译为"奥马尔·海亚姆"。

Edward FitzGerald 未译名。

———

"除了上帝以外,没有任何人能够理解太初的秘密;没有人能够超越自我。——奥马尔·海亚姆"

【1292】
元文琪:波斯哲理诗创作的代表作家是谁？他的《鲁巴伊集》何所言？

2006年6月,《伊斯兰教文化150问》,东方出版社,第217-219页。

Rubáiyát 译为"鲁巴伊集"。

Omar Khayyám 译为"阿布法特赫·欧麦尔·哈亚姆/莪默·伽亚谟"。

Edward FitzGerald 译为"菲茨杰拉德"。

此版为"东方文化/世界宗教与文化书系"丛书之一。

———

"哈亚姆的'鲁巴伊'诗,虽然每首只有四行,形式短小,但内含深邃,富于哲理,耐人寻味。诗人的语言朴实无华,自然流畅,读来朗朗上口,颇具民歌风味。哈亚姆的诗歌想象奇特,譬喻新颖,在双关语、象声词和迭韵等艺术技巧的运用上也有独到功夫。伊朗现代著名作家萨迪克·赫达亚特盛赞他的诗作'堪称波斯诗歌的最高典范'。"

【1293】
《新牛津英汉双解大词典》:奥马尔·海亚姆(条目)

2007年1月,李广才等译《新牛津英汉双解大词典》,上海外语教育出版社,第1482页。

Rubáiyát 译为"鲁拜集"。

Omar Khayyám 译为"奥马尔·海亚姆"。

Edward FitzGerald 未译名。

———

"奥马尔·海亚姆/卒于1123年,波斯诗人、数学家和天文学家;发现于《鲁拜集》(译本出版于1859年)中的他的四行诗是对存在的奥秘和世俗享乐的沉思。"

【1294】
《趣闻数字》:波斯的诗人兼数学家

2007年4月,蔡磊主编《趣闻数字/趣闻数字篇》,中国戏剧出版社,第20-23页。

Rubáiyát 译为"鲁拜集"。

Omar Khayyám 译为"奥玛尔·海雅姆"。

◇《鲁拜集》汉译书目

Edward FitzGerald 未译名。

此版为"绚丽人生必读书系"丛书之一。

"海雅姆对于当时最深奥和最新颖的代数学也有很大贡献,1851年他著的《代数学》被译成法语,他给出的三次方程的几何解法,构思十分巧妙。"

【1295】
杨克礼:欧麦尔·赫亚姆(条目)

2007年4月,杨克礼等主编/中国伊斯兰百科全书编辑委员会编《中国伊斯兰百科全书》,四川出版集团/四川辞书出版社,第437页。

Rubáiyát 译为"鲁拜集"。

Omar Khayyám 译为"欧麦尔·赫亚姆/莪默·伽亚谟/奥马尔·哈亚姆"。

Edward FitzGerald 译为"爱·菲茨杰拉尔德"。

1994年3月第一版。

"他用入世主义观点探讨人生的意义,认为人生有限而宇宙无穷,人活着不能全靠宗教的安慰,应从现实生活中去追求快乐和慰藉。他对希腊哲学的形而上学(即逻辑学)加以推崇,主张用哲学去治疗人的灵魂,并探讨和研究自然科学。"

【1296】
[美国]约翰·塔巴克:奥马·海亚姆,鼎盛时期的伊斯兰代数学

2007年7月,[美国]约翰·塔巴克[John Tabak]著/邓明立、胡俊美译《代数学/集合、符号和思维的语言/第三章/从印度到北非的代数学》,商务印书馆,第64-70页。

Rubáiyát 译为"鲁拜集"。

Omar Khayyám 译为"奥马·海亚姆"。

Edward FitzGerald 未译名。

此版为"数学之旅"丛书之一。

"在西方,他作为《鲁拜集》的作者被人们铭记于心。19世纪,这部诗集经过整理、翻

译成英文后出版,以后多次再版,这是一部非常优秀的著作,现已译成世界上的各种语言版本。但是奥马·海亚姆作为一名诗人,其才华在当时并没有得到普遍认可,即使现在,伊斯兰国家也并不是因为他在这方面的能力把他铭记于心。"

【1297】
陈志明:《金庸笔下的文史典故》

2007年8月,陈志明著《金庸笔下的文史典故/下/《倚天屠龙记》卷/来如流水兮逝如风/山中老人》(上下册),东方出版社,第472－475页。

Rubáiyát 译为"鲁拜集"。

Omar Khayyám 译为"峨默/莪默/欧玛尔"。

Edward FitzGerald 未译名。

———

"笺释/志明按/金庸作《倚天》,自拟'来如流水兮逝如风,未知何处来兮何所终',是融合《鲁拜集》第二八首末句部分原文及第二九首诗意而成。"

【1298】
[美国]吕塔·赖默尔、[美国]维尔贝特·赖默尔:《数学我爱你》

2008年1月,[美国]吕塔·赖默尔[Luetta Reimer]、[美国]维尔贝特·赖默尔[Wilbert Reimer]著/欧阳绛译《数学我爱你/大数学家的故事/第六回/有好运要分享》,哈尔滨工业大学出版社,第43－50页。

Rubáiyát 译为"鲁拜集"。

Omar Khayyám 译为"奥玛尔·花拉子模"。

Edward FitzGerald 未译名。

———

"奥玛尔·花拉子模还是一位诗人,在西方世界,以《鲁拜集》的作者而著称,汇集的四行诗。以其浪漫色彩和韵律和谐而闻名。当十九世纪中叶第一次译成英文时,整个欧洲和亚洲都为这简单而有力的诗所吸引。"

【1299】
《自由派翻译传统研究》:19世纪英国的自由翻译

◇《鲁拜集》汉译书目

2008年2月,张彩霞等编著《自由派翻译传统研究/第二部分/自由派翻译传统在西方/第五章/近代翻译中的自由译派/第三节/自由译派在近代英国/三、》,外语教学与研究出版社,第319-323页。

Rubáiyát 译为"鲁拜集"。

Omar Khayyám 译为"莪默·伽亚谟"。

Edward FitzGerald 译为"菲茨杰拉德"。

———

"菲茨杰拉德的《鲁拜集》在当时感染过英国世纪末诗歌的情绪,他诗中的悲观主义和异国情调也大大影响过19世纪末的唯美主义。至今这些诗依然流传广泛,有的甚至已变成了日常用语。这一译作的成功在翻译史上都是少见的。"

【1300】

[美国]迈克尔·J. 布拉德利:奥马·海亚姆(约1048-1131年)

2008年4月,[美国]迈克尔·J. 布拉德利著/陈松译《数学的诞生/古代-1300年》,上海科学技术文献出版社,第95-106页。

Rubáiyát 译为"鲁拜诗集"。

Omar Khayyám 译为"奥马·海亚姆"。

Edward FitzGerald 译为"爱德华·费茨杰拉德"。

此版为"科学图书馆/数学先锋"丛书之一。

2011年1月,[美国]迈克尔·J. 布拉德利著/陈松译《数学的诞生/古代-1300年》,上海科学技术文献出版社,第95-106页。此版为"科学图书馆/数学先锋"丛书之一。

2014年6月,[美国]迈克尔·J. 布拉德利著/陈松译《古代数学先驱/10位古代数学家的故事/九》,上海科学技术文献出版社,第131-146页。此版为"美国科学书架:数学大师系列"丛书之一。

———

"海亚姆还写了一部关于音乐理论的著作《论四度音程包含的种类》。""公元1080年,他写了《论存在与责任之书》,在书里讨论了世界创造和人类祈祷的责任。他的第二本著作名为《对3个问题的回答:世界上矛盾的必须性,决定论和寿命论》,对题目中提到的3个问题表达了多方面的看法。这段时期,他写了第3本哲学书《论存在的普遍性》,提出了关于存在的问题。……此外他还写了两本哲学作品,名字分别是《一般科学中的推理之光》与《论存在之书》,这两本书都没有确切的写作日期。"

【1301】
《中国现代文学翻译版本闻见录》:鲁拜集

2008年6月,张泽贤著《中国现代文学翻译版本闻见录1905-1933/1905~1927》,上海远东出版社,第94-95页。

Rubáiyát 译为"鲁拜集"。

Omar Khayyám 译为"莪默伽亚谟"。

Edward FitzGerald 未译名。

此版为"远东收藏系列"丛书之一。

"《鲁拜集》,'辛夷小丛书'第四种,创造社编,郭沫若转译。上海泰东图书局民国十五年(1926年)7月三版,实售二角。发行人赵南公。平装,尺寸:10×14.9厘米。"

【1302】
《趣味格言辞典》:生死(格言)

2008年8月,《趣味格言辞典/一、人生舞台/11.》,四川出版集团/四川辞书出版社,第43页。

Rubáiyát 未译名。

Omar Khayyám 译为"欧玛尔·海亚姆"。

Edward FitzGerald 未译名。

2010年8月,《影响你一生的名人名言/外国/搏击人生场/人生·命运》,四川出版集团/四川文艺出版社,第155页。

"在我们来到之前,世上什么也不缺;在我们离开之后,它也不会缺少什么。"

【1303】
《英汉百科专名词典》:《鲁拜集》、鲁拜(条目)

2008年12月,《英汉百科专名词典》,商务印书馆,第974页。

Rubáiyát 译为"鲁拜集/柔巴依"。

◇《鲁拜集》汉译书目

　　Omar Khayyám 译为"欧玛尔·海亚姆"。
　　Edward FitzGerald 译为"E. 菲茨杰拉德"。

　　"《鲁拜集》/11 世纪波斯诗人欧玛尔·海亚姆所作四行诗集,赞美肉欲之乐,认为它是人生的唯一目的。""鲁拜/又译柔巴依,一种古老的波斯诗体。"

【1304】
《英国文学简史》:爱德华·菲兹杰拉德

　　2009 年 1 月,《英国文学简史/学习指南》,长江出版社,第 382 页。
　　Rubáiyát 译为"鲁拜集"。
　　Omar Khayyám 译为"奥玛·开阳"。
　　Edward FitzGerald 译为"爱德华·菲茨杰拉德"。
　　此版为"张鑫友英语系列"丛书之一。

　　"……他的四行诗传达了他对于人类存在本质的思想和要人们及时行乐的观点:'来,盛满杯,在春火中/将你悔恨的冬日外衣扔掷一边/时光之鸟正拍翅——即将展翅高飞。'"

【1305】
吴舜立:海亚姆(Khayam)的《鲁拜集》(*Rubai Yat*)——英语国家流播最广的东方诗集、中古波斯哲理诗的最高峰

　　2009 年 1 月,吴舜立编著《外国文学教程/上编/东方文学/第七章》,陕西师范大学出版社,第 82－92 页。
　　Rubáiyát 译为"鲁拜集/柔巴依集"。
　　Omar Khayyám 译为"欧玛尔·海亚姆/"。
　　Edward FitzGerald 译为"菲茨杰拉尔德"。
　　此版为"普通高等院校规划教材/高等素质教育探索教材"丛书之一。
　　2014 年 8 月,吴舜立主编《外国文学/上篇/东方文学/第二编/中古东方文学概述/第六章/英语国家流播最广的东方诗集、中古波斯哲理诗的最高峰:海亚姆(Khayyam)的《鲁拜集》(*Rubai Yat*)》,陕西师范大学出版总社有限公司,第 81－89 页。此版为"普通高等院校规划教材/高等素质教育探

索教材"丛书之一。

"第一节/海亚姆生平与创作简介";"第二节/《鲁拜集》内容梗概";"第三节/《鲁拜集》的基本思想蕴含";"第四节/《鲁拜集》的生命哲思";"第五节/《鲁拜集》的艺术风格";"思考题/讨论题"。

【1306】
程一身:最红的

2009年4月,《外国精美诗歌读本》,山东友谊出版社,第13-14页。

Rubáiyát 译为"鲁拜集"。

Omar Khayyám 译为"欧玛尔·海亚姆"。

Edward FitzGerald 译为"菲茨杰拉德"。

选载并简述闻一多译本(第19/101首)一诗节,作者题名"最红的"。

"《最红的》是《鲁拜集》的第十九首,这首诗用政治事变与美人装饰来解释花的颜色,从而做到了人事与物象的直接融合:最红的蔷薇是由帝王的血染红的,园中的朵朵玉簪儿是从美人头下坠下来的。"

【1307】
《人与人性格言》:时间之鸟(格言)

2009年4月,《青少年成长智慧书/名人名言录/第三篇/性格·机遇/惜时》,山东美术出版社,第174页。

Rubáiyát 译为"鲁拜集"。

Omar Khayyám 未译名。

Edward FitzGerald 译为"菲茨杰拉德"。

2010年2月,《人与人性格言/珍藏版/惜时与人性》,新疆美术摄影出版社/新疆电子音像出版社,第110页。

此版为"经典格言系列丛书"之一。

"时间之鸟只向一个方向拍翅展翼——看,这只大鸟已振翅而去。/菲茨杰拉德"

◇《鲁拜集》汉译书目

【1308】
《你应该知道的2000个文学常识》:欧玛尔·海亚姆

2009年9月,《你应该知道的2000个文学常识/外国卷/第一章——作家小传/亚非》,哈尔滨出版社,第275页。

Rubáiyát译为"鲁拜集"。

Omar Khayyám译为"欧玛尔·海亚姆"。

Edward FitzGerald未译名。

———

"欧玛尔·海亚姆(1048-1122),世界著名的波斯诗人,集哲学家、天文学家、数学家于一身的名人。出生于霍拉桑尼沙浦尔,幼年在家乡求学,一生致力于各种学术的研究,曾奉当时苏丹之命筹建天文台。代表作是诗集《鲁拜集》。"

【1309】
《英国文学简史学习指南》:爱德华·菲兹杰拉德

2010年2月,《英国文学简史学习指南/普通高等教育十一五国家级规划教材配套辅导》,武汉大学出版社,第222-223页。

Rubáiyát译为"鲁拜集"。

Omar Khayyám译为"欧玛尔·海亚姆"。

Edward FitzGerald译为"爱德华·菲兹杰拉德/爱德华·菲茨杰拉德"。

2014年4月,《英国文学简史学习指南/第三版/新增订本/高等院校英语专业经典教材同步辅导/高等院校英语专业考研指定参考书》,武汉大学出版社,第341、374-375页。

———

"来吧,添满酒杯,在春日的火焰中/脱去你冬天悔恨的衣裳:/时间的鸟儿不太可能/会拍打翅膀——鸟儿在飞翔。""菲茨杰拉德的《鲁拜集》采取意译的方法翻译。这部英语诗集多少是欧玛尔的诗作,又有多少是菲茨杰拉德自己的创作,人们一直就此争论不休。但无论如何,人们不可否认这是一部英语抒情诗的佳作,以其遣词造句之优美,韵律之精美而著称。"

【1310】
吕骥:《鲁拜集》第12、15、21首(歌曲)

增　订 ◇

2010年4月,中国音乐家协会编《吕骥纪念选集/歌曲卷》,人民音乐出版社,第138-139页。

Rubáiyát 译为"鲁拜集/四行诗"。

Omar Khayyám 译为"伽亚默/奥马尔·哈雅姆"。

Edward FitzGerald 未译名。

―――――

作词为郭沫若译本译诗诗节,谱曲创作于1930年春。

【1311】
[韩国]姜美善:波斯数学家奥马·海亚姆

2010年6月,[韩国]姜美善著/[韩国]闵恩贞插画绘图/孙羽译《幸福的小学生数学·3·图形的世界/历史中的数学》,九洲出版社,第86-87页。

Rubáiyát 译为"鲁拜集"。

Omar Khayyám 译为"奥马·海亚姆"。

Edward FitzGerald 未译名。

此版为"韩国引进/读·品·悟/幸福的小学生数学"丛书之一。

―――――

"在这些科学家中,有一位最引人注目的数学家,他就是波斯数学家奥马·海亚姆(Omar Khayyam,1050-1123)。"

【1312】
《清华北大状元最爱看的中外名著(大全集)》:《鲁拜集》

2010年7月,《清华北大状元最爱看的中外名著大全集/社会现实的虚实记录/诗歌》,北方联合出版传媒(集团)股份有限公司/万卷出版公司,第57-58页。

Rubáiyát 译为"鲁拜集/四行诗"。

Omar Khayyám 译为"欧玛尔·海亚姆/阿普尔·法塔赫·欧马尔·本·易卜拉辛·海亚姆·内沙浦里"。

Edward FitzGerald 未译名。

此版为"三最学生必读文库"丛书之一。

◇《鲁拜集》汉译书目

"近代全世界的知名学者均把它[《鲁拜集》]列为世界上必读的50本书籍中信仰类之首本,并批注其为'信仰的归宿,灵魂的良药'。"

【1313】
文物档案:《鲁拜集》(译稿)

2010年11月,陈建功主编《中国现代文学馆馆藏珍品大系/手稿卷》,文化艺术出版社,第184-185页。

Rubáiyát 译为"鲁拜集"。

Omar Khayyám 译为"海亚姆"。

Edward FitzGerald 未译名。

"文物档案/文物编号:DG001346/文物名称:《鲁拜集》(译稿)/产生时间:1939年/文物类别:诗歌/版别:原件/尺寸:16开/作者:[波斯]海亚姆/译者:孙毓棠/捐赠者:孙毓棠、巴金"。

【1314】
《英汉名篇名译》:鲁拜集(节选)

2010年11月,《英汉名篇名译/鲁拜集(节选)/赏析》(英汉对照),译林出版社,第373-380页。

Rubáiyát 译为"鲁拜集"。

Omar Khayyám 译为"莪默·伽亚谟/欧玛尔·哈亚姆"。

Edward FitzGerald 译为"爱德华·菲茨杰拉德"。

选载郭沫若译本译诗诗节第1首,作详细赏析。

此版为"双语译林"丛书之一。

"在翻译 Omar Khayyám 的这些诗歌时,菲氏采用了所谓的'创译法',即在把握原诗气韵与风格的基础上,在文字上自由发挥,他甚至将几首原诗并而译为一首,以至有时很难判断他的某一首译诗是根据哪一首原诗译出的。菲氏的翻译不追求字面的移植,强调保留原作的美感和风韵,从而使译文读者获得同原文读者阅读原文时一样的审美感受,即所谓的'Sacrifice verbal accuracy for aesthetic effect'。"

【1315】
《诗词欣赏》:《柔巴依集》选

2011年1月,《诗词欣赏/第九单元/外国诗歌欣赏/3.》,重庆大学出版社,第126页。

Rubáiyát 译为"柔巴依集"。

Omar Khayyám 译为"欧玛尔·海亚姆"。

Edward FitzGerald 未译名。

选载黄杲炘译本2首(菲氏第1、101首),译诗诗节后有"题解"、"赏析"。

此版为"职业教育特色素质课系列教材"丛书之一。

―――――

"本集子的第1首是写黎明,第101首则是明月升空,满天星斗了。通过这种慧眼独具的安排,使诗篇有了时间上的先后、内容意义上的关联和逻辑上的连续性,从而使整个诗集成为一个较有系统、较为和谐的有机整体。"

【1316】
苏恩泽:莪默·伽亚谟

2011年3月,苏恩泽著《文学的奥秘/第八章/外国文学史论/二、中古文学/波斯》,军事科学出版社,第287页。

Rubáiyát 译为"鲁拜集/四行诗"。

Omar Khayyám 译为"莪默·伽亚谟/海亚姆"。

Edward FitzGerald 未译名。

―――――

"即海亚姆,波斯大诗人、数学家、天文学家,塔古克文学古典作家。"

【1317】
常耀信:爱德华·菲茨杰拉德

2011年5月,常耀信主编《英国文学通史/第二卷/第八章/维多利亚时期/第二节/维多利亚诗歌》(全三卷),南开大学出版社,第357-361页。

Rubáiyát 译为"鲁拜集"。

◇《鲁拜集》汉译书目

Omar Khayyám 译为"欧玛·卡雅姆"。

Edward FitzGerald 译为"爱德华·菲茨杰拉德"。

2013年5月,常耀信主编《英国文学通史/第二卷/第八章/维多利亚时期/第二节/维多利亚诗歌》(全三卷),南开大学出版社,第357-361页。

———

"菲茨杰拉德只做了一件不同凡响的事,但这件事却足以让他在英国作家的圣殿中占有一个龛位。他把《鲁拜集》译成英语,……把欧玛·卡雅姆的诗作任意选出、翻译和排列,使它们成为一个形式优美、活力充沛、抒情味道浓郁的有机整体。"

【1318】

[英国]切斯特顿:欧玛尔与神圣的葡萄

2011年5月,[英国]切斯特顿[G. K. Chesterton]著/汪咏梅译《异教徒/第七章》,生活·读书·新知三联书店,第61-68页。

Rubáiyát 译为"鲁拜集"。

Omar Khayyám 译为"欧玛尔·海亚姆"。

Edward FitzGerald 译为"爱德华·菲茨杰拉德"。

此版为"基督教经典译丛"丛书之一。

———

"菲茨杰拉德翻译的欧玛尔·海亚姆的著作将我们这个时代一切邪恶、放任自流的享乐主义浓缩成永远的辛辣讽刺。""欧玛尔·海亚姆饮酒这事并不好,这种不好不在于饮酒本身。其不好、非常之不好,是因为它是医治性的饮酒。它是一个因不快乐而饮酒之人的饮酒。他饮用的是将宇宙拒之门外,而不是开启宇宙之酒。这种饮酒不是富有诗意的饮酒,富有诗意的饮酒欢畅发自天性;这种饮酒是理性的饮酒,……"。

【1319】

诗鸿:篷匠的儿子

2011年8月,诗鸿著《时空有过这些点/第13个点》,湖南科学技术出版社,第102-113页。

Rubáiyát 译为"柔巴依集"。

Omar Khayyám 译为"奥马·海亚姆/奥玛·海雅姆/莪默·伽亚谟"。

Edward FitzGerald 译为"爱德华·菲茨杰拉德"。

"……书里面有个姑娘叫小昭,她总是反复低唱着两句波斯小曲:'来如流水兮逝如风,不知何处来兮何所终!'小说里的金毛狮王谢逊的口告诉我们,这是波斯诗人峨默的诗。这峨默其实就是奥马。因为郭沫若当年把奥玛·海雅姆翻译成莪默·伽亚谟。小昭唱的两句诗,来自奥马的著名诗集《柔巴依集》,按照郭沫若的翻译,全诗是这样的:飘飘入世,如水之不得不流;/不知何故来,也不知来自何处;/飘飘出世,如风之不得不吹,/风过漠地又不知吹向何许。"

【1320】
洁子衿:我的鲁拜集

2011年8月2日,《三峡晚报/时代悦读》第C02版。

Rubáiyát 译为"鲁拜集"。

Omar Khayyám 未译名。

Edward FitzGerald 未译名。

"'这一本是借给你的'老师郑重其事地把这一本与其他送我的书区分开来,并告诉我这是自己最喜欢的译本。序言后有老师的字'安忍不动如大地,静虑深思似秘藏。'因为一直觉得读书是非常个人的事,我从来没有尝试想过一本书再另一个人的心中到底是什么模样,另一个人用什么样的方式爱她?然而翻开这书看见大约是好些年前写下的字,竟然有一点窥人心思的羞愧感。不过老师既然写下了这样的话,想来绝不会介意我阅读时那些妄自地揣测他是不是怀着禅味读这书。就像鲁拜集的这么多不同的译本,每个读她的人怀着不同的心思读出不同的感受,有人把她当做书海的一粟,全然不管有的人把她当作全部。"

【1321】
《人类在数学上的发现》:欧玛尔·海亚姆与三次方程解法

2011年11月,《人类在数学上的发现/古代印度及古代中亚地区的数学》,北京工业大学出版社,第53-55页。

Rubáiyát 未译名。

Omar Khayyám 译为"欧玛尔·海亚姆"。

Edward FitzGerald 未译名。

此版为"科学的进程"丛书之一。

"海亚姆发展了欧几里得的几何代数学,使几何与代数更紧密地联系起来,这是一项重要的贡献。可惜在 1851 年韦普克的译本出现之前,欧洲人几乎完全不知道他的工作(尽管在 18 世纪已对他有一些零星的介绍),否则解析几何的发现会更早。"

【1322】
王波:欧玛尔·海亚姆——不见科学但见诗

2012 年 1 月,王波著《温故/19》,西苑出版社,第 55 – 57 页。

Rubáiyát 译为"鲁拜集"。

Omar Khayyám 译为"欧玛尔·海亚姆"。

Edward FitzGerald 未译名。

此版为"中国青年报冰点周刊"丛书之一。

"诗人的光芒也几乎彻底淹没了他生前职业科学家的身份。虽然在荷兰的莱顿大学,至今仍藏有海亚姆的著作《算术问题》的手稿,但只有封面,内容已遗失。而和他科学家的面目一起模糊的,还有他的生平。""这个给后世留下了宝贵的科学、哲学和诗歌财富的人,后人却至今无法考证他的生卒日期。"

【1323】
[美国]卡尔·B.博耶:奥马·海亚姆

2012 年 5 月,[美国]卡尔·B.博耶[CARL. B. BOYER]著/[美国]尤塔·C.梅兹巴赫[UTA C. MERZBACH]修订/秦传安译《数学史/上(上下册)/修订版/第 13 章/阿拉伯的霸权》,中央编译出版社,第 266 – 267 页。

Rubáiyát 未译名。

Omar Khayyám 译为"奥马·海亚姆"。

Edward FitzGerald 未译名。

"奥马·海亚姆在他的《代数》中写道,他曾在别的地方宣布了一个法则,那是他为了求一个二项式的 4 次、5 次、6 次以及更高次幂而发现的,但这部作品并没有保存下来。有人推测,他指的是帕斯卡尔三角形的排列,这一规则大约同一时期似乎在中国出现过。"

【1324】

李晓玲:爱德华·菲茨杰拉德

2012年7月,《西方近现代翻译理论导读》,光明日报出版社,第223-245页。

Rubáiyát 译为"鲁拜集"。

Omar Khayyám 译为"欧玛尔·海亚姆"。

Edward FitzGerald 译为"爱德华·菲茨杰拉德"。

正文后选载菲茨杰拉德致考威尔[E. B. Cowell]等人的四封英语原文书信。

——————

"菲茨杰拉德也是一位兴趣广泛的作家。1851年,出版了他的第一本书《幼发拉底人》[Euphranor]采用柏拉图式的对话评论教育体系。1852年,出版了《波洛尼厄斯》[Polonius],是一本格言集,一些内容是他自己写的,其余的是借用的不太熟悉的英文经典。1853年,翻译出版了卡尔德隆[Calderon]的六个剧本[Six Dramas of Calderon]。1865年,翻译出版了古希腊作家埃斯库罗斯的《阿伽门农》[Agamemnon]和卡尔德隆的另外两个剧本。1880-1881年间,菲茨杰拉德翻译出版了俄狄浦斯[Oedipus]两个悲剧。他出版的最后一本书是《读物》[Readings]。"

【1325】

[美国]约翰·S. 梅杰:欧玛尔·海亚姆/公元1048-？/《鲁拜集》

2012年10月,[美国]克里夫顿·费迪曼、[美国]约翰·S. 梅杰著/马骏娥译《一生的读书计划/第二部分》,译林出版社,第64-66页。

Rubáiyát 译为"鲁拜集"。

Omar Khayyám 译为"欧玛尔·海亚姆"。

Edward FitzGerald 译为"爱德华·菲茨杰拉德"。

此版为"字里行间书房"之一。

2013年5月,[美国]克里夫顿·费迪曼、[美国]约翰·S. 梅杰著/马骏娥译《一生的读书计划/第二部分》,译林出版社,第67-69页。此版为"字里行间书房"之一。

2015年11月,[美国]克里夫顿·费迪曼、[美国]约翰·S. 梅杰著/马骏娥译《一生的读书计划/第二部分》,译林出版社,第67-69页。此版为

"阅读指南丛书"之一。

2018年2月,[美国]克里夫顿·费迪曼、[美国]约翰·S.梅杰著/马骏娥译《一生的读书计划/第二部分》,译林出版社,第71-73页。此版为"壹力文库"丛书之1。

"我记得几年前一个伊朗朋友告诉我,欧玛尔·海亚姆在西方完全是作为一个诗人而著名,为此他感到很惊讶。而且他很确切地告诉我,在整个伊斯兰世界,尤其是他的家乡波斯(现在是伊朗),他是作为一个数学家和天文学家而出名的。虽然他的诗受人尊敬,但是这种诗在他那个时代,任何一个受过高等教育的人都可以写出来,而且他们在特定的场合会即兴赋诗也被认为是情理之中的事。"

【1326】
《国人必知的2300个外国名人》:欧玛尔·海亚姆

2012年10月,《国人必知的2300个外国名人/上/文学泰斗/人文启蒙》(上中下),北方联合出版传媒(集团)股份有限公司/万卷出版公司,第58页。

Rubáiyát 未译名。

Omar Khayyám 译为"欧玛尔·海亚姆"。

Edward FitzGerald 未译名。

"欧玛尔·海亚姆(1048年-1122年),波斯诗人,哲学家,天文学家。他的四行诗继承了萨曼王朝时期霍拉桑体的诗风,语言明白畅达,朴实洗练,不饰雕琢,感情充沛。在严肃探讨自然、人生、社会和宗教等重要问题时,表现出深刻的哲理性思考和追求真理的执著精神。在以歌颂酒为主题的诗中,诗人大胆提倡了去追求现世人生的欢乐和自由幸福的生活。"

【1327】
师飞:欧玛尔·海亚姆(诗歌)

2012年12月,师飞著《轮盘上的醉梦/第四辑/久远的复调》,沈阳出版社,第164页。

Rubáiyát 未译名。

Omar Khayyám 译为"欧玛尔·海亚姆"。

Edward FitzGerald 未译名。

此版为"中国前沿诗丛"丛书之一。

———

"了解你 是不是/必须回到你的故乡/熟悉陈旧的胡须和脸/这还不够 是不是/必须替你出走/直到成吉思汗的车马出现/我给你玫瑰酒/你送我夜莺般的女人/在黎明的铡刀落下之前相遇/是不是 就能完成一个信徒的虔诚和背叛/……"。

【1328】
《悲情的科学世界》:孤独一生的数学诗人

2013年3月,李营主编《悲情的科学世界/三、创造是走向天堂,还是迈向地球/6.》,天津出版传媒集团/天津科学技术出版社,第103－106页。

Rubáiyát 译为"鲁拜集"。

Omar Khayyám 译为"欧玛尔·海亚姆"。

Edward FitzGerald 未译名。

此版为"科学传奇丛书"之一。

———

"欧玛尔·海亚姆(1048－1122)是波斯诗人、哲学家、天文学家,是一位在数学以及天文学方面非常有建树的科学家。他在数学方面也对很多后来的西方数学家有着很大的影响。他为了专心研究,终生未娶,既没有子女也没有遗产。在他死后,学生将他安葬在郊外的桃树和梨树下面。"

【1329】
《中学生名言名句辞典》:真理与谬误(格言)

2013年4月,黄传亮编著《中学生名言名句辞典(袖珍本)/求知篇》,上海辞书出版社,第170页。

Rubáiyát 译为"鲁拜集"。

Omar Khayyám 译为"欧玛尔·海亚姆"。

Edward FitzGerald 未译名。

此版为"辞海版·新课标·学生系列辞书"丛书之一。

———

"谬误与真理间也许仅隔着一根头发。"

◇《鲁拜集》汉译书目

【1330】
欧阳顺湘:海亚姆诞辰964周年

2013年,欧阳顺湘文《谷歌数学涂鸦赏析(中)》,《数学文化/数学燕云/21》(季刊)第4卷第2期,第41-42页。

Rubáiyát译为"鲁拜集"。

Omar Khayyám译为"欧玛尔·海亚姆/莪默·伽亚谟/峨默"。

Edward FitzGerald译为"爱德华·费兹哲罗"。

———

"2012年5月18日,谷歌在许多中东和北非国家的谷歌首页纪念古波斯诗人、数学家、天文学家和哲学家欧玛尔·海亚姆(Omar Khayyám,又译莪默·伽亚谟[郭沫若用译名]或峨默[金庸用译名],1048年5月18日-1131年12月4日)诞辰964周年。""伊朗人对欧玛尔很推崇,他们把5月18日定为海亚姆日,每一年的这一天都会在内沙布尔举行纪念活动。"

【1331】
《最美的诗歌》:柔巴依选(节选)

2013年7月,崔旌晖主编《最美的诗歌(典藏版)/下篇/世界最美的诗歌/亚洲诸国》,中国华侨出版社,第406-407页。

Rubáiyát译为"柔巴依集/柔巴依/鲁拜集"。

Omar Khayyám译为"奥马尔·哈亚姆/莪默·伽亚谟"。

Edward FitzGerald译为"菲茨杰拉德"。

选载郭沫若译本10首,文后有"作者简介"、"诗歌赏析"。

2014年11月,疏影编著《中国最美的诗歌/世界最美的诗歌/下篇/世界最美的诗歌/亚洲诸国》,北方妇女儿童出版社,第565-566页。

———

"哈亚姆的诗歌全部收在《柔巴依集》中,共252首,这里选的是其中的10首。"

【1332】
《"难产"的科学》:一生孤独的数学诗人海亚姆

2013年9月,宋璐璐编《"难产"的科学/三、挫折,奏响成功的凯歌/

7. 》,山东大学出版社,第78-79页。

Rubáiyát 译为"鲁拜集"。

Omar Khayyám 译为"欧玛尔·海亚姆"。

Edward FitzGerald 未译名。

此版为"麻辣科学"丛书之一。

"20岁的时候,海亚姆受一位有政治地位的大学者邀请,来到了撒马尔罕。在这位学者的保护下,他开始安心进行一些数学研究,并完成了代数学的重大发现,之后写出了《代数学》一书。""晚年的时候,海亚姆独自回到了老家内沙布尔,还收了一些弟子,与他们一起做预测宫廷未来的事情。因为生活在一个受到异族统治和科学文化饱受摧残的年代,他的晚年生活十分艰苦。所以,他写的很多四行诗都流露出备受压抑的痛心和愤怒的心情。"

【1333】

《中外名人全知道》:欧玛尔·海亚姆

2013年10月,王禹翰编著《中外名人全知道/外国名人/人文启蒙》,北方联合出版传媒(集团)股份有限公司/万卷出版公司,第192页。

Rubáiyát 未译名。

Omar Khayyám 译为"欧玛尔·海亚姆"。

Edward FitzGerald 未译名。

此版为"典藏"丛书之一。

"欧玛尔·海亚姆(1048-1122),波斯诗人,哲学家,天文学家。他的四行诗继承了萨曼王朝时期霍拉桑体的诗风,语言明白畅达,朴实洗练,不饰雕琢,感情充沛。在严肃探讨自然、人生、社会和宗教等重要问题时,表现出深刻的哲理性思考和追求真理的执着精神。"

【1334】

李独清:莪默·伽亚谟《鲁拜集》(诗歌)

2013年11月,李独清著《洁园集/卷九/幽心梦影录》,云南出版集团/云南人民出版社,第406页。

◇《鲁拜集》汉译书目

Rubáiyát 译为"鲁拜集"。

Omar Khayyám 译为"莪默·伽亚谟"。

Edward FitzGerald 未译名。

此版为"贵州文化老人丛书/文史类/第一辑"丛书之一。

———

"高铃早已中金箭,苦酒还能饮土瓶。昼夜奔驰棋一局,来生莫问入沉冥。/莪默·伽亚谟《鲁拜集》(古波斯)"

【1335】
格非:《鲁拜集》

2014 年 1 月,格非著《博尔赫斯的面孔/短文十篇》,凤凰出版传媒股份有限公司/译林出版社,第 14-15 页。

Rubáiyát 译为"鲁拜集"。

Omar Khayyám 译为"奥玛·海亚姆"。

Edward FitzGerald 译为"菲茨吉拉德"。

此版为"格非作品"丛书之一。

———

"歌德……在《浮士德》中对'魔鬼与天使集于人类一身'的思考,与《鲁拜集》中'人既是魔鬼,又是天使'的描述如出一辙。至于托尔斯泰那句'天国就在你心中'的名言,在《鲁拜集》中早已多次出现。"

【1336】
[俄国]列夫·托尔斯泰:信仰的意义(格言)

2014 年 7 月,[俄国]列夫·托尔斯泰著/梁祥美译《一日一善/春/一月十三日/信仰的意义》(全四册),新世界出版社,第 69 页。

Rubáiyát 未译名。

Omar Khayyám 译为"奥玛·开俨"。

Edward FitzGerald 未译名。

此版为"经典天天读"丛书之一。

2017 年 3 月,[俄国]列夫·托尔斯泰著/梁祥美译《托尔斯泰的智慧箴言/春之卷/1 月 13 日》,新世界出版社,第 33 页。

"有人说,末日之时会有个大审判,善良的神将勃然大怒。但善只能生善,它不会产生其他任何东西。我们没什么好担心的;末日之时将会充满喜悦。纵然世界上存在着各种不同的信仰,可是真正的信仰却只有一个,那是对神的信仰,也就是对爱的信仰。——奥玛·开俨"

【1337】
《翻译百科知识问答》:爱德华·菲茨杰拉德

2014年7月,《翻译百科知识问答/第四章/中外翻译家/第一节/国外翻译家》,武汉大学出版社,第105页。

Rubáiyát 译为"鲁拜集"。

Omar Khayyám 译为"莪默·伽亚谟"。

Edward FitzGerald 译为"爱德华·菲茨杰拉德"。

此版为"高等学校翻译硕士专业学位(MTI)系列教材"丛书之一。

"41. 爱德华·菲茨杰拉德(Edward Fitzgerald,1809—1883年)/19世纪杰出的,也是英国整个翻译史上最优秀的译作之一是菲茨杰拉德从波斯语翻译的莪默·伽亚谟的《鲁拜集》。译者爱德华·菲茨杰拉德是一位兴趣广泛的作家。《鲁拜集》是12世纪的作品。菲茨杰拉德发现原诗中的意境和《圣经》中某些章节有相似之处,表达了19世纪一些作家想表达而没有完全表达出的思想,于是着手翻译。"

【1338】
《历史文化常识全知道》:欧玛尔·海亚姆

2014年11月,宋清玉编著《历史文化常识全知道/第八篇/世界文学常识/亚非古典文学》,北方妇女儿童出版社,第565页。

Rubáiyát 译为"柔巴依集/鲁拜集"。

Omar Khayyám 译为"欧玛尔·海亚姆"。

Edward FitzGerald 译为"爱德华·菲兹杰拉德"。

"欧玛尔·海亚姆/波斯诗人、哲学家和天文学家。""他在世时并不以诗闻名,1859年英国作家爱德华·菲兹杰拉德将他的诗集《柔巴依集》译成英文,出版后以四行诗闻名欧洲。"

◇《鲁拜集》汉译书目

【1339】
《社会文化视角下的西方翻译传统》：Edward FitzGerald

2014年11月，赵巍编著《社会文化视角下的西方翻译传统（英文版）/Chapter Four Cultural Dissemination in the Modern Era/4.4.3/Pope, Johnson, Tytler and FitzGerald》，山东大学出版社，第160-162页。

Rubáiyát 译为"鲁拜集"。

Omar Khayyám 译为"莪默·伽亚谟/欧玛尔·海亚姆"。

Edward FitzGerald 译为"费茨杰拉德"。

"费茨杰拉德：英国当代诗人，以自由译法翻译了波斯诗人兼数学家莪默·伽亚谟（另译欧玛尔·海亚姆）的作品《鲁拜集》而知名，成为英国文学经典。"

【1340】
叶扬：杜拉克与《鲁拜集》

2014年12月13日，《文汇报/笔会》第4版。

Rubáiyát 译为"鲁拜集"。

Omar Khayyám 译为"海亚姆"。

Edward FitzGerald 译为"爱德华·菲茨杰拉德"。

"海亚姆在西方世界的盛名，自然是由19世纪英国诗人爱德华·菲茨杰拉德的译本《鲁拜集》所奠定的。""插图名家杜拉克[Edmund Dulac, 1882-1953]出生于法国图卢兹，初学法，后转而习画。20世纪初叶他迁居伦敦，签约为勃朗特姐妹的作品作插图，崭露头角。他于1912年入英籍，后来为许多文学作品创作了精美的插图。"

【1341】
悦读验实室：菲茨吉拉德和海亚姆的《鲁拜集》

2014年12月21日，《北京晨报/人文悦读》第A19版。

Rubáiyát 译为"鲁拜集"。

Omar Khayyám 译为"奥玛·海亚姆"。

Edward FitzGerald 译为"菲茨吉拉德"。

"菲茨吉拉德生于1809年,就学于剑桥大学。他继承了大量遗产,使他能毕生研究文学和艺术。他住在乡下一栋舒适的房屋里,很少在社会上露面。他最初印行的作品甚至在扉页上都没有署上自己的名字。他活到很大的年纪,死前不久才出了名。他的作品在开始并不为人们理解,现在则被公认为伟大的名著。但,它们并非原作,全都是西班牙文、波斯文和希腊文的翻译作品。怎么光凭译作就能获得文学上最高的荣誉呢?因为菲茨吉拉德也许是世界上最好的翻译家。他不是直译,他译的是神韵、诗文的精髓。正是由于这一原因,他取得了前所未有的成就,甚至在未来几百年中可能也无人能够做到。"

【1342】
《诗学大典》:欧玛尔·海亚姆、鲁拜集(条目)

2015年1月,《诗学大典/诗词曲赋作家/诗词曲赋作品》,陕西出版传媒集团/陕西人民教育出版社,第1155、1563-1564页。

Rubáiyát 译为"鲁拜集"。

Omar Khayyám 译为"欧玛尔·海亚姆/莪默·伽亚谟"。

Edward FitzGerald 译为"爱·菲兹杰拉德"。

——————

"欧玛尔·海亚姆(1048-1122)/波斯诗人、学者。一译莪默·伽亚谟。生于霍拉桑地区尼沙浦尔城。幼年在家学习,晚年去过麦加朝觐。曾在塞拉王朝玛列克沙(1072-1092年在位)宫廷任过太尉和天文官等职。1072年修订历法,并筹建天文台。他有丰富的学识,又善于写诗。但生前不以诗闻名,直到他去世50年后,才有人重视他所写的四行诗。"

【1343】
[美国]罗宾·多克:奥马尔·哈扬

2015年3月,[美国]罗宾·多克著/王宇洁、李晓瞳译《伊斯兰世界帝国/第六章/伊斯兰艺术、科学和文化》,商务印书馆,第124页。

Rubáiyát 译为"鲁拜集"。

Omar Khayyám 译为"奥马尔·哈扬"。

Edward FitzGerald 未译名。

——————

◇《鲁拜集》汉译书目

"奥马尔·哈扬(1048－1125年)是一位来自波斯的穆斯林数学家和天文学家。""然而,奥马尔·哈扬却作为一位诗人而为世人称道。观其一生,他写下了一千多首四行诗——每一诗节由四行诗组成的诗歌。"

【1344】
[英国]克里斯·韦林:莪默·伽亚谟

2015年4月,[英国]克里斯·韦林[Chris Waring]著/邹卓威译《从0到无穷/数学如何改变了世界/东方的数学》,时代出版传媒股份有限公司/北京时代华文书局,第90－95页。

Rubáiyát 译为"鲁拜集"。

Omar Khayyám 译为"莪默·伽亚谟"。

Edward FitzGerald 译为"爱德华·菲兹杰拉德"。

―――――

"波斯学者莪默·伽亚谟最著名的就是他的《鲁拜集》,那是一本诗集,在19世纪被诗人爱德华·菲兹杰拉德翻译后引入了英格兰。多才的莪默·伽亚谟生平的大部分时间都是担任皇宫的天文学家和苏丹,同时,他也是一名科学家和数学家。"

【1345】
郑延国:《萧湘子译话》

2015年4月,郑延国著《萧湘子译话/三十八/钱锺书和《鲁拜集》/八十一/巴蜀译界一"红"人/一百零二/柔巴依第九十九》,武汉大学出版社,第106－108、268、334－335页。

Rubáiyát 译为"鲁拜集"。

Omar Khayyám 译为"哈亚姆"。

Edward FitzGerald 译为"爱德华·菲茨杰拉德/费茨杰拉德"。

此版为"译脉相传丛书"之一。

―――――

"才艺卓尔的译人有时候认为原作文笔不佳,自信译语水平高人一着,由是偶尔放胆驰骋,以求超胜亦未尝不可,但断断不可将其视为翻译的目的。""……长沙人刘柏丽好热闹,凭着自己的诗才,亦将英文本《鲁拜集》译为汉语。肯定是为了'译名惊人',她易《鲁拜集》为《怒湃译草》。其实'鲁拜'应改译为'鲁巴依'才是正理,……""费茨杰拉德英译柔巴依第九十九首的中文译文甚多,其中以胡适所译最为抢眼。"

【1346】
布克:亲爱的,让他去享受面包和安睡的小巢——读海亚姆诗集《鲁拜集》

2015年5月21日,《铜仁日报/读书时间》第8版。

Rubáiyát 译为"鲁拜集/柔巴集"。

Omar Khayyám 译为"海亚姆"。

Edward FitzGerald 未译名。

———

"人到中年,渐渐习惯生离死别后,就会生发自己也会突然离去的忧心,生怕看不到自己所爱的人健康成长。海亚姆说,人就是棋盘中的棋子,命运将你放在哪里就在哪,你的忧心是没用的,命运已经替你安排妥了。"

【1347】
张立波:《鲁拜集》

2015年7月,张立波著《坐言起行录/2009卷/第三辑》,中国言实出版社,第247-249页。

Rubáiyát 译为"鲁拜集"。

Omar Khayyám 译为"伽亚谟"。

Edward FitzGerald 未译名。

———

"专家学者们看重《鲁拜集》,我看重的则是其中透显的郭沫若。也就是说,译本之所以值得一读,不在于它是哪国哪个著名作家的作品,而在于是郭沫若翻译的。翻译和创作同等重要,翻译即创作。"

【1348】
《中国现代翻译文学初版本图典》:沫若译诗集

2015年8月,《中国现代翻译文学初版本图典》,百花洲文艺出版社,第454页。

Rubáiyát 译为"鲁拜集"。

◇《鲁拜集》汉译书目

  Omar Khayyám 未译名。
  Edward FitzGerald 未译名。

  "沫若译诗集/创造社初版本封面……建文书店1947年9月增订初版……《鲁拜集》……"

【1349】
《我的大学——嘉庚学子成长手册》:《鲁拜集》

  2015年8月,《我的大学——嘉庚学子成长手册/厦门大学嘉庚学院/7/读书之乐/二、诗词曲赋/外国诗歌》(套装共9册),清华大学出版社,第14-16页。
  Rubáiyát 译为"鲁拜集"。
  Omar Khayyám 译为"奥玛·海亚姆"。
  Edward FitzGerald 译为"菲茨吉拉德"。
  2012年9月第一版。

  "追求幸福的意识告诉我们,/抓住当前的快乐,放下眼前的忧心,/她说,我们不会像牧场上的草/割去了,还会重生。/这是多么优美而深邃的诗句,作者奥玛·海亚姆……"。

【1350】
《中国现代翻译文学初版本图典》:鲁拜集

  2015年8月,《中国现代翻译文学初版本图典/上》(上下册),百花洲文艺出版社,第401-402页。
  Rubáiyát 译为"鲁拜集"。
  Omar Khayyám 译为"莪默伽亚谟"。
  Edward FitzGerald 未译名。

  "诗歌集。[波斯]莪默伽亚谟著。郭沫若译。民国十三年(1924)一月一日出版。上海泰东图书局印行。""正文、版权页题《鲁拜集选》。诗歌集。[波斯]莪默著。吴剑岚译。1934年5月初版。上海黎明书局印行。"

【1351】
咸立强:《鲁拜集》百年汉译诗形流变

2015年9月,华南师范大学文学院编《珠江学术2015》,暨南大学出版社,第95-105页。

Rubáiyát 译为"鲁拜集"。

Omar Khayyám 未译名。

Edward FitzGerald 未译名。

————

"……《鲁拜集》汉译现有几十种之多。以译诗形式分,Rubáiyát 的汉译诗形可分为旧体(包括绝句体)和新体(包括自由体)两种,由于不同译者在译诗(包括旧体和新体诗)的行长、行数、韵等方面的具体处理各不相同,Rubáiyát 的汉译诗形层出不穷,极尽变化之能事,既是现代汉语诗歌形式探索的试验田,也是白话写诗与文言写诗争胜的角力场。Rubáiyát 汉译诗形的历史流变,映照出的正是20世纪中国文化与文学前进的历史轨迹。"

【1352】
裴彩芳:哈亚姆的"柔巴依"(诗歌)

2015年11月,裴彩芳著《紫露秋黄/辑一/闪烁的影子》,山西出版传媒集团/北岳文艺出版社,第30页。

此版为"晋军新方阵/第二辑"丛书之一。

2018年1月,山西省作家协会编《2013-2015年度赵树理文学奖获奖作品集/诗歌奖/紫露秋黄(节选)》,山西出版传媒集团/北岳文艺出版社,第120页。

Rubáiyát 译为"柔巴依"。

Omar Khayyám 译为"哈亚姆"。

Edward FitzGerald 未译名。

————

"然后,我躺在隔世的尘上/和远古的你对话。心源/你能听见有深深的幽怨来自/墨绿窗外飘荡不落的秋黄//无名指上退化的金色/和黎明失眠的轻唱/正巧经过中年某个夜/和写出的那组号码相遇//我知道这些文字和你相距/千年之久,而时光流逝的/分分秒秒中,我们的名字/同落在虚无的年岁上"

【1353】
任悟:《柔巴依集》二首赏析

2016年8月,任悟文《[波斯]哈亚姆/《柔巴依集》第12首/《柔巴依集》第72首》,《中外微型诗鉴赏/外国篇》,二十一世纪出版社集团,第167－168页。

Rubáiyát 译为"柔巴依集"。

Omar Khayyám 译为"奥马尔·哈亚姆"。

Edward FitzGerald 未译名。

选载黄杲炘译本译诗诗节2首(第12、72首)。

"'柔巴依'来自阿拉伯语,意为四行诗。这种诗型,每首四行,每行五个音组,押韵方式为一二四行或四行全部押尾韵,内容往往涉及哲理。一般认为出于波斯和塔吉克的民间口头创作,由鲁达基定型,到哈亚姆推至顶峰。"

【1354】
孟昭毅:海亚姆研究

2016年9月,孟昭毅撰《中国外国文学研究的学术历程/第12卷/亚非诸国文学研究的学术历程/下篇/中国亚非重要作家作品研究/第三十章》,重庆出版集团/重庆出版社,第367－375页。

Rubáiyát 译为"鲁拜集"。

Omar Khayyám 译为"欧玛尔·海亚姆/莪默·伽亚谟/奥玛·珈音/奥马尔·哈亚姆/奥玛·开俨"。

Edward FitzGerald 译为"菲茨杰拉德"。

"……翻译研究显然是热点问题,并且逐渐成为研究者们关注的主要问题,这是非常好的发展势头。不仅海亚姆研究如此,外国文学研究领域里,翻译问题都应该是首要解决的问题。另外,与翻译相关的是,译者以及译本对本国当代作家创作的影响问题,这也是一个需要关注的重要方面。"

【1355】
陈义华、王伟均:《东方文学文化精粹》

2017年1月,陈义华、王伟均编著《东方文学文化精粹/第六章/中古波斯文学/第一节/中世纪群星闪耀的波斯文坛/第四节/海亚姆在《鲁拜集》中对波斯哲学的形象阐释》,暨南大学出版社,第51-52、54、59-62页。

Rubáiyát 译为"鲁拜集/柔巴依"。

Omar Khayyám 译为"欧玛尔·海亚姆/莪默·伽亚谟"。

Edward FitzGerald 译为"菲茨杰拉尔德"。

此版为"外国文学经典导读丛书"之一。

————

"海亚姆在世时,统治伊朗的是突厥人建立的塞尔柱王朝。塞尔柱王朝是一个军事封建制的政权,弥漫在科学及文化领域里的宗教势力使文人与学者感到压抑和窒息。对这些,诗人海亚姆是有切身体会的,他曾在一篇文章里这样记述:'我们目睹许多学者离开了人世,现在学者已经剩下寥寥可数的一小部分人了。他们人数虽少,但苦难深重,正是这屈指可数的几个人在这艰难的日子里,为了科学的进步与发展而奋力献身。'"

【1356】
郭园园:奥马尔·海亚姆关于三次方程的几何求解/海亚姆的增乘开方法

2017年1月,郭园园著《阿尔·卡西代数学研究/2/阿拉伯代数学的源流/2.3/方程求解的突破/2.3.1/2.3.2》,上海交通大学出版社,第46-59、225页。

Rubáiyát 未译名。

Omar Khayyám 译为"奥马尔·海亚姆/乌马儿·海亚米"。

Edward FitzGerald 未译名。

————

"海亚姆最大的贡献在于他对这25类方程均给出了基于希腊数学知识的几何解法,尤其是对方程13~25分别利用两条圆锥曲线相交的方法给出其几何解,……"。

【1357】
王燕玉:不列颠及北爱尔兰三十六(诗歌)

2017年5月,王燕玉著《紫巢文存/三/诗文选录》(全三册),贵州出版集团/贵州人民出版社,第447页。

Rubáiyát 译为"鲁拜集"。

Omar Khayyám 未译名。

Edward FitzGerald 译为"菲兹格拉尔"。

此版为"贵州文化老人丛书/文史类第五辑"之一。

"从来创作始名家,译述名家破例奢;独在精翻鲁拜集,英诗气味竟无差。"

【1358】
朱英诞:醉卧图——题莪默伽亚木刻(诗歌)

2017年10月,朱英诞著《朱英诞现代诗选集》,长江文艺出版社,第38页。

Rubáiyát 未译名。

Omar Khayyám 译为"莪默伽亚"。

Edward FitzGerald 未译名。

朱英诞,本名朱仁健。

"……/静静的,你醉卧还是病倒?/没有人知道。而酒瓶呢,/斜倚在天上还是海上?/你将怎样醒来没有人知道,/应在我不经心的时候吗?/蔷薇汁液从你的手上/让那金色的蜂蜜的一滴滴/流落在一张多空白的纸上。/……"

【1359】
上海图书馆:《鲁拜集》最新中文译本首发仪式举行(刊讯)

2017年12月,《上海年鉴》编纂委员会编《上海年鉴/2017年/二十四、文化艺术/(六)公共文化》,《上海年鉴》编辑部,第346页。

Rubáiyát 译为"鲁拜集/柔巴依集"。

Omar Khayyám 译为"欧玛尔·哈亚姆"。

Edward FitzGerald 译为"爱德华·菲茨杰拉德"。

———

"9月24日,波斯诗集《鲁拜集》的三种最新中文译本的首发仪式在徐家汇藏书楼举行。""上海图书馆主办的'《鲁拜集》版本展'第二版同时揭幕,新书成为展品的一部分。"

【1360】
陈定刚:菲茨杰拉德翻译《鲁拜集》

2017年12月,陈定刚著《当代中国翻译教学与翻译能力培养研究/下篇/翻译能力培养/第十章/翻译中的主体间性探寻/第一节/翻译主体性与翻译主体间性/(二)》,辽宁教育出版社,第185-186页。

Rubáiyát 译为"鲁拜集"。

Omar Khayyám 译为"欧玛尔·海亚姆"。

Edward FitzGerald 译为"爱德华·菲茨杰拉德"。

———

"菲茨杰拉德的译诗中仅有49首是对原诗忠实而优美的翻译,44首是由原诗两首以上的诗作合并而成的,另有2首是根据欧玛尔·海亚姆的诗歌精神而自创的。""菲茨杰拉德的教育背景、文学造诣、生存状况、朋友往来等使他的创造性叛逆成为一种必然。正是他富有创造性的译作使《鲁拜集》默默无名的作者享誉全球,使这本书成为世界上必读的信仰类图书之一。"

【1361】
[土耳其]纳齐姆·希克梅特:鲁拜集(诗歌)

2018年1月,[土耳其]纳齐姆·希克梅特著/李以亮译《希克梅特诗选》,上海文艺出版社,第58-62页。

Rubáiyát 译为"鲁拜集/柔巴依"。

Omar Khayyám 译为"莪默·伽亚谟"。

Edward FitzGerald 未译名。

共13首诗节。

此版为"诗经典译丛"丛书之一。

———

"11/它们既不是/光,也不是黏土,/我的爱人,她的猫,和她衣领上的珠子:/一切都在揉捏的过程中,与面团是一样的……"。

【1362】
王雁斌:《数学现场》

2018 年 1 月,王雁斌著《数学现场/另类世界史/第十四章/写柔巴依的数学家/附录三/奥马尔·海亚姆求解方程 $x^3+bx+c=ax^2$ 的方法》,广西师范大学出版社,第 172 – 181、300 页。

Rubáiyát 译为"柔巴依集"。

Omar Khayyám 译为"奥马尔·海亚姆"。

Edward FitzGerald 译为"爱德华·菲茨杰拉德"。

————

"奥马尔一边研究数学,一边为宫廷修改历法,同时为了消遣用阿拉伯文写下许多被称为柔巴依的四行诗。这些诗后来编纂成集,便是著名的《柔巴依集》。数学、天文、美酒和女人都是他吟咏的对象,那是他自己的生活。然而,在他玩世不恭的背后隐藏着深刻的迷惘:'我无法使自己全神贯注于代数的学习,因为时代的奇事逸闻和重重困苦妨碍了我。作为一个弱小的民族,我们缺乏学识渊博的人,问题多多,对生活的需求又剥夺了我学习的机会,只能利用睡觉的时间进行科学研究。'"

【1363】
吴拯修:它照亮了我的阅读盲区 ——读《鲁拜集插图精选》有感

2018 年 9 月 11 日,《今日江山/人文江山》第 4 版。

Rubáiyát 译为"鲁拜集"。

Omar Khayyám 译为"奥玛·海亚姆"。

Edward FitzGerald 译为"爱德华·菲茨杰拉德"。

————

"鲁拜集,这是个什么东西? 读了六七十年书,也该破万卷了吧? 但是一分钟前,我竟不知'鲁拜'两字为何物! 说来惭愧,还是读书太少啊!""我开始逐字逐句地拜读这部书。字,几乎每个都认得;但是,经过特殊的整合,它把我领进了一个对我来说全新的天地。""《鲁拜集》插图凝结着人性美的光芒。"

【1364】

汤晓玲:按图索骥 信马由缰——《鲁拜集插图精选》初印象

2018年9月11日,《今日江山/人文江山》第4版。

Rubáiyát 译为"鲁拜集"。

Omar Khayyám 译为"奥玛·海亚姆"。

Edward FitzGerald 译为"爱德华·菲茨杰拉德"。

———

"我任由这些美好的插图引导着自己读完这本书的。从插图到对应诗篇的中英文阅读,再到某位插画家为《鲁拜集》创作插画的经历,一路读下去,就像一场'按图索骥'又'信马由缰'的旅行,充满美好发现的旅行。"

【1365】

纪志刚、郭园园、吕鹏:奥马尔·海亚姆对方程几何解的突破

2018年11月,纪志刚、郭园园、吕鹏著《西去东来/沿丝绸之路数学知识的传播与交流/第三篇/阿拉伯代数学的渊源与演进/第十章/阿拉伯代数学中方程求解的演化/10.1/奥马尔·海亚姆对方程几何解的突破/10.2/方程数值解的发展与成熟》,江苏人民出版社,第232-245页。

Rubáiyát 未译名。

Omar Khayyám 译为"奥马尔·海亚姆/乌马儿·海亚米"。

Edward FitzGerald 未译名。

———

"海亚姆在《代数论》中除给出几何方式的求解以外,还在前人的基础上对于前12种方程的数值方式的解法进行简要说明。对于前6种方程主要借助于相当于今天的开平方、开立方的运算。"

【1366】

[瑞典]傅正明:略谈《鲁拜集》第一首的迻译

2020年1月,香港《明报月刊/文学·艺术》一月号,第93-95页。

Rubáiyát 译为"鲁拜集"。

Omar Khayyám 译为"奥玛·珈音"。

◇《鲁拜集》汉译书目

Edward FitzGerald 译为"爱德华·费兹杰罗"。

————

"费译一八五九年第一版第一首与修改后的第四版第一首,措辞立意均有所不同,两首四行诗与珈音波斯文原作都不贴近。此文只谈更为流行的费译第四版第一首的诗意和中译。""费译《鲁拜集》往往被视为一首颇具匠心的长诗,第一首开宗明义,言简意赅,体现了一种'唤醒的诗学'[poetics of waking up]和文学中常见的'光明战黑暗的母题'[light vs dark motif]。"

【1367】
[瑞典]傅正明:《鲁拜集》与老庄的自由精神

2020 年 3 月 16 日,新加坡《联合早报/名采》第五版。

Rubáiyát 译为"鲁拜集/柔巴依集"。

Omar Khayyám 译为"奥玛·珈音"。

Edward FitzGerald 未译名。

————

"自由的悖论有多方面的含义,首先是绝对自由与相对自由的悖论。在《鲁拜集》中,'自由常在难中居,海贝沉冤泪凝珠。'珈音此诗以珍珠的形成喻自由的实现,反讽的是,珍珠要圆成必须先经受苦难,以贝壳的破裂为自由的代价。诗中既包括对外来的强加的不自由状态的接受,也包括对这种强制力量的反抗和自我的陶冶。"

【1368】
林玉堂:青年必读书十部

1925 年 2 月 24 日,《京报副刊》第 70 号第 8 版。

Rubáiyát 译为"鲁拜集"。

Omar Khayyám 译为"我马卡奄/欧玛尔·海亚姆"。

Edward FitzGerald 未译名。

林玉堂,本名林语堂。

2006 年 7 月,王世家编《青年必读书:一九二五年〈京报副刊〉二大征求资料汇编/十二(二,新学必读书)/林玉堂先生选》,河南大学出版社,第 22 页。

————

"2. 莪马卡奄 Rubaiya[Rubáiyát] of Omar Khayyam"。一九二五年一月,《京报副刊》刊出启事,征求"青年爱读书"和"青年必读书"各十部的征文启示。七十余位名流学者,三百多位青年,应征作了答卷,并陆续在《京报副刊》上刊出。

【1369】
周作人:希腊的小诗

1927年12月,周作人著《谈龙集(普及本)》,上海开明书店,第173页。

Rubáiyát 译为"波斯诗"。

Omar Khayyám 译为"唵玛哈扬"。

Edward FitzGerald 译为"菲孜及拉耳特"。

1930年4月四版。

周作人,本名周櫆寿、周启明。

1928年《沪江大学月刊》第17卷第14期,第4页。

———

"……凡有所谓翻译的好诗都是译者的创作,如菲孜及拉耳特的波斯诗,实在只是'读唵玛哈扬而作'罢了。"

【1370】
邵洵美:《火与肉》

1928年3月,邵洵美著《火与肉/2. 史文朋》,金屋书店,第35-36页。

Rubáiyát 译为"鲁拜集"。

Omar Khayyám 译为"莪默"。

Edward FitzGerald 未译名。

———

"'维纳斯赞'是一首四行格的长诗,仿了Fitzgerald翻译的莪默底'鲁拜集'的诗格而写的。"

【1371】
朱光潜:诗的实质与形式

1928年8月,孟实文《诗的实质与形式(未完)》,《现代评论》第8卷第

194 期,第 7 – 11 页;1928 年 9 月,孟实文《诗的实质与形式(二)》,《现代评论》第 8 卷第 195 期,第 7 – 12 页。

Rubáiyát 未译名。

Omar Khayyám 译为"奥马康颜/欧玛尔·海亚姆"。

Edward FitzGerald 译为"斐兹吉越尔德/菲茨杰拉尔德"。

孟实,本名朱光潜。

1947 年,朱光潜文《诗的实质与形式(对话/附图表)》,《学原》第 1 卷第 1 期,第 76 – 93 页。

1993 年 2 月,朱光潜著《朱光潜全集/第八卷》(全 20 卷),安徽教育出版社,第 277 – 292 页。

———

"菲茨杰拉尔德译波斯欧玛尔·海亚姆的诗是译诗中最成功的,而实在是译者的创作,与原文出入甚多。用一种形式则成功,换一种形式则失败。"

【1372】

《汉译东西洋文学作品编目》:莪默伽亚谟

1929 年 9 月 28 日,虚白编《汉译东西洋文学作品编目/三/波斯》,上海真美善书店,第 13 页。

Rubáiyát 译为"鲁拜集"。

Omar Khayyám 译为"莪默伽亚谟"。

Edward FitzGerald 未译名。

———

"鲁拜集(Rubazyat[Rubáiyát])/郭沫若/泰东"。

【1373】

梁遇春:《英国诗歌选》序言

1930 年 6 月,梁遇春著《英国诗歌选/序言/谈英国诗歌/十九世纪诗歌/(二)维多利亚时代》,上海北新书局。

Rubáiyát 未译名。

Omar Khayyám 未译名。

Edward FitzGerald 未译名。

此版为"自修英文丛刊之一"。

1931年4月再版。

2012年10月,梁遇春著《梁遇春散文》,上海科学技术文献出版社,第214页。

Rubáiyát 译为"鲁拜集"。

Omar Khayyám 译为"欧玛尔·海亚姆"。

Edward FitzGerald 译为"菲茨查拉尔德"。

此版为"中华散文百家"丛书之一。

2013年6月,梁遇春著《梁遇春散文/鉴赏版》,西安太白文艺出版社,第291页。

此版为"中国现代名家散文书系"丛书之一。

"Eizerold[Fitezgerald]——他是个性情温厚,和蔼可亲的学者。""Eizerold[Fitezgerald]的翻译是很自由的意译,但是懂得波斯文的学者都说很能达原文风韵,远胜过一切直译。"

【1374】

赵景深:与摩顿谈翻译/兼答寄报评论第五号

1931年7月6日《文艺新闻》第17号,第2页

Rubáiyát 译为"鲁拜集"。

Omar Khayyám 译为"峨默"。

Edward FitzGerald 未译名。

1979年4月,《鲁迅:二心集/资料选编/〈关于翻译的通信〉》,延边大学中文系/通辽师院中文系,第302页。

"世间没有一定的真理。一切都有矛盾存在,峨默《鲁拜集》的英译,其各种译本是如何的差异呵!虽对于原文,略不忠实,但都把摩顿所说的风韵抓住了。"

【1375】

[爱尔兰/日本]小泉八云:文学十讲

◇《鲁拜集》汉译书目

1931年12月1日,[爱尔兰/日本]小泉八云著/杨开渠译《现代文学讲座/文学十讲/第八讲/读书说》,上海现代书局,第118、245、252页。

Rubáiyát 未译名。

Omar Khayyám 译为"莪默"。

Edward FitzGerald 未译名。

1933年5月1日再版。

———

"一个人要读莎士比亚,不必一定要是大学者的。读莎士比亚果如此。读世界上少量的杰作也是如此;读歌德的《浮士德》是如此。读莪默的诗中之最好的几章也是如此;……"。

【1376】
郭沫若:《创造十年》

1932年9月20日,郭沫若著《创造十年》,现代书局,第208、211、246页。

Rubáiyát 译为"鲁拜集"。

Omar Khayyám 未译名。

Edward FitzGerald 未译名。

2011年4月,郭沫若著《创造十年(节录)》,史若平编《成仿吾研究资料/中国文学史资料全编/现代卷》,知识产权出版社,第258页。

———

"……象我译《鲁拜集》的时候如肯多考据一下,有些地方便不会弄出错误来了。"

【1377】
予且:酒色财气

1932年9月,《良友画报》第69期,第37页。

Rubáiyát 未译名。

Omar Khayyám 译为"莪默"。

Edward FitzGerald 未译名。

予且,本名潘序祖。

1933年5月,予且著《饭后谈话/良友杂感选》,良友图书印刷公司,第

96页。

2004年1月,《1926-1945良友随笔》,上海社会科学院出版社,第107页。

———

"波斯的大诗人莪默,更把酒赞颂到竟是全宇宙间最美好的东西。"

【1378】
邵洵美:谈翻译

1934年,《人言周刊/文坛(第二号)》第1卷第43期,第889页。
Rubáiyát译为"鲁拜集"。
Omar Khayyám未译名。
Edward FitzGerald译为"费芝吉勒"。
2012年7月,邵洵美著《一个人的谈话》,上海书店出版社,第90页。
此版为"邵洵美作品系列·艺文闲话"丛书之一。
2018年1月,袁帅亚著《肌理论:邵洵美的翻译诗学研究/附录一/邵洵美翻译和诗学的相关文章》,东北师范大学出版社,第173页。

———

"我觉得翻译的态度是一个须要先解决的问题。我总把翻译的态度分为两种:一种是主观的或为己的;一种是客观的或为人的。前者大半是以一己的眼光为标准,他所选择的材料,他所运用的技巧,都以能满足一己的兴趣为目的。譬如说,费芝吉勒的翻译《鲁拜集》……"

【1379】
萧石君:《世纪末英国新文艺运动》

1934年9月,萧石君著《世纪末英国新文艺运动/绪论》,中华书局,第9页。
Rubáiyát译为"鲁拜集"。
Omar Khayyám译为"莪默伽亚谟"。
Edward FitzGerald译为"许慈柔拉尔"。
此版为"现代文学丛刊"丛书之一。

———

"许慈柔拉尔所译第十一世纪末叶波斯诗人莪默伽亚谟的《鲁拜集》,充满'处世若大

◇《鲁拜集》汉译书目

梦胡为送其生'的悲叹。"

【1380】

Letters by Men of Letters：Edward Fitzgerald to Frederic Tennyson

1934年,《英语周刊》新第111期,第222-223页。

Rubáiyát 未译名。

Omar Khayyám 未译名。

Edward FitzGerald 未译名。

———

爱德华·菲茨杰拉德致弗雷德里克·丁尼生（书信），全文为英语稿。

【1381】

马国亮：酒

1935年1月5日,马国亮著《偷闲小品》,上海良友复兴图书印刷公司,第185页。

Rubáiyát 未译名。

Omar Khayyám 译为"莪默"。

Edward FitzGerald 未译名。

1935年10月30日再版,1940年2月三版。

1991年8月,马国亮文《酒》,《中国现代文学补遗书系/散文卷二》,明天出版社,第827-828页。

1995年2月,潘序祖著《潘序祖集/饭后茶余/酒色财气》,汉语大词典出版社,第46页。

此版为"海派小品集丛/第二辑"丛书之一。

2012年11月,马国亮文《酒》,《酒人酒事/辑一/何以解忧》,生活·读书·新知三联书店,第26页。

此版为"闲趣坊"丛书之11。

———

"古今文人的嗜酒,好像已成为不成文的法律一样。中国古代最著名的如李白,现代的如郁达夫,都是数一数二的酒徒,至从前的波斯大诗人莪默更把酒赞颂到竟是全宇宙间最美好的东西。"

【1382】

S. Gunn：东方的文学、英国文学

1937年5月，S. Gunn 著/王焕章译《文学的故事/第一章/第十一章》，商务印书馆，第13-14、353页。

Rubáiyát 未译名。

Omar Khayyám 译为"卡喜耶·俄马/奥玛·开俨"。

Edward FitzGerald 译为"爱德华·菲次哲刺德"。

"俄马是因为翻译菲次哲刺德的书而获得在西方的名声，他增加原文的效力，而将其意义大加修改；但是菲次哲刺德说俄马是一个古希腊的犬儒学派的哲学家和怀疑派的学者，他的意思的表示，虽然不像十九世纪翻译他书的人，那样警辟。""……他名义上是翻译，实际上是任意将奥玛·开俨的 Rubaiyat 加以改编，加入了好些他自己的意见。"

【1383】

梁实秋：鲁迅与我

1941年11月27日，重庆《中央周刊》第4卷第16期，第10-11页。

Rubáiyát 译为"鲁拜集"。

Omar Khayyám 未译名。

Edward FitzGerald 译为"费兹哲拉德"。

"偶从书店走过，看见《鲁迅全集》很整齐的放在架上。那编制的方法很是新颖，因为翻译的小说和文章也列入全集是我从前没有见过的。虽然费兹哲拉德译的《鲁拜集》是一向被收在译者的全集里面，那是因为实际已近于创作的原故。"

【1384】

胡仲持：《世界文学小史》

1949年8月，胡仲持撰《世界文学小史/五/阿拉伯文学》，生活·读书·新知三联书店，第20-21页。

Rubáiyát 译为"鲁拜集"。

Omar Khayyám 译为"莪默·卡耶谟"。

◇《鲁拜集》汉译书目

Edward FitzGerald 未译名。

此版为"新中国百科小丛书"之一。

1950年2月第二版。

———

"莪默·卡耶谟爱酒色又爱歌唱和自然。他的宿命论带些阴郁性和悲观气质。"

【1385】
《新编新知识辞典》:波斯文学(条目)

1950年10月,《新编新知识辞典》,上海北新书局,第306页。

Rubáiyát 未译名。

Omar Khayyám 译为"莪默伽倻"。

Edward FitzGerald 未译名。

———

"波斯文学的兴盛时代,……至回教中的神派起,尤多诗人,莪默伽倻是其中的佼佼者,……"。

【1386】
[马来亚/新加坡]方修:马华新文学史稿

1962年2月,[马来亚/新加坡]方修著《马华新文学史稿/上卷/第二编/马华新文学的扩展时期(一九二五年－一九三一年)/第四章/马华新文学扩展期的刊物/第五节/绿漪与瀑布/附录/荒岛补遗/第六节/绿洲与杭育》,星洲世界书局有限公司,第108－109页。

Rubáiyát 译为"鲁拜集"。

Omar Khayyám 未译名。

Edward FitzGerald 译为"菲兹勒"。

1971年8月再版。

1975年10月修订本,由新加坡世界书局(私人)有限公司出版。

———

"《绿洲》……现存作品篇名于下——……一九二八年/三月六日(一四九期)/菲兹勒与鲁拜集/梁指南译……三月七日(一五〇期)/菲兹勒与鲁拜集/梁指南译……三月二十日(一五二期)/菲兹勒与鲁拜集/梁指南译"

【1387】
[美国]C.拉蒙特:《作为哲学的人道主义》

1963年7月,[美国]C.拉蒙特[Corliss Lamont]著《作为哲学的人道主义/第二章/人道主义传统/3.文化背景》(内部读物),商务印书馆,第75、81-83页。

Rubáiyát 译为"鲁拜集"。

Omar Khayyám 译为"莪默·伽亚谟"。

Edward FitzGerald 译为"费兹吉拉德"。

―――――――

"费兹吉拉德……把十一世纪波斯一个蓬帐工人的儿子莪默·伽亚谟这位出色的科学家和自由思想家的哲学杂录翻译成了英语的四行诗。这是一件诗坛的杰作,已经成为一部世界的经典名著,即所谓《莪默·伽亚谟的鲁拜集》。"

【1388】
梁实秋:谈时间

1963年9月25日,梁实秋著《秋室杂文》(文星丛刊1),台湾台北文星书店股份有限公司,第45-48页。

Rubáiyát 未译名。

Omar Khayyám 译为"莪谟伽耶玛/奥玛·海亚姆"。

Edward FitzGerald 未译名。

2005年5月,《大学语文/第一单元/议论文/单元综述》,辽宁人民出版社,第44-48页。

此版为"全国各类成人高考复习指导用书/专科起点升本科"丛书之一。

2008年8月,梁实秋著《生活的艺术/第一篇/清风梦影》,陕西师范大学出版社,第3-4页。

2012年2月,梁实秋著《生活的艺术/第一篇/清风梦影》,北京联合出版公司/陕西师范大学出版社,第3-4页。

此版为"大家写给大家"丛书之一。

2013年,《中文自修》第7/8期,第52-54页。

2015年6月,梁实秋著《闲暇的意义/第四章/人性基石——我们都是在世间行走的人/今生的酒杯,你究竟是拿起,还是放下?》,时代出版传媒股份有限公司/黄山书社,第199页。

此版为"大师开讲"丛书之一。

2016年1月,梁实秋著《会说话的人,人生都不会太差/第四部分/重要的不是生命里的岁月,而是岁月中的生活/谈时间:"人生不满百",掐头去尾,所余无几》,时代出版传媒股份有限公司/北京时代华文书局,第136-138页。

此版为"梁实秋系列作品"丛书之一。

2016年,《中学生阅读》第7B/8B期,第26-27页。

2017年,《共产党员》第10B期,第63页。

2018年8月,梁实秋著《我爱着,这鲜活的人生/第四章/谈时间/时光不断在流转,任谁也不能攀住它停留片刻。》,江苏凤凰文艺出版社,第187-191页。

2018年11月,梁实秋著《还生命以丰盛/第一章/人间百味》,贵州出版集团/贵州人民出版社,第3-6页。

此版为"梁实秋精选集"丛书之一。

"人,诚如波斯诗人莪谟伽耶玛所说,来不知从何处来,去不知向何处去,来时并非本愿,去时亦未征得同意,胡里胡涂地在世间逗留一段时间。在此期间内,我们是以心为形役呢?还是立德立功立言以求不朽呢?还是参究生死直超三界呢?这大主意需要自己拿。"

【1389】

[苏联]维·波·彼特连科:《生理学唯心主义和理论医学的若干哲学问题》

1964年3月,[苏联]维·波·彼特连科著/邱仁宗译《生理学唯心主义和理论医学的若干哲学问题(批判纲要)/第二篇/反应现象中一般和特殊的相互关系/第三节/列宁对生理学不可知论的批判》,人民卫生出版社,第46页。

Rubáiyát未译名。

Omar Khayyám 译为"O. 海亚姆"。

Edward FitzGerald 未译名。

"从认识论的观点看来,在 J. 弥勒所写的和现代唯心主义者所写的之间没有任何原则上的差别。早在十一世纪,O. 海亚姆就已经很好地说明了这种思想'进程':'在创世纪第一天就已经写好了将在世界末日宣读的东西。'""这就是感官特殊能量定律的本质以及由此作出的认识论结论。但是这个定律并没有把生理学唯心主义的所有内容包括无遗。"

【1390】
梁实秋:旧笺拾零

1974 年 3 月,梁实秋著《看云集》,台湾台北志文出版社。

此版为"新潮丛书之十五"。

1993 年 12 月,《众人眼里的郭沫若》,鹭江出版社,第 161 页。

Rubáiyát 译为"四行诗/鲁拜集"。

Omar Khayyám 译为"欧默卡耶姆"。

Edward FitzGerald 未译名。

2014 年 2 月,梁实秋著《百年梦忆:梁实秋人生自述/Part 4/故土难离,故人难忘》,国际文化出版公司,第 262 页。

Omar Khayyám 译为"奥玛·海亚姆"。

2017 年 12 月,梁实秋著《你若来,无论风雨我去接你/你若走,我却当你从未来过/第二辑》,北京理工大学出版社,第 205 页。

Omar Khayyám 译为"奥玛·海亚姆"。

此版为"梁实秋文集精装典藏版"丛书之一。

2018 年 3 月,梁实秋著《老去是生命的礼物/世间的一切遗憾都是成全》,天津人民出版社,第 210 页。

Omar Khayyám 译为"峨谟伽耶姆"。

2018 年 9 月,梁实秋著《雅舍忆旧全集/八十载岁月沉淀后的深情回望/看云集》,天津出版传媒集团/天津人民出版社,第 166 - 167 页。

"一多和沫若没有见过面,但是一多在民国十一年曾写一篇长文批评郭译之奥玛·

海亚姆的四行诗(《鲁拜集》),指出其中纰误,文发表于《创造季刊》,沫若不以为忤,且表示敬服之意,其雅量有足多者。"

【1391】
楼适夷:漫谈郭沫若同志与外国文学

1979 年 5 月,新华月报资料室编《悼念郭老》,生活·读书·新知三联书店,第 342 – 343 页。

Rubáiyát 译为"鲁拜集"。

Omar Khayyám 译为"莪默·伽亚谟"。

Edward FitzGerald 未译名。

封面书名题签赵朴初。

"波斯诗人莪默·伽亚谟的《鲁拜集》是歌颂饮酒和死亡的,但生活于黑暗时代、沉沦在苦闷中的青年,也曾经从这里得到过反抗现实的启示。"

【1392】
建安:漫谈科学幻想小说

1979 年 9 月,《山花》(月刊)第 9 期,第 61 页。

Rubáiyát 未译名。

Omar Khayyám 译为"莪默"。

Edward FitzGerald 未译名。

1981 年 12 月,中国作家协会贵州分会文学理论委员会编《耕耘集/文艺评论集》,贵州人民出版社,第 85 页。

"杰出的古波斯诗[人]莪默,以优美的抒情诗闻名于世;他对代数学中的'三次方程',作过精深系统的研究,他那管擅长写诗的鹅毛笔,却没有向我们描绘出'数''形'世界中的诗情画意。"

【1393】
钱歌川:论翻译

1980年12月,钱歌川著《翻译漫谈/二、翻译的原理/(1)原则和标准》,中国对外翻译出版公司,第6页。

Rubáiyát 译为"鲁拜集"。

Omar Khayyám 未译名。

Edward FitzGerald 未译名。

"英国的诗人 Edward FitzGerald 把十一世纪波斯诗人 Omar Khayyam 作的《鲁拜集》译成英文,而奠定了他成为诗人的不朽的名位,虽则我们至今看不到一首他自己创作的诗。""《鲁拜集》可能译得自由一点,但译出来的确是好诗。"

【1394】
萧乾:比尔布姆的谐谑画

1980年12月,《文艺研究》(双月刊)第6期,封二、第118-122页。

Rubáiyát 译为"鲁拜集"。

Omar Khayyám 译为"莪默·伽亚谟"。

Edward FitzGerald 未译名。

1984年6月,萧乾著《萧乾选集/第四卷/文论/V. 外国文艺评介》,四川人民出版社,第274-282页。

2005年5月,萧乾著《旅人行踪:萧乾散文随笔选集》,中央编译出版社,第29-37页。

此版为"盗火者文丛"丛书之一。

"[谐谑画'莪默·伽亚谟']是为十一世纪波斯诗人莪默·伽亚谟的《鲁拜集》中最有名的四行:'树荫[下]……'所做的图解。三棵树和一片白茫茫的沙漠勾勒出阿拉伯的背景,那位大腹便便的享乐主义诗人倚树而卧,醇酒美人,身边应有尽有。他的情妇在旁引颈高歌。"

【1395】
林明德:《中国传统文学探索》

1981年9月,林明德著《中国传统文学探索/第一卷/从诗经到饮水词/晏几道及其词》,台湾台北巨流图书公司,第400-402页。

◇《鲁拜集》汉译书目

Rubáiyát 译为"鲁拜集/狂酒歌"。

Omar Khayyám 译为"奥玛·开俨"。

Edward FitzGerald 未译名。

"在十一、二世纪间,波斯有位诗人叫奥玛·开俨,他著有《鲁拜集》(又名狂酒歌)一书。其中有半数以上的诗篇是以饮酒作乐为主题。有人指出,在他的一些诗里,外表上看来好像快乐之至,其实内容是最悲凉不过的了。从一些诗篇可看出,他企图挣开命运的枷锁,更企图瞥一眼'明日'的真象,但,这些都是徒劳无功的,最后他还是要依靠'今日',而且以之作为他唯一的立足点。他常情不自禁地强调感官上的享受,扬言放弃探讨命运、善恶、物质与精神等哲学上的问题。但是他一直无法摆脱也无法解决这些问题的困扰,这确是真的。"

【1396】

蔡良骥:酒和时代

1982年1月,蔡良骥著《文艺枝谈》,浙江人民出版社,第7-14页。

Rubáiyát 译为"鲁拜集"。

Omar Khayyám 译为"莪默·伽亚谟"。

Edward FitzGerald 未译名。

"尼加拉瓜人竟说:'一杯酒能使哑巴说话,一瓶酒能使哑巴唱歌。'而莪默·伽亚谟则从哲理的意义上称誉酒是'崇高的炼金术士,瞬时间把生之铅矿点化成金'(《鲁拜集》)。"

【1397】

[新加坡]杏影:朋友和兄弟

1982年6月1日,柏杨主编《新加坡共和国华文文学选集/杂文篇》,台湾台北时报文化出版事业有限公司,第46页。

Rubáiyát 未译名。

Omar Khayyám 译为"奥玛开俨"。

Edward FitzGerald 未译名。

此版为"时报书系"丛书之一。

"小人又那里会懂得什么寂寞!那实际是一个绝望主义者、表面上却假装快乐的波斯诗人奥玛开俨说得好:'只是一个思索的心灵才会有寂寞。'"

【1398】
[英国]安诺德:评华滋华斯

1982年12月,[英国]安诺德文/殷葆璱译《评华滋华斯》,《外国文学评论选/上册》(上下册),湖南人民出版社,第193页。

Rubáiyát 译为"鲁拜集"。

Omar Khayyám 译为"莪默伽耶"。

Edward FitzGerald 译为"费兹杰尔德"。

2006年4月,《欧美文学研究导引/下编/第六章/浪漫激情/选文:评华滋华斯》,南京大学出版社,第187页。

此版为"大学研究型课程/专业系列教材/中国语言文学类"丛书之一。

"我们有时甚至爱读公然违反道德的诗;爱读那些可以用莪默伽耶的话——'让我们把浪费在寺院里的时间,补偿在酒馆里吧'作题词的诗。"

【1399】
[美国]弗兰西斯·薛华:前车可鉴

1983年4月,[美国]弗兰西斯·薛华[Francis A. Schaeffer]著/梁祖永译《前车可鉴/西方思想文化的兴衰/七/现代科学的兴起》,香港宣谊出版社,第123页。

2018年1月,[美国]弗兰西斯·薛华著/梁祖永译《前车可鉴/西方思想文化的兴衰/七/现代科学的兴起》,华夏出版社,第105页。

Rubáiyát 译为"鲁拜集"。

Omar Khayyám 译为"欧玛尔·海亚姆"。

Edward FitzGerald 未译名。

此版为"新教文库·历史与思想译丛"丛书之一。

"阿拉伯学者在科学上,特别是在数学(如三角和代数)以及天文学上颇有成就。如

◇《鲁拜集》汉译书目

欧玛尔·海亚姆(Omar Khayyam,约 1048—1122)算出太阳年(solar year)的长度,并将代数加以发展;他著名的《鲁拜集》把回教的宿命论作了逻辑的结论。"

【1400】
[日本]三上次男:《陶瓷之路》

1983 年 4 月,[日本]三上次男著/胡德芬译《陶瓷之路——东西文明接触点的探索/六/带往波斯的中国陶瓷——东西文化的接触点和中国陶瓷》,天津人民出版社,第 154 页。

Rubáiyát 未译名。

Omar Khayyám 译为"莪默·伽亚姆"。

Edward FitzGerald 未译名。

———

"到了一○三七年,塞尔柱帝国的缔造者特古利尔贝伊占领了内沙布尔,并且定都于此。于是,这里就成为经济和文化的一大中心地,修建了许多宏大的学校和图书馆。据目前所知,仅图书馆就有十三所之多。在中世纪,称得上世界之冠的数学家、诗人兼哲学家的莪默·伽亚姆,即出生于此,并在此完成了他的伟大事业。在他的墓地上建筑了一座清真寺,清真寺的圆顶上,贴着色彩鲜艳的几何图形瓷砖,它们发出闪烁的光芒,显得十分美丽。"

【1401】
《日本现代诗选》:[日本]竹友藻风(1891—1954)

1983 年 12 月,武继平、沈治鸣译《日本现代诗选》,青海人民出版社,第 118 页。

Rubáiyát 译为"鲁拜集"。

Omar Khayyám 未译名。

Edward FitzGerald 未译名。

竹友藻风,本名虎雄。

———

"竹友藻风/日本现代诗人。英国文学学者。""一九二二年出版了译作《鲁拜集》……"。

【1402】

[美国]威廉·赫·沙利文:《出使伊朗》

1984年2月,[美国]威廉·赫·沙利文[W. H. Sullivan]著/邱应觉、李士兴、侯德生译《出使伊朗/第八章/伊朗兰什叶教派》,世界知识出版社,第60页。

Rubáiyát 译为"鲁拜集"。

Omar Khayyám 译为"莪默·伽亚谟"。

Edward FitzGerald 未译名。

———

"我们西方人谈起波斯文学,特别是谈起波斯诗歌时,往往只知道波斯古代诗人莪默·伽亚谟的《鲁拜集》,但是伊朗人却认为他们文学史上的这部诗集不过是二流作品。他们更推崇哈菲兹和萨迪等抒情诗人,平时引用最多的是长篇叙事诗《帝王轶事》。"

【1403】

[日本]黑柳恒男:波斯语和阿拉伯语抄本

1985年8月,[日本]黑柳恒男文/学鼎等译《世界图书馆博览/德黑兰大学中央图书馆》,福建科学技术出版社,第225页。

Rubáiyát 译为"鲁拜集"。

Omar Khayyám 译为"莪默·伽亚谟"。

Edward FitzGerald 未译名。

———

"……以四行诗《鲁拜集》而闻名世界的诗人莪默·伽亚谟的最早抄本被收进牛津大学博德利安图书馆。"

【1404】

[美国]霍华德·伊夫斯:穆斯林文化之兴起

1986年3月,[美国]霍华德·伊夫斯[H. Eves]著/欧阳绛译《数学史概论(第六版)/第七章/中国、印度和阿拉伯数学/阿拉伯/7.9》,山西人民出版社,第225页。

Rubáiyát 译为"鲁拜集"。

◇《鲁拜集》汉译书目

Omar Khayyám 译为"海牙姆"。

Edward FitzGerald 未译名。

2009年5月,[美国]霍华德·伊夫斯[Howard Eves]著/欧阳绛译《数学史概论(第六版)/第七章/中国、印度和阿拉伯数学/阿拉伯/7.10》,哈尔滨工业大学出版社,第226页。

―――――

"对最深奥和最新颖的代数学作出贡献的也许是海牙姆(大约1100年)给出的三次方程的几何解;……"。

【1405】
杜瑞芝:奥马·海亚姆和三次方程的几何解法

1987年,《科学探索学报》第1期,第216-222页。

Rubáiyát 译为"鲁拜集"。

Omar Khayyám 译为"奥马·海亚姆"。

Edward FitzGerald 未译名。

2018年2月,杜瑞芝、孔国平著《抽象代数之母——埃米·诺特/第9章/创立抽象代数学》,哈尔滨工业大学出版社,第132-133页。

此版为"数学家传奇丛书"之一。

―――――

"代数学作为解方程的学说,在11世纪波斯诗人兼数学家奥马·海亚姆的《代数学》中达到了新的高度。他明确地把代数学定义为解方程的科学,还特别创造了用圆锥曲线解三次方程的几何方法。他的工作使代数与几何的联系更加密切。"

【1406】
[日本]平田宽:《图说科学技术史(上)》

1987年4月30日,[日本]平田宽著/陈秀莲译《图说科学技术史(上)/VIII. 中世纪中期(回教世界,约750年~1200年)/VIII.-2/阿拉伯数字与阿拉伯数学》,台湾台北牛顿出版社(朝仓书店),第151页。

Rubáiyát 译为"鲁拜集"。

Omar Khayyám 译为"奥玛·开俨"。

Edward FitzGerald 未译名。

此版为"牛顿文库"丛书之一。

———

"集阿尔·克瓦里兹米代数学之大成的最后一位学者,是以四行诗《鲁拜集》闻名的波斯人奥玛·开俨。他将三次方程式予以分类,获得解法。"

【1407】
罗青:《英美诗歌赏析》

1988年12月,罗青著《诗人之桥:英美诗歌赏析/卷第二/美国诗/佛洛斯特[Robert Frost]诗研究/探索一座下雪的林子》,台湾台北五四书店有限公司,第78—79页。

Rubáiyát 译为"鲁拜集"。

Omar Khayyám 译为"奥玛·开俨"。

Edward FitzGerald 未译名。

此版为"五四丛刊"丛书之01。

———

"《雪夜驻马林畔》押韵工整而富变化,音义皆美,是二十世纪英诗中罕有的佳构。诗中 AABA/BBCB/CCDC/DDDD 的韵脚,不只是重复变化,而且还配画着主题发展。詹姆士·怀特认为佛洛斯特在此诗中,溶合了但丁《神曲》中的 terza rima 与奥玛·开俨鲁拜集中的四行体,使之成为一种全新的组成,和谐且美妙。奥玛·开俨的四行体的最后一行,在意义上与前面往往相反,在声音上却常常相成,……"。

【1408】
王太丰:简述《鲁拜集》的创作特点

1989年4月,《外国文学辅导/修订版/第二编/亚非文学/第二章/中古文学/第一节/概论/问题解答/3.》,高等教育出版社,第329、331—332页。

Rubáiyát 译为"鲁拜集"。

Omar Khayyám 译为"欧玛尔·海亚姆"。

Edward FitzGerald 未译名。

1996年4月第2版。

———

"《鲁拜集》是中古波斯伟大的科学家和诗人海亚姆的诗集。它表达了诗人对人生、

◇《鲁拜集》汉译书目

宗教、现实与未来严肃探求的精神,……"。

【1409】
[英国]斯蒂芬·博丁顿:《计算机与社会主义》

1989年4月,[英国]斯蒂芬·博丁顿[Stephen Botington]著/杨孝敏、张明华、仲维畅译《计算机与社会主义/第五章/未来的经济体系/模式与未来》,华夏出版社,第124页。

Rubáiyát 未译名。

Omar Khayyám 译为"奥玛尔·克海亚姆"。

Edward FitzGerald 未译名。

此版为"二十世纪文库"丛书之一。

———

"我们用什么样的心情期待未来呢?关键不是预言未来而是去创造未来。然而,从某种意义上说,创造就意味着预示,用过去一位伟大的数学家的话来说,如果我们相信:/……创世的黎明就写下了/最后审判日拂晓将会宣读的东西……/(奥玛尔·克海亚姆诗第73节)"

【1410】
萧兵:太阳和光明之诗

1989年5月,萧兵著《中国文化的精英——太阳英雄神话比较研究/第一篇/射手英雄:感生与化身/第一章/太阳鸟族的儿孙/一》,上海文艺出版社,第16-17页。

Rubáiyát 译为"鲁拜集"。

Omar Khayyám 译为"莪默·伽亚谟"。

Edward FitzGerald 未译名。

此版为"中国民俗文化研究丛书"之一。

———

"'准日神'后羿跟东君一样善射。……'光箭'这个意象在东西方文学里都是常见的。……古代波斯莪默·伽亚谟也在《鲁拜集》里创造过类似意象:[第1/101首]……这也是人们多把太阳神当成射神、并且创造出'光箭'这个意象的原因。"

【1411】
钱念孙:翻译在文学交流中的功用

1989年8月,钱念孙著《文学横向发展论/第五章/文学横向发展的渠道和形态/第二节/从文学交流的角度看文学翻译/一》,上海文艺出版社,第234页。

Rubáiyát 译为"鲁拜集"。

Omar Khayyám 译为"欧玛尔·海亚姆/莪默·伽亚谟"。

Edward FitzGerald 译为"菲兹杰拉尔德"。

此版为"文艺探索书系"丛书之一。

2001年1月,钱念孙著《文学横向发展论/第五章/文学横向发展的渠道和形态/第二节/从文学交流的角度看文学翻译/一》,上海文艺出版社,第240-242页。此版为"上海文艺学术文库"丛书之一。

———

"为什么海亚姆的《鲁拜集》经过菲兹杰拉尔德的翻译后,能够由鲜为人知而风靡世界呢?基本条件当然是诗集本身具有充实的思想内容、深刻的哲理色彩和质朴清新、高度凝练的语言。但菲兹杰拉尔德文笔优美、诗味浓厚的生花妙译,使西方读者得以领略其博大精深的思想、新颖奇特的立意、以及神秘的东方情调,也是它步入世界文学名著之林的重要原因。"

【1412】
王锦厚:漫谈郭沫若的诗艺探索

1989年10月,王锦厚著《郭沫若学术论辩/诗艺探索》,四川文艺出版社,第346-347页。

Rubáiyát 译为"鲁拜集"。

Omar Khayyám 未译名。

Edward FitzGerald 未译名。

1996年6月第二版。

———

"……《凤凰涅槃》中……如:来得如飘风/去得如轻烟,/来如风,/去如烟,/……/这可以说是从《鲁拜集》演化而来。"

◇《鲁拜集》汉译书目

【1413】
周明富：伊朗文学

1980年 – 1990年,《外国文学/第二章/中古文学/第一节/概述/二/中古东方文学/(一)》(内部教材),四川省外国文学教研会,第36 – 37页。

Rubáiyát 译为"鲁拜集"。

Omar Khayyám 译为"莪默·伽亚谟"。

Edward FitzGerald 未译名。

———

"莪默·伽亚谟(1040 – 1123)是中古波斯的天文学家、数学家和诗人。他作为学者、自然科学家,早已闻名于中世纪,作为诗人却长达七、八个世纪默默无闻。直到一八五七年他的诗《鲁拜集》被译成英文出版,才蜚声文坛。"

【1414】
王一丹：萨迪的作品及思想的初步研究

1990年1月,《北京大学硕士学位论文摘要汇编/文科版(十)/文学/外国语言文学/波斯语言文学/300.》,第369页。

Rubáiyát 未译名。

Omar Khayyám 译为"欧玛尔·海亚姆"。

Edward FitzGerald 未译名。

———

"……在海亚姆看来,人生如梦,一切都将归于'空'与'虚无',所以人们要把握眼前的时光尽情享受人生,不必为过去悲伤也不必为来日担忧。他的诗哲理色彩浓厚,试图以一个哲学家的眼光超越于时空之外冷静地看人生,于无奈中透出一份洒脱。"

【1415】
邓颖、邓宪彤、邓宪云、邓立群、邓季方：怀念父亲邓均吾

1990年4月,《古蔺党史资料》第48期。

Rubáiyát 译为"鲁拜集"。

Omar Khayyám 译为"莪默·伽亚谟"。

Edward FitzGerald 未译名。

邓均吾,本名邓成均。

2010年9月,邓颖编选《邓均吾研究资料/忆念》,重庆出版集团/重庆出版社,第92-98页。

"仍保存下来的译诗有1968年翻译波斯著名诗人莪默·伽亚谟的《鲁拜集》41首。这是根据英国出版的英文版《鲁拜集》翻译的。从原著上的读书记号和3份译稿可以看出,父亲是在熟读全部英文原著后,从中挑选41首,逐首精心翻译,三易其稿而成的。这是他生前最后的译诗。"

【1416】
莫渝:现代译诗名家/一、郭沫若

1990年4月,台湾台北当代文学史料研究社编《当代文学史料研究丛刊/第4辑》,台湾台北业强出版社,第113-116页。

Rubáiyát 译为"鲁拜集"。

Omar Khayyám 译为"莪默·伽亚谟"。

Edward FitzGerald 未译名。

郭沫若,本名郭开贞。

选载郭沫若译本第12/101首一诗节。

"《创造》季刊一次刊毕的《鲁拜集》,自然亦引人青睐。""《鲁拜集》内诗和酒揉合的气息,即合乎郭沫若的诗风,亦扣紧当时狂飙风气,出现诗坛后,虽有人再译,郭译本仍是译坛宠儿……"

【1417】
《中文专业基础知识总汇》:中古伊朗的诗星

1990年5月,《中文专业基础知识总汇/外国文学》,杭州大学出版社,第381页。

Rubáiyát 译为"鲁拜集"。

Omar Khayyám 译为"海亚姆"。

Edward FitzGerald 未译名。

◇《鲁拜集》汉译书目

"海亚姆的《鲁拜集》在短小朴素的诗句中,蕴含着深刻的哲理。他对世人所信奉的宗教抱怀疑和批判的态度,独立探索自然和社会的真理,猜译着'人生的大哑谜'。"

【1418】
王杰生:中古文学简论

1990年8月,《外国文学史略/第二章/中古文学/第4节》,三环出版社,第38页。

Rubáiyát 译为"鲁拜"。

Omar Khayyám 译为"欧玛尔·海亚姆/莪默·伽亚谟"。

Edward FitzGerald 未译名。

———

"欧玛尔·海亚姆(又译莪默·伽亚谟,1048—1122)是哲学家、数学家、天文学家,也是诗人,曾在塞尔柱王朝担任太医和天文的职务,生前已是知名的学者,但作为诗人,他是到了19世纪下半叶才获得世界声誉的。"

【1419】
[苏联]尤·留里科夫:《爱情与忠告》

1990年10月,[苏联]尤·留里科夫著/宋成明、徐桃林译《爱情与忠告/关于性的问题/节日孩子》,中国工人出版社,第105—106页。

Rubáiyát 未译名。

Omar Khayyám 译为"欧玛尔·海亚姆"。

Edward FitzGerald 未译名。

———

"他狂喜地朗读着欧玛尔·海亚姆的诗:/因为真理永远从手中离去,/朋友,不要去理解不理解的事情,/把杯子拿上手,做一个无知的人,/相信吧,科学研究毫无意义!//相信吧,你很快要和灵魂分手,/黑暗的帷幕后面有一扇神秘的门。/喝酒吧!因为你,不知道从何处来,/行乐吧!因为你不知道要住何处去?"

【1420】
武和平:波斯

1990年10月,武和平撰《外国文学新编/第十二章/亚非文学/第一节/

概述》,重庆出版社,第 582 页。

Rubáiyát 译为"鲁拜集"。

Omar Khayyám 译为"欧玛尔·海亚姆"。

Edward FitzGerald 未译名。

————

"欧玛尔·海亚姆(1048-1128)是波斯最杰出的哲理诗人。他的著名诗集《鲁拜集》早在 19 世纪就风行西方世界。海亚姆运用'柔巴依'体(四行诗)进行创作。他的诗深入探讨了社会、宗教、人生等重要问题,反对禁欲,肯定人生,对伊斯兰教的权威性提出怀疑,具有强烈的叛逆精神。海亚姆的哲理诗寓意深刻,耐人寻味,对于启迪人民认识现实社会起到了积极作用。"

【1421】
都本海:中古亚洲文学

1990 年 12 月,《外国文学/第三章/中古亚洲文学/第一节/概述/波斯文学》,东北师范大学出版社,第 56-57 页。

Rubáiyát 未译名。

Omar Khayyám 译为"欧玛尔·海亚姆"。

Edward FitzGerald 未译名。

此版为"大学中文函授教材"丛书之一。

————

"欧玛尔·海亚姆(1048?-1123?)是中古波斯著名的哲理诗人。他同时又是哲学家、数学家、天文学家和'通晓希腊人的学问'的学者。作为一个诗人,他敢于扫荡迷信,播扬进步思想,猛烈斥责封建统治的罪恶,期望有一个正义的社会。他用诗歌裁判人间社会的善与恶。"

【1422】
《世界文学史纲》:中古波斯文学的背景与发展

1990 年 12 月,《世界文学史纲/中卷/亚非文学/第六编/中古亚非文学/第四章/中古波斯文学/第一节》,武汉大学出版社,第 422-424 页。

Rubáiyát 译为"鲁拜集"。

Omar Khayyám 译为"欧玛尔·海亚姆/莪默·伽亚谟"。

◇《鲁拜集》汉译书目

Edward FitzGerald 未译名。

"欧玛尔·海亚姆(旧译莪默·伽亚谟,1048－1122)生于霍拉桑名城内沙浦尔,他进行科学研究和诗歌创作的年代正值塞尔柱王朝的全盛时期。诗人生前是一位享有盛名的学者和贡献突出的科学家,在数学、天文学、哲学和医学领域造诣颇深,受到同代学者和文人的普遍赞许,连那些与他见解不同的人也对他怀有敬意。但是却没有任何人提到他是一个诗人。在海亚姆逝世50年之后才有人提到他写过'四行诗',但这并未确立海亚姆的诗人地位。直至19世纪中叶,诗人的作品通过一位英国诗人翻译才得以在英国出版,……"。

【1423】
《常用艺术手册》:波斯文学(条目)

1991年4月,《常用艺术手册/文学·外国文学》,中国妇女出版社,第123－124页。

Rubáiyát 译为"鲁拜体四行诗"。

Omar Khayyám 译为"欧玛尔·海亚姆/莪默·加亚谟"。

Edward FitzGerald 未译名。

"欧玛尔·海亚姆(旧译莪默·加亚谟),大诗人,主要成就是写了数百首'鲁拜'体(四行诗,类似我国的绝句)抒情诗。"

【1424】
《亚非文学简史》:中古波斯文学

1991年4月,《亚非文学简史/第一编/古代文学/第五章/第一节/概况》,辽宁大学出版社,第257－259页。

Rubáiyát 译为"鲁拜集"。

Omar Khayyám 译为"欧玛尔·海亚姆"。

Edward FitzGerald 未译名。

"欧玛尔·海亚姆(1040－1123)是继菲尔多西之后出现的闻名世界的诗人。他的作品是伊朗文学再度繁荣发展的标志,反映了当时诗歌创作的高度水平。""据说:他死去时,手里还拿着一本伊本－西那的《医典》。""诗人遗留给后代的是《鲁拜集》中的诗歌作品。"

【1425】
《世界文学史》:伊斯兰国家/讴歌荣誉

1991年7月,[瑞典]托·柴特霍姆[T. Zetterholm]、[英国]彼得·昆内尔[P. Quennell]编著《世界文学史(彩色插图)/四、中世纪/东方(黄绮丽译)/五、文艺复兴(朱炯强译)》,漓江出版社,第50、68页。

Rubáiyát 译为"鲁拜集"。

Omar Khayyám 译为"欧玛尔·海亚姆"。

Edward FitzGerald 译为"爱德华·菲茨杰拉尔德"。

———

"菲茨杰拉尔德的《鲁拜集》英译本深受拉斐尔前派兄弟会的喜爱,现已成为人们最常引用其中诗句的集子之一。""1853年,爱德华·菲茨杰拉尔德以无韵诗和散文翻译他的戏剧,以《卡尔德隆戏剧六种》的书名发表。"

【1426】
[苏联]谢尔盖·叶赛宁:"番红花的国度夕辉荡漾……"(诗歌)

1991年9月,[苏联]谢尔盖·叶赛宁著/郑铮译《白桦/叶赛宁诗选/波斯情歌(组诗)》,外国文学出版社,第99页。

Rubáiyát 译为"鲁拜集"。

Omar Khayyám 译为"莪默·哈亚姆"。

Edward FitzGerald 未译名。

此版为"小白桦诗库"丛书之一。

1991年10月,[苏联]叶赛宁著/丁鲁译《叶赛宁抒情诗选/波斯组曲/"金红色的国土映着晚霞……"》,湖南文艺出版社,第233页。

Rubáiyát 译为"鲁拜体/柔巴依体"。

Omar Khayyám 译为"奥马尔·哈亚姆/莪默·伽亚谟"。

此版为"诗苑译林"丛书之一。

———

郑铮译:"番红花的国度夕辉荡漾,/玫瑰在田野上轻轻摇晃。/给我唱只歌吧,我亲爱的,/唱那只哈亚姆唱过的歌。/玫瑰在田野上轻轻摇晃。"

丁鲁译:"金红色的国土映着晚霞,/玫瑰的暗香飞满天涯。/亲爱的人啊,唱一支歌儿吧,/这歌儿哈亚姆曾经唱它。/玫瑰的暗香飞满天涯。"

【1427】
[苏联]波罗日尼亚科夫:《美国幽默笑话》

1991年12月,[苏联]波罗日尼亚科夫编/郭其各、武宏光译《美国幽默笑话/笑话世界/礼貌、做客/高深的知识》,外国文学出版社,第254页。

Rubáiyát 译为"四行诗集/鲁拜集"。

Omar Khayyám 译为"欧玛尔·海亚姆"。

Edward FitzGerald 未译名。

———

"主管人邀请两位年轻的职员吃饭,同他们交谈起来,逼得他们出了不少汗。'喂,你们喜欢欧玛尔·海亚姆吗?'主人想了解他们的文学知识,顺便问道。""'非常喜欢,'其中之一回答,'不过我更喜欢吉扬梯酒。'"

【1428】
李熙泰:厦门民俗学研究先驱——谢云声

1992年2月1日,《厦门民俗方言》第7期。

Rubáiyát 译为"鲁拜集"。

Omar Khayyám 未译名。

Edward FitzGerald 未译名。

1999年7月,谢云声编撰《闽歌甲集/谢云声编著的书目》,厦门市闽南文化研究所,第223、236页。

此版为"闽南文化资料丛书"之1。

1928年,谢云声编有《闽歌甲集》。此版为"民俗学会丛书"之一。

2006年12月,《闽南文化研究论丛/上/人物/75.》(上下册),文化艺术出版社,第685页。

此版为厦门市闽南文化研究丛书之一"。

———

"[谢云声的编著]诗文有……与林雅典合译的《鲁拜集》……""选译鲁拜集(与林雅

典合译将由北新书局出版)"

【1429】
徐真华:圆形

1992 年 7 月,[法国]让·谢瓦利埃、[法国]阿兰·海尔布兰特编/编写组译《世界文化象征辞典/圆形》,湖南文艺出版社,第 1217 页。

Rubáiyát 未译名。

Omar Khayyám 译为"莪默·伽亚谟"。

Edward FitzGerald 未译名。

封面、书名页及版权页均未署法国编者姓名,仅在"译序"中提及。

"旋转的天穹,天轮,这些说法常见于波斯文学,它们含有命运的意思。莪默·伽亚谟是这样写的:/既然天轮旋转从来不按圣贤的意愿,/纵使天有七重或八重,又有何关系?"

【1430】
卜庆华:对郭沫若和梁实秋、徐志摩、周作人关系的一点辩白

1993 年 6 月,《零陵师专学报》(月刊)第 2 期(总第 34 期),第 50 – 53 页。

Rubáiyát 译为"鲁拜集"。

Omar Khayyám 译为"莪默伽亚谟"。

Edward FitzGerald 未译名。

2012 年 7 月,《郭沫若研究文献汇要/卷三/交往卷》(全 14 卷),上海书店出版社,第 102 – 107 页。

"……1922 年,闻一多写了一篇长文批评郭沫若所译波斯诗人莪默伽亚谟的《鲁拜集》,指出其中不少纰误。此文发表于《创造季刊》,但'沫若不以为忤,且表示敬服之意'。"

【1431】
胡真文:民族性与思维规律——也谈诗歌的翻译

1993 年 8 月,《外国语言文学研究与教学》,东北师范大学出版社,第

◇《鲁拜集》汉译书目

129 页。

Rubáiyát 译为"鲁拜集"。

Omar Khayyám 译为"莪默·伽亚谟"。

Edward FitzGerald 译为"爱德华·费兹杰拉德"。

"……必须以原诗的主题为主题,尽可能在意、形、音三方面求得与原诗效果的最大等值,求得译诗对译诗读者的作用与原诗对原诗读者的作用尽可能相似。而那种违背甚至曲解原诗的主题和意境的所谓'重写',绝不能与译诗混为一谈,最典型的例子要算爱德华·费兹杰拉德写莪默·伽亚谟的《鲁拜集》。虽说此作是诗集不假,且又倍受世人推崇,有'世界文学名著'之誉。但它不是翻译,还有那种虽转达了原诗的主题和意境,却不是以诗的形式,而是用散文体或其他文体译出的东西,同样也不能称之为译诗。一句话,译诗必须是诗,它源于原诗但不同于原诗……"

【1432】

李德庆:《东方文学》

1993 年 8 月,李德庆编著《东方文学/第二编/中古文学/第四章/波斯文学/第一节/社会基础和文学概况》,郑州大学中文系,第 87–88 页。

Rubáiyát 译为"鲁拜集"。

Omar Khayyám 译为"莪默·伽亚谟"。

Edward FitzGerald 未译名。

此版为"高校文科教材"丛书之一。

"莪默·伽亚谟(一〇四八–一一二三年),作为杰出的哲学家、数学家和天文学家,早负盛名。而作为杰出的诗人,则是十九世纪以后才被世人开始注意的。""诗人一生写下不少诗篇,全是用当时比较流行的所谓'鲁拜'这种诗体写成,收在《鲁拜集》中。"

【1433】

《20世纪西方艺术家辞典》:维德

1993 年 10 月,《20 世纪西方艺术家辞典/绘画·雕塑·摄影·建筑》,辽宁教育出版社,第 640 页。

Rubáiyát 译为"鲁拜集"。

Omar Khayyám 译为"莪默·伽亚谟"。

Edward FitzGerald 未译名。

———

"Vedder, Elihu(1836.2.26 – 1923.1.29)/美国浪漫主义画家和插图画家。""他的主要创作为描绘梦境和幻想的作品。""1866 年迁居罗马。1884 年为莪默·伽亚谟所作的《鲁拜集》作插图。"

【1434】
敏夫:《东方情结——东方文学与中国》

1993 年 12 月,敏夫著《东方情结——东方文学与中国/波斯、阿拉伯文学与中国/"一百零一"与"一千零一"/波斯情织飘荡在西子湖畔》,海南出版社,第 87、103 – 106 页。

Rubáiyát 译为"鲁拜集/柔巴依"。

Omar Khayyám 译为"欧玛尔·海亚姆"。

Edward FitzGerald 译为"费慈吉拉德"。

此版为"世界文学评介丛书(第四辑)"之一。

———

"……《鲁拜集》……《一千零一夜》。两部作品,分别是波斯文学和阿拉伯文学的代表之作。更有趣的是,《一千零一夜》受到了波斯文学的影响,它中间的故事,主要来自波斯故事集《一千个故事》;而《鲁拜集》在艺术形式方面(如韵律、节奏等等),又受到了阿拉伯文学的影响。"

【1435】
《中国文学答问总汇》:维吾尔族的"四行诗"柔巴依形式有什么特点?

1994 年 2 月,王德宽等撰稿《中国文学答问总汇/十五、少数民族文学/(四)少数民族民间文学》,北京十月文艺出版社,第 640 页。

Rubáiyát 译为"四行诗/柔巴依"。

Omar Khayyám 未译名。

Edward FitzGerald 未译名。

———

"在维吾尔族社会伊斯兰化之前,柔巴依诗体早已存在。15 世纪以后,为维吾尔文坛普遍采用。它形式短小，四句诗表达一个完整的形象或思想。所以要求语言凝练，内容集中，言简意赅、意味隽永。诗人们常采用柔巴依诗体创作，表达深邃的哲理和人生感受。"

【1436】
《中华小百科全书》：伊朗文学

1994年6月，《中华小百科全书/文学卷/外国文学》，四川辞书出版社/四川教育出版社，第263页。

Rubáiyát 译为"鲁拜集"。

Omar Khayyám 译为"欧玛尔·海亚姆"。

Edward FitzGerald 未译名。

——

"11世纪欧玛尔·海亚姆的四行诗集《鲁拜集》被译为欧亚各国文字，影响很大。"

【1437】
蔡德贵：人生的奥秘

1994年10月，蔡德贵编译《东方思想宝库/三千年东方思想第一部概况/引言/三、/4.享乐型》，吉林人民出版社，第5页。

Rubáiyát 未译名。

Omar Khayyám 译为"欧玛尔·海亚姆"。

Edward FitzGerald 未译名。

此版为"世界三大思想宝库"丛书之一。

——

"这种人生态度认为禁欲主义是虚伪的。主张这种人生观的人，赞美肉欲之乐，认为它就是人生的唯一目的。……波斯诗人欧玛尔·海亚姆都具有这种人生观。"

【1438】
[英国] D. H. 劳伦斯：《白孔雀》

1994年10月，[英国] D. H. 劳伦斯［D. H. Lawrence］著/谢显宁、刘崇丽、王林译《白孔雀/第二部/第一章/奇异的新蕾，奇异的花朵》（长篇小说),中国文联出版社,第 223 页。

Rubáiyát 译为"鲁拜集"。

Omar Khayyám 译为"莪默·伽亚谟"。

Edward FitzGerald 未译名。

———

"在五斗橱的抽屉里。我看到一本书。这是本《莪默·伽亚谟》,是莱蒂在她热衷伽亚谟的日子里送他的。这是一本有彩色插画的一先令一本的小书。"

【1439】
黄修齐:高尔斯华绥及其戏剧《最前的和最后的》

1994 年 11 月 5 日,台湾《国语日报/副刊/书和人》第 760 期。

1998 年 2 月,黄修齐著《英美文学评论与比较/戏剧》,成都科技大学出版社,

Rubáiyát 译为"鲁拜集"。

Omar Khayyám 译为"莪默·伽亚谟"。

Edward FitzGerald 未译名。

———

"作者还恰到好处地在人物对话中引用圣经典故以及古波斯诗人莪默·伽亚谟名作《鲁拜集》的诗,使全剧语言生动隽永,为悲剧增添一丝幽默和情趣。"

【1440】
《伊朗》:珍贵的文学宝库

1995 年 5 月,陆人编著《伊朗——地毯王国/灿烂的文化》,军事谊文出版社,第 13 页。

Rubáiyát 译为"柔巴依诗集/四行诗集"。

Omar Khayyám 译为"欧玛尔·哈亚姆"。

Edward FitzGerald 未译名。

此版为"世界各国知识丛书/亚洲卷"之一。

———

"塞尔柱王朝时期著名的波斯哲理诗人欧玛尔·哈亚姆,在数学、物理学、天文学、医学、哲学、诗歌等方面都作出了突出的贡献。哈亚姆的诗被誉为'吞噬教义的蛇',具有强

烈的反封建反宗教色彩。他的柔巴依诗集(四行诗集)已被译成几十种文字,出版过几百种版本,仅在纽约图书馆便藏有各种版本 500 多个。"

【1441】
王家瑛:中世纪阿拉伯美学思想

1995 年 8 月,《外国美学》编委会编《外国美学/第 11 辑》,商务印书馆,第 304 页。

Rubáiyát 未译名。

Omar Khayyám 译为"欧玛尔·海亚姆"。

Edward FitzGerald 未译名。

"波斯光阴派大哲学家欧玛尔·海亚姆(1040 – 1123)认为:'对于自然主义者来说,一切东西都有增加、减少和均衡,而统一的秩序是以均衡为前提的……这个世界只是由均衡建立起来的,由于均衡,这个世界才繁荣昌盛。'"

【1442】
[美国]赫伯特·施皮格伯格:《现象学运动》

1995 年 10 月,[美国]赫伯特·施皮格伯格[Herbert Spiegelberg]著/王炳文、张金言译《现象学运动/第二编/现象学运动的德国阶段/第七章/作为现象学家的马丁·海德格尔(1889 – 1976)/5.海德格尔对于现象学的看法/B.实际运用的解释学》,商务印书馆,第 544 页。

Rubáiyát 未译名。

Omar Khayyám 译为"莪默·伽亚谟"。

Edward FitzGerald 译为"爱德华·费茨杰拉德"。

2011 年 2 月,[美国]赫伯特·施皮格伯格[Herbert Spiegelberg]著/王炳文、张金言译《现象学运动/第二编/现象学运动的德国阶段/第七章/作为现象学家的马丁·海德格尔(1889 – 1976)/5.海德格尔对于现象学的看法/B.实际运用的解释学》,商务印书馆,第 526 页。此版为"中国现象学文库·现象学原典译丛"丛书之一。

"人的实存的负担表现为这一严峻的事实,即人'存在而且不得不存在,……至于从

哪里来和往哪里去则无从知道'。这显然就是爱德华·费茨杰拉德的《莪默·伽亚谟》中著名诗句所表现的那种感情:/我到这个世界上,/来如流水去如风;/全不知为何和来自何方,/不由自主正和流水一样。"

【1443】
潘小松:《福克纳》

1995年10月,潘小松著《福克纳——美国南方文学巨匠/第五章/三十年代的生活与创作/九、康茵德鲁》,长春出版社,第135页。

Rubáiyát 译为"鲁拜集"。

Omar Khayyám 译为"伽亚"。

Edward FitzGerald 译为"菲兹杰拉德"。

此版为"全球诺贝尔奖获得者传记大系"丛书之一。

———

"……正如提起《鲁拜集》的英译本来,人们总是想起菲兹杰拉德,而不是原作者伽亚。"

【1444】
寇轶中:闻一多论译诗

1995年,《山西大学师范学院学报(综合版)》第2期(总第27期),第26–27页。

Rubáiyát 译为"鲁拜集"。

Omar Khayyám 未译名。

Edward FitzGerald 译为"费慈济拉德"。

———

"英国人费慈济拉德以其诗笔将《鲁拜集》译为不朽的英文文学,先生[闻一多]却指出他'并没有严格地根据原作','斐译直不啻为一篇创作',不足效法。"

【1445】
王希杰:《修辞学通论》

1996年6月,王希杰著《修辞学通论/第九章/得体性原则/第一节/得体性——修辞的最高原则/三/得体性的层次》,南京大学出版社,第351页。

Rubáiyát 未译名。

Omar Khayyám 译为"欧玛尔·海亚姆"。

Edward FitzGerald 未译名。

———

"伊朗诗人欧玛尔·海亚姆写道:'如一滴水汇入大海,一粒沙撒落在大地。你因何降生到这人世,像一只蚊子来而复去?'用蚊子来形容人,这在汉语中是不得体的,但在伊朗,是极好的表现形式。"

【1446】
[印度]奥修:《虚舟》

1996年6月,[印度]奥修[Osho]著/朱文秋、方世忠译《虚舟——谈庄子/第十章/完整性/当他整个为一他就没有缝隙容外物楔入》,上海三联书店,第282页。

Rubáiyát 译为"鲁拜集"。

Omar Khayyám 译为"欧玛尔·海亚姆"。

Edward FitzGerald 译为"菲茨杰拉德"。

此版为"印度哲人奥修如是说"丛书之一。

———

"欧玛尔·海亚姆被误解了,大大地误解了;因为菲茨杰拉德的缘故,他被全世界都误解了。欧玛尔·海亚姆的《鲁拜集》看起来是写了赞美酒和女人的,但根本不是这样。欧玛尔·海亚姆是个苏非,一个神秘家。他谈论体现道的酒,他谈论你永永远远消失在其中的酒。这种让你沉醉的东西,这种神性的酒,它不是暂时的,它是恒久的,它不是转瞬即逝的——它是永恒的。"

【1447】
[印度]奥修:秋天的潮汐

1996年7月,[印度]奥修[Osho]著/范佳毅译《当鞋合脚时/第七章》,东方出版中心,第167页。

Rubáiyát 译为"鲁拜集"。

Omar Khayyám 译为"欧玛尔·海亚姆"。

Edward FitzGerald 未译名。

此版为"奥修人生箴言系列"丛书之一。

2004年7月,国家新课程教学策略研究组编写《理性之光/点亮理性之光/第四篇/燃烧理性/第七章》,新疆青少年出版社/喀什维吾尔文出版社,第168页。

此版为"青少年百科/中小学图书馆必备文库"丛书之一。

"……通过哲学你永远抵达不了真理,你只是徘徊、徘徊再徘徊。""欧玛尔·海亚姆在他的《鲁拜集》中说:'年轻时我经常去学者和圣徒那里。他们争来争去,我从我进去的同一扇门出来。'他拜访了那么多哲学家,那么多信徒——但是他们谈来谈去,他不得不从同一扇门返回。""什么也没有获得,只有生命被浪费了。"

【1448】
《商战魔鬼辞典》:信誉(格言)

1996年9月,崔同、陈茁编译《商战魔鬼辞典/信誉》,河南人民出版社,第363页。

Rubáiyát 译为"鲁拜集"。

Omar Khayyám 译为"海亚姆"。

Edward FitzGerald 译为"爱德华·菲茨杰拉德"。

"啊,拿了钱就让信誉滚蛋。/爱德华·菲茨杰拉德"

【1449】
[菲律宾]施颖洲:伟大中国诗

1997年8月,[菲律宾]施颖洲著《文学之旅》,辽宁教育出版社,第143-144页。

Rubáiyát 译为"鲁拜集"。

Omar Khayyám 译为"盖俨"。

Edward FitzGerald 译为"费滋吉拉"。

此版为"华人书林"丛书之一。

"……我在英译晏殊这首诗(词)的首二行时/浣溪沙/一曲新词酒一杯,/去年天气旧亭台。……《鲁拜集》最著名的二行诗来到我脑中:/绿荫枝条下面,有一卷诗,/一壶酒,一卷面包——还有你/我就不能不下结论,逝世于1123年的波斯诗人盖俨是模仿比他早二三百年前的中国诗人的。"

【1450】
季素彩等:幽默的形式与形式美

1997年9月,季素彩等编著《幽默美学/中编/第六章/幽默的形式与构成/一、幽默的形式/(二)》,河北教育出版社,第169页。

Rubáiyát 译为"鲁拜集"。

Omar Khayyám 译为"莪默·伽亚谟"。

Edward FitzGerald 未译名。

"比尔布姆根据这首四行诗[树荫下]的诗意,画了《莪默·伽亚谟》这幅谐谑画。画面上远近两棵树展示旷远荒漠,诗人躺在大树底下好乘凉,灌美酒,就干粮,读诗章,听情人撒娇,氛围是那么宁静,那么温馨,那么协调,难怪'荒野便是天堂'。"

【1451】
顾延龄:"翻译:文化竞赛论"剖视

1997年,《外语与翻译》(季刊)第4期,第35-37页。

Rubáiyát 译为"鲁拜集"。

Omar Khayyám 未译名。

Edward FitzGerald 译为"艾德华·费兹杰拉德"。

2003年12月,罗选民、屠国元主编《阐释与解构/翻译研究文集》,安徽文艺出版社,第326-331页。

此版为"文学与翻译研究丛书"之一。

"……有人称赞英国译者艾德华·费兹杰拉德的《鲁拜集》胜过原作。其实,对于真正意义上的翻译而言,说'译文胜过原作',只是一种假象或者是一种恭维之词。'胜过'、'超过'等等都与翻译标准的要求格格不入。"

【1452】
虞润身:虞尔昌——海峡彼岸老一辈的教育家和莎士比亚学者

1997年,海宁市政协文史资料委员会编《海宁人物资料/第八辑》(内部资料),浙江省海宁市委员会文史资料委员会,第83-84页。

Rubáiyát 译为"鲁拜集"。

Omar Khayyám 译为"奥玛卡雅/奥玛·卡扬"。

Edward FitzGerald 译为"爱德华·费兹诺"。

———

"台湾大学和文坛为了悼念我父亲,特在1985年2月将《中外文学》杂志第13卷第9期作为《虞尔昌教授纪念专号》出版,并称颂他的品德与学术成就,首次发表了虞尔昌教授在晚年所译奥玛·卡扬的长诗《鲁拜集》;并在《英文报章·杂志助读》月刊上陆续刊登了《鲁拜集》的中、英对照诗。奥玛·卡扬是11世纪波斯杰出的天文学家、数学家和诗人,他的诗在6个半世纪后经过英人爱德华·费兹诺的英译,已在19世纪传遍西方英语各国,受到推崇和爱戴。"

【1453】
[美国]华特功德:《铁达尼号沉没记》

1998年2月,[美国]华特功德[Walter Lord]著/黄文范译《铁达尼号沉没记[A Night To Remember]》(又名《泰坦尼克号》)/预言巧合/第六章/"这种时候只有这种办法了。"》,内蒙古人民出版社,第10、109页。

Rubáiyát 译为"鲁拜集"。

Omar Khayyám 译为"莪默伽耶"。

Edward FitzGerald 未译名。

2002年1月,[斯洛文尼亚/德国]斯拉沃热·齐泽克著/季广茂译《意识形态的崇高客体/二/从征兆到征兆合成人/(二)作为实在界的征兆/1.作为征兆的泰坦尼克号》,中央编译出版社,第98页。

2015年1月,《英语海洋文学翻译/"泰坦尼克"号背后的10个秘密》,中国海洋大学出版社,第316页。

此版为"涉海英语翻译系列教材"丛书之一。

———

"……船上货舱中载有无价之宝——有莪默伽耶'鲁拜集'的原稿(一个镶有宝石的

版本),以及财产总值两亿五千万美元的一批旅客,航行途中,船撞到了一座冰山,在四月的寒夜中沉没。"

【1454】

[英国]罗诺尔·巴尔福特:《鲁拜集——莪默·伽亚谟诗百零一首》插图(4幅)

1998年4月,刘丰杰著《现代装帧艺术/选题材与读原著》,中国书籍出版社,第178-180页。

Rubáiyát 译为"鲁拜集"。

Omar Khayyám 译为"莪默·伽亚谟"。

Edward FitzGerald 未译名。

―――――

"……英国画家罗诺尔·巴尔福特所画的《鲁拜集:莪默·伽亚谟诗百零一首》的多幅插图,就既有多变的构图、形象和情节,总地看来也具有统一和谐的艺术格调。"

【1455】

[美国]克莱伦斯·西华·达罗:"只要我被写进《爱之书》"

1998年6月,郑纲主编《著名演讲全集/下卷/法律演讲/一、法庭演讲/克莱伦斯·西华·达罗:请求宽恕》(全三卷),经济日报出版社,第1867页。

Rubáiyát 未译名。

Omar Khayyám 译为"欧玛尔·海亚姆"。

Edward FitzGerald 未译名。

2004年10月,吴生明、叶昌德主编《铜齿铁牙脱口秀/顶级律师的口才艺术/2/著名法庭辩论"秀"/76.宽恕》,北方妇女儿童出版社,第228页。

此版为"七彩书系"丛书之一。

2006年6月,闪中阔主编《金口才/好律师好口才/第四章/顶级法庭辩论/宽恕》,中国环境科学出版社/学苑音像出版社,第206页。

此版为"金口才全书"丛书之一。

2016年10月,林正主编《逆转的绝杀/美国律师协会20世纪"最佳法庭演说"经典案例选集/第三章/3."饶恕了他们吧,因为他们对他们所做的一切都了解得太清楚了"》,中国法制出版社,第146页。

此版为"世界著名大律师辩护实录丛书"之一。

———

"昨天晚上我从书中读到了古代波斯诗人欧玛尔·海亚姆的抱负,这是我所能想象的最高抱负,因而引起了我的注意。我希望这也是我心里所想的,并希望这也是所有的人心里所想的。/只要我被写进《爱之书》,/我并不在乎上面这本书。/任你抹去或写上我的名字,/只要我被写进《爱之书》。"

【1456】
[苏联]尼·马·格里马乔夫:行囊(诗歌)

1998年10月,丘琴译《丘琴译诗集/俄罗斯抒情诗选/格里巴乔夫/行囊》,自印本,第468-469页。

Rubáiyát 译为"鲁拜集"。

Omar Khayyám 译为"欧马尔·海亚姆"。

Edward FitzGerald 未译名。

2001年3月,《俄苏诗歌经典/世界文学名著全集》(全五册),内蒙古少年儿童出版社/内蒙古文化出版社,第989-990页。

此版为"世界文学名著系列丛书"之5。

———

"对诗歌下过很多次禁令,/但是,一只手遮挡不住太阳,/多少沙皇和王国都已死灭,/书跟诗人却稳过时光。//伊斯兰的传说将要枯萎,/耶稣教的圣书色泽也会消褪,/但是,彼特拉克和欧马尔·海亚姆的名字/却永远与我们相随。"

【1457】
卢康华:中外文类比较研究刍议

1998年12月,福建师范大学中文系、上海文艺出版社编《艺文述林/3/文艺学·比较文学卷》,上海文艺出版社,第285页。

Rubáiyát 译为"鲁拜集"。

Omar Khayyám 译为"欧玛亚·海亚姆"。

Edward FitzGerald 未译名。

"早在1947年,前辈学者季美林就曾提出:'……绝句在中国文学里占很重要的位置是大家知道的。在外国文学里很少找到这种四行的诗体。……只有波斯有这种诗体。有名的波斯诗人欧玛亚·海亚姆所著的诗集鲁拜集(Rubai Yat)就是用这种体裁,每首只有四行,很像中国的绝句。两者之间恐怕不能没有关系。至于究竟如何,就有待于将来的研究了。'"

【1458】
《外国文学艺术名著导读》:亚非文学的新高峰——中古文学

1999年1月,《外国文学艺术名著导读/第十章/永不熄灭的灯——东方文学概览/第二节》,中国铁道出版社,第100页。

Rubáiyát 译为"鲁拜集"。

Omar Khayyám 译为"莪默·伽亚谟/欧玛尔·海亚姆"。

Edward FitzGerald 未译名。

此版为"中国大学生文化素质教育丛书"之一。

"莪默·伽亚谟的诗歌代表作是《鲁拜集》,它具有丰富的哲学思想和探求精神,它怀疑宗教、讽刺上帝,反对统治阶级的宗教钳制。在形式上,有优美的节奏,讽刺手法和比喻多变,诗意含蓄,引人深思。"

【1459】
[英]I.克罗夫顿:波斯文学(条目)

1999年4月,[英]I.克罗夫顿[Ian Crofton]编/范岳等译《吉尼斯百科全书/最新版/语言和文学/亚洲文学》,辽宁教育出版社/吉尼斯出版公司。

Rubáiyát 译为"鲁拜集"。

Omar Khayyám 译为"欧玛尔·海亚姆"。

Edward FitzGerald 译为"爱德华·菲茨杰拉德"。

"最著名的一个苏菲派诗人欧玛尔·海亚姆(1048-1122)以四行诗著名。他的《鲁拜集》把女人和酒作为与上帝之间神秘联系的明显象征来赞颂。《鲁拜集》经维多利亚时代诗人爱德华·菲茨杰拉德(1809－1883)的翻译而闻名西方世界。"

【1460】
贺祥麟:文学翻译今昔谈

1999年9月,贺祥麟著《贺祥麟文集/外国文学卷》,漓江出版社,第175页。

Rubáiyát 译为"鲁拜集"。

Omar Khayyám 译为"莪默·伽亚谟/莪默·伽亚漠"。

Edward FitzGerald 译为"菲茨杰拉德"。

2000年1月,贺祥麟文《我国文学翻译管窥》,《与巨人对话——纪念歌德、巴尔扎克、普希金、海明威》,华文出版社,第355页。

———

"……英国19世纪著名学者菲茨杰拉德翻译12世纪时古波斯数学家、天文学家和诗人莪默·伽亚谟的诗《鲁拜集》,译文之好,好到超过原文,而且好到这100[101首]首诗,在波斯本非一流,但译成英文后,已经成为英国古典文学名著,为英文系大学生必读之作品。英译《鲁拜集》是典型的'意译'诗歌,与原文相差甚大,然而,不管怎样,这是一部非常成功的翻译或创作,为英国文学作出了重大贡献。"

【1461】
刘慧:波斯古代及中古文学的纵向发展

1999年11月,《上海外国语大学科学报告会/第27届/论文集/四、文学研究》,上海外语教育出版社,第255页。

Rubáiyát 译为"四行诗"。

Omar Khayyám 译为"欧玛尔·海亚姆"。

Edward FitzGerald 未译名。

———

"四行诗是传统的波斯民歌体裁,目前记载的最早的四行诗是鲁达基创作的。从鲁达基之后到塞尔柱王朝时期有四位著名的四行诗诗人,即阿比尔赫尔(967－1048)、巴巴塔赫尔(？－11世纪中)、安萨里(1006－1088)和欧玛尔·海亚姆(1048－1122),以欧玛尔·海亚姆的成就最高。""欧玛尔·海亚姆是波斯文学史上世界声誉最高的著名的哲理诗人,他在前人的基础上提高了四行诗的思想内容和表现手法,使其成为言简意赅、思想

◇《鲁拜集》汉译书目

深邃的哲理诗,对后世诗歌的发展产生了深远的影响。"

【1462】
《世界千年图志》:《鲁拜集》作者去世

2000年1月,世界千年图志编写组编《世界千年图志/人类沧桑千年历程最真实最形象记录/上册/1120－1129年》(上下册),红旗出版社,第27页。

Rubáiyát 译为"鲁拜集"。

Omar Khayyám 译为"欧玛尔·海亚姆"。

Edward FitzGerald 未译名。

载有一幅波斯细密画。

———

"1126年,波斯诗人、数学家和天文学家欧玛尔·海亚姆去世。……图为《鲁拜集》中的一幅插画,表现了诗人对荒野的赞美。"

【1463】
黄忠廉:《翻译变体研究》

2000年1月,黄忠廉著《翻译变体研究/第六章/综述精华/综述》,中国对外翻译出版公司,第204页。

Rubáiyát 译为"鲁拜集"。

Omar Khayyám 译为"莪默·伽亚谟"。

Edward FitzGerald 译为"爱德华·菲茨杰拉德"。

此版为"翻译理论与实务丛书"之一。

———

"19世纪英国的爱德华·菲茨杰拉德从波斯语译了莪默·伽亚谟的《鲁拜集》,通过模仿原诗格律,为英语创立了一种新诗体:由四行组成,每行为五个音步,第三行不押韵。"

【1464】
王炜:在喜剧的背后——解读奥尼尔的《啊,荒野!》

2000年5月,《尤金·奥尼尔戏剧研究论文集(1999)》,外语教学与研究出版社,第 183 – 187 页。

Rubáiyát 译为"鲁拜集"。

Omar Khayyám 译为"伽亚谟"。

Edward FitzGerald 未译名。

————

"[《啊,荒野!》]剧中,伽亚谟诗中的荒野,是奥尼尔精神上渴望的荒野,一种自由的,富于质朴与天真气息的荒野,而现实中的荒野,则是人类迷失了精神家园后所身处的荒野……"。

【1465】
[英国]罗诺尔·巴尔福特[鲍尔弗]:《鲁拜集》插图

1983 年 5 月 25 日,《收获》(文学双月刊)第 3 期(总第 41 期),上海文艺出版社,封二。

2000 年 6 月,《视觉传达设计/第四章/设计图象的要素(下)/第三节/插图/一、插图的基本概念》,上海书画出版社,第 144 页。

Rubáiyát 译为"鲁拜集"。

Omar Khayyám 未译名。

Edward FitzGerald 未译名。

此版为"现代设计大系"丛书之一。

————

各选载鲍尔弗作品 1 幅。

【1466】
刘兵:科学史就在你我身边

2000 年 10 月 18 日,江晓原、刘兵文《科学史就在你我身边——关于〈过去 2000 年最伟大的发明〉的对谈》,《中华读书报》。

Rubáiyát 译为"鲁拜集"。

Omar Khayyám 译为"欧玛尔·海亚姆"。

Edward FitzGerald 未译名。

2001 年 12 月,刘兵著《硬币与金字塔/第三部/审视科学》,湖南教育出版社,第 233 页。

此版为"中国科普佳作精选"丛书之一。

2016年3月,刘兵著《硬币与金字塔/第三部/审视科学》,长江出版传媒/湖北科学技术出版社,第220－221页。

此版为"中国科普大奖图书典藏书系"丛书之一。

"1582年由罗马教皇格里高利13世颁布的历法,也就是今天全球通用的公历,并非最完善的历法——事实上这样的历法至今也未产生。就置闰这个问题而言,相传公元1079年波斯诗人欧玛尔·海亚姆(以抒情四行诗《鲁拜集》名垂后世)提出的33年8闰的周期更为合理,……"。

【1467】
[美国]托比亚斯·丹齐克:《数:科学的语言》

2000年12月,[美国]托比亚斯·丹齐克[Tobias Dantzig]著/苏仲湘译《数:科学的语言——为有文化而非专攻数学的人写的评论性概述/附录/14.方程的图解法》,上海世纪出版集团/上海教育出版社,第223页。

Rubáiyát 未译名。

Omar Khayyám 译为"莪默·伽亚谟"。

Edward FitzGerald 未译名。

此版为"通俗数学名著译丛"丛书之一。

"……两个二元二次方程,可以消去一个元而得出一个一元四次方程。丢番都和莪默·伽亚谟都熟悉这种事实,莪默·伽亚谟甚至还产生了把这种过程反过来的一种天才的想法——即把解一元四次方程化为解二元联立二次方程。"

【1468】
《中国西部宝典》:柔巴依(条目)

2001年1月,《中国西部宝典/文化与文学》,内蒙古人民出版社,第1213页。

Rubáiyát 译为"柔巴依"。

Omar Khayyám 未译名。

Edward FitzGerald 未译名。

"15世纪以后,'柔巴依'这一名称始冠之于一种诗歌体裁,而为维吾尔文坛普遍使用。"

【1469】
张瑜:权力话语下的读者接受

2001年1月,《新世纪外国语言文学与文化论集/第一部分/语言与文化研究》,东南大学出版社,第66页。

Rubáiyát 译为"鲁拜集"。

Omar Khayyám 译为"莪默·伽亚谟"。

Edward FitzGerald 译为"菲茨杰拉德"。

此版为"英语语言与文化/跨文化交际与英语教育系列"丛书之一。

"即使一部在自己国家默默无闻的读物,由于译者按读者权力话语进行了再创造,也有可能成为一部经典性的著作,典型的例子是19世纪英国的菲茨杰拉德翻译的几乎被人遗忘的波斯诗人莪默·伽亚谟的《鲁拜集》。为了满足读者的定向期待和创新期待,菲茨杰拉德对原作进行了有选择摄取,改写了顺应英国文化思想的诗;他通过模仿原诗格律,为英语创立了一种新的诗体;而且使英国读者了解到一些新鲜的东方国家的情调;……"。

【1470】
[美国]P.麦卡利:《大坝经济学》

2001年3月,[美国]P.麦卡利[Patrick McCully]编著/周红云等译《大坝经济学/9章/工业应用、人类适从/9.1 大坝情结》,中国发展出版社,第275页。

Rubáiyát 译为"鲁拜集"。

Omar Khayyám 译为"海亚姆"。

Edward FitzGerald 未译名。

此版为"发展译丛"丛书之一。

2005年5月,[美国]P.麦卡利[Patrick McCully]编著/周红云等译《大坝经济学/9章/工业应用、人类适从/9.1 大坝情结》,中国发展出版社,第

225 页。

2005 年 8 月，[美国]波斯戴尔[Sandra Postel]、[美国]里特[Brian Richter]著/武会先等译《河流生命——为人类和自然管理水/第五章/加强基础设施建设提高河流治理水平》，黄河水利出版社，第 210 页。

———

"一位公共事业部(Ministry of Public Works)的官员引用中古世纪波斯诗人《海亚姆的鲁拜集》中的诗句来形容当时的政治氛围：'国王说日当正午如同子夜，聪明的人便会说，瞧，多皎洁的月亮。'"

【1471】
[俄罗斯]谢尔盖·焦姆金:泰坦尼克号的保险柜

2001 年 9 月，[俄罗斯]谢尔盖·焦姆金著/董父、老于、萧芳译《浴血宝藏/第九章/20 世纪海上沉船》，学林出版社，第 231 页。

Rubáiyát 译为"鲁拜集"。

Omar Khayyám 译为"欧玛尔·海亚姆"。

Edward FitzGerald 未译名。

此版为"黑旋风译丛"丛书之一。

———

"当然，名画、古波斯诗人欧玛尔·海亚姆的《鲁拜集》手稿、公元前 15 世纪埃及女祭司的木乃伊等珍贵文物已被大海彻底吞没了，可是金条和钻石、黄金首饰显然还可以在沉船的保险箱和舱房里找到。"

【1472】
[美国]亨利·詹姆斯:《英国风情》

2001 年 12 月，[美国]亨利·詹姆斯[Henry James]著/蒲隆译《英国风情/老萨福克(1897)》，生活·读书·新知三联书店，第 248－250 页。

Rubáiyát 译为"鲁拜集"。

Omar Khayyám 译为"奥马尔·哈亚姆"。

Edward FitzGerald 译为"爱德华·菲茨杰拉德"。

此版为"文化生活译丛"丛书之一。

2005 年 11 月，[美国]亨利·詹姆斯著/蒲隆译《英国风情/老萨福克》，生活·读书·新知三联书店,第210 - 211页。

2015年10月,[美国]亨利·詹姆斯著/蒲隆译《英伦印象/老萨福克》,百花洲文艺出版社,第232 - 233页。

2016年8月,[美国]亨利·詹姆斯著/蒲隆译《英伦印象/老萨福克》,上海文艺出版社,第232 - 233页。此版为"企鹅70周年纪念套装"丛书之一。

2005年1月,[美国]亨利·詹姆斯著/思齐译《英国风情(大师游记)/第16篇/老萨福克》,东方出版社,第263、268 - 269页。

Omar Khayyám译为"莪默·伽亚谟"。

此版为"'读游天下'系列丛书"之一。

蒲隆译:"……可以读一读《爱德华·菲茨杰拉德书信集》,此人为萨福克的名流,好发奇思异想,他在伍德布里奇艰难度日,大半生在这一带流连,他在那些令人欣喜的篇章中留下了从他那破裂、甜美的乐器上奏出的古怪乐曲的回声,供那位争奇好胜的游客享用。"

思齐译:"……可以去翻一翻《爱德华·菲茨杰拉德书信集》,他是萨福克的名人,经常有一些奇思妙想。他一生穷困潦倒,在伍德布里奇生活,其中大半部分时光就是在这个地带流浪,他写出一些使人惊喜不已的美文,他那破碎、甜美的乐器上奏出的古灵精怪的乐曲的回音就留存于这些美文之中,以供每一个爱好猎奇的游人去赏阅。"

【1473】
[英国]科里·贝尔:伟大的讲故事家

2002年2月,[英国]科里·贝尔[Cory Bell]著/苏福忠译《速成读本/文学/200年~1400年亚洲的作品》,生活·读书·新知三联书店,第19页。

Rubáiyát译为"鲁拜集"。

Omar Khayyám译为"欧玛尔·海亚姆"。

Edward FitzGerald译为"爱德华·菲茨杰拉德"。

此版为"速成读本"丛书之一。

"为了可以寻求西方经典作品的建设与发展的形式,爱德华·菲茨杰拉德把欧玛尔·海亚姆的《鲁拜集》翻译过来,当作一种有结构的组诗,这是连欧玛尔在公元1200年的尼撒浦尔也根本没有想到的。但是,这位波斯天文学家的独特个性却穿透出来:爱喝酒,怕命运,对宗教不置可否,他是引用最多、悟世最透的好伙伴。"

【1474】
林楚平:译诗漫谈

2002 年 4 月,林楚平著《油纸伞/译诗漫谈》,中国工人出版社,第 174 - 179 页。

Rubáiyát 译为"鲁拜集"。

Omar Khayyám 译为"欧玛尔·海亚姆"。

Edward FitzGerald 译为"爱德华·菲茨杰拉德"。

此版为"学灯文丛/第 3 辑"丛书之一。

"英国诗人爱德华·菲茨杰拉德并无自己的诗作传世,为他赢得诗名的倒是他翻译的 12 世纪波斯诗人欧玛尔·海亚姆的《鲁拜集》,尽管有人说,读他的译诗,你欣赏的是他的诗艺,而非他的译艺,但它已成为英国的文学名著,其中一些诗句经常为英国人所称引。"

【1475】
[苏联]弗·斯卢茨基:求爱

2002 年 4 月,[俄苏]弗·斯卢茨基文《求爱》,《世界名家经典散文/第二卷/谐趣》,西藏人民出版社,第 20 页。

Rubáiyát 未译名。

Omar Khayyám 译为"欧玛尔·海亚姆"。

Edward FitzGerald 未译名。

2003 年 11 月,《说出心中的爱》,《读懂人生/一部关于幸福的人生感悟/第 6 章/为爱花费心不是琐碎的小事情》,中国三峡出版社,第 206 - 207 页。

2004 年 1 月,[美国]杰利·哈普特编著/[苏联]弗·斯卢茨基文/戴尔译《求爱》,《让人快乐幸福的读者文摘/找到了要找的东西了吗/135 篇让你领略人性美丽的故事》,人民日报出版社,第 77 页。

2004 年 1 月,[美国]杰利·哈普特编著/[苏联]弗·斯卢茨基文/戴尔译《求爱》,《人性的美丽/让你领略人性美好的故事/C 辑/爱的觉悟》,人民日报出版社,第 65 页。

2005 年 3 月,[美国]杰利·哈普特编著/[苏联]弗·斯卢茨基文/戴尔译《求爱》,《人性的美丽/让你领略人性美好的故事/C 辑/爱的觉悟》,人民日报出版社,第 65 页。此版为"让人快乐幸福的读者文摘"丛书之一。

2004 年 7 月,[苏联]弗·斯卢茨基文/冷深译《你难道就没看出来我爱你》,《品味人生/第三辑/爱的见证》,新疆电子出版社/柯文出版社,第 461 页。

此版为"青年励志文库"丛书之一。

2006 年 6 月,[苏联]弗·斯卢茨基文《求爱》,《与青春对话》,吉林大学出版社/吉林音像出版社,第 50 页。

此版为"中国学生知识读本/阅读类"丛书之一。

2007 年 11 月,《求爱进行曲》,《与幸福有个约定/第一篇/幸福像花儿一样》,陕西师范大学出版社,第 27 页。

此版为"心灵鸡汤/精粹版"丛书之 III。

2012 年 6 月,[苏联]弗·斯卢茨基/冷深译《你难道就没看出来我爱你》,《品味人生/下/第三辑/爱的见证》(上下册),新疆美术摄影出版社/新疆电子音像出版社,第 426 页。

2014 年 10 月,[前苏联]弗·斯卢茨基文《求爱》,《人生的诺亚方舟/感动心灵的真情卷/第二辑/爱情最美的姿势》,时代出版传媒股份有限公司/安徽文艺出版社,第 54 页。

此版为"文摘视界系列"丛书之一。

"有一天晚上,天赐良机,图书馆没有旁人,库利奇科夫怎肯错过这么个好机会,他走到借阅登记台跟前,充满感情地朗诵道:'与你离别的痛苦使我衰老,你今后无论走到哪里,我都不再和你分离。'""'奥马尔·海亚姆!'奥列奇卡兴奋地说,'原来你也喜欢文学?……'"

【1476】

[新西兰]伊恩·戈登:沙漠之旅

2002 年 4 月,[新西兰]伊恩·戈登著/姚小平译《英语字词用法/第三

◇《鲁拜集》汉译书目

章/穿越时间的词》(英汉对照),商务印书馆/新西兰威尔逊-豪登出版集团B&T霍兰德出版公司,第230-233页。

Rubáiyát 译为"鲁拜集"。

Omar Khayyám 译为"峨墨·伽亚姆"。

Edward FitzGerald 译为"爱德华·费兹格拉尔"。

———

"'Caravan'本来是个波斯语的词,后来它传遍了中东。它指的是一支带着骆驼旅行的商人队伍,我们现在会把这叫做一个'convoy'(旅行车队)。沙漠充满了险恶,在一支商队中旅行,由于数量可以保证安全。到了晚上,整个商队在帐篷中过夜。"

【1477】
[法国]勒内·格鲁塞:《成吉思汗》

2002年5月,[法国]勒内·格鲁塞[René Grousset]著/谭发瑜译《成吉思汗/六十五/愤怒之风席呼罗珊》,国际文化出版公司,第353页。

Rubáiyát 译为"鲁拜集"。

Omar Khayyám 译为"莪默·伽亚谟"。

Edward FitzGerald 未译名。

2003年9月,[法国]勒内·格鲁塞著/谭发瑜译《成吉思汗/65/愤怒之风席呼罗珊》,国际文化出版公司,第353页。

2011年7月,[法国]勒内·格鲁塞著/谭发瑜译《成吉思汗/第二部/成吉思汗的一生/愤怒之风席卷呼罗珊》,国际文化出版公司,第229页。

此版为"皮波人物[PEOPLE]/军政馆"丛书之一。

2015年2月,时贵仁、姜欣编著《成吉思汗/第十三章/漫漫西征路/彻底征服呼罗珊》,哈尔滨出版社,第184页。

此版为"男人传"丛书之一。

———

谭发瑜译:"你沙不尔是诗人莪默·伽亚谟的故乡,伽亚谟的带有悲观色彩的感觉主义具有东方抒情诗的一切优美与雅致。"

【1478】
刘军平:翻译经典与文学翻译

2002年7月,《中国翻译/文学翻译》(双月刊)第23卷第4期(总第154期),第38-41页。

Rubáiyát 译为"莪默·伽亚谟的鲁拜诗/鲁拜集"。

Omar Khayyám 译为"莪默·伽亚谟"。

Edward FitzGerald 译为"菲茨杰拉德"。

2009年11月,《结构·解构·建构:翻译理论研究/二、译学方法研究/16.》,上海外语教育出版社,第224-235页。

此版为"英汉对比与翻译研究"丛书之6。

―――――

"翻译经典对文学经典的影响/最典型的例子是英国作家菲茨杰拉德……《莪默·伽亚谟的鲁拜集》"。"菲氏翻译的作品之所以能成为文学史上的经典,与他采用的'归化'翻译法有关,……"。

【1479】

[美国]乔志高:玫瑰的联想

2002年10月,[美国]乔志高著《听其言也/辑三/谈情说爱》,上海世界图书出版公司,第170-171页。

Rubáiyát 译为"鲁拜集"。

Omar Khayyám 译为"俄马·卡耶姆"。

Edward FitzGerald 译为"爱德华·费滋杰罗"。

乔志高,本名高克毅。

此版为"美语录/第二辑(共三辑)"丛书之一。

―――――

"19世纪英国诗人爱德华·费滋杰罗译波斯诗人俄马·卡耶姆的《鲁拜集》——据说创作的成分多过翻译——其中佳句如林,有两行道:/鲜艳堪比玫瑰花,/血染沙场盖世雄。"

【1480】

许渊冲:文学翻译与科学翻译

2002年《上海科技翻译(上海翻译)》(季刊)第4期,第4页。

Rubáiyát 译为"鲁拜集"。

Omar Khayyám 未译名。

Edward FitzGerald 译为"费茨杰拉德"。

2015年10月,《应用翻译研究——〈上海(科技)翻译〉30年(1986-2015)论文集萃/一、本体研究》,上海外语教育出版社,第35页。

"还有19世纪费茨杰拉德译的《鲁拜集》,大家公认没有他的英译本,这本波斯诗集可能不会流传于世。"

【1481】
李镇:老夫聊发少年狂——七十从心所欲不逾矩

2003年1月,李镇著《半部论语/现代人的成功指南/登泰山而小天下——策划人生》,吉林文史出版社,第41-43页。

Rubáiyát 译为"鲁拜集"。

Omar Khayyám 译为"欧玛尔·海亚姆"。

Edward FitzGerald 未译名。

"欧玛尔·海亚姆是十二世纪的阿拉伯诗人、数学家、天文学家,他在其著名的《鲁拜集》中这样说:'且将白发付与美酒盈卮,待我明日收起伪善的大旗,生命历程既过七十,行乐苟不及时,其无期矣。'"

【1482】
刘华文:"自然化"——翻译对原创文学中"陌生化"的反动

2003年,刘华文文《从原文到译文:一种跨语指涉/三、》,《外语研究》(双月刊)第1期(总第77期),第71页。

Rubáiyát 译为"鲁拜集"。

Omar Khayyám 未译名。

Edward FitzGerald 译为"E·菲茨杰拉德"。

2012年5月,刘华文著《翻译的多维研究/从原文到译文:一种跨语指涉/三、》,上海译文出版社,第60-61页。

此版为"学人论丛"丛书之一。

"英国诗人E·菲茨杰拉德用英语翻译的波斯诗歌集《鲁拜集》中的某些诗歌,以及被台湾诗人黄克荪[孙]译成的四言绝句《鲁拜集》中的一些诗歌都明显地带有'自然化'倾向。"

【1483】
高岱:伊斯兰文明的繁盛

2003年1月,[美国]罗伯特·E·勒纳、[美国]斯坦迪什·米查姆、[美国]爱德华·麦克纳尔·伯恩斯著/王觉非、高岱等译《西方文明史/I/第三编/中世纪/第九章/罗马文明的三大继承者:拜占庭文明、伊斯兰文明和中世纪早期的西方文明/二》(共2卷),中国青年出版社,第262-263页。

Rubáiyát 译为"鲁拜集"。

Omar Khayyám 译为"莪默·伽亚莫"。

Edward FitzGerald 译为"V. E. 菲茨杰拉德"。

2009年11月第2版。

———

"……伊斯兰的那些最伟大的诗人都是一些波斯人(他们以自己的语言来写诗)。在西方世界,最著名的伊斯兰诗人是莪默·伽亚莫。因为他的一本名为《鲁拜集》的诗集,被V. E.菲茨杰拉德翻译成了通俗的英国诗歌。菲茨杰拉德的翻译虽有些牵强附会,不过,莪默的享乐主义思想('一杯甜酒,一个面包,还加上你')却显示,穆斯林绝不是那些郁郁寡欢的清教徒。"

【1484】
桑农:杨宪益"未完成的心愿"

2013年3月,桑农著《随遇而读/卷二/书人书事》,金城出版社,第113页。

Rubáiyát 译为"鲁拜"。

Omar Khayyám 译为"莪默凯延"。

Edward FitzGerald 未译名。

此版为"蜜蜂文库"丛书之一。

2013年6月,桑农著《读书抽茧录》,上海辞书出版社,第235-236页。

◇《鲁拜集》汉译书目

此版为"开卷书坊"丛书之一。

"……莪默凯延诗作的思想情感与李白也非常相似,很可能是沿着中国-突厥-波斯的路线传播过去的。"

【1485】
沈苇:新柔巴依(诗歌)

2003年3月,《新诗界/第3卷/宣告:八九十年代重要诗人作品展/沈苇的诗(节选)》,新世界出版社,第140–141页。

Rubáiyát 译为"柔巴依"。

Omar Khayyám 未译名。

Edward FitzGerald 未译名。

"醒来吧!黎明的大幕徐徐拉开,/黑夜不是撤退了,而是已为白昼殉葬。/是谁派遣了太阳的孤旅?光芒之箭/射中天山之峰:一顶中亚的皇冠。"

【1486】
赵建立、于增海:《高等代数的认识与实践》

2003年6月,赵建立、于增海著《高等代数的认识与实践/第一章/多项式》,中国矿业大学出版社,第1页。

Rubáiyát 未译名。

Omar Khayyám 译为"莪默·伽亚谟/欧玛尔·海亚姆"。

Edward FitzGerald 未译名。

选载沈苇创作的柔巴依诗节8首。

"……11世纪的波斯数学家莪默·伽亚谟(欧玛尔·海亚姆)创立了用圆锥曲线解三次方程的一般解法,……"。

【1487】
[美国]许培根:书多情似故人

2003年9月,韩小蕙主编《紫禁城夜总会(文化·旅游卷)》,光明日报出版社,第180页。

Rubáiyát 译为"鲁拜集"。

Omar Khayyám 未译名。

Edward FitzGerald 未译名。

此版为"美国新生活方式丛书"之一。

"记得有一次我拿着一本1905年版的皮面《鲁拜集》问价时,装成漫不经心的样子问:'这本英文圣经多少钱?'肥伯检验过我脸上的表情后,才随意翻动书面,竟发现一幅半裸美人陪书生喝酒的彩色插图!他登时涨红了脸,厉声说:'你以为我不懂英文就可以诓骗我?圣经绝不会印穿无上装的妖精!'"

【1488】
顾延龄:"翻译——文化竞赛论"剖视/许渊冲:谈"翻译——文化竞赛论"

2003年12月,《阐释与解构/翻译研究文集》,安徽文艺出版社,第329、323页。

Rubáiyát 译为"鲁拜集"。

Omar Khayyám 未译名。

Edward FitzGerald 译为"艾德华·费兹杰拉德"。

此版为"文学与翻译研究丛书"之一。

顾延龄:"还有人称赞艾德华·费兹杰拉德的《鲁拜集》胜过原作。其实,对于真正意义上的翻译而言,说'译文胜过原作',只是一种假象或者是一种恭维之词。'胜过'、'超过'等等都与翻译标准的要求格格不入。"

许渊冲:"'胜过原作'的译文'不能算翻译',而中英互文又往往不能对等,那译文就只能永远不如原文,引不起读者的兴趣,得不到读者的欢迎,对读者没有吸引力了。"

【1489】
《科技发明的故事》:打字机的发明

2004年1月,骆伟编著《科技发明的故事/27.打字机——爱情的产

◇《鲁拜集》汉译书目

物》,中国社会出版社,第 137 页。

　　Rubáiyát 译为"鲁拜集"。

　　Omar Khayyám 译为"欧玛尔·海亚姆"。

　　Edward FitzGerald 未译名。

　　此版为"科学·人文丛书"之一。

　　2010 年 4 日,黄凯存、王蕾编著《科学发明发现/打字机的发明》,北京燕山出版社,第 39－40 页。

　　此版为"寻找未解的世界"丛书之一。

　　2012 年 6 月,王志艳编著《探秘科学发明发现/打字机的发明》,延边大学出版社,第 46 页。

　　此版为"破译科学系列"丛书之一。

"'指动字成,字成指动;任你如何至诚,如何机智;难叫他收回成命消上半行,任你眼泪流完也难洗掉一字。'……据美国《读者文摘》亚洲版记载,一位女打字员,当她的高级打字机出了毛病时,就幽默地引用这首诗,说明她不应该负任何责任。"

【1490】
余光中:九月以后(诗歌)

　　2004 年 1 月,余光中著《余光中集/第一卷/诗歌》,百花文艺出版社,第 340 页。

　　Rubáiyát 译为"鲁拜集"。

　　Omar Khayyám 未译名。

　　Edward FitzGerald 未译名。

"何不枕一卷有插图的鲁拜集/乘末班的晚云去访波斯"。

【1491】
余光中:诗人与天文——星与人,将世界形成——Verhaeren

　　2004 年 1 月,余光中著《余光中集/第七卷/文艺评论/掌上雨/第一辑》(全九卷),百花文艺出版社,第 68 页。

　　Rubáiyát 未译名。

Omar Khayyám 译为"欧玛尔·海亚姆"。

Edward FitzGerald 未译名。

———

"十一世纪波斯诗人欧玛尔·海亚姆,在时人的心目中只是一位钦天监和名数学家。他写了一篇极具权威的代数论文,修订旧天文图表,并与其他七位天文学家,改革历书。"

【1492】
黑鸟:《星际绿仔》

2004年6月,黑鸟著《星际绿仔/上部/游历太阳系/二/蓝色的叹息/地球危机》(科学幻想小说),世界知识出版社,第43页。

Rubáiyát 译为"鲁拜集"。

Omar Khayyám 译为"莪默·伽亚谟"。

Edward FitzGerald 未译名。

黑鸟,本名刘琳。

———

"绿仔和嘉睿走了过去,站在那里听了一会儿。渐渐听出老人在反复吟唱着几句歌词:飘飘入世/如水之不得不流/不知源自哪里/亦不知流往何处/飘飘出世/如风之不得不吹/风过漠地/又不知吹向何许/老人不停地唱着,黝黑多皱的脸上淌满泪水。"

【1493】
李国香:漫谈维吾尔古典文学的传统体裁

2004年6月,李国香著《李国香文集/1921-1990/第一集(全三集)/下卷/维吾尔研究文稿》,中国文联出版社,第462页。

Rubáiyát 译为"莪默·凯延体的绝句"。

Omar Khayyám 译为"莪默·凯延"。

Edward FitzGerald 未译名。

———

"又如称作莪默·凯延体的绝句:托住花样的脸儿仔细看,/听着甜话儿谁也会受骗,/面对俊脸儿你会发昏迷,/终归连自己性命也奉献。"

◇ 《鲁拜集》汉译书目

【1494】
《比较世界文学史纲》:波斯古典诗歌对东西方文学的影响

2004年9月,《比较世界文学史纲/上卷/各民族文学的起源与区域文学的形成/第二编/古典文学的形成及文学的区域性/第3章/三大文化体系的错综交叉与中东古典文学/第四节/波斯文化与文学/二、》(全三卷),江西教育出版社,第311、313–318页。

Rubáiyát 译为"鲁拜集"。

Omar Khayyám 译为"欧玛尔·海亚姆"。

Edward FitzGerald 译为"菲兹杰拉德"。

———

"欧玛尔·海亚姆在欧洲引起了强烈的反响,这是诗人本人在他生前和在他自己的国家、民族之中从来没有过的。由于欧玛尔·海亚姆在欧洲受到极高的赞誉,获得了世界性的文坛地位,由此伊朗人也开始注意到欧玛尔·海亚姆作为诗人的价值。""由于欧玛尔·海亚姆面临的问题和欧洲近代的文学所面临的问题是相同的,因而欧洲诗人和学者们发现了欧玛尔·海亚姆的价值,认识到了欧玛尔·海亚姆的深刻性。"

【1495】
吴笛:《比较视野中的欧美诗歌》

2004年9月,吴笛著《比较视野中的欧美诗歌/第一编/主题论/第三章/东西方诗歌中的"及时行乐"主题比较/(三)"及时行乐"主题的东方渊源/第五章/东西方诗歌中的死亡主题及其死亡意识/(二)现世主义死亡观——对宗教神学的挑战》,作家出版社,第53–54、73–74页。

Rubáiyát 译为"鲁拜集"。

Omar Khayyám 译为"海亚姆"。

Edward FitzGerald 未译名。

此版为"新世纪中西文学论丛"丛书之一。

———

"我想这隐约答话的陶樽/一定曾经活过,曾经畅饮;/而我吻着的无生命的樽唇/曾接受和给予过多少热吻!//因为我记起曾在路上遇见/陶匠在捶捣粘土一团;/粘土在用湮没了的语言抱怨:/'轻点吧,兄弟,求你轻点!'//岂不闻自古有故事流传,/世世代代一直传到今天,/说是造物主当年造人/用的就是这样的湿泥一团?/在海亚姆看来,人的生命如同泥土,人一旦死亡,便'永无尽期'地化为无声无息的泥土。所以,人生的意义在于充分享受现世生活。可见,海亚姆的这一死亡意识同样是对中世纪的宗教神学的一个挑战。"

【1496】
[英国]R. 坦普尔:《中国的创造精神》

2004年9月,[英国]R. 坦普尔著/陈养正等译《中国的创造精神——中国的100个世界第一/六、数学/张鸿林译:64."帕斯卡"三角形(公元11世纪)》,人民教育出版社,第162页。

Rubáiyát 未译名。

Omar Khayyám 译为"奥马尔·海亚姆"。

Edward FitzGerald 未译名。

———

"大约在1100年,数学家兼诗人奥马尔·海亚姆间接地讨论了帕斯卡三角形。我们不知道他是从中国人那里得来的,还是自己独立发明了这一方法。但是,这个三角形在欧洲首次出现在印刷品上,是在彼得鲁斯·阿皮亚努斯[Petms Apianus]于1527年出版的一本算术著作的扉页上。"

【1497】
柏丽:吟边杂拾

2004年10月,《钱塘诗刊/第20期/诗词谈屑》,钱塘诗社,第66页。

Rubáiyát 译为"鲁拜"。

Omar Khayyám 译为"俄默·海亚姆"。

Edward FitzGerald 未译名。

———

"拙译波斯四行诗《鲁拜》之67云'我生何晏!逝何瞬!'(原作者大天文学家俄默·海亚姆1048–1123)则更道出了人生的短促可悲。"

【1498】
爱德华·纽顿:最后的赛跑

2004年10月,石涛编《我为书狂/爱书人的痴言梦语》,新世界出版社,

◇《鲁拜集》汉译书目

第 179 页。

    Rubáiyát 译为"鲁拜集"。

    Omar Khayyám 译为"萨默·伽亚谟"。

    Edward FitzGerald 未译名。

    2014 年 2 月,石涛编《如何阅读一本书》,新世界出版社,第 185 页。

———

"萨默·伽亚谟所著的《鲁拜集》常常让我揣想一个人在卖了他的图书馆之后,他将会如何处理他得到的那笔钱呢?"

【1499】
《人文图书馆/东方古文明》:古阿拉伯的数学

2004 年 11 月,《人文图书馆/东方古文明/阿拉伯文明/古阿拉伯的科学文化》(全六册),北京出版社,第 146 页。

    Rubáiyát 未译名。

    Omar Khayyám 译为"海亚姆"。

    Edward FitzGerald 未译名。

———

"海亚姆(1048-1131 年)是波斯著名的诗人、天文学家、数学家,也是《还原与对消问题的论证》(简称《代数学》)一书的作者。在此书中他不仅给出开平方与开立方的计算方法,而且给出了用圆锥曲线解三次方程的方法,对代数学发展作出了巨大的贡献"

【1500】
[瑞士]达丽塔·I·亚历克斯:《珍珠》

2004 年 11 月,[瑞士]达丽塔·I·亚历克斯[Alex, D. I.]著/吴娅民、张行军译《珍珠/第二部分/江苏南京》,五洲传播出版社,第 98-99 页。

    Rubáiyát 译为"鲁拜集"。

    Omar Khayyám 译为"欧玛尔·海亚姆"。

    Edward FitzGerald 译为"爱德华·菲茨吉拉德"。

    选载张鸿年译本译诗诗节 2 首。

———

"这两位诗人[海亚姆与李白]有很多类似之处,都出生在东方,都为自己的君主服务,都关心人民的疾苦,都歌唱自然,都好饮酒。"

【1501】
[英国]摩根·威策尔:《管理领域全球 50 位关键人物》

2005 年 1 月,[英国]摩根·威策尔[Morgen Witzel]著/王建艺译《管理领域全球 50 位关键人物/亨利·明茨伯格》,新华出版社,第 271 页。

Rubáiyát 译为"鲁拜集"。

Omar Khayyám 译为"莪默·伽亚谟"。

Edward FitzGerald 未译名。

———

"……把战略制定的艺术比作制陶工艺,陶工坐在陶钧旁边加工陶土,让陶器在手下逐渐成形。把创造比作陶工的陶钧,这自古便有,例如,值得一提的是,这个比喻就是莪默·伽亚谟的《鲁拜集》中的一个特色。"

【1502】
《世界历史纵览》:中世纪

2005 年 2 月,英国尤斯伯恩出版公司编/赵小琦译《尤斯伯恩/世界历史纵览/中世纪公元 1000~1099》,成都地图出版社,第 28 页。

Rubáiyát 译为"鲁拜集"。

Omar Khayyám 译为"莪默·伽亚谟"。

Edward FitzGerald 未译名。

———

"约 1050-1123 年/波斯数学家、天文学家以及哲学家莪默·伽亚谟的生活时期。同时他也是诗集《鲁拜集》的作者。"

【1503】
张天明:伊朗高原的阳光/诗之伊朗

2005 年 2 月,《2004/中国最佳散文》,辽宁人民出版社,第 467-470 页。

Rubáiyát 译为"鲁拜集"。

◇《鲁拜集》汉译书目

Omar Khayyám 译为"海亚姆"。

Edward FitzGerald 未译名。

此版为"太阳鸟文学年选系列"丛书之一。

———

"我惊奇地发现,伊朗11世纪诗人所歌唱的主题,与中国古代诗人的诗歌主题有着惊人的相似之处。海亚姆在他的哲理诗中,歌唱美酒,赞美女人,感慨人生的短暂,叹息时间的无情。他时时举着酒杯,追问上天的奥秘。这种诗酒人生,跟中国古代诗人的生活颇多相像。"

【1504】
《新编中国大百科全书》:世界上100部重要的书

2005年3月,黄勇等主编《新编中国大百科全书/A卷/语言文字/图书知识/2.中世纪和文艺复兴时期》(A、B卷全二十册),延边大学出版社,第300页。

Rubáiyát 译为"鲁拜集"。

Omar Khayyám 译为"欧玛尔·海亚姆"。

Edward FitzGerald 未译名。

———

世界上100部重要的书之一:"欧玛尔·海亚姆:《鲁拜集》"。

【1505】
彭燕郊:《波斯经典文库》

2005年3月,彭燕郊著《纸墨飘香/第四辑/寒斋读书记》,岳麓书社,第157页。

Rubáiyát 译为"鲁拜集"。

Omar Khayyám 译为"海亚姆"。

Edward FitzGerald 未译名。

此版为"开卷文丛"丛书之一。

———

"在我国,文学爱好者中间很难找出一个不爱读《鲁拜集》、没有受过它的影响的。"

【1506】
[美国]伊莎多拉·邓肯:《舞者之歌》

2005年5月,[美国]伊莎多拉·邓肯[Isadora Duncan]著/叶肯昕、陈静芳译《舞者之歌/邓肯自传/第五章/失意纽约》,世纪出版集团/上海远东出版社,第41、43页。

Rubáiyát 译为"鲁拜集"。

Omar Khayyám 译为"欧玛尔·海亚姆"。

Edward FitzGerald 译为"菲茨杰拉德"。

此版为"经典重温·20世纪杰出女性传记丛书"之一。

2005年8月,[美国]伊莎朵拉·邓肯著/蓝海译《舞者之歌/伊莎朵拉·邓肯回忆录(插图珍藏本)》,东方出版社,第33页。

Edward FitzGerald 译为"费兹杰罗"。

此版为"'名人回忆录'系列丛书"之一。

2014年1月,[美国]伊莎多拉·邓肯著/李洪顺、周柳宁、谭继斌译《邓肯自传(唯一完整版)/第五章/初次与音乐大师合作》,团结出版社,第23页。

Edward FitzGerald 译为"爱德华·菲茨杰拉德"。

———

"……此时我已根据菲茨杰拉德所翻译的《鲁拜集》全诗创作了一支舞……"

【1507】
吕英亮:有歌名、有曲谱、有词作者姓名的作品

2005年6月,伍雍谊著《人民音乐家吕骥传/附录三/吕骥声乐作品目录/附录三说明/一、》,中国文联出版社,第337页。

Rubáiyát 译为"鲁拜集"。

Omar Khayyám 译为"伽亚谟"。

Edward FitzGerald 未译名。

———

"7.鲁拜集第十二首(1931年作/伽亚谟诗/郭沫若译/五线谱)/8.鲁拜集第十五首(1931年作/伽亚谟诗/郭沫若译/五线谱)/9.鲁拜集第十九首(1931年作/伽亚谟诗/郭沫若译/五线谱)/10.鲁拜集第七十九首(1931年作/伽亚谟诗/郭沫若译/五线谱)/11.鲁

◇《鲁拜集》汉译书目

拜集第十二首(1931年作/伽亚谟诗/郭沫若译/钢琴伴奏谱)"。

【1508】
[英国]休·约翰逊:《葡萄酒的故事》

2005年7月,[英国]休·约翰逊[Hugh Johnson]著/李旭大译《葡萄酒的故事/全彩插图增修本/第一部分/第二章/第一次踩葡萄》,陕西师大出版社,第28页。

Rubáiyát 未译名。

Omar Khayyám 译为"欧玛尔·海亚姆"。

Edward FitzGerald 未译名。

2004年7月第一版。

2010年6月第2版。

―――

"在所有的关于发现葡萄酒的传说中被引用最多的是波斯版本。詹姆希德的名字有很多拼法,他是一个半仙的波斯国王。有关他的一些传说似乎与挪亚有关,据说他为动物们建了一个宏伟的围栏而救下了这些动物。对欧玛尔·海亚姆来说,詹姆希德就是英雄辈出的古老岁月的象征,人们说狮子和豹子保卫着那记载着詹姆希德光辉岁月和他曾开怀畅饮的宫廷。"

【1509】
赵彦春:中英诗韵撮要

2005年7月,赵彦春著《翻译学归结论/第五章/翻译学归结论的形意张力参数/第三节/向"对等"趋同的微观层次/5.3.1.2》,上海外语教育出版社,第267页。

Rubáiyát 译为"鲁拜集"。

Omar Khayyám 译为"莪默·伽亚谟"。

Edward FitzGerald 译为"爱德华·菲茨杰拉德"。

此版为"外教社翻译研究丛书"之一。

―――

"英诗中也有一二四韵,但这是'舶来品',是爱德华·菲茨杰拉德英译十一世纪波斯诗人莪默·伽亚谟的《鲁拜集》时移植的韵式。"

【1510】
[英国]麦斯:美学对心理学的贡献

2005年8月,[英国]麦斯[C. A. Mace]文/蒋孔阳译《心理学与美学/二、》,《蒋孔阳全集/第五卷》(共6卷),上海人民出版社,第407页。

Rubáiyát 译为"鲁拜集"。

Omar Khayyám 未译名。

Edward FitzGerald 译为"费茨吉拉尔德"。

该文原载《英国美学杂志》1962年1月号。

"自发描写幸福状态的例子,可以无限地增加进来。例如费茨吉拉尔德翻译的《鲁拜集》中著名的诗句:'一卷诗,一瓶酒,旷野中你在我身旁歌唱,旷野就是天堂。'这样的一种情境,也只能用复杂的公式来加以解说。它是一整套的有关醇酒妇人的哲学。在这个公式里面,包含着单纯的原始的欲望,也有基本的审美因素。"

【1511】
潘平亮:操控?反操控?——后现代语境下的译者主体性研究

2005年9月,《四川外语学院学报》(双月刊)第21卷第5期,第124-128页。

Rubáiyát 译为"鲁拜集"。

Omar Khayyám 未译名。

Edward FitzGerald 未译名。

"19世纪英国翻译家Edward Fitzgerald在译波斯诗《鲁拜集》时,为了满足读者的定向期待和创新期待,对原作进行了有选载的摄取,改写了顺应英国文化思想的诗。他通过模仿原诗格律,为英语创立了一种新的诗体,而且使英国读者了解到一些新鲜的东方国家的情调。出版后又根据读者的反应,对译本进行了三次修订,译作终于获得了巨大成功。"

【1512】
宗璞:《四季流光》

2005年9月,宗璞著《四季流光》(中篇小说),《十月/第一阅读》(双月刊)第 5 期,北京出版社出版集团。

2014 年 1 月,宗璞著《四季流光》,《新世纪小说大系 2001－2010/记忆卷》,上海文艺出版社,第 182 页。

Rubáiyát 译为"鲁拜集"。

Omar Khayyám 未译名。

Edward FitzGerald 未译名。

"我在所里也荣幸地得到几张大字报。'资产阶级文学吹鼓手,修正主义好苗子',这些头衔老早就有了。现在的新材料是:我曾在一次讨论翻译的会上宣传《鲁拜集》中的腐朽思想,还背诵'一瓶酒,一块面包,还有你……便是天堂'。'简直是肮脏透顶!'"

【1513】
黄苗子:《风雨落花》

2005 年 11 月,黄苗子著《风雨落花/克孜尔断想》,作家出版社,第 281 页。

Rubáiyát 译为"鲁拜集"。

Omar Khayyám 未译名。

Edward FitzGerald 未译名。

此版为"当代散文大家精品文库"丛书之一。

2011 年 3 月,黄苗子著《艺林一枝/古美术文编/增订版》,生活·读书·新知三联书店,第 180 页。

"唐代突然盛行的七言绝句——四行,二或三韵脚的诗的形式,古维吾尔八音节四行诗式,波斯的《鲁拜集》,这中间的互相影响,是前人早已提到过的。"

【1514】
刘宓庆:《中西翻译思想比较研究》

2005 年 11 月,刘宓庆著《中西翻译思想比较研究/第一章/从不要误会严复谈起——兼论翻译思想研究/1.3/研究翻译思想的重大意义/1.3.3/有助于从根本上推动翻译实务的发展》,中国对外翻译出版公司,第 14 页。

Rubáiyát 译为"鲁拜集"。

Omar Khayyám 未译名。

Edward FitzGerald 译为"弗兹杰拉德"。

此版为"刘宓庆翻译论著全集"丛书之10。

"乔叟创立了欧洲翻译史上的'仿译'套路,应该说他是弗兹杰拉德翻译《鲁拜集》时译诗体式的先行者。"

【1515】
辜正坤:翻译对策举隅

2005年12月,辜正坤著《译学津原/应用翻译学/从罗塞蒂的《闪光》看英诗汉译技巧/三、翻译对策举隅/(四)译文4》,文心出版社,第186-188页。

Rubáiyát 译为"鲁拜集/四行诗集"。

Omar Khayyám 译为"俄默·海雅姆"。

Edward FitzGerald 译为"爱德华·菲茨杰拉德"。

此版为"译家谈艺录丛书"之一。

选载菲氏第1首的郭沫若译本和辜正坤译本各一译诗诗节和菲氏第3首的黄杲炘译本和辜正坤译本各一译诗诗节。

"菲茨杰拉德的这个英译本是一种再创作,本身就成了英国文学的一部分,若干英国文学作品集中往往把它干脆当作英国诗歌成就收入,它使英国四行诗在世界文学中占有一个相当重要的位置。这是世界文学史上翻译文学挤入正统文学领域的一个极有趣又有重大意义的现象。"

【1516】
郑海凌:《译理浅说》

2005年12月,郑海凌著《译理浅说/翻译批评与其他/关于"复译"》,文心出版社,第282页。

Rubáiyát 译为"四行诗集/鲁拜集"。

Omar Khayyám 译为"欧默·伽亚谟"。

Edward FitzGerald 译为"菲茨杰拉尔德"。

◇《鲁拜集》汉译书目

此版为"译家谈艺录丛书"之一。

———

"……有一个奇特的现象:寿命长的译本,往往是不很忠实的。中外翻译史上有据可考的有……英国作家菲茨杰拉德翻译的波斯诗人欧默·伽亚谟的四行诗集(即郭沫若从英文转译的《鲁拜集》)……"。

【1517】
《一百位哈佛大学教授推荐的经典图书》之一:《鲁拜集》

2006年1月,《一百位哈佛大学教授推荐的经典图书/64/哈罗德·豪》,远方出版社,第148页。

Rubáiyát 译为"鲁拜集"。

Omar Khayyám 译为"欧玛尔·海亚姆"。

Edward FitzGerald 未译名。

此版为"文化经典评荐书系"丛书之一。

———

"哈罗德·豪是哈佛大学教育研究生院讲授行政规划社会政策的高级讲师。现任哥伦比亚大学师范学院评议员。他的推荐是:……6.《鲁拜集》(欧玛尔·海亚姆著)。"

【1518】
《外国文学史》:波斯文学

2006年3月,《外国文学史(修订版)/下/亚非文学/第二章/中古亚非文学/第四节/一、》,高等教育出版社,第290页。

Rubáiyát 译为"鲁拜集"。

Omar Khayyám 译为"欧玛尔·哈亚姆"。

Edward FitzGerald 未译名。

———

"他[哈亚姆]认为,人的生死不过是物质形式的转化。哈亚姆借酒浇愁,以求得内心的一时宽慰,缓解生活中的苦痛。"

【1519】
郭宝华:中世纪的伊斯兰文化

2006 年 4 月,《伊斯兰教史/第十一章/二、自然科学、哲学、社会科学》,宁夏人民出版社,第 321 – 322 页。

Rubáiyát 译为"四行诗集/鲁拜集"。

Omar Khayyám 译为"欧麦尔·海亚姆"。

Edward FitzGerald 未译名。

———

"欧麦尔·海亚姆……他所写的四行体诗构思完美,节奏明快,韵律和谐,生动感人。"

【1520】
杨建邺:诺贝尔奖获奖者的 100 个精彩故事

2006 年 6 月,杨建邺编著《少年时代的故事/六 喜欢幻想的少年艾略特/牙医候诊室里的激情》,武汉出版社,第 98 – 99 页。

Rubáiyát 译为"鲁拜集"。

Omar Khayyám 译为"海亚姆"。

Edward FitzGerald 译为"菲茨杰拉德"。

———

"艾略特翻开《鲁拜集》后,立即觉得自己进入了一种美轮美奂的诗情画意之中。他曾回忆说:/那种感受真是美极了!在我面前展开的是充满了璀璨的、甜美的和痛苦的色彩。/我们在这儿引用几首海亚姆的诗,也许可以更深入理解艾略特那种欣喜的感受。第 29 首:/我像流水不由自主地来到宇宙,/不知何来,也不知何由;像荒漠之风不由自主地飘去,/不知何往,也不能停留。/第 64 首:/不奇怪吗?千千万万人/已在我们之前通过了黑暗之门,/却无一人回来给我们指路,/我们只能亲自再去探寻。/艾略特读完了《鲁拜集》以后,似乎突然成熟了。他预感道:'我将要成为一名诗人'。"

【1521】
潘小松:《书梦依旧》

2006 年 9 月,潘小松著《书梦依旧/第一辑/熄了火的壁炉》,生活·读书·新知三联书店,第 82 页。

◇《鲁拜集》汉译书目

Rubáiyát 译为"鲁拜集"。

Omar Khayyám 译为"俄默伽亚"。

Edward FitzGerald 未译名。

此版为"闲趣坊"丛书之一。

———

"怎么又想起那本浏览了一半儿的《世界文学》！'藏书选择'一栏信息量很大，就是少了点藏书读书的情趣。每期插图不错，古今外国文学版画大概海内没有一家刊物可比。对了，答应给他们选几张波斯古诗人俄默伽亚《鲁拜集》套色插图，还没送去呢。"

【1522】
说不得大师：《佣兵天下》

2006年9月，说不得大师著《佣兵天下/9/池门大乱/第十章/百炼成金》（玄幻长篇小说），新世界出版社，第60页。

Rubáiyát 译为"鲁拜集"。

Omar Khayyám 译为"莪默"。

Edward FitzGerald 未译名。

说不得大师，本名邢山虎。

———

"'来如流水兮逝如风，飘飘入世，如水之不得不流，不知何故来也不知何所终。'……罗拉当然知道这是先哲莪默留下来的《鲁拜集》中最看破红尘的一句话。摩尼教是6000多年前如流星一般在夜空中急速升起而又急速落下的一个教会，《鲁拜集》根本没有来得及印刷发行，摩尼教就已经衰落，目前唯一的善本供奉在拜火教总坛中。"

【1523】
[法国]鲁保罗：《西域的历史与文明》

2006年12月，[法国]鲁保罗著/耿升译《西域的历史与文明/第18章/西域传统的伊斯兰文明/文学》，新疆人民出版社，第318页。

Rubáiyát 译为"四行诗集/鲁拜集"。

Omar Khayyám 译为"奥玛尔·海雅姆"。

Edward FitzGerald 未译名。

此版为"中亚历史文化翻译丛书"之一。

"这种由四个半句组成的四行诗,为奥玛尔·海雅姆争光;或者是为该体裁的一位专家争光,此人就是属于理智天才范畴内的人,呼罗珊人阿布·赛义德[Abu Said,967-1048年左右],一种神秘多神教的创始人。但四行诗却似乎在此之前就被民间诗歌使用了。"

【1524】
《中国翻译通史》:波斯-伊朗文学

2006年12月,马祖毅等著《中国翻译通史/现当代部分/第二卷(全五卷)/外国文学在中国篇/第19章》,湖北长江出版集团/湖北教育出版社,第629-633页。

Rubáiyát 译为"鲁拜集/柔巴依集"。

Omar Khayyám 译为"欧玛尔·海亚姆/莪默·伽亚谟"。

Edward FitzGerald 译为"爱·菲茨杰拉尔德/费茨杰拉尔德"。

"在菲尔多西逝世后30年左右,在霍拉桑的尼沙浦尔诞生了另一位世界著名的伊朗诗人欧玛尔·海亚姆(又译莪默·伽亚谟,1048—1122)。他又是哲学家、天文学家,曾在塞尔柱王朝玛列克沙赫(1072至1092年在位)宫廷担任太医和天文方面的职务。1074年曾修订历法,并筹建天文台。他生前不以诗闻名,逝世后50年才有人提到他写过四行诗(阿拉伯语称为'鲁拜')。"

【1525】
佚名:真诚与良知的极地

2006年12月,高连营主编《操持这片芳草地》,内蒙古人民出版社,第156-159页。

Rubáiyát 译为"鲁拜集"。

Omar Khayyám 译为"莪默·伽亚谟"。

Edward FitzGerald 未译名。

该文原载香港《文汇报/副刊/文艺》1997年第901期。

此版为"开启未来丛书之文学作品集"丛书之一。

"'存在'纵闭锁了你我的存在,/莫忧尘世中便会没有生命;/我辈是酒樽中的泡沫,/

永远的'酣客'被将斟了又斟。""请莫滥费了你的时辰,/也莫用追求彼是的空论:/与其凄切地寻找苦果、虚无,/何如与这甘美的葡萄共命?"(郭沫若译本译诗诗节第46、55首。)

【1526】
蔡天新:生命之泉的流淌

2007年1月,蔡天新著《南方的博尔赫斯/第六章/南方的博尔赫斯/1/多支河流的交汇/4.》,花城出版社,第179页。

Rubáiyát译为"鲁拜集"。

Omar Khayyám译为"欧玛尔·海亚姆"。

Edward FitzGerald未译名。

此版为"蔡天新作品集"丛书之一。

———

"根据博尔赫斯的回忆,他的父亲发表过'一些不错的十四行诗'和一部历史小说,并把波斯诗人欧玛尔·海亚姆的《鲁拜集》翻译成西班牙文。"

【1527】
[黎巴嫩]纪伯伦:艾卜·努瓦斯

2007年1月,[黎巴嫩]纪伯伦[Kahil Gibran]著/李唯中译《纪伯伦全集/3/集外集/第一辑/散文》,百花洲文艺出版社,第271-272页。

Rubáiyát未译名。

Omar Khayyám译为"欧玛尔·海亚姆"。

Edward FitzGerald未译名。

2010年5月,[黎巴嫩]纪伯伦著/伊宏、伊静、伊洁译《沙与沫/自由的勇士》,四川出版集团/四川文艺出版社,第265页。

此版为"心灵甘泉"丛书之一。

———

李唯中译:"艾卜·努瓦斯以热爱生活、向往一切美而著称。他是一位歌手,给人带来欢乐和光明。他的学派形成于欧玛尔·海亚姆数百年;实际上,海亚姆只不过是吸收了艾卜·努瓦斯的思想并效仿之而已;后者的诗歌仅仅限于一种。""艾卜·努瓦斯的诗像列位从天上降临人间的伟大诗人们的诗一样,均来自天启。"

伊宏、伊静、伊洁译:"阿布·努瓦斯在其诗作中,以他对生活的爱和对一切美的、赏心悦目的和闪光照人的事物的大胆追求,显得超凡卓著,与众不同。他的主张比欧玛尔·海亚姆早了数百年。海亚姆实际上是从阿布·努瓦斯那里拿取了东西,他模仿了阿布·努瓦斯。"

【1528】
查明建、谢天振:波斯及伊朗文学的翻译

2007年2月,查明建、谢天振著《中国20世纪外国文学翻译史/上卷/中篇/中国当代外国文学翻译(一)/第十二章/亚非拉文学的翻译/第四节/阿拉伯文学的翻译/一、》(上下卷),湖北长江出版集团/湖北教育出版社,第723页。

Rubáiyát 译为"鲁拜集"。

Omar Khayyám 译为"莪默·伽亚谟"。

Edward FitzGerald 译为"爱德华·菲茨杰拉德"。

此版为"中华翻译研究丛书/第二辑"之4。

———

"波斯诗人莪默·伽亚谟(1048-1123)一生写过大量的四行诗。现藏于剑桥大学图书馆的他的1208年诗集抄本,共收入四行诗251首。"

【1529】
范泉:悼念许寿裳先生

2007年4月,范泉著《斯像难忘/第一辑/文坛师友》,湖南教育出版社,第49页。

Rubáiyát 译为"莪默诗"。

Omar Khayyám 译为"莪默"。

Edward FitzGerald 未译名。

此版为"开卷文丛"丛书之一。

———

"……当台湾主持编译馆务时期[1946年],未及一年,在许先生的擘画下,所译的西文名著,已有《莪默诗译》(波斯·莪默)……"。

◇《鲁拜集》汉译书目

【1530】
[伊朗]阿巴斯·基亚罗斯塔米:阿巴斯谈《樱桃的滋味》

2007年5月,单万里、李洋、肖熹译《特写:阿巴斯和他的电影/阿巴斯·基亚罗斯塔米[Abbas Kiarostami]:文章与访谈》,世纪出版集团/上海人民出版社,第94页。

Rubáiyát 译为"鲁拜诗集"。

Omar Khayyám 译为"奥玛尔·海亚姆"。

Edward FitzGerald 未译名。

此版为"法国《电影手册》译丛"丛书之一。

———

"不知道您是否知道奥玛尔·海亚姆这个诗人?他同时也是11世纪末、12世纪初伊朗著名思想家,他的四行诗就是对生命的永恒礼赞,但却伴随着无处不在的死亡。死亡帮助他握住了生命。"

【1531】
《汉语言文学专业英语教材》:"时间之鸟"

2007年6月,刘田编选《汉语言文学专业(本科和研究生)专业英语教材/隐喻》(英汉对照),知识出版社,第101页。

Rubáiyát 译为"鲁拜集"。

Omar Khayyám 译为"欧玛尔·海亚姆"。

Edward FitzGerald 未译名。

———

"当有一位诗人说'时间之鸟只有一小段路程,拍打着翅膀,它正在鼓翼飞去'(欧玛尔·海亚姆《鲁拜集》),他是在更为古老更为常见的隐喻的基础上创造出一个新的隐喻。"

【1532】
[英国]奈杰尔·考索恩:告别梦露

2007年6月,[英国]奈杰尔·考索恩[Nigel Cawthorne]著/耿丹等译《好莱坞潜规则:女星们的那些事儿/I/13》(共2册),当代世界出版社,第

198 页。

Rubáiyát 译为"鲁拜诗集"。

Omar Khayyám 译为"欧玛尔·海亚姆"。

Edward FitzGerald 未译名。

2015 年 2 月,符蕊编著《玛丽莲·梦露/1926－1962/第四章/美国爱神》,哈尔滨出版社,第 143 页。

此版为"女人传"丛书之一。

"某报纸报道说:'他一直用世界上最伟大的书籍做礼物,向她求爱。'他自己也承认曾经送给过她一本《欧玛尔·海亚姆的鲁拜诗集》。很难想象迪马吉欧用阿拉伯语情诗来追求她会是什么样子。"

【1533】
骆寒超:《论新诗的本体规范与秩序建设》

2007 年 8 月,骆寒超著《论新诗的本体规范与秩序建设/第一编/新诗综合考察/论域外资源引进对成长期新诗的作用》,中国文史出版社,第 95 页。

Rubáiyát 译为"鲁拜集"。

Omar Khayyám 译为"莪默·伽亚谟"。

Edward FitzGerald 未译名。

此版为"'中国现代文学与传统文化'研究书系"丛书之一。

"……波斯诗人莪默·伽亚谟首先由郭沫若译介进来,包括长篇论文《波斯诗人莪默》及其重要作品《鲁拜集》中的 101 首诗的中译(《创造季刊》第 1 卷第 3 期),后来还有闻一多、颖子等对《鲁拜集》的论析文章和刘复、肇颖对这位诗人其它诗歌的中译发表。"

【1534】
《成就孩子一生的好习惯》:立即行动,否则太迟

2008 年 1 月,《成就孩子一生的好习惯/3.让孩子学会管理自我的 10 个习惯/立即行动,否则太迟——养成不拖拉的习惯》,中国人口出版社,第 159 页。

◇《鲁拜集》汉译书目

Rubáiyát 未译名。

Omar Khayyám 译为"奥玛·海亚姆"。

Edward FitzGerald 未译名。

此版为"走进哈佛系列"丛书之一。

"马丁·路德·金遇刺前不久的一次演讲上说:……人类万物之潮水不总是盈满,也有低潮的时候。我们也许会绝望地呐喊,希望时间能停留,但是时间固执不理会恳求继续匆匆前进。累累的白骨以及无数文明的碎片都记载着悲惨的话语'太迟了'。冥冥中,有一本无形的生命之书,忠告地记载着对我们忽略这一切的警示。奥玛·海亚姆(1048—1122,伊斯兰诗人,其诗富有哲理)说得对:'立即行动,否则太迟。'"

【1535】

[乌兹别克]阿里舍尔·纳沃伊:《法尔哈德和希琳》(诗歌)

2008年3月,[乌兹别克]阿里舍尔·纳沃伊著/吴国璋译《法尔哈德和希琳/全译本》,长江文艺出版社,第50页。

Rubáiyát 译为"鲁拜诗"。

Omar Khayyám 译为"莪默·伽亚谟"。

Edward FitzGerald 未译名。

此版为"世界文学名著典藏"丛书之一。

"……/建筑者在鲁拜诗的歌声中,/同大地和石块展开了搏斗;/……""鲁拜诗——四行诗,其中一、二、三[四]行押韵,类似我国旧诗中的绝句。常即兴创作。这一来自民间口头创作的形式,后来进入了文学领域。著名的医生和天文学家莪默·伽亚谟(卒于公元1123年)的鲁拜诗举世驰名。"

【1536】

[英国]斯图尔特·凯利:《失落的书》

2008年4月,[英国]斯图尔特·凯利[Stuart Kelly]著/卢葳、汪梅子译《失落的书/托马斯·卡莱尔》,生活·读书·新知三联书店,第307-308页。

Rubáiyát 译为"鲁拜集"。

Omar Khayyám 未译名。

Edward FitzGerald 译为"菲兹杰拉德"。

此版为"新书话"丛书之一。

"卡莱尔先生在他的遗嘱中表示他并不希望有人为他作传。""那些书信和卡莱尔死后才出版的回忆录一起被收入在这部传记中……。""爱德华·菲茨杰拉德,欧玛尔·海亚姆的《鲁拜集》的译者,哀叹着说如果它'没有出版就好了,至少等一阵再出版也是好的',他还认为卡莱尔'肯定是"脑子坏掉了",至少在记下这些事的时候是,而且后来他竟然还把这些文字留给别人来决定是否出版'。"

【1537】

段峰:文化视野下文学翻译主体性研究

2008 年 5 月,段峰著《文化视野下文学翻译主体性研究/第二章/跨越差异与拥抱差异:当代文化研究视角的文学翻译主体性研究/第一节/译者主体性与翻译伦理/1.译者主体性的文化阐释》,四川大学出版社,第 74、76 页。

Rubáiyát 译为"鲁拜集"。

Omar Khayyám 未译名。

Edward FitzGerald 译为"菲兹杰拉德"。

"19 世纪英国诗人和翻译家菲兹杰拉德在翻译《鲁拜集》时,通过对原著的改写,建立了新的诗歌风格,影响了当时英国文学系统;……"。

【1538】

南健翀:《英诗研究》

2008 年 5 月,南健翀著《英诗研究/第三章/英诗的押韵》,陕西人民出版社,第 126 - 128 页。

Rubáiyát 译为"欧玛尔·海亚姆韵体"。

Omar Khayyám 译为"欧玛尔·海亚姆"。

Edward FitzGerald 译为"爱德华·菲兹杰拉德"。

◇《鲁拜集》汉译书目

"四行诗中还有一种'欧玛尔·海亚姆韵体'。这种诗每节四行,韵脚为 aaxa 为波斯人欧玛尔·海亚姆所创。因之得名。现将爱德华·菲兹杰拉德译的欧玛尔·海亚姆四行诗择录数段于后。"选录菲氏英语原译共 11 首诗节,无汉译。

【1539】
[英国]劳伦斯:《儿子与情人》

2008 年 5 月,[英国]劳伦斯著/马林译《儿子与情人/卷二/第九章/米里亚姆失恋》,内蒙古人民出版社,第 184 页。

Rubáiyát 未译名。

Omar Khayyám 译为"莪默·伽亚谟"。

Edward FitzGerald 未译名。

此版为"世界名著阅读经典"丛书之一。

2014 年 6 月,[英国]劳伦斯[D. H. Laurance]著/亢继军译《儿子与情人/第九章/爱意惶惑》(长篇小说),线装书局,第 257 页。

Omar Khayyám 译为"莪默·伽亚媆"。

此版为"世界孤本小说"丛书之 1。

———

马林译:"他收到来信后简直马上就从诺丁汉给她写了回信,与此同时寄来了一本《莪默·伽亚谟》的书。"

亢继军译:"他收信后,几乎立刻就从诺丁汉姆给她回信,同时寄了一本《莪默·伽亚媆诗集》。"

【1540】
《东情西调》:想象东方的四种方式

2008 年 8 月,《东情西调》,上海文化出版社,第 177 页。

Rubáiyát 译为"四行诗"。

Omar Khayyám 译为"欧玛尔·海亚姆"。

Edward FitzGerald 译为"菲兹杰拉德"。

此版为"亲历指南"丛书之一。

———

"阿拉伯人和波斯人爱诗歌是出了名的。当 1859 年,英国诗人菲兹杰拉德将波斯诗人欧玛尔·海亚姆的 75 首四行诗(后补充至 101 首)翻译成英文后,整个西方都为这些典雅的诗篇所陶醉。"

【1541】
蒋骁华:美化翻译

2008 年,蒋骁华文《东方学对翻译的影响/2. 作为一种"欧洲中心主义"思维方式:东方学对翻译的影响/2.2》,《中国翻译》(双月刊)第 29 卷第 5 期(总第 191 期),第 16–18 页。

Rubáiyát 译为"鲁拜集"。

Omar Khayyám 译为"莪默·伽亚谟"。

Edward FitzGerald 未译名。

2009 年 1 月,《翻译与跨文化交流:整合与创新/译论研究》,上海外语教育出版社,第 82–84 页。

"据美国诗人、《鲁拜集》专家 Louis Untermeyer(1885–1977)研究,……在众多的《鲁拜集》英译本中 J. H. McCarthy 的译本最忠实、最准确,但影响力却远远不及 Edward Fitzgerald 的美化改译本。"

【1542】
[美国]庄信正:《文学风流》

2008 年 10 月,[美国]庄信正著《文学风流/译诗》,上海书店出版社,第 46 页。

Rubáiyát 译为"鲁拜集"。

Omar Khayyám 未译名。

Edward FitzGerald 译为"菲兹杰拉德"。

"诗当然还是要翻译的。即使不信不达,能作到雅照样可以传世;菲兹杰拉德(Edward Fitzgerald)的《鲁拜集》(The Rubaiyat)就是最著名的例证。"

◇《鲁拜集》汉译书目

【1543】
[美国]伯特·多德森:《创意素描的诀窍》

2009年1月,[美国]伯特·多德森[Bert Dodson]著/王毅译《创意素描的诀窍/让你获得绘画自信、提升创意的方法与练习/第7章/从其他文化中汲取/装饰》,上海人民美术出版社,第162-163页。

Rubáiyát 译为"鲁拜集"。

Omar Khayyám 译为"奥玛·伽亚谟"。

Edward FitzGerald 译为"爱德华·菲茨杰拉德"。

此版为"西方经典美术技法译丛"丛书之一。

选载著者6幅《鲁拜集》装饰性插画以及6首诗节。

2014年1月,[美国]伯特·多德森著/王毅译《创意素描的诀窍/新一版/第7章/从其他文化中汲取/装饰》,上海人民美术出版社,第162-163页。此版为"西方经典美术技法译丛"丛书之一。

2017年1月,[美国]伯特·多德森著/杜昀初、王毅译《创意素描的诀窍/经典版/第7章/从其他文化中汲取/装饰》,上海人民美术出版社,第162-163页。此版为"西方经典美术技法译丛"丛书之一。

———

"几年前,我画了一系列,作为古波斯诗人奥玛·伽亚谟所作《鲁拜集》的插图(它由爱德华·菲茨杰拉德翻译)。这些画没有直接使用地毯格式,但鲜明地呈现出东方地毯艺术和其他中东装饰元素的影响,比如瓷片、栏杆和织物。""不能说我充分理解了《鲁拜集》,但总是被它对生活的积极肯定、对死亡的从容接受所吸引。"

【1544】
莫幼群:"绵羊树"

2009年1月,莫幼群著《草木皆喜/一个二十一世纪城市人的植物学手记/五、艺文/芬芳的轮回》,安徽文艺出版社,第185-186页。

Rubáiyát 未译名。

Omar Khayyám 译为"欧玛尔·海亚姆"。

Edward FitzGerald 未译名。

2012年12月,莫幼群著《最美的草木/精变之草——冬虫夏草》,合肥工业大学出版社,第176页。

此版为"最美中国"丛书之一。

———

"11世纪的波斯大学者欧玛尔·海亚姆,据说他至少到中国旅行过3次,归国后他向国王昂沙·迈阿里描述了一种奇异的'绵羊树':在中国的中部与北部,到处都可以见到这种绵羊树。树不高,大概只能长到一个人胸口的高度。每年春天,树上会开出淡粉红色的花朵。花落下以后,那树就结起了果子。待果子长到拳头大,外壳会自动裂开,此时奇迹便出现了:一只绵羊从里面爬出来,倒挂在树上。"

【1545】
董桥:朵丽斯的藏书

2009年4月,董桥著《青玉案》,香港牛津大学出版社。

Rubáiyát 译为"鲁拜集"。

Omar Khayyám 未译名。

Edward FitzGerald 未译名。

2009年7月,《东方早报·上海书评》编辑部编《表演和偷窥之间/笔记&随笔/小品》,上海世纪出版股份有限公司/上海书店出版社,第257-259页。

此版为"《上海书评》"丛书之第6辑。

2011年1月,董桥著《青玉案》,广西师范大学出版社,第211-216页。

———

"Quaritch1847年开店,英译《鲁拜集》是他率先出版,一生藏书无数,致力编撰书志,1899年八十岁辞世。"

【1546】
杜瑞芝:阿拉伯数学

2009年5月,《世界数学史/第六章/阿拉伯数学/第四节/代数学/第六节/几何学》,吉林教育出版社,第188、191-192、204-214页。

Rubáiyát 译为"四行诗集"。

Omar Khayyám 译为"奥马·海亚姆"。

Edward FitzGerald 未译名。

此版为"自然科学史丛书"之一。

"奥马·海亚姆也曾为《几何原本》中某些公设作出注释,他的著作《对欧几里得〈几何原本〉中困难公设的注释》[Sharh mā ashkala min musādarat kitab Uqlidis]流传至今,一直影响到很晚以后的东方数学。"

【1547】
邹英:情深意切的诗篇

2009年5月,邹英著《走进阿拉伯文明/第五章/绚丽多姿的语言文学/三、》,民主与建设出版社,第77-78页。

Rubáiyát 译为"四行诗/鲁拜集"。

Omar Khayyám 译为"欧麦尔·赫雅木"。

Edward FitzGerald 未译名。

此版为"人类文明系列"丛书之一。

"出生于尼沙不儿的欧麦尔·赫雅木(1040年-1123年)是著名的波斯诗人和自由思想家,他因擅长写四行诗而闻名于阿拉伯世界。他的诗作也十分富于哲理性,他在诗歌中表达了对劳动人民的同情,把高超的文学技巧与唯物主义的无神论有机地结合在一起,使作品不仅脍炙人口,而且给人以启迪。"

【1548】
高华丽:英国的翻译

2009年8月,高华丽编著《中外翻译简史/第二部分/外国翻译简史/第五章/近代翻译/5.4》,浙江大学出版社,第249页。

Rubáiyát 译为"鲁拜集"。

Omar Khayyám 译为"莪默·伽亚谟"。

Edward FitzGerald 译为"菲茨杰拉德"。

"菲茨杰拉德出版《鲁拜集》的贡献在于:1)他通过模仿原诗格律,为英语创立了一种新的诗体,该诗体由四行组成,每行为五个音步,第三行不押韵;2)他使英国读者了解到东方国家的一些情调。"

【1549】

单满菊:英语常用修辞格/突降

2009 年 9 月,单满菊主编《英语常用修辞格与英汉翻译技巧/上篇/英语常用修辞格/第六章/平行结构、反复、层进、突降/第四节》,西安地图出版社,第 80 页。

Rubáiyát 译为"鲁拜集"。

Omar Khayyám 译为"欧玛尔·海亚姆"。

Edward FitzGerald 未译名。

———

"……体现突降法的妙不可言的标题:A Tug of wine. A Bowl of Popcorn and Thou. 这个标题让人立刻想起 11 世纪波斯著名诗人欧玛尔·海亚姆和他的诗集《鲁拜集》在他的诗集中有一首名闻遐迩的诗,其中的一节是:A book of verse underneath the Bowl……此例标题'A Tug of wine. A Bowl of Popcorn and Thou'……一碗爆米花,形成了英语修辞中的突降效果,此例也是由重大意义的精彩内容突然转入平庸或荒谬内容的一个极佳例子。"

【1550】

[哈萨克族]艾克拜尔·米吉提:《艾克拜尔·米吉提作品集》

2009 年 9 月,[哈萨克族]艾克拜尔·米吉提著《艾克拜尔·米吉提作品集/综合卷/散文作品/作为文人的赛福鼎·艾则孜》,民族出版社,第 28 页。

Rubáiyát 译为"柔巴依/鲁拜集"。

Omar Khayyám 译为"欧玛尔·海亚姆"。

Edward FitzGerald 未译名。

———

"柔巴依……四行诗是伊朗传统诗体……伊朗这种诗体传入我国新疆,在维吾尔诗歌中较常见"。

【1551】

刘军平:《西方翻译理论通史》

2009 年 9 月,刘军平著《西方翻译理论通史/第十一章/翻译研究的文化学派/第三节/勒费弗尔:翻译学科范式的改写》,武汉大学出版社,第419–420页。

Rubáiyát 译为"鲁拜集"。

Omar Khayyám 译为"莪默·伽亚姆"。

Edward FitzGerald 译为"菲兹杰拉德"。

此版为"英语专业翻译丛书"之一。

"……英国人菲兹杰拉德出于意识形态和诗学的原因,改写了波斯诗人莪默·伽亚姆的《鲁拜集》。他的翻译可以看成英国人在文化上自视甚高,认为波斯人比他们低劣一等。为了遵从维多利亚时代的价值观和读者的阅读期待,菲兹杰拉德说:'我随心所欲地翻译这些波斯人的作品。这样做实在很开心。我认为,他们缺乏诗人的气质,犯不着人们去远足眷顾。他们确实需要培养一点艺术细胞。'"

【1552】
[法国/德国]让-吕克·海宁:《酒的情色》

2009年10月,[法国/德国]让-吕克·海宁著/朱志平译《酒的情色/司酒》,吉林出版集团有限责任公司,第85–86页。

Rubáiyát 未译名。

Omar Khayyám 译为"莪默·伽亚谟"。

Edward FitzGerald 未译名。

此版为"左岸译丛"丛书之一。

"伽亚谟还说,世界不是对梦想的欺骗。这样说来,喝酒,毫无节制地去爱,这些不就是生活吗?'我的思想非常喜欢醉意和它的谎言/天空的穹隆,融化了世界的头颅。'在莪默·伽亚谟的笔下,是肉欲对宗教的亵渎,这是疯狂而绝望的肉欲。他认为,这来自于酒,来自于手中的秀发,对现在是如此痴迷,以至于没有什么能够打断这一切。'今晚,你的樱唇小嘴足以满足我的所有欲望。/给我倒点酒,红得像你的脸颊……/我想要懊悔的愿望,如同你那环形鬈发那样复杂。'喝吧,给我们创造一个葡萄酒的天国,因为我们自己的身体,很快将变成人们做酒杯用的尘土,因为这个酒杯就是用死者的尘土做成的。"

【1553】

蓝祖蔚:宫崎骏与押井守

2009年11月,蓝祖蔚文《宫崎骏与押井守——日本动画的中流砥柱》,《动画笔记/Part2/国际动画的发展/note.44》,海洋出版社,第317页。

Rubáiyát 译为"鲁拜集"。

Omar Khayyám 译为"奥玛开俨"。

Edward FitzGerald 未译名。

———

"……一体两面,殊途同归,却将一部看似平凡的动画点化成奥玛开俨的'鲁拜集'(那是波斯诗人写下的生命悟道书)。""宫崎骏笔下的画像世界,像是传统工匠用工笔画出的桃花世界,花飞满天,务求缤纷。只不过,他的重点不在桃花的春意热闹,而在静,让人在眼花缭乱之余,还有更多的呼吸和沉淀空间。"

【1554】

夏廷德:历史上意识形态对对翻译的操控/资料不足造成的讹误

2009年11月,夏廷德等著《文学翻译与译介学理论新探/第三章/语言与非语言因素对文学翻译的影响及其表现形式/第四节/意识形态的影响:霸主与民主/一、/第四章/文学翻译的变易及其意义/第一节/讹谬性变易:无意与误译/二、》,大连海事大学出版社,第129-131、140-143页。

Rubáiyát 译为"鲁拜集"。

Omar Khayyám 译为"欧玛尔·海亚姆/莪默"。

Edward FitzGerald 译为"菲茨杰拉德"。

———

"……在菲氏的潜意识中,他实际上是将波斯诗人视为如同女性一般的柔弱者。正因如此,他翻译的《鲁拜集》与原文相比改动很大、也很随意。""郭沫若先生译《莪默·鲁拜集》时就曾因资料不足,在翻译中发生了一些讹误,……"。

【1555】

高伟:关于诗人译诗

2009年12月,高伟著《翻译家徐志摩研究/第四章/徐志摩的翻译思想

◇《鲁拜集》汉译书目

及其价值/第三节/徐志摩同时代翻译家的诗歌翻译思想概述/(六)》,东南大学出版社,第93页。

Rubáiyát 译为"鲁拜集"。

Omar Khayyám 译为"莪默"。

Edward FitzGerald 译为"斐芝吉乐/菲茨杰拉德"。

"闻一多显然是坚持应由诗人来译诗的。在谈到《鲁拜集》的翻译时,他这样写道:译者于此首先要对莪默负责;其次要对斐芝吉乐负责,因为是斐氏的诗笔使这些 Rubaiyat 变为不朽的英文文学;再次译者当然要对自己负责……那便是他要有只诗笔再使这篇诗籍转为中文文学了。""……郭沫若译 Rubaiyat 之所以成功,也是'因为他自身是一个诗人'。"

【1556】

曹聚仁:泰东图书局

2010年1月,曹聚仁著《书林三话/第三辑》,生活·读书·新知三联书店,第198-199页。

Rubáiyát 译为"鲁拜集"。

Omar Khayyám 未译名。

Edward FitzGerald 未译名。

此版为"曹聚仁作品系列"丛书之一。

"创造社的地盘实在可怜得很,只在泰东书局刊行丛书、月刊,有一时期,郭沫若就住在那隘仄的编辑所中。但是,郭沫若的《卷耳集》、《鲁拜集》以及人手一卷的《茵梦湖》……,都是泰东书局所刊行的。"

【1557】

温祖荫:文学教学与比较

2010年1月,温祖荫著《兰庭唱晚/上篇/中外文学论丛》,环球文艺出版中心,第99页。

Rubáiyát 未译名。

Omar Khayyám 译为"海亚姆"。

Edward FitzGerald 未译名。

"海亚姆认为'世上的愁是毒,解毒的药是酒',所以他'休了无育的"理智"老妻,娶了"葡萄的女儿"来续弦。'"

【1558】

刘如溪:《幽梦影》点评

2010年4月,[清]张潮著/刘如溪点评《幽梦影/105.万事可忘/120.酒可好不可骂座》,青岛出版社,第111、128页。

Rubáiyát 译为"鲁拜集"。

Omar Khayyám 译为"莪默·海亚姆"。

Edward FitzGerald 未译名。

此版为"案头枕边珍品系列"丛书之一。

"……和名声相比,美酒却颇具自娱自乐或众人陶陶之性质,如不借酒浇愁,贪杯误事,美酒就可点石成金,助我们飞翔之梦想,让我们体味此世之天堂。波斯诗人莪默·海亚姆吟唱道:葡萄酒啊,你是以绝对的逻辑,/说破七十二宗的纷纭;/你是崇高的炼金术,/瞬时间把生之铅矿点化成金。(郭沫若翻译)"

【1559】

[英国]罗伯特·所罗门:三次方程——几何解法

2010年4月,[英国]罗伯特·所罗门著/徐燕峰译《打开数学之门》,湖南科技出版社,第45-46页。

Rubáiyát 译为"鲁拜集"。

Omar Khayyám 译为"莪默·伽亚谟"。

Edward FitzGerald 未译名。

此版为"科学密匙系列"丛书之一。

"虽然这些诗歌的内容基本上是关于美酒和情爱的,与数学并没有什么关联,然而伽亚谟在数学领域是十分重要的人物,因为他系统地对三次方程进行了归类,并展示了如何利用圆锥曲线来解三次方程。"

◇ 《鲁拜集》汉译书目

【1560】
杜蒸民:《胡适与郭沫若思想比较研究》

2010年5月,杜蒸民著《胡适与郭沫若思想比较研究/第一章/胡适与郭沫若思想、学术、交往关系的历史定位/七、"朋友"、论敌和政敌》,中共党史出版社,第151页。

Rubáiyát 未译名。

Omar Khayyám 译为"莪默·伽亚谟"。

Edward FitzGerald 未译名。

胡适:"你们[指郭沫若和郁达夫]做文学事业,也许有时要用得着考据的帮助。例如译Omar(莪默·伽亚谟Omar Khayyam波斯诗人)的诗,多用几种本子作考据,也许可以帮助本文的了解。"

【1561】
[荷兰]曼弗雷德·凯茨·德·弗里斯:罗曼蒂克式的爱情

2010年7月,[荷兰]曼弗雷德·凯茨·德·弗里斯著/丁丹译《性、金钱、幸福与死亡/第1篇/性欲之我思/第2章/欲望的悖论》,东方出版社,第29页。

Rubáiyát 译为"鲁拜集"。

Omar Khayyám 译为"莪默·伽亚谟"。

Edward FitzGerald 未译名。

2017年2月,[荷兰]曼弗雷德·凯茨·德·弗里斯著/丁丹译《性、金钱、幸福与死亡/精装版/第1篇/性欲之我思/第2章/欲望的悖论》,东方出版社,第36-37页。

"很多文化都在讴歌罗曼蒂克式的爱情,很早的时期,艺术和文学作品中就满是罗曼蒂克式爱情的例子。……古波斯诗人莪默·伽亚谟的诗作《鲁拜集》,……罗曼蒂克式的爱情和欲望的不同之处在于,罗曼蒂克式的爱情更强调情感而不是肉体快乐,……"。

【1562】
[美国]杰克·戈德斯通:《为什么是欧洲?》

2010年7月,[美国]杰克·戈德斯通著/关永强译《为什么是欧洲?/世界史视角下的西方崛起(1500－1850)/第八章/亚洲与欧洲的科学发展轨迹》,浙江大学出版社,第164页。

Rubáiyát 未译名。

Omar Khayyám 译为"欧玛尔·海亚姆"。

Edward FitzGerald 未译名。

此版为"社会经济史译丛"丛书之一。

———

"……1079年,天文学家欧玛尔·海亚姆(正确地)测量出1年的长度为365.2421986天,他还修订了波斯历,比500年以后的欧洲格里历(公历)还要精确。"

【1563】
美国时代生活出版公司:《东方曙光》

2010年8月,美国时代生活出版公司原著/张喜久、祖春明编译《东方曙光/公元1000年－1200年/2/突厥的兴起》,吉林出版集团/吉林文史出版社,第53－54页。

Rubáiyát 译为"鲁拜集"。

Omar Khayyám 译为"欧玛尔·海亚姆"。

Edward FitzGerald 未译名。

此版为"全球通史"丛书之一。

———

"树枝下读一本诗集,/一罐美酒,一块面包——而你/在我身旁于荒野中歌唱——/哦,现在荒野也是天堂!""海亚姆既是一名数学家又是一名诗人,是波斯知识界中最为杰出的人物。波斯知识界一开始感到受到异国的、不识字的塞尔柱统治者的威胁,但后来却在他们所带来的和平下繁荣起来。海亚姆的诗显示他一直是一名悲观主义者,他带着享乐主义的思想尽情享受尚未过去的每一时刻的愿望而为人生命的易逝寻求安慰。""……他的鲁拜体诗……显示了对生活的悲观主义的态度和对人在宇宙中的位置的本质的感情强烈而又富于哲理的关切。"

◇《鲁拜集》汉译书目

【1564】

《外国文学史》:波斯文学

2010年8月,《外国文学史(一)/古代至16世纪文学/第二编/中古文学/第二章/波斯文学/第一节/概述》,华中师范大学出版社,第158-159页。

Rubáiyát 译为"鲁拜集"。

Omar Khayyám 译为"欧玛尔·海亚姆"。

Edward FitzGerald 未译名。

此版为"文学史系列教材"丛书之一。

"欧玛尔·海亚姆,'鲁拜'诗圣,……代表作是哲理诗集《鲁拜集》。""从海亚姆开始,中古波斯诗歌突破了贵族化的藩篱,……也是从海亚姆开始,中古波斯诗歌产生了对伊斯兰教神学的怀疑精神。"

【1565】

《大学语文》:中古时期的文学

2010年9月,陆建华编《大学语文/第八篇/外国文学/第一节/外国文学概述/二、》,中国传媒大学出版社,第250页。

Rubáiyát 译为"鲁拜集"。

Omar Khayyám 译为"莪默·伽亚漠"。

Edward FitzGerald 未译名。

此版为"21世纪高职高专精品规划教材"丛书之一。

"古典作家莪默·伽亚漠,既是诗人,又是哲学家、数学家、天文学家。他的《鲁拜集》体现了中古时期西亚特有的诗风。诗中有激进的自由思想,敢于怀疑宗教、上帝,并予以讽刺、抨击。为此,诗人在晚年受到了宗教专制势力的威胁。他的诗歌节奏优美,善用讽刺和比喻,诗意含蓄。"

【1566】

[美国]海伦·凯勒:《中流:我的激情岁月》

2010年9月,[美国]海伦·凯勒[Helen Keller]著/陈庆、杨柯译《中流:我的激情岁月/我与幽默王子卓别林》,求真出版社,第149-150页。

Rubáiyát 译为"鲁拜集"。

Omar Khayyám 译为"欧玛尔·海亚姆"。

Edward FitzGerald 译为"爱德华·菲茨杰拉德"。

2013年5月,[美国]海伦·凯勒[Helen Keller]著/陈庆、杨柯译《中流:我的激情岁月(大字版)/第十六章/黑暗无声的世界/我与幽默王子卓别林》,中国盲文出版社,第223-224页。

————

"有人说,只有语言才具备让人发笑、着迷的力量。对这样的评论,我们这位幽默王子[卓别林]引用了欧玛尔·海亚姆的一节诗作为回应:我们是活动的幻影之群,/绕着这走马灯来去,/在一个夜半深更,/点燃在魔术师的手里。"

【1567】

[美国]约瑟夫·马克利斯、[美国]克里斯廷·福尼:《音乐欣赏圣经》

2010年9月,[美国]约瑟夫·马克利斯、[美国]克里斯廷·福尼著/徐康荣译《音乐欣赏圣经/第9版/下册/第七部分/20世纪/转型期Ⅳ/后浪漫主义时期》(上下册),人民音乐出版社,第522页。

Rubáiyát 译为"鲁拜集"。

Omar Khayyám 译为"欧玛尔·海亚姆/莪默·伽亚谟"。

Edward FitzGerald 未译名。

————

"集子中的诗人们认为青春和幸福转瞬即逝,喜悦与陶醉只是一时的解脱,而死亡则是精神的再生。这些诗篇与12世纪波斯诗人欧玛尔·海亚姆的《鲁拜集》何其相似乃尔!"

【1568】

雷石榆:伊朗文学研讨会抒情/七绝三首

2010年10月,《雷石榆诗文选/三、旧体诗》,河北大学出版社,第169页。

Rubáiyát 译为"鲁拜集/四行诗诗集"。

◇《鲁拜集》汉译书目

Omar Khayyám 未译名。

Edward FitzGerald 未译名。

———

"百零一首鲁拜集,诗国皇冠耀千秋;/世界万千如梦幻,玫瑰美酒可消愁。"

【1569】
武锐:文学翻译的特性

2010年11月,武锐著《翻译理论探索/第五章/翻译与文学/第三节》,东南大学出版社,第92-93页。

Rubáiyát 译为"鲁拜集"。

Omar Khayyám 译为"莪默·伽亚谟"。

Edward FitzGerald 译为"菲茨杰拉德"。

———

"此译作[《莪默·伽亚谟的鲁拜集》]使这位波斯诗人声名鹊起。它为英语文学创立了一种新的诗体,并对19世纪英国的诗风产生了一定的影响。而实际上,这是体现菲茨杰拉德自己忧郁诗风的'译作'。"

【1570】
刘新民:《豪斯曼诗全集》后记

2010年12月,[英国]豪斯曼著/刘新民等译《豪斯曼诗全集》,浙江工商大学出版社,第281页。

Rubáiyát 译为"鲁拜集"。

Omar Khayyám 未译名。

Edward FitzGerald 译为"菲茨杰拉德"。

———

"难怪豪斯曼的诗,在英美拥有极广泛的读者,豪氏地位,一度与叶芝、哈代比肩,论者也多将其成就置于菲茨杰拉德英译的《鲁拜集》之上。"

【1571】
贝小戎:跟卡夫卡一起笑

2011年1月,贝小戎著《假装读过/No.2/冷知识为何流行》,生活·读书·新知三联书店,第83-85页。

Rubáiyát 译为"鲁拜集"。

Omar Khayyám 未译名。

Edward FitzGerald 未译名。

贝小戎,本名薛巍。

此版为"三联生活周刊文丛"丛书之一。

"美国《新闻周刊》的科学作者玛丽安娜·戈斯内尔[Mariana Gosnell]以冰为主题写了一本560页的大书,……写到泰坦尼克号……沉入水中,连同……1本饰有宝石的《鲁拜集》,……"。

【1572】

中外名人:海亚姆

2011年3月,CCTV《中国史话》编写组编《尘封不住的绚丽王朝——中国史话/第六章/汴京梦华/中外名人》,上海科学技术文献出版社,第109页。

Rubáiyát 未译名。

Omar Khayyám 译为"海亚姆"。

Edward FitzGerald 未译名。

此版为"CCTV10 教科文行动·给头脑的基本储存:中国史话"丛书之一。

"海亚姆/发现三次方程的几何解法。对波斯的日历加以改造,使其几乎与格里高里历一样精密。"

【1573】

[法国]玛格丽特·尤瑟纳尔:《哈德良回忆录》

2011年3月,[法国]玛格丽特·尤瑟纳尔著/陈筱卿译《哈德良回忆录/〈哈德良回忆录〉的创作笔记》(长篇历史小说),上海三联书店,第298页。

◇《鲁拜集》汉译书目

Rubáiyát 未译名。

Omar Khayyám 译为"奥马尔·海亚姆"。

Edward FitzGerald 未译名。

此版为"三联艺文馆·尤瑟纳尔作品集"丛书之一。

———

"我很高兴地一再去描绘一个几乎是贤者的肖像。""只是另一个历史形象,以几乎同样的魅力吸引过我,那就是诗人兼天文学家奥马尔·海亚姆。但海亚姆的一生是观察者的一生,而且是纯粹的观察者的一生:行动的世界对他来说太陌生了。"

【1574】

[美国]斯瓦米·克里阿南达[Swami Kriyannada]:如何冥想

2011年5月,[美国]J.唐纳德·沃尔特斯[斯瓦米·克里阿南达 Swami Kriyannada]著/马涛红译《冥想:清风的味道/3》,凤凰出版传媒集团/译林出版社,第35页。

Rubáiyát 译为"鲁拜集"。

Omar Khayyám 译为"莪默·伽亚谟"。

Edward FitzGerald 未译名。

———

"渐渐将你的感情从川流不息中抽离出来。静静凝视对岸,想象它就在眉心,即超意识所在的那一点。越过这一点,去向不染一丝尘世烦扰的自由之地,去向永远摆脱了'一切愚妄偏信'的地方。"《莪默·伽亚谟〈鲁拜集〉》/瑜伽南达上尊曾写过一部解释这部古诗的精彩而睿智书,显示了诗歌深沉的神秘意蕴。这本书题为《莪默·伽亚谟〈鲁拜集〉解读》。"

【1575】

[英国]R.布朗宁:致爱德华·菲茨杰拉德

2011年6月,[英国]R.布朗宁[Robert Browning]作/黄杲炘译《致爱德华·菲茨杰拉德》(十四行诗),黄杲炘译《英语趣诗选/上篇/内容之趣》(英汉对照),湖北长江出版集团/湖北教育出版社,第66-69页。

Rubáiyát 译为"柔巴依集"。

Omar Khayyám 未译名。

Edward FitzGerald 译为"爱德华·菲茨杰拉德"。

此版为"世界名著插图本/英语短诗精粹"丛书之一。

2019年2月,[英国]R. 布朗宁[Robert Browning]作/黄杲炘译《致爱德华·菲茨杰拉德》(十四行诗),黄杲炘译《英文十四行诗集》(英汉对照),上海外语教育出版社,第176–177页。

此版为"英诗汉译对照系列"丛书之一。

———

"踢你一脚常常像对恶狗的惩戒,/而更合适的回敬却成了赏你脸——/因为朝你脸啐唾沫就是给恩典,/要知道,她的嘴曾使我的嘴圣洁。"

【1576】
王锦厚:闻一多与郭沫若

2011年6月,王锦厚著《郭沫若和这几个"文学大师"——闻一多、梁实秋、郁达夫、林语堂/共同创造与时俱进的先进文化》,四川大学出版社,第44–58页。

Rubáiyát 译为"鲁拜集"。

Omar Khayyám 译为"欧玛尔·海亚姆"。

Edward FitzGerald 译为"菲茨杰拉尔德"。

———

"郭沫若在《创造十年》中……谈到他翻译的《鲁拜集》……'空洞地主张流血',碰到实际上的问题,'没有办法解决','要为自己解嘲','不能不抱着"独善其身"的态度,而率性高蹈',他就是在这样的思想和心情下译出了《鲁拜集》。"

【1577】
陈其旭:好诗是没有国界的

2011年8月,陈其旭著《诗话人生/一个诗人的心灵低语/卷四》,广东省出版集团/花城出版社,第74页。

Rubáiyát 译为"鲁拜集"。

Omar Khayyám 译为"海亚姆"。

Edward FitzGerald 未译名。

———

"'朋友,请将我这肺腑之言记取/饮红玉美酒,伴冰肌雪骨美女/造物主从来就不会放在心上/你和我是蓄着美髯,或是胡须。'读波斯诗人海亚姆的《鲁拜集》……"。

【1578】
《比较文学学科理论》:咏叹自然永恒和人生短促的主题

2011年10月,《比较文学学科理论/第三编/认识论与方法论/第十二章/审美(平行)比较范式/第二节/主题题材与神话原型的审美(平行)比较/(5)》,北京师范大学出版集团/北京师范大学出版社,第281—282页。

Rubáiyát 译为"柔巴依"。

Omar Khayyám 译为"海亚姆"。

Edward FitzGerald 未译名。

此版为"新世纪高等学校教材/比较文学与世界文学学科教材系列"丛书之一。

"生命咏叹主题在世界文学史不同民族一定历史时期往往达到高潮,如中国汉魏时期曹操的《龟虽寿》,以及《短歌行》'对酒当歌,人生几何'的名句,完全可以与古代波斯诗人海亚姆的《柔巴依》第19页[首]相比较,海亚姆诗中写道:'如君所知,人生在世,能有几何?/即然时光如风,何不畅饮狂欢?'"

【1579】
龚旭东:《酒神巴库斯》

2011年10月,湖南省委宣传部编《读有所得/10/艺术欣赏》,湖南文艺出版社,第103页。

Rubáiyát 译为"鲁拜集"。

Omar Khayyám 未译名。

Edward FitzGerald 未译名。

"雕塑《酒神巴库斯》刻画的酒神是一位英俊青年,头发上缀着葡萄,迈着微醺的脚步,手举酒樽,似乎在劝人:将进酒,莫停杯,但愿长醉不复醒,与尔同销万古愁。……在欣赏《酒神巴库斯》时,阅读和品味……波斯诗人的《鲁拜集》等等,都是很有意趣的,也可以增加对这一作品的感悟。"

【1580】
刘宏照:《林纾小说翻译研究》

2011年10月,刘宏照著《林纾小说翻译研究/第六章/林译成功的原因/6.1/译者深厚的国学功底》,上海译文出版社,第248－249页。

Rubáiyát 译为"鲁拜集"。

Omar Khayyám 译为"莪默·伽亚谟"。

Edward FitzGerald 译为"菲茨杰拉德"。

此版为"学人论丛"丛书之一。

———

"从国外的情况来看,文学家从事翻译而受时人吹捧的有美国的庞德[Ezra Pound]、英国的菲茨杰拉德。庞德翻译中国唐代诗歌,名扬美国;菲茨杰拉德翻译波斯诗人莪默·伽亚谟的《鲁拜集》誉满英伦。他们的翻译方法,同林纾也有相近之处。"

【1581】
王强:勾人春梦的书房

2011年11月,网络与书编辑部编《当阅读需要一个空间/阅读的所在》,中国出版集团/现代出版社,第79页。

Rubáiyát 译为"鲁拜集"。

Omar Khayyám 未译名。

Edward FitzGerald 译为"费兹杰罗"。

此版为"网络与书"丛书之15。

———

"译出《鲁拜集》的费兹杰罗更令人不可思议,他只把带给他真正愉悦和乐趣的作家作品中那些让他刻骨铭心的书页撕扯下来,然后重新装订成册,再次命名后才将它们放回到他孤傲的书架之上。"

【1582】
苏缨、毛晓雯:《诗的时光书》

2011年11月,苏缨、毛晓雯著《诗的时光书/西方经典诗歌之美/深情品鉴/06/从"一见钟情"到"不期而遇"》,湖南文艺出版社,第81－83页。

Rubáiyát 译为"鲁拜集"。

Omar Khayyám 译为"海亚姆"。

Edward FitzGerald 译为"菲茨杰拉德"。

———

"1859年,英国诗人菲茨杰拉德翻译出了中古伊朗诗人海亚姆的《鲁拜集》101首,顷刻间震惊了世界,他们无法相信这些纯美的小诗竟然沉埋了七百多年,险些就从人类的文明史上永远地消失了。"

【1583】
艾海提·吐尔地:柔巴依诗行

2011年12月,艾海提·吐尔地著/张宏超译《噩梦》(长篇小说),新疆青少年出版社,第147页。

Rubáiyát 译为"柔巴依诗行/鲁拜集"。

Omar Khayyám 译为"欧玛尔·海亚姆"。

Edward FitzGerald 未译名。

此版为"羊皮鼓译丛"丛书之一。

———

"……她在日记本的扉页上抄下了欧玛尔·海亚姆的柔巴依诗行,作为她自己的生活指南:/我们是这世界的果实和愿望,/我们是慧眼的精华和影像。/我们可把圆圆的世界当做戒指,/它的宝石就镶嵌在我们身上。"

【1584】
林庆扬:《走进翻译》

2011年12月,林庆扬著《走进翻译/认知·体验·思索/第五章/翻译的种类/第一节/笔译/一、文学翻译/(三)文学语言的形式美》,厦门大学出版社,第34-35页。

Rubáiyát 译为"鲁拜集"。

Omar Khayyám 译为"莪默·伽亚漠"。

Edward FitzGerald 译为"菲茨杰拉德"。

———

"……英国19世纪著名学者菲茨杰拉德翻译12世纪古波斯数学家、天文学家和诗人裁[莪]默·伽亚漠的诗《鲁拜集》。这100[101]首诗,在波斯本非一流,但译成英文后,却使之成为英国古典文学名著,为英文系大学生必读之作品。其译文之好,不言自喻。英译《鲁拜集》是典型的'意译'诗歌,与原文相差甚大。然而,不管怎样,这是一部非常成功的翻译或创作,为英国文学作出了重大贡献。"

【1585】
[意大利]奥迪弗雷迪:怀尔斯证明费马大定理

2012年1月,[意大利]皮耶尔乔治·奥迪弗雷迪[Piergiorgio Oditreddi]著/胡作玄、胡俊美、于金青译《数学世纪——过去100年间30个重大问题/第2章/纯粹数学/2.14/数论:怀尔斯证明费马大定理(1995)》,上海世纪出版股份有限公司/上海科学技术出版社,第60页。

Rubáiyát 译为"鲁拜集"。

Omar Khayyám 译为"奥马尔·海亚姆"。

Edward FitzGerald 未译名。

此版为"科学求真之门"丛书之一。

2015年7月,[意大利]皮耶尔乔治·奥迪弗雷迪[Piergiorgio Oditreddi]著/胡作玄、胡俊美、于金青译《数学世纪——过去100年间30个重大问题/第2章/纯粹数学/2.14/数论:怀尔斯证明费马大定理(1995)》,上海世纪出版股份有限公司/上海科学技术出版社,第70页。

"对于三次方数的情形,早在1070年奥马尔·海亚姆已发现这个论断。海亚姆是一位数学家也是诗人,是《鲁拜集》的作者。对于一般情形,这个论断被称为费马最后定理或费马大定理,费马之后350年间,它是数学中最为著名的问题之一。"

【1586】
[日本]有栖川有栖:《孤岛之谜》

2012年2月,[日本]有栖川有栖著/甘菁菁译《孤岛之谜[孤島パズル]/第二章/密室之谜》(长篇小说),新星出版社,第85-86页。

Rubáiyát 译为"鲁拜集"。

Omar Khayyám 译为"莪默·伽亚谟"。

Edward FitzGerald 未译名。

◇《鲁拜集》汉译书目

此版为"午夜文库"丛书之一。

"人们匆匆经过这条永恒的旅途,/但却无人归来揭开谜底。/不要忘却这间客栈,/一旦离去就不再归来。""江神学长靠着墙壁像念咒文似的低声朗诵《鲁拜集》。""走过这条小路的过客们,啊,'酾客'哟!/已经醉倒在这片美丽的土地上。/喝酒,听听我的倾诉吧,/他们所说的不过一阵轻风。"

【1587】
刘刚:西书的开本

2012年3月,刘刚著《西书搜读记/西书搜趣》,内蒙古出版集团/内蒙古教育出版社,第110页。

Rubáiyát 译为"鲁拜集"。

Omar Khayyám 未译名。

Edward FitzGerald 译为"爱德华·菲茨杰拉德"。

此版为"纸阅读文库·原创随笔系列·第3辑"丛书之一。

"以翻译《鲁拜集》出名的英国诗人、翻译家爱德华·菲茨杰拉德是一位'异常挑剔'的书爱家。他'更喜欢读对开本的莎翁'。他藏有第一版与第二版的对开本《莎翁全集》。'一个人需要一本大书来让人记住他,'他悲叹道,'莎翁被迷失在了剧院里。'"

【1588】
[塔吉克斯坦]拉希德·阿利莫夫:《塔吉克斯坦与中国》

2012年3月,[塔吉克斯坦]拉希德·阿利莫夫著/吴喜菊译《塔吉克斯坦与中国:文化的对话/两种文化 一种精神/从春节到纳乌鲁孜节》(俄汉对照),民族出版社,第17-18页。

Rubáiyát 译为"鲁拜集"。

Omar Khayyám 译为"欧玛尔·海亚姆"。

Edward FitzGerald 未译名。

"据说,纳乌鲁孜意为新年,这一节日名称取自神话中贾姆舍德国王的加冕日,即春天的第一天。""计算出天文学意义上春天到来准确时间的是另一位在诗歌、哲学和科学领域均有建树的人,名叫欧玛尔·海亚姆,……在《新年书》中,海亚姆第一次向世人揭示了这一春天节日的起源。"

【1589】
刘海星、柯文辉:《好看的是灵魂》

2012年4月,刘海星、柯文辉著《好看的是灵魂/摄影与人生/在借鉴中创新》,商务印书馆,第148页。

Rubáiyát 未译名。

Omar Khayyám 译为"莪默·伽亚谟"。

Edward FitzGerald 未译名。

———

"一千年前,波斯天文学家莪默·伽亚谟说过,我们人类都是上天落在棋盘上的棋子,一个一个地跌落到虚无中去,如一滴水汇入大海,一粒沙撒落在大地。"

【1590】
[英国]罗素:《幸福之路》

2012年4月,[英国]伯特兰·罗素[Bertrand Russell]著/刘勃译《幸福之路/上篇/不幸福的原因/第2章/论拜伦式痛苦》,华夏出版社,第26-27页。

Rubáiyát 未译名。

Omar Khayyám 未译名。

Edward FitzGerald 译为"菲兹杰拉德"。

2013年8月,[英国]罗素著/刘勃译《幸福之路/上篇/不幸福的原因/第2章/论拜伦式痛苦》,华夏出版社,第26页。

2016年8月,[英国]罗素著/刘勃译《幸福之路/上篇/不幸福的原因/第2章/论拜伦式痛苦》,华夏出版社,第27页。

———

"当勃朗宁声色俱厉地指责菲兹杰拉德竟敢不赞美勃朗宁夫人的大作《奥罗拉·利》时,一定会觉得自己很优秀,很有男人气概。我并不觉得这种夫妻双方将批评功能完全搁置起来的做法很让人钦佩,那是因为害怕,希望逃避公正而严厉的批评。很多老单身汉都知道,靠在自己的火炉边能得到相同的满足感。"

◇ 《鲁拜集》汉译书目

【1591】
《李约瑟大典》:李约瑟论智慧宫和尼札姆院

2012年6月,王钱国忠、钟守华编著/李约瑟文献中心策划《李约瑟大典/传记·学术年谱长编·事典(上下册)/下册/丙编/李约瑟事典/李约瑟论世界科学与文明》,中国科学技术出版社,第404-405页。

Rubáiyát 未译名。

Omar Khayyám 译为"莪默·伽亚谟"。

Edward FitzGerald 未译名。

"尼札姆院由尼札姆·阿尔穆克[Nizam al-Muik]创办,他是塞尔桂·苏丹·阿尔帕·阿斯兰[Seljuq Sultans Alp Arslan]和马利克·夏[Malik Shah]的波斯大臣,又是我们大家熟悉的诗人莪默·伽亚谟[Umar al-Khayyami]的保护人。"

【1592】
王士菁:《鲁迅传》

2012年6月,王士菁著《鲁迅传/下/遗容》(上下册),生活·读书·新知三联书店,第717-718页。

Rubáiyát 译为"鲁拜集"。

Omar Khayyám 未译名。

Edward FitzGerald 译为"费兹哲拉德"。

此版为"三联经典文库"丛书之76。

"梁实秋带着蔑视的态度和轻薄的口吻指责道:'……翻译小说和文章也列入全集是我以前没有见过的。虽然费兹哲拉德译的《鲁拜集》是一向被收入译者的全集里面,那是因为实际已近于创作的原故。'……其实,这并没有什么值得大惊小怪的。……鲁迅的翻译,何尝又不是'实际已近于创作'呢?"

【1593】
李亚伟:签

2012年7月,《读诗/2012年/第二卷/倾斜的房子/本期专递/签/第八首》,长江出版传媒/长江文艺出版社,第 22 页。

Rubáiyát 译为"鲁拜集/柔巴依集"。

Omar Khayyám 译为"莪默·伽亚默/奥马尔·哈亚姆"。

Edward FitzGerald 未译名。

"……《敦煌曲子词》:/傻俊角,我的哥,拿块黄泥捏咱两个。/捏一个儿你,捏一个儿我,捏得来一似活托,捏得来同床歇卧。/将泥人摔破,着水重和过。再捏一个你,再捏一个我,/哥哥身上有妹妹,妹妹身上有哥哥。/这应该是很早就在西北一带流传的民谣,我相信是受古代西方(波斯或阿拉伯一带)影响出现的。至少我在波斯诗人莪默·伽亚默(或译作奥马尔·哈亚姆)写的那些烧陶的诗句里见过类似意象。"

【1594】

郑广瑾:《世界诗艺》

2012 年 7 月,郑广瑾著《世界诗艺/三/中外诗歌在交流中发展/(五)与波斯/四/多种多样的诗体/(四)波斯的诗体》,河南人民出版社,第 86 – 87、168 – 170 页。

Rubáiyát 译为"鲁拜集"。

Omar Khayyám 译为"欧玛尔·海亚姆/莪默·伽亚谟"。

Edward FitzGerald 译为"菲茨杰拉尔海"。

选载郭沫若译本译诗诗节 4 首(第 42、43、47、73 首)。

"海亚姆生前诗名不著,仅在民间流传他的一些诗作。到 19 世纪中叶,英国诗人菲茨杰拉尔海翻译出版了他的诗集,才名震欧美。"

【1595】

陈其旭:从一首小诗中找到势力或脸红的病根

2012 年 8 月,陈其旭文《一个诗人的心灵低语》,《客都客家文学选粹/杂文随笔卷》,华南理工大学出版社,第 65 页。

Rubáiyát 译为"鲁拜集"。

Omar Khayyám 译为"海亚姆"。

Edward FitzGerald 未译名。

"读海亚姆的诗,诗人以陶土喻人,骨子里流露着同情弱者的情结,陶土的一声呻吟就足以让以踩踏弱者作为生存手段的灵魂受到道德鞭子的抽打:'昨晚在集市,我看到一个陶工/他用双足不断踩踏一团陶土/陶土无言,却仿佛低声呻吟/你我本是同类,请对我小心呵护!'"

【1596】
江川澜:玫瑰之名

2012 年 8 月,江川澜著《夏目漱石的百合/第一辑/书间花草》,上海三联书店,第 62 – 64 页。

Rubáiyát 译为"鲁拜集"。

Omar Khayyám 译为"莪默·伽亚默"。

Edward FitzGerald 译为"爱德华·菲茨杰拉德"。

江川澜,本名李澜。

———

"《鲁拜集》中,郭沫若将爱德华·菲茨杰拉德的英译中的 rose 全部翻译成了蔷薇,可见郭诗人的偏好,他的文集中,蔷薇的频率远高于玫瑰。(顺便说句,《鲁拜集》中文译者也不少,虽然郭诗人德行不佳,不过我觉得他的译文,用词和节奏都有古雅韵味)"。

【1597】
[美国]斯瓦米·克里亚南达:《超脱》

2012 年 8 月,[美国]斯瓦米·克里亚南达著/宫科、朱晓燕译《超脱/跟随瑜伽大师尤迦南达去修行/19. 恩西尼塔斯》,新世界出版社,第 153 页。

Rubáiyát 译为"鲁拜集"。

Omar Khayyám 未译名。

Edward FitzGerald 译为"爱德华·菲茨杰拉德"。

———

"他[帕拉宏萨·尤迦南达]写的一本书是对《鲁拜集》的评论。对这本诗集,大家认为它是纯粹地颂扬人类的爱,其实只是一部非常具有心灵象征意义的作品。尤迦南达,手里拿着爱德华·菲茨杰拉德的著名译作时,眼前突然出现了一个幻象,他看见一个全景,每一节都有更深的意义,将人的热情精心隐藏在华丽的描绘后面,'符合'了对神秘主义不甚友好的文化的要求。"

【1598】
龙艳:翻译与诗歌研究

2012年10月,《翻译学研究方法导论/中编/翻译与跨学科研究/第十四讲》,南开大学出版社,第290-292页。

Rubáiyát 译为"鲁拜集/柔巴依集"。

Omar Khayyám 译为"海亚姆"。

Edward FitzGerald 译为"菲兹杰拉德"。

此版为"高等院校翻译专业必读系列"丛书之一。

"翻译史上著名的创意翻译之一是菲兹杰拉德译《鲁拜集》。菲氏改写、合并以及掺进他人诗句,在原作抄本芜杂,真伪难辨的情况下,进行必要的抉择取舍。'经菲氏翻译,在原诗哲理性的基础上加强了形象性和抒情性'。菲氏翻译使海亚姆一跃成为世界大诗人,菲氏自己也因为这一百零一首成为英国著名诗人之一,其译作也已被收入英诗名作。"

【1599】
罗文军、傅宗洪:"副文本"审视下的郭沫若译诗序跋及其观念与意义

2012年11月,《郭沫若与文化中国/纪念郭沫若诞辰120周年国际学术研讨会论文集/上卷》(上下卷),乐山·沙湾/四川郭沫若研究中心,第202-207页。

Rubáiyát 译为"鲁拜集"。

Omar Khayyám 译为"莪默伽亚谟"。

Edward FitzGerald 译为"费兹吉拉德"。

2013年,《现代中国文化与文学/纪念郭沫若诞辰一百二十周年专辑》(半年刊)第12辑,四川出版集团/巴蜀书社,第177-188页。

"这种现实遭际使得郭沫若读及《鲁拜集》,正容易生发思想、情感上的共鸣。因为该诗集充满了人生如寄、哀乐无常的思想,并且对宗教、僧侣多有谴责,消极的享乐于此也充满了人生哲理的意味。其艺术上的强烈感染力,很容易将读者导向类似的感悟。"

【1600】
胡素燕:《亲爱的素燕》

2012年11月,胡素燕、[英国]罗伊·普利思[Roy Preece]著/刘劲飞译/胡素燕绘《亲爱的素燕/死亡》,中国青年出版社,第260-262页。

Rubáiyát 译为"柔巴依集/鲁拜/四行诗"。

Omar Khayyám 译为"欧玛尔·海亚姆"。

Edward FitzGerald 译为"爱德华·菲茨杰拉德"。

作者自绘插画2幅并选载黄杲炘译本译诗诗节2首(第19、20首)。

"尽管菲茨杰拉德译的诗说今生是我们所拥有的唯一的生命,但他似乎还是在暗示说我们应该尊重死去的人。在牛津郡的布劳顿城堡[Broughton Castle]的庭园里有个用墙围起来的花园,很美,里面有个日晷,也叫太阳钟,在日晷的边上就镌刻着选自《柔巴依集》的这些美妙诗行。"

【1601】
陈雅谦:杨宪益文章的启发

2012年12月,陈雅谦著《比较文学散稿/下篇/比较文学范例剖析/三、杨宪益:试论欧洲十四行诗及波斯诗人莪默凯延的鲁拜体与我国唐代诗歌的可能联系/(一)假设法:杨宪益文章的启发》,黑龙江大学出版社,第216-222页。

Rubáiyát 译为"鲁拜集/鲁拜体"。

Omar Khayyám 译为"莪默凯延/莪默·伽亚谟/欧玛尔·海亚姆"。

Edward FitzGerald 未译名。

"总体上看,杨宪益《试论欧洲十四行诗及波斯诗人莪默凯延的鲁拜体与我国唐代诗歌的可能联系》一文主要写了三方面内容:一是探讨'欧洲十四行诗及波斯诗人莪默凯延的鲁拜体与我国唐代诗歌的可能联系'的理由,二是欧洲十四行诗的起源问题,三是唐代绝句诗与莪默凯延的鲁拜体的比较。""我们认为,杨宪益'鲁拜诗体大概起源于民间歌谣'一说与其'鲁拜体是从唐代绝句演变而来'的假说相矛盾。"

【1602】

I.N.乔杜里:翻译在比较文学中的作用

2012年12月,I.N.乔杜里文/尹锡南译《翻译在比较文学中的作用》,《印度比较文学论文选译/翻译研究》,四川出版集团/巴蜀书社,第428 – 429页。

Rubáiyát 译为"鲁拜集"。

Omar Khayyám 译为"欧马尔·海亚姆"。

Edward FitzGerald 译为"菲茨杰拉德"。

此版为"南亚研究译丛"丛书之一。

"……菲茨杰拉德造就的是一只活泼的麻雀。这不再是翻译,而是一种翻译性创造[transcreation]。""在这种过程中,译者的作品会成为优秀之作,甚至会成为伟大杰作。"

【1603】

李畅培:诗的哲理性

2012年,李畅培著《野老诗话》(自印本),第14 – 15页。

Rubáiyát 译为"柔巴依集/鲁拜集"。

Omar Khayyám 译为"欧玛尔·海亚姆/莪默伽亚谟"。

Edward FitzGerald 未译名。

"王蒙在新疆时读到了乌孜别克文《柔巴依集》的手抄本,原来海亚姆的诗集传入中国是老早的事了。"

【1604】

罗伯特·科赫:阿尔伯特·哈伯德传

2013年1月,[美国]哈伯德著/白马译《把信送给加西亚/附录/一》,中国华侨出版社,第145页。

Rubáiyát 译为"鲁拜集"。

Omar Khayyám 译为"欧玛尔·海亚姆"。

Edward FitzGerald 未译名。

2016年6月,[美国]哈伯德著/白马译《把信送给加西亚/附录/一》,中国画报出版社,第149-150页。

"一八九九年丹斯洛为哈伯德的两本再版书——《古代水手》和《欧玛尔·海亚姆的鲁拜集》——做完整的设计和插画。"

【1605】
汪晓勤:《数学文化透视》

2013年1月,汪晓勤著《数学文化透视/第6讲/跨越鸿沟/6.5鱼和熊掌》,上海科学技术出版社,第179-180页。

Rubáiyát 译为"鲁拜集"。

Omar Khayyám 译为"奥玛·海亚姆"。

Edward FitzGerald 译为"菲茨杰拉德"。

"在历史上,集数学家与文学家于一身的不乏其人。11世纪波斯诗人奥玛·海亚姆是一位数学家,其代表性数学成就是三次方程的几何解法。奥玛·海亚姆的四行诗集《鲁拜集》曾风靡全世界。"

【1606】
[英国]保罗·法兰奇:《午夜北平》

2013年3月,[英国]保罗·法兰奇著/晏向阳译《午夜北平/英国外交官喋血北平的梦魇/六国饭店的鸡尾酒会》(历史小说),时代出版传媒股份有限公司/安徽人民出版社,第106-107页。

Rubáiyát 译为"鲁拜集"。

Omar Khayyám 译为"奥玛开阳"。

Edward FitzGerald 未译名。

"沃纳似乎一路跟死亡和灾难纠缠不清,却每每能全身而退。有人问到他时,他总是引用古波斯人奥玛开阳《鲁拜集》中的诗句来回答:'你我灰飞烟灭,世界依然长存。'"

【1607】
[美国]海伦·凯勒:《我的人生秘诀》

2013年4月,[美国]海伦·凯勒[Keller, H.]著/张鲁宁、韩启群译《我的人生秘诀(大字版)/第三章/践行乐观》,中国盲文出版社,第37、39-40、52页。

Rubáiyát 译为"鲁拜集"。

Omar Khayyám 译为"奥马尔·海亚姆"。

Edward FitzGerald 译为"爱德华·菲茨杰拉德"。

———

"尽管奥马尔·海亚姆的《鲁拜集》在后世没有获得很好的声名,但我们仍可以得出这样一条准则:任何对社会有影响的作家都必须是个有信仰的人,必须以乐观主义作为自己最基本的人生准则。""读叔本华和奥马尔的著作,就会慢慢发现我们的世界虚无缥缈,正如他们描述的那样。"

【1608】
仝亚辉:作者与译者之间的独白关系

2013年4月,仝亚辉著《对话哲学与文学翻译研究/第二章/文学翻译中独白关系的历时性发展以及具体表现形式/第一节/文学翻译中独白关系的类型/一、》,河南大学出版社,第61-62页。

Rubáiyát 译为"鲁拜集"。

Omar Khayyám 译为"奥玛尔·卡亚姆"。

Edward FitzGerald 译为"斐茨杰拉德"。

此版为"解放军外国语学院/英语博士文库"丛书之一。

———

"斐茨杰拉德认为,翻译读起来应该像他那个时代的主流诗风。安德鲁·勒菲弗尔[Andrew Lefevere]认为,斐茨杰拉德的《鲁拜集》是19世纪对外来文本最出色的重写之一。但是,斐茨杰拉德本人显然是认为波斯人比英国人低人一等,因此他才会大胆地对波斯诗歌进行随意的改写。"

【1609】
《立春前后》:蛋白宝石《鲁拜集》书影(插页)

2013年4月,董桥著《立春前后》,OXFORD/海豚出版社,第94页。

Rubáiyát 译为"鲁拜集"。

Omar Khayyám 未译名。

Edward FitzGerald 未译名。

"蛋白宝石《鲁拜集》封面封底"。

【1610】
[英国]巴尔福特:《鲁拜集》插图

2013年4月,周智诚、卜允台编著《商业插图/第一章/什么是插图/第一节/插图的起源》,上海交通大学出版社,第4-5页。

Rubáiyát 译为"鲁拜集"。

Omar Khayyám 未译名。

Edward FitzGerald 未译名。

选载[英国]巴尔福特[鲍尔弗]插画作品1幅。

此版为"创意大师产学融合系列丛书"之一。

"……插图本身就具有相对的独立性。《希腊神话》和《鲁拜集》的插图就印证了这一点。插图画家必须对插图的功能有明确的了解,才能创作出真正有内涵、有艺术价值的高水平插图。"

【1611】
[美国]海伦·凯勒:《中流:我的激情岁月》

2013年5月,[美国]海伦·凯勒[Helen Keller]著/陈庆、杨柯译《中流:我的激情岁月(大字版)/第十六章/黑暗无声的世界/猫头鹰的风范》,中国盲文出版社,第300-301页。

Rubáiyát 译为"鲁拜集"。

Omar Khayyám 译为"欧玛尔·海亚姆"。

Edward FitzGerald 译为"爱德华·菲茨杰拉德"。

"爱德华·菲茨杰拉德在一封写给朋友的信中说道:'我的祖父养了几只鹦鹉,它们

属于不同种类,各自有不同的本领。我记得有一只叫做比利的鸟儿,我祖父说,他抖擞羽毛的样子颇有些猫头鹰的风范。所以当人们赞扬其他鹦鹉更有本领的时候,祖父会说:你们会让比利伤心的。来吧,亲爱的,摆出一副小猫头鹰的样子吧!'而我也摆出了小猫头鹰的样子。"

【1612】

[美国]雷蒙德·卡佛:《我们所有人》(诗歌)

2013年5月,[美国]雷蒙德·卡佛[Raymond Carver]著/舒丹丹译《我们所有人[ALL OF US]/雷蒙德·卡佛诗全集I/给尚武的姗拉》(全二册),译林出版社,第45页。

Rubáiyát 译为"鲁拜集"。

Omar Khayyám 译为"欧玛尔·海亚姆"。

Edward FitzGerald 未译名。

———

"……读过欧玛尔·海亚姆吗?她说/读过读过我说/一条面包一瓶酒/我对欧玛尔/了如指掌……"。

【1613】

《镇江市丹徒区志》:赵宋庆

2013年5月,镇江市丹徒区地方志编纂委员会编《镇江市丹徒区志/1986—2005/卷三十三/人物/第一章/人物传》,方志出版社,第970页。

Rubáiyát 译为"鲁拜集"。

Omar Khayyám 未译名。

Edward FitzGerald 未译名。

———

"他[赵宋庆]……用七言诗形式翻译四行诗体长诗《鲁拜集》等。"

【1614】

[美国]尼古拉斯·玛札:《诗歌疗法》

2013年6月,[美国]尼古拉斯·玛札著/沈亚丹、帅慧芳译《诗歌疗法/

理论与实践/第四部分/诗歌疗法研究现状及其发展/接受性/指令性模式/既存诗歌》,东南大学出版社,第97页。

Rubáiyát 译为"鲁拜集"。

Omar Khayyám 译为"奥玛凯耶姆"。

Edward FitzGerald 未译名。

此版为"'艺术心理治疗研究'丛书"之一。

———

"……诗歌疗法中常用的诗歌有哪些……4.奥玛凯耶姆的《鲁拜集》"。

【1615】
[印度]D.帕拉梅斯瓦利:从英语到泰米尔语的翻译和创译技巧

2013年6月,[印度]D.帕拉梅斯瓦利文/易茜译《从英语到泰米尔语的翻译和创译技巧》,《印度翻译研究论文选译》,巴蜀书社,第362-363页。

Rubáiyát 译为"鲁拜集"。

Omar Khayyám 未译名。

Edward FitzGerald 译为"菲茨杰拉德"。

此版为"南亚研究译丛"丛书之一。

———

"我宁要一只活生生的麻雀,也不要一只干瘪瘪的标本雄鹰[I would rather have a live sparrow than a stuffed eagle]。/这是菲茨杰拉德为自己创造性翻译的结晶即《鲁拜集》辩护的名言,他称翻译是'一只做成标本的雄鹰'[a stuffed eagle],数量上汗牛充栋,质量上忠实原著,但品来却干巴无味。"

【1616】
[印度]哈利西·特里维迪:《后殖民翻译的政治》

2013年6月,[印度]哈利西·特里维迪[Harish Trivedi]文/陈跃译《后殖民翻译的政治》,《印度翻译研究论文选译/理论探讨》,巴蜀书社,第131-132页。

Rubáiyát 未译名。

Omar Khayyám 译为"欧玛尔·海亚姆"。

Edward FitzGerald 译为"菲兹杰拉德/菲茨杰拉德"。

此版为"南亚研究译丛"丛书之一。

———

"正如已被人们逐渐意识到的那样,翻译不仅涉及作者与译者这两位作者之间或其功能作用[author-function]之间的相互联系,也涉及各种语言与文化之间的相互影响,它还是一种充满政治色彩的思想互动。正如历史悠久的翻译活动充分表明的那样,源语言与目标语言可以成为一种高度变化的权力关系。这里,最臭名昭著的一例或许非爱德华·菲兹杰拉德莫属。"

【1617】

[印度]K.阿耶帕·潘尼迦:真实性的焦虑——反思文学翻译

2013年6月,[印度]K.阿耶帕·潘尼迦著/何文明译《真实性的焦虑:反思文学翻译》,《印度翻译研究论文选译/理论探讨》,四川出版集团/巴蜀书社,第196页。

Rubáiyát 译为"鲁拜集"。

Omar Khayyám 译为"欧玛尔·海亚姆"。

Edward FitzGerald 译为"菲茨杰拉德"。

此版为"南亚研究译丛"丛书之一。

———

"译者奉献给读者的不仅只是一个纯粹的文本,还给他们提供了有助于理解该文本内涵的文化架构。""我们已经拥有从菲茨杰拉德关于欧玛尔·海亚姆诗集《鲁拜集》的英译的许多转译本,我们怀疑,是否还有哪种不同的译本会比此类转译离《鲁拜集》的波斯语原著更加疏远?"

【1618】

[日本]陈舜臣:《成吉思汗》

2013年7月,[日本]陈舜臣著《成吉思汗/十三世纪的冒险之王/卷三/沧海之路/一/远行之人》(长篇历史小说),新星出版社,第425页。

Rubáiyát 译为"鲁拜集/四行诗集"。

Omar Khayyám 译为"莪默·伽亚谟"。

Edward FitzGerald 译为"费兹杰罗"。

◇《鲁拜集》汉译书目

2009年11月第一版。

"自从英国诗人费兹杰罗翻译波斯诗人莪默·伽亚谟的《鲁拜集》(四行诗集)时,在序文中以小说的形式描写了山寨长老的故事以来,哈希什是'暗杀者'一词的词源的说法就被人广泛接受了。"

【1619】
周红民:论译者隐身——一个社会性视角

2013年7月,《翻译研究新思路——2012年全国翻译高层研讨会论文集/翻译理论篇》,国防工业出版社,第75页。

Rubáiyát 译为"鲁拜集"。

Omar Khayyám 未译名。

Edward FitzGerald 译为"菲兹杰拉德"。

"作者借翻译之名,行创作之实,用以挣脱'舌人'、'媒婆'、'传声筒'的形象,成为'不真实的美人',表现作家的一面,模糊了翻译与创作的边界。菲兹杰拉德曾冠冕堂皇地说:'对这些波斯人任意而为对我来说是一种快乐,这些波斯人,我想,还不可够诗人的名分,让普通读者对他们望而却步。他们的确需要一点艺术来重塑他们。'"

【1620】
江勇振:信达兼顾,翻译大不易

2013年8月,江勇振著《舍我其谁:胡适/第二部/日正当中(1917-1927)/下篇/学问事功,夙夜匪懈/第七章》(全二册),浙江人民出版社,第221-223页。

Rubáiyát 译为"鲁拜集"。

Omar Khayyám 译为"欧玛/莪默"。

Edward FitzGerald 译为"菲茨杰拉德"。

"胡适是一个严谨的学者。他行文严谨,翻译也一样严谨。一个句子、一篇文章,他可以一再琢磨,甚至一辈子一再重译。最典型的一个例子,就是他从英国诗人菲茨杰拉德所转译的11世纪波斯诗人欧玛的一首四言绝句。……我想象他应该有办法把欧玛这首诗译得更为简洁和奔放。例如:/喔我爱!且让你与我和上帝心照不宣/一把扶起这可憎的人世间/把它给砸个粉碎/再随心所欲地把它重建!"

【1621】
《伟大的帝国和它的缔造者》:伊斯兰教时期(650－1205年)

2013年10月,秋石主编《伟大的帝国和它的缔造者/第一章/雄踞一时的波斯帝国/波斯不同时期的帝国》,中国地图出版社,第6页。

Rubáiyát 译为"鲁拜集"。

Omar Khayyám 译为"欧玛尔·海亚姆"。

Edward FitzGerald 未译名。

此版为"青少年探索·发现之旅丛书"之一。

"著名的波斯数学家及诗人欧玛尔·海亚姆在塞尔柱时期写下了他的诗集《鲁拜集》。"

【1622】
冯全功:真正美人方有"陋处"

2013年12月,《译学研究批判/第11章/批判与宏观/11.3/批判/十年打造磨译剑/11.3.3》,国防工业出版社,第271页。

Rubáiyát 译为"鲁拜集"。

Omar Khayyám 未译名。

Edward FitzGerald 译为"爱德华·菲茨杰拉德"。

此版为"应用翻译理论与教学文库"丛书之一。

"所谓'译者需要发挥高超的转换艺术,即转移内容,更换形式,其精髓就是化'。形式形似与'更换形式'似乎是自相矛盾的。还有'胜似',译文当然有胜似原文的,如爱德华·菲茨杰拉德英译的《鲁拜集》等。既然是胜似,译文就肯定有胜似原文的方面,要么是形式,要么是意义,要么是风格,……"。

【1623】
《中华人民共和国出版史料》:《郭沫若文集》编辑出版委员会第一次

◇《鲁拜集》汉译书目

会议情况汇报(1978年10月27日)

2013年12月,中国新闻出版研究院编《中华人民共和国出版史料/第15卷/1976年10月–1978年12月》,中国书籍出版社,第398页。

Rubáiyát 译为"鲁拜集"。

Omar Khayyám 未译名。

Edward FitzGerald 未译名。

―――――

"茅盾同志……提到伊朗方面提出郭老译诗《鲁拜集》,他们有很好的插图,希望再印时,可与他们联系提供插图。冯至同志也提到此事,希望文学出版社重印时将插图加上出些'豪华本'。"

【1624】

[爱尔兰]叶芝:何谓大众诗歌?

2014年1月,[爱尔兰]威廉·巴特勒·叶芝著/苏艳飞译《生命之树》,四川出版集团/四川文艺出版社,第34页。

Rubáiyát 译为"鲁拜集"。

Omar Khayyám 译为"莪默·伽亚谟"。

Edward FitzGerald 未译名。

此版为"心灵甘泉"丛书之一。

2015年10月,[爱尔兰]威廉·巴特勒·叶芝著/苏艳飞译《生命之树》,四川文艺出版社,第26页。此版为"经典译文"丛书之一。

―――――

"有一次,我为这里最优秀的一位烛台师朗诵莪默·伽亚谟的诗歌。他说:'我们来去如行云流水'到底是什么意思?"

【1625】

[法国]菲利普·伯瑞诺特:《葡萄酒与爱情》

2014年1月,[法国]菲利普·伯瑞诺特[Philippe Brenot]著/吕姗姗译《葡萄酒与爱情/第3章/小爱神厄洛斯的漂泊/程度与过度》,东方出版社,第152页。

Rubáiyát 译为"鲁拜集"。

Omar Khayyám 译为"莪默·伽亚谟"。

Edward FitzGerald 未译名。

此版为"法国'六大奇书'系列"丛书之一。

"……大诗人兼智慧的数学家欧玛尔·海亚姆:'世界只不过是个骗局或梦境。毫无约束地喝吧、爱吧,这才是活着!'"

【1626】
李美:《西方文化背景下中国古典文学翻译研究》

2014年1月,李美著《西方文化背景下中国古典文学翻译研究/下篇/西方文化背景下中国古典文学的翻译与传播/第十章/关于东西方译论:必要的梳理/第四节/求同存异 多元互补》,中国出版集团/世界图书出版公司,第258页。

Rubáiyát 译为"鲁拜集"。

Omar Khayyám 译为"欧玛尔·海亚姆"。

Edward FitzGerald 译为"爱德华·菲茨杰拉德"。

"英国诗人爱德华·菲茨杰拉德有一句名言,译者所应当追求的,'宁愿是只活的麻雀,而不是只死鹰'。他翻译的波斯诗人欧玛尔·海亚姆的《鲁拜集》就是一部典型的'灵魂转生'的样板。英国东方学家艾伦对此给予了高度的评价,艾伦说:'从纯粹狭义的翻译角度而言,菲译并不是翻译,但从"翻译"一词最经典的意义而言,毫无疑问这是翻译。'"

【1627】
[美国]周策纵:《文史杂谈》

2014年1月,[美国]周策纵著《文史杂谈/十/陈致:"不"以有涯随无涯,殆已/诗的创作与翻译》,世界图书北京出版公司,第73页。

Rubáiyát 译为"莪默的'绝句'"。

Omar Khayyám 译为"莪默"。

Edward FitzGerald 译为"菲茨杰拉德"。

此版为"周策纵作品集"丛书之2。

"好的翻译还是要尽量接近原诗所具有的意境,两种意境之间的差距越小越好。不过最成功的翻译一定是译出来的东西往往就像好的创作,是不是接近原作倒是次要的问题了。爱尔兰19世纪诗人菲茨杰拉德翻译11、12世纪波斯诗人兼数学家和天文学家莪默的'绝句'百来首,……为读者所喜欢,影响极大。这种翻译可说是最好、最有名的例证,虽然译作和原文有了很大的差别。"

【1628】
徐国能:《煮字为药》

2014年1月,徐国能著《煮字为药/墨淡情深/方圆大道,黑白艺境/后记》,九州出版社,第176、180页。

Rubáiyát 译为"鲁拜集"。

Omar Khayyám 未译名。

Edward FitzGerald 未译名。

"'不问清瓢与浊瓢,不分寒食与花朝。酒泉岁月涓涓尽,枫树生涯叶叶飘。'这是学物理的黄克孙教授衍译波斯《鲁拜集》中的诗句,无端让我想到李商隐'座中醉客延醒客,江上晴云杂雨云'的句子。前者潇洒而后者悲凉,在我品来,都是悟透人间的意境。"

【1629】
蒋洪新:《庞德研究》

2014年3月,蒋洪新著《庞德研究/第四章/〈华夏集〉:翻译后起的生命》,上海外语教育出版社,第182页。

Rubáiyát 译为"鲁拜集"。

Omar Khayyám 译为"欧玛尔·海亚姆"。

Edward FitzGerald 译为"菲茨杰拉德"。

此版为"外国现代作家研究丛书"之一。

2014年9月,蒋洪新、郑燕虹著《庞德学术史研究/第二编/庞德学术史研究/第一章/庞德翻译理论与实践研究之学术论争/第一节/庞德的〈华夏集〉翻译》,译林出版社,第193页。

此版为"外国文学学术史研究"丛书之一。

"……我们从文化翻译学的角度来思考翻译,比如说,《鲁拜集》译者菲茨杰拉德说:'宁为一对活生生的麻雀,不做一双塞满稻草的大鸦。'"

【1630】
庞德:灰眼睛(诗歌)

2014年3月,蒋洪新著《庞德研究/第五章/〈休·赛尔温·莫伯利〉及其他》,上海外语教育出版社,第195页。

Rubáiyát 译为"鲁拜集"。

Omar Khayyám 译为"欧玛尔·海亚姆"。

Edward FitzGerald 译为"菲茨杰拉德"。

此版为"外国现代作家研究丛书"之一。

"瘦如溪水/以迷茫的凝视/英语《鲁拜集》仍发表在/那些年代//那微弱,清晰的眼神,来自/农牧神般半毁的脸/探寻且被动……/啊,可怜的詹妮案子……。"

【1631】
苏缨、毛晓雯:《若还有爱,我便与你同在》

2014年3月,苏缨、毛晓雯著《若还有爱,我便与你同在/07/小虫与飞蛾的意义:丁尼生和他的诗(Ⅰ)》,湖南文艺出版社,第119页。

Rubáiyát 译为"鲁拜集"。

Omar Khayyám 未译名。

Edward FitzGerald 未译名。

"近现代的哲学家们早已抛弃了这一套过于理想主义的形而上学,越发倾向于把我们的宇宙看成是一种盲目的存在,像《鲁拜集》的小诗所说的那样:'不知何往,也不知何由。'"

【1632】
[英国]理查德·曼凯维奇:《数学的故事》

◇《鲁拜集》汉译书目

2014年3月,[英国]理查德·曼凯维奇[Richard Mankiewicz]著/冯速等译《数学的故事/第七章/智慧宫/第十一章/代数与几何的联姻》,海南出版社,第68-69、113页。

Rubáiyát 译为"鲁拜集"。

Omar Khayyám 译为"欧玛尔·海亚姆"。

Edward FitzGerald 未译名。

———

"11世纪欧玛尔·海亚姆发现了用几何方法解三次方程的方法,即三次方程的解可以通过两个圆锥曲线的交点求出。形如 $x^3+ax=c$ 的方程的解可以通过一个圆和一个抛物线的交点来求得。与二次方程一样,这里三次方程的系数和解都必须是正数。欧玛尔·海亚姆没有找到三次方程的一般代数解,但是他使用希腊人的几何学解代数方程的方法是非常新颖的。用他自己的话来说,代数是被证明了的几何事实。"

【1633】
徐国能:《绿樱桃》

2014年4月,徐国能著《绿樱桃/第四辑/这想法好肤浅》,九州出版社,第198-200页。

Rubáiyát 译为"鲁拜集"。

Omar Khayyám 未译名。

Edward FitzGerald 未译名。

———

"新旧文学,各擅其美,要之在于体悟与活用,原本没有高低是非,如果一味厚此薄彼,无论新旧如何喜厌,恐怕都只是一肤浅了!而我自己对黄译《鲁拜集》中最喜欢的一首,恰好梁实秋也有译出,两者无分轩轾,……"。

【1634】
高凌云、李铁岗:《投融资理论与实践》

2014年5月,高凌云、李铁岗编著《投融资理论与实践/第一章/投资组合理论与资本资产定价模型/第一节/风险及其理论探索/一、文艺复兴之前风险投资理论探索》,山东大学出版社,第4-5页。

Rubáiyát 译为"鲁拜集"。

Omar Khayyám 译为"奥马尔·哈亚姆"。

Edward FitzGerald 未译名。

———

"阿拉伯数学领域中最著名、最重要的人物当属奥马尔·哈亚姆(Omar Khayyam,1050-1130)。这位《鲁拜集》诗集的作者,用新的数字系统开发了一种全新的计算语言,并成为更加复杂的代数语言的基础。"

【1635】

[英国]奥斯卡·王尔德:《道林·格雷的画像》

2014 年 6 月,[英国]奥斯卡·王尔德[Oscar Wilde]著/李家鏊译《道林·格雷的画像/第三章》(长篇小说),译林出版社,第 38 页。

Rubáiyát 译为"鲁拜集"。

Omar Khayyám 译为"莪默·伽亚谟"。

Edward FitzGerald 未译名。

此版为"双语译林/壹力文库"丛书之 072。

2015 年 11 月,[英国]奥斯卡·王尔德著/苏福忠译《道连·格雷的画像/第三章》,人民文学出版社,第 43 页。

Omar Khayyám 译为"奥玛"。

———

李家鏊译:"她雪白的双脚踩着巨大的榨酒机,聪明的莪默就坐在旁边,直到一浪一浪的冒着紫色泡沫的葡萄汁淹没了她的双脚,或是红色水沫溢出了黑色的酒缸,沿着缸边往外滴。"

苏福忠译:"哲学的白脚踩踏在智慧的奥玛端坐的大压榨石上,等待冒泡的葡萄汁淹住了她赤裸的腿而紫色的泡沫还在翻腾;或者她在酒缸后面酒水淋漓的坡上红色泡沫里爬来爬去。"

【1636】

戴冰:《倾城》

2014 年 7 月,戴冰著《戴冰中短篇小说自选集(插图本)/倾城》(短篇小说),贵州出版集团/贵州人民出版社,第 211-212 页。

Rubáiyát 译为"鲁拜集"。

Omar Khayyám 译为"欧玛尔·海亚姆"。

Edward FitzGerald 译为"菲茨杰拉尔德"。

2016年8月,戴冰著《穿过博尔赫斯的阴影/倾城》(短篇小说),广西师范大学出版社,第102-104页。

2017年3月,戴冰著《月的暗面——戴冰选集/倾城》(短篇小说),广西师范大学出版社,第2-3页。

此版为"'黔山七峰'书丛"丛书之一。

———

"他[欧玛尔·海亚姆]还信奉柏拉图和毕达哥拉斯学说,认为灵魂可以在许多躯体中轮回,甚至会投生到牲畜的躯体中。据说他像毕达哥拉斯同狗交谈那样,曾和一头驴交谈,告诉驴的主人说,这头驴曾是一个品行高尚的教师,要求驴的主人善待它。""英国十九世纪诗人和文学评论家斯温伯恩说,菲茨杰拉尔德'给了欧玛尔·海亚姆在英国最伟大的诗人中间一席永久的地位。'有些评论家认为菲茨杰拉尔德的欧玛尔译本实际是有波斯形象的英国诗,菲茨杰拉尔德推敲、润色、创新。但他的《鲁拜集》仿佛要求我们把他看作是波斯的古诗。"

【1637】

孟昭毅:波斯文学与《列王记》

2014年7月,孟昭毅著《东方文学专题讲稿/第二章/中古发祥时期文学/第10讲》,北京师范大学出版集团/安徽大学出版社,第135-136页。

Rubáiyát 译为"柔巴依/鲁拜"。

Omar Khayyám 译为"欧玛尔·海亚姆"。

Edward FitzGerald 未译名。

此版为"大学名师精品课程共享丛书"之一。

———

"海亚姆的一生处在塞尔柱王朝统治下社会动荡不安的年代里,虽然阿拉伯对波斯的统治在当时已名不副实,但波斯人毕竟仍是隶属于阿拉伯的下等人。统治阶级的腐化奢侈、鱼肉百姓,引起社会普遍不满。作为一个爱国爱民的诗人,海亚姆忧心忡忡。他不相信世俗宗教的神学说教,但历史与现实又未能提供他解释社会不公、批判丑恶现象的武器。因此,在他的诗中只有怨,只有愤,只有疑问,而没有答案。这种无法调和的矛盾导致了海亚姆思想上的悲观主义。在他的诗中随处可见抒发悲慨之气的诗行,虚无的色彩比鲁达基有过之而无不及。"

【1638】
何华:春梦雨常飘瓦——黄克孙其人其诗

2014年8月,何华著《老春水》,时代出版传媒股份有限公司/安徽教育出版社,第183—191页。

Rubáiyát译为"鲁拜集"。

Omar Khayyám译为"奥玛"。

Edward FitzGerald未译名。

此版为"'渡'书系第二辑"丛书之一。

———

"黄克孙……是著名的物理学家,美国麻省理工大学荣休教授,在科学界是个响当当的人物。但他另一个衔头——波斯诗人奥玛《鲁拜集》的译者,似乎更加响亮。""唐德刚曾写过《白马社的旧诗词——重读黄克孙译〈鲁拜集〉》一文,认为黄译《鲁拜集》比郭(沫若)译好。"

【1639】
[美国]埃兹拉·庞德:《阅读ABC》

2014年8月,[美国]埃兹拉·庞德著/陈东飚译《阅读ABC/第一部分/第八章/进阶测验》,译林出版社,第54页。

Rubáiyát译为"鲁拜集"。

Omar Khayyám译为"欧玛尔"。

Edward FitzGerald译为"菲茨杰拉德"。

此版为"名家文学讲坛"丛书之　。

———

"菲茨杰拉德的《鲁拜集》经数以百计的戏仿而留存下来,它们其实既非欧玛尔也非菲茨杰拉德的戏仿,而只是以那种诗节形式写下的诗篇而已。"

【1640】
杜冬:菩提树下论译道

◇《鲁拜集》汉译书目

2014年10月,《翻译之技与翻译之道(翻译家卷)/英语》,时代出版传媒股份有限公司/安徽文艺出版社,第91页。

Rubáiyát 未译名。

Omar Khayyám 译为"海亚姆"。

Edward FitzGerald 未译名。

此版为"新力量书丛"丛书之一。

———

"设拉子葡萄酒有种强烈的、几乎是凶猛的口味,我理解这种美酒何以会让哈菲兹和海亚姆乐不可言,又悲从中来。正如海亚姆所言:一生如欢会兮,其如何/欢会终有尽兮,其如何/纵得百岁寿/百岁复百岁/千古更如何?/——杜冬译塞斯·诺特博姆《伊斯法罕一夜》"

【1641】
蔡天新:公车上的女子(德黑兰)

2014年10月,蔡天新著《从看见到发现/一个人文主义者的摄影集/第二辑(2004-2007)》,浙江摄影出版社,第42-43页。

Rubáiyát 未译名。

Omar Khayyám 译为"欧玛尔·海亚姆"。

Edward FitzGerald 未译名。

此版为"远游书系"丛书之一。

———

"波斯古谚云:'伊斯法罕,世界的一半。'可惜的是,11世纪数学家兼诗人欧玛尔·海亚姆掌管的天文台已无存。"

【1642】
江枫、王杨:只有忠实的翻译才有价值(访谈录)

2014年10月,《翻译之技与翻译之道(翻译家卷)》,时代出版传媒股份有限公司/安徽文艺出版社,第21页。

Rubáiyát 译为"鲁拜集"。

Omar Khayyám 未译名。

Edward FitzGerald 未译名。

此版为"'新力量'书丛"丛书之一。

———

"……市场上还出现一种'《鲁拜集》新译',一开篇就别出心裁把意为'唤醒'的标题 awakening,译成'梦醒时分',更把这首诗译成了比原文难理解的:醒看旭日逐星淡,更兼黑夜出霄汉,晨曦一缕万丈光,投向苏丹塔楼冠。"

【1643】
陆建德:T.S.艾略特——他改变了一代人的表达方式

2014年10月,《大师与经典(经典及思潮卷)/美国》,时代出版传媒股份有限公司/安徽文艺出版社,第11页。

Rubáiyát 译为"鲁拜集"。

Omar Khayyám 未译名。

Edward FitzGerald 译为"爱德华·菲茨杰拉德"。

此版为"新力量"丛书之一。

———

"他[T.S.艾略特]在14岁时迷上了英国作家爱德华·菲茨杰拉德翻译的《鲁拜集》,也学着用四行诗体写起诗来。"

【1644】
丁传光:一个经典范例

2014年11月,丁传光著《总编辑手记/新闻速度》,合肥工业大学出版社,第32页。

Rubáiyát 译为"鲁拜集"。

Omar Khayyám 未译名。

Edward FitzGerald 未译名。

———

"……船上货舱中还载有无价之宝——《鲁拜集》原稿,……不料这艘'永不沉没之船'——泰坦尼克号……沉没到大西洋底。"

◇《鲁拜集》汉译书目

【1645】

[美国]威廉·福克纳:诗歌、旧作与初始之作——一个发展历程

2014年11月,[美国]威廉·福克纳[William Faulkner]著/李文俊译《密西西比/福克纳散文随笔精选》,广东省出版集团/花城出版社,第2页。

Rubáiyát 译为"四行诗集/鲁拜集"。

Omar Khayyám 译为"欧玛尔·海亚姆"。

Edward FitzGerald 未译名。

此版为"慢读译丛"丛书之一。

2017年11月,[美国]威廉·福克纳著/李文俊译《福克纳随笔》,北京燕山出版社,第192页。

此版为"天下大师·福克纳作品"丛书之一。

2017年9月,[美国]威廉·福克纳著/王冠、远洋译《水泽女神之歌——福克纳早期散文、诗歌与插图/附录》,漓江出版社,第112页。

Rubáiyát 译为"鲁拜集"。

Omar Khayyám 译为"莪默·伽亚谟"。

Edward FitzGerald 译为"爱德华·菲茨杰拉德"。

文题为"诗韵,古老的和新生的:一次朝圣"。

此版为"诺贝尔文学奖作家文集"丛书之一(福克纳卷)。

2017年10月,[美国]威廉·福克纳著/宋慧译《上帝之城/第二辑/议论与文学评论》,江苏凤凰文艺出版社,第138页。

Rubáiyát 译为"鲁拜集"。

Omar Khayyám 译为"欧玛尔·开阳"。

文题为"诗歌,古诗与新诗:一次朝圣"。

此版为"诺贝尔奖获奖者散文丛书"之一。

李文俊译:"当时,有一个习惯做法极受推崇,那就是对着自己的情妇朗诵欧玛尔的诗歌,作为两人结合的一种伴奏——这是夹在叹息声之间的必不可少的弦乐独奏。"

王冠、远洋译:"伴随交媾,对情妇朗诵莪默是种历史悠久的习俗,类似于喘息间的琴瑟协鸣。"

宋慧译:"对自己的情人朗诵欧玛尔的诗是一个历史悠久的传统,用来作为两人相爱的伴奏——叹息之中的一种弦乐伴奏。"

【1646】
李川:《赫西俄德诗歌选译》译诗正文前言

2014年11月,[希腊]赫西俄德著/李川译《赫西俄德诗歌选译》,《阿尔卑斯/第四辑》,河北出版传媒集团/河北教育出版社,第318页。

Rubáiyát 译为"鲁拜集"。

Omar Khayyám 未译名。

Edward FitzGerald 未译名。

———

"20世纪则有黄克剑[孙]先生的《鲁拜集》,全用七言绝句,译文丰姿绰约。古诗翻译的好处是,能够兼顾'达'、'雅',而其缺点则是未必信守字面。"

【1647】
哈全安:《土耳其通史》

2014年12月,哈全安著《土耳其通史/第二章/突厥人的西迁/二、塞尔柱突厥人称雄西亚》,上海社会科学院出版社,第16页。

Rubáiyát 译为"鲁拜集"。

Omar Khayyám 译为"欧默尔·赫亚姆"。

Edward FitzGerald 未译名。

此版为"世界历史文化丛书"之一。

2016年3月,哈全安著《中东国家史610-2000/哈里发国家史/第三章/阿拔斯王朝/十三、塞尔柱突厥人称雄西亚》,天津出版传媒集团/天津人民出版社,第175页。

———

"阿勒卜·阿尔斯兰和马立克沙当政期间,波斯人尼扎姆·穆勒克[Nizamal-Mulk]出任维齐尔,辅佐苏丹,整顿朝纲,推行新政,发展生产,改善交通,使饱受战乱的西亚诸地逐渐恢复了往日的繁荣景象,政绩颇佳。塞尔柱突厥人素有尚武的传统。而尼扎姆·穆勒克青睐文治,崇尚学术。在尼扎姆·穆勒克的庇护和赞助下,教义学家安萨里完成了神学名著《圣学复苏》,诗人欧默尔·赫亚姆完成了文学佳作《鲁拜集》。"

◇《鲁拜集》汉译书目

【1648】
李乃坤:《英美文学漫笔》

2014年12月,李乃坤著《英美文学漫笔/评哈代作品中的宿命论/三》,山东大学出版社,第51页。

Rubáiyát 译为"鲁拜集"。

Omar Khayyám 译为"奥马尔·卡亚姆"。

Edward FitzGerald 译为"爱德华·菲茨杰拉德"。

―――――

"[哈代]他很爱读《鲁拜集》,甚至临终时还让妻子把该诗集的第81节读给他听,他觉得那节诗最恰当地表现了他与世间悲哀的调和。"

【1649】
柳亚子:乘桴日记

2014年12月,柳亚子著《柳亚子自述/第六篇/乘桴日记二(1927年11月1日-1928年4月6日)/署名:隐芝居士》,群言出版社,第283页。

Rubáiyát 译为"鲁拜集"。

Omar Khayyám 未译名。

Edward FitzGerald 未译名。

此版为"群言典藏"丛书之一。

―――――

[民国]十七年"二月四日/看《鲁拜集》。"

【1650】
[印度]克里希纳·克里帕拉尼:《甘地传》

2014年12月,[印度]克里希纳·克里帕拉尼[Krishna Kripalani]著/张罗、陆赟译《甘地传/第47章/功成身故》,四川人民出版社,第275-276页。

Rubáiyát 译为"柔巴依集/鲁拜集"。

Omar Khayyám 译为"欧玛尔·海亚姆"。

Edward FitzGerald 译为"爱德华·菲兹杰拉德"。

2017年4月,[印度]克里希纳·克里帕拉尼著/张罗、陆赟译《甘地传/

第47章/功成身故》,四川人民出版社,第338－339页。

———

"……让人想起古代的波斯诗人海亚姆:/春天的荣耀在世界的花园里难以持久,/趁着景色尚在,尽情欣赏。"

【1651】
柳已青:小餐馆里喝杯酒

2015年1月,柳已青著《记忆的飨宴/第四辑/酒趣》,山东画报出版社,第175页。

Rubáiyát 未译名。

Omar Khayyám 译为"我默·海亚姆"。

Edward FitzGerald 未译名。

柳已青,本名刘宜庆。

———

"诗仙李太白从酒里捞出月亮与诗,波斯诗人我默·海亚姆在酒里取出语言的玑珠,而我们在小餐馆的酒杯里只能取出对生活的幻想和廉价的快乐。"

【1652】
谢天振:《翻译研究新视野》

2015年1月,谢天振著《翻译研究新视野/第一章/当代国际译学研究的最新趋势/第一节/西方翻译研究史的回顾与反思/第三章/翻译文学新概念/第一节/翻译文学:争取承认的文学》,海峡出版发行集团/福建教育出版社,第11、125页。

Rubáiyát 译为"鲁拜集"。

Omar Khayyám 未译名。

Edward FitzGerald 译为"菲兹杰拉德/菲茨杰拉德"。

此版为"比较文学名家经典文库"丛书之一。

———

"……从十九世纪起,英国的文学翻译和翻译研究出现了新的繁荣,菲兹杰拉德奉献出了英国翻译史上最优秀的译作之一——《鲁拜集》,……""菲茨杰拉德翻译的《鲁拜集》的意义不光在于向英国、向整个西方介绍了一位东方的诗人,它还极大的提高了这位波斯诗人在其本国的地位。"

【1653】
简媜:《谁在银闪闪的地方,等你》

2015年2月,简媜著《谁在银闪闪的地方,等你/老年书写与凋零幻想/第五辑/谁在银闪闪的地方等你/一人旅途/8.雨下的墓园》,长江出版传媒/长江文艺出版社,第342-343页。

Rubáiyát 译为"鲁拜集"。

Omar Khayyám 译为"奥玛·海亚姆"。

Edward FitzGerald 译为"爱德华·菲茨杰拉德"。

———

"770多年后,生于19世纪初英国的爱德华·菲茨杰拉德是把波斯文《鲁拜集》带进英语世界的灵魂人物;47岁那年,他首次以创造性的翻译手法译了奥玛·海亚姆的四行诗,自此沉浸也沉迷于与奥玛的心灵交流之中,一生历20多年,五度出版、修订其'衍译'的《鲁拜集》,最后一次在他逝后出版。"

【1654】
邵斌:《比利时光》

2015年3月,邵斌著《比利时光/二手市场SPIT/艾晗堡的味道/匈牙利人的DNA/吾唯知足》,浙江工商大学出版社,第13、23、162、229页。

Rubáiyát 译为"鲁拜集"。

Omar Khayyám 译为"海亚姆"。

Edward FitzGerald 未译名。

———

"《鲁拜集》里有一句诗掷地有声:'Who is the Potter, pray, and who the Pot?'是啊,陶人不就是陶器,陶器不就是陶人么?"

【1655】
刘运峰:体例的缺憾

2015年4月,刘运峰著《版本·文本·故实——中国现代文学与传播论丛/1938 年版〈鲁迅全集〉编辑出版述略/(二)》,南开大学出版社,第 121 页。

Rubáiyát 译为"鲁拜集"。

Omar Khayyám 未译名。

Edward FitzGerald 译为"费兹哲拉德"。

此版为"南开人文社科文库"丛书之一。

———

"……梁实秋在……《鲁迅与我》一文中就写道:'……翻译的小说和文章也列入全集是我从前没有见过的。'……这当然不排除个人恩怨的因素,但翻译作品是否应该归入译者的全集,的确值得商榷。"

【1656】

彭程:在母语的屋檐下

2015 年 4 月 10 日,《光明日报/光明文化周末/文荟/专题》第 13 版。

Rubáiyát 译为"鲁拜集"。

Omar Khayyám 译为"伽亚谟"。

Edward FitzGerald 未译名。

2017 年 6 月,《中国最佳文学作品选/散文卷》,华文出版社,第 12 页。

2017 年 11 月,彭程著《第七只眼睛》,广东人民出版社,第 223 页。

———

"每一种语言的子民们,在自己母语的河流中,泅渡,游憩,俯仰,沉醉,吟咏,创造出灿烂的文化,并经由翻译传播,成为说着不同语言的人们共同的精神财富。以诗歌为证,《鲁拜集》中波斯大诗人伽亚谟及时行乐的咏叹,和《古诗十九首》里汉代中国人生命短暂的感喟,贯穿了相通的哲学追问;……"。

【1657】

刘满芸:《共生翻译学建构》

2015 年 5 月,刘满芸著《共生翻译学建构/4.2/翻译:人类文明的强大生产力/6.4/翻译与西方近代的人文共生》,复旦大学出版社,第 64、116 页。

Rubáiyát 译为"鲁拜集"。

Omar Khayyám 译为"奥玛·海亚姆"。

Edward FitzGerald 译为"爱德华·菲茨杰拉德"。

此版为"共生系列丛书"之一。

———

"……假如不是英国维多利亚时代文学家、学者兼诗人爱德华·菲茨杰拉德在不经意间从牛津大学波德莱图书馆看到波斯文《鲁拜集》,并随之把它翻译成英语,那么,这部被誉为'信仰的归宿,灵魂的良药'的波斯语巨著就不会风靡世界,也不会被当今的学者们列为世界上50本信仰类必读书籍之首,这位已经沉寂了数百年的波斯大诗人奥玛·海亚姆,连同他这本古典抒情四行诗集恐怕依然要沉寂下去。"

【1658】
瞿炜:《开卷》有缘

2015年5月,《开卷十五年精选/纸香墨润》,北方文艺出版社,第16-17页。

Rubáiyát 译为"鲁拜集"。

Omar Khayyám 未译名。

Edward FitzGerald 译为"菲兹杰拉德"。

———

"古人说:开卷有益。但在现代社会,信息爆炸,泥沙俱下,许多出版机构视商业利益为生命而不惜以滥情为能事,故又有人云:开卷未必有益。……它让我想起菲兹杰拉德英译的《鲁拜集》里的一则短诗:/绿荫之下,一卷诗章,/一杯酒,一点干粮——还有你/陪伴我放歌于这荒野之上——/哦,这荒野胜似天堂!"

【1659】
《大放异彩的数学》:东方数学天才

2015年5月,《大放异彩的数学/第一部分/数学轶事/东方数学天才——数学的发展/第三部分/数学世界/对称之美》,山东科学技术出版社,第38、174页。

Rubáiyát 译为"鲁拜集"。

Omar Khayyám 译为"莪默·伽亚谟/奥马尔·海亚姆"。

Edward FitzGerald 未译名。

此版为"科学的航程丛书"之一。

"莪默·伽亚谟既是诗人,又是数学大师,这在现在看来有点异乎寻常,但他也不是一开始就有这种想法的。事实上诗歌和数学有很多相似之处,诗歌形式上押韵,结构上有节奏感,读起来朗朗上口,这都因为它蕴涵数学逻辑原理。"

【1660】
李静滢、刘英凯:《翻译的艺术》

2015年6月,李静滢、刘英凯编著《翻译的艺术(上)/第九章/翻译的音韵美/1.2/尾韵》,对外经济贸易大学出版社,第123页。

Rubáiyát 译为"鲁拜集"。

Omar Khayyám 未译名。

Edward FitzGerald 译为"菲兹杰拉德"。

此版为"大学生进阶'翻译工作坊'系列丛书"之一。

———

"……《鲁拜集》英译本中的……英文每行五音步,诗行音节数整齐,一、二、四行押韵。黄杲炘的译文以顿代步,格式严谨,每行都是含五顿的12个字,并以同样的形式押韵。这一译文中规中矩,……"。

【1661】
[日本]笹部贞市郎:《这才是最好的数学书》

2015年6月,[日本]笹部贞市郎著/文子译《这才是最好的数学书/上/(全二册)/09/阿拉伯数字与代数的由来/为了看星星》,时代出版传媒股份有限公司/北京时代华文书局,第64页。

Rubáiyát 未译名。

Omar Khayyám 译为"奥马·海亚姆"。

Edward FitzGerald 译为"菲兹杰拉德"。

———

"……奥马·海亚姆(Omar Khayyam)等学者进行圆锥曲线和球体、球面的研究,尤其是对三次方程、不定方程的研究十分发达。""奥马·海亚姆从求直角双曲线和抛物线的交点,导出三次方程 $x^3 + 13\frac{1}{2}x + 5 = 10x^2$,但最后并未求得其解就辞世了。"

◇《鲁拜集》汉译书目

【1662】
吴志勇:《古今初等数学思想》

2015年6月,吴志勇编著《古今初等数学思想/第三章/初等数学及其思想发展时期/第三节/中亚和近东民族的数学发展》,天津大学出版社,第52页。

Rubáiyát 未译名。

Omar Khayyám 译为"欧玛尔·海亚姆"。

Edward FitzGerald 未译名。

———

"《代数学》是他的主要数学著作,在这部著作里,他把代数看作完全独立的学科,并把一次、二次、三次方程加以分类,根据分类,规定方程的次数和它的项的排列,要求方程的左边和右边都没有负项。"

【1663】
《大众数学史》:阿拉伯数学

2015年6月,杨静、潘丽云、刘献军、郭书春著《大众数学史/上篇/古代数学/四、印度和阿拉伯数学》,山东科学技术出版社,第60-64页。

Rubáiyát 未译名。

Omar Khayyám 译为"奥马·海亚姆"。

Edward FitzGerald 未译名。

此版为"大众科学技术史丛书"之一。

———

"波斯人奥马·海亚姆是11世纪最著名且最富有成就的数学家、天文学家和诗人,生于霍拉桑的内沙布尔,今伊朗境内。他出生时该地区刚刚被塞尔柱突厥人占领,因此他的一生中绝大多数时间都得到了塞尔柱统治者的支持。"

【1664】
[英国]萨基:《萨基小说选》

2015年6月,[英国]萨基著/冯涛译《萨基小说选/雷金纳德的《鲁拜集》/译后记》,中国友谊出版公司,第11-14、241页。

Rubáiyát 译为"鲁拜集"。

Omar Khayyám 译为"欧玛尔·哈亚姆"。

Edward FitzGerald 未译名。

此版为"轻经典"丛书之一。

————

"……如果你想要点真正波斯真正激情的东西,那就加点红酒和夜莺。""他原名赫克托·休·芒罗,'萨基'是他写作专栏和短篇小说用的笔名。……据说取自古波斯大诗人欧玛尔·海亚姆的《鲁拜集》,集中有些部分就是写给'萨基'的,其波斯语的意思是'侍酒人'……"。

【1665】
[美国]詹姆斯·特赖菲尔:《世界历史上的科学》

2015 年 7 月,[美国]詹姆斯·特赖菲尔[James Trefil]著/张瑾译《世界历史上的科学/第五章/伊斯兰科学》,商务印书馆,第 62 页。

Rubáiyát 译为"鲁拜集"。

Omar Khayyám 译为"欧玛尔·哈亚姆"。

Edward FitzGerald 译为"爱德华·菲茨杰拉德"。

此版为"专题文明史译丛"丛书之一。

————

"我个人最喜欢的伊斯兰学者波斯的博学家欧玛尔·哈亚姆……如果你还没有读过爱德华·菲茨杰拉德翻译的哈亚姆《鲁拜集》,那真应该试着读一下。"

【1666】
王根明:中世纪阿拉伯自然科学的主要成就

2015 年 7 月,王根明著《中国回族文化与阿拉伯文化比较研究/第一章/古代阿拉伯文化的东传和对中国的影响/第四节》,黄河出版传媒集团/宁夏人民出版社,第 33 页。

Rubáiyát 译为"鲁拜集"。

Omar Khayyám 译为"欧麦尔·本·易卜拉欣·海亚木/莪默·伽亚谟/奥马尔·哈亚姆/艾布·法特赫·欧麦尔·本·易卜拉欣·哈亚米·内沙布里"。

◇《鲁拜集》汉译书目

Edward FitzGerald 译为"爱·菲茨杰拉尔德"。

此版为"中国回族学术文库"丛书之一。

"阿拉伯数学家欧麦尔·本·易卜拉欣·海亚木(1048－1124年),在代数研究方面又前进了一大步。他最有名的数学专著《代数问题的证明》,探讨了二次方程和三次方程的代数解法和几何解法,提出了有理数、无理数的定义、圆锥曲线图解求根理论及巧妙的各种方程式分类法等。""其著作主要有《宇宙论》、《存在论》、《形而上学简本》和《教法》等。"

【1667】
[意大利]皮耶尔乔治·奥迪弗雷迪:《数学世纪》

2015年7月,[意大利]皮耶尔乔治·奥迪弗雷迪[Piergiorgio Oditreddi]著/胡作玄、胡俊美、于金青译《数学世纪——过去100年间30个重大问题/第2章/纯粹数学/2.14/数论:怀尔斯证明费马大定理(1995)》,上海科学技术出版社,第70页。

Rubáiyát 译为"鲁拜集"。

Omar Khayyám 译为"奥马尔·海亚姆"。

Edward FitzGerald 未译名。

"对于三次方数的情形,早在1070年奥马尔·海亚姆已发现这个论断。海亚姆是一位数学家也是诗人,是《鲁拜集》[Robāi'yyāt]的作者。对于一般情形,这个论断被称为费马最后定理或费马大定理,费马之后350年间,它是数学中最为著名的问题之一。"

【1668】
俞晓群:海豚的故事

2015年7月,俞晓群著《精细集》,浙江大学出版社,第304－305页。

Rubáiyát 译为"鲁拜集"。

Omar Khayyám 未译名。

Edward FitzGerald 未译名。

此版为"守书人文丛"丛书之一。

"一百多年前,一位美国人曾经制作了一本镶满宝石的《鲁拜集》,定价一千多英镑;但是这本书在运输途中,随着泰坦尼克号沉入大西洋海底。后来围绕着这本书,留下许多充满诡异与离奇的故事。"

【1669】
《人类文明史》:7 世纪至 16 世纪

2015 年 7 月,[约旦]M. A. 阿勒－巴希特等主编/穆罕默德·S. 阿西莫夫、努曼·尼格玛托夫文/金杰译《人类文明史 4/7 世纪至 16 世纪/地区篇/四、亚洲世界/中亚》,译林出版社,第 365、370 页。

Rubáiyát 译为"四行诗"。

Omar Khayyám 译为"欧马尔·海亚姆/乌玛尔·海亚姆"。

Edward FitzGerald 未译名。

———

"呼罗珊人伊本·西纳开创了波斯语哲理四行诗(即'柔巴依')的先河,并由欧马尔·海亚姆把波斯语哲理四行诗带入炉火纯青的境地。"

【1670】
百定安:《诗歌翻译与批评》

2015 年 8 月,百定安著《诗歌翻译与批评/上编/对诗歌译本中歧义性的探究——以托马斯·特朗斯特罗默的作品为例/七月,呼吸空间/交通》,天津社会科学院出版社,第 162、184 页。

Rubáiyát 译为"鲁拜集"。

Omar Khayyám 译为"莪默·伽亚谟"。

Edward FitzGerald 未译名。

———

"翻译,尤其诗歌翻译,是一种冒险,但要尽力避免出现杨子所说的'危险'。译者既不是作者的奴隶,也不是毫无顾忌的夏娃独造者,而是一种融会,是博尔赫斯谈论英国诗人菲兹杰拉德翻译《鲁拜集》时发出的感叹:'一个了解另一个,使两人合成一个诗人'。"

【1671】
[英国]W. R. 英格:《谈书信》

◇《鲁拜集》汉译书目

2015年8月,[英国]W. R. 英格文/戴建业译《谈书信》,戴建业著《一切皆有可能/戴建业论学随笔集/随笔译作》,海南出版社,第280页。

Rubáiyát 译为"鲁拜集"。

Omar Khayyám 未译名。

Edward FitzGerald 译为"菲茨杰拉尔德"。

———

"那位《鲁拜集》译者菲茨杰拉尔德,算得上书信作家的王子。少数才智之士乐于闲适淡泊,实在是文坛的福音。他们的作品精雕细琢,务求艺术上尽善尽美。如果愿意,他们有的是时间写信,这些信札也必成文学中的珍珠。"

【1672】
韩文慧:《丝绸之路与西域叙事文学》

2015年8月,韩文慧著《丝绸之路与西域叙事文学/第二章/丝绸之路西域文化背景/第一节/西域与阿拉伯、波斯的交流/二、波斯新韵渡流沙》,西北大学出版社,第36页。

Rubáiyát 译为"柔巴依"。

Omar Khayyám 译为"欧玛尔·海亚姆"。

Edward FitzGerald 未译名。

———

"诗歌方面的影响,贡献最大的要数波斯的另一位著名哲理诗人欧玛尔·海亚姆(1048-1122)。他因运用名为'柔巴依'形式的古典抒情诗进行创作而颇负盛名。'柔巴依'独立成篇,每首四行,格律独特而严谨,适于吟咏。诗的一二四行或四行押尾韵,每行诗由五个音组成。"

【1673】
常熟通讯:常熟图书馆遗失珍本后/钱希晋已交出一部分

1935年4月5日,《申报》第14版。

2015年8月,《常熟图书馆志/志余》,广陵书社,第348-349页。

Rubáiyát 译为"鲁拜集"。

Omar Khayyám 未译名。

Edward FitzGerald 未译名。

"钱所盗书籍多至数百部,均系珍藏抄本及古本,异常名贵,其中最著者一部分如下:……《鲁拜集》一本,……'""……处有期徒刑一年;……"。

【1674】
[德国/美国]里克·阿特金森:《破晓的军队》

2015年8月,[美国/德国]里克·阿特金森[Rick Atkinson]著/王国平译《破晓的军队/从挺进突尼斯到解放北非/1942-1943/上/"二战"解放三部曲/第2章/登陆/"漆黑的晚上谁认得是黑猫白猫"》,重庆出版社,第88页。

Rubáiyát 译为"鲁拜集"。

Omar Khayyám 未译名。

Edward FitzGerald 未译名。

"当第3营全军覆没的消息传来时,他不禁动容,挥笔在日记上写下《鲁拜集》中的诗句:/旧日湖山同醉客,/只今寥落已无多。/几杯饮罢魂销尽,/一一生涯酒里过。"[落款为"郭沫若译",应为黄克孙译本(第22/101首)。]

【1675】
纳兰妙殊:陶丈夫

2015年8月,纳兰妙殊著《黑糖匣/第一个故事:陶丈夫》(短篇小说集),上海文艺出版社,第8-9页。

Rubáiyát 译为"鲁拜集"。

Omar Khayyám 译为"海亚姆"。

Edward FitzGerald 未译名。

选载拟为奥玛的柔巴依异译本译诗诗节3.5首。

"中国曾有《乌盆记》的故事,一个烧窑户为钱财害死某商人,然后把他的尸骨烧化,和进泥土,做成盆子。后来那盆子主动开口,要人为自己申冤。这情节居然也有点像海亚姆的一首诗:/一天我买了陶工的一个陶壶,/陶壶居然开口把秘密吐露:/我曾贵为君王,手中高擎金杯,/如今化作酒徒手中的酒壶。"

◇《鲁拜集》汉译书目

【1676】
《数学与生活》:方程

2015年8月,《数学与生活/第二章/数的发展——数学/2.4》,沈阳出版社,第38页。

Rubáiyát 未译名。

Omar Khayyám 译为"奥马·海亚姆"。

Edward FitzGerald 未译名。

————

"波斯的大诗人兼数学家奥马·海亚姆(约1040—1123)曾说过:'代数学的任务就是解方程。'今天看来这话并不完全准确。因为今天的代数学除了'解方程'之外,还有许多其他任务。然而,'解方程'作为代数学的重要任务之一则是不会错的。"

【1677】
《滇缅大会战影像全纪录》:会议焦点人物——宋美龄

2015年8月,沈铁、黑马编著《1942/远征将士碑/滇缅大会战影像全纪录/第三章/政治交锋》,长城出版社,第123页。

Rubáiyát 译为"鲁拜集"。

Omar Khayyám 译为"伽亚谟"。

Edward FitzGerald 未译名。

此版为"中国抗日战争战场全景画卷"丛书之一。

————

"开罗会议会址就在金字塔脚下不远的米那豪斯大饭店内。""米那豪斯大饭店建于1869年,是一座著名的五星级国际饭店。开会的具体地点是在二楼'鲁拜集'厅。那原是古波斯著名诗人、天文学家伽亚谟居住过的地方。伽亚谟出生于11世纪后半期的波斯,'鲁拜集'饭店就是他写成独一无二的哲学四行诗《鲁拜集》的地方。该地以'鲁拜集'命名,以纪念伽亚谟。即使是举行过开罗会议,也仍然叫作'鲁拜集'厅,而不是叫开罗会议旧址。"

【1678】
杨建:重读鹤西书

2015年8月17日,《藏书报》。

Rubáiyát 译为"鲁拜集"。

Omar Khayyám 译为"奥玛·海亚姆"。

Edward FitzGerald 未译名。

2018年8月,杨建著《蠹鱼书谭》,上海科学技术文献出版社,第47－49页。

———

"'去年曾译Omar的诗一百余首,以小泉八云的论稿为代序。'……[鹤西]余暇还选译了不少波斯诗人奥玛·海亚姆(即Omar)《鲁拜集》中的短诗,只不过早无表现机心,而纯为自娱与抒发情感。"

【1679】

[英国]阿萨·布里格斯:《英国社会史》

2015年8月,[英国]阿萨·布里格斯著/陈叔平等译《英国社会史/第十章/维多利亚时代的风尚:其前奏、表现与后果》,商务印书馆,第298页。

Rubáiyát 译为"鲁拜集"。

Omar Khayyám 译为"莪默·伽亚谟"。

Edward FitzGerald 译为"菲茨杰拉德"。

———

"1859年是个值得纪念的年头,在这一年里查尔斯·达尔文的《物种起源》出版了,同时问世的还有菲茨杰拉德的《莪默·伽亚谟的〈鲁拜集〉》,斯迈尔斯的《自助》(该书承认"浪费要比节俭更符合人的本性"),以及约翰·斯图亚特·密尔著的那部《论自由》(该书主张让人的个性充分发挥作用,反对跟社会保持一致)。在以上这些书中,最有争议的无疑是《物种起源》,它加剧了当时已经存在的对宗教的怀疑,……"

【1680】

赵光鸣:石坂屋

2015年8月,《〈西部〉六十年精品集/中篇小说卷》,新疆美术摄影出版社,第138页。

Rubáiyát 未译名。

Omar Khayyám 译为"海亚姆"。

Edward FitzGerald 未译名。

"怒不可遏的艾里盖希伸出指头直戳老范的鼻子,一边愤怒地在小肚子下面比划:'你是我的海亚姆(维语,即男性生殖器)!'骂着,抽出拳头就是一下,没打着老范,上前劝架的花儿铁倒结结实实挨了一下。"

【1681】
彭继媛:《西学东渐与中国新旧体诗话的分野》

2015年9月,彭继媛著《西学东渐与中国新旧体诗话的分野/第三编/西学东渐与中新体诗话现代性与传统性/第二章/新体诗话与外国诗学的关系/四、新体诗话中的译诗主张》,羊城晚报出版社,第307页。

Rubáiyát 译为"鲁拜集"。

Omar Khayyám 译为"莪默"。

Edward FitzGerald 译为"费滋杰罗"。

此版为"现代中国大文学史论"丛书之一。

"……费滋杰罗翻译的《鲁拜集》使身为数学家而非主要诗人、几近遭受遗忘的波斯诗人莪默摇身一变为悲观的英国天才就是很好的例证。在此作者也强调了费氏的译文一点也不忠实于原作,其译诗一首分为四行,aaba 式韵脚,倒和中国诗绝句的格调无异。"

【1682】
孙智正:《南方》

2015年9月,孙智正著《南方/第四章/14》(长篇小说),南方出版传媒/广东人民出版社,第549-550页。

Rubáiyát 译为"鲁拜集"。

Omar Khayyám 译为"莪默伽亚默"。

Edward FitzGerald 未译名。

"我在一本书册上看到苏轼的一句话,说'行于所当行,止于所不可不止',这句话很好呀,还看到几句诗说,人来到这世上,就像水不自主地吹[流],人离开这世间,就像风不自主地流[吹],这几句话太美了,诗人的名字叫莪默伽亚默,我觉得这名字也很好,……"

【1683】
彭继媛:新体诗话中的译诗主张

2015年9月,彭继媛著《西学东渐与中国新旧体诗话的分野/第三编/西学东渐中新体诗话的现代性与传统性/第二章/新体诗话与外国诗学的关系/四》,羊城晚报出版社,第307页。

Rubáiyát 译为"鲁拜集"。

Omar Khayyám 译为"莪默"。

Edward FitzGerald 译为"费滋杰罗"。

此版为"现代中国大文学史论"丛书之第四卷。

"……次要的诗人和次要的诗译起来较容易讨好,但这也并不是说次要的诗必然可译,事实上即便如此也一定还要有合适的时机、合适的人选才能水到渠成。例如费滋杰罗翻译的《鲁拜集》使身为数学家而非主要诗人、几近遭受遗忘的波斯诗人莪默摇身一变为悲观的英国天才就是很好的例证。"

【1684】
[法国]夏尔·丹齐格:《什么是杰作》

2015年10月,[法国]夏尔·丹齐格[Charles Dantzig]著/揭小勇译《什么是杰作/拒绝平庸的文学阅读指南/真与假的幻象》,广西师范大学出版社,第215页。

Rubáiyát 译为"鲁拜集"。

Omar Khayyám 译为"欧玛尔·海亚姆"。

Edward FitzGerald 未译名。

此版为"理想国"丛书之一。

"欧玛尔·海亚姆写下一首情诗时想到的是宇宙真理吗?杰作并不想探究真理是否存在,而是希望人们不要因为文学并没打算传达的某种东西来评判它。我也不喜欢在我谈论正经事的时候人们试图以卫道士的姿态来吓唬我。那些挺起胸脯炫耀他们为自己颁发的各种勋章的人,他们在掩饰什么卑鄙行径呢?"

【1685】

郝柏林:《混沌与分形》

2015年10月,郝柏林著《混沌与分形/郝柏林科普与博客文集/科普篇/世界是必然的还是偶然的——混沌现象的启示》,上海世纪出版股份有限公司/上海科学技术出版社,第70页。

Rubáiyát 未译名。

Omar Khayyám 译为"奥玛珈音"。

Edward FitzGerald 未译名。

"冥冥有手写天书,彩笔无情挥不已;流尽人间泪几千,不能洗去半行字。——奥玛珈音/这里波斯大诗人奥玛珈音说的是历史前定,人类活动无能为力改变它的进程。"

【1686】

刘桂兰:《论重译的世俗化》

2015年10月,刘桂兰著《论重译的世俗化/第一章/绪论/1.3/研究文献回顾》,武汉大学出版社,第29页。

Rubáiyát 译为"鲁拜集"。

Omar Khayyám 译为"莪默·伽亚谟"。

Edward FitzGerald 译为"菲茨杰拉德"。

"……英国诗人菲茨杰拉德将波斯诗人莪默·伽亚谟的《鲁拜集》(The Rubaiyat)从波斯语翻译成英语后,我国诗人郭沫若、黄克孙又从英语的《鲁拜集》译成汉语的《鲁拜集》,这种辗转的重译引发理论家的关注。"

【1687】

符立中:《对谈白先勇》

2015年10月,符立中著《对谈白先勇——从台北人到纽约客/第二章/白先勇与〈现代文学〉/〈现代文学〉群英会》,中国出版集团/现代出版社,第65页。

Rubáiyát 译为"鲁拜集/狂酒歌"。

Omar Khayyám 译为"奥玛·开俨"。

Edward FitzGerald 译为"爱德华·费滋杰罗"。

"当年白先勇、白先敬开设的晨钟出版社欲出版此书,分头请孟祥森与陈次云翻译,结果因为前者坚持《鲁拜集》的译名,惹火白先敬,亲自写了篇文章着证为何要改用《狂酒歌》,并于1971年9月将两者合而为一出版。"

【1688】
周伟驰:丁尼生诗歌的宗教意识

2015年10月,《基督宗教研究/第18辑/人物研究》,宗教文化出版社,第311页。

Rubáiyát 译为"鲁拜集"。

Omar Khayyám 未译名。

Edward FitzGerald 译为"菲茨杰拉德"。

"丁尼生对东方宗教和诗歌一直感兴趣。他的朋友中,菲茨杰拉德译出过《鲁拜集》,成为英文译诗中的杰作。"

【1689】
陈东飚:如何翻译巴塞尔姆

2015年11月,[美国]唐纳德·巴塞尔姆著/陈东飚译《巴塞尔姆的40个故事》,南海出版公司,第269-273页。

Rubáiyát 译为"鲁拜集"。

Omar Khayyám 译为"欧玛尔"。

Edward FitzGerald 译为"菲茨杰拉德"。

"我听说(并没有读过)菲茨杰拉德的《鲁拜集》是意译达至文学经典的一例,但我猜想,或许那是因为菲茨杰拉德本身是一位不逊于欧玛尔的诗人吧,因为在好的意译背后,必定是译者在语言上具有与原作者同样(至少是同等高度的,如果不是更高的)的敏感、悟性和创造力,是一位与原作者等量齐观的文体家或诗人。"

◇《鲁拜集》汉译书目

【1690】
[英国]苏珊·巴斯奈特、[印度]哈里什·特里维地:《后殖民翻译:理论与实践》导论

2015年12月,[英国]苏珊·巴斯奈特、[印度]哈里什·特里维地文/张远译《〈后殖民翻译:理论与实践〉导论——关于殖民地、食人族和本土语言》,《东方学刊 2015/异文化互动与跨文化研究》,河南大学出版社,第132页。

Rubáiyát 译为"鲁拜集"。

Omar Khayyám 未译名。

Edward FitzGerald 译为"爱德华·菲茨杰拉德"。

———

"……19世纪最成功的译著之一《鲁拜集》的作者爱德华·菲茨杰拉德,指责波斯人在艺术上无法胜任,并暗示说他们的诗只有被翻译成英语才能变成艺术。"

【1691】
赵婧怡、王根明译:中世纪穆斯林遗产之教育与科学(上)

2015年12月,宁夏大学回族研究院编《中国回族学/第5卷/文学·历史》,黄河出版传媒集团/宁夏人民出版社,第120页。

Rubáiyát 译为"鲁拜集"。

Omar Khayyám 译为"欧麦尔·赫亚姆/莪默·伽亚谟/奥马尔·哈亚姆/艾布·法特赫·欧麦尔·本·易卜拉欣·哈亚米·内沙布里"。

Edward FitzGerald 未译名。

———

"他[欧麦尔·赫亚姆]对立方方程作了系统的研究,他发现了锥形截面交叉处并从几何学的角度对此做了解释。"

【1692】
孟昭毅:《东方文艺思潮研究》

2016年1月,孟昭毅著《东方文艺思潮研究/第二编/中古时期文艺思潮初萌(3、4世纪-13世纪左右)/第一章/开悟蒙昧的启蒙主义思潮/第二

节/启蒙时期文艺的发展》,解放军出版社,第 139 页。

Rubáiyát 译为"四行诗/鲁拜"。

Omar Khayyám 译为"欧玛尔·海亚姆"。

Edward FitzGerald 未译名。

此版为"东方文化集成"丛书之一。

———

"欧玛尔·海亚姆(1048 – 1122)是著名的哲理诗人。他用四行诗的形式进行创作,致使这种被译为'鲁拜'的四行诗和海亚姆一起蜚声世界文坛。"

【1693】

亓佩成:波斯文明

2016 年 1 月,亓佩成著《古代西亚文明/第五章/五、萨珊波斯/萨珊的黑暗时代》,山东大学出版社,第 517 页。

Rubáiyát 译为"鲁拜集"。

Omar Khayyám 译为"莪默·伽亚谟"。

Edward FitzGerald 未译名。

———

"巴赫拉姆五世非常热爱古老的波斯传统,建造了很多宏伟壮观的圣火坛。值得一提的是,他不仅长得英俊潇洒,个人极具魅力,而且喜爱狩猎,因此许多诗人对他情有独钟。例如波斯诗人莪默·伽亚谟的四行诗《鲁拜集》第 18 首写到:/蒋年西宴饮之宫殿……"。

【1694】

[澳大利亚]Lonely Planet 公司:《中东》

2016 年 2 月,[澳大利亚]Lonely Planet 公司编《中东/第二部分/在路上》,中国地图出版社,第 197 页。

Rubáiyát 译为"鲁拜集"。

Omar Khayyám 译为"莪默·伽亚谟"。

Edward FitzGerald 译为"爱德华·菲茨杰拉德"。

此版为"孤独星球 Lonely Planet 旅行指南系列"丛书之一。

———

"莪默·伽亚谟(1047 – 1123 年)是西方最熟知的伊朗诗人,因为他的《鲁拜集》被爱德华·菲兹杰拉德译成英文后很出名。但在伊朗,他作为数学家、历史学家和天文学家的名气更大。"

【1695】

李又羲:聪明的投资者读非商业书

2016年2月,李又羲著《赛道为王/红杉资本的投资哲学/风投时代:在刀尖上跳舞》,北京理工大学出版社,第36页。

Rubáiyát 译为"鲁拜集"。

Omar Khayyám 译为"奥马尔·哈雅姆"。

Edward FitzGerald 未译名。

———

"……信用卡之父、维萨国际的创始人迪·霍克则始终钟情于一部警告世人莫沉湎于荣华富贵的诗集——古波斯诗人奥马尔·哈雅姆的《鲁拜集》;……"

【1696】

[美国]F. S.菲茨杰拉德:《新潮女郎与哲学家》

2016年3月,[美国]F. S.菲茨杰拉德著/吴建国、耿强译《新潮女郎与哲学家/脑袋与肩膀/一》(长篇小说),浙江出版联合集团/浙江文艺出版社,第101页。

Rubáiyát 译为"鲁拜集"。

Omar Khayyám 译为"奥马尔·哈亚姆"。

Edward FitzGerald 未译名。

此版为"菲茨杰拉德作品全集"丛书之2。

———

"她娓娓道来:'好吧,奥马尔·哈亚姆,有你在这荒原中伴我歌唱。'""贺拉斯凝视着她,一时感到头晕目眩。"

【1697】

[英国]毛姆:《寻欢作乐》

2016年3月,[英国]毛姆[W. S. Maugham]著/田伟华译《寻欢作乐/

Chapter 02》(长篇小说),黑龙江科学技术出版社,第 30 页。

Rubáiyát 译为"鲁拜集"。

Omar Khayyám 译为"奥玛尔·海亚姆"。

Edward FitzGerald 译为"爱德华·菲茨杰拉德"。

2018 年 1 月,[英国]威廉·萨默塞特·毛姆著/辛怡译《寻欢作乐/二》,台海出版社,第 29 页。

Omar Khayyám 译为"欧玛尔·海亚姆"。

Edward FitzGerald 译为"菲茨杰拉德"。

———

田伟华译:"……对菲茨杰拉德的那叮当作响的四行诗的评价又太高了。"

辛怡译:"……菲茨杰拉德的四行诗读起来铿锵有力,我觉得以前比现在好看得多。"

【1698】

[英国]毛姆:《人性的枷锁》

2016 年 3 月,[英国]毛姆[W. S. Maugham]著/万文译《人性的枷锁/Chapter26》(长篇小说),黑龙江科学技术出版社,第 143 页。

Rubáiyát 未译名。

Omar Khayyám 译为"莪默·咖亚膜"。

Edward FitzGerald 译为"菲兹杰拉德"。

2018 年 5 月,[英国]毛姆著/万文译《人性的枷锁/Chapter26》,开明出版社,第 143 页。

———

"在当时那个时候菲兹杰拉德所翻译的莪默·咖亚膜的诗集是仅仅为少数上帝的特选子民所知晓的,黑沃德把它们背给菲利普听。"

【1699】

刘新民:译诗何妨雅达信

2016 年 4 月,刘新民著《朝圣的足迹——外国文学论义集/译艺》,浙江工商大学出版社,第 234 页。

Rubáiyát 译为"鲁拜集"。

Omar Khayyám 译为"俄默"。

◇《鲁拜集》汉译书目

Edward FitzGerald 译为"菲兹杰拉德"。

该文为在西南师大第六届(2008)中外诗歌翻译研讨会上的发言稿。

———

"译诗求雅,即力求使原作中的'诗'在译作中转世重生,并在译语文化语境中成为上品、精品和经典。这样的先例在译诗史上并不鲜见。久为国内唯'信'论者诟病的菲兹杰拉德英译《鲁拜集》和庞德《华夏集》就是如此。波斯诗人俄默几乎已湮没无闻,菲译却成为英诗精品,列为世界文学名著。"

【1700】
[美国]赫尔曼·沃克:《以色列的诞生》

2016 年 4 月,[美国]赫尔曼·沃克[Herman Wouk]著/辛涛译《以色列的诞生:希望2(1958 – 1967 第三次中东战争与以色列独立之路)/第二十四章/美国任务/运筹帷幄》,湖南文艺出版社,第 37 页。

Rubáiyát 译为"鲁拜集"。

Omar Khayyám 未译名。

Edward FitzGerald 未译名。

此版为"'以色列建国史'系列"丛书之一。

2019 年 3 月,[美国]赫尔曼·沃克著/辛涛译《以色列的诞生:希望2(1958 – 1967 第三次中东战争与以色列独立之路)/第二十四章/美国任务/运筹帷幄》,湖南文艺出版社,第 37 页。此版为"'以色列风云'系列"丛书之一。

———

"那些诗文对你有帮助:'时间之鸟在不断飞行。'""前几天,我也跟你说不出什么原因,我又读了一遍《鲁拜集》——仅花了十分钟,你知道吗——当我读完后我流泪了。"

【1701】
[日本/法国]竹下节子:《无神论》

2016 年 5 月,[日本/法国]竹下节子著/于雷译《无神论/穿越两千年的混沌与矛盾/第一部/无神论的历史/欧洲中世纪的无神论》,中国友谊出版公司,第 29 页。

Rubáiyát 译为"鲁拜集"。

Omar Khayyám 译为"欧玛尔·海亚姆"。

Edward FitzGerald 未译名。

――――――

"11世纪末的波斯诗人欧玛尔·海亚姆(1048年－1131年)在其作品《鲁拜集》中称,面对自然,天与我们同样是无力的;即使诞生了宗教方面不宽容的王权,信仰与思想也应该被分开,即面向大众的信仰绝对论与知识分子的合理主义是被分开使用的。"

【1702】
[日本]佐藤忠男:《炮声中的电影》

2016年5月,[日本]佐藤忠男著/岳远坤译《炮声中的电影/中日电影前史[キネマと砲声——日中映画前史]/2/川喜多长政的中国梦》,世界图书出版公司,第24页。

Rubáiyát 译为"鲁拜集"。

Omar Khayyám 译为"奥玛·海亚姆"。

Edward FitzGerald 未译名。

此版为"后浪出版/电影学院"丛书之088。

――――――

"当时,川喜多长政在旅游纪念品店发现了一本波斯诗人奥玛·海亚姆诗集的英译本,便买下来作为礼物送给我,对我说:'这是我年轻时喜欢读的书,很有意思。'"

【1703】
《遗失在西方的中国史》:中国士兵在热河的毁坏文物行为

2016年5月,沈弘编译《遗失在西方的中国史/《伦敦新闻画报》记录的民国/1926－1949/II/1931》(全4册),时代出版传媒股份有限公司/北京时代华文书局,第334页。

Rubáiyát 未译名。

Omar Khayyám 译为"莪默·伽亚谟"。

Edward FitzGerald 未译名。

――――――

"……随着时间的流逝,热河的皇家建筑正在逐渐颓败,而这种颓败因士兵们寻找木材烧火取暖的破坏公共财物行为而得以加速……。说真的,它目前的状况令人马上就想到了莪默·伽亚谟回音绕梁的诗句:/人们说狮子和蜥蜴正在占有/蒋年西设宴痛饮的华美宫廷……"。

【1704】
[美国]理查德·科恩:《追逐太阳》

2016年6月,[美国]理查德·科恩[Richard Cohen]著/李红杰译《追逐太阳/第二部分/发现太阳/第8章/苏丹塔/第11章/日蚀与启迪》,湖南科学技术出版社,第96-98、154-155页。

Rubáiyát 译为"鲁拜集"。

Omar Khayyám 译为"莪默·伽亚谟"。

Edward FitzGerald 译为"爱德华·菲兹杰拉尔德"。

———

"……西方称之为莪默·伽亚谟——在1859年之前一直不为西方所知,这一年柔弱斯文的萨福克[Suffoik]学者爱德华·菲兹杰拉尔德出版了一部匿名译著,即4000行的《鲁拜集》(字面意思为四行诗节)。""啊,用我们的测量来证明智者之言。/至少一事确信无疑——光具有重量/一事确信无疑,余皆有待分辨——/光线行经太阳附近,定会打弯。"

【1705】
王充闾:《素心幽寄》

2016年6月,王充闾著《素心幽寄/致王丽文》,北方联合出版传媒(集团)股份有限公司/万卷出版公司,第232页。

Rubáiyát 译为"鲁拜集"。

Omar Khayyám 译为"莪默·伽亚谟"。

Edward FitzGerald 未译名。

此版为"充闾文集"丛书之20。

———

"……评莪默诗,应用比较法,把它和管道升的词对比。二者相同之处,都是要将两人捏在一起,做到你中有我、我中有你;……"。

【1706】

曾记:翻译研究的差异主题和政治、伦理维度

2016年8月,曾记著《从同一到差异/翻译研究的差异主题和政治、伦理维度/第五章/差异与翻译的文化政治/第一节/早期文化进路的差异视角》,中山大学出版社,第118页。

Rubáiyát 译为"鲁拜集"。

Omar Khayyám 译为"奥马尔·海亚姆"。

Edward FitzGerald 译为"费兹杰拉德"。

此版为"翻译前沿研究系列丛书"之一。

———

"19世纪的英国作家费兹杰拉德翻译的古波斯诗人奥马尔·海亚姆的抒情诗集《鲁拜集》,是英语世界最有影响的东方文学译作之一。然而,费兹杰拉德的翻译并没有表现出对古波斯诗人在诗学手法方面的尊重,相反,他使得诗歌屈从于他的时代中西方文学的主流诗歌规范。同时,他的翻译也体现出了西方中心的意识形态一面,即认为波斯民族在文学传统上要次于西方……"。

【1707】

刘海娜:《翻译研究新视野》

2016年8月,刘海娜编著《翻译研究新视野/第二章/翻译研究新视野/第三节/翻译文学新概念》,吉林大学出版社,第110页。

Rubáiyát 译为"鲁拜集"。

Omar Khayyám 未译名。

Edward FitzGerald 译为"菲茨杰拉德"。

———

"有时候,译作还能帮助源语国的读者重新发现某部以前被忽视的作品的价值。菲茨杰拉德翻译的《鲁拜集》的意义不光在于向英国、向整个西方介绍了一位东方的诗人,它还极大地提高了这位波斯诗人在其本国的地位。"

【1708】

梁实秋:一多在美国

2016年9月,《另类的快意/民国文坛奇男子/闻一多》,南方出版传媒/广东人民出版社,第218页。

Rubáiyát 译为"鲁拜集"。

Omar Khayyám 译为"欧谟"。

Edward FitzGerald 未译名。

此版为"民国春秋文丛"丛书之一。

"……他给我一首诗看《闻一多先生的书桌》(引诗从略)。这首诗很有谐趣,他写此诗的动机不仅是为他的遭遇解嘲,诗的末行还吐露一切事自己做不得主宰只任其自然之意。我不知道他写此诗时是否想起了波斯诗人欧谟的《鲁拜集》中之那些会说话的酒罐子,因为他非常喜欢这个古波斯诗人的那种潇洒神秘的享乐主义。"

【1709】
曹媛等:《数学文化》

2016年10月,曹媛等编著《数学文化/第一章/数学文化概述/1.2/数学进展的进程》,南开大学出版社,第8页。

Rubáiyát 未译名。

Omar Khayyám 译为"奥马·海亚姆"。

Edward FitzGerald 未译名。

"中期的奥马·海亚姆1070年著有《还原与对消问题的论证》一书,其中杰出的数学贡献是研究三次方程根的几何作图法,提出用圆锥曲线图求根的理论。这一创造,使代数和几何的联系更加紧密,成为阿拉伯数学最重大成就之一。"

【1710】
程永生、杨晓华:《实用英语毕业论文写作》

2016年10月,程永生、杨晓华编著《实用英语毕业论文写作/第2章/英语毕业论文选题/2.3/翻译研究/2.3.9/翻译批评研究》,中国科学技术大学出版社,第131页。

Rubáiyát 译为"鲁拜集"。

Omar Khayyám 译为"莪默·伽亚谟"。

Edward FitzGerald 未译名。

"Fitzgerald 翻译莪默·伽亚谟被说成'将波斯的花瓣咒成了一朵蔷薇',而郭沫若翻译《鲁拜集》又被说成表达胜于理解。"

【1711】
[美国]哈罗德·布鲁姆:《影响的剖析》

2016年10月,[美国]哈罗德·布鲁姆著/金雯译《影响的剖析/文学作为生活方式/怀疑主义的崇高/伊壁鸠鲁影响的焦虑》,译林出版社,第173页。

Rubáiyát 译为"鲁拜集"。

Omar Khayyám 未译名。

Edward FitzGerald 译为"爱德华·菲茨杰拉德"。

"他[丁尼生]的一个好友爱德华·菲茨杰拉德也用《鲁拜集》对他发起了猛烈的挑战,《鲁拜集》是一首伊壁鸠鲁主义程度特别高的诗歌,暗暗反对《悼念集》中的宗教虔诚,拉斐尔前派的宗教叛徒们(D.G.罗塞蒂、史文朋、威廉·莫里斯、乔治·梅里蒂斯)对这首诗的热情把它推到了家喻户晓的位置上。"

【1712】
[德国]菲利普·弗兰克:《爱因斯坦传》

2016年11月,[德国]菲利普·弗兰克著/吴碧宇、李梦蕾译《爱因斯坦传/第六章/广义相对论/验证理论的远征队》,长江文艺出版社,第144页。

Rubáiyát 译为"鲁拜集"。

Omar Khayyám 译为"欧玛尔·海亚姆"。

Edward FitzGerald 未译名。

此版为"二十世纪百本名人传记/一世珍藏名人名传精品典藏"丛书之一。

"里里外外,上面,周围,下面,不过是一只走马灯一般,太阳便是灯里的蜡烛,我们便是人影,围绕着团团转。(欧玛尔·海亚姆《鲁拜集》梁秋实译)"

◇《鲁拜集》汉译书目

【1713】
贺祥麟:谈生命的最后一刻

2016年11月,贺祥麟著《贺详麟书信散文集/1947 – 2011/1991年/11.》,广西师范大学出版社,第190页。

Rubáiyát 译为"鲁拜集"。

Omar Khayyám 译为"欧玛尔·海亚姆"。

Edward FitzGerald 未译名。

———

"……英国小说家和诗人哈代……本质上是位热诚地拥抱人类、酷爱生活的人。他病笃了,弥留时向亲人提出要求,请为他朗诵……欧玛尔·海亚姆的《鲁拜集》里的四行诗……充满人生哲理之名篇。"

【1714】
[美国]布鲁斯·N. 沃勒:《思考哲学基本问题》

2016年11月,[美国]布鲁斯·N. 沃勒[Bruce N. Waller]著/陈晓曦、杨晞帆译《思考哲学基本问题/第九章/自由意志与决定论相容吗?/决定论毁灭了创造性?》,中国轻工业出版社,第256页。

Rubáiyát 译为"鲁拜集"。

Omar Khayyám 译为"奥玛·海亚姆"。

Edward FitzGerald 译为"爱德华·菲茨杰拉德"。

———

"奥玛·海亚姆虽然深信决定论,但似乎也同意决定论意味着任何真正新的、原初的、独一无二之物的终结:/人生莫惧终结账,/你我须知无二样;/永恒美酒大碗倒,/汹涌奔腾翻沫浪。/——引自黄克孙译本"。

【1715】
范司永:文学视域的融合

2016年12月,范司永著《穿越时空的对话:英汉文学文本翻译的互文性研究/第七章/文学文本翻译的文化学互文性/第四节/文学文本翻译的文化译者的主体性/二、文学文本翻译的不同文化文学系统之交流:文学视域的融合》,武汉大学出版社,第268-269页。

Rubáiyát 译为"鲁拜集"。

Omar Khayyám 译为"奥玛珈音"。

Edward FitzGerald 译为"菲茨杰拉德"。

"其实,菲茨杰拉德通过翻译奥玛珈音的诗已经获得了巨大的成功,其英译本被收入英国文学史,成为英国文学的经典。而黄克孙翻译菲茨杰拉德的英文诗同样获得了成功。为此,钱锺书先生称赞道:'黄先生译诗雅贴比美菲茨杰拉德原译。菲茨杰拉德书札中论译事云:"宁为活麻雀,不做死鹰",况活鹰乎?'"

【1716】
[美国]维吉尔·莫里斯·希利尔:《希利尔讲世界地理》

2016年12月,[美国]维吉尔·莫里斯·希利尔[Virgil Mores Hillyer]著/富豪杰译《希利尔讲世界地理/第54章/"狮子和太阳"的国家》,北京联合出版公司,第321页。

Rubáiyát 译为"鲁拜集"。

Omar Khayyám 译为"奥玛·海亚姆"。

Edward FitzGerald 未译名。

2018年3月,[美国]维吉尔·莫里斯·希利尔著/李兰杰译《给孩子的世界地理(儿童读物)/第54章/狮子和太阳》,北方文艺出版社,第227页。

Omar Khayyám 译为"奥玛尔·伽亚谟"。

此版为"美国中小学生必读经典"丛书之一。

富豪杰译:"我书架上有本《鲁拜集》,作者是一位波斯人,名叫奥玛·海亚姆。"

李兰杰译:"我的书架里有一本书是《鲁拜集》,是古代波斯诗人奥玛尔·伽亚谟的诗集。"

【1717】
俞晓群:书癖

2016年12月21日,《辽宁日报/阅读》第17版。

Rubáiyát 译为"鲁拜集"。

◇《鲁拜集》汉译书目

Omar Khayyám 未译名。

Edward FitzGerald 未译名。

2018年8月,俞晓群著《书香故人来》,东方出版中心,第17-18页。

"……书可以做成一件艺术品!它一诞生就是唯一的,后人只能复制,不会再生,像桑格斯基《鲁拜集》那样。人类延续文化艺术,需要一代代疯子的出现。"

【1718】
周劲松:历史与翻译

2016年12月,周劲松著《翻译基础十二讲/附录1/篇章翻译实践案例/学术翻译》(英汉对照),电子科技大学出版社,第158、162页。

Rubáiyát 译为"鲁拜集"。

Omar Khayyám 译为"奥马尔·加亚姆"。

Edward FitzGerald 译为"爱德华·菲茨杰拉德"。

"……也有形式方面没有得到翻译的众多例子,譬如波斯的诗歌,《奥马尔·加亚姆的鲁拜集》,就是由维多利亚时代的爱德华·菲茨杰拉德在英语中重新创造的,得到的评价也褒贬不一,……"。

【1719】
张玉燕:走马灯与兰膏

2016年,台湾《中华科技史学会学刊》第21期,第21-31页。

Rubáiyát 译为"鲁拜集"。

Omar Khayyám 未译名。

Edward FitzGerald 未译名。

"'走马灯'和'兰膏'都是古代中国生活中极平常的东西,也是文学常用的意象或比喻。古代中国就有走马灯,但是很难清楚说明是何时何人发明。本文综观走马灯的历史、机械原理、文化多重意涵,并讨论《鲁拜集》中走马灯蕴含的地动说模式。此外,中国诗文中提到走马灯所用的灯油是兰膏,从文献中推论此处的'兰'应该是泽兰属植物,而中国文献中的兰膏可能是发油,而非灯油。油灯使用的兰膏,极可能是动物油脂制作的

灯油中加一些泽兰花蕊之间的花露，可使灯油产生香气，是古代贵重灯油的制作方式。"

【1720】
贺一舟:《跨文化视域下中外文学比较研究》

2017年1月，贺一舟著《跨文化视域下中外文学比较研究/第四章/中外抒情诗比较/第一节/中外抒情诗的题材/（二）阿拉伯、波斯抒情诗的题材/第四节/中外抒情诗的文化根源/（一）宗教精神及其对诗的作用》，北京理工大学出版社，第82、130页。

Rubáiyát 译为"鲁拜体诗"。

Omar Khayyám 译为"海亚姆"。

Edward FitzGerald 未译名。

———

"中古波斯诸抒情诗大师的诗常常包含睿智的哲理，并寓于奇妙的形象中，沉浸在深厚的情蕴里，有的还融合着怀疑和反抗的精神。海亚姆诗的哲理性也许最丰富和深邃。如其中一首："我们来去匆匆的宇宙，/上不见渊源，下不见尽头。/从来无人能参透个中真谛，/我们来自何方，向何方走？"这是对世界本原和人生终极意义的追问，是纯形而上的。他更多的诗表现人生哲理。"

【1721】
李敬泽:《青鸟故事集》

2017年1月，李敬泽著《青鸟故事集/修道院中的"魔鬼"》，译林出版社，第331页。

Rubáiyát 译为"鲁拜集"。

Omar Khayyám 译为"欧玛尔"。

Edward FitzGerald 译为"菲茨杰拉尔德"。

———

"文学翻译是一种奇妙的经验，你用自己的文字把一部过去的、一个人用另一种文字写下的作品重写一遍，这时你是另一个'这个人'，博尔赫斯曾谈到《鲁拜集》的作者欧玛尔和英译者菲茨杰拉尔德，他猜测：或许欧玛尔的灵魂于1857年在菲茨杰拉尔德的灵魂中落了户。"

◇《鲁拜集》汉译书目

【1722】
[美国]罗伯特·莱恩:《幸福的流失》

2017年1月,[美国]罗伯特·莱恩[Robert E. Lane]著/苏彤、李晓庆译《幸福的流失/第三部分/收入与情谊/第七章/舍不得收入,得不到幸福?/情谊的代价/牺牲收入以换取友谊的成本与收益》,世界图书出版公司北京公司,第141页。

Rubáiyát 未译名。

Omar Khayyám 译为"莪默·伽亚谟"。

Edward FitzGerald 未译名。

———

"……莪默·伽亚谟曾经说道:'我总是想要弄清楚是什么样的消费者愿意付钱来买价值只有它本身一半的产品。'"

【1723】
[美国]欧·亨利:《婚姻手册》

2017年1月,[美国]欧·亨利著/朱碧恒译《欧·亨利短篇小说选》,国际文化出版公司,第53-55页。

Rubáiyát 译为"鲁拜集"。

Omar Khayyám 译为"荷马·加·莫/奥马尔·海亚姆"。

Edward FitzGerald 未译名。

———

"'这是一本诗集,'他说,'荷马·加·莫写的。起先我还看不出什么道道,但是看下去却像找到了矿脉。即便拿两条红毯子和我换这本书,我也不愿意。'"

【1724】
莫雅平:《诙谐与庄严》

2017年1月,莫雅平著译《诙谐与庄严/翻译诗选/英国诗歌/告别辞:禁止哀伤(约翰·但恩诗作)》,漓江出版社,第264页。

Rubáiyát 译为"鲁拜集"。

Omar Khayyám 译为"哈亚姆"。

Edward FitzGerald 未译名。

此版为"双子座文丛"丛书之一。

"……以圆规的两只脚来比喻'你'和'我',一种彼此难分难舍、相辅相成的关系跃然纸上。一只脚固定,另一只脚才能画出圆来,而圆是完满的象征。据考证,以圆规比喻爱侣,最早见于古波斯诗人哈亚姆的《鲁拜集》,……"。

【1725】

李冰冰:《英语教学与翻译理论研究》

2017 年 1 月,李冰冰著《英语教学与翻译理论研究/第一章/中西方翻译发展历程/第二节/西方翻译发展历程/四、近代时期》,北京理工大学出版社,第 8 页。

Rubáiyát 译为"鲁拜集"。

Omar Khayyám 译为"莪默·伽亚谟"。

Edward FitzGerald 未译名。

2017 年 5 月,仇桂珍、张娜著《英汉翻译与英语教学/第二章/翻译的历史发展/第二节/西方翻译的历史发展/四、近代时期》,电子科技大学出版社,第 23 页。

2018 年 8 月,白晶等著《跨文化视野下中西经典文学翻译研究/第二章/多维视角看翻译/第一节/英汉语言与文化对比/一、中西方翻译发展历程对比/(二)西方翻译发展历程/4.近代时期》,吉林大学出版社,第 50 页。

"莪默·伽亚谟的波斯语作品《鲁拜集》于 1859 年有了第一个英语译本,后几经修订,跻身英国翻译史上最优秀的译作之列。"

【1726】

杨炳菁:关口笃

2017 年 1 月,《当代外国文学纪事/1980 – 2000/日本卷/1986 年/文学创作/诗歌》,商务印书馆,第 200 页。

Rubáiyát 译为"鲁拜集"。

Omar Khayyám 译为"欧玛尔·海亚姆"。

◇《鲁拜集》汉译书目

　　Edward FitzGerald 未译名。

　　此版为"当代外国文学纪事"丛书之一。

———

　　"关口笃(関口篤[せきぐちあつし])/1986 年的诗集《我的创世之歌》[わが創世の歌]的诗歌里不时流露出对创作了《鲁拜集》的古波斯诗人欧玛尔·海亚姆的共鸣。例如在一首名为《时间》('時間')的诗中,关口便歌颂了这位古波斯诗人,称其为超越时代的存在。而在《鲁拜颂》('ルバイヤ-ト頌')中,关口则运用散文体的创作方式,对《鲁拜集》中表现出的宿命论及刹那间的享乐主义等予以认同。"

【1727】
周淞琼:《英美文学与翻译研究》

　　2017 年 1 月,周淞琼著《英美文学与翻译研究/第一章/英美文学的历史演变/第一节/英国文学》,西安交通大学出版社,第 26 页。

　　Rubáiyát 译为"鲁拜集"。

　　Omar Khayyám 译为"欧玛尔·海亚姆/莪默"。

　　Edward FitzGerald 译为"菲兹杰拉德/斐芝吉乐"。

———

　　"他[菲兹杰拉德]以翻译 11 世纪波斯诗人欧玛尔·海亚姆的《鲁拜集》而闻名。他自己声称其翻译没有严格地根据原作,不过做了一番剪裁、拼配和解讲的工夫。事实上,他的翻译不啻一篇创作。Richard IeGallienne 译本序中也指出:'也许莪默原来的蔷薇,可说并不是一朵蔷薇,但是将要凑成一朵花的碎瓣而已:也许斐芝吉乐并不是使莪默的蔷薇重新开放,但是使它初次开放呢。瓣儿是从波斯来的,却是一个英国的术士把它们咒成一朵鲜花了。'"

【1728】
朱航满:好书美如斯

　　2017 年 1 月,朱航满著《读抄》,南方出版传媒/花城出版社,第 178 页。

　　Rubáiyát 译为"鲁拜集"。

　　Omar Khayyám 未译名。

　　Edward FitzGerald 未译名。

———

"董桥自称是老派人,喜欢传统,热爱经典,⋯⋯作为经典的《鲁拜集》,他就收藏了一八九八年的小开本,再收一九〇五年的袖珍开本,又收了一八九八年英国著名书籍装帧家Bayntun重装的红色书皮本,一九〇五年由老字号Riviere & Son重装的蓝色书皮本和一九〇五年杜赖克画插图的大开本布面精装本也陆续收入囊中。"

【1729】
李莽:《屋顶下的天空》

2017年2月,李莽著《屋顶下的天空/第十一章/流浪》(长篇小说),四川文艺出版社,第568页。

Rubáiyát译为"鲁拜集"。

Omar Khayyám译为"莪默·伽亚谟"。

Edward FitzGerald未译名。

"有一次,她在单位的图书室借到一本旧诗集,这是波斯诗人莪默·伽亚谟的四行诗集《鲁拜集》,译者是郭沫若。里面一首诗让她回味了很久。⋯⋯这空灵的诗意让她想象古代波斯的生活情景。高山,盆地,盐沼,荒漠。在这样的背景下,散布着一些茅舍,那是农业文明的经典符号。"

【1730】
莫里斯、伯恩-琼斯:插图《鲁拜集》

2017年2月,刘苇著《独自观看/视觉盛宴/莫里斯:设计先行者》,上海文艺出版社,第92页。

Rubáiyát译为"鲁拜集"。

Omar Khayyám未译名。

Edward FitzGerald未译名。

"莫里斯设计、伯恩-琼斯插图,《鲁拜集》",选载图案一幅。

【1731】
[日本]沓掛良彦:《诗林逍遥》

2017年3月,[日本]沓掛良彦著/梁青译《诗林逍遥/上篇/诗林逍遥/

枯骨闲人东西诗话/无常》,厦门大学出版社,第 11 页。

Rubáiyát 译为"鲁拜集"。

Omar Khayyám 译为"莪默·伽亚谟"。

Edward FitzGerald 未译名。

"莪默·伽亚谟的《鲁拜集》和李白的诗作才真正触及了'推移的悲哀'的本质。他们的诗歌希望以饮酒之乐来阻止时光匆匆的脚步,进一步升华'推移的悲哀',具有开阔的境界和囊括宇宙的气魄。"

【1732】
[美国] 夏志清:致夏济安(书信)

2017 年 3 月,《夏志清夏济安书信集/卷一/1948 年/夏志清致夏济安/7 月 15 日》(全三卷),上海人民出版社,第 165 页。

Rubáiyát 译为"鲁拜集"。

Omar Khayyám 译为"奥玛·海亚姆/莪默·伽亚谟"。

Edward FitzGerald 译为"爱德华·菲茨杰拉德"。

下注:"奥玛·海亚姆,……英国诗人爱德华·菲茨杰拉德选译其《鲁拜集》,在英语世界影响甚大。"

【1733】
卞东波:探寻诗何以为诗——川合康三教授访谈录

2017 年 4 月,《川合康三教授荣休纪念文集》,凤凰出版传媒股份有限公司/凤凰出版社(原江苏古籍出版社),第 413-434 页。

Rubáiyát 译为"鲁拜集"。

Omar Khayyám 译为"奥玛·海亚姆"。

Edward FitzGerald 未译名。

"我认为,吟咏人生的短暂无常是世界上任何国家文学共有的主题,在古希腊、阿拉伯文学都有,我举到的例子是阿拉伯的奥玛尔·海亚姆《鲁拜集》,这本书认为人世无常,万般皆空,只有饮酒可以忘记人生的无常。"

【1734】

查建明:"以顿代步"

2017年4月,查建明文《"以顿代步"——似是而非的英诗汉译格律移植策略》,《宜春学院学报》(月刊)第39卷第4期(总第257期),第54－58页。

Rubáiyát 译为"柔巴依"。

Omar Khayyám 未译名。

Edward FitzGerald 译为"菲氏"。

"'以顿代步'……'三兼顾'译诗法……他[黄杲炘]对于诗体移植充满信心,经常以菲氏柔巴依作为其他语际间诗体移植的成功案例。"

【1735】

《中国翻译家研究》:翻译《鲁拜集》

2017年4月,《中国翻译家研究/民国卷/郭沫若(1892－1978)/四、译介诗歌 译介浪漫/(二)》,上海外语教育出版社,第550－552页。

Rubáiyát 译为"鲁拜集"。

Omar Khayyám 译为"莪默·伽亚谟"。

Edward FitzGerald 译为"爱德华·费兹吉拉德"。

"郭沫若根据爱德华·费兹吉拉德的英译本,将莪默·伽亚谟《鲁拜集》中的101首诗全部译完,这在他的译诗生涯中是很少见的。"

【1736】

王蒙:放逐与奇缘——我的新疆十六年

2017年4月,《王蒙研究/第三辑》,中国海洋大学出版社,第61－62页。

Rubáiyát 译为"鲁拜集"。

Omar Khayyám 译为"莪默·伽亚谟"。

Edward FitzGerald 译为"菲茨杰拉德"。

◇《鲁拜集》汉译书目

选载王蒙译本译诗诗节2首,其中1首为自由体译本与五言绝句体译本两译。

"我印象最深的是看到的手抄本波斯诗人莪默·伽亚谟的《鲁拜集》,就像我们七律这样的八句诗或四句诗,而且他的押韵是由首韵、腰韵、尾韵,就是两句之间不但是最后的那个字押韵,中间还有好几处要押韵。"

【1737】
罗琼:《翻译教学与研究初探》

2017年5月,罗琼著《翻译教学与研究初探/第二章/课堂上的几个翻译学核心概念/第七节/翻译的文化转向/四、改写论:翻译研究文化转向的理论基础》,西安交通大学出版社,第96页。

Rubáiyát 译为"鲁拜集"。

Omar Khayyám 译为"伽亚谟"。

Edward FitzGerald 译为"菲茨杰拉德"。

"勒菲弗尔引用19世纪英国菲茨杰拉德翻译波斯诗人伽亚谟的《鲁拜集》时对原作进行的随意改写,指出作品的内在价值是由改写发掘出来的。"

【1738】
[美国]罗伯特·贝弗利·黑尔:《向大师学绘画》

2017年5月,[美国]罗伯特·贝弗利·黑尔[Robert Beverly Hale]著/诸迪、于冰译《向大师学绘画/人体素描/第十三章/五官眼睛/比例(侧视)》,上海人民美术出版社,第242页。

Rubáiyát 译为"鲁拜集"。

Omar Khayyám 译为"奥玛珈音"。

Edward FitzGerald 未译名。

此版为"西方经典美术技法译丛"丛书之一。

"实际上肖像创作乃至人体创作是一个创造的过程。你必须创造出形状,再把光线打在上面,这就是人体素描。你只管去创造你心灵呼唤的形状,这正是身为画家的乐趣

之一。奥玛珈音《鲁拜集》中的一首诗描绘了:啊,爱哟! 我与你如能串通'他'时,/把这不幸的'物汇规模'和盘攫取,/怕你我不把它捣成粉碎——/重新又照着心愿拟拟! 画人像与此相似。"

【1739】
潘建伟:《中国现代旧体译诗研究》

2017年5月,潘建伟著《中国现代旧体译诗研究/上编/第一章/未断裂的传统:新文化运动后的旧体译诗/第二节/基本形式/下编/第五章/个案研究:文人的译诗观念与译诗实践(一)/第三节/吴宓: *The Spires of Oxford* 的新旧译法/第六章/个案研究:文人的译诗观念与译诗实践(二)/第四节/钱锺书:译诗思想与译学视阈》,上海三联书店,第 27 – 31、165 – 170、227 – 229 页。

Rubáiyát 译为"鲁拜集"。

Omar Khayyám 译为"费氏结楼"。

Edward FitzGerald 译为"菲茨杰拉德"。

———

"最早以旧体翻译《鲁拜集》的是吴宓,他在1924年以七言绝句选译菲茨杰拉德《鲁拜集》13首。""吴宓译诗以旧体为主,……他用七言体翻译《鲁拜集》第7首的艺术价值,不但要高于同时代的郭沫若的新体译诗,也超过了后来广受赞誉的黄克孙的七绝译本。"

【1740】
宋韵声:《中英翻译文化交流史》

2017年5月,宋韵声撰《中英翻译文化交流史/第二章/近代英国的汉语翻译文化与译自汉语的英文书籍及著名翻译家》,辽宁大学出版社,第110 – 111页。

Rubáiyát 译为"鲁拜集"。

Omar Khayyám 译为"莪默·伽亚谟"。

Edward FitzGerald 译为"爱德华·菲茨杰拉德"。

此版为"中外翻译文化交流史丛书"之一。

———

"19世纪杰出的、也是英国整个翻译史上最优秀的译作之一,乃是菲茨杰拉德从波斯语翻译的莪默·伽亚谟的《鲁拜集》。……被列为'世界文学名著'之中。"

【1741】
余光中:新诗与传统

2017年5月,《中国新诗百年志/理论卷·上》(上下册),中国工人出版社,第295页。

Rubáiyát 译为"鲁拜集"。

Omar Khayyám 未译名。

Edward FitzGerald 译为"费慈吉罗"。

———

"……费慈吉罗的《鲁拜集》是波斯原作的翻译;凡此都是描写异域的作品成为本国文学的巨著的例子。"

【1742】
李亚伟:黄珂和他的流水席

2017年6月,李亚伟著《酒中的窗户/李亚伟集/1984-2015》,作家出版社,第264-267页。

Rubáiyát 译为"柔巴依集/鲁拜集"。

Omar Khayyám 译为"奥马尔·哈亚姆/加亚·峨默"。

Edward FitzGerald 未译名。

此版为"标准诗丛"丛书之一。

———

"奥马尔·哈亚姆……把他的人生观写成了一本叫做《柔巴依集》(又译成《鲁拜集》)的诗集,该诗集里101首四行诗写的全是人生如一场流水席,比如写大地上的人们:/来时像流水,去时像风吹/进进出出,前后迂回/生命的走马灯里/是我们这些影像在来来去去/他写他自己这个'酒客':我曾经靠绳墨判断是非正误/我曾经按逻辑区分兴衰沉浮/但在人们所愿意探索的一切中/除了酒我从未深究过任何事物。"

【1743】
[美国]罗伯特·兰札、[美国]鲍勃·伯曼《超越生物中心主义》

2017年6月，[美国]罗伯特·兰札[Robert Lanza]、[美国]鲍勃·伯曼[Bob Berman]著/杨泓、孙红贵、孙浩译《超越生物中心主义/以生命和意识为中心，重构时间、空间、宇宙与万物/第16章/物理学上的圣杯》，湖南科学技术出版社，第191页。

Rubáiyát 未译名。

Omar Khayyám 译为"莪默·伽亚谟"。

Edward FitzGerald 未译名。

"或许，只要我们能记住莪默·伽亚谟的话和古老的印度诗歌就好了。莪默说：'永远不要把一个世界称作两个。'古老的印度诗歌中有这样的诗句:/要明白在你的心中有着与众人同一的灵魂;/要将那企图孤立独行的白日梦放逐。"

【1744】
夏婉璐：翻译中改写的不同形式

2017年6月，夏婉璐等著《身份、创伤、符号/跨文化传播视域下的谭恩美研究/第一部分/翻译视角：身份与阐释/第二章/作家的选择——谭恩美汉译本中的译写策略研究/第一节》，四川大学出版社，第107页。

Rubáiyát 译为"鲁拜集"。

Omar Khayyám 译为"伽亚谟"。

Edward FitzGerald 译为"菲茨杰拉德"。

2017年6月，夏婉璐著《视角与阐释/林语堂翻译研究/第二节/翻译中改写的不同形式及林语堂以"艺术性"为旨归的改写动因》，四川大学出版社，第206页。

此版为"四川大学外国语学院学术文丛"丛书之一。

"19世纪英国作家菲茨杰拉德在翻译波斯诗人伽亚谟的《鲁拜集》时，恣意对原作进行改写。他将其中自认为粗俗的部分删掉，将散见于不同章节但表达同一意境的诗句挑选出来放到一起，将其中的某些诗重写，并将其他几位波斯诗人的几首诗塞进这一诗集。""英国19世纪的翻译家菲茨杰拉德在翻译《鲁拜集》时，删掉了一些自己认为粗俗的部分，并将诗句进行重新排列组合，甚至将某些诗译写。此外，还将其他几位波斯诗人的诗作也放进这一诗集中。"

◇《鲁拜集》汉译书目

【1745】
熊辉:《隐形的力量》

2017年6月,熊辉著《隐形的力量/翻译诗歌与中国新诗文体地位的确立/第一辑/形式建构/现代译诗对中国新诗文体观念的践行/第二辑/创作诉求/重审创造社与文学研究会的翻译论证》,广西师范大学出版社,第48、137页。

Rubáiyát 译为"鲁拜集"。

Omar Khayyám 译为"莪默"。

Edward FitzGerald 译为"菲茨杰拉德"。

此版为"诗想者·学人文库/'70后'诗歌批评家文丛"丛书之一。

———

"徐志摩……译了波斯诗人莪默《鲁拜集》的第73首作品,而之前胡适、郭沫若均对此做了较好的翻译,但徐志摩认为翻译不是要拿自己的译品与他人的译品'比美',……"

【1746】
[美国]赛义德·侯赛因·纳塞尔:《穆斯林三贤哲》

2017年9月,[美国]赛义德·侯赛因·纳塞尔著/周传斌译《穆斯林三贤哲——哈佛大学伊斯兰哲学讲座/第一章/伊本·西纳与"哲学-科学家"学派/十、伊本·西纳学派》,商务印书馆,第73-74页。

Rubáiyát 未译名。

Omar Khayyám 译为"欧麦尔·海亚姆"。

Edward FitzGerald 未译名。

此版为"伊斯兰哲学译丛"丛书之一。

———

"海亚姆(卒于伊历526年,公元1132年),是历史上少有的或仅有的一位,既是伟大诗人又是数学家的人物。然而他的诗歌经常被曲解,这样一位领悟到了'终极合一'[Supreme Identity]因而嘲笑整个表象秩序的贤哲的态度,却被曲解为一个无神论者的怀疑,甚至一个伊壁鸠鲁主义者的感官享乐。"

【1747】

潘文国:英译中诗鉴赏论略

2017年9月,潘文国著《潘文国学术研究文集/第二部分/翻译研究/诗歌翻译》,上海外语教育出版社,第621页。

此版为"中国知名外语学者学术研究丛书"之一。

Rubáiyát 译为"鲁拜集"。

Omar Khayyám 未译名。

Edward FitzGerald 未译名。

———

"翻译包括理解和表达两个方面,在这两个方面,读者都只能跟着译者走。译者对原文理解错了,读者只能在错误的基础上赏鉴;译者的本族语表达水平不高,译文疙里疙瘩,甚至语无伦次、不知所云,聪明的读者还能猜到这是译文在作怪,糟蹋了原作者,不知者还会以为原作就是如此的呢! 当然也有相反的情况,原作不过如此,但出色的译文却反而把它拔高了。翻译史上著名的 Fitzgerald 译的《鲁拜集》就是如此,据说原诗在波斯并没有什么影响,译成英语以后却成了世界名作。"

【1748】

王家新:诗人译诗:一种现代传统

2017年9月,王家新著《翻译的辨认》,东方出版中心,第98-99页。

Rubáiyát 译为"鲁拜集"。

Omar Khayyám 未译名。

Edward FitzGerald 译为"菲茨杰拉尔德"。

此版为"新时期文学研究资料丛刊"丛书之2。

———

"……'诗人译诗'在中国新诗史上才会形成一个传统。除了周作人等人的翻译外,郭沫若翻译的《鲁拜集》(1924年由上海泰东图书局初版)也大受欢迎。"

【1749】

[英国]苏珊-玛丽·格兰特:《剑桥美国史》

2017年9月,[英国]苏珊-玛丽·格兰特著/董晨宇、成思译《剑桥美国史/第四章/不言而喻的真理——革命共和国的建立》,新星出版社,第122页。

Rubáiyát 译为"鲁拜集"。

Omar Khayyám 译为"奥马尔·海亚姆"。

Edward FitzGerald 未译名。

此版为"剑桥大学国别史丛书"之2。

"'我们认为下述真理是不言而喻的,'1776年《独立宣言》宣称,'人人生而平等,造物主赋予他们不可剥夺的权利,其中包括生命权、自由权和追求幸福的权利。'这的确是鼓舞人心的宣言,但它既不能反映殖民时期美国的真实状况,也和独立后的美国国家发展没有太多关联。不过,美国作为一个国家,一旦清晰地表达了这一理念,就和奥马尔·海亚姆在《鲁拜集》中所说的一样,手动自然'字成,任你如何至诚、如何机智,都难叫他收回成命消去半行,任你眼泪流完也难洗掉一字'。这样雄心壮志的言辞,一旦被付之于纸面之上,就不可能再被收回。"

【1750】
[英国]亚当·哈特-戴维斯:《时间是什么》

2017年9月,[英国]亚当·哈特-戴维斯著/王文浩译《时间是什么[The book of time]/时间真的存在吗,我们如何知道/第3章/时间的设置》,湖南科学技术出版社,第134页。

Rubáiyát 未译名。

Omar Khayyám 译为"奥玛尔·海亚姆"。

Edward FitzGerald 未译名。

"没有闰年的历/在波斯人的贾拉利历里——这个历是由数学家和天文学家奥玛尔·海亚姆等人建议并于1079年颁布的,一年始于春分日。"

【1751】
张晖:鲁达基在将中国绝句转化为波斯柔巴依中起了关键作用

2017年9月,鲁达基著/张晖译《鲁达基诗集/附》,商务印书馆,第276-286页。

Rubáiyát 译为"柔巴依体/鲁拜体"。

Omar Khayyám 译为"欧玛尔·海亚姆"。

Edward FitzGerald 未译名。

此版为"汉译波斯经典文库"丛书之一。

———

"哲人们也用诗歌作为表达自己思想的工具,他们的诗歌则含有较深邃的哲理。欧玛尔·海亚姆的诗歌便属于这种情况。""柔巴依体四行诗(或称鲁拜体)……还称作'斗别蒂'(由两个联句组成的诗歌)、'恰哈莫斯拉'(由四个诗行组成的诗歌)、'塔朗涅'(小调、小曲)等等。"

【1752】
陈丹:"以顿代步 复制韵式"——音乐美的英诗汉译初探

2017年10月,《韶关学院学报》(月刊)第38卷第10期(总第289期),第76-80页。

Rubáiyát 译为"柔巴依"。

Omar Khayyám 译为"欧马尔·哈亚姆"。

Edward FitzGerald 译为"菲茨杰拉德"。

———

"由菲茨杰拉德翻译的欧马尔·哈亚姆的《柔巴依》是以柔巴依诗体约定俗成的韵式aaba的韵式创作的,声音能够前呼后应,回环往复,具有音乐美。在黄杲炘汉语译诗中,采用了相同的韵式,具有相似的音乐美。"

【1753】
李晓煦:《三生有幸》

2017年12月,李晓煦著《三生有幸——幸福心理学的三种时间尺度/第四章/习得之自助/内部-外部控制量表与宗教心理学的研究反例》,中国工人出版社,第112-113页。

Rubáiyát 译为"鲁拜集"。

Omar Khayyám 未译名。

Edward FitzGerald 未译名。

———

"《鲁拜集》中的这首诗[第71/101首]反映了外部控制倾向与悲观倾向的统计相关,前述的宗教心理学反例则指出,宗教信仰可以戏剧性地调节外部控制倾向与悲观倾向从高正相关转为高负相关。"

【1754】
[美国]乔伊·哈基姆:《科学之源》

2017年12月,[美国]乔伊·哈基姆[Joy Hakim]著/仲新元译《科学之源/自然哲学家的启示/第25章/绝对的零》,上海教育出版社,第223-224页。

Rubáiyát 译为"鲁拜集"。

Omar Khayyám 译为"奥马尔·海亚姆"。

Edward FitzGerald 未译名。

此版为"'科学的力量'科普译丛"第二辑/"'科学的故事'系列"丛书之1。

———

"奥马尔·海亚姆作为当时最伟大的数学家和天文学家而名扬波斯世界。在西方,他又以美妙的四行诗集《鲁拜集》而闻名。这本诗集描写了生活的美好和痛苦。"

【1755】
梁实秋:了生死

2017年12月,梁实秋著《梁实秋文集/人间寂寞,才是清福/第一辑/闲话俗世/了生死》,北京理工大学出版社,第51-52页。

Rubáiyát 译为"四行诗"。

Omar Khayyám 译为"奥玛·海亚姆"。

Edward FitzGerald 未译名。

2018年8月,梁实秋著《我爱着,这鲜活的人生/第一章/雨有雨的趣,晴有晴的妙/生死是一件事,有生即有死,有死方有生。》,江苏凤凰文艺出版社,第47-48页。

———

"波斯诗人奥玛·海亚姆的四行诗恰好说出了我们的感觉:/不知为什么,亦不知来自何方,/就来到这世界,像水之不自主的流;/而且离开了这世界,不知向哪里去,/像风在原野,不自主的吹。/'我来如流水,去如风',这是诗人对人生的体会。所谓生死,不了断亦自然了断,我们是无能为力的。我们来到这世界,并未经我们同意,我们离开这世界,也将不经我们同意。我们是被动的。""人死了之后是不是万事皆空呢？死了之后是不是还有生活呢？死了之后是不是还有轮回呢？我只能说不知道。"

【1756】

[英国]乔·莫兰:《羞涩的潜在优势》

2017年12月,[英国]乔·莫兰[Joe Moran]著/张勇译《羞涩的潜在优势——害羞者心理指南/第2章/这种古怪的精神状态》,重庆出版集团/重庆出版社,第55页。

Rubáiyát 译为"鲁拜集"。

Omar Khayyám 未译名。

Edward FitzGerald 译为"爱德华·菲茨杰拉德"。

————

"1846年2月,金莱克再一次下了战书,他这次是针对爱德华·菲茨杰拉德,他觉得菲茨杰拉德把自己的情妇介绍给他是侮辱了他。他把手写的战书送给了菲茨杰拉德,约定……"。

【1757】

周流溪:译诗新路——仿诗式译法

2018年1月,《外语与翻译》(双月刊)第1期(总第96期),第3页。

Rubáiyát 译为"鲁拜集"。

Omar Khayyám 译为"欧玛尔·海亚姆"。

Edward FitzGerald 未译名。

————

"《鲁拜集》的作者欧玛尔·海亚姆生当中国北宋时代,他的诗具有类似七绝的诗式(韵式);那曾受到汉诗七绝的影响是完全可能的。我们知道:维吾尔族诗歌的'柔巴依'其实和'鲁拜'是同一种诗体。"

◇《鲁拜集》汉译书目

【1758】

[美国]迈克尔·莫洛伊[Michael Molloy]:《体验宗教》

2018年2月,[美国]迈克尔·莫洛伊[Michael Molloy]著/张仕颖译《体验宗教:传统、挑战与嬗变/第十章/伊斯兰教/第五节/苏菲主义:伊斯兰教的神秘主义/苏菲主义的宗教实践与诗歌》,北京联合出版公司,第417页。

Rubáiyát 译为"鲁拜集"。

Omar Khayyám 译为"奥马尔·海亚姆"。

Edward FitzGerald 译为"爱德华·菲茨杰拉德"。

————

"……奥马尔·海亚姆的穆斯林诗人在英语国家中广为人知。奥马尔·海亚姆(约1048-1122)同时也是一名天文学家和数学家。在维多利亚晚期,他的长诗《鲁拜集》被爱德华·菲茨杰拉德翻译成英文,奥马尔·海亚姆由此在西方声名鹊起。"

【1759】

陈卫:从外国诗歌中借鉴

2018年3月,陈卫文《现代汉诗语言探索途径及反思》,《三十八位诗论家论现代汉诗》,东南大学出版社,第95-115页。

Rubáiyát 译为"鲁拜集"。

Omar Khayyám 译为"莪默·伽亚谟/奥玛·珈音"。

Edward FitzGerald 未译名。

此版为"现代汉诗精品文库"丛书之一。

————

"通过比较郭沫若和黄克孙翻译的波斯诗人莪默·伽亚谟的《鲁拜集》可以更深入看到意译虽可在节奏上加强,但又会出现另一问题。"

【1760】

何瑞清、魏泓:诗歌衍译的理论适用性——与邵斌博士商榷

2018年3月,《外文研究》(季刊)第6卷第1期,第59-63页。

Rubáiyát 译为"鲁拜集"。

Omar Khayyám 未译名。

Edward FitzGerald 译为"菲茨杰拉德"。

———

"菲茨杰拉德英译波斯文《鲁拜集》,以及国内译者将菲译英文《鲁拜集》再译成中文,均是忠实翻译为主,改写为辅。""菲译改写的诗歌仅仅占8%,从代表性角度来看,勒菲弗尔、邵斌把菲译《鲁拜集》作为操控个案不是非常合适。'翻译即改写'这一论断是一种误读,言过其实,作为翻译理念是有害的。"

【1761】
牟国胜:《编辑审稿录》

2018年3月,牟国胜著《编辑审稿录/五、科普读物/175.〈新视野学习百科·东方文学〉(大字版)终审意见》,中国传媒大学出版社,第298页。

Rubáiyát 译为"鲁拜集"。

Omar Khayyám 未译名。

Edward FitzGerald 未译名。

此版为"出版·传播·文化丛书(第二辑)"之一。

———

"……《鲁拜集》的作者卒年1122年或1123年及1131年,也没有确凿记载。"

【1762】
《英译汉基础教程》:现代主义时期的文学翻译

2018年4月,《英译汉基础教程/第1章/西方翻译史简介/第2节/西方翻译史的三个阶段/2.2.4》,北京理工大学出版社,第11页。

Rubáiyát 译为"鲁拜集"。

Omar Khayyám 译为"莪默·伽亚谟"。

Edward FitzGerald 译为"爱德华·菲茨杰拉德"。

此版为"普通高等教育'十三五'创新型规划教材"丛书之一。

———

"英国作家爱德华·菲茨杰拉德(Edward Fitzgerald,1809 – 1883年)翻译波斯诗人莪默·伽亚谟(Omar Khayyam)的《鲁拜集》时,认为译者所要做的是如何把粗糙得像黏土一样的原作塑造成受人欢迎的作品,提升原作的档次。这时期的译者对殖民地国家的作品

◇《鲁拜集》汉译书目

随意改写,却不敢对荷马、维吉尔等人的作品肆意妄为。这种典型的民族主义翻译观遭到后殖民翻译学者的揭露与抵制,翻译在殖民化过程中扮演了不太光彩的角色。"

【1763】
侯会:波斯重诗人,《鲁拜》多妙语/莪默·伽亚谟

2018年5月,侯会著《讲给孩子的世界文学经典/第一册/一三、波斯诗歌"鲁拜"体(9-14世纪,波斯)/简明外国文学家词典》,生活·读书·新知三联书店,第77-79、258页。

Rubáiyát 译为"鲁拜集"。

Omar Khayyám 译为"莪默·伽亚谟/欧玛尔·海亚姆"。

Edward FitzGerald 译为"菲茨杰拉德"。

选载威利·波加尼和勒内·布尔的插画作品各1幅。

2012年1月第1版。

"不过四行诗写得最好的,还得说波斯诗人莪默·伽亚谟(又译为欧玛尔·海亚姆,1048-1131)。以前人们只知道他是数学家和天文学家,直到近代,他的诗被翻译成英文,人们才发现他还是个出色的诗人。他的诗清新晓畅,又朴实又洗练。"

【1764】
李辉:听汪曾祺谈沈从文

2018年5月,李辉著《平和与不安分/我眼中的沈从文》,中原出版传媒集团/中原出版股份公司/大象出版社,第33-34页。

Rubáiyát 译为"鲁拜集"。

Omar Khayyám 未译名。

Edward FitzGerald 未译名。

"他的《月下小景》中有些民歌,我不大相信是苗族民歌,完全像《圣经》里的雅歌,像《鲁拜集》中的作品。"

【1765】
孙菲菲:翻译促进文化的交流

2018 年 5 月,孙菲菲著《"一带一路"倡议下英语翻译人才的培养研究/第七章/文化类翻译人才培养研究之理论篇/第一节/文化与翻译/2. 翻译对文化的促进作用/(3)》,湖南师范大学出版社,第 159 页。

Rubáiyát 译为"鲁拜集"。

Omar Khayyám 未译名。

Edward FitzGerald 译为"爱德华·菲茨杰拉德"。

―――――

"19 世纪,英国人爱德华·菲茨杰拉德使用波斯语对《鲁拜集》进行了翻译。在翻译过程中,菲茨杰拉德通过模仿原文的格律,创造出了一种新的英语文学诗体。这个例子十分明显地体现出了翻译对文学的革新作用。"

【1766】
朱潘欣灵:诗歌翻译实践与评析

2018 年 5 月,朱潘欣灵著《基于多体裁的英语文学翻译/第八章/诗歌体裁的翻译研究/第四节》,湖南师范大学出版社,第 223–224 页。

Rubáiyát 译为"鲁拜集"。

Omar Khayyám 未译名。

Edward FitzGerald 未译名。

―――――

"The ball no question makes of Ayes and Noes,……""这节诗中的足球运动在波斯语原文中其实是一种马球游戏,在翻译时译者转换了原诗的意象。在译为中文时,黄克孙将这一意象转换为围棋:/眼看乾坤一局棋,……""不难看出,汉语译文在形式与意象上与原文极为不同。"

【1767】
[美国]路易斯·谢弗:《尤金·奥尼尔传》

2018 年 6 月,[美国]路易斯·谢弗著/张生珍、陈文译《尤金·奥尼尔传(上):戏剧之子》/刘永杰、王艳玲译《尤金·奥尼尔传(下):艺术之子》

(共二卷),商务印书馆,第 92、274、343 页;第 425 页。

Rubáiyát 译为"鲁拜集"。

Omar Khayyám 未译名。

Edward FitzGerald 译为"菲茨杰拉德"。

———

"……菲茨杰拉德……他们都是失去人权的杰出代表,他们的声音对于那些心灵疲惫、自我强暴的人来说是最好的安慰。《鲁拜集》……成为尤金新的信仰和创作源泉。"

"……《啊,荒野!》(*Ah, Wilderness*),来自《鲁拜集》中一个短语的变体。"

【1768】

王文斌、邵斌:《词汇学十讲》

2018 年 6 月,王文斌、邵斌著《词汇学十讲/第四讲/构词法/第三节/非词素构词法》,上海外语教育出版社,第 100–101 页。

Rubáiyát 译为"鲁拜集"。

Omar Khayyám 未译名。

Edward FitzGerald 未译名。

此版为"外国语言文学知名学者讲座系列·语言学十讲"丛书之一。

———

"……这一首[第 28/101 首]《鲁拜集》中的诗,因为 willy-nilly(无可奈何地)一词的使用,使得整首诗体现出别样的美。"

【1769】

[美国]斯蒂芬·杰·古尔德:《火烈鸟的微笑》

2018 年 7 月,[美国]斯蒂芬·杰·古尔德[Stephen Jay Gould]著/刘琪译《火烈鸟的微笑/叁/分类学是很重要的/13/"五轮"法则》,海南出版社,第 124 页。

Rubáiyát 译为"鲁拜集"。

Omar Khayyám 译为"莪默·伽亚谟"。

Edward FitzGerald 未译名。

此版为"科学人文经典"丛书之一。

———

"……古波斯诗人莪默·伽亚谟在《鲁拜集》中说,'既然入世,为何不知?流水飞逝,从何而至?'要直截了当地理解世界最本质的一些东西——历史弯弯曲曲的轨迹、复杂系统的不可预测性、表面相似事件的缺乏偶然联系——真是太困难了,……"。

【1770】
[利比亚]艾哈迈德·易卜拉欣·法格海:《一个女人照亮的隧道》

2018年8月,[利比亚]艾哈迈德·易卜拉欣·法格海著/李荣建译《一个女人照亮的隧道》,《我将献给你另一座城池》(长篇小说),华文出版社,第346页。

Rubáiyát 未译名。

Omar Khayyám 译为"欧玛尔·海亚姆"。

Edward FitzGerald 未译名。

———

"生活中的悲欢使我感慨万千,话也多起来。""把我的杯子加满。如同欧玛尔·海亚姆所说的那样,在生命之杯未干之前,尽情畅饮生活的美酒琼浆。"

【1771】
蓝琪、刘如梅:《中亚史》

2018年9月,蓝琪、刘如梅著《中亚史/第3卷/第二编/中亚突厥王朝的发展和西辽的建立/第七章/宗教与文化/第二节/文化》,商务印书馆,第215-216页。

Rubáiyát 译为"鲁拜集"。

Omar Khayyám 译为"欧玛尔·海亚姆"。

Edward FitzGerald 译为"爱德华·菲茨杰拉德"。

———

"塞尔柱帝国统治时期,达里文学在发源地呼罗珊逐渐衰落,而苏菲派神秘主义思潮开始影响中亚文学,中亚地区涌现出一批享有世界声誉的诗人和学者。其中,欧玛尔·海亚姆(1048-1122)是先锋,虽然他还称不上是苏菲诗人,但他的作品已经反映了苏菲派的思想。"

◇《鲁拜集》汉译书目

【1772】
[美国]詹姆斯·特拉斯洛·亚当斯:《重铸大英帝国》

2018年9月,[美国]詹姆斯·特拉斯洛·亚当斯[James Truslow Adams]著/覃辉银译《重铸大英帝国:从美国独立到第二次世界大战/第八章/维多利亚时代早期/错流:下水道与批判的先知》,广西师范大学出版社,第166-167页。

Rubáiyát 译为"鲁拜集"。

Omar Khayyám 译为"莪默·伽亚谟"。

Edward FitzGerald 译为"爱德华·菲茨杰拉德/费兹杰拉德"。

此版为"新民说"丛书之一。

―――――

"值得一提的是,莪默在波斯人眼中只是一个三流诗人,而'鲁拜'在波斯语中意为'四行诗',但经过菲茨杰拉德的翻译和整理之后,《鲁拜集》成了一部全新的诗集,它的悲观主义和不可知论适合后来的一代的心境。在回顾维多利亚时代中期的文学和艺术时,……费兹杰拉德的妙手成章是不能忽略的。"

【1773】
瞿炜:从富义仓到香积寺

2018年9月,浙江省作家协会/温州市作家协会编《浙江省五年文学作品选/浙江省五年文学作品选/温州卷2013-2017》,浙江人民出版社,第218页。

Rubáiyát 译为"鲁拜集"。

Omar Khayyám 译为"奥玛·哈亚姆"。

Edward FitzGerald 未译名。

―――――

"清晨醒来,阳光正好从天窗的玻璃外照进来。那一束金光,让我想起波斯诗人奥玛·哈亚姆《鲁拜集》里的第一首诗:/醒醒吧!星光早已逃遁,/因为太阳将它们从夜幕驱走,/随同黑夜驰离天庭,一束光/金箭一般击中了苏丹的塔楼。"

【1774】

陈东东:为一幅波斯地毯而作(诗歌)

2018年10月,陈东东著《海神的一夜/Ⅱ/七十二首(1990-1999)》,江苏凤凰文艺出版社,第172-173页。

Rubáiyát 未译名。

Omar Khayyám 译为"莪默"。

Edward FitzGerald 未译名。

———

"花园从波斯几何学现形/抽象的玫瑰领受了生命/……/孔雀开屏的尾翎/……/莪默在诗篇里开怀畅饮/炫耀啊一盏灯新月正照临"

【1775】

[美国]桑贾伊·苏拉马尼亚姆:《葡萄牙帝国在亚洲》

2018年10月,[美国]桑贾伊·苏拉马尼亚姆著/巫怀宇译《葡萄牙帝国在亚洲/1500-1700/第一章/早期近代亚洲:地缘政治与经济变化/15和16世纪的国家》,广西师范大学出版社,第5页。

Rubáiyát 译为"鲁拜集"。

Omar Khayyám 译为"莪默·伽亚谟"。

Edward FitzGerald 未译名。

此版为"新民说"丛书之一。

———

"……然而,这些变化很容易被认为无足轻重而遭到忽视。'莪默·伽亚谟"路径"'的追随者们如同这位《鲁拜集》的作者一样坚持认为,早期近代亚洲的国家建构可以被精炼地表达为下列诗行:/天地是飘摇的逆旅,/昼夜是逆旅的门户;/多少苏丹与荣华,/住不多时,又匆匆离去。"

【1776】

[叙利亚/黎巴嫩/法国]阿多尼斯:电子辛巴达(诗歌)

2018年10月,[叙利亚/黎巴嫩/法国]阿多尼斯著/薛庆国译《我的焦虑是一束火花:阿多尼斯诗歌短章选》,译林出版社,第175页。

◇《鲁拜集》汉译书目

Rubáiyát 译为"四行诗集/鲁拜集"。

Omar Khayyám 译为"欧麦尔·海亚姆/莪默·伽亚谟"。

Edward FitzGerald 未译名。

此版为"阿多尼斯作品"丛书之一。

———

"海亚姆和努瓦斯斟满的酒罐已经破碎,/光的陶瓷掺入了两人的酒壶。""他[海亚姆]和阿拉伯诗人艾布·努瓦斯一样,也擅长写咏酒诗。"

【1777】
潘真:黄杲炘/诗韵点亮我的眼

2020 年 2 月 2 日,《新民晚报/星期天夜光杯(第 818 期)》第 11 版。

Rubáiyát 译为"柔巴依集/鲁拜集"。

Omar Khayyám 未译名。

Edward FitzGerald 译为"菲氏/菲茨杰拉德"。

———

"黄杲炘并非英语科班出身,又处在信息不发达的年代,直到译完还不知已有《鲁拜集》在先。一天,他看到报上有消息,我国领导人将出访伊朗,配发的介绍伊朗的文章,说到其丰富的文化遗产中有'莪默·伽亚谟的《鲁拜集》'。他敏锐地感觉到这作者、书名与自己耳鬓厮磨了多年的 Rubáiyát of Omar Khayyám 发音相近,这才意识到此书应该有人译过,看那人名的译法像是二三十年代的。一下班,他就跑去静安区图书馆,找到了人民文学出版社 1978 年刚再版的《鲁拜集》。书借到手,一看,他吃惊了:是郭沫若译的!"

【1778】
罗新:撒马尔罕纸

2020 年 3 月,《读书》(月刊)第 3 期(总第 492 期),生活·读书·新知三联书店,第 152-161 页。

Rubáiyát 译为"鲁拜集"。

Omar Khayyám 译为"海亚姆"。

Edward FitzGerald 未译名。

———

"黎巴嫩裔的法国作家阿敏·马卢夫[Amin Maalouf]的小说名作《撒马尔罕》[Samarkand],以一部中古手稿的命运为线索,从手稿的出现到消失,差不多一千年。这部手稿是波斯文学的圣贤之一海亚姆[Omar Khayyam,1048-1131]亲手写的、真正的初版《鲁拜集》。""按照近代文献中撒马尔罕纸的分类,阿布·塔希尔送给海亚姆的桑皮纸大概可以叫'撒马尔罕算端纸'[Samarkandsultan kogozi],属于最高等级,雪白、柔韧,极为珍贵。在小说里,海亚姆就是用这个本子,写下了文学史上璀璨夺目的《鲁拜集》。"

【1779】
董桥:爱书琐记

2020年,台湾台北《文讯》四月号。

Rubáiyát 译为"鲁拜集"。

Omar Khayyám 未译名。

Edward FitzGerald 译为"费兹杰罗"。

———

"《悼念》之外我也收了好多种《鲁拜集》,专收费兹杰罗英文翻译的这部波斯十一世纪诗人名诗。英美藏书界好像从来不太追买《鲁拜集》初版,大家要的是不同名家装帧的这部长卷,尤其追慕英国著名书籍装帧家桑科斯基精心创造的孔雀华丽装帧。桑科斯基最精致的那部孔雀装《鲁拜集》一九一二年跟铁坦尼邮轮一起葬身大海。别的几部孔雀装都在欧美藏家手中,他们家后人偶然放出一部都成抢手货。机缘凑泊我有幸买到了一部:皮面上葡萄蔓藤围边,金地花卉做框,孔雀伫立中央,满身珐琅,蓝绿流光,柔美呈祥;翼冠镶珍珠五颗,尾翎呈大幅尾屏,金翠的细纹展开彩扇三十一股,尾梢各镶石榴红宝三十一颗。这部著名诗篇落墨妩媚,鬓影婆娑,醉意盎然,深深影响了西方世纪末颓废派诗风,清霄杨花梦,深灯孔雀屏,一位老朋友说《鲁拜集》镶孔雀寄托治身之诫,暗合刘向《说苑》里说的君子爱口,孔雀爱羽,虎豹爱爪,治身之法也。"

【1780】
文爱艺:《柔波集》[自由体译本]

2019年10月,文爱艺译《柔波集/集校版全集》(世界经典名著/中英文对照图文本),北京航空航天大学出版社,第1-229页,开本18cm×26.7cm,硬面装,书顶、书口和书底三面刷金。

译自"第一版(1859年)75首、第二版(1868年)110首";"第三版(1872年)、第四版(1879年)、第五版(1889年),三个文本合为一个中英文

◇《鲁拜集》汉译书目

对照的译本 101 首"。

Rubáiyát 译为"柔波集"。

Omar Khayyám 译为"奥马尔·哈亚姆"。

Edward FitzGerald 译为"爱德华·菲茨杰拉德"。

勒口处印有"本书特装版全球限量发行 1111 册"的字样及编号。

封面书腰带上印有"一部畅销百年的思想之书/一册启蒙冲破禁锢的优美画卷/全套版本完整展现,精美插图诠释艺术/一本创造过无数出版奇迹,值得细细品味珍藏的名著"等宣传用语。

插图采用[伊朗(亚美尼亚/美国)]萨基斯·喀特查都里安[Sarkis Katchadourian 卡恰图良]1946 年出版的 11 幅彩色插画作品中的 7 幅(实为 6 幅)、1979 年 PENGUIN BOOKS 出版的[英国]Peter Avery & John Heath-Stubbs 英语合译本 THE RUBA'ITAT OF OMAR KHAYYAM 采用的 32 幅彩色波斯细密画中的 31 幅和鲍尔弗插画作品 60 幅中的 33 幅(被印刷为单色图案)。

收入译者文"总序"、第一版(1859 年)译本正文前"序"、第二版(1868 年)译本正文后"跋"、"《柔波集》版本对照表"(罗马数字与阿拉伯数字两种)和书尾"总跋"。书的最后一页载有译者情况介绍。

2013 年 10 月,文爱艺译《柔波集/第 3 版,第 4 版,第 5 版的集校版》(世界经典名著/中英文对照图文本),浙江文艺出版社,第 1-186 页,开本 18cm×26cm,对折书盒式硬面装,书顶、书口和书底三面刷金。

译自"第三版(1872 年)、第四版(1879 年)、第五版(1889 年),三个文本合为一个中英文对照的译本 101 首"。

版权页的底部印有"本书特装版,全球限量发行 1111 册"等字样及编号。

插图采用鲍尔弗插画作品 60 幅中的 31 幅(被印刷为单色图案);书后另附小册子,译者序介绍爱德蒙·杜拉克,并编入杜拉克彩色插画作品 20 幅,收入译者跋。

收入译者文"序"、"跋"。书名页的次页载有译者情况介绍。

译诗均未押韵(2019 年 10 月版同),拟为分行式"散文体译本"。

"I/清醒吧!晨报的石头/已星星般地投入黑暗的碗中:/看吧!阳光之箭把璀璨的光

辉/射向苏丹的高甑。""l/醒醒!阳光从遥远东方的高山背后/已把聚会的星从夜间驱逐,/而且,它不断的上升,把光辉/射向苏丹的高甑。""01/清醒吧!太阳已驱散了黑暗,/照亮遁于黑暗中的群星,/阳光之箭把璀璨的光辉/射向苏丹的高甑。"

【1781】
老鸽:《鲁拜集》汉译书目

2019年12月,老鸽编《〈鲁拜集〉汉译书目/插图本》(上下册),自印本[GuJiahua SMB. ShangHai],第1—424、1—458页,简装。

Rubáiyát 译为"鲁拜集/奥玛的柔巴依"。

Omar Khayyám 译为"奥玛·海亚姆"。

Edward FitzGerald 译为"爱德华·菲茨杰拉德"。

老鸽,本名顾家华。

收入条目1111则,包括汉译《鲁拜集》的"全译本、选译本、异译本、直译本"及文献资料。

扉页有"纪念爱德华·菲茨杰拉德诞辰210周年暨菲氏《鲁拜集》初版160周年、伦敦夸里奇书店创始人伯纳德·夸里奇诞辰200周年、胡適最早汉译菲氏《鲁拜集》一诗节'希望'发表100周年"及致敬安布罗斯·乔治·波特、乔斯·库芒等人献词。

签名钤印编号,印数9册,其中精装本1册。

采用[美国]伊莎贝尔·霍克斯赫斯特·霍尔[Isabel Hawxhurst Hall]1911年出版的单色插画作品15幅。

———

"如果你喜欢'鲁拜集',可以随手拿这本书翻翻;如果你想集藏《鲁拜集》各种译本比较赏读,可以用这本书作导向;如果你要扩充'鲁拜集'的知识范围全方位地了解并得到更多信息,而且要做些专题的翻译或做些专题的探讨,也可以将此书作为工具参考——纵观已有的译稿诗话、文论学术等成果。""书目汇总的时间跨度为1919年至2019年,见证整整一百年间《鲁拜集》汉译史的轨迹,反映'《鲁拜集》在中国'的印迹。"

【1782】
钟锦:《波斯短歌行》[七言绝句体译本]

2020年9月,上海古籍出版社,第1—34页,开本15.8cm×68cm,线装

◇《鲁拜集》汉译书目

带函套。

译自"第四版(1879年)101首"。

Rubáiyát 译为"波斯短歌行/鲁拜集"。

Omar Khayyám 译为"奥玛珈音"。

Edward FitzGerald 译为"爱德华费氏结楼"。

译诗除第四版101首外,另收入11首原在第一、二版中的删稿诗节。

"译序"为译者自序。

收入译者文"奥玛珈音/波斯之天学诗客"、"考异"和"五版增注"等。

"其一/东君长矢举遥空/直迫星芒夜色穷/为唤人间新睡觉/金光看射素檀宫"。"其十二/神诗一卷傍高棶/食一箪兮酒一壶/得汝清歌相媚妩/荒郊那与乐郊殊"。

【1783】

李自苏:39首,题名:"鲁拜零缣"[七言绝句体译本]

1942年8月,李自苏著《自苏室烬馀藳[稿]/卷四/辛巳壬午作》(自印本/线装),卷四/第1—3页(单页)。1945年5月重版,书名为《烬馀藳》。

译自"第四版(1879年)101首"的第8、12、13、14、15、16、19、20、21、22、23、24、25、26、27、28、29、30、41、42、43、44、49、50、51、52、53、54、61、63、64、74、91、92、93、94、96、99、100首。

Rubáiyát 译为"鲁拜"。

Omar Khayyám 译为"峨玛"。

Edward FitzGerald 译为"菲芝结萝得"。

李自苏,本名李竟容。

许敬参书名题签。

译诗正文前译者题注"兹据吴剑岚选译本重译";正文后附注"吴本只此三十九首"。

"其十二/挟诗数卷荫垂杨/馔橐冰壶任取将/一曲清歌聆彼美/人间是处有天堂"。"其九十九/与君同诣天帝兮/共操此造化之枢/糅万汇而更铸兮/将齐异趣於同途"。

【1784】

马海甸:12 首 [自由体译本]

1991年9月15日,马海甸文《读〈鲁拜集〉二题》,《随笔》(双月刊)第5期(总第76期),第144—148页。

译自"第四版(1879年)101首"的第23、54、95、7、35、13、53、63、5、18、48、12首。

Rubáiyát 译为"鲁拜集"。

Omar Khayyám 译为"峨默·伽亚谟"。

Edward FitzGerald 译为"爱德华·菲茨杰拉德"。

―――――

"第七首/把杯儿斟满,把你懊悔的/冬衣扔到春天的火燃炽,/时光之鸟只有短短的一程,/这鸟儿已经在跃跃欲试。""第十二首/有绿树作荫覆,一卷诗稿,/一坛清酒,外加一圈面包,/你在荒原、我的身傍吟唱,/噢,这荒原比天堂更美好!"

【1785】

梁进:2 首 [自由体译本]

2019年7月,梁进著《诗话数学/第六章/诗坛亮剑数学家》,上海科技教育出版社有限公司,第142—143页。

译自"第一版(1859年)75首"的第1首、"第四版(1879年)101首"的第56首。

Rubáiyát 译为"鲁拜集"。

Omar Khayyám 译为"莪默·伽亚谟"。

Edward FitzGerald 译为"爱德华·菲茨杰拉德"。

2020年3月1日,梁进文《数学家亮剑诗坛》(选载),《教师博览/读书》(月刊)第3期(文摘版总第321期),第68页。

―――――

"醒来!藏在黑暗苍穹里的黎明/投石驱散星火/噢,东方的猎手抓住了/苏丹的塔楼落入了光的诱惑"。

◇《鲁拜集》汉译书目

【1786】

赵景:欧玛尔·海亚姆(诗歌)

2013年7月22日,赵景著《诗集/虫子与神灵》,豆瓣阅读,第35-36页。

Rubáiyát 未译名。

Omar Khayyám 译为"欧玛尔·海亚姆"。

Edward FitzGerald 译为"爱德华·菲茨杰拉德"。

———

"以众神捏造的肉体/我们举起酒杯/饮酒/唱歌/然后倒下/死去/化成泥土/泥土烧制成杯/杯中注入醇酒"。

【1787】

钟锦:《波斯短歌行》译序、凡例、奥玛珈音/波斯之天学诗客、考异、五版增注

2020年9月,钟锦译《波斯短歌行》,上海古籍出版社,第1-16页(线装本单页页码数)。

Rubáiyát 译为"波斯短歌行/鲁拜集"。

Omar Khayyám 译为"奥玛伽音"。

Edward FitzGerald 译为"爱德华费氏结楼"。

———

"费氏结楼之译鲁拜集也颇无约束此不得不言者也首章全为彼结撰四版之三十三章二版列其三十六二句撷之阿特见书信卷一二百五十一页四版之八十一章考威尔教授言原文无一句言及蛇吾遍检尼古拉斯版全书皆未见蛇字而吾常疑末句误译"。

【1788】

老鸽等:《鲁拜雅集》

2020年11月,宋政澔校录《鲁拜雅集》(自印本),第1-101页。

Rubáiyát 译为"鲁拜集"。

Omar Khayyám 译为"莪默伽亚谟/欧玛尔·海亚姆"。

Edward FitzGerald 译为"菲茨杰拉德/菲兹杰拉德"。

收入老鸽文《东君初醒:〈鲁拜集〉在中国的"希望"——〈鲁拜集〉引进中国被关注的初始阶段》、胡洪侠文《此憾何极——鲁拜大戏上演时,中国错过了什么?》、邵斌文《从译到作:〈鲁拜集〉译者的译-作互动》、眭谦文《山川悠远——莪默鲁拜创作中的城与国》、宋政灏文《凌波微步——鲁拜第三韵脚的艺术》、吴伟文《异域之眼——〈鲁拜集〉插图中的新艺术运动风格》和钟锦文《夺胎换骨:鲁拜集的翻译和黄山谷诗法》七篇文章。

书尾正文后附辑黄克孙、眭谦和钟锦三种七绝体文言译本,各5首(第12、17、18、28、58首诗节)。

————

《鲁拜雅集》为"中国鲁拜集俱乐部首届研讨会"的实录。2020年7月4日上午,以"腾讯会议"的线上形式举行沙龙。

[图十七] 第78、79首诗意

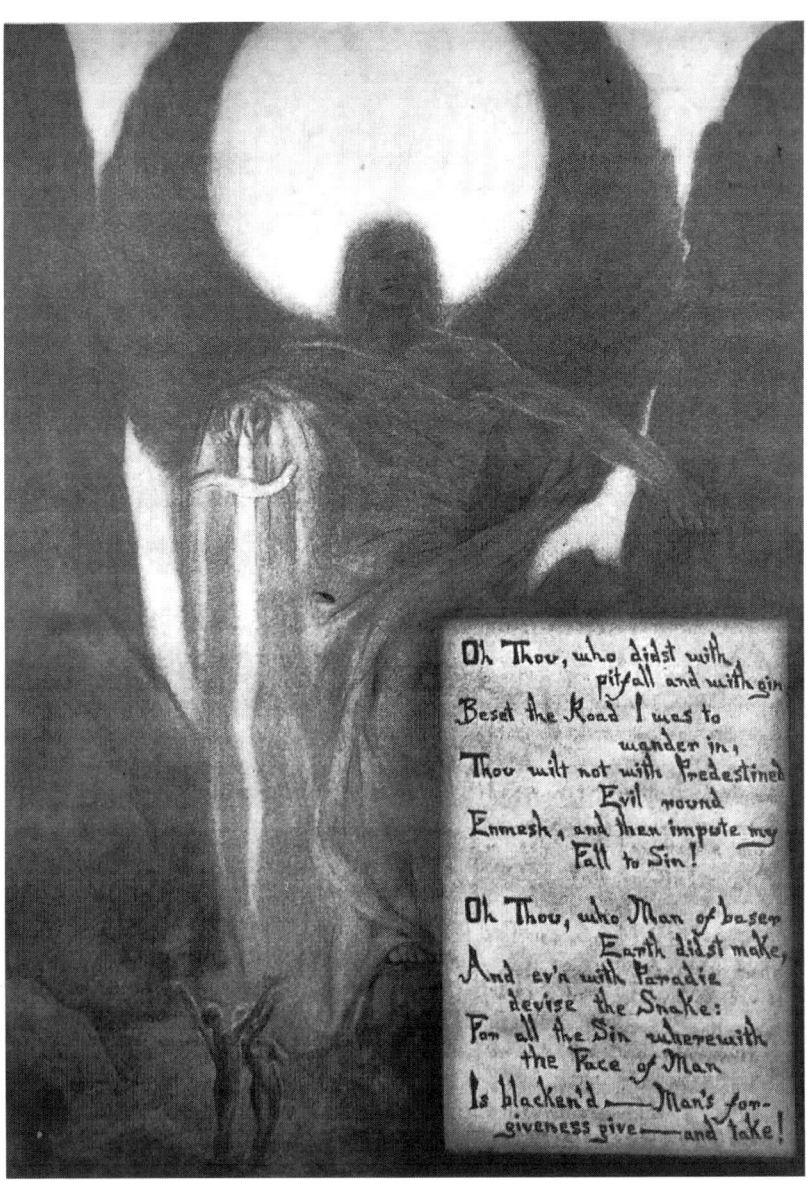

[图十八] 第80、81首诗意

索 引（以姓氏首字母为序，数字为条目编号）

A

阿拔斯,列查 – 217

阿比尔赫尔 – 1460

阿伯里 – 209

阿多尼斯 – 1776

阿尔帕,阿斯兰,塞尔桂·苏丹（阿勒卜·阿尔斯兰）– 1591,1647

阿钒 – 619

阿罡（俞昕罡）– 656,1072

阿拉,阿布尔 – 875

阿勒－巴希特,M.A. – 1669

阿里,麦 – 319

阿里耶夫,列·姆（鲁斯塔姆·阿里耶夫）– 16,190,227,269,430

阿利莫夫,拉希德 – 1588

阿木提,吾买尔江 – 1058

阿诺德,尼克 – 764,1287

阿皮亚努斯,彼得鲁斯 – 1496

阿特金森,里克 – 1674

阿西莫夫,穆罕默德·S. – 1669

埃斯凡迪亚里 – 232

埃斯库罗斯 – 1324

艾布拉姆斯,M.H. – 953

艾尔凯,努尔穆罕默德（努尔穆罕默德·艾尔克）– 850,939,1228

艾力,图尔荪阿依 – 689

艾龙 – 483

艾伦(爱德华·赫伦-艾兰/贺荣-艾伦/爱德华·赫荣-艾伦)-229,239,683,976,1105,1195,1626

艾伦,詹姆斯-1174

艾略特,T.S.-606,822,1078,1098,1520,1643

艾特伍德,玛格丽特-917

艾伟-719

艾文思-420

艾则孜,赛福鼎-1549

爱德华·麦克纳尔·伯恩斯-1483

爱因斯坦-1191,1712

安安-199

安德森,马乔莉-36,49,227,231

安行(徐文其/安行居士)-557

安诺德-1398

安萨里-1460,1647

安特迈耶,路易斯(刘易斯·安特迈耶)-42,444,502

安易-399

昂德梅叶-85,682

奥迪弗雷迪,皮耶尔乔治-1585,1667

奥弗比,丹尼斯-1191

奥米拉,史蒂夫·詹姆斯-1084

奥尼尔,尤金-157,1464,1767

奥斯曼诺夫,米·尼-16,190,269,430

奥斯曼诺夫,诺·奥-227

奥修-1446,1447

B

Bullock, John Rice-662

巴巴塔赫尔-1460

巴顿,伯纳德-322

巴尔扎克-1460

巴赫堤亚尔,莫扎法尔(穆扎法尔·巴赫蒂亚尔)-217,364,795

巴金－1088

巴克利,杰罗姆·H.－18,274

巴克汀－411,419,462

巴拉提－872

巴塞尔姆,唐纳德－1689

巴斯贝恩－601

巴斯奈特,苏珊－1690

白晶－1725

白居易－575,594

白马－1604

白先敬－18,272,1687

白先勇－1687

白雅帖,阿卜杜·沃哈布－828

白撞雨－547

百定安－1670

柏格伦,J·伦纳特－645

柏拉图－1636

柏丽(刘伯利)－30,127,193,194,324,348,349,350,351,352,353,363,385,1082,1345,1497

柏杨－1397

拜伦－699,861,1047,1048

薄景山－1192

鲍尔弗,罗纳德(巴尔福尔/包福尔/罗诺尔·巴尔福特)－20,32,38,46,49,52,59,67,81,130,258,259,281,284,299,334,368,373,417,620,623,681,769,858,1272,1278,1454,1465,1616,1780

鲍正鹄－925,977

贝尔,科里－1473

贝尔,罗伯特·安宁　3,10

贝克,L.A.－833

贝小戎(薛巍)－1571

本拉登－1024

◇《鲁拜集》汉译书目

比尔布姆(皮雅朋) - 250,1394,1450

比亚兹莱 - 620

彼得,J. - 1124

彼特拉克 - 1456

彼特连科,维·波 - 1389

毕达哥拉斯 - 1636

毕俊峰 - 1122

毕任庸 - 113,252

毕婷婷 - 570

卞东波 - 1733

卞学光 - 1156

卞之琳 - 757,888,1102

冰心 - 359

波德莱尔 - 821,1054

波加尼,威利(波卡尼) - 46,49,76,80,81,115,662,681,989,1077,1763

波罗日尼亚科夫 - 1427

波那尔 - 29

波斯戴尔 - 1470

波特,安布罗斯·乔治 - 1781

波特,比尔 - 1172

波西格,罗伯特·M. - 1184

伯顿,理查(理查德·F.伯顿) - 535

伯尔尼琼斯 - 535

伯曼,鲍勃 - 1743

伯尼,厄尔 - 917

伯瑞诺特,菲利普 - 1625

勃朗宁(布朗宁) - 535,797,1575,1590

勃朗宁夫人 - 1590

勃朗特,夏绿蒂 - 1018

博丁顿,斯蒂芬 - 1409

博尔赫斯,豪尔赫 - 146,412,413,518,817,867,1173,1282,1526,1636,

1670,1721

博耶,卡尔·B. – 1323

卜庆华 – 1430

卜允台 – 1610

布尔,勒内(雷内·布尔) – 20,32,49,80,81,308,569,1763

布尔顿,玛乔丽 – 132

布考斯基 – 1050

布克 – 1346

布拉德利,迈克尔·J. – 1300

布莱克斯利,S. – 1181

布朗温,弗兰克 – 81

布雷,斯坦利 – 1077

布里格斯,阿萨 – 1679

布鲁克菲尔德夫人 – 405

布鲁姆,哈罗德 – 891,1711

C

蔡德贵 – 225,415,1202,1437

蔡磊 – 1294

蔡良骥 – 1396

蔡天新 – 163,469,920,1526,1641

蔡新乐 – 460,463

蔡震 – 597

蔡志忠 – 1132

蔡智恒(观潮楼主/痞子蔡) – 842

仓央嘉措(达赖) – 1050

曹操 – 296

曹汾 – 1223

曹捷平 – 199

曹聚仁 – 1556

曹明伦 – 26

曹顺庆 – 852

◇《鲁拜集》汉译书目

曹未风 - 122

曹文轩 - 1276

曹烨 - 1185

曹媛 - 1709

曹玥 - 1122

岑麒祥 - 356

曾记 - 83,668,1706

曾建华 - 121

曾庆瑞 - 103,105,699,702,703

曾献 - 1156

曾诣 - 997

柴特霍姆,托 - 784,1425

柴伟佳 - 1186

常任侠 - 1117

常耀信 - 1166,1317

辰光 - 103

陈苍多 - 515

陈次云 - 18,22,39,267,272,273,274,275,316,422,899,1062,1687

陈达生 - 807

陈大亮 - 944

陈丹 - 1752

陈丹青 - 1005

陈德中 - 1144

陈定刚 - 1360

陈东飚 - 817,1282,1639,1689

陈东东 - 1774

陈惇 - 811

陈福康 - 792

陈高华 - 393

陈国恩 - 589

陈建功 - 1313

陈建华－863

陈建铭－897

陈建中－796

陈锦端－1033

陈静－816

陈静芳－1506

陈君朴－164,945

陈黎－1182

陈辽－908,919

陈朴－26

陈其旭－1595,1577

陈庆－1566,1611

陈榕－914

陈融－361,788

陈绍伟－309

陈叔平－1679

陈舜臣－201,947,951,1618

陈四益－404,409,476,925,977

陈松－1300

陈望道－337

陈维升－766

陈卫－1759

陈文－1767

陈西滢（西滢/陈通伯/陈源）－709

陈晓林－122

陈晓玮－857

陈晓曦－1178,1714

陈筱卿－1573

陈秀莲－1406

陈旭轮－1208

陈渲文－658

◇《鲁拜集》汉译书目

　　陈雅谦 – 1601

　　陈艳莹 – 1136

　　陈养正 – 1496

　　陈义华 – 1355

　　陈应年 – 700,712,723

　　陈永国 – 980

　　陈有进 – 360

　　陈雨 – 407

　　陈玉刚 – 773

　　陈毓泰 – 1034

　　陈跃 – 1616

　　陈越 – 1253

　　陈韵琴 – 846

　　陈之藩 – 134,754,954

　　陈至立 – 495

　　陈志明 – 1297

　　陈重仁 – 146,867

　　陈茁 – 1448

　　陈子弘 – 817

　　陈子慕 – 886

　　陈子善 – 1014,1275

　　成仿吾 – 86,100,101,235,239,330,698

　　成吉思汗 – 1477,1618

　　成良臣 – 865

　　成思 – 1749

　　成湘丽 – 589

　　程杰 – 1163

　　程敏 – 676

　　程彤 – 1026

　　程一身 – 1160,1306

　　程永生 – 1710

程郁缀 - 360

程在里 - 315

程中原 - 701

仇桂珍 - 1725

厨川白村 - 1020,1054

川合康三 - 1733

川喜多长政 - 1702

慈恩 - 15,18,25,29,267,346

崔旌晖 - 1331

崔同 - 1448

崔艳燕 - 199

D

达尔维西 - 261

达尔文,查尔斯 - 425,1085,1104,1288,1679

达罗,克莱伦斯·西华 - 1455

戴冰 - 1636

戴尔,韦恩·W. - 1154

戴尔 - 1475

戴建业 - 1671

戴明贤 - 533

戴森,弗里曼 - 1171

丹尼斯,费利克斯 - 1158

丹齐格,夏尔 - 1684

丹齐克,托比亚斯 - 1467

丹斯洛 - 1604

但丁 - 753,1407

但汉源 - 1158

珰生 - 700

德莱顿 - 795

德林瓦特,约翰 - 980

邓恩 - 907

◇《鲁拜集》汉译书目

邓季方 – 1415

邓九平 – 369

邓均吾(邓成均) – 159,468,1415

邓肯,伊莎多拉(伊莎朵拉·邓肯) – 1506

邓立群 – 159,468,1415

邓明立 – 1296

邓其仁 – 1287

邓乔彬 – 1247

邓宪彤 – 1415

邓宪云 – 1415

邓雪梅 – 971

邓颖 – 159,468,1415

狄更斯 – 557

笛卡尔 – 469

殿森(高殿森) – 111,251

刁绍华 – 345

丁传光 – 1644

丁丹 – 1561

丁观加 – 56

丁鲁 – 1426

丁尼生 – 588,710,797,1380,1631,1688,1711

丁尼生,弗雷德里克 – 1380

丁湘 – 425

丁新华 – 836

丁彦博 – 122

东方白(林文德) – 1134

董晨宇 – 1749

董父 – 1471

董海琳 – 572

董桥 – 52,474,477,514,535,551,558,662,664,924,946,950,989,1017,1072,1073,1545,1609,1728,1779

董小染 - 560

董冶字 - 1025

都本海 - 1421

都华 - 204,579

都森 - 204,579,684

窦武 - 1117

杜博妮 - 994

杜承南 - 764,804,805

杜冬 - 1640

杜菲,胡奥 - 29

杜甫 - 594,776,855

杜建慧 - 827

杜拉克(杜赖克/爱德蒙·杜拉克) - 46,47,50,52,61,62,63,81,86,477, 499,514,539,569,587,626,642,672,681,706,924,1016,1060,1073,1077, 1340,1728,1780

杜勒 - 458

杜磊 - 1665

杜平 - 933

杜瑞清 - 1142

杜瑞芝 - 418,1242,1255,1405,1546

杜桑,弗兰兹 - 189,266

杜庭广 - 122

杜昀初 - 1157,1543

杜蒸民 - 1560

段峰 - 1537

段晓华 - 79,639

多德森,伯特 - 1157,1543

多克,罗宾 - 1343

多丽丝·帕尔默 - 49,80,81

朵丽斯 - 1545

俄狄浦斯 - 1324

E

鄂以迪 – 1008

F

fang – 92

法格海,艾哈迈德·易卜拉欣 – 1770

法兰奇,保罗 – 1606

法希奇扬,马赫穆德(玛赫穆德·法尔师奇扬) – 217,228,233

范传新 – 882

范存忠 – 733,738

范德比尔特,葛洛莉娅 – 1188

范虹 – 1123

范佳毅 – 1447

范家材 – 396,1076

范军 – 1264

范泉 – 1529

范司永 – 1715

范岳 – 1459

梵高 – 199

方汉文 – 588

方华文 – 889

方坪 – 203,1015

方世忠 – 1446

方修 – 1386

方亚婷 – 577

方瑜 – 25,53,74,311,501

方振宇 – 199

方重 – 322,1083

房龙,亨德里克·威廉 – 816,1147

飞白(汪飞白) – 35,130,334,383,749,774,992,999,1037

菲茨杰拉德,F. S. – 1696

菲茨毛里斯-凯利 – 783

菲尔多西 — 360,432,561,740,844,863,892,896,905,923,1065,1424,1524

菲胥,安妮 — 49,81

费迪曼,克里夫顿 — 1325

费里,乔治娜 — 1165

费马 — 1585,1667

费祖里,穆罕默德 — 736

冯承天 — 1191

冯冠军 — 589

冯丽军 — 871

冯良玉 — 1206

冯尼尔 — 1116

冯全功 — 1622

冯速 — 1632

冯唐 — 1001

冯涛 — 1664

冯文夫 — 1122

冯象 — 170,518,1078

冯亦代(冯贻德) — 369

冯至 — 288,290,1623

冯志杰 — 173

弗兰克,菲利普 — 1712

弗里斯,曼弗雷德·凯茨·德 — 1561

弗罗美,阿兰(艾伦·弗罗姆/艾伦·佛罗姆) — 1123

弗罗斯脱(罗·弗罗斯特/佛洛斯特) — 180,774,1011,1063,1407

伏鲁基,穆罕默德·阿里 — 226,227,229,232,370,427

伏生 — 256

伏晓 — 1084

符立中 — 1687

符蕊 — 1532

福尔克斯 — 1120

福克纳,威廉 — 1443,1645

福拉德万德,穆罕默德·玛赫迪 — 333

福尼,克里斯廷 — 1567

付祥喜 — 715

傅浩 — 132,343,886,887

傅加令 — 332

傅惟慈(傅韦) — 151,453

傅一勤 — 43,446,451,471

傅永吉 — 833

傅勇林 — 496

傅月庵(林皎宏) — 440,982

傅正明 — 67,84,205,229,563,568,586,593,594,604,610,669,671,673,674,695,1366,1367

傅宗洪 — 1599

富豪杰 — 1716

G

Green& 听雨馆主 — 61

Groome,Francis Hindes — 990

盖迪斯,尤恩 — 15,81,108,706

盖逊 — 396

甘地 — 1650

甘菁菁 — 1586

冈恩,詹姆斯 — 1137

高岱 — 1483

高德容 — 684

高尔基 — 203,1015

高尔斯华绥 — 1439

高华丽 — 1548

高连营 — 1525

高凌云 — 1634

高清海 — 326

高天恩 — 621

高伟-1555

高艳-199

高詹灿-199

戈德斯通,杰克-1562

戈登,伊恩-1140,1476

戈山-279

戈斯内尔,玛丽安娜-1571

哥白尼-586

歌德-561,712,715,1335,1375,1460

格非(刘勇)-561,1001,1173,1335

格兰特,苏珊玛丽-1749

格雷厄姆,A.C.(葛瑞汉)-737,761,909

格雷芬哈根,莫里斯-81

格里埃逊-746

格里马乔夫,尼·马-1456

格鲁塞,勒内-1477

格鲁塞,雷奈-1117

葛桂录-175,849,981,1020

葛能全-452

葛青-199

耿丹-1532

耿淡如-122

耿俐琴-824

耿强-1696

耿升-1523

宫科-1597

宫崎骏-1553

宫照华-1103

龚皓-1186

龚旭东-1579

辜正坤-140,342,343,403,777,886,1515

◇《鲁拜集》汉译书目

  古德,戴尔 - 1283

  古尔德,斯蒂芬·杰 - 1769

  古莉娜 - 313

  顾彬,沃尔夫冈 - 207

  顾凡及 - 1181

  顾凤城 - 1209

  顾家华(老鸽) - 75,77,81,85,179,496,609,630,636,637,638,651,656,679,693,1781,1788

  顾农 - 661

  顾延龄 - 1451,1488

  顾永棣 - 103

  顾远 - 550

  顾真(迤逦鸦) - 640,1060

  关口笃 - 1726

  关万维 - 1093

  关永强 - 1562

  管道升 - 1705

  郭宝华 - 1519

  郭东斌 - 858

  郭厚英 - 1169

  郭辉 - 615

  郭继德 - 157

  郭景儒 - 1287

  郭沫若(郭开贞) - 1,2,3,4,5,6,7,8,10,12,13,14,16,17,19,21,26,27,42,50,61,62,70,86,100,101,102,140,190,197,236,237,238,241,250,269,302,312,320,330,332,336,341,342,347,348,363,369,410,431,434,441,444,460,463,467,481,484,496,499,513,522,538,543,544,545,548,558,562,564,565,570,571,583,607,612,675,676,677,690,697,698,699,705,724,725,743,745,746,754,759,772,773,796,797,804,805,814,836,860,866,876,880,884,887,889,893,899,906,921,928,938,940,942,947,949,966,972,973,980,983,987,1000,1002,1004,1006,1019,1022,1043,1047,

1053,1056,1057,1076,1108,1112,1208,1210,1215,1219,1223,1240,1241,
1245,1253,1276,1280,1281,1288,1301,1310,1314,1330,1348,1350,1372,
1376,1390,1391,1416,1430,1507,1515,1525,1533,1554,1555,1556,1558,
1560,1576,1594,1596,1599,1600,1623,1638,1674,1686,1729,1735,1739,
1745,1748,1759

郭其各－1427

郭书春－1663

郭小凌－122

郭昕－1183

郭园园－645,1032,1356,1365

郭月霞－450

郭照天－1086

郭振乾－305

郭著章－836

H

Holden,Edward S.－239

哈伯德,阿尔伯特－1604

哈代－1570,1648,1713

哈尔,R.－1124

哈菲兹(和菲兹/哈菲孜)－239,247,432,760,788,829,844,856,874,892,
896,905,1066,1081,1248,1402

哈基姆,乔伊－1179,1754

哈吉,阿里·阿斯加尔－77,636

哈吉甫,玉素甫·哈斯－627,1058

哈林,里奇－1084

哈罗德·豪－1279,1517

哈珀姆,杰弗里·高尔特－953

哈普特,杰利－1475

哈全安－1647

哈桑(霍山)－526,727,1024

哈特戴维斯,亚当－1750

◇《鲁拜集》汉译书目

哈泽尔丁,诺顿·F. W. – 67,593

海岸 – 99,237,697,705,707,712,715,729,737,751,753,771,774,830,847,855,860

海滨 – 1123

海答儿,米儿咱·马黑德 – 1198

海德格尔,马丁 – 1442

海尔布兰特,阿兰 – 1429

海明威 – 1460

海涅 – 1034

海宁,让-吕克 – 1552

海伊,约翰 – 976

海哲 – 199

韩夫人 – 727

韩启群 – 1607

韩生辉 – 1064

韩石三 – 103,240,699,702,703

韩文慧 – 1672

韩祥临 – 1080

韩小蕙 – 1487

韩艳玲 – 564

汉高,奥古斯特 – 81

豪斯曼,A. E.(霍思曼)– 777,916,1119,1570

郝柏林 – 1685

郝关中 – 785

郝岚 – 442

郝文昌(文以清心)– 91

郝文胜 – 136,397

郝振绪 – 978

何华 – 1021,1071,1638

何茂正 – 804

何乃英 – 220,353,370,379,380,384,767,791,798,799,800,801,811,862

何青鹏 - 199

何瑞清 - 1760

何文明 - 1617

何元元 - 1196

和谈 - 589

荷东 - 105,242

荷马 - 768,776

贺拉斯 - 953

贺同睿 - 81

贺祥麟 - 1460,1713

贺一舟 - 1720

赫达亚特,萨迪克 - 226,227,229,232,380,428,821,1101

赫里克 - 980

赫西俄德 - 1646

鹤西(程侃声) - 135,145,196,200,395,438,439,508,512,533,561,692,1678

黑尔,罗伯特·贝弗利 - 1738

黑柳恒男 - 1403

黑马 - 1677

黑鸟(刘琳) - 1492

黑塞,赫尔曼 - 1070

亨利,欧(哦亨利/博德) - 109,123,139,147,173,914,1723

洪友 - 1154

洪振国 - 117,755,756

侯传文 - 492

侯德生 - 1402

侯会 - 1763

胡德芬 - 1400

胡洪侠 - 514,539,946,1788

胡家峦 - 121

胡江冬秀 - 123

◇《鲁拜集》汉译书目

胡瑾(时空书旅人/huhu)－1111

胡敬署－360

胡俊美－1296,1585,1667

胡亮－694

胡玛依－227

胡明－109

胡明扬－374

胡乔木－288,290

胡适(胡适之/胡洪骍)－61,86,97,98,109,123,240,241,242,271,484,491,517,537,702,703,744,880,884,899,900,1053,1099,1560,1620,1745,1781

胡素燕－1600

胡晓林－394,818

胡毅－126

胡泽刚－152,782,890

胡湛珍－279,339

胡真文－1431

胡正学－329

胡志勇－504

胡仲持(胡学志)－112,710,1384

胡壮麟－618

胡作玄－1585,1667

华昌平－18,

华特－1074

华特功德－1453

华兹华斯－1020,1054,1398

怀尔斯－1585,1667

怀特,詹姆士－1407

怀文－331

荒川茂－697

黄传亮－1329

黄淳 – 1164

黄淳浩 – 236

黄芳 – 545

黄杲昶 – 758

黄杲炘 – 20,26,32,34,35,37,38,41,45,46,48,57,63,68,69,80,88,140,197,286,289,312,314,363,368,401,435,441,449,470,480,522,546,548,550,565,566,569,603,607,616,623,641,654,655,656,657,659,679,693,758,815,819,837,839,847,878,881,888,899,912,934,937,952,979,986,1000,1011,1016,1046,1057,1059,1069,1082,1085,1094,1098,1099,1102,1106,1108,1113,1114,1235,1271,1315,1515,1575,1734,1752,1777

黄国彬 – 826

黄恒正（黄舜英） – 1220

黄洪光 – 1039

黄华 – 745

黄嘉德 – 709,719,720

黄璟 – 795

黄凯存 – 1489

黄克孙 – 15,25,28,52,53,60,64,67,73,74,76,78,134,267,268,302,310,311,316,317,411,419,420,474,477,478,494,501,515,522,527,532,534,536,549,554,555,558,564,571,573,576,577,581,590,593,607,611,614,621,635,646,647,675,677,679,834,842,860,868,899,913,996,1021,1045,1062,1068,1071,1285,1482,1628,1638,1646,1674,1686,1714,1715,1739,1759,1788

黄禄善 – 121

黄岜子 – 1513

黄绮静 – 784

黄绮丽 – 1425

黄秋瀛 – 1238

黄曙辉 – 96

黄思恩 – 202,526

黄庭坚 – 1092

黄微芬 – 489

黄维樑 – 973

黄文范 – 1453

黄修齐 – 1439

黄永厚 – 404,409

黄永玉 – 725

黄勇 – 1504

黄玉华 – 1194

黄忠廉 – 1463

黄福海 – 176

霍尔,伊莎贝尔·霍克斯赫斯特 – 1781

霍克,迪 – 1695

霍克海默,杰克 – 1084

霍克斯,泰伦斯 – 1125

J

基亚罗斯塔米,阿巴斯 – 843,1530

纪伯伦 – 1527

纪志刚 – 1365

季成家 – 388

季广茂 – 1453

季素彩 – 1450

季羡林 – 210,287,304,319,338,371,376,391,424,794,841,931,1019,1457

济慈 – 861,1017,1047,1048

加尔文 – 1085

加富罗夫,Б.Г. – 1189

加勒特,埃德蒙 – 18,39,81

伽达默尔,汉斯 – 格奥尔格·伽达默尔 – 873

伽利略 – 669

简平 – 602

简娉 – 1175,1653

建安 – 1392

江川澜(李澜) – 1596
江枫 – 389,806,812,830,853,1642
江伙生 – 329
江家骏 – 805,921
江宁康 – 891
江日新 – 49,482
江溶 – 304
江晓原 – 473,536,605,1466
江勇振 – 1620
江泽民 – 414,495,898
姜椿芳 – 290
姜德明 – 583
姜夔 – 626
姜美善 – 1311
姜欣 – 1477
姜雪梅 – 1163
姜云行 – 125
蒋承勇 – 844,923
蒋达 – 1248
蒋复璁 – 699,702
蒋洪新 – 1286,1629,1630
蒋孔阳 – 1510
蒋梦麟 – 119
蒋骁华 – 1193,1541
蒋星煜 – 120,264,475
焦姆金,谢尔盖 – 1471
焦鹏帅 – 180,1063
揭侠 – 1127
揭小勇 – 1684
杰克逊,A.E. – 49
杰米(贾米) – 410,833,892

◇《鲁拜集》汉译书目

洁子衿 – 1320

金,杰西·M. – 81

金,马丁·路德 – 1534

金春岚 – 545

金红子 – 1289

金杰 – 81,1669

金敬红 – 926

金莱克,A. W. – 1756

金灵 – 199

金马 – 1130

金绍禹 – 1153

金圣华 – 826

金雯 – 1711

金宜久 – 398

金庸(查良镛) – 125,727,1297,1330

晋剑琴 – 576

靳涵身 – 1146

居三元 – 375

K

卡尔,乌拉 – 49,640

卡尔德隆 – 410,1324,1425

卡佛,雷蒙德 – 1612

卡夫卡 – 1571

卡莱尔,托马斯 – 420,712,1536

卡耐基,戴尔 – 1122

卡尼,迈克尔(M.科尔尼/莫·卡尼) – 76,79,85,633

卡恰图良,萨尔基斯(萨尔基斯·卡恰杜良/萨基斯·喀特查都里安) – 44,81,1088,1780

卡斯托 – 1002

卡台伯,玛德丁 – 391

卡维尔 – 795

卡西,阿尔 – 1356

卡兹,维克多·J. – 645

凯勒,海伦 – 1566,1607,1611

凯利,斯图尔特 – 1536

恺蒂(郑海瑶) – 1109,1110

康德 – 1092

康笑宇 – 197,625

亢继军 – 1539

考索恩,奈杰尔 – 1532

考威尔(科维尔/寇安尔) – 444,764,877,910,1342

柯里尔(罗伯特·科里尔) – 1163

柯文辉 – 1589

科恩,理查德 – 1704

科恩,马丁 – 1148

科尔,赫伯特(赫伯特·柯尔) – 81,499

科赫,罗伯特 – 1604

可道 – 1147

克拉克,哈利 – 81

克拉克,罗纳德·沃 – 1191

克兰,迈克尔 – 154

克兰,沃尔特 – 458

克雷布 – 322

克里帕拉尼,克里希纳 – 1650

克里斯蒂,阿加莎 – 927

克罗夫顿,I. – 1459

克热木,阿布都外力 – 939

克瓦里兹米,阿尔 – 1406

肯特 – 539

孔斌 – 1137

孔国平 – 1405

孔融 – 726

孔燕然 — 555

孔子 — 671

寇轶中 — 1444

堀井梁步 — 199

库芒,乔斯 — 1781

库珀,希瑟 — 964,1188

夸里奇(伯纳德·夸瑞奇/桔利兹) — 509,535,897,1072,1109,1110,1545,1781

昆内尔,彼得 — 784,1425

L

Lesli,Shanee — 640

Low,Cheng Tak — 260

拉马钱德兰,V. S. — 1181

拉蒙特,C. — 1387

莱布尼茨 — 469

莱恩,罗伯特 — 1722

莱特,约翰·巴克兰 — 81,686

赖默尔,吕塔 — 1298

赖默尔,维尔贝特 — 1298

兰茨伯格,马克斯 — 1156

兰德贝格,翡冷翠丝(佛罗伦萨·伦德伯格) — 79,81

兰姆,海洛特 — 257

兰札,罗伯特 — 1743

蓝海 — 1506

蓝琪 — 1771

蓝祖蔚 — 1553

澜昕 — 199

郎樱 — 393

朗文 — 1063

劳陇(许景渊) — 732,746

劳伦斯,D. H. — 1438,1539

索 引

劳榦(劳榦) – 25,311

老于 – 1471

老子 – 594

乐黛云 – 372

乐群 – 122

勒菲弗尔,安德烈(安德列·莱弗威尔/勒弗维尔) – 517,543,676,691,846,877,944,1551,1608,1737,1760

勒加利纳 – 1195

勒纳,罗伯特·E. – 1483

雷勒居约 – 189,266

雷罗斯 – 776

雷墨 – 1091

雷石榆 – 740,1568

雷万忠 – 827

雷扎 – 86,222

雷宗瑞 – 573

冷深 – 1475

黎跃进 – 781,841,852,892,1013

李安宅(李锡周) – 110

李敖 – 143

李白(李太白) – 52,291,311,313,381,457,528,531,540,705,726,776,793,856,887,947,1005,1065,1276,1500,1651,1731

李标晶 – 410

李冰冰 – 1725

李冰封 – 832

李畅培 – 1603

李超 – 611

李焯芬 – 485

李琛 – 828

李晨 – 121

李川 – 1646

◇《鲁拜集》汉译书目

 李丹 - 541,993

 李德庆 - 1432

 李东林 - 338

 李独清 - 1334

 李非凡 - 94

 李福田 - 785

 李赋宁 - 742

 李光超 - 1252

 李光延 - 1289

 李广才 - 1293

 李广宇 - 664

 李国香 - 1145,1493

 李含 - 816

 李红杰 - 1704

 李洪顺 - 1506

 李桦 - 725

 李怀宇 - 996

 李辉 - 1764

 李卉 - 1155

 李霁野 - 30,44,128,306,348,448,455,773,899,1018,1041

 李家銮 - 1635

 李建云 - 199

 李竟容(李自苏/李镜容/李竟荣) - 770,831,908,919,978,1783

 李敬泽 - 1721

 李静滢 - 1660

 李钧 - 1085

 李克因 - 770,908,919

 李兰杰 - 1716

 李霖 - 101

 李凌云 - 178,182,596,612,1077

 李龙机 - 816

李莽 – 1729
李美 – 1626
李梦蕾 – 1712
李明滨 – 1100
李乃坤 – 1648
李宁 – 503
李侬 – 950,989
李欧梵 – 144,859,1275
李庆西 – 103,240,699,702
李秋音 – 199
李荣建 – 1770
李儒忠 – 627
李商隐 – 842,1628
李士兴 – 1402
李奭学 – 420,848
李台营 – 60
李天飞 – 96
李天纲 – 710
李铁岗 – 1634
李婷 – 629
李婷婷 – 677
李唯建 – 114
李唯中 – 1527
李伟民 – 985
李伟文 – 1176
李炜 – 183,209,1104
李文凤 – 949
李文革 – 879
李文俊 – 499,784,1645
李文钟 – 793
李雯 – 913

◇《鲁拜集》汉译书目

  李悟 – 82,665

  李锡禧 – 778

  李熙泰 – 1428

  李晓红 – 967

  李晓玲 – 1324

  李晓庆 – 1722

  李晓瞳 – 1343

  李晓煦 – 1753

  李欣 – 652

  李欣欣 – 199

  李旭大 – 1291,1508

  李亚林 – 381

  李亚伟 – 1593,1742

  李妍 – 1103

  李岩 – 484

  李洋 – 1530

  李业道 – 814

  李以亮 – 1361

  李毅春 – 1126,1248

  李营 – 1328

  李永灿 – 1159

  李永毅 – 121

  李泳 – 1152

  李又羲 – 1695

  李玉瑶 – 942

  李育中 – 283

  李约瑟 – 1591

  李载道 – 894

  李长声 – 947

  李兆隆 – 154

  李镇 – 1481

李志强 – 606

李重民 – 199

里萨 – 308,1470

力群 – 725

丽森,阿德莱德·汉斯科姆(阿德莱德·汉斯肯·布兰奇·卡明) – 81,308

利威耶(里维耶) – 551,662,1017,1073,1074,1111,1728

栗长江 – 910

梁潮 – 354

梁焕强 – 851

梁洁 – 122

梁进 – 1785

梁珺霞 – 1018

梁立基 – 740

梁青 – 1731

梁实秋 – 24,31,40,131,277,278,303,699,702,722,728,775,796,1383,1388,1390,1430,1576,1592,1655,1708,1755

梁祥美 – 1336

梁欣荣 – 64,206,571,598,621,1045

梁玉令 – 308

梁遇春 – 832,1373

梁宗岱 – 715,888,1047

梁宗巨 – 387,421,731,762,810

梁祖永 – 1399

廖昌胤 – 857

廖七 · 884,900

廖雯雯 – 199

林辰 – 606

林楚平 – 1474

林丰民 – 1009

林广泽 – 866

林煌天 – 400

◇《鲁拜集》汉译书目

> 林林 – 772
>
> 林明德 – 1395
>
> 林庆扬 – 1584
>
> 林庆昭 – 1122
>
> 林若年 – 720
>
> 林少华 – 199
>
> 林纾(林琴南) – 849,857,930,1580
>
> 林同济 – 122
>
> 林骧华 – 133,790,1244
>
> 林雅典 – 1428
>
> 林亚光 – 292
>
> 林耀华 – 394,818
>
> 林颐 – 608
>
> 林语堂(林玉堂) – 88,106,107,244,671,712,720,1033,1368,1576,1744
>
> 林媛 – 199
>
> 林正 – 1455
>
> 林之非(彭端智/育林) – 293,305,358,748
>
> 林之木 – 817
>
> 林子涵 – 202,526
>
> 临湖 – 138,710
>
> 刘安武 – 338,391
>
> 刘白桦 – 121
>
> 刘半农(刘复) – 61,184,1533
>
> 刘北成 – 122
>
> 刘兵 – 1466
>
> 刘勃 – 1590
>
> 刘崇丽 – 1438
>
> 刘丹 – 963
>
> 刘芳 – 1122
>
> 刘刚 – 1587
>
> 刘桂兰 – 1686

刘国善 - 72,572,617

刘海藩 - 456

刘海娜 - 1707

刘海星 - 1589

刘宏照 - 1580

刘洪涛 - 492

刘华文 - 1482

刘慧 - 852,1460

刘佳敏 - 71,75,626,630

刘建基 - 411,419,451,457,462,471

刘介民 - 849

刘锦丹 - 1155

刘劲飞 - 1600

刘靖之 - 712

刘巨文 - 1107

刘军平 - 994,1141,1478,1551

刘魁立 - 203

刘乐园 - 145,508,663

刘琳 - 918

刘凌 - 856

刘满芸 - 1657

刘美丽 - 1116

刘美希 - 562

刘宓庆 - 1514

刘闽 - 872

刘琪 - 1769

刘全福 - 836

刘如梅 - 1771

刘如溪 - 1558

刘睿铭 - 166

刘绍铭 - 893

◇《鲁拜集》汉译书目

刘淑萱 - 306

刘涛 - 718

刘天呈 - 1272

刘天华 - 31,131,278,728

刘田 - 1531

刘万康 - 308

刘苇 - 1730

刘蔚华 - 355

刘霞 - 1006

刘岘 - 725

刘献彪 - 849

刘献军 - 1663

刘霄翔 - 199

刘效礼 - 856

刘新民 - 912,1570,1699

刘亚丁 - 606

刘以焕 - 296,344,960

刘英军 - 1090

刘英凯 - 771,1660

刘颖 - 72,572,574,617

刘永杰 - 1767

刘永年 - 204,579

刘禹轩 - 552

刘玉麟 - 122,763

刘玥 - 1185

刘云 - 584

刘运峰 - 1655

刘振堂 - 956

刘知非 - 265

刘仲敬(数卷残编) - 89

刘重德 - 819

留里科夫,尤 – 1419

柳亚子 – 1649

柳已青(刘宜庆) – 1651

龙艳 – 1598

楼适夷 – 1391

卢伯克,约翰 – 1192

卢惠龙 – 533

卢卡,戴安娜·德 – 1159

卢康华 – 1457

卢铁澎 – 354

卢葳 – 1536

卢炜 – 1047

卢蔚秋 – 759

鲁保罗 – 1523

鲁滨,查尔斯 – 81,681

鲁滨逊,托马斯·希斯 – 49,81

鲁达基(鲁达吉) – 340,360,367,375,589,634,760,780,786,791,803,829,844,892,904,905,943,1006,1013,1058,1081,1086,1353,1751

鲁米(莫拉维/毛拉维) – 432,844,874,905

鲁迅(周树人) – 708,711,1014,1018,1216,1592

陆丁 – 1148

陆谷孙 – 336

陆灏 – 1235

陆嘉玉 – 214,325

陆建德 – 1643

陆建华 – 1565

陆瑾 – 991

陆求实 – 199

陆人 – 1440

陆游 – 972

陆钰明 – 1023

◇《鲁拜集》汉译书目

陆赟 – 1650

潞潞 – 822

伦敦,杰克 – 121,962,975

罗家伦 – 119,1169

罗乐 – 624

罗亮 – 1155

罗洛 – 751

罗念生 – 714

罗青 – 1407

罗琼 – 1737

罗塞蒂(罗斯蒂/罗赛蒂) – 416,420,458,509,518,535,662,749,763,867,1109,1221,1711

罗斯,爱德华·丁尼生(露斯/邓尼生·罗斯/爱德华·邓尼生·罗斯) – 187,246,868

罗斯,戈登 – 36,81,85,227,231

罗松涛 – 199

罗素,伯特兰 – 1590

罗文军 – 236,1599

罗文敏 – 1097

罗新 – 1778

罗新璋 – 478,700,712,723

罗旭 – 707

罗选民 – 55,416,524,542,824,839,1451

罗义蕴 – 26

罗庸 – 119

罗忠镕 – 1224

洛,约瑟夫 – 77

洛威尔(洛厄尔) – 46,623,641

骆寒超 – 1533

骆伟 – 1489

吕海玲 – 648

吕厚量-122

吕骥(吕展青)-320,765,814,1310,1507

吕乃刚-1120

吕鹏-1365

吕姗姗-1625

吕同六-279,339

吕效祖-102

吕英亮-1507

吕长清-1172

绿茶(方绪晓)-1096

绿原(刘仁甫/刘半九)-150,753

M

马蒂斯-458

马广利-1180

马国亮-1381

马哈木提,拜赫里万-736

马海甸-987,1003,1784

马红军-909

马宏伟-1172

马骏娥-1325

马克-725

马克利斯,约瑟夫-1567

马旷源-402

马良春-785

马林-1539

马凌-442

马卢夫,阿敏-202,526,1778

马瑞瑜-852

马树钧-735,1190

马涛红-1574

马永平-199

◇《鲁拜集》汉译书目

马征 - 1009

马祖毅 - 1524

玛约尔,费德里科 - 505

玛札,尼古拉斯 - 1614

买买提力,美合拉伊 - 850

迈斯特,威廉 - 712

麦吉尔 - 1126,1248

麦卡利,P. - 1470

麦克杜格尔,威廉·布朗 - 81

麦克马纳斯,布兰奇 - 49,81

麦茜,约翰(约翰·玛西/约翰·梅西/约翰·阿尔伯特·梅西/J.梅西/汉弗瑞) - 112,116,138,149,153,166,168,181,710

麦斯 - 1510

麦西尼(揭斯丁·亨德利·麦卡锡) - 79,416,639

麦永雄 - 234,354,685

曼凯维奇,理查德 - 1632

芒罗,萨基·H.(萨基/赫克托·休·芒罗) - 901,914

毛利丹 - 498

毛姆,威廉·萨默塞特 - 1697,1698

毛晓雯 - 1168,1582,1631

茅盾(沈雁冰) - 745,1018,1623

梅川(王方仁/方仁) - 1014

梅杰,约翰·S. - 1325

梅里蒂斯,乔治 - 1711

梅瑞狄斯 - 535

梅兹巴赫,尤塔·C. - 1323

门顺德 - 523

孟松 - 540

孟薇 - 1070

孟文博 - 1002

孟祥森 - 18,29,267,272,273,274,275,346,471,1062,1687

孟修 – 802

孟昭毅 – 424,437,780,854,892,894,1019,1354,1637,1692

梦露,玛丽莲 – 1532

米尔扎拜迪里 – 736

米海列斯库,凯林 – 安德 – 146,867

米吉提,艾克拜尔 – 1549

米尼亚,侯赛因·贝扎得（侯赛因·贝赫扎德）– 36,217,232

密尔,约翰·斯图亚特 – 1104,1679

闵恩贞 – 1311

敏夫 – 1434

明茨伯格,亨利 – 1501

缪佳 – 527,534

摩顿森,葛瑞格 – 1194

摩尔根斯特恩 – 1011

莫兰,乔 – 1756

莫雷,理查德 – 55

莫里斯,威廉（摩理斯）– 416,458,535,712,763,946,1077,1711,1730

莫洛伊,迈克尔 – 1758

莫雅平 – 1724

莫幼群 – 1544

莫渝（林良雅）– 34,39,148,316,1416

牟国胜 – 1761

木曾 – 721

木村毅 – 247

木心（孙璞/孙仰中/牧心）– 86,160,1005

穆哈马迪,哈桑 – 217

穆罕默德,奎温·毕恩 – 255

穆宏燕 – 222,234,378,432,519,685,821,838,874,1081

穆雷,韦伯斯特 – 81

穆南 – 1125

穆睿清 – 307

◇《鲁拜集》汉译书目

N

纳博科夫,弗拉基米尔 – 1153

纳兰妙殊 – 1675

纳塞尔,赛义德·侯赛因 – 1746

纳沃伊,阿里舍尔(艾里希尔·纳沃依) – 736,1535

南健翀 – 1538

尼尔森,凯 – 620

尼格玛托夫,努曼 – 1669

尼可拉 – 275

尼文,珍妮弗 – 1143

尼赞米,奎瓦雅 – 273

尼札姆(尼若牟/尼札姆·阿尔穆克/尼扎姆·穆勒克) – 526,727,1024,1591,1647

倪培耕 – 372

倪湛舸 – 172

涅扎米(尼扎米/内扎米) – 844,892,896,905,991,1289

宁宓用 – 801

牛顿 – 469

努瓦斯,艾卜 – 1527

诺顿(偌顿) – 1063

诺顿,A.爱德华(爱德华·纽顿) – 897,1498

诺顿,查尔斯·艾略特 – 509,1104

诺斯科特,温迪 – 1164

诺特博姆,塞斯 – 1640

O

欧几里得 – 452,810,1269,1546

欧阳哲生 – 98,123

欧阳绛 – 1298,1404

欧阳顺湘 – 1330

P

帕尔格雷夫,弗·特 – 26

帕拉梅斯瓦利,D. – 1615

帕里斯,马科斯菲尔德 – 67

帕帕斯,T. – 1135,1269

帕斯卡尔 – 469,1323

帕特莫尔,克里斯 – 1290

潘百生 – 103,105,699,702,703

潘建伟 – 1034,1739

潘丽云 – 1663

潘尼迦,K.阿耶帕 – 1617

潘平亮 – 1511

潘庆舲 – 21,127,192,224,294,829

潘文国 – 1747

潘小松 – 1443,1521

潘修桐 – 185,186,

潘序祖(予且) – 1377,1381

潘一禾 – 130,334

潘兆璇 – 657

潘真 – 1777

庞德,埃兹拉 – 728,776,782,875,930,958,1049,1580,1629,1630,1639,1699

庞培 – 567

培根 – 601

裴彩芳 – 1352

裴善明 – 822

佩里,大卫 – 1183

彭桂 – 1656

彭广恺 – 202,526

彭基相 – 714

彭继媛 – 1681,1683

彭镜禧 – 621,860,1045

彭燕郊 – 1505

朴英秀 – 1196

平田宽 – 1406

坡鲁克斯 – 1002

蒲伯(蒲柏/颇普) – 730,738,776,795,955

蒲隆 – 1472

普利思,罗伊 – 1600

普塔皮帕特 – 681

普希金 – 930,1460

Q

亓佩成 – 1693

齐祁 – 1271

齐玉霞 – 335

齐泽克,斯拉沃热 – 1453

钱歌川 – 750,1393

钱念孙 – 1411

钱奇佳 – 882

钱善行 – 279,339

钱文忠 – 137,399

钱希晋 – 1673

钱锺书(默存/槐聚/中书君) – 30,52,118,176,188,494,508,716,869,996,1011,1021,1071,1249,1257,1345

钱仲联 – 845

羌国华 – 1127

乔杜里,I. N. – 1602

乔丽媛 – 377

乔默 – 304

乔宁 – 445

乔萍 – 820

乔叟 – 733,746,1514

乔旸 – 656

乔伊斯 – 640

乔颖 - 498

乔志高(高克毅) - 1479

切斯特顿,G. K. - 413,1167,1318

秦传安 - 1323

秦弓 - 957

秦武 - 1064

秦学锋 - 72,572,617

勤耘(秦桂英) - 1249

青禾 - 199

琼斯,伯恩 - 1730

琼斯,威廉 - 795

丘琴 - 1456

邱华栋 - 467

邱仁宗 - 1389

邱文渡 - 1209

邱应觉 - 1402

秋石 - 1621

裘克安 - 288

裘小龙 - 1235

裘柱常 - 121

屈原 - 674

瞿光辉 - 141,481,938,1089

瞿秋白 - 1018

瞿淑蓉 - 820

瞿炜 - 81,129,327,651,1068,1658,1773

R

Rolfe, Frederick William(科尔沃男爵) - 640

任伯年 - 626

任悟 - 1353

任艳红 - 199

阮航 - 1095

◇《鲁拜集》汉译书目

阮籍－684,972

阮小晨－58,531

芮金富－725

瑞林,大卫·奥利佛－1194

S

Shahriari, Shahriar－206

Shastri, H. P.－243

单德兴－822

单满菊－1549

单万里－843,1530

萨比尔,祖尔东－1190

萨德基,侯赛因－228,506

萨迪(萨第)－247,432,541,759,795,829,844,892,896,905,1065,1402,1414

萨法,扎比胡拉－988

萨基－1664

萨克雷－405,557

萨拉马戈,若泽－1046

萨亚,马哈茂德－42,47,444

萨伊迪－206

赛义德,阿布－1523

三上次男－1400

桑格斯基和萨特克利夫(桑格斯基－萨克利夫/弗朗西斯·桑格斯基/圣高斯基/桑科斯基)－15,70,514,516,551,591,595,596,601,613,995,1017,1025,1072,1075,1077,1087,1111,1717,1779

桑科斯基,阿尔贝托－1017,1111

桑农－1484

桑普森,乔治－763

桑托伊,马库斯·杜－1185

沙,峨默·阿里－339

沙卡布拉扬(郑天送/郑穗影/但地·沙卡布拉扬)－36,51,392,488,489

沙利文,埃德蒙(苏利文/埃德孟德·J.苏里凡) – 18,36,46,49,52,67,81,145,227,231,232,284,499,1074,1272,1290

沙利文,威廉·赫 – 1402

莎乐伦(亨利·萨瑟伦) – 516,547,591,1025,1029,1077

莎士比亚 – 712,753,861,985,1029,1048,1375,1452

闪中阔 – 1455

邵斌(窥天) – 88,490,512,517,522,523,524,525,527,532,534,537,542,1654,1760,1768,1788

邵华 – 1245

邵洵美 – 1370,1378

沈从文 – 1764

沈弘 – 1703

沈晖 – 726

沈石溪 – 121

沈铁 – 1677

沈苇 – 45,407,454,461,483,502,529,634,979,1010,1042,1061,1107,1485,1486

沈小惠 – 718

沈亚丹 – 1614

沈一鸣 – 530

沈颐 – 262

沈以淡 – 443

沈永欢 – 335

盛二龙 – 284

师飞 – 1327

诗鸿 – 1319

施康强 – 1259

施莱格尔,奥·威 – 712,753

施皮格伯格,赫伯特 – 1442

施小炜 – 199

施颖洲 – 124,1449

◇《鲁拜集》汉译书目

　　施蛰存(施德普) – 363,856,1257
　　施志元 – 809,930
　　石井 – 710
　　石民 – 832
　　石任之 – 76,79,85,633,639
　　石涛 – 1498
　　时贵仁 – 1477
　　史兼丽 – 1174
　　史铭 – 66
　　史仲文 – 394,818
　　矢野峰人 – 982
　　匙河 – 1046
　　书妃 – 551
　　叔本华 – 1607
　　舒丹丹 – 1612
　　舒心 – 1008
　　舒新城 – 262
　　舒作标 – 1242
　　疏影 – 1331
　　帅慧芳 – 1614
　　水建馥 – 224,829
　　说不得大师(邢山虎) – 1522
　　司各特 – 797
　　司马白羽(尚论聪/歌斐木) – 995
　　司真真 – 1054
　　思齐 – 1472
　　思郁 – 601
　　斯宾诺莎 – 469
　　斯卢茨基,弗 – 1475
　　斯迈尔斯 – 1679
　　斯坦迪什·米查姆 – 1483

斯特恩豪斯,约翰(约翰·哈里逊·石浩思)—591,1025

斯托克斯,惠特里—535

斯温伯恩(史文朋/斯文伯尔尼/斯温伯尔尼/斯温本/斯温博恩)—413,416,509,518,535,749,763,777,867,1109,1221,1370,1636,1711

宋炳辉—197,965

宋成明—1419

宋飞—1278

宋洪玮—820

宋慧—1645

宋璐璐—1332

宋美龄—1677

宋美璍—28,53,74,317

宋丕方—217,218,231,232,233,660,663,1081

宋清玉—1338

宋寅展—748

宋韵声—1740

宋兆霖—822

宋政潞—1788

宋志方—139

宋自容—676

苏茚—312

苏恩泽—1316

苏福忠—121,1473,1635

苏拉马尼亚姆,桑贾伊—1775

苏曼殊—420,699,848,1047

苏轼(苏东坡)—404,594,695,769,925,977,1682

苏彤—1722

苏雪林—726

苏艳—1007

苏艳飞—1624

苏缨—1168,1582,1631

◇《鲁拜集》汉译书目

  苏正隆 - 25,28,52,78,134,311,494,501,996
  苏仲湘 - 1467
  眭谦(伯昏子) - 56,76,79,85,208,521,590,632,633,639,647,680,682,683,686,1105,1788
  孙成敖 - 1046
  孙大雨 - 888
  孙党伯 - 237,705
  孙法理 - 121
  孙菲菲 - 1765
  孙寒冰 - 248
  孙浩 - 1743
  孙红贵 - 1743
  孙建庆 - 374
  孙奎朋 - 858
  孙俍工 - 1207
  孙梁 - 27
  孙慕天 - 174,575
  孙倩 - 580
  孙青玥 - 168,710
  孙汝 - 455
  孙绍先 - 341
  孙天任 - 1079
  孙晓杰 - 199
  孙鑫亭 - 136,397
  孙叙伦 - 883
  孙用 - 1212
  孙羽 - 1311
  孙毓棠 - 9,10,11,33,65,757,813,987
  孙智正 - 1682
  所罗门,罗伯特 - 1559
  索福克勒斯 - 712

索麦维尔(D.C.萨默维尔)-122

T

Vest,Charles M. -895

塔巴克,约翰-1296

沓掛良彦-1731

太宰治(津岛修治)-199

泰戈尔,阿巴宁德拉纳特-81

覃辉银-1772

覃江华-994

覃学岚-55,520,983

谭发瑜-1477

谭福民-1004

谭继斌-1506

谭克修-567

谭燧-778

谭秀江-587

谭原-1128

谭载喜-783

坦普尔,R.-1496

汤林生,查理士-823

汤晓玲-1364

汤因比,阿诺德-122

唐宝民-614

唐达晖-237

唐德刚 302,1638

唐湜(唐扬和)-1265

唐正秋-902

陶德臻-194,353,379,380,747,767,779,798,799,800,801

陶潜(陶渊明)-510,624,674,856,972,1083,1247

陶然-341

陶野-459

◇《鲁拜集》汉译书目

特古利尔贝伊 – 1400

特赖菲尔,詹姆斯 – 1665

特朗斯特罗默,托马斯 – 1670

特里维迪,哈利西 – 1616,1690

滕学钦 – 59,538,552,654

提塔,斯瓦米·郭文 – 229

笹部贞市郎 – 1661

田碧霏 – 1185

田军 – 1253

田乃钊 – 1131

田伟华 – 1697

田晓菲 – 343

田原 – 199

填下乌贼(汤大友) – 1024

仝祥民 – 1233

仝亚辉 – 1608

童潇骁 – 199

童衍方 – 96

童元方 – 134,142,197,416,948

图西,萨拉夫·丁 – 1032

涂泓 – 1191

涂为 – 1138

屠岸(蒋壁厚) – 41,57,161,434,466,724,860,861,1047,1048,1049

屠国元 – 416,839,1451

吐尔地,艾海提 – 1583

吐尔逊,依敏 – 627,1058

托宾,乔治 – 81

托尔斯泰 – 561,1001,1291,1335,1336

托勒密 – 586

W

万文 – 1698

汪曾祺 – 1764

汪剑钊 – 383

汪梅子 – 1536

汪榕培 – 523

汪晓勤 – 1606

汪洋 – 1163

汪义群 – 157

汪莹 – 79,639,647,653,667,1092

汪永青 – 554

汪咏梅 – 1167,1318

汪铮 – 1123

王柏华 – 42,444

王邦维 – 530,874,1009

王宝童 – 888

王秉钦 – 976

王炳文 – 1442

王波 – 1322

王博 – 1170

王岑卉 – 1188

王昌杰 – 676

王充闾 – 1705

王宠 – 165

王春冰 – 456

王次澄 – 33,757

王道尒(小水爸爸) – 93

王德宽 – 1435

王东风 – 162,935

王尔德,奥斯卡 – 1635

王富仁 – 360,723

王根明 – 1040,1666,1691

王冠 – 1645

◇《鲁拜集》汉译书目

王国平 – 1674

王国维(王静安) – 399

王国秀 – 122

王浩 – 81

王虹(飘红) – 61,511,556,559

王鸿钧 – 762

王焕章 – 1382

王慧才 – 779

王绩 – 972

王家新 – 970,1748

王家瑛 – 211,213,225,282,298,318,323,415,1202,1441

王建艺 – 1501

王觉非 – 1483

王杰生 – 1418

王锦厚 – 1412,1576

王净 – 692

王蕾 – 1489

王立新 – 1013

王丽文 – 1705

王丽耘 – 968,981

王莉娜 – 917

王林 – 1438

王蒙 – 197,625,906,915,932,941,965,966,998,1603,1736

王妮娜 – 447

王培沛 – 1184

王鹏飞 – 949

王琦 – 725

王钱国忠 – 1591

王倩倩 – 199

王强 – 1087,1581

王青建 – 1255

王庆生－321

王人敏－962

王荣波－199

王尚寿－388

王诜－822

王士菁－1592

王世家－1368

王述坤－199

王树荣－808

王思斯－96

王嵩－1122

王太丰－1408

王惕(关巧女/关伊萨)－30,1249

王皖强－122

王巍－818

王维－842

王伟－1355

王伟明－860,881,887

王炜－1464

王卫朋－628

王文斌－1768

王文浩－1750

王希杰－1445

王向明－126

王向远－798,803,928,929,930

王晓利－230,585,631,649,650

王晓梅－486

王亚民－103

王艳红－1165

王艳玲－1767

王雁斌－1362

◇《鲁拜集》汉译书目

王燕 - 905

王燕玉 - 1357

王阳 - 121

王杨 - 1642

王一丹 - 228,375,505,506,507,553,1081,1414

王一之 - 734,1190

王毅 - 1157,1543

王颖 - 1059

王永年 - 147,412,413,817

王永盛 - 1033

王宇洁 - 1343

王禹翰 - 1333

王玉春 - 899

王月瑞 - 1279

王悦晨 - 162

王造时 - 122

王蜇堪 - 96

王志艳 - 1489

王忠祥 - 329,748

王佐良 - 741,768,797,823

威策尔,摩根 - 1501

威尔逊 - 621

韦尔斯,盖博利亚 - 516

韦力 - 678

韦林,克里斯 - 1344

维德,伊莱休(韦德) - 55,67,70,81,130,591,609,615,651,1030,1052,1433

维莱,让·德 - 1259

维辛 - 31,131,278,728

伟琪 - 199

尉佩佩 - 199

魏道明 – 1041

魏红 – 535

魏泓 – 1760

魏沛娜 – 660,1073

魏新河（秋扇）– 79,179,639

魏志成 – 78,635

魏宗舒 – 1120

温伯格,S. – 1152

温菲尔德（维尼菲尔德）– 76,145,196,200,206,208,695,925

温艳 – 121

温梓川 – 1034

温祖荫 – 769,1557

文爱艺 – 1780

文婕 – 121

文军 – 764,804,805

文钧 – 829

文章 – 1123

文子 – 1661

闻一多（闻家骅）– 26,61,99,100,237,330,460,463,584,705,728,772,792,804,899,984,1057,1094,1225,1253,1306,1430,1444,1533,1555,1576,1708

沃恩,刘易斯 – 1186

沃尔什,西伦（夏兰·沃尔什）– 1136

沃尔特斯,J.唐纳德（斯瓦米·克里阿南达）– 1574,1597

沃克,赫尔曼 – 1700

沃勒,布鲁斯·N. – 1178,1714

沃渣 – 725

乌尔法特 – 911

乌铁库尔（吾铁库尔/阿不都热依木）– 191,627,734,736

邬孟晖 – 1209

邬裕池 – 288

◇《鲁拜集》汉译书目

  巫怀宇 – 1775
  吾甫力,姑丽娜尔 – 155,464
  吴邦文 – 849
  吴碧宇 – 1712
  吴迪 – 130,334
  吴笛 – 644,670,864,999,1495
  吴定宇 – 876
  吴芳思 – 1177
  吴菲 – 201,951
  吴光前 – 1052
  吴国璋 – 1535
  吴晗 – 237,705
  吴华峰 – 1006
  吴华南 – 968
  吴建国 – 1696
  吴建英 – 922
  吴剑岚(吴钧) – 115,120,254,514,1350,1783
  吴景荣 – 764
  吴钧陶 – 855
  吴宓(吴雨僧) – 86,102,796,1043,1739
  吴潜诚 – 39
  吴山 – 725
  吴生明 – 1455
  吴曙天 – 709,712
  吴舜立 – 423,1305
  吴思佳 – 130
  吴松江 – 953
  吴伟(苇子) – 620,626,679,680,681,1788
  吴曦 – 199
  吴喜菊 – 1588
  吴小敏 – 199

吴兴文 — 405,458,1028

吴秀明 — 700,718

吴学昭 — 102

吴雅辉 — 1136

吴娅民 — 1500

吴艳 — 72,572,574,580,617,655

吴元迈 — 203,431

吴拯修 — 1363

吴志勇 — 1662

伍蠡甫 — 115,248,254,899

伍立杨 — 390

伍雍谊 — 1507

武和平 — 1420

武宏光 — 1427

武会先 — 1470

武继平 — 1401

武锐 — 1569

X

西川 — 1276

西渡 — 856

西格尔,埃里奇 — 162,942,1008

西克,亚瑟 — 46,49,80,81

希尔,杰夫 — 18,71,75

希克,小西奥多 — 1186

希克梅特,纳齐姆 — 1361

希利尔,维吉尔·莫里斯 — 1716

奚华 — 1122

夏,马利克(马立克沙) — 1591,1647

夏济安 — 1732

夏家驷 — 1170

夏目漱石 — 1596

◇《鲁拜集》汉译书目

夏强 – 357

夏廷德 – 1162,1195,1554

夏婉璐 – 1744

夏征农 – 337,414,495,898

夏志清 – 893,1732

咸立强 – 238,484,513,1351

享贝斯特,奈杰尔 – 964

肖林 – 725

肖明波 – 1171

肖熹 – 1530

肖之兴 – 1189

萧斌如 – 1245

萧兵 – 1410

萧芳 – 1471

萧耐园 – 964

萧乾(萧秉乾/萧炳乾) – 717,1394

萧石君 – 1379

萧统 – 510

萧远强 – 772

小艾 – 615

小川亮作 – 201

小泉八云 – 113,145,252,300,395,438,802,1375,1678

小岩井 – 199

小重山 – 1022

协曼 – 754

谢安定 – 863,1226

谢方 – 393

谢弗,路易斯 – 1767

谢里夫斯,罗伯特·斯图尔特 – 80,81

谢泼德,罗勃 – 70,178,182,596,600,612,613,666,1036,1044,1077

谢桃坊 – 1043

谢天振 - 808,809,835,840,873,880,930,1528,1652
谢瓦利埃,让 - 1429
谢显宁 - 1438
谢彦 - 1122
谢云声 - 1428
心怡 - 1066
辛普森 - 416
辛涛 - 1700
辛怡 - 1697
新田 - 950
邢秉顺 - 223,224,807,829,870,1081
兴德米特,保罗 - 1224
杏影 - 1397
熊辉 - 963,969,984,992,1745
熊建 - 166,710
修朋月 - 1270
胥瑾 - 573
虚白 - 1372
徐诚斌 - 263
徐峰 - 1080
徐歌 - 81
徐国能 - 1628,1633
徐怀启 - 122
徐康荣 - 1567
徐迺翔 - 722
徐平 - 907
徐如麒 - 1235
徐少舟 - 705
徐桃林 - 1419
徐惟诚 - 408
徐晓敏 - 916

◇《鲁拜集》汉译书目

徐孝通 - 122

徐笑春 - 1156

徐燮均 - 54,510

徐燕峰 - 1559

徐元诰 - 262

徐真华 - 1429

徐志摩 - 61,86,97,103,240,241,491,582,699,702,703,836,899,1102,1430,1555,1745

许敬参 - 1783

许钧 - 820,830,877,909

许昆 - 675

许培根 - 1487

许淇 - 911

许琦 - 903

许时嘉 - 199

许寿裳 - 1529

许舒扬 - 87

许旸 - 599

许渊冲 - 555,564,730,761,776,806,812,1083,1480,1488

许忠如 - 1109,1110

宣森 - 417

玄樱 - 8

薛春美 - 158,465

薛华,弗兰西斯 - 1399

薛庆国 - 1776

薛绥之 - 1216

学鼎 - 1403

雪莱 - 717,1054

押井守 - 1553

Y

Zaehnsdorf - 950

索 引

亚当斯,詹姆斯·特拉斯洛 – 1772
亚历克斯,达丽塔·I. – 1500
严凌君 – 1284
阎敏 – 153,710
颜月 – 199
晏殊 – 1449
晏向阳 – 1606
杨炳箐 – 1726
杨超 – 1279
杨传纬 – 897
杨德友 – 181,710
杨东 – 1122
杨佛光 – 456
杨光松 – 1171
杨海萍 – 553
杨泓 – 1743
杨佳琪(朱潇) – 71,75,95,630
杨家盛 – 816
杨建 – 1678
杨建华 – 487
杨建民 – 1041
杨建邺 – 1520
杨绛(季康) – 118,716
杨金良 – 827
杨静 – 1663
杨开渠 – 1375
杨柯 – 1566,1611
杨克礼 – 1295
杨犁 – 98
杨联陞 – 25,311
杨烈 – 133,790

◇《鲁拜集》汉译书目

杨庆庆 – 199

杨淑辉 – 918

杨涛 – 920,1055

杨铁原 – 1257

杨伟 – 199

杨卫芹 – 1122

杨晞帆 – 1178,1714

杨曦 – 696

杨宪益 – 285,291,472,780,960,1089,1484,1601

杨小洲 – 1028,1029

杨晓华 – 1710

杨孝敏 – 1409

杨秀琴 – 195,362

杨虚（杨成虎）– 88,385

杨晔 – 199

杨义 – 957

杨正先 – 871

杨智源 – 1056

杨周翰 – 741

杨朱 – 254

姚海科 – 121,975

姚锦清 – 343

姚静 – 572

姚小平 – 1140,1476

姚自若 – 245

姚祖培 – 180

也文也武 – 1285

野芒 – 727,1024

叶柏华 – 1116

叶昌德 – 1455

叶刚 – 927

叶公超 – 955

叶嘉莹 – 77,399,501,636,913,1285

叶君健 – 739,820,826

叶肯昕 – 1506

叶朗 – 372

叶赛宁,谢尔盖 – 1426

叶圣陶 – 237,705

叶水夫 – 359

叶维廉 – 958,970

叶扬 – 1340

叶芝,威廉·巴特勒 – 1570,1624

叶子南 – 171,549,1012

烨伊 – 199

伊本－西那(伊本·西纳) – 1424,1669,1746

伊壁鸠鲁 – 254,275,407,461,529,1009,1711

伊夫斯,霍华德 – 1404

伊宏 – 1527

伊洁 – 1527

伊静 – 1527

伊利斯,拉尔夫 – 1144

伊沙 – 1050

衣成信 – 816

亦梅 – 558

易风 – 760

易茜 – 1615

殷葆瑮 – 1398

殷延军 – 167,493

尹晶 – 980

尹锡南 – 1602

英格,W.R. – 1671

颖子 – 187,246,1533

◇《鲁拜集》汉译书目

尤迦南达,帕拉宏撒 – 1170,1597

尤瑟纳尔,玛格丽特 – 1573

由稚吾 – 116,710

有栖川有栖 – 1586

于冰 – 1738

于赓虞 – 968,981,1020,1054

于桂丽 – 1101

于惠平 – 149,710

于金青 – 1585,1667

于婧 – 199

于雷 – 1701

于增海 – 1486

余毒 – 1050

余光中 – 1490,1491,1741

余杰 – 834

余太山 – 33,65,393,757

余之 – 295

俞灏东 – 195,362

俞久洪 – 1239

俞晓夫 – 883

俞晓群 – 591,595,600,666,1028,1030,1031,1036,1044,1051,1052,1075,1087,1668,1717

虞尔昌 – 22,23,47,300,479,1452

虞润身 – 47,479,1452

虞淑燕 – 975

虞顺祥(大愚若智) – 1074

宇蒲 – 189,266

宇文捷 – 1221

郁达夫 – 700,718,893,1034,1560,1576

郁龙余 – 854

郁生 – 1112,1214

喻继高 – 725

毓麟 – 1133

元文祺(元文琪) – 223,382,786,807,1081,1292

袁斌 – 199

袁荻涌 – 347

袁霄正 – 237,705

袁锦翔 – 1225

袁秋婷 – 183,209,1104

袁帅亚 – 1378

袁业涛 – 543,690,691

袁音 – 1117

原业伟 – 1038

原毅军 – 1136

远洋 – 1645

约翰逊,休 – 1508

约纳斯,汉斯 – 1150

岳远坤 – 1702

越裔 – 720

云桂宾 – 366

昀林 – 169,500

Z

臧克家 – 743

臧树林 – 121

扎依采夫,弗拉基思拉夫 – 362

查明建 – 880

查建明 – 1734

詹宏志 – 1062

詹姆斯,亨利 – 1472

詹姆斯,吉尔伯特 – 3,16,17,18,39,52,81

战建丽 – 199

张柏然 – 909

◇《鲁拜集》汉译书目

张采真(采真/张世隽) – 107,244,985

张彩霞 – 940,1299

张昶 – 1135,1269

张潮 – 1558

张承志 – 198,406,460,498

张春柏 – 868

张德明 – 156,904

张德政 – 373

张殿英 – 375

张芬龄 – 1182

张广兴 – 528

张国辰 – 1184

张行军 – 1500

张衡 – 803

张弘 – 1279

张宏超 – 191,734,736,1583

张鸿林 – 335,1496

张鸿年 – 197,210,212,213,214,216,217,218,220,221,223,226,227,231,232,233,287,290,304,307,312,319,331,341,364,365,376,384,386,391,426,427,428,429,430,431,433,442,492,499,548,660,663,759,807,894,899,988,1019,1081,1197,1199,1234,1273,1276

张华 – 121

张晖(紫军) – 204,215,219,223,328,330,333,340,363,367,400,472,622,684,787,800,807,941,1081,1200,1201,1751

张吉根 – 725

张建华 – 923

张建伟 – 548

张金言 – 1442

张瑾 – 1665

张经浩 – 173

张晶 – 486

张景华 – 1161

张俊 – 450

张凯 – 357

张立华 – 123,1347

张立明 – 380,991,1055

张玲 – 717

张玲芳 – 516,1035

张玲霞 – 394

张隆溪 – 737

张鲁宁 – 1607

张鲁艳 – 986

张罗 – 1650

张明 – 825

张明华 – 1409

张娜 – 1725

张绍斌 – 442

张生珍 – 1767

张师竹 – 122

张仕颖 – 1758

张守义 – 217

张天明 – 1503

张铁伟 – 896

张闻天（张应皋）– 701

张曦娜 – 581

张喜久 – 1563

张相 – 262

张小明 – 961

张效之 – 752

张辛欣 – 1187

张新樟 – 1150

张鑫友 – 1304

◇《鲁拜集》汉译书目

张秀亚 – 1121

张旭 – 936

张亚军 – 607

张艳新 – 926

张翼健 – 723

张英 – 901

张英伦 – 279,339

张莹 – 983

张永寿 – 725

张勇 – 1756

张瑜 – 1469

张宇欣 – 1083

张雨轩 – 1067

张玉燕 – 1719

张源 – 249

张远 – 1690

张远南 – 1135,1269

张芸 – 1070

张耘 – 339

张泽贤 – 1301

张之申 – 60,73

张芝联 – 813,987

张智中 – 204

张中行 – 481

张竹筠 – 431

张资平(资平) – 1204

张子璇 – 1092

张宗子 – 972

章克标 – 253

章克生 – 122

章燕紫 – 76

赵馥洁 - 643

赵光鸣 - 1680

赵国栋 - 68,592,627,1027,1058,1258

赵家璧 - 711

赵建立 - 1486

赵景 - 1786

赵景纯 - 1283

赵景深 - 1374

赵婧怡 - 1040,1691

赵沛林 - 431,943

赵松雪 - 242

赵宋庆 - 404,695,925,977,1613

赵巍 - 1339

赵卫 - 1053

赵文丽 - 1123

赵遐秋 - 103,105,699,702,703

赵小琦 - 1502

赵秀琴 - 379

赵学工 - 1177

赵嫣 - 1290

赵彦春 - 1509

赵壹 - 594

赵毅衡 - 875

赵元任 - 98,271

赵增越 - 833

赵甄陶 - 30,349

肇洛（朱以书/朱肇洛） - 306

肇颖 - 1533

哲罗姆 - 910

甄民一 - 831

正建 - 1139

◇《鲁拜集》汉译书目

郑纲 – 1455

郑广瑾 – 1594

郑海凌 – 1516

郑汉生 – 871

郑慧慈 – 227,429

郑理（久涩知途） – 90

郑鲁南 – 433,937

郑荣 – 1122

郑诗亮 – 569

郑书磊 – 136,397

郑同 – 789

郑延国 – 869,1345

郑燕虹 – 1629

郑颖 – 1143

郑振铎（西谛） – 15,108,704,706

郑铮 – 1426

支顺福 – 1261

治鸣 – 1401

智量 – 767,1247

钟蓓 – 509

钟芳玲 – 516

钟甘英 – 199

钟锦（我瞻室） – 66,77,79,85,96,179,590,633,636,637,638,639,643,646,647,652,658,661,679,688,1782,1787,1788

钟守华 – 1591

钟天心（天心） – 104,241

仲石 – 431

仲维畅 – 1409

仲新元 – 1179,1754

周蓓 – 710

周策纵 – 137,399,1627

周传斌 – 1746

周红民 – 1619

周红云 – 1470

周介存 – 590

周劲松 – 1718

周骏章 – 1115,1118,1217

周立民 – 582

周林东 – 1124

周柳宁 – 1506

周梦蝶(周起述) – 974,1210

周明富 – 1413

周宁 – 341

周巧巧 – 578

周珊 – 1006

周树基(孤竹) – 81,129,327,651,1068

周淞琼 – 1727

周天荷 – 199

周伟驰 – 1688

周熙良 – 122,729,1119,1215

周向勤 – 878

周小霞 – 687

周亚群 – 816

周扬 – 745

周一良 – 394,818

周义龙 – 456

周永涛 – 544

周玉山 – 119

周越然 – 1203

周志成 – 1283

周智诚 – 1610

周作人(周櫆寿/周启明) – 1018,1369,1430,1748

◇《鲁拜集》汉译书目

朱安博 - 490

朱碧恒 - 1723

朱光潜(朱孟实) - 723,744,1371

朱海波 - 342

朱航满 - 1728

朱家骅 - 703

朱建祥 - 952,1000

朱炯强 - 1425

朱谅谅 - 207

朱潘欣灵 - 1766

朱维之 - 193,740

朱文秋 - 1446

朱湘 - 117,707,713,714,724,755,756,888,936

朱晓燕 - 1597

朱银富 - 96

朱英诞(朱仁健) - 1358

朱应会 - 247

朱渊 - 138,710

朱志平 - 1552

朱志瑜 - 846

朱自清 - 237,705,789

诸迪 - 1738

诸葛蔚东 - 305

竹下节子 - 1701

竹友藻风(竹友虎雄) - 1401

竺家荣 - 199

庄信正 - 1542

庄子(庄周) - 594,610

拙存 - 720

卓别林 - 1566

子安 - 672

宗璞 – 1149,1512

邹节成 – 297,301,1232

邹郎 – 750

邹新明 – 98,491

邹英 – 1547

邹仲平 – 299

邹卓威 – 1344

祖春明 – 1563

祖赫尔丁·巴卑尔 – 736

左连凯 – 895

左思 – 594

左秀灵 – 766

佐藤忠男 – 1702

佚名 – 177,238,255,257,497,659,831,885,948,959,978,1066,1129,1133,1142,1151,1198,1525

[图十九]　第 98、99 首诗意

[图二十]　第100、101首诗意